W0323525

Scratch mode d'emploi

Sommaire

Je découvre...

J'apprends à...

Je découvre...

Le logiciel Scratch

1 L'écran de démarrage

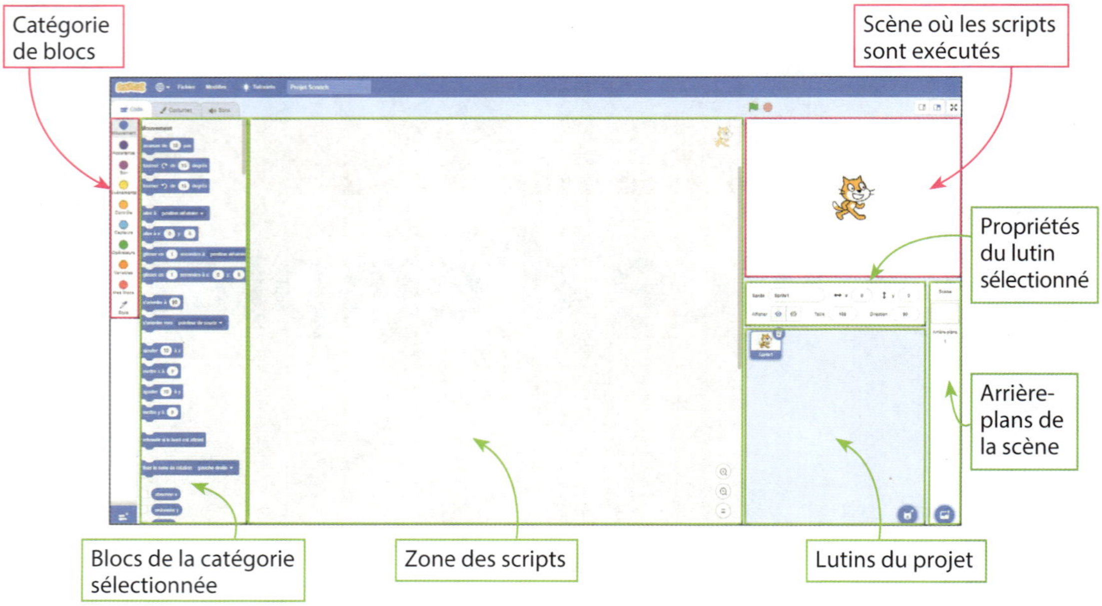

2 Réaliser un script Scratch

Pour réaliser un script, on fait glisser chaque bloc dans la zone des scripts.

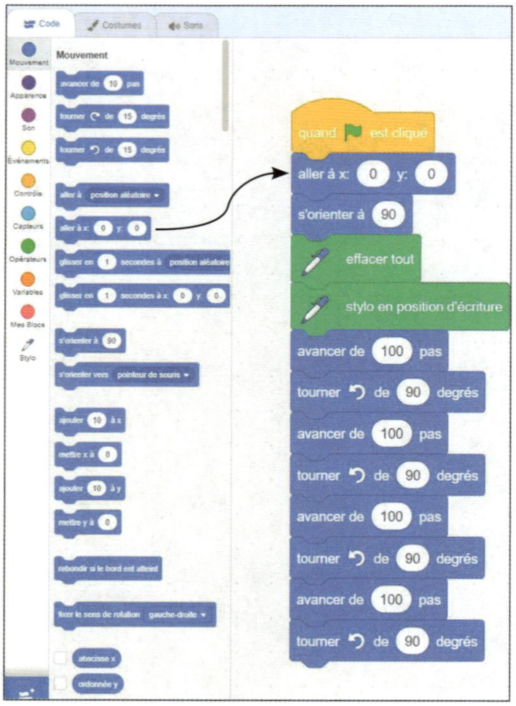

Pour t'entraîner, tu peux saisir ce script, l'exécuter et obtenir la figure ci-contre.

3 Des blocs importants

quand [drapeau] est cliqué	Événement qui déclenche l'exécution d'un script
aller à x: 0 y: 0	Place le lutin au centre de la scène
s'orienter à 90	Oriente le lutin vers la droite
avancer de 100 pas	Fait avancer le lutin de 100 pas
tourner ↺ de 90 degrés	Fait tourner le lutin vers la gauche d'un angle droit

4 Les dimensions de la scène

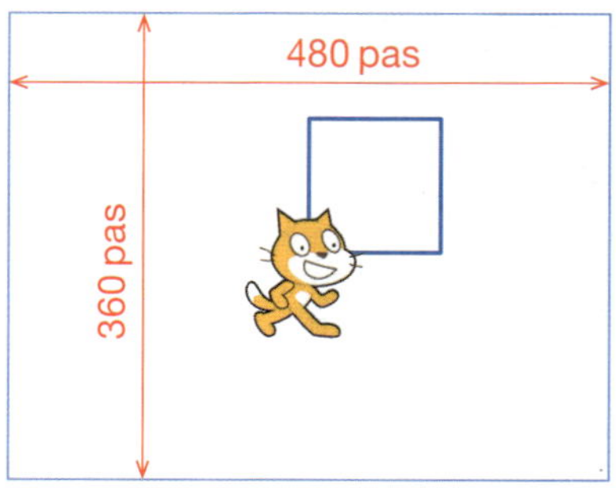

Les tables de multiplication

0				
1	×	0	=	0
2	×	0	=	0
3	×	0	=	0
4	×	0	=	0
5	×	0	=	0
6	×	0	=	0
7	×	0	=	0
8	×	0	=	0
9	×	0	=	0
10	×	0	=	0

1				
1	×	1	=	1
2	×	1	=	2
3	×	1	=	3
4	×	1	=	4
5	×	1	=	5
6	×	1	=	6
7	×	1	=	7
8	×	1	=	8
9	×	1	=	9
10	×	1	=	10

2				
1	×	2	=	2
2	×	2	=	4
3	×	2	=	6
4	×	2	=	8
5	×	2	=	10
6	×	2	=	12
7	×	2	=	14
8	×	2	=	16
9	×	2	=	18
10	×	2	=	20

3				
1	×	3	=	3
2	×	3	=	6
3	×	3	=	9
4	×	3	=	12
5	×	3	=	15
6	×	3	=	18
7	×	3	=	21
8	×	3	=	24
9	×	3	=	27
10	×	3	=	30

4				
1	×	4	=	4
2	×	4	=	8
3	×	4	=	12
4	×	4	=	16
5	×	4	=	20
6	×	4	=	24
7	×	4	=	28
8	×	4	=	32
9	×	4	=	36
10	×	4	=	40

5				
1	×	5	=	5
2	×	5	=	10
3	×	5	=	15
4	×	5	=	20
5	×	5	=	25
6	×	5	=	30
7	×	5	=	35
8	×	5	=	40
9	×	5	=	45
10	×	5	=	50

6				
1	×	6	=	6
2	×	6	=	12
3	×	6	=	18
4	×	6	=	24
5	×	6	=	30
6	×	6	=	36
7	×	6	=	42
8	×	6	=	48
9	×	6	=	54
10	×	6	=	60

7				
1	×	7	=	7
2	×	7	=	14
3	×	7	=	21
4	×	7	=	28
5	×	7	=	35
6	×	7	=	42
7	×	7	=	49
8	×	7	=	56
9	×	7	=	63
10	×	7	=	70

8				
1	×	8	=	8
2	×	8	=	16
3	×	8	=	24
4	×	8	=	32
5	×	8	=	40
6	×	8	=	48
7	×	8	=	56
8	×	8	=	64
9	×	8	=	72
10	×	8	=	80

9				
1	×	9	=	9
2	×	9	=	18
3	×	9	=	27
4	×	9	=	36
5	×	9	=	45
6	×	9	=	54
7	×	9	=	63
8	×	9	=	72
9	×	9	=	81
10	×	9	=	90

Comment réaliser un projet

1 La scène du projet

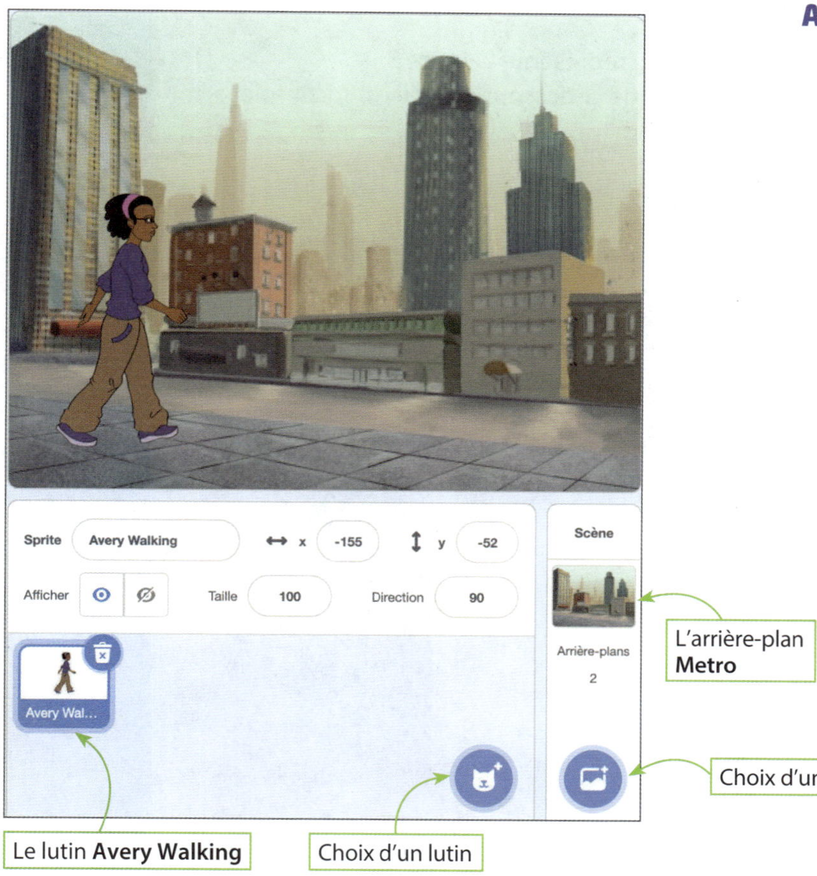

2 Les costumes du lutin Avery Walking

3 Le script associé au lutin Avery Walking

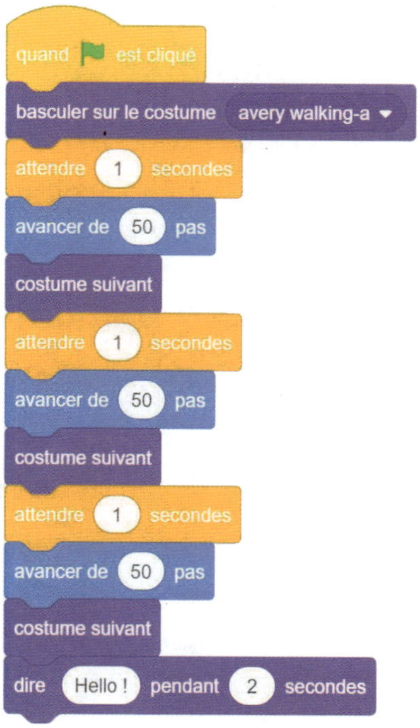

Pour t'entraîner, tu peux choisir ce lutin et cet arrière-plan, puis saisir ce script et l'exécuter pour découvrir le déplacement du lutin Avery Walking.

Vocabulaire

Un bloc est une instruction lorsqu'il provoque l'exécution d'une action.
Par exemple :

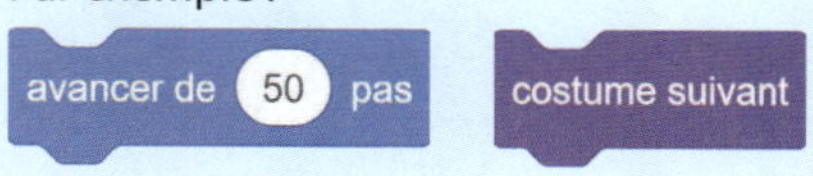

Tracer des figures

ACTIVITÉ

1 Utiliser les instructions de mouvement du lutin

1 Voici une figure tracée par le lutin, elle représente la lettre S.
Le script qui a permis de l'obtenir est donné ci-dessous, mais il est incomplet : il manque les quatre dernières instructions.

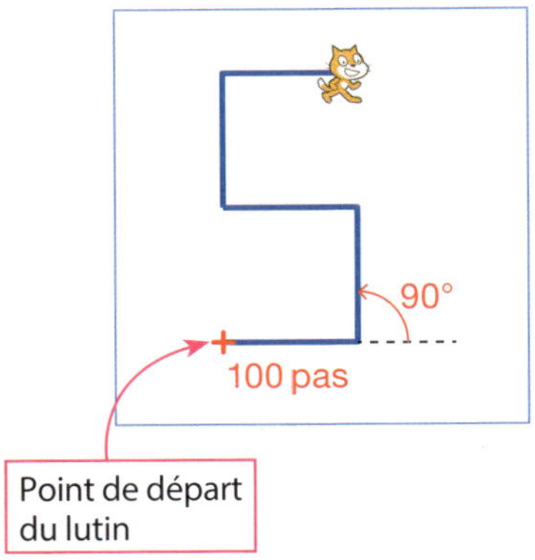

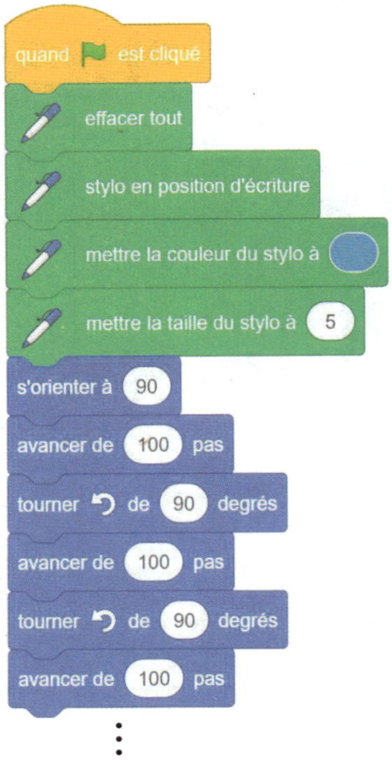

a. Ouvrir le logiciel Scratch, saisir et compléter ce script.

b. Fixer la taille du lutin à 50, le placer convenablement dans la scène puis exécuter le script complété.

c. Contrôler le tracé obtenu dans la scène.

2 Voici ci-contre une nouvelle figure tracée par le lutin.
Elle représente un drapeau dont les dimensions sont indiquées en pas.

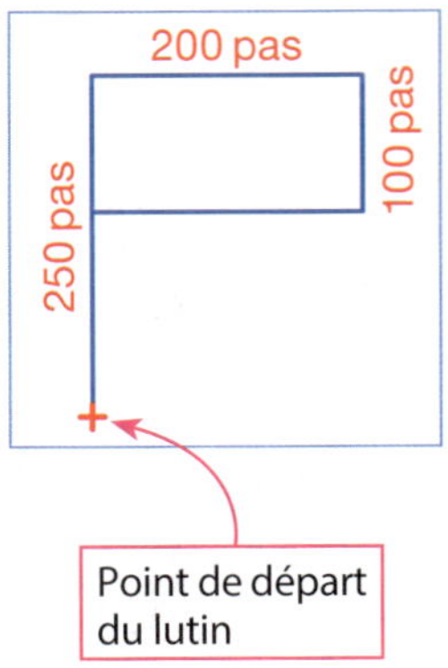

a. Ouvrir le logiciel Scratch et saisir le script qui a permis de l'obtenir.

Coup de pouce

Reprendre les cinq premiers blocs du script de la question 1 et utiliser les instructions :

b. Fixer la taille du lutin à 50, le placer convenablement dans la scène et exécuter le script.

c. Contrôler le tracé obtenu.

Programmer une animation

ACTIVITÉ 2

Choisir un arrière-plan, des lutins Exécuter des scripts

Julie met au point une animation avec le logiciel Scratch.
Voici ci-contre une partie de son écran de travail.

1 **a.** Ouvrir le logiciel Scratch.

b. Choisir l'arrière-plan **Castle 2**.

c. Supprimer le lutin **Sprite 1** et choisir les lutins **Wizard** et **Bat**. Fixer la taille du lutin **Bat** à 70.

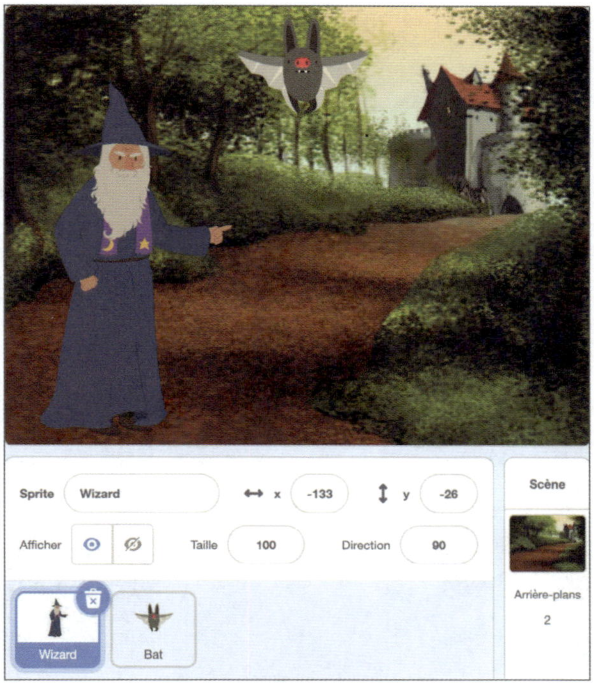

2 Julie a ensuite saisi un script pour chacun des deux lutins.
Les voici.

• Script du lutin **Wizard**

• Script du lutin **Bat**

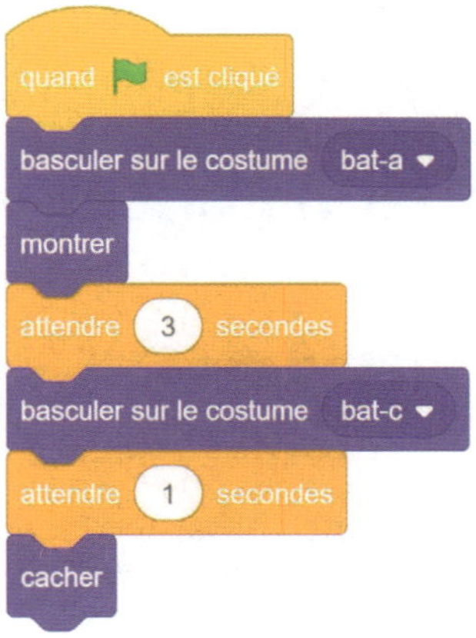

a. Les quatre actions suivantes se déroulent lorsque Julie exécute son projet.
(1) Le lutin **Wizard** énonce « Abracadabra ! »
(2) Le lutin **Bat** disparaît.
(3) On entend le son **Magic Spell**.
(4) Le lutin **Bat** apparaît.
Ranger ces actions dans l'ordre de leur déroulement.

b. Saisir ces deux scripts.

c. Exécuter ce projet et vérifier que l'animation est conforme aux scripts du projet.

Lire et saisir des programmes Scratch

ACTIVITÉ 3 Exécuter de façon débranchée les instructions successives d'un programme

Voici des programmes Scratch.

❶
```
quand 🏴 est cliqué
effacer tout
stylo en position d'écriture
s'orienter à (90)
avancer de (100) pas
tourner ↺ de (90) degrés
avancer de (100) pas
tourner ↻ de (90) degrés
avancer de (100) pas
tourner ↻ de (90) degrés
avancer de (100) pas
tourner ↺ de (90) degrés
avancer de (100) pas
```

❷
```
quand 🏴 est cliqué
effacer tout
stylo en position d'écriture
s'orienter à (90)
avancer de (100) pas
tourner ↻ de (90) degrés
avancer de (100) pas
tourner ↺ de (90) degrés
avancer de (75) pas
tourner ↺ de (90) degrés
avancer de (100) pas
tourner ↻ de (90) degrés
avancer de (100) pas
```

❸
```
quand 🏴 est cliqué
effacer tout
stylo en position d'écriture
s'orienter à (0)
avancer de (50) pas
tourner ↻ de (90) degrés
avancer de (100) pas
tourner ↺ de (90) degrés
avancer de (100) pas
tourner ↺ de (90) degrés
avancer de (100) pas
tourner ↻ de (90) degrés
avancer de (50) pas
```

a. Pour chacun d'eux, tracer sur papier quadrillé les déplacements du lutin.
Choisir un point de départ et prendre 1 carreau pour 25 pas du lutin.

b. Ouvrir le logiciel Scratch, saisir chaque programme, l'exécuter et contrôler le tracé réalisé sur feuille de la question **a**.

ACTIVITÉ 4 Effectuer un calcul

Tom a saisi le script Scratch ci-contre.

```
quand 🏴 est cliqué
demander (Donner la longueur en cm ...) et attendre
mettre [Longueur ▾] à (réponse)
demander (Donner la largeur en cm ...) et attendre
mettre [Largeur ▾] à (réponse)
mettre [Aire ▾] à ((Longueur) * (Largeur))
dire (regrouper (L'aire en cm2 est :) et (Aire))
```

1 Expliquer le rôle de ce script.

2 a. Ouvrir le logiciel Scratch et saisir ce script.

Coup de pouce

Dans la catégorie :

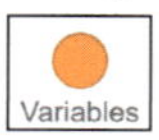

cliquer sur :

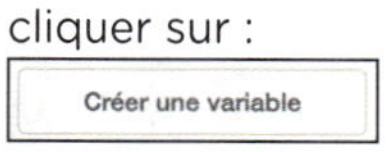

puis compléter :

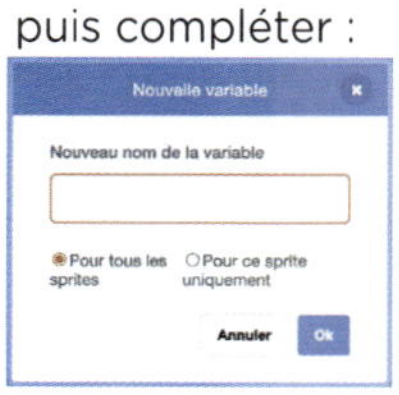

b. Un rectangle a pour dimensions 12,5 cm et 7,7 cm.
Utiliser le script pour donner son aire en cm^2.

Utiliser la boucle « répéter ... fois »

ACTIVITÉ 5

Comprendre l'intérêt d'une boucle pour construire une figure

1 Voici un script dans lequel figure la boucle « **répéter 4 fois** ».
Lorsque ce script est exécuté, la suite d'instructions **1** qui se trouve dans la boucle est répétée quatre fois de suite.

a. Tracer sur papier quadrillé :
- le motif obtenu avec la suite d'instructions **1** ;
- la figure tracée par le lutin lorsque le script est exécuté.

Choisir un point de départ et prendre 1 carreau pour 10 pas du lutin.

b. Ouvrir le logiciel Scratch, saisir le script, l'exécuter et contrôler le tracé sur feuille de la question **a**.

1

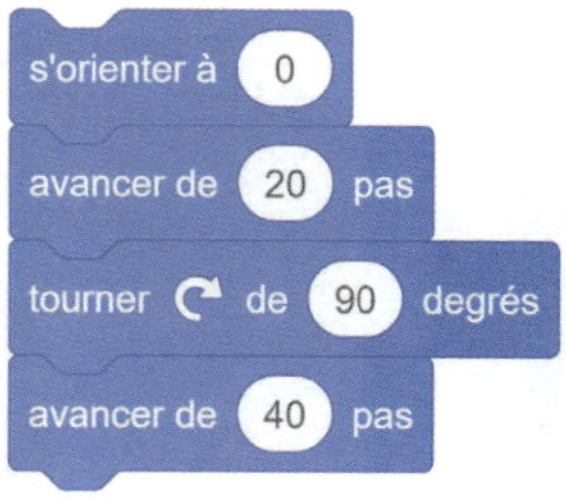

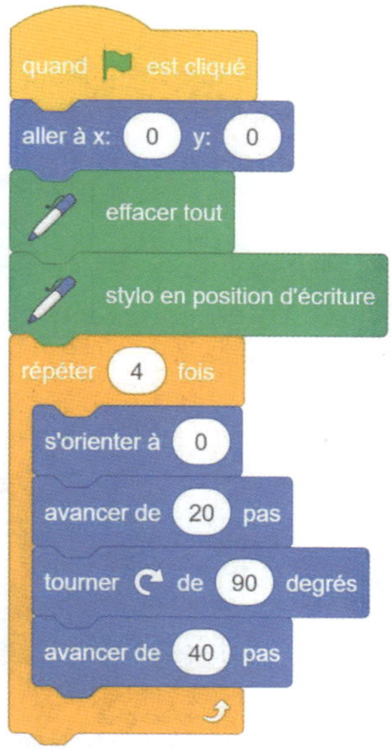

2 Léa a saisi un script avec le logiciel Scratch.
Lorsqu'elle l'exécute, elle obtient dans la scène le tracé ci-dessous.

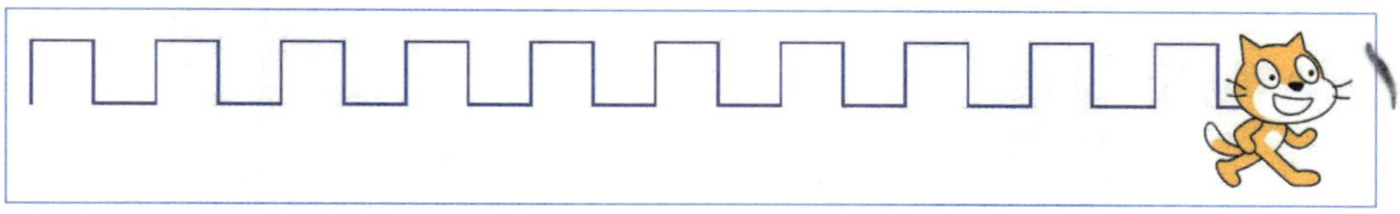

Mais au cours du travail, Léa a mélangé les instructions de la boucle de son programme.

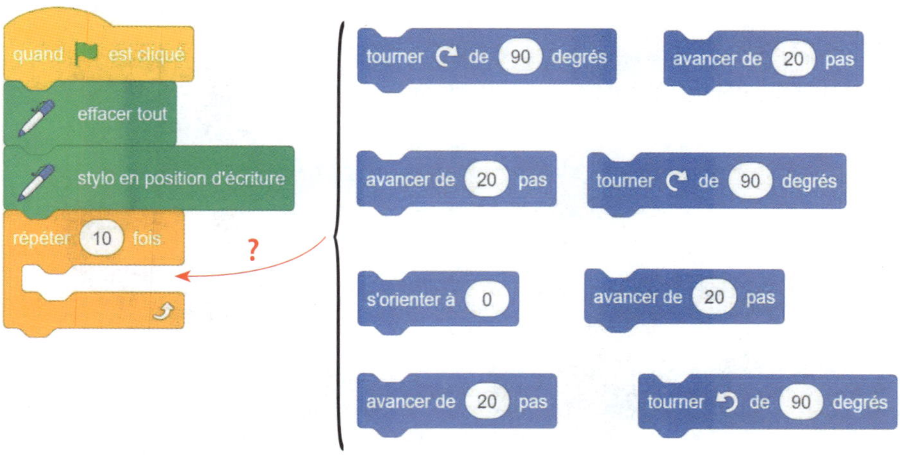

a. Ouvrir le logiciel Scratch, saisir le script de Léa en ordonnant correctement les instructions dans la boucle.

b. Exécuter le script ainsi obtenu et contrôler la frise tracée par le lutin.

1 Compléter un programme

Voici une figure tracée par le lutin.

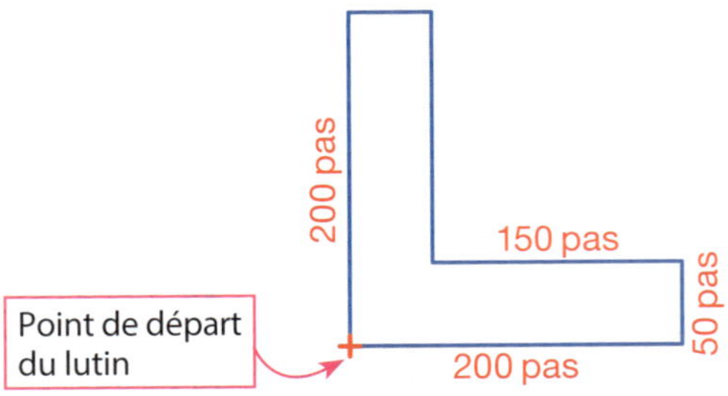

Le script qui a permis de l'obtenir est donné ci-dessous mais certaines instructions ont été oubliées.

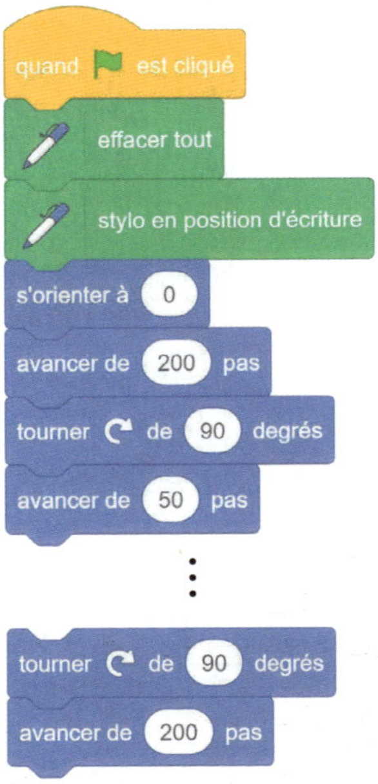

Ouvrir le logiciel Scratch.
Compléter, saisir puis exécuter ce script.

2 Effectuer un calcul

a. Expliquer le rôle de ce script Scratch.

b. Ouvrir le logiciel Scratch et saisir ce script.
c. Un cercle a pour diamètre 14 cm.
Utiliser le script pour donner une valeur approchée de sa longueur, en cm.

3 Réaliser une animation

Arthur a réalisé une animation avec le logiciel Scratch.
Voici une partie de l'écran de son projet et le script associé au lutin **Bear-walking**.

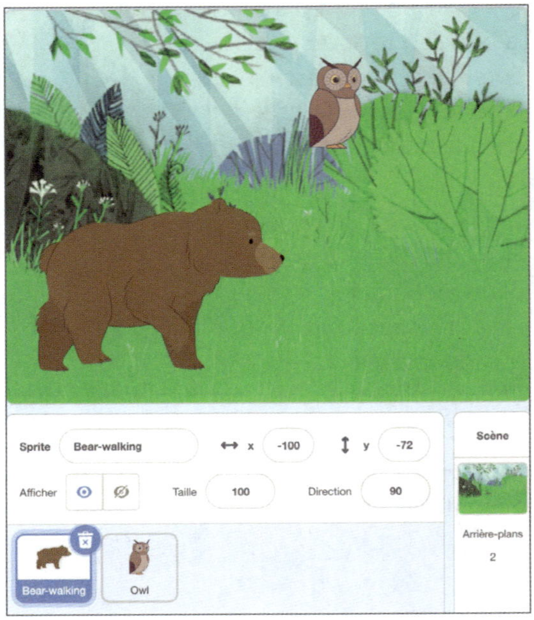

1. a. Quels sont les lutins de ce projet ?
b. Ouvrir le logiciel Scratch et reproduire le travail d'Arthur.
Expliquer le rôle du script du lutin **Bear-walking**.
2. Imaginer l'écriture d'un script associé au lutin **Owl**.

ÉDITION 2022

Conforme aux REPÈRES ANNUELS de progression

trans math

6e

CYCLE 3

Sous la direction de Joël Malaval

Véronique Carlod
Académie de Clermont-Ferrand (63)

Bernard Chrétien
Académie de Lille (59)

Pierre-Antoine Desrousseaux
Académie de Montpellier (34)

Marion Girin
Académie de Paris (75)

Damien Jacquemoud
Académie de Grenoble (74)

Anne Jorioz
Académie de Grenoble (73)

Jean-Marc Lécole
Académie de Clermont-Ferrand (03)

Annie Plantiveau
Académie de Nantes (44)

Frédéric Puigredo
Académie de Nice (83)

Mickaël Védrine
Académie de Strasbourg (67)

Nathan

© Nathan 2022 - 92 avenue de France - 75013 Paris - ISBN : 978-209-171883-5

Sommaire

Sommaire

Espace et géométrie

Les ressources numériques du manuel

Dans chaque chapitre :

→ VIDÉOS de cours → CORRIGÉS en vidéo → QCM supplémentaires

→ **Tous les fichiers sources :** Scratch, GeoGebra, tableur.

Pour accéder aux ressources numériques

▶ Scanner…

Nathan Live !

QR Codes

▶ Rendez-vous sur…

Site Compagnon
collegien.nathan.fr

Mini-liens
college.nathan.fr/tm6026
n° de la page du manuel

RÉVISE OÙ TU VEUX, QUAND TU VEUX

L'appli Nathan live, c'est un environnement **sécurisé** pour accéder gratuitement **sans inscription**, sans publicité et d'un **simple scan** aux **centaines de contenus numériques** de ton manuel.

L'appli garde en mémoire les ressources déjà scannées, te permettant ainsi de les consulter n'importe où et n'importe quand, même sans ton manuel.

1 Télécharge l'appli gratuitement

DISPONIBLE SUR Google Play — Disponible sur App Store

2 Lance l'appli et scanne les pages de ton manuel pour faire apparaître les ressources (audio, vidéo, exercices interactifs, liens…)

+ D'INFOS ET TUTOS
sur **nathan.fr/nathan-live**
ou en scannant cette page avec Nathan live

Proposition de progression

Voici un exemple de progression organisée par chapitre pour l'année de 6e.
Une progression fractionnée par périodes est proposée sur le site compagnon ***transmath-college.nathan.fr***

Ordre dans l'année	Titre du chapitre dans le manuel	Numéro du chapitre du manuel	Domaine
1	Utiliser les nombres entiers	1	Nombres et calculs
2	Présenter des données (§ 1)	8	Nombres et calculs
3	Utiliser les nombres décimaux	2	Nombres et calculs
4	S'initier à la géométrie plane	13	Espace et géométrie
5	Additionner, soustraire les nombres décimaux	3	Nombres et calculs
6	Connaître des figures usuelles	14	Espace et géométrie
7	Multiplier les nombres décimaux	4	Nombres et calculs
8	Calculer des longueurs, des aires, des durées (§ 1)	10	Grandeurs et mesures
9	Diviser par un nombre entier	5	Nombres et calculs
10	Calculer des longueurs, des aires, des durées (§ 2 et 3)	10	Grandeurs et mesures
11	S'initier à l'espace	12	Espace et géométrie
12	Utiliser les fractions	6	Nombres et calculs
13	Utiliser les angles	9	Grandeurs et mesures
14	Utiliser la proportionnalité	7	Nombres et calculs
15	Utiliser la symétrie axiale	15	Espace et géométrie
16	Calculer des volumes et des contenances	11	Grandeurs et mesures
17	Présenter des données (§ 2)	8	Nombres et calculs
18	Étudier des propriétés de figures usuelles	16	Espace et géométrie

Découvrir le manuel

SCRATCH

En début de manuel : un cahier spécial Scratch pour prendre en main le logiciel et s'exercer

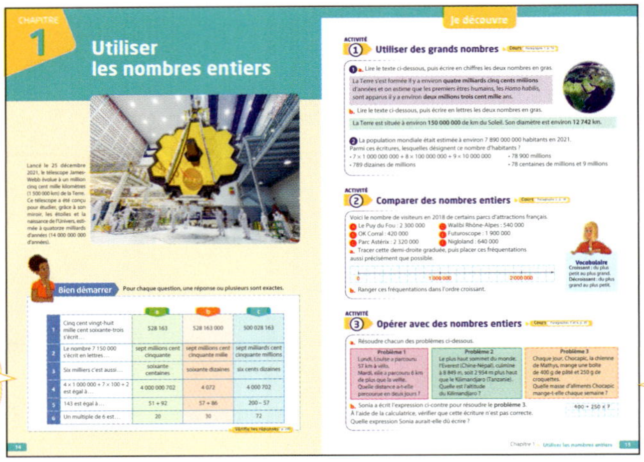

Bien démarrer
Un **QCM** pour vérifier les acquis

Je découvre
Des **activités** courtes pour motiver l'introduction du cours

Des **vidéos** de soutien

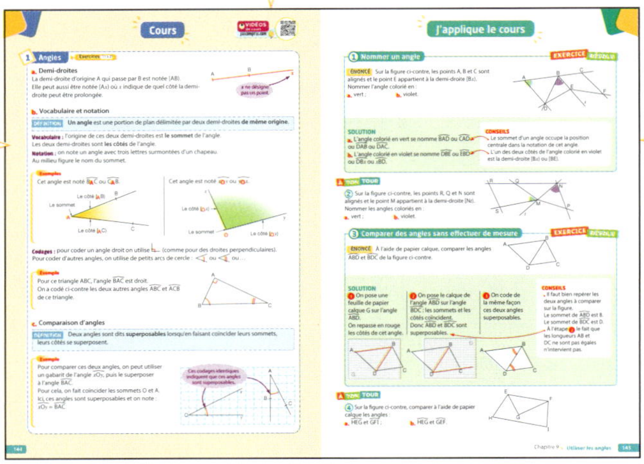

Cours
Les **notions essentielles, expliquées** de façon claire et synthétique

J'applique le cours
Des **exercices résolus** et d'autres sur le **même modèle,** corrigés en fin de manuel

Je travaille mes automatismes

Je m'entraîne

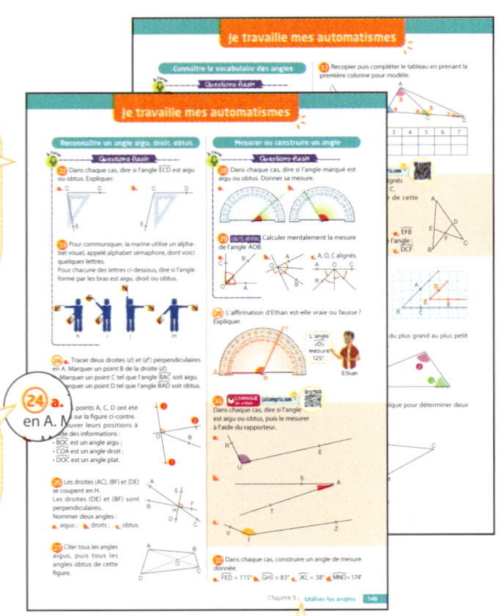

Des questions flash pour le travail **à l'oral** et la pratique du **calcul mental**

Pastille cerclée : l'exercice est corrigé en fin de manuel

Des exercices **corrigés en vidéo**

Des **jeux** et **casse-tête**

Des **exercices de synthèse** avec des objectifs fixés pour préciser la recherche lors d'un enchaînement de questions

Découvrir le manuel

Parcours différenciés

Un **QCM** pour s'**auto-évaluer**

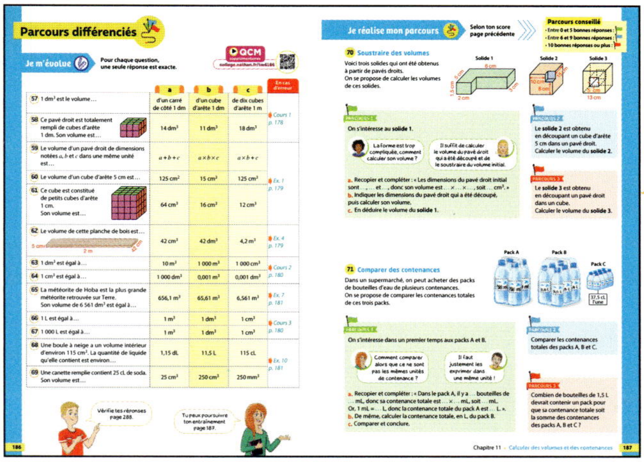

Des **exercices**, traitant chacun un même **savoir-faire**, proposés à travers **3 parcours progressifs**

Je m'entraîne avec …

… **Scratch**, le **tableur**, **GeoGebra** ou la **calculatrice** : exercices **Algo** et **TICE**

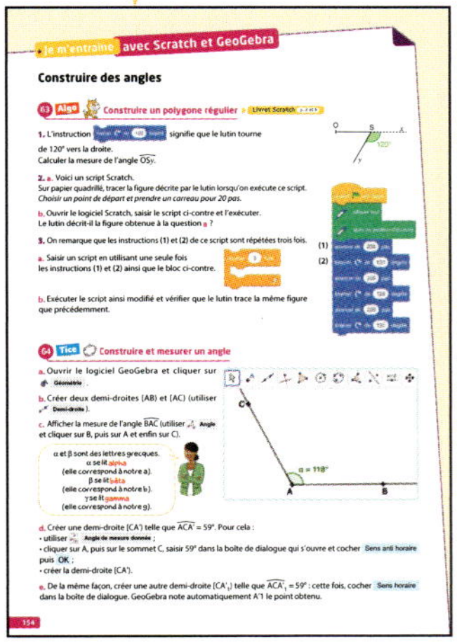

J'utilise mes compétences

Pour s'initier au **raisonnement** et apprendre à l'**organiser**

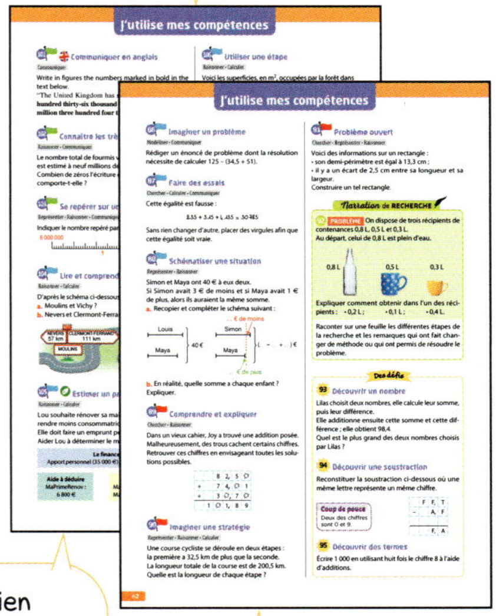

Je prends des initiatives

Pour **analyser** des documents et s'entraîner aux **tâches complexes**

TÂCHES COMPLEXES

Des exercices en lien avec le **développement durable**

Trois drapeaux pour indiquer le niveau des problèmes

En fin de manuel

Des **tâches complexes transversales**

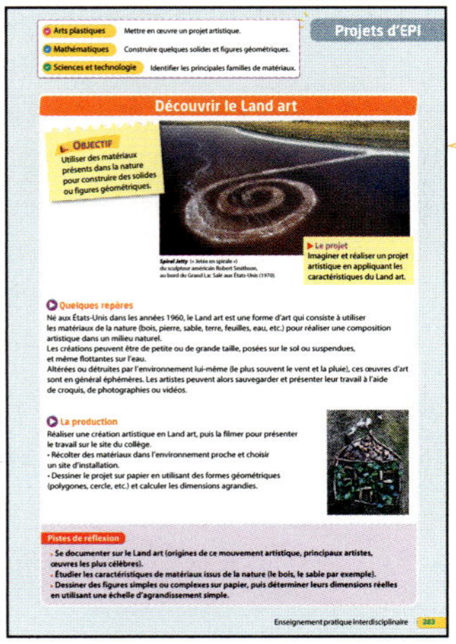

Des **projets d'EPI**

Le programme

Attendus de fin de cycle 3 et repères annuels de progression en classe de 6e

D'après le BO n° 22 du 29 mai 2019 (Annexes 12 et 23) et le BO n° 31 du 30 juillet 2020

Nombres et calculs

Attendus de fin de cycle
- Utiliser et représenter les grands nombres entiers, des fractions simples, les nombres décimaux.
- Calculer avec des nombres entiers et des nombres décimaux.
- Résoudre des problèmes en utilisant des fractions simples, les nombres décimaux et le calcul.

Les nombres entiers

En **période 1**, dans un premier temps, les principes de la numération décimale de position sur les entiers sont repris jusqu'au million, puis au milliard comme en CM, et mobilisés sur les situations les plus variées possibles, notamment en relation avec d'autres disciplines.

La valeur positionnelle des chiffres doit constamment être mise en lien avec des activités de groupements et d'échanges.

Fractions

En **période 1,** sont réactivées les fractions comme opérateurs de partage vus en CM, puis les fractions décimales en relation avec les nombres décimaux (par exemple à partir de mesures de longueurs) ; les élèves ajoutent des fractions décimales de même dénominateur.

En **période 2** l'addition est étendue à des fractions de même dénominateur (inférieur ou égal à 5 et en privilégiant la vocalisation : deux cinquièmes plus un cinquième égale trois cinquièmes).

En **période 3**, les élèves apprennent que $\frac{a}{b}$ est le nombre qui, multiplié par b, donne a (définition du quotient de a par b).

Nombres décimaux

Tout au long du cycle, les désignations orale et écrite des nombres décimaux basées sur les unités de numération contribuent à l'acquisition du sens des nombres décimaux (par exemple pour 3,12 : « trois unités et douze centièmes » ou « trois unités, un dixième et deux centièmes » ou « trois cent douze centièmes »).

Dès la **période 1,** dans le prolongement des acquis du CM, on travaille sur les décimaux jusqu'à trois décimales. La quatrième décimale sera introduite en **période 2** au travers des diverses activités.

Calcul

Tout au long du cycle, la pratique régulière du calcul conforte et consolide la mémorisation des tables de multiplication jusqu'à 9 dont la maîtrise est attendue en fin de cycle 2.

Calcul mental

Dès la **période 1,** dans le prolongement des acquis du CM, on réactive la multiplication et la division par 10, 100, 1 000.

À partir de la **période 2,** les élèves apprennent à multiplier un nombre entier puis décimal par 0,1 et par 0,5 (différentes stratégies sont envisagées selon les situations).

Tout au long de l'année, ils stabilisent la connaissance des propriétés des opérations et les procédures déjà utilisées à l'école élémentaire, et utilisent la propriété de distributivité simple dans les deux sens (par exemple : $23 \times 12 = 23 \times 10 + 23 \times 2$ et $23 \times 7 + 23 \times 3 = 23 \times 10$).

Calcul en ligne

Dans des calculs simples, confrontés à des problématiques de priorités opératoires, par exemple en relation avec l'utilisation de calculatrices, les élèves utilisent des parenthèses.

Calcul posé

Tout au long de l'année, au travers de situations variées, les élèves entretiennent leurs acquis de CM sur les algorithmes opératoires.

Au plus tard en **période 3,** ils apprennent l'algorithme de la multiplication de deux nombres décimaux.

La résolution de problèmes

Dès le début du cycle, les problèmes proposés relèvent des quatre opérations.

La progressivité sur la résolution de problèmes combine notamment :

- les nombres mis en jeu : entiers (tout au long du cycle) puis décimaux dès le CM1 sur des nombres très simples ;
- le nombre d'étapes que l'élève doit mettre en œuvre pour leur résolution ;
- les supports proposés pour la prise d'informations : texte, tableau, représentations graphiques.

La communication de la démarche prend différentes formes : langage naturel, schémas, opérations.

Problèmes relevant de la proportionnalité

Tout au long de l'année, les procédures déjà étudiées en CM sont remobilisées et enrichies par l'utilisation explicite du coefficient de proportionnalité lorsque cela s'avère pertinent.

Dès la **période 2,** en relation avec le travail effectué en CM, les élèves appliquent un pourcentage simple (en relation avec les fractions simples de quantité : 10 %, 25 %, 50 %, 75 %).

Dès la **période 3,** ils apprennent à appliquer un pourcentage dans des registres variés.

Grandeurs et mesures

Attendus de fin de cycle

- Comparer, estimer, mesurer des grandeurs géométriques avec des nombres entiers et des nombres décimaux : longueur (périmètre), aire, volume, angle.
- Utiliser le lexique, les unités, les instruments de mesures spécifiques de ces grandeurs.
- Résoudre des problèmes impliquant des grandeurs (géométriques, physiques, économiques) en utilisant des nombres entiers et des nombres décimaux.

L'étude d'une grandeur nécessite des activités ayant pour but de définir la grandeur (comparaison directe ou indirecte, ou recours à la mesure), d'explorer les unités du système international d'unités correspondant, de faire usage des instruments de mesure de cette grandeur, de calculer des mesures avec ou sans formule. Toutefois, selon la grandeur ou selon la fréquentation de celle-ci au cours du cycle précédent, les comparaisons directes ou indirectes de grandeurs (longueur, masse et durée) ne seront pas reprises systématiquement. Tout au long du cycle et en relation avec l'apprentissage des nombres décimaux, les élèves font le lien entre les unités de numération et les unités de mesure (par exemple : dixième → dm, dg, dL ; centième → cm, cg, cL, centimes d'euros).

Les longueurs

Selon l'avancement du thème « nombres et calcul », les élèves réinvestissent leurs acquis de CM pour calculer des périmètres simples ou complexes.

Ils apprennent la formule de la longueur d'un cercle et l'utilisent après consolidation du produit d'un entier par un décimal, dans un premier temps, puis du produit de deux décimaux.

Les durées

Selon les situations, les élèves utilisent leurs acquis de CM sur les durées.

Des conversions nécessitant deux étapes de traitement peuvent être demandées (transformer des heures en semaines, jours et heures ; transformer des secondes en heures, minutes et secondes).

Les aires

En relation avec le travail sur la quatrième décimale, les élèves utilisent les multiples et sous-multiples du m2 et les relations qui les lient. Ils utilisent la formule pour calculer l'aire d'un triangle quelconque lorsque les données sont exprimées avec des nombres entiers. Après avoir consolidé le produit de décimaux, ils utilisent les formules pour calculer l'aire d'un triangle quelconque et celle d'un disque.

Les contenances et les volumes

Ils relient les unités de volume et de contenance (1 L = 1 dm^3 ; 1 000 L = 1 m^3). Ils utilisent les unités de volume : cm^3, dm^3, m^3 et leurs relations. Ils calculent le volume d'un cube ou d'un pavé droit en utilisant une formule.

Les angles

Avant d'utiliser le rapporteur, les élèves poursuivent le travail entrepris au CM en attribuant des mesures en degrés à des multiples ou sous-multiples de l'angle droit de mesure 90° (par exemple, on pourra considérer que la diagonale d'un carré partage l'angle droit en deux angles égaux de 45°).

Les élèves apprennent à utiliser un rapporteur pour mesurer un angle en degrés ou construire un angle de mesure donnée en degrés.

Proportionnalité

Sur des situations très simples en relation avec l'utilisation un rapporteur, les élèves construisent des représentations de données sous la forme de diagrammes circulaires ou semi-circulaires.

Espace et géométrie

Attendus de fin de cycle

- (Se) repérer et (se) déplacer dans l'espace en utilisant ou en élaborant des représentations.
- Reconnaître, nommer, décrire, reproduire, représenter, construire des figures et solides usuels.
- Reconnaître et utiliser quelques relations géométriques (notions d'alignement, d'appartenance, de perpendicularité, de parallélisme, d'égalité de longueurs, d'égalité d'angle, de distance entre deux points, de symétrie, d'agrandissement et de réduction).

Il est possible, lors de la résolution de problèmes, d'aller avec certains élèves ou toute la classe au-delà des repères de progression identifiés pour chaque niveau.

Les apprentissages spatiaux

Dans la continuité du cycle 2 et tout au long du cycle, les apprentissages spatiaux, en une, deux ou trois dimensions, se réalisent à partir de problèmes de repérage de déplacement d'objets, d'élaboration de représentation dans des espaces réels, matérialisés (plans, cartes…) ou numériques.

Initiation à la programmation

La construction de figures géométriques de simples à plus complexes, permet d'amener les élèves vers la répétition d'instructions. Ils peuvent commencer à programmer, seuls ou en équipe, des saynètes impliquant un ou plusieurs personnages interagissant ou se déplaçant simultanément ou successivement.

Les apprentissages géométriques

Les élèves sont confrontés à la nécessité de représenter une figure à main levée avant d'en faire un tracé instrumenté. C'est l'occasion d'instaurer le codage de la figure à main levée (au fur et à mesure, égalités de longueurs, perpendicularité, égalité d'angles).

Les figures étudiées sont de plus en plus complexes et les élèves les construisent à partir d'un programme de construction. Ils utilisent selon les cas les figures à main levée, les constructions aux instruments et l'utilisation d'un logiciel de géométrie dynamique. Ils définissent et différencient le cercle et le disque. Ils réalisent des patrons de pavés droits. Ils travaillent sur des assemblages de solides simples.

Le raisonnement

La dimension perceptive, l'usage des instruments et les propriétés élémentaires des figures sont articulés tout au long du cycle.

Tout le long de l'année se poursuit le travail entrepris au CM2 visant à faire évoluer la perception qu'ont les élèves des activités géométriques (passer de l'observation et du mesurage au codage et au raisonnement).

On s'appuie sur l'utilisation des codages.

Les élèves utilisent les propriétés relatives aux droites parallèles ou perpendiculaires pour valider la méthode de construction d'une parallèle à la règle et à l'équerre, et établir des relations de perpendicularité ou de parallélisme entre deux droites.

Ils complètent leurs acquis sur les propriétés des côtés des figures par celles sur les diagonales et les angles.

Dès que l'étude de la symétrie est suffisamment avancée, ils utilisent les propriétés de conservation de longueur, d'angle, d'aire et de parallélisme pour justifier une procédure de la construction de la figure symétrique ou pour répondre à des problèmes de longueur, d'angle, d'aire ou de parallélisme sans recours à une vérification instrumentée.

Le vocabulaire et les notations

Tout au long du cycle, les notations (AB), [AB), [AB], AB, sont toujours précédées du nom de l'objet qu'elles désignent : droite (AB), demi-droite [AB), segment [AB], longueur AB. Les élèves apprennent à utiliser le symbole d'appartenance ($\in$) d'un point à une droite, une demi-droite ou un segment.

Le vocabulaire et les notations nouvelles ($\in$, [AB], (AB), [AB), AB, $\widehat{AOB}$) sont introduits au fur et à mesure de leur utilité, et non au départ d'un apprentissage.
Les élèves utilisent la notation AB pour désigner la longueur d'un segment qu'ils différencient de la notation du segment [AB].
Dès que l'on utilise les objets concernés, les élèves utilisent aussi la notation « angle $\widehat{ABC}$ », ainsi que la notation courante pour les demi-droites.
Les élèves apprennent à rédiger un programme de construction en utilisant le vocabulaire et les notations appropriés pour des figures simples au départ puis pour des figures plus complexes au fil des périodes suivantes.

Les instruments

Les élèves se servent des instruments (règle, équerre, compas) pour reproduire des figures simples, notamment un triangle de dimensions données. Cette utilisation est souvent combinée à des tracés préalables codés à main levée.
Ils utilisent le rapporteur pour mesurer et construire des angles.
Dès que le cercle a été défini, puis que la propriété caractéristique de la médiatrice d'un segment est connue, les élèves peuvent enrichir leurs procédures de construction à la règle et au compas.

La symétrie axiale

Reconnaître si une figure présente un axe de symétrie : on conjecture visuellement l'axe à trouver et on valide cette conjecture en utilisant du papier-calque, des découpages, des pliages.
Compléter une figure pour qu'elle devienne symétrique par rapport à un axe donné.
- Symétrie axiale.
- Figure symétrique, axe de symétrie d'une figure, figures symétriques par rapport à un axe.
- Propriétés conservées par symétrie axiale.

Les élèves consolident leurs acquis du CM sur la symétrie axiale et font émerger l'image mentale de la médiatrice d'une part et certaines conservations par symétrie d'autre part.
Ils donnent du sens aux procédures utilisées en CM2 pour la construction de symétriques à la règle et à l'équerre.
À cette occasion :
- la médiatrice d'un segment est définie et les élèves apprennent à la construire à la règle et à l'équerre ;
- ils étudient les propriétés de conservation de la symétrie axiale.

En lien avec les propriétés de la symétrie axiale, ils connaissent la propriété caractéristique de la médiatrice d'un segment et l'utilisent à la fois pour tracer à la règle non graduée et au compas :
- la médiatrice d'un segment donné ;
- la figure symétrique d'une figure donnée par rapport à une droite donnée.

La proportionnalité

Les élèves agrandissent ou réduisent une figure dans un rapport plus complexe qu'au CM2 (par exemple $\frac{3}{2}$ ou $\frac{3}{4}$) ; ils reproduisent une figure à une échelle donnée et complètent un agrandissement ou une réduction d'une figure donnée à partir de la connaissance d'une des mesures agrandie ou réduite.

Éducation au développement durable

Ajout apporté au programme de mathématiques en application afin de renforcer les enseignements relatifs au changement climatique, à la biodiversité et au développement durable (BO n° 31 du 30 juillet 2020)

Les thèmes du changement climatique, du développement durable et de la biodiversité doivent être retenus pour développer des compétences en mathématiques et favoriser les liens avec les disciplines plus directement concernées. Une entrée par la résolution de problèmes est à privilégier. Les capacités suivantes peuvent être mobilisées dans ce cadre : utiliser et représenter les grands nombres entiers, des fractions simples, les nombres décimaux ; calculer avec des nombres entiers et des nombres décimaux ; résoudre des problèmes en utilisant des fractions simples, les nombres décimaux ; comparer, estimer, mesurer des grandeurs géométriques avec des nombres entiers et des nombres décimaux : longueur (périmètre), aire, volume, angle ; utiliser les unités, les instruments de mesures spécifiques de ces grandeurs ; résoudre des problèmes impliquant des grandeurs (géométriques, physiques, économiques) en utilisant des nombres entiers et des nombres décimaux.

CHAPITRE 1

Utiliser les nombres entiers

Lancé le 25 décembre 2021, le télescope James-Webb évolue à un million cinq cent mille kilomètres (1 500 000 km) de la Terre. Ce télescope a été conçu pour étudier, grâce à son miroir, les étoiles et la naissance de l'Univers, estimée à quatorze milliards d'années (14 000 000 000 d'années).

Bien démarrer

Pour chaque question, une réponse ou plusieurs sont exactes.

		a	b	c
1	Cinq cent vingt-huit mille cent soixante-trois s'écrit…	528 163	528 163 000	500 028 163
2	Le nombre 7 150 000 s'écrit en lettres…	sept millions cent cinquante	sept millions cent cinquante mille	sept milliards cent cinquante millions
3	Six milliers c'est aussi…	soixante centaines	soixante dizaines	six cents dizaines
4	$4 \times 1\,000\,000 + 7 \times 100 + 2$ est égal à…	4 000 000 702	4 072	4 000 702
5	143 est égal à…	$51 + 92$	$57 + 86$	$200 - 57$
6	Un multiple de 6 est…	20	30	72

Vérifie tes réponses p. 288

Je découvre

ACTIVITÉ

1 Utiliser des grands nombres

Cours Paragraphe 1, p. 16

1 **a.** Lire le texte ci-dessous, puis écrire en chiffres les deux nombres en gras.

La Terre s'est formée il y a environ **quatre milliards cinq cents millions** d'années et on estime que les premiers êtres humains, les *Homo habilis*, sont apparus il y a environ **deux millions trois cent mille** ans.

b. Lire le texte ci-dessous, puis écrire en lettres les deux nombres en gras.

La Terre est située à environ **150 000 000** de km du Soleil. Son diamètre est environ **12 742** km.

2 La population mondiale était estimée à environ 7 890 000 000 habitants en 2021.
Parmi ces écritures, lesquelles désignent ce nombre d'habitants ?

- $7 \times 1\,000\,000\,000 + 8 \times 100\,000\,000 + 9 \times 10\,000\,000$
- 78 900 millions
- 789 dizaines de millions
- 78 centaines de millions et 9 millions

ACTIVITÉ

2 Comparer des nombres entiers

Cours Paragraphe 2, p. 18

Voici le nombre de visiteurs en 2018 de certains parcs d'attractions français.

- **A** Le Puy du Fou : 2 300 000
- **B** OK Corral : 420 000
- **C** Parc Astérix : 2 320 000
- **D** Walibi Rhône-Alpes : 540 000
- **E** Futuroscope : 1 900 000
- **F** Nigloland : 640 000

a. Tracer cette demi-droite graduée, puis placer ces fréquentations aussi précisément que possible.

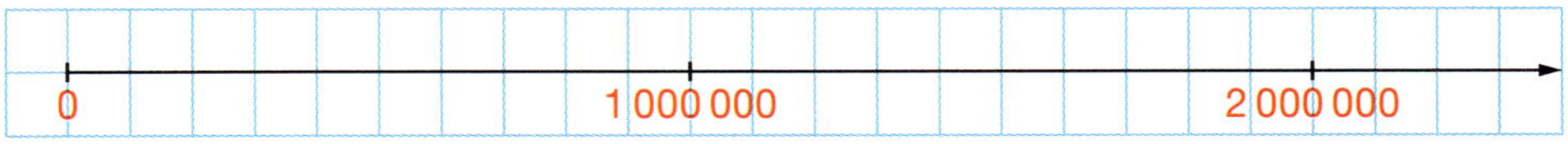

b. Ranger ces fréquentations dans l'ordre croissant.

Vocabulaire
Croissant : du plus petit au plus grand.
Décroissant : du plus grand au plus petit.

ACTIVITÉ

3 Opérer avec des nombres entiers

Cours Paragraphes 3 et 4, p. 20

a. Résoudre chacun des problèmes ci-dessous.

Problème 1
Lundi, Louise a parcouru 57 km à vélo.
Mardi, elle a parcouru 6 km de plus que la veille.
Quelle distance a-t-elle parcourue en deux jours ?

Problème 2
Le plus haut sommet du monde, l'Everest (Chine-Népal), culmine à 8 849 m, soit 2 954 m plus haut que le Kilimandjaro (Tanzanie).
Quelle est l'altitude du Kilimandjaro ?

Problème 3
Chaque jour, Chocapic, la chienne de Mathys, mange une boîte de 400 g de pâté et 250 g de croquettes.
Quelle masse d'aliments Chocapic mange-t-elle chaque semaine ?

b. Sonia a écrit l'expression ci-contre pour résoudre le **problème 3**.
À l'aide de la calculatrice, vérifier que cette écriture n'est pas correcte.
Quelle expression Sonia aurait-elle dû écrire ?

400 + 250 x 7

VIDÉOS de cours jaicompris.com

1 Nombres entiers

Exercices 19 à 28

a. Chiffres et nombres entiers

Les dix **chiffres** sont **0, 1, 2, 3, 4, 5, 6, 7, 8, 9**.
Les **nombres** s'écrivent à l'aide de ces chiffres.

RÈGLE Pour écrire un nombre :
- on effectue des groupements par dix :
10 unités = 1 dizaine, 10 dizaines = 1 centaine, 10 centaines = 1 millier, …
- chaque chiffre a une valeur qui dépend de son **rang** (ou position) dans l'écriture.

Exemple

$535 = 5 \times 100 + 3 \times 10 + 5$

Les chiffres **5** n'ont pas la même signification : 5 est le chiffre des centaines et 5 est celui des unités.

b. Écriture d'un nombre en chiffres

Pour faciliter la lecture d'un nombre, on écrit les chiffres par groupes de **trois à partir du chiffre des unités**.

Classe des milliards			Classe des millions			Classe des mille			Classe des unités simples		
c	d	u	c	d	u	c	d	u	c	d	u
7	2	0	0	8	3	0	0	0	0	3	2

Exemple

Le nombre ci-dessus s'écrit 720 083 000 032. ← Lire « sept cent vingt milliards quatre-vingt-trois millions trente-deux ».

$720\,083\,000\,032 = 720 \times 1\,000\,000\,000 + 83 \times 1\,000\,000 + 32$

c. Différentes écritures

Exemples

- La décomposition ci-contre met en évidence le rôle de chaque chiffre dans l'écriture d'un nombre.

$5\,713 = 5 \times 1\,000 + 7 \times 100 + 1 \times 10 + 3$

Chiffre des … milliers (5), centaines (7), dizaines (1), unités (3)

- La décomposition ci-contre met en évidence le nombre de dizaines d'un nombre.

$5\,713 = \underbrace{571} \times 10 + 3$

Nombre de dizaines : 571

Alban a une collection de 5 713 timbres qu'il range sur des feuilles pouvant chacune contenir 10 timbres.
Alban remplit ainsi entièrement 571 feuilles (la 572e feuille ne comporte que 3 timbres).

- La décomposition ci-contre met en évidence le nombre de centaines d'un nombre.

$5\,713 = \underbrace{57} \times 100 + 13$

Nombre de centaines : 57

Une machine conditionne 5 713 vis dans des boîtes pouvant contenir chacune 100 vis.
Cette machine remplit ainsi entièrement 57 boîtes (la 58e boîte ne contient que 13 vis).

J'applique le cours

1 Écrire un nombre entier en lettres ou en chiffres

EXERCICE RÉSOLU

ÉNONCÉ **a.** Écrire en chiffres les deux nombres en gras dans le texte ci-dessous.
« Le 12 septembre 2021, en France, **quarante-neuf millions quatre cent quatre-vingt-treize mille deux cent quatre-vingt-neuf** personnes avaient reçu au moins une dose de vaccin anti-Covid et il y en avait **trois milliards trois cent quatorze millions quatre cent soixante-cinq mille** dans le monde. »
b. Écrire en lettres les deux nombres en gras dans le texte ci-dessous.
« En 2021, la population française était estimée à **66 732 000** et la population mondiale à **7 874 200 000**. »

SOLUTION

a. • 49 493 289 • 3 314 465 000
b. • Soixante-six millions sept cent trente-deux mille
• Sept milliards huit cent soixante-quatorze millions deux cent mille

CONSEILS

• On regroupe les chiffres par groupes de trois à partir du chiffre des unités.
• Million et milliard s'accordent au pluriel ; mille est invariable ; vingt et cent s'accordent au pluriel quand ils ne sont pas suivis d'un autre nombre.

À TON TOUR

2 **a.** Écrire en chiffres les deux nombres en gras.
« En 2020, on comptait dans le monde environ **cinq milliards cent quatre-vingt-dix millions** de téléphones portables, dont **soixante-quatre millions sept cent mille** en France. »
b. Écrire en lettres les deux nombres en gras.
« Il y a environ **1 400 000 000** voitures dans le monde, dont **36 500 000** en France. »

3 **a.** Écrire en chiffres les deux nombres en gras.
« Il y a environ **cent mille milliards** de cellules dans le corps d'un adulte et environ **quatre-vingt-six milliards** de neurones dans son cerveau. »
b. Écrire en lettres les deux nombres en gras.
« Le cerveau d'un humain adulte perd chaque jour environ **85 000** neurones, soit environ **31 000 000** par an. »

4 Décomposer des nombres entiers

EXERCICE RÉSOLU

ÉNONCÉ Un train transporte 1 032 passagers.
Sachant que chaque voiture comporte 100 places, combien de voitures ce train doit-il avoir au minimum ?

SOLUTION

• 1 032 = 1 000 + 32 = 10 × 100 + 32
• Ce train doit comporter 10 voitures pleines et une 11e voiture avec 32 passagers.
• Ainsi, le train doit avoir au minimum 11 voitures.

CONSEIL

• Pour résoudre ce problème, on cherche le nombre de centaines du nombre 1 032.
1 032 a 10 centaines.

	m	c	d	u
10 centaines →	1	0	3	2

À TON TOUR

5 Une usine produit des bougies.
Ces bougies sont emballées par boîtes de 100.
Combien de boîtes sont entièrement remplies lorsque l'usine produit chaque jour :
a. 5 750 bougies ?
b. 6 800 bougies ?

6 Une laiterie reçoit 49 780 000 L de lait pour fabriquer du fromage.
Le lait est livré dans des camions-citernes d'une contenance de 10 000 L chacun.
Combien de camions sont nécessaires pour cette livraison de lait ?

2 Repérage et comparaison

Exercices 29 à 38

a. Demi-droite graduée

DÉFINITION Une **demi-droite graduée** est une demi-droite sur laquelle on a choisi une unité de longueur que l'on reporte régulièrement à partir de l'origine.

Exemple

Cette demi-droite est graduée avec pour unité le carreau. Pour placer le nombre 5 on compte 5 carreaux à partir de l'origine.

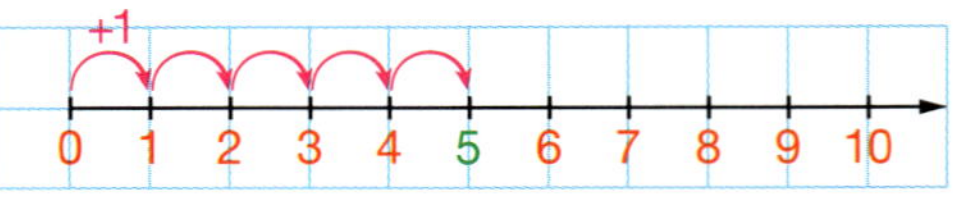

b. Comparaison des nombres entiers

DÉFINITION **Comparer** deux nombres, c'est dire s'ils sont **égaux** ou si l'un est **plus petit** ou **plus grand** que l'autre.

Vocabulaire	765 est **plus petit que** 4 023 ou 765 est **inférieur à** 4 023	765 est **plus grand que** 489 ou 765 est **supérieur à** 489
Notation	765 $<$ 4 023	765 $>$ 489

RÈGLE • Le plus grand de deux nombres entiers est celui qui a le plus de chiffres.
• Si deux nombres entiers ont le même nombre de chiffres, on compare les chiffres de même rang en commençant par la gauche.

Exemples

• 24 361 $>$ 8 765. En effet, 24 361 a **5** chiffres et 8 765 a **4** chiffres. Or **5** $>$ **4**.

• 4 329 $<$ 4 351. En effet, ces nombres ayant 4 chiffres, on compare d'abord les chiffres des milliers. Comme ils sont égaux (4), on compare les chiffres des centaines. Comme ils sont égaux (3), on compare les chiffres des dizaines : **2** $<$ **5**.

c. Encadrement, intercalation

DÉFINITION **Encadrer** un nombre, c'est trouver deux nombres, l'un plus petit, l'autre plus grand que ce nombre. La différence entre ces deux nombres est l'**amplitude** de l'encadrement.

Exemples

• 74 560 $<$ 74 568 $<$ 74 570 est un encadrement d'amplitude 10 de 74 568.
• 74 500 $<$ 74 568 $<$ 74 600 est un encadrement d'amplitude 100 de 74 568.
• 74 000 $<$ 74 568 $<$ 75 000 est un encadrement d'amplitude 1 000 de 74 568.

DÉFINITION **Intercaler** un nombre entre deux nombres, c'est trouver un nombre compris entre les deux.

Exemple

Entre 105 000 et 106 000, on peut intercaler les nombres 105 500, 105 899, …

J'applique le cours

7 Comparer des nombres entiers

EXERCICE RÉSOLU

ÉNONCÉ Voici les nombres d'abonnés à certains comptes d'un réseau social.

- Lionel Messi : 104 320 910
- Cristiano Ronaldo : 149 432 910
- Le Musée du Louvre : 2 666 700
- L'émission *C'est pas sorcier* : 270 113

Dans chaque cas, comparer les nombres d'abonnés aux comptes de :

a. Lionel Messi et Cristiano Ronaldo ;

b. Le Musée du Louvre et *C'est pas sorcier*.

SOLUTION

a. 0 < 4, donc 104 320 910 < 149 432 910
Sur ce réseau social, le compte de Lionel Messi a moins d'abonnés que celui de Cristiano Ronaldo.

b. 2 666 700 s'écrit avec 7 chiffres, 270 113 s'écrit avec 6 chiffres et 7 > 6. Donc 2 666 700 > 270 113.
Le compte du Musée du Louvre a plus d'abonnés que celui de l'émission *C'est pas sorcier*.

CONSEIL

Les nombres 104 320 910 et 149 432 910 ont le même nombre de chiffres :
– on compare d'abord les chiffres des centaines de millions (ici 1 et 1),
– puis les chiffres des dizaines de millions (ici 0 et 4).

À TON TOUR

8 Voici les populations de deux grandes villes.

- New York : 8 419 000
- Londres : 8 982 000

Comparer ces populations.

9 Voici la production annuelle de déchets, en tonnes, de deux pays européens.

- France : 342 388 000
- Allemagne : 405 524 000

Comparer ces productions de déchets.

10 Ranger une liste de nombres

EXERCICE RÉSOLU

ÉNONCÉ Voici les populations de cinq villes françaises.
Ranger ces populations dans l'ordre croissant.

Ville	Roubaix	Toulon	Rennes	Créteil	Saint-Étienne
Population	98 089	176 198	217 728	92 265	173 089

SOLUTION

- On compare les nombres de 5 chiffres :
  92 265 < 98 089.
- On compare les nombres de 6 chiffres :
  173 089 < 176 198 < 217 728
- On en déduit :
  92 265 < 98 089 < 173 089 < 176 198 < 217 728.

CONSEILS

Pour ranger ces nombres :
– on les classe selon leurs nombres de chiffres, ici ceux de cinq chiffres et ceux de six chiffres ;
– dans chaque classe, on range les nombres dans l'ordre croissant.

À TON TOUR

11 Voici les affluences lors de cinq matchs d'une journée de football de Ligue 1.

35 673 | 4 861 | 27 185 | 11 678 | 19 968

Ranger ces affluences dans l'ordre croissant.

12 Voici les distances, en km, entre Paris et différentes villes.

- Sydney : 16 960
- Tokyo : 9 712
- Pékin : 8 216
- Moscou : 2 486
- Le Cap : 9 342
- Santiago : 11 646

Ranger ces distances dans l'ordre croissant.

VIDÉOS de cours jaicompris.com

3 Addition, soustraction

Exercices 39 à 48

RÈGLE Pour effectuer une addition ou une soustraction de nombres entiers, on peut effectuer un **calcul posé**. Pour cela, on place les chiffres de même rang les uns sous les autres en **alignant les chiffres des unités** et **on commence les calculs par la droite**.

Exemples

• **Calcul de la somme de 5 349 et 786**

	1	1	1	
	5	3	4	9
+		7	8	6
6	1	3	5	

9 unités plus 6 unités font 15 unités, soit 1 dizaine (la retenue) et 5 unités.

Donc 5 349 + 786 = 6 135.

La **somme** de 5 349 et 786 est 6 135.

• Un **ordre de grandeur** de 5 349 + 786 est 5 350 + 800, soit 6 150.

• **Calcul de la différence de 9 732 et 285**

	9	7	$_1$3	$_1$2
–		2	8	5
		1	1	
	9	4	4	7

• 2 – 5 je ne peux pas.
12 – 5 = 7 ; je pose 7.
• 1 + 8 = 9 et 13 – 9 = 4…

Donc 9 732 – 285 = 9 447.

La **différence** de 9 732 et de 285 est 9 447.

• Un **ordre de grandeur** de 9 732 – 285 est 9 700 – 300, soit 9 400.

4 Multiplication

Exercices 49 et 51 à 56

RÈGLE Pour effectuer la **multiplication** de deux nombres entiers, on peut effectuer un **calcul posé**. Pour cela on écrit le nombre qui a le plus de chiffres au-dessus de l'autre en **alignant les chiffres de même rang**, et on **commence les calculs par la droite**.

Exemple

• **Calcul du produit de 817 par 23**

Le calcul posé ci-contre utilise le fait que :

$817 \times 23 = 817 \times 20 + 817 \times 3$.

Donc $817 \times 23 = 18\,791$.

Le **produit** de 817 par 23 est 18 791.

• Un **ordre de grandeur** de 817×23 est 800×20, c'est-à-dire 16 000.

		8	1	7
×			2	3
	2	4	5	1
1	6	3	4	0
1	8	7	9	1

817×3 unités = 2 451 unités

817×2 dizaines = 1 634 dizaines, c'est-à-dire 16 340 unités.

On additionne 2 451 et 16 340.

Vocabulaire : on traduit le fait que $42 = 6 \times 7$ en disant que « 42 est un **multiple** de 7 (ou de 6) ».

5 Priorités opératoires

Exercices 50, 57 et 58

RÈGLES • Les calculs **entre parenthèses** sont **prioritaires**.
• La **multiplication est prioritaire** sur les additions et les soustractions.

Exemples

A = 14 – (4 + 2)
A = 14 – 6 ← On effectue d'abord le calcul entre parenthèses.
A = 8

B = 1 + 5 × 4
B = 1 + 20 ← On effectue d'abord la multiplication.
B = 21

J'applique le cours

13 Choisir la bonne opération

EXERCICE RÉSOLU

ÉNONCÉ Dans un collège, il y a 175 élèves en 6e, soit 8 élèves de plus qu'en 5e.
En 4e, il y a 6 classes de 28 élèves.
Dans ce collège, combien y a-t-il d'élèves :
a. en 5e ? **b.** en 4e ?

SOLUTION

a. On peut réaliser le schéma ci-contre.

Nombre d'élèves en 5^e	8

6e : 175 élèves

$175 - 8 = 167$
Donc il y a 167 élèves en 6e.
b. $6 \times 28 = 168$
Donc il y a 168 élèves en 4e.

CONSEILS
- En 6e, il y a 8 élèves de plus qu'en 5e, donc il y a 8 élèves de moins en 5e qu'en 6e. On utilise une soustraction.
- On remarque que : $6 \times 28 = 6 \times 20 + 6 \times 8$, soit $6 \times 28 = 120 + 48 = 128$.

À TON TOUR

14 Mardi, Marion a parcouru 48 km à vélo, soit 12 km de moins que lundi.
Mercredi, elle a effectué 5 tours d'un circuit de 13 km.
Quelle distance Marion a-t-elle parcourue :
a. lundi ? **b.** mercredi ?

15 Cette année, Capucine a vu 28 films au cinéma, soit 13 de plus que l'an dernier.
Elle a également regardé les 8 saisons de 12 épisodes de sa série préférée.
a. Combien de films Nina a-t-elle vus l'an dernier ?
b. Combien d'épisodes comporte sa série préférée ?

16 Organiser un calcul en ligne

EXERCICE RÉSOLU

ÉNONCÉ Dans un immeuble, il y a au total 52 appartements.
Hormis au rez-de-chaussée, il y a 6 appartements à chacun des 8 autres étages.
a. Écrire une expression permettant de calculer le nombre d'appartements au rez-de-chaussée.
b. Calculer cette expression et conclure.

SOLUTION

a. $52 - 8 \times 6$
b. $52 - 8 \times 6 = 52 - 48$,
soit $52 - 8 \times 6 = 4$.
Il y a donc 4 appartements au rez-de-chaussée.

CONSEILS
- On soustrait le nombre d'appartements dans les 8 étages (8×6) au nombre total d'appartements.
- Dans ce calcul sans parenthèse, on effectue en premier la multiplication.

À TON TOUR

17 La hauteur de cet immeuble est 16 m.
Chacun de ses quatre étages a 3 m de hauteur.
a. Écrire une expression permettant de calculer la hauteur du rez-de-chaussée.
b. Calculer cette expression et conclure.

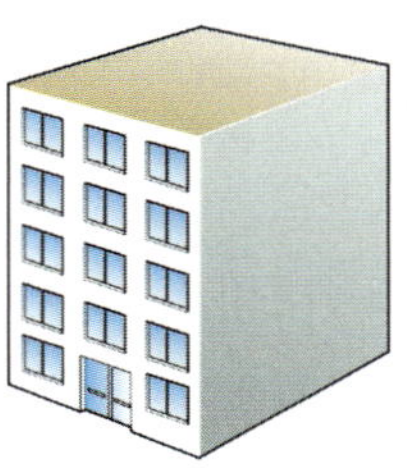

18 Pour les prochaines vacances, Julia et sa famille partiront une semaine en Espagne.
Ils versent un acompte de 250 € à l'agence de voyages au moment de la réservation.
Ils paieront le reste en 9 mensualités de 130 € chacune.
a. Écrire une expression qui permet de calculer le prix de ce voyage.
b. Calculer cette expression et conclure.

Je travaille mes automatismes

Connaître les nombres entiers

À l'oral

Questions flash

19 Lire à haute voix chacun des nombres suivants.
a. 65 318 **b.** 98 765 402 100 **c.** 80 000 075

20 Dans chaque cas, lire en complétant.
a. 7 020 030 = 7 × … + 2 × … + 3 × …
b. 60 000 400 000 = 6 × … + 4 × …

21 Pour le nombre 2 504 015, indiquer oralement le chiffre :
a. des dizaines ; **b.** des centaines de mille ;
c. des millions ; **d.** des centaines.

22 Recopier et compléter avec les mots qui conviennent parmi ceux de la liste suivante :
unités, dizaines, centaines, milliers, millions, milliards.
a. 5 720 = 5 … 7 … 2 …
b. 5 007 000 203 = 5 … 7 … 2 … 3 …

23 Écrire en toutes lettres.
a. 843 **b.** 6 500 **c.** 31 880 017

24 Écrire en chiffres.
a. Treize millions vingt-cinq mille deux cent six.
b. Neuf milliards trois cent dix millions deux cent huit mille six cents.

25 Quel nombre affichera ce compteur de voiture quand elle aura parcouru en plus :
a. dix kilomètres ?
b. cent kilomètres ?
c. trois mille kilomètres ?

26 Écrire en chiffres le nombre désigné par :
a. 3 × 10 000 000 + 2 × 10 000 + 4 × 10
b. 2 × 10 000 000 000 + 4 × 10 000 000

27 On sait que 18 007 = 1 × 10 000 + 8 × 1 000 + 7.
Décomposer de la même façon :
a. 7 654 **b.** 804 201 **c.** 90 900 900 900

28 Recopier et compléter :
a. 14 512 = … × 100 + …
b. 13 645 231 = 136 × … + …

Repérer et comparer des nombres entiers

À l'oral

Questions flash

29 Indiquer le plus grand des deux nombres.
a. 13 000 027 et 13 010 000 **b.** 74 038 et 702 000

30 Dans chaque cas, dire si le nombre est compris ou non entre 9 820 et 10 120.
a. 9 900 **b.** 10 200 **c.** 9 792 **d.** 9 000 **e.** 102 000

31 Écrire le nombre repéré par chaque flèche.
a.
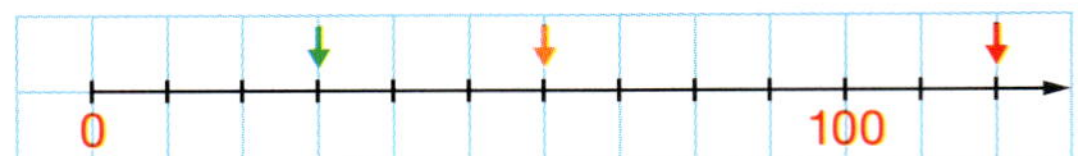

b.
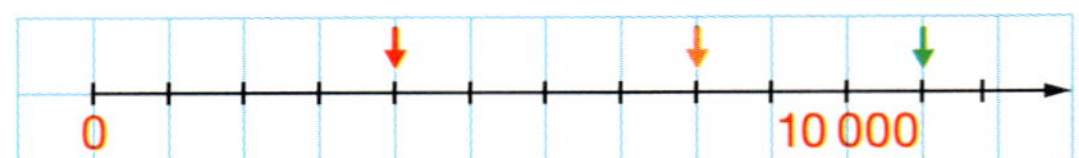

32 Écrire le nombre repéré par chaque flèche.
a.

b.
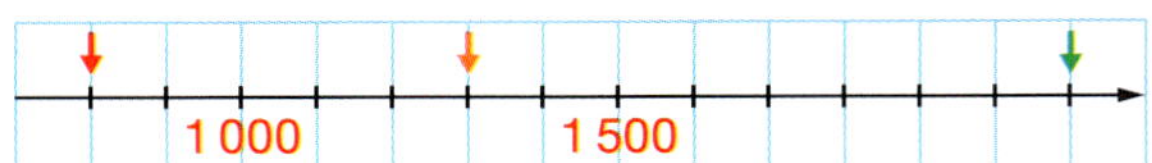

33 CORRIGÉ en vidéo jaicompris.com
Recopier et compléter par > ou <.
a. 8 903 … 12 531 **b.** 754 526 … 753 926
c. 643 100 … 79 432 **d.** 6 083 432 … 6 090 413

34 Ranger ces nombres dans l'ordre croissant.
36 915 40 230 36 893 103 250 28 315

35 Ranger ces nombres dans l'ordre décroissant.
123 076 126 532 94 260 123 100 96 123

36 Écrire un encadrement du nombre 59 476 d'amplitude : • 10 • 100 • 1 000

37 Intercaler un nombre entier entre :
a. 3 590 et 3 610 **b.** 1 720 339 et 1 720 341

38 Recopier et compléter chacune de ces inégalités en utilisant une seule fois chacun de ces cinq nombres :
5 536 12 038 8 671 3 142 5 372
• 7 523 < … < 9 000 • … < 4 200
• 4 600 < … < … • 9 800 < …

Je travaille mes automatismes

Additionner et soustraire des nombres entiers

À l'oral — **Questions flash**

39 CALCUL MENTAL Calculer mentalement :
a. 14 + 38 **b.** 87 + 36 **c.** 199 + 267

40 CALCUL MENTAL Calculer mentalement :
a. 41 – 17 **b.** 500 – 138 **c.** 20 000 – 4 739

41 CALCUL MENTAL **a.** Combien faut-il ajouter à 8 pour obtenir 40 ?
b. Quel est l'écart entre 13 et 50 ?

42 Recopier puis effectuer ces additions.

a.

	7	6	8	7	2
+		5	7	3	6

b.

	2	5	1	8	3
+		4	7	6	2
+				7	6

43 Poser, effectuer, puis vérifier à la calculatrice.
a. 1 483 + 867 **b.** 8 367 + 457 236
c. 74 + 25 638 + 9 836 **d.** 28 + 3 039 + 985

44 Recopier puis effectuer.

a.

	7	0	2	8
–	4	6	7	3

b.

	3	4	2	5	4
–		7	6	5	8

45 CORRIGÉ en vidéo jaicompris.com
Poser, effectuer puis vérifier à la calculatrice.
a. 1 437 – 546 **b.** 20 324 – 8 748

46 Dans chaque cas, l'un des résultats est correct. Dire lequel, sans effectuer le calcul.
a. 112 + 587 + 1 209 = ...
958 15 238 1 908
b. 18 746 – 2 801 = ...
10 945 15 945 20 945

47 Nohane a un sac qui pèse 17 kg et une valise qui pèse 26 kg. Calculer la masse totale de ses bagages.

48 Dans un collège de 561 élèves, il y a 268 garçons. Combien y a-t-il de filles dans ce collège ?

Multiplier et gérer un calcul

À l'oral — **Questions flash**

49 CALCUL MENTAL Calculer mentalement :
a. 6 × 23 **b.** 13 × 70 **c.** 69 × 8

50 Qui a raison ? Justifier.

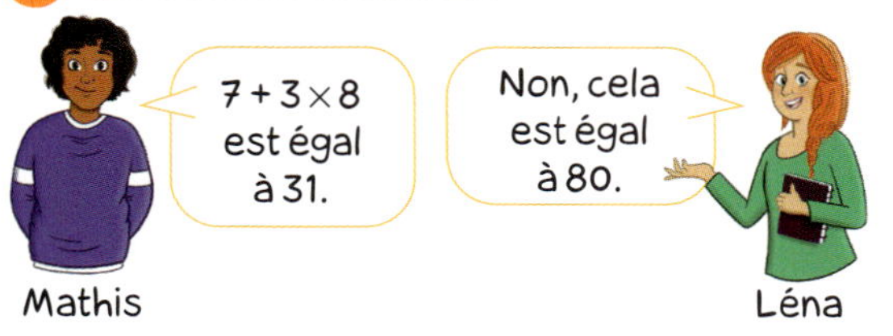

51 Recopier et compléter cette table de multiplication.

×	3	4			8
7					
6			36		
9				63	

52 Recopier puis effectuer ces multiplications.

a.

	4	3	7
×		2	6

b.

	9	5	8
×	7	0	4

53 Poser, effectuer puis vérifier à la calculatrice.
a. 78 × 653 **b.** 2 608 × 457 **c.** 932 × 867

54 Calculer chaque expression en ligne en expliquant.
A = 12 × 23 B = 37 × 21 C = 700 × 8 000

55 Écrire tous les multiples :
a. de 10 compris entre 143 et 186 ;
b. de 7 compris entre 50 et 80.

56 Un arboriculteur a planté 12 rangées de 14 arbres chacune. Combien d'arbres a-t-il plantés ?

57 Calculer chaque expression à la main.
A = 18 + 2 × 7 B = 408 – 8 × 7

58 CORRIGÉ en vidéo jaicompris.com
Calculer chaque expression puis vérifier à la calculatrice.
A = (3 + 7) × 13 – 10 B = 240 – (31 – 24)
C = 14 + 7 × (13 – 10) D = (4 × 8 – 24) × 6

Connaître les nombres entiers

59 Écrire en chiffres les nombres en gras dans le texte suivant.

« On estime qu'en 2017, **sept milliards deux cents millions** de tonnes de déchets ont été produits dans le monde, dont **trois cent vingt-six millions** de tonnes en France. Une partie de ces déchets a généré une mer de plastique qui s'étend sur plus d'**un million six cent mille** km². »

60 Recopier et compléter.

a. 1 million = ... milliers

b. 7 millions et 3 dizaines de milliers = ... milliers

c. 4 dizaines de milliards et 5 millions = ... millions

61 Les premiers poissons sont apparus il y a quatre cent cinquante millions d'années.

Combien cela fait-il :

a. de siècles ? **b.** de millénaires ?

62 Ces récipients sont gradués en dL.

Indiquer la quantité d'eau contenue dans chacun.

a.

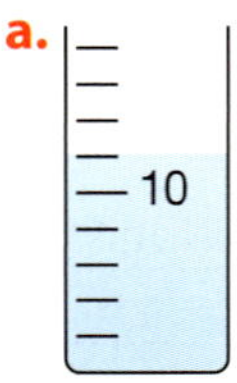

b.

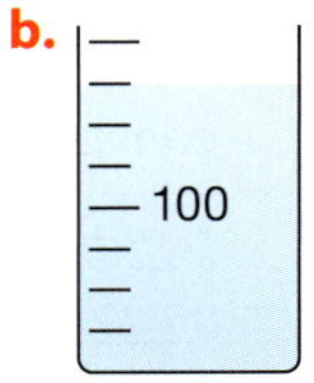

63 Indiquer le nombre repéré par chaque flèche.

a.

b.

64 Tracer une demi-droite graduée sur laquelle 1 cm représente 1 000 unités, puis placer les nombres 3 000, 6 500 et 8 600.

65 Jeux et casse-tête Voici cinq cartes contenant un nombre :

Placer ces cartes côte à côte pour écrire :

- le plus petit nombre entier possible de douze chiffres ;
- le plus grand nombre entier possible de douze chiffres.

Opérer sur les nombres entiers. Gérer un calcul

66 Voici un extrait de carte routière.

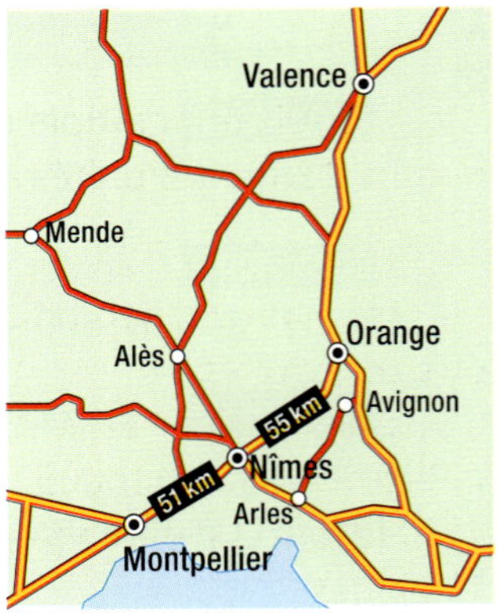

a. Quelle distance, en km, sépare Orange de Montpellier ?

b. Il y a 173 km entre Nîmes et Valence par l'autoroute (en jaune sur la carte).

Quelle distance, en km, sépare Orange de Valence ?

67 Kevin a 830 g de farine et 720 g de sucre.

Il fait un gâteau pour lequel il faut la même quantité de farine et de sucre.

Après avoir fait ce gâteau, il lui reste 250 g de sucre.

a. Pour ce gâteau, combien a-t-il utilisé :

- de sucre ?
- de farine ?

b. Kevin peut-il ensuite faire une pâte à crêpes, pour laquelle 350 g de farine sont nécessaires ?

68 Recopier et compléter.

a.

		7	6	5	4
+		●	●	3	●
	●	6	5	●	2

b.

	●	7	8	3	●
−	2	●	●	6	8
	4	8	2	●	5

69 Pour les pyramides ci-dessous, dans chaque brique, le nombre à inscrire est la somme des nombres notés dans les deux briques situées au-dessous.

Recopier et compléter chaque pyramide.

a.

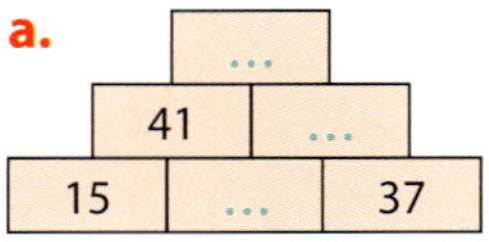

b.

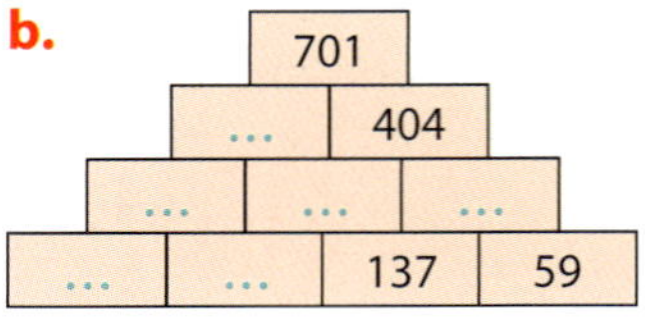

70 Chaque seconde, 20 m² de terres agricoles disparaissent en France.

Quelle surface disparaît :

a. chaque minute ? **b.** chaque jour ?

71 Calculer la hauteur de cet escalier dont toutes les marches sont identiques.

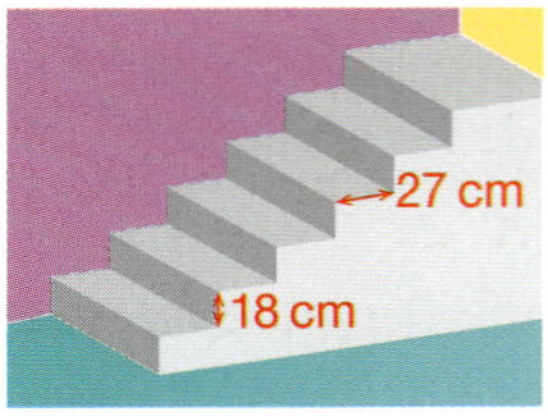

72 Un avion Cessna pèse 750 kg, soit 744 fois moins qu'un Airbus A380.
Quelle est la masse, en tonnes, d'un A380 ?

73 « Je suis un multiple de 9 plus petit que 100 et dont le chiffre des unités est 4. » Qui suis-je ?

74 Trois tours d'habitations, notées A, B et C, vont être construites.
Il y aura 57 appartements dans la tour A, soit 9 de moins que dans la tour B.
Dans la tour C, il y aura 6 appartements à chacun des 13 étages.
Combien d'appartements y aura-t-il au total dans les trois tours ?

75 **Algo** Une salle de spectacle comporte 26 rangées de sièges. 17 rangées ont 18 sièges chacune et les autres ont 12 sièges chacune.
On saisit un bloc Scratch afin de calculer le nombre de sièges de cette salle.

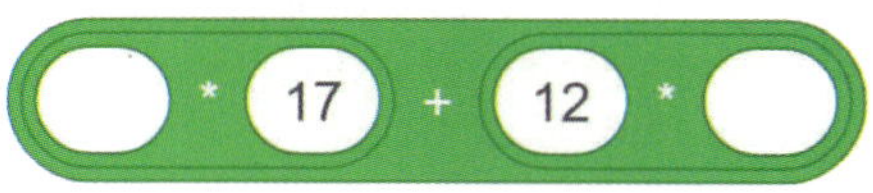

a. Quelles sont les deux données manquantes ?
b. Combien y a-t-il de sièges dans cette salle ?

76 Calculer astucieusement (sans poser l'opération) chaque expression en expliquant la méthode utilisée.
$A = 36 \times 97 + 36 \times 3$ $\quad$ $B = 273 \times 118 - 273 \times 18$

77 Avec un billet de 50 €, Clara achète quatre places de cinéma à 12 € l'unité.
a. Écrire une expression qui permet de calculer la somme qu'il va rester à Clara.
b. Calculer cette expression puis conclure.

78 On charge huit caisses de 350 kg chacune sur un camion qui pèse, à vide, 4 100 kg.
a. Écrire une expression qui permet de calculer la masse totale du camion chargé.
b. Calculer cette expression puis conclure.

79 **Jeux et casse-tête** Chaque symbole ci-contre représente toujours un même chiffre.
Associer chaque symbole au chiffre qui convient.

```
  ■ ▲ ◆
×     3
-------
  ◆ ◆ ◆
```

Synthèse

Utiliser les nombres entiers

80 Au mois de novembre, Anne prend le bus durant 18 jours pour ses trajets domicile-travail.
Elle effectue deux trajets par jour.
Normalement, le prix d'un ticket pour un trajet est 3 €, mais Anne a pris un abonnement mensuel à 80 €.

> **Objectif** Déterminer l'économie réalisée par Anne grâce à son abonnement.

a. Combien de tickets Anne aurait-elle dû acheter en novembre ?
b. Quel aurait été le coût de ces tickets ?
c. Quel est le montant de l'économie réalisée par Anne ?

81 Yan et Léa ont beaucoup voyagé et ils ont de nombreux amis sur un réseau social.
À eux deux, ils ont 460 amis étrangers.
Yan a 197 amis français et 322 amis étrangers.
Léa a 348 amis au total.

> **Objectif** Calculer le nombre d'amis français de Léa.

a. Recopier ce tableau et compléter les pointillés par les nombres qui conviennent.

	Français	Étrangers	Total
Yan	…	…	
Léa			…
Total		…	

b. En déduire le nombre d'amis français de Léa.

82 12 500 tickets sont vendus pour un concert.
Parmi ces tickets, 3 800 tickets coûtent 25 € et 4 600 coûtent 40 €.
Les autres tickets coûtent 60 €.

> **Objectif** Utiliser une expression pour calculer le montant total de la recette.

a. Écrire une expression qui permet de calculer le nombre de tickets à 60 €.
Calculer cette expression.
b. Écrire une expression qui permet de calculer le montant total de la recette.
c. Calculer le montant total de la recette.

Parcours différenciés

Je m'évalue

Pour chaque question, une seule réponse est exacte.

QCM supplémentaires college.nathan.fr/tm6026

	a	b	c	En cas d'erreur
83 Le chiffre des dizaines de milliards du nombre 152 037 263 530 est…	5	2	3	Cours 1 p. 16
84 Un nombre qui a 835 centaines est…	853	83 574	1 283 595	
85 Douze milliards cinquante millions six cents s'écrit aussi…	12 050 600	12 000 050 600	12 050 000 600	Ex. 1 p. 17
86 Le nombre repéré par le point A est… 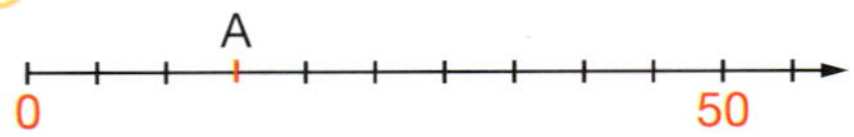	15	20	30	Cours 2 p. 18
87 Il est exact que…	$73\,842 > 74\,000$	$73\,842 = 74\,000$	$73\,842 < 74\,000$	
88 Un encadrement d'amplitude 100 de 586 est…	$500 < 586 < 600$	$586 < 600$	$580 < 586 < 590$	
89 Les trois nombres rangés dans l'ordre croissant de haut en bas sont…	175 230 175 500 174 900	174 900 175 230 175 500	175 500 175 230 174 900	Ex. 10 p. 19
90 19 348 + 764 est égal à…	20 112	20 002	20 012	Cours 3 p. 20
91 La différence égale à 6 423 est…	7 040 – 1 617	7 930 – 1 607	8 030 – 1 607	
92 Il n'y a pas d'erreur dans l'opération…	4 9 8 × 5 7 3 4 8 6 2 4 5 0 0 2 7 9 8 6	4 9 8 × 5 7 3 4 8 6 2 4 9 0 5 9 7 6	4 9 8 × 5 7 3 4 8 6 2 4 9 0 0 2 8 3 8 6	Cours 4 p. 20
93 54×21 est égal à…	$54 \times 20 + 1$	$54 \times 20 + 54$	$54 \times 20 - 54$	
94 Un multiple de 7 est…	17	21	27	
95 Un collège commande 76 manuels de mathématiques à 23 € l'unité. Le montant de la facture est…	99 €	1 748 €	1 548 €	Ex. 13 p. 21
96 $54 \times 17 + 54 \times 3$ est égal à…	54×20	54×21	128×20	Cours 5 p. 20
97 $9 - 2 \times (3 + 1)$ est égal à…	1	28	4	

Je réalise mon parcours

Selon ton score page précédente

Parcours conseillé
- Entre **0 et 7 bonnes réponses** : (drapeau vert)
- Entre **8 et 12 bonnes réponses** : (drapeau bleu)
- **13 bonnes réponses ou plus** : (drapeau rouge)

98 Étudier des distances

Chana, Sébastien et Jules prennent tous chaque matin, dans cet ordre, la voiture, le train, puis le métro pour aller au travail.
Le soir, pour rentrer chez eux, ils prennent ces moyens de transport dans l'ordre inverse.
On se propose d'étudier les déplacements journaliers de ces trois personnes.

PARCOURS 1

Le matin, Chana effectue 6 km en voiture puis 30 km en train, soit 18 km de plus qu'en métro.
On se propose de calculer la distance totale parcourue par Chana chaque jour.

a. Recopier et compléter :
« Le matin, Chana parcourt 18 km de … en train qu'en métro, donc elle parcourt en métro 30 km … 18 km, soit … km. »
b. Calculer la distance parcourue par Chana chaque matin.
c. Calculer la distance totale parcourue par Chana chaque jour.

PARCOURS 2

Sébastien habite à 63 km de son lieu de travail.
Le matin, il parcourt 3 km en voiture, soit 11 km de moins qu'en métro.
Calculer la distance que parcourt Sébastien chaque jour en train.

PARCOURS 3

Jules habite à 58 km de son lieu de travail.
Le matin, quand il monte dans le train, il lui reste encore 49 km à parcourir pour arriver au travail. Le soir, quand il monte dans le train, il lui reste encore 51 km à parcourir pour arriver chez lui.
Calculer la distance que parcourt Jules chaque jour en train.

99 Étudier des revenus

Fanny, Sophie et Émilie sont monitrices de ski.
Voici des informations sur les prix de leurs cours.
On se propose d'étudier leurs revenus lors du mois de février.

Cours individuel (1 h) : 44 €
Cours collectif (1 h) : 56 €

PARCOURS 1

En février, Fanny a travaillé 58 h en cours individuels et 32 h en cours collectifs.
On s'intéresse à la somme qu'elle a gagnée en février.

a. Recopier et compléter : « En cours individuels, Fanny a gagné … × … €, c'est-à-dire … €. »
b. Calculer la somme que Fanny a gagnée en cours collectifs.
c. Calculer la somme que Fanny a gagnée au total en février.

PARCOURS 2

En février, Sophie a travaillé 67 h en cours individuels et 22 h en cours collectifs. Combien a-t-elle gagné ?

PARCOURS 3

En février, Émilie a travaillé 3 h de plus en cours individuels qu'en cours collectifs et elle a gagné 6 432 €.
Combien d'heures Émilie a-t-elle travaillées au mois de février ?

• Je m'entraîne avec le tableur

Écrire une formule

100 Tice Compléter une feuille de calcul

Les Jeux olympiques de Tokyo 2020 se sont déroulés du 23 juillet au 8 août 2021.
Voici une feuille de calcul présentant le tableau des médailles obtenues par les huit pays qui en ont obtenu le plus.

	A	B	C	D	E	F	G	H	I	J
1		**États-Unis d'Amérique**	**République populaire de Chine**	**Japon**	**Grande-Bretagne**	**ROC**	**Australie**	**Pays-Bas**	**France**	**TOTAL**
2	**Or**	**39**	**38**	**27**	**22**	**20**	**17**	**10**	**10**	
3	**Argent**	**41**		**14**	**21**	**28**	**7**	**12**	**12**	
4	**Bronze**	**33**	**18**	**17**	**22**	**23**	**22**	**14**		**160**
5	**TOTAL**		**88**							

Remarque : ROC signifie *Russian Olympic Committee*.

1. Créer une feuille de calcul

a. Ouvrir le tableur puis une nouvelle feuille de calcul.

b. • Sélectionner la plage **B1:J1**, faire un clic droit sur celle-ci et cliquer sur Formater les cellules... .
• Renseigner la boîte de dialogue comme ci-contre.
• Compléter les cellules de cette plage.

c. Compléter la plage **A2:A5**.

d. • Sélectionner la plage **B2:J4** et formater les cellules comme à la question **b**.
• Compléter les cellules de cette plage.

e. Sélectionner la plage **A1:J5** et cliquer sur ☐ ▾ (Bordures), puis sur ⊞ pour délimiter les cellules.

f. Cliquer sur la cellule J5 puis sur ▾ (Couleur d'arrière-plan) et choisir un gris.

2. Comprendre le tableau

a. Lire le nombre de médailles d'or obtenues par la France.

b. Dans quelle cellule figure le nombre de médailles de bronze obtenues par les États-Unis ?

3. Compléter le tableau

a. En cellule B5 doit figurer le nombre total de médailles des États-Unis.
Pour cela, saisir dans cette cellule la formule =B2+B3+B4 , puis cliquer sur Entrée .

b. On pourrait procéder de même pour compléter la cellule J2.
En fait, de façon plus rapide, saisir dans cette cellule la formule =SOMME(B2:I2) et cliquer sur Entrée . Interpréter le résultat obtenu pour la situation.

c. Dans la cellule C3, saisir la formule =C5-(C2+C4) .
Interpréter le résultat obtenu pour la situation.

d. En cellule I4, écrire une formule pour calculer le nombre de médailles de bronze de la France.

e. Compléter les six cellules restantes de ce tableau.

Conseils
• Dans une feuille de calcul, une formule saisie dans une cellule doit commencer par le signe =.
• Au lieu de saisir le nom d'une cellule dans une formule, on peut cliquer sur la cellule correspondante.

101 Communiquer en anglais

Communiquer

Write in figures the numbers marked in bold in the text below.
"The United Kingdom has **sixty-seven million two hundred thirty-six thousand** inhabitants, of which **nine million three hundred four thousand** live in London."

102 Connaître les très grands nombres

Raisonner • Communiquer

Le nombre total de fourmis vivant à un instant donné est estimé à neuf millions de milliards.
Combien de zéros l'écriture en chiffres de ce nombre comporte-t-elle ?

103 Se repérer sur une graduation

Représenter • Raisonner • Communiquer

Indiquer le nombre repéré par chaque flèche ci-dessous.

104 Lire et comprendre des informations

Raisonner • Calculer

D'après le schéma ci-dessous, quelle distance sépare :
a. Moulins et Vichy ?
b. Nevers et Clermont-Ferrand ?

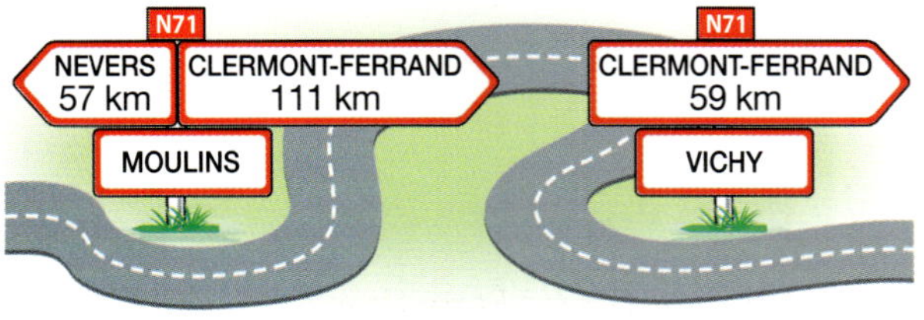

105 Estimer un projet

Raisonner • Calculer

Lou souhaite rénover sa maison de 120 m² afin de la rendre moins consommatrice en énergie.
Elle doit faire un emprunt pour financer les travaux.
Aider Lou à déterminer le montant de son emprunt.

Le financement
Apport personnel (35 000 €) + montant de l'emprunt

Aide à déduire
MaPrimeRenov :
6 800 €

Le devis
Main-d'œuvre : 450 € par m²
Matériaux : 28 000 €

106 Utiliser une étape

Raisonner • Calculer

Voici les superficies, en m², occupées par la forêt dans six départements français.

- Dordogne : 39 centaines de millions
- Pas-de-Calais : 460 millions
- Vosges : 28 020 centaines de mille
- Guyane : 83 milliards
- Guadeloupe : 64 dizaines de millions
- Alpes-de-Haute-Provence : 3 400 millions

Ranger ces superficies dans l'ordre croissant.

107 Prévoir

Raisonner • Calculer • Communiquer

1. a. Calculer à la main :
- $2 + 3 \times 3$
- $22 + 33 \times 33$

b. Calculer à l'aide de la calculatrice :
- $222 + 333 \times 333$
- $2\,222 + 3\,333 \times 3\,333$

c. Prévoir, sans calcul, le résultat de :
$22\,222 + 33\,333 \times 33\,333$.
Contrôler la réponse à l'aide de la calculatrice.

2. a. Prévoir sans calcul le résultat de :
$222\,222 + 333\,333 \times 333\,333$.

b. Effectuer ce calcul à l'aide de la calculatrice.
Le résultat affiché signifie 111 111 111 100 (ce type d'affichage sera vu en classe de 4e).

c. Vérifier à la main si la prévision effectuée à la question **a** est correcte ou non.

108 Respecter des contraintes

Chercher • Raisonner • Calculer

Retrouver le nombre mystère à l'aide de ces indications.

(1) Tous mes chiffres sont différents.
(2) Mon nombre de centaines de milliers est 435.
(3) Je suis un multiple de 10.
(4) Mon chiffre des centaines est le double de mon chiffre des unités de millions.
(5) Mon chiffre des dizaines de mille est un multiple de 4.
(6) Mon chiffre des dizaines est plus grand que mon chiffre des milliers.
(7) La somme de mes chiffres est un multiple de 9.

109 Respecter l'ordre

Chercher • Raisonner • Communiquer

Sur le circuit ci-contre, une flèche doit toujours aller d'un nombre à un nombre plus grand.
Sur une photocopie, placer dans les cases les huit nombres suivants :
1 438 ; 576 ; 12 120 ; 98 ; 7 801 ; 623 ; 617 ; 84.

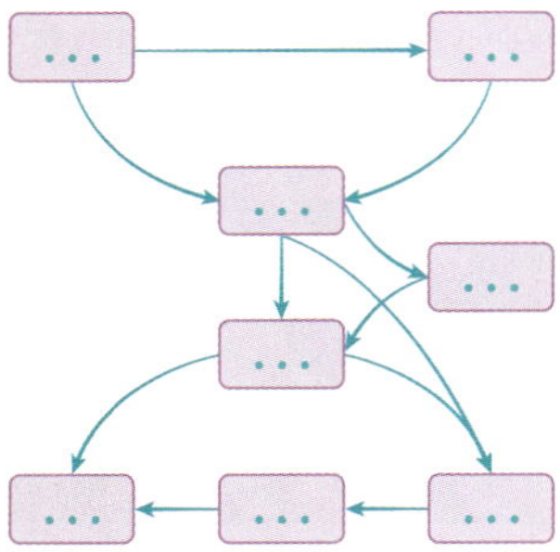

110 Comprendre la notion de multiple

Chercher • Raisonner • Calculer

On sait que $47 \times 128 = 6\,016$.
Trouver à la main tous les multiples de 47 compris entre 5 900 et 6 200.

111 Compléter une multiplication

Chercher • Raisonner • Calculer

Recopier et remplacer chaque point par le chiffre qui convient.

		●	●	●
×			●	7
	●	●	9	●
●	●	●	●	0
●	●	6	3	2

112 Comprendre et expliquer

Chercher • Raisonner • Calculer

Voici quatre captures d'écran d'un jeu vidéo.

Quel est le score manquant sur le dernier écran ?

113 Imaginer une stratégie

Chercher • Raisonner • Calculer

Ce quadrilatère est un assemblage de neuf carrés.
Dans la réalité, le carré noir a pour côté 1 cm et le carré gris a pour côté 10 cm.
Ce quadrilatère est-il un carré ?

114 Tice Problème ouvert

Chercher • Raisonner • Calculer

Une créatrice de bijoux prépare des bracelets avec des perles « Turquoise » et des perles « Opale ».
Une perle « Turquoise » pèse 15 g et une perle « Opale » pèse 10 g.
Un bracelet doit comporter 20 perles et peser 260 g.
Aider la créatrice à composer ses bracelets.
L'utilisation du tableur est conseillée.

Narration de RECHERCHE

115 PROBLÈME Dans l'air, le son parcourt 340 m en une seconde.
Emma entend le tonnerre 13 s après avoir vu un éclair, alors que Louise entend le tonnerre seulement 4 s après avoir vu le même éclair.

Déterminer un encadrement de la distance qui sépare Emma et Louise.

Raconter sur une feuille les différentes étapes de la recherche et les remarques qui ont fait changer de méthode ou qui ont permis de résoudre le problème.

Des défis

116 Résoudre une énigme

Le 17 juin 2345 sera une date très particulière car elle s'écrira 17 06 2345, c'est-à-dire avec huit chiffres tous différents.
Quelle a été la dernière date à posséder cette propriété, c'est-à-dire à s'écrire sous la forme d'un nombre de huit chiffres tous différents ?

117 Comprendre des informations

Le Petit Poucet laisse un petit caillou blanc au départ puis tous les dix pas.
Chacun de ces pas mesure 50 cm.
Il a au départ 523 cailloux en poche.
Quelle distance a-t-il parcourue lorsqu'il pose le dernier de ses cailloux ?

Je prends des initiatives

TÂCHES COMPLEXES

118 COMPLÉTER des carrés magiques

Le carré magique de Xi'an
(Chine, XIIIe siècle)

La situation-problème

Réaliser puis compléter les deux carrés magiques du doc. 2.

Doc. 1

La règle
Dans un carré magique, les sommes des nombres écrits sur chaque ligne, sur chaque colonne et sur chaque diagonale sont égales.

Doc. 2

Des types de carrés magiques

Pour le carré « 9 cases », les nombres entiers de 1 à 9 sont utilisés.

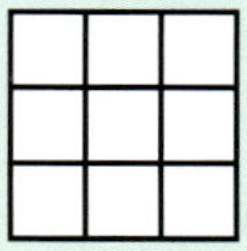

Pour le carré « 16 cases », les nombres entiers de 1 à 16 sont utilisés.

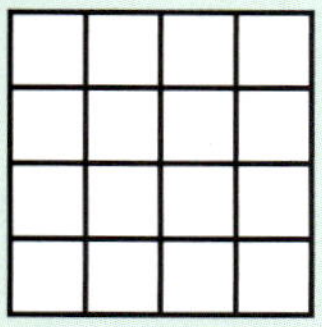

Doc. 3

Une aide
Pour déterminer la somme commune à chaque ligne, chaque colonne et chaque diagonale :
- calculer la somme de tous les nombres présents dans le carré magique ;
- diviser cette somme par le nombre de lignes du carré magique.

Les supports de travail

Les documents.

Toute piste de recherche, même non aboutie, figurera sur la feuille.

119 RÉSOUDRE un multi-sudoku

La situation-problème

Sur une photocopie, remplir avec des chiffres cette grille de multi-sudoku.

Doc. 1

Les règles du jeu
① Chaque colonne, chaque ligne et chacun des neuf carrés doivent contenir les neuf chiffres de 1 à 9.
② Chaque chiffre ne se trouve jamais plus d'une fois sur une même ligne, dans une même colonne ou dans un même carré.
Un nombre écrit en rouge entre deux cases est le produit des deux nombres inscrits dans ces cases. Par exemple, 6 signifie que les nombres inscrits dans les deux cases sont soit 1 et 6, soit 2 et 3.

Doc. 2

Une grille de multi-sudoku

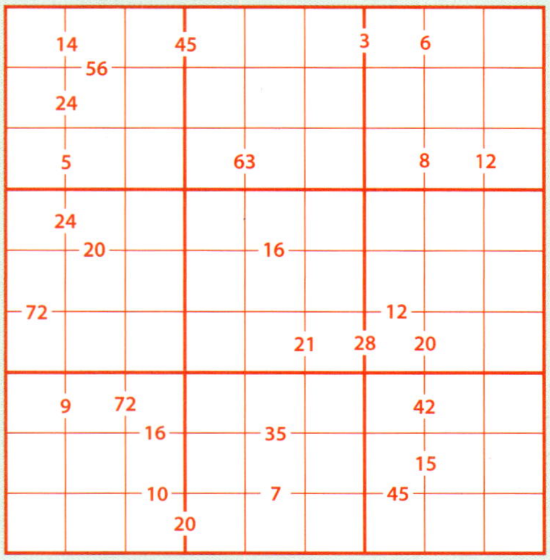

Les supports de travail

Les documents, une photocopie de la grille.

Toute piste de recherche, même non aboutie, figurera sur la feuille.

CHAPITRE 2

Utiliser les nombres décimaux

Le 29 septembre 2021, des géomètres ont mesuré la hauteur du mont Blanc (chaîne des Alpes).
Il culmine désormais à 4 807,81 m.
Cette mesure extrêmement précise a été réalisée grâce à des outils très performants, en particulier le GPS centimétrique.
Le sommet aurait perdu près de 1 m depuis 2017, date à laquelle la mesure était de 4 808,72 m.

Bien démarrer

Pour chaque question, une réponse ou plusieurs sont exactes.

		a	b	c
1	Une figure qui représente la fraction $\frac{3}{5}$ est…	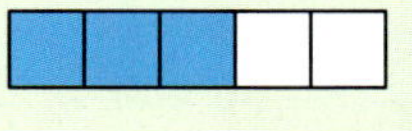	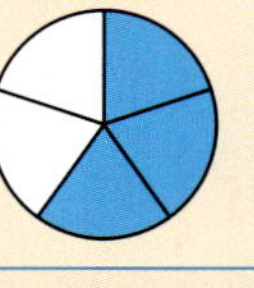	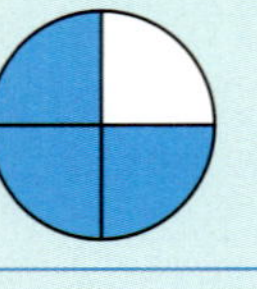
2	La fraction $\frac{4}{100}$ se lit…	4 centaines	4 dixièmes	4 centièmes
3	Le nombre 5 468 a pour chiffre des centaines…	5	4	6
4	Le nombre 2,03 se lit…	2 virgule 3	203 centièmes	2 unités 3 centièmes
5	Une autre écriture de 20,58 est…	$2 \times 10 + \frac{5}{10} + \frac{8}{100}$	$2 \times 10 + \frac{58}{100}$	$\frac{2\,058}{10}$

Vérifie tes réponses p. 288

ACTIVITÉ

1 Comprendre les fractions décimales

Cours Paragraphe 1, p. 34

1 Hella prend comme unité l'aire du carré rouge ci-dessous.

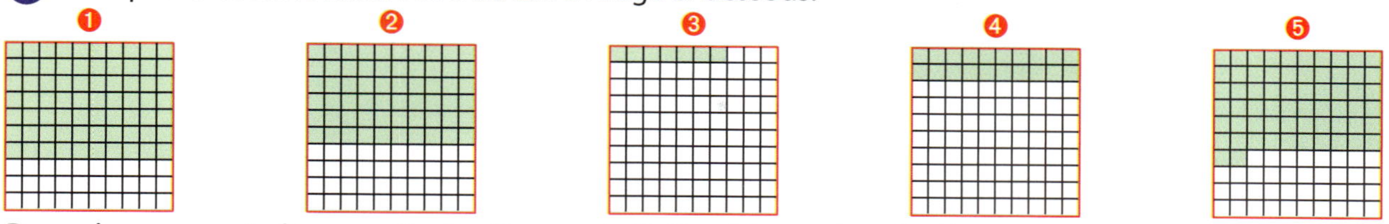

Dans chaque cas, indiquer celle des figures de Hella où la partie coloriée en vert représente la fraction décimale indiquée.

a. $\frac{7}{100}$ **b.** $\frac{62}{100}$ **c.** $\frac{60}{100}$ **d.** 2 dixièmes **e.** $\frac{7}{10}$

2 Recopier et compléter :

- $1 = \frac{...}{10}$
- $1 = \frac{...}{100}$
- $\frac{1}{10} = \frac{...}{100}$
- $\frac{1}{10} + \frac{1}{100} = \frac{...}{100}$
- $\frac{1}{100} = \frac{...}{1\,000}$

Info
Une **fraction décimale** a pour dénominateur 10, 100, 1000,…

ACTIVITÉ

2 Relier fraction décimale et écriture décimale

Cours Paragraphe 2, p. 36

Chiffre des **dixièmes** : $\frac{1}{10} = 0{,}1$

Chiffre des **centièmes** : $\frac{1}{100} = 0{,}01$

Chiffre des **millièmes** : $\frac{1}{1\,000} = 0{,}001$

1 Donner l'écriture décimale de chaque nombre.

a. $\frac{3}{10}$ **b.** $\frac{5}{100}$ **c.** $\frac{13}{10}$ **d.** $7 + \frac{4}{10} + \frac{3}{100}$ **e.** $4 + \frac{7}{100}$

2 Recopier et compléter : **a.** $2{,}34 = ... + \frac{...}{10} + \frac{...}{100}$

On **décompose** 2,34 en la somme d'un nombre entier et de fractions décimales.

b. $2{,}34 = \frac{...}{10} + \frac{...}{100}$ **c.** $2{,}34 = \frac{...}{100}$

3 On a écrit ci-contre le nombre décimal 12,635 dans un tableau de numération.

a. Lire ce nombre sans utiliser le mot « virgule ».

b. Proposer cinq écritures différentes de ce nombre.

dizaines	unités,	dixièmes	centièmes	millièmes
d	u,	$\frac{1}{10}$	$\frac{1}{100}$	$\frac{1}{1\,000}$
1	2,	6	3	5

ACTIVITÉ

3 Utiliser une demi-droite graduée

Cours Paragraphes 3 et 4, p. 38

Sur la demi-droite graduée ci-dessous, l'unité représente une longueur de 1 m.
Mathis a indiqué la longueur des sauts qu'il a réalisés en janvier (J), février (F), mars (M), avril (A).

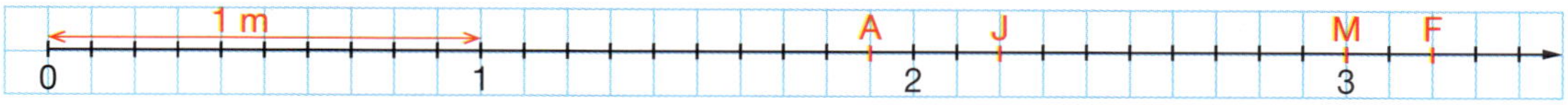

a. Lire les longueurs des sauts de Mathis associés à ces quatre points.

b. Sur une photocopie de cette demi-droite graduée, indiquer d'autres sauts, en m, de Mathis :

- S (septembre) : 2,65 m
- N (novembre) : $3 + \frac{1}{10}$ m
- D (décembre) : $\frac{28}{10}$ m

c. À l'aide de cette demi-droite graduée, ranger dans l'ordre croissant les longueurs de ces sept sauts.

VIDÉOS de cours
jaicompris.com

1 Fractions décimales

Exercices 21 à 27

a. Vocabulaire des fractions

Quand on partage une unité en **parts égales**, chaque part est une **fraction** de l'unité.

Exemple

Ce rectangle rouge représente l'unité. On le partage en 3 parts égales.

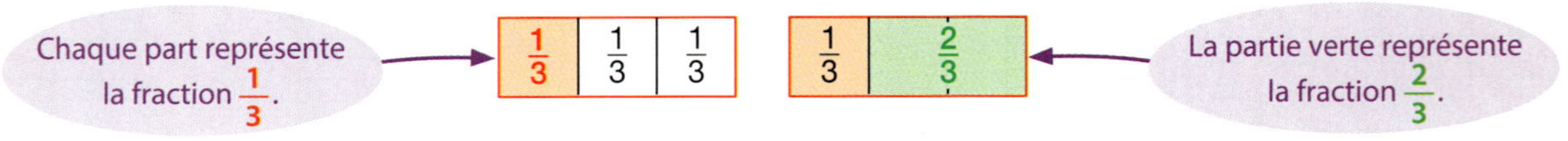

Vocabulaire : $\frac{■}{●}$
- ← **Numérateur** : il indique combien de parts on prend.
- ← **Dénominateur** : il indique en combien de parts égales l'unité est partagée.

- $\frac{1}{3}$: un tiers
- $\frac{1}{4}$: un quart
- $\frac{1}{5}$: un cinquième
- $\frac{2}{3}$: deux tiers
- $\frac{5}{6}$: cinq sixièmes

b. Fractions décimales : diverses écritures

DÉFINITION Une **fraction décimale** est une fraction de dénominateur **10**, **100**, **1 000**,…

Exemples

- $\frac{1}{10}$ (un **dixième**)
- $\frac{1}{100}$ (un **centième**)
- $\frac{1}{1\,000}$ (un **millième**)
- $\frac{1}{10\,000}$ (un **dix-millième**)
- $\frac{3}{10}$ (trois **dixièmes**)
- $\frac{45}{1\,000}$ (quarante-cinq **millièmes**)
- $\frac{8}{10\,000}$ (huit **dix-millièmes**)

PROPRIÉTÉ Une fraction décimale admet plusieurs écritures.

Exemples

- $\frac{10}{10}=\frac{100}{100}=\frac{1\,000}{1\,000}=1$
- $\frac{1}{10}=\frac{10}{100}=\frac{100}{1\,000}$
- $\frac{2}{10}=\frac{20}{100}$
- $\frac{25}{100}=\frac{250}{1\,000}$
- $\frac{1}{100}=\frac{10}{1\,000}$

c. Somme de fractions décimales

L'égalité « 2 dixièmes plus 7 dixièmes est égal à 9 dixièmes » s'écrit : $\frac{2}{10}+\frac{7}{10}=\frac{9}{10}$. ← $9=2+7$

L'égalité « 3 centièmes plus 12 centièmes est égal à 15 centièmes » s'écrit : $\frac{3}{100}+\frac{12}{100}=\frac{15}{100}$.

De façon plus générale, on applique la propriété suivante :

PROPRIÉTÉ Pour **additionner** des fractions décimales de **même dénominateur**, on additionne les numérateurs et on garde le même dénominateur.

Exemples

- $\frac{7}{10}+\frac{12}{10}=\frac{7+12}{10}=\frac{19}{10}$
- $\frac{42}{1\,000}+\frac{250}{1\,000}=\frac{42+250}{1\,000}=\frac{292}{1\,000}$
- **Autre écriture de $\frac{2}{10}+\frac{3}{100}$**

On a vu au paragraphe **b** que $\frac{2}{10}=\frac{20}{100}$, donc $\frac{2}{10}+\frac{3}{100}=\frac{20}{100}+\frac{3}{100}=\frac{23}{100}$.

J'applique le cours

1 Exprimer une fraction décimale de différentes façons — EXERCICE RÉSOLU

ÉNONCÉ **a.** Recopier et compléter :

• « 3 dixièmes d'unité, c'est ... centièmes d'unité, c'est-à-dire $\frac{3}{10} = \frac{...}{100}$. »

• « 4 unités, c'est ... millièmes d'unité, c'est-à-dire $4 = \frac{...}{1\,000}$. »

b. Exprimer la fraction décimale $\frac{425}{100}$ comme somme d'un nombre entier et d'une fraction décimale inférieure à 1.

SOLUTION

a. • « 3 dixièmes d'unité, c'est **30** centièmes d'unité, c'est-à-dire $\frac{3}{10} = \frac{\mathbf{30}}{100}$. »

• « 4 unités, c'est **4 000** millièmes d'unité, c'est-à-dire $4 = \frac{\mathbf{4\,000}}{1\,000}$. »

b. $\frac{425}{100} = \frac{400 + 25}{100} = \frac{400}{100} + \frac{25}{100} = 4 + \frac{25}{100}$

CONSEILS

• 1 dixième c'est 10 centièmes, donc 3 dixièmes c'est 3×10 centièmes = 30 centièmes.

• 1 unité c'est 1 000 millièmes, donc 4 unités, c'est $4 \times 1\,000$ millièmes = 4 000 millièmes.

• 100 centièmes c'est 1 unité, donc 400 centièmes c'est 4 unités. De plus, $25 < 100$, donc $\frac{25}{100} < 1$.

À TON TOUR

2 **a.** Recopier et compléter :

• « 7 dixièmes d'unité, c'est ... centièmes d'unité, c'est-à-dire $\frac{7}{10} = \frac{...}{100}$. »

• « 9 unités, c'est ... millièmes d'unité, c'est-à-dire $9 = \frac{...}{1\,000}$. »

b. Exprimer la fraction décimale $\frac{795}{100}$ comme somme d'un nombre entier et d'une fraction décimale inférieure à 1.

3 Additionner des fractions décimales — EXERCICE RÉSOLU

ÉNONCÉ Calculer chaque somme.

a. $\frac{3}{10} + \frac{4}{10}$ **b.** $\frac{26}{100} + \frac{42}{100}$ **c.** $\frac{7}{10} + \frac{35}{100}$

SOLUTION

a. $\frac{3}{10} + \frac{4}{10} = \frac{7}{10}$

b. $\frac{26}{100} + \frac{42}{100} = \frac{68}{100}$

c. $\frac{7}{10} + \frac{35}{100} = \frac{70}{100} + \frac{35}{100} = \frac{105}{100}$

CONSEILS

• Pour additionner des fractions décimales de même dénominateur, on additionne les numérateurs et on garde le même dénominateur.

• 1 dixième c'est 10 centièmes, donc 7 dixièmes c'est 7×10 centièmes, soit 70 centièmes.

À TON TOUR

4 Calculer chaque somme.

a. $\frac{2}{10} + \frac{6}{10}$ **b.** $\frac{44}{100} + \frac{37}{100}$ **c.** $\frac{4}{10} + \frac{61}{100}$

5 Calculer chaque somme.

a. $\frac{8}{10} + \frac{7}{10}$ **b.** $\frac{65}{100} + \frac{58}{100}$ **c.** $\frac{13}{10} + \frac{17}{100}$

2 Nombres décimaux

Exercices 28 à 36

a. Écriture décimale

DÉFINITIONS • Un **nombre décimal** est un nombre qui peut s'écrire à l'aide d'une **fraction décimale**.
• L'écriture d'un nombre décimal **avec une virgule** est une **écriture décimale**.

Exemples

• $\frac{1}{10} = 0{,}\mathbf{1}$ • $\frac{1}{100} = 0{,}0\mathbf{1}$ • $\frac{1}{1\,000} = 0{,}00\mathbf{1}$ • $\frac{1}{10\,000} = 0{,}000\mathbf{1}$

• 5 est un nombre décimal. En effet, $5 = \frac{50}{10}$.

PROPRIÉTÉ Tout nombre décimal est la **somme** d'un **nombre entier** (sa **partie entière**) et d'un **nombre décimal inférieur à 1** (sa **partie décimale**).

Exemples

• $5{,}24 = 5 + \frac{24}{100} = 5 + 0{,}24$
↑ 5 : partie entière ↑ 0,24 : partie décimale

• Un nombre entier est un nombre décimal, dont la partie décimale est nulle.
$37 = 37{,}0 = 37{,}00 = \ldots$

b. Rang d'un chiffre dans un nombre décimal

Pour repérer le rang de chaque chiffre d'un nombre en écriture décimale, on peut utiliser un tableau de numération, comme ci-dessous.

Centaines de millions	Dizaines de millions	Millions	Centaines de milliers	Dizaines de milliers	Milliers	Centaines	Dizaines	Unités ,	Dixièmes	Centièmes	Millièmes	Dix-millièmes
					3	9	4	1 ,	0	4	5	

Exemples

Le nombre dans le tableau de numération ci-dessus s'écrit 3 941,045.

3 9**4**1,0**4**5
↑ 4 : chiffre des dizaines ↑ 4 : chiffre des centièmes

$3\,941{,}045 = \mathbf{394\,104} \times \frac{1}{100} + \frac{5}{1\,000}$
↑ 394 104 : nombre de centièmes

c. Lien avec les unités de mesure

1 **kilo**mètre = **mille** mètres
1 km = 1 000 m

1 **hecto**mètre = **cent** mètres
1 hm = 100 m

1 **déca**mètre = **dix** mètres
1 dam = 10 m

1 **déci**mètre = 1 **dixième** de m
$1 \text{ dm} = \frac{1}{10} \text{ m} = 0{,}1 \text{ m}$

1 **centi**mètre = 1 **centième** de m
$1 \text{ cm} = \frac{1}{100} \text{ m} = 0{,}01 \text{ m}$

1 **milli**mètre = 1 **millième** de m
$1 \text{ mm} = \frac{1}{1\,000} \text{ m} = 0{,}001 \text{ m}$

Exemples

• $45 \text{ cm} = \frac{45}{100} \text{ m} = 0{,}45 \text{ m}$

• 3,7 km = 3,7 milliers de m = 3 700 m

Remarque : de la même manière, on peut faire le lien avec les masses et les contenances.

J'applique le cours

6 Donner l'écriture décimale d'un nombre — EXERCICE RÉSOLU

ÉNONCÉ Dans chaque cas, donner l'écriture décimale du nombre écrit en gras.

a. Alain Bernard détient le record de France du 100 m nage libre en **quarante-six secondes quatre-vingt-quatorze centièmes**.

b. Une tablette tactile coûte **deux cent dix euros cinq centimes**.

c. La fourmi géante du Brésil peut atteindre une taille de **trente-neuf millièmes de mètre**.

SOLUTION

a. 46,94 s

b. 210,05 €

c. 0,039 m

CONSEILS

- 1 centime, c'est 1 centième d'euro.
- On peut utiliser un tableau de numération :

centaines	dizaines	unités,	dixièmes	centièmes	millièmes
2	1	0,	0	5	
		0,	0	3	9

À TON TOUR

7 Dans chaque cas, donner l'écriture décimale du nombre.

a. Huit unités et neuf centièmes.

b. Quarante-trois unités sept dixièmes et huit millièmes.

c. Treize unités et cinq cent vingt-huit millièmes.

d. Sept unités et cinq millièmes.

8 Dans chaque cas, donner l'écriture décimale du nombre.

a. Onze unités et neuf centièmes.

b. Dix-neuf unités quatre centièmes et huit dix-millièmes.

c. Quatre cent huit millièmes.

d. Quatorze unités et douze millièmes.

9 Passer d'une écriture à une autre — EXERCICE RÉSOLU

ÉNONCÉ Aider Ronan à exprimer :

a. 300 mL de lait en L ; **b.** 450 g de farine en kg.

SOLUTION

a. $300 \text{ mL} = \dfrac{300}{1\,000} \text{ L} = \dfrac{3}{10} \text{ L} = 0{,}3 \text{ L}$

b. $450 \text{ g} = \dfrac{450}{1\,000} \text{ kg} = \dfrac{45}{100} \text{ kg} = 0{,}45 \text{ kg}$

CONSEILS

- 1 **milli**litre, c'est 1 **millième** de litre.
- 1 **kilo**gramme, c'est 1 **millier** de grammes, donc 1 g c'est 1 millième de kg.

À TON TOUR

10 Louise souhaite préparer une pâte à crêpes. Aider Louise à exprimer :

a. 850 mL de lait en L ; **b.** 1 250 g de farine en kg.

11 Recopier et compléter :

a. 1 **déci**litre c'est 1 … de litre, donc 1 L = … dL.

b 1 **kilo**mètre c'est 1 … de mètres, donc 1 m = … km.

c. 4,3 L = … dL

d. 856 m = … km

12 **a.** Quel est le nombre de centièmes dans 35,14 ?

b. Teddy a récolté 35,14 € en pièces de 1 centime pour l'opération Pièces Jaunes. Combien a-t-il récolté de pièces ?

13 Denis possède 17 pièces de 10 centimes. Combien lui reste-t-il de pièces de 10 centimes après avoir payé 1,60 € pour le pain ?

3 Demi-droite graduée

Exercices 37 à 43

DÉFINITION Une **demi-droite graduée** est une demi-droite sur laquelle on a choisi une unité de longueur que l'on reporte régulièrement à partir de l'origine.

PROPRIÉTÉ Sur une demi-droite graduée :
- chaque point est repéré par un nombre ;
- à chaque nombre correspond un point.

Exemple

Origine

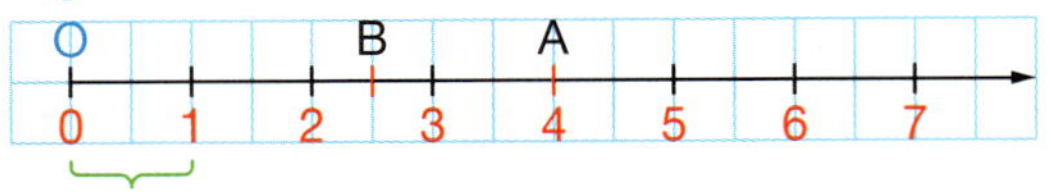

Unité de longueur

- Le point A repère le nombre 4.
- Le nombre 2,5 est repéré par le point B.

4 Comparaison de nombres décimaux

Exercices 44 à 53

a. Règle de comparaison

DÉFINITION **Comparer** deux nombres, c'est dire s'ils sont égaux ou si l'un est inférieur ou supérieur à l'autre.

Vocabulaire	3,0 est **égal** à 3	5,7 est **plus petit** que 9 ou 5,7 est **inférieur** à 9	9,2 est **plus grand** que 8 ou 9,2 est **supérieur** à 8
Notation	3,0 = 3	5,7 < 9	9,2 > 8

RÈGLE Pour comparer deux nombres décimaux :
- on compare leurs parties entières ;
- si elles sont les mêmes, on compare :
  - leurs chiffres des dixièmes,
  - s'ils sont les mêmes, leurs chiffres des centièmes, et ainsi de suite.

Exemples

- 4,27 < 7,1 — En effet, 4 < 7
- 4,27 < 4,5 — En effet, 2 < 5
- 4,27 < 4,29 — En effet, 7 < 9
- 4,270 < 4,273 — En effet, 0 < 3

b. Encadrement, intercalation

DÉFINITIONS
- **Encadrer** un nombre, c'est trouver deux nombres, l'un plus petit, l'autre plus grand. La différence entre ces deux nombres est l'**amplitude** de l'encadrement.
- **Intercaler** un nombre entre deux nombres, c'est trouver un nombre compris entre les deux.

Exemples

- 15 < 17,6 < 20 est un **encadrement** d'amplitude 5 du nombre 17,6.
  On dit aussi que 17,6 est **intercalé**, ou **compris**, entre 15 et 20.
-

Encadrement de 3,538	Amplitude	Valeurs approchées de 3,538
3 < 3,538 < 4	1	3 et 4 valeurs approchées à l'**unité** près
3,5 < 3,538 < 3,6	0,1	3,5 et 3,6 valeurs approchées au **dixième** près
3,53 < 3,538 < 3,54	0,01	3,53 et 3,54 valeurs approchées au **centième** près

J'applique le cours

14 Comparer des nombres décimaux

EXERCICE RÉSOLU

ÉNONCÉ Dans chaque cas, comparer les deux nombres décimaux.

a. 14,1 et 25,91 **b.** 5,02 et 5,2 **c.** 8,37 et 8,359

SOLUTION

a. La partie entière de 14,1 est 14 et celle de 25,91 est 25.
Or, 14 < 25, donc **14**,1 < **25**,91.

b. 5,02 et 5,2 ont la même partie entière, 5.
On compare alors les chiffres des dixièmes, 0 et 2.
Or 0 < 2, donc 5,**0**2 < 5,**2**.

c. 8,37 et 8,359 ont la même partie entière, 8, et le même chiffre des dixièmes, 3.
On compare alors les chiffres des centièmes, 7 et 5.
Or, 7 > 5, donc 8,3**7** > 8,3**5**9.

CONSEILS

• On applique la règle énoncée au paragraphe 4 **a** du cours p. 38.

• 8,37 a moins de chiffres après la virgule que 8,359 et pourtant 8,37 > 8,359.
Le nombre de chiffres après la virgule n'est pas un critère pour comparer deux nombres décimaux.

À TON TOUR

15 Dans chaque cas, comparer les deux nombres décimaux.

a. 27,9 et 10,87 **b.** 9,04 et 9,4 **c.** 2,7 et 2,543

16 Dans chaque cas, comparer les deux nombres décimaux.

a. 13,13 et 31,13 **b.** 13,013 et 13,13 **c.** 13,135 et 13,13

17 Ranger des nombres décimaux

EXERCICE RÉSOLU

ÉNONCÉ Ranger ces villes dans l'ordre décroissant de population en 2020.

	Paris	Aix-en-Provence	Nice	Nantes	Le Mans
Nombre d'habitants (en milliers)	2 148,3	143,68	338,9	309,34	143,2

SOLUTION

• Ces nombres ont pour parties entières 2 148 (Paris), 143 (Aix-en-Provence et Le Mans), 338 (Nice) et 309 (Nantes). Or, 2 148 > 338 > 309 > 143.

• On compare les nombres décimaux 143,68 et 143,2.
Pour cela, on compare leurs chiffres des dixièmes :
6 > 2 donc 143,68 > 143,2.

• On obtient ainsi :
2 148,3 > 338,9 > 309,34 > 143,68 > 143,2.

• Rangement des villes dans l'ordre décroissant de population :
Paris, Nice, Nantes, Aix-en-Provence, Le Mans.

CONSEILS

• Ranger des nombres dans l'ordre **décroissant**, c'est les ranger **du plus grand au plus petit**.

• On utilise le symbole > pour rendre compte du rangement des populations dans l'ordre décroissant.

• On pense à ranger les villes comme demandé dans l'énoncé.

À TON TOUR

18 Ranger ces sites touristiques dans l'ordre croissant du nombre de visiteurs, en millions, en 2020.
• Château de Versailles : 2,92
• Musée d'Orsay : 1,31
• Cité des Sciences : 0,95
• Tour Eiffel : 2,593

19 Ranger dans l'ordre décroissant les nombres :
• 6,81 • 7,4 • 6,08 • 7,13 • 6,8

20 Ranger dans l'ordre croissant les nombres :
• 64,781 • 64,71 • 64,8 • 46,789 • 64,87

Je travaille mes automatismes

Utiliser des fractions

À l'oral — **Questions flash**

21 Deux fois un dixième, c'est :

(1) $\frac{1}{100}$ (2) $\frac{1}{20}$ (3) $\frac{2}{10}$ (4) $\frac{2}{20}$

22 Exprimer le nombre $3 + \frac{2}{10}$ sous forme d'une seule fraction décimale.

23 Chaque figure rouge représente l'unité et est partagée équitablement.
Quelle est la fraction représentée par la partie rose ?

a. **b.** **c.** **d.** **e.**

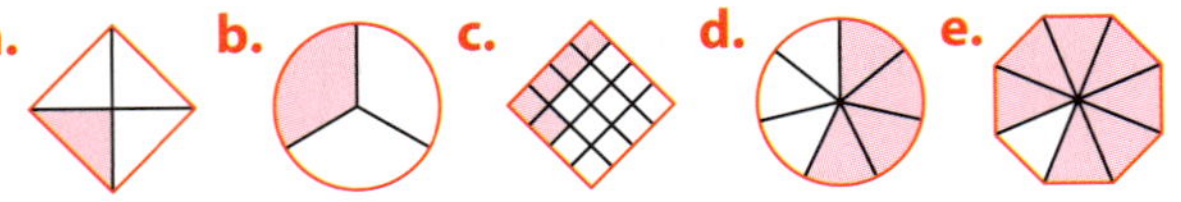

24 Recopier en remplaçant les pointillés par le nombre qui convient.

a. $5 = \frac{\dots}{10}$ **b.** $\frac{32}{10} = \frac{\dots}{100}$ **c.** $\frac{520}{100} = \frac{\dots}{10}$

d. $\frac{3}{100} = \frac{30}{\dots}$ **e.** $\frac{11}{10} = \frac{\dots}{100}$ **f.** $\frac{601}{100} = \frac{\dots}{1\,000}$

25 Écrire chaque nombre sous la forme d'une seule fraction décimale.

a. $6 + \frac{3}{10}$ **b.** $2 + \frac{3}{100}$ **c.** $12 + \frac{3}{10}$ **d.** $4 + \frac{21}{100}$

e. $4 + \frac{7}{10} + 2 + \frac{2}{10}$ **f.** $1 + \frac{23}{100} + 5 + \frac{47}{100}$

26 Dans chaque cas, écrire la fraction proposée comme somme d'un nombre entier et d'une fraction décimale inférieure à 1.

a. $\frac{36}{10}$ **b.** $\frac{512}{100}$ **c.** $\frac{4\,054}{1\,000}$ **d.** $\frac{3\,701}{100}$

27 L'unité est représentée par l'aire du grand carré.

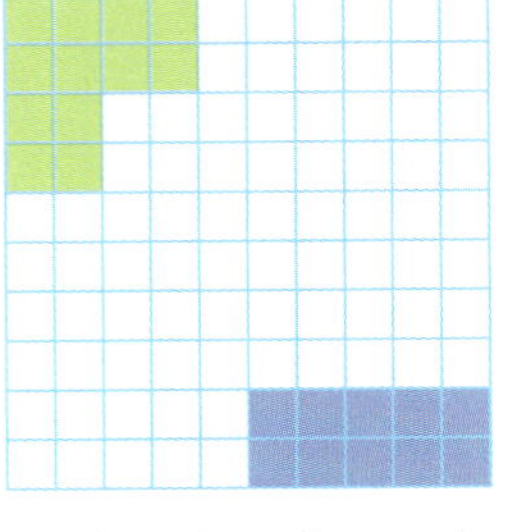

a. Écrire la somme des aires des surfaces coloriées en vert et en bleu sous la forme d'une fraction décimale de dénominateur 100.
b. En déduire l'aire de la surface représentée en blanc.

Comprendre les nombres décimaux

À l'oral — **Questions flash**

28 Dans chaque cas, lire en complétant la phrase « Dans ce nombre, 4 est le chiffre des … »

a. 0,146 **b.** 423,8 **c.** 12,124
d. 6 421,3 **e.** 95,476 **f.** 4 052,8

29 Pour chaque nombre décimal, citer la partie entière et la partie décimale.

a. 235,8 **b.** 16 **c.** 9,06 **d.** 0,47

30 Donner l'écriture décimale de chaque nombre.

a. $7 \times 100 + 3 + \frac{2}{10}$ **b.** $12 + \frac{3}{100} + \frac{1}{1\,000}$

c. $5 \times 100 + 2 \times 10 + \frac{4}{10} + \frac{9}{100}$ **d.** $7 + \frac{7}{100}$

31 CORRIGÉ en vidéo jaicompris.com

Donner l'écriture décimale.

a. $\frac{82}{10}$ **b.** $\frac{154}{10}$ **c.** $\frac{927}{100}$ **d.** $\frac{52}{100}$ **e.** $\frac{687}{1\,000}$

32 Observer l'exemple :

$$8{,}372 = 8 + \frac{3}{10} + \frac{7}{100} + \frac{2}{1\,000}.$$

Décomposer chaque nombre comme dans l'exemple.

a. 6,42 **b.** 0,803 **c.** 24,009 1

33 Recopier et compléter chaque égalité.

a. $3{,}7 = \frac{\dots}{10} = \frac{\dots}{100} = \frac{\dots}{1\,000}$ **b.** $58{,}92 = \frac{\dots}{100} = \frac{\dots}{1\,000}$

34 Écrire chaque nombre décimal sous forme d'une seule fraction décimale.

a. 5,7 **b.** 35,04 **c.** 8,601 **d.** 18

35 Parmi les nombres suivants, lequel a :
- sa partie entière impaire,
- et son chiffre des dixièmes supérieur à son chiffre des centièmes.

5,23 14,82 13,11 17,431 12,527

36 Recopier et compléter.

a. $5{,}743 = \frac{\dots}{10} + \frac{4}{100} + \frac{3}{1\,000}$
Le nombre de dixièmes de 5,743 est ….

b. $5{,}743 = \frac{\dots}{100} + \frac{3}{1\,000}$
Le nombre de centièmes de 5,743 est ….

Je travaille mes automatismes

Utiliser une demi-droite graduée

À l'oral — **Questions flash**

37 Lire le nombre repéré par chacun des points A, B, C sur la demi-droite graduée.

38 Lire le nombre repéré par chacun des points M, N, P sur la demi-droite graduée.

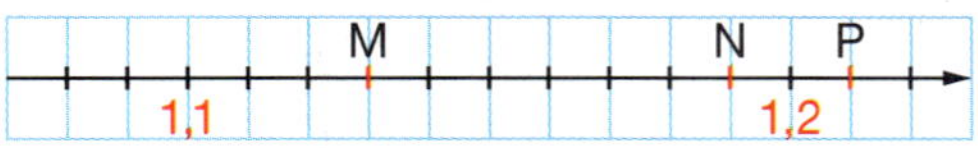

39 Réaliser la graduation et la compléter avec les nombres qui manquent.

a.

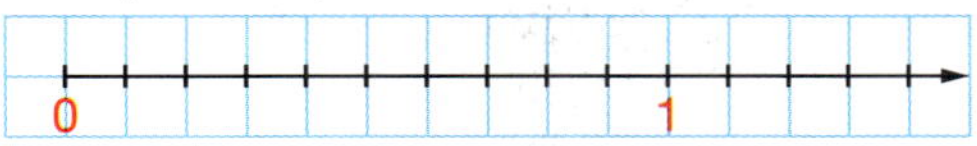

b.

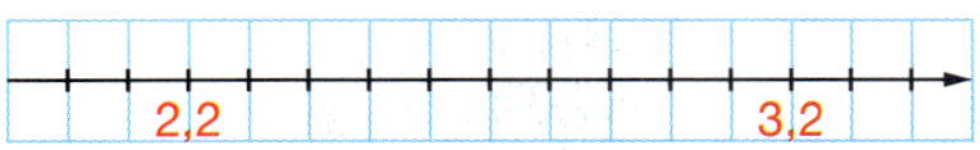

40 Écrire le nombre repéré par chacun des points A, B, C, D.

a.

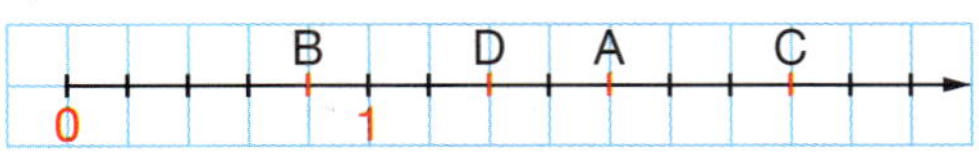

b.

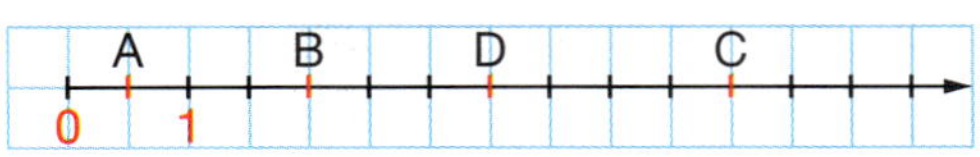

41 Quel est le nombre repéré par chacun des points I, J, K ?

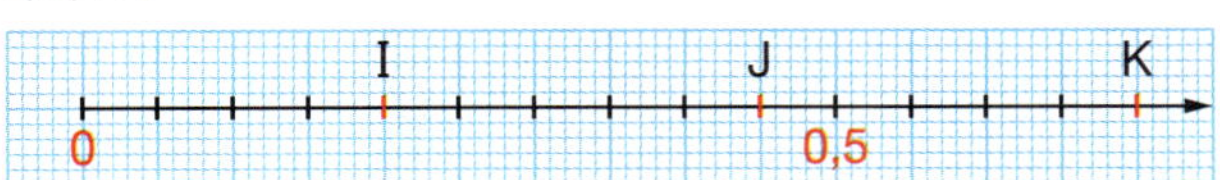

42 **a.** Sur papier millimétré, réaliser cette figure avec AB = 10 cm.

b. Placer les points C, D, E et F repérés respectivement par les nombres 1,4 ; 1,9 ; 1,65 et 2,16.

43 Dans chaque cas, écrire le nombre repéré par chacun des points A, B, C et D.

a.

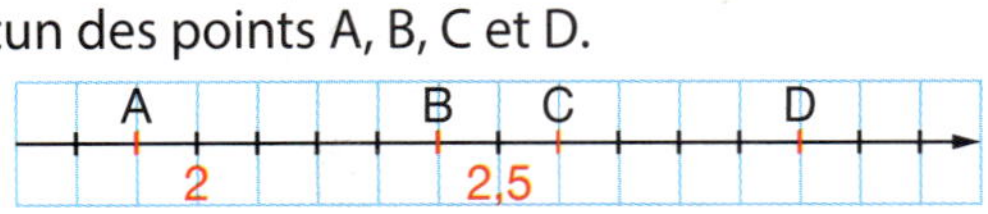

b.

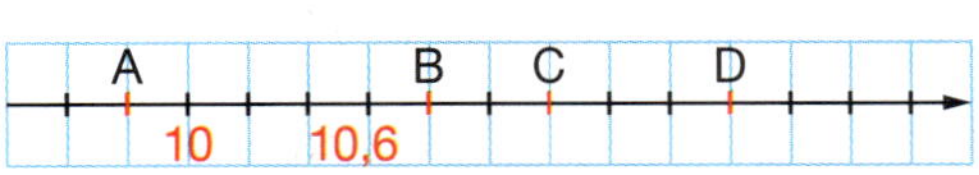

Comparer des nombres décimaux

À l'oral — **Questions flash**

44 Dans chaque cas, lire le plus grand des deux nombres.

a. 26,23 et 26,28. **b.** 15,9 et 15,74.
c. 0,82 et 0,802. **d.** 17,634 et 17,629.

45 Le nombre 23,78 est compris entre :
Léanne : « 20 et 25 » Killian : « 23,8 et 24 »
Cléo : « 23,7 et 23,8 » Paul : « 23,77 et 23,79 »
Qui a raison ? Expliquer.

46 Anna affirme : « 124,19 est plus grand que 124,5 car 124,19 a plus de chiffres. » A-t-elle raison ? Expliquer.

47 Julien affirme : « 2,36 est plus grand que 2,8 car 36 est plus grand que 8. » A-t-il raison ? Expliquer.

48 Dans chaque cas, recopier et souligner les chiffres qui permettent de comparer les nombres, puis compléter par $<$ ou $>$.

a. 56 ... 54,18 **b.** 3,217 ... 3,25
c. 24,9 ... 24,26 **d.** 7,6 ... 7,064

49 CORRIGÉ en vidéo jaicompris.com

Recopier et compléter avec $<$ ou $>$ ou $=$.

a. 6,38 ... 6,71 **b.** 13,54 ... 13,540
c. 13,08 ... 13,8 **d.** 41,99 ... 41,909
e. 0,723 ... 0,73 **f.** 14,12 ... 14,123

50 Écrire un nombre compris entre :
a. 6 et 7. **b.** 6,4 et 6,5. **c.** 6,47 et 6,48.

51 Recopier et compléter pour intercaler un nombre.

a. $9{,}4 < \ldots < 9{,}5$ **b.** $0{,}21 < \ldots < 0{,}22$
c. $12{,}98 < \ldots < 12{,}99$ **d.** $0{,}75 < \ldots < 0{,}751$

52 Encadrer chaque nombre par deux nombres entiers consécutifs.

a. 2,75 **b.** 23,17 **c.** 0,85 **d.** 109,67

53 Recopier et compléter pour donner un encadrement d'amplitude 0,1 du nombre.

a. $\ldots < 2{,}71 < \ldots$ **b.** $\ldots < 33{,}04 < \ldots$
c. $\ldots < 0{,}99 < \ldots$ **d.** $\ldots < 2{,}859 < \ldots$

Relier fractions décimales et nombres décimaux

54 CORRIGÉ en vidéo jaicompris.com

Recopier les nombres égaux à 2,05.

- $\frac{205}{100}$
- $2 + \frac{5}{10}$
- $2 + \frac{5}{100}$
- 2,5
- $\frac{2}{10} + \frac{5}{100}$
- $\frac{2\,050}{1\,000}$
- 2,050
- $\frac{20}{10} + \frac{5}{100}$

55 Recopier et compléter le tableau suivant sur le modèle de la première ligne.

1,26	$1 + \frac{26}{100}$	$1 + \frac{2}{10} + \frac{6}{100}$
6,24		
	$7 + \frac{13}{100}$	
		$3 + \frac{6}{10} + \frac{7}{100}$
25,4		
		$1 + \frac{6}{100} + \frac{9}{1\,000}$

56 Regrouper par quatre les étiquettes qui désignent le même nombre.

- $\frac{270}{1\,000}$
- 27 dixièmes
- 0,27
- 0,027
- $\frac{2}{100} + \frac{7}{1\,000}$
- $2 + \frac{7}{10}$
- $\frac{270}{100}$
- 2,7
- 27 millièmes
- 27 centièmes
- $\frac{27}{1\,000}$
- $\frac{2}{10} + \frac{7}{100}$

57 Dans chaque cas, recopier puis placer une virgule et écrire éventuellement des zéros afin que 3 soit le chiffre des centièmes.

a. 643 **b.** 54 130 **c.** 387

58 Lou-Ann écrit : « 0,3 + 0,7 = 0,10 ».
Écrire l'égalité de Lou-Ann à l'aide de fractions décimales.
Est-elle vraie ? La modifier si besoin.

59 Lundi, Gaël a parcouru $\left(3 + \frac{7}{100}\right)$ km et mardi, 4,8 km.
Quelle distance, en km, Gaël a-t-il parcourue au total ?
Exprimer cette distance en m.

60 Recopier et compléter.

a. 1 cL = $\frac{\dots}{\dots}$ L **b.** 1 cL = $\frac{\dots}{\dots}$ dL **c.** 1 mL = $\frac{\dots}{\dots}$ dL

d. 0,45 L = … mL **e.** 250 mL = … L

61 Dans quelle unité faut-il exprimer chaque quantité pour utiliser un nombre entier le plus petit possible ?

a. 1,34 kg **b.** 70,500 km **c.** 10,835 L

62 Jeux et casse-tête Le jeu se joue à deux.
Écrire sur quatre cartes les nombres :

3,8 3,08 7,56 7,65

Sur quatre autres cartes, écrire une fraction décimale égale à chacun de ces nombres. Mélanger les cartes. Une carte est posée au centre, et chaque joueur tire une carte à tour de rôle parmi les cartes restantes. On marque un point lorsqu'on tire un nombre égal à la carte du centre. Puis recommencer.

Utiliser une demi-droite graduée

63 **a.** Réaliser cette figure avec AB = 10 cm.

b. Placer un point pour repérer chacun des nombres.

15,32 15,29 15,355 15,42

64 Sacha écrit : « Le point A est repéré par le nombre 4,36. » A-t-il raison ? Expliquer.

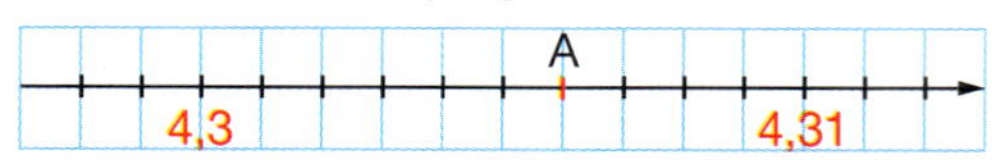

65 **a.** Dans chaque cas, écrire comme somme d'un nombre entier et d'une fraction décimale inférieure à 1.

- $\frac{47}{10}$
- $\frac{105}{10}$
- $\frac{120}{100}$
- $\frac{285}{100}$

b. Placer un point sur une demi-droite graduée pour repérer chacun de ces nombres (unité : 1 cm).

c. Placer le point A repéré par $4 + \frac{3}{10} + \frac{5}{100}$.

66 Quel nombre est repéré par la flèche rouge ?

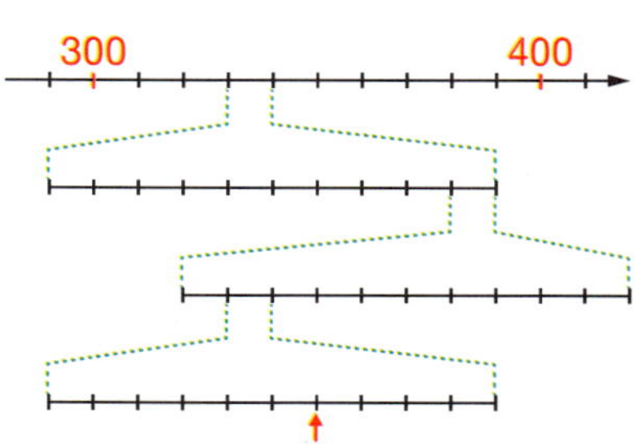

Comparer des nombres décimaux

67 Voici les principales dépenses, en milliards d'euros, pour la protection de l'environnement en France en 2019.
Ranger les domaines dans l'ordre croissant des dépenses.

Air	2,9
Eaux usées	26,6
Déchets	26,2
Recherche	4,2
Biodiversité	2,4

Source : SOeS 2019

68 Ranger dans l'ordre croissant les nombres suivants.
- $\dfrac{5\,101}{10\,000}$
- $5 + \dfrac{101}{1\,000}$
- 5 111 dix-millièmes
- cinq cent onze millièmes
- 5,1111
- $\dfrac{5}{10} + \dfrac{1}{10\,000}$
- $5 + \dfrac{1}{100} + \dfrac{1}{1\,000}$

69 Dans chaque cas, recopier et compléter par un (ou deux) nombre(s) de la liste :
• 9,007 • 9,183 • 9,18 • 9,194 • 8,99

a. 9,1 < … < 9,181 **b.** 9,18 < … < 9,19
c. 9,19 < … < 9,2 **d.** 9 < … < 9,1
e. 8,9 < … < 9 **f.** … < … < 9,01

70 On peut lire sur l'étiquette d'un rôti : « 1,953 kg ».
Donner une valeur approchée de cette masse :
a. à l'unité près ; **b.** au dixième près ;
c. au centième près.

71 Certains chiffres ont été remplacés par des ■.
Lorsque cela est possible, recopier et compléter par < ou > ou =.
a. 3,51 … 3,7■■ **b.** ■,7 … 5,2
c. 5,09 … 5,1■ **d.** 4,■98 … 4,0■

72 Victor affirme : « $\dfrac{1}{100}$ est beaucoup plus petit que $\dfrac{1}{10}$. »
Ophélie lui répond : « Ça dépend de quelle quantité ! »
1. Calculer :
a. un dixième de 74,5 km ; **b.** un centième de 745 km.
2. Que peut-on dire à Victor et Ophélie ?

73 *Jeux et casse-tête* Sur une photocopie, relier ces nombres dans l'ordre croissant afin de retrouver le dessin caché.

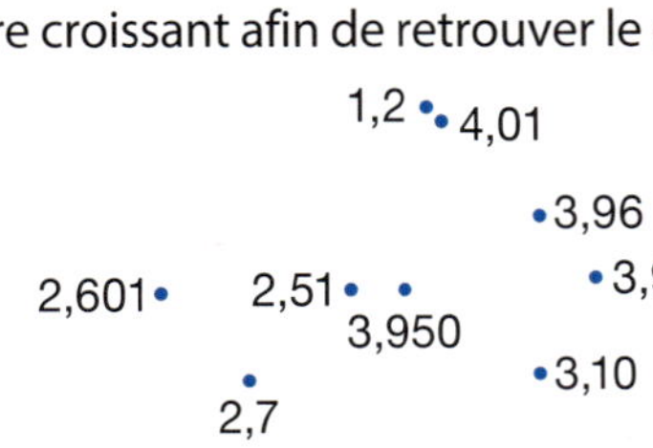

Utiliser les nombres décimaux

Synthèse

74 Voici cinq nombres :

125,29 94,92 132,31
98,84 100,00

Objectif Déterminer quel nombre vérifie les contraintes imposées.

Liste des contraintes
(1) Le chiffre des dixièmes est le même que celui des dizaines.
(2) Le chiffre des unités est le double de celui des centièmes.
(3) Le nombre de dizaines est plus grand que 11.
a. Éliminer le nombre ne vérifiant pas la contrainte **(1)**.
b. Éliminer le (ou les) nombre(s) ne vérifiant pas la contrainte **(2)**.
c. Parmi les nombres restants, un seul vérifie aussi la contrainte **(3)**. Lequel ?

75 Toutes les touches d'une calculatrice sont cassées sauf les touches :

[2] [3] [5] [,]

Objectif Écrire tous les nombres que l'on peut afficher à l'écran en utilisant toutes les touches disponibles.

a. Écrire les six nombres entiers possibles avec les touches [2] [3] [5].
b. Placer la virgule aux positions possibles pour chaque nombre entier obtenu.
c. Quel est le nombre le plus grand que l'on peut afficher avec toutes ces touches ?

76 Anaïs affirme : « 7,9 est le plus grand nombre inférieur à 8 dont une valeur approchée au dixième près est 8. »

Objectif Déterminer si Anaïs a raison ou non.

a. Tracer cette demi-droite graduée et marquer les nombres 7,9 et 8.

b. Quel nombre est repéré ci-dessus par la croix rouge ?
c. Chaque ● ci-dessous remplace un chiffre.
Recopier et proposer une façon de compléter.
7,9 < 7,9● < 7,99● < 7,999● < 8
d. Conclure sur l'affirmation d'Anaïs.

Parcours différenciés

Je m'évalue

Pour chaque question, une seule réponse est exacte.

QCM supplémentaires college.nathan.fr/tm6044

	a	b	c	En cas d'erreur
77 La figure rouge représente l'unité. La fraction $\frac{2}{3}$ est représentée sur la figure…	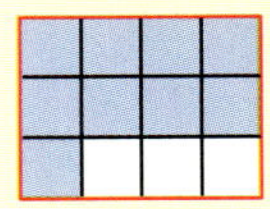	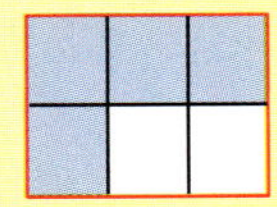	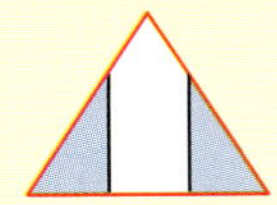	
78 Un dixième partagé en 10 parts égales, c'est…	10 dixièmes	10 centièmes	1 centième	Cours 1 p. 34
79 $\frac{60}{100}$ est égal à…	6	$\frac{6}{10}$	$\frac{6}{100}$	
80 $\frac{43}{100} + \frac{50}{100}$ est égal à …	$\frac{93}{200}$	$\frac{93}{1\,000}$	$\frac{93}{100}$	
81 $\frac{57}{100}$ est égal à…	$5 + \frac{7}{100}$	$5 + \frac{7}{10}$	$\frac{5}{10} + \frac{7}{100}$	Ex. 1 p. 35
82 $\frac{2}{10} + \frac{8}{100}$ est égal à …	$\frac{10}{110}$	$\frac{28}{100}$	$\frac{208}{100}$	Ex. 3 p. 35
83 $\frac{268}{100}$ est égal à…	2,68	268	26,8	Cours 2 p. 36
84 7,05 est égal à…	$\frac{705}{10}$	$\frac{75}{100}$	$\frac{705}{100}$	
85 La partie décimale de 60,23 est…	60	23	0,23	
86 Dans l'écriture décimale 41,075, le chiffre des dixièmes est…	0	1	4	
87 Deux cent cinquante-trois millièmes de seconde est égal à…	25,3 s	2,53 s	0,253 s	Ex. 6 p. 37
88 500 mm est égal à…	5 m	0,5 m	0,05 m	Ex. 9 p. 37
89 Le point M est repéré par… 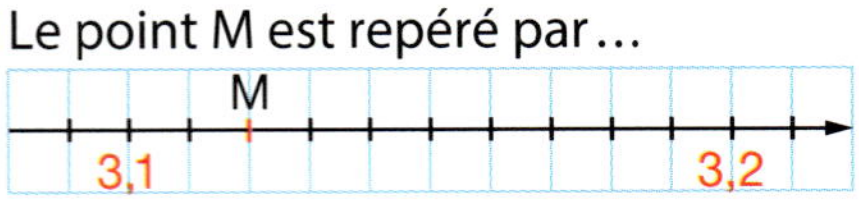	3,15	3,102	3,12	Cours 3 p. 38
90 Il est vrai que…	3,04 = 3,4	3,04 > 3,4	3,04 < 3,4	Cours 4 p. 38
91 54,023 s'intercale entre…	54,23 et 54,24	54 et 54,02	54 et 54,03	
92 Des nombres rangés dans l'ordre croissant de haut en bas sont…	6,99 7,01 7,19	7,19 7,01 6,99	6,99 7,19 7,09	Ex. 17 p. 39

Je réalise mon parcours

Selon ton score page précédente

Parcours conseillé
- Entre **0 et 7 bonnes réponses** : (drapeau vert)
- Entre **8 et 12 bonnes réponses** : (drapeau bleu)
- **13 bonnes réponses ou plus** : (drapeau rouge)

93 Utiliser différentes écritures d'un nombre

Aline souhaite préparer trois cocktails avec des goûts différents.
On se propose d'étudier ces recettes.

Recette 1	Recette 2	Recette 3
• 0,5 L de jus d'orange • $\frac{3}{10}$ L de jus d'ananas • 0,25 L de jus de citron	• $\frac{27}{100}$ L de jus d'orange • $\frac{1}{2}$ L de jus d'ananas • 0,25 L de jus de citron	• 0,5 L de jus d'orange • $\frac{1}{4}$ L de jus d'ananas • Le reste : moitié de jus de citron et moitié de jus de fraise

PARCOURS 1

On s'intéresse à la quantité totale de liquide dans la recette 1.

Comment additionner ces quantités ?

Tu peux utiliser les fractions décimales.

a. Recopier et compléter : « $0{,}5 = \frac{\dots}{10}$ et $0{,}25 = \frac{\dots}{100}$. »

b. Aline a prévu un récipient de 1 L pour préparer la recette 1. Est-ce suffisant ? Expliquer.

PARCOURS 2

Un récipient de 1 L est-il suffisant pour la recette 2 ? Expliquer.

PARCOURS 3

Aline sait que tous les liquides de la recette 3 représentent au total 1 L. Déterminer la quantité, en L, de jus de citron et la quantité, en L, de jus de fraise nécessaires pour cette recette.

94 Comparer des performances

Voici les résultats de trois épreuves lors d'une compétition sportive.
On a noté, dans le désordre, les performances des trois meilleures athlètes dans chaque épreuve.

Course du 100 m

Svetlana : 1 175 centièmes et 8 millièmes de seconde
Armelle : 117 dixièmes et 85 millièmes de seconde
Martha : 11 708 millièmes de seconde

Patinage artistique

Macha : 98,42 points
Olympia : 98 points et 5 dixièmes
Lucia : 97 points et 93 centièmes

Lancer de javelot

Sylvia : 31,5 m
Lisa : 30 m 99 cm
Clara : 31 m 5 cm

PARCOURS 1

On s'intéresse au patinage artistique.

Comment ranger les performances ?

On peut utiliser leurs écritures décimales.

a. Recopier et compléter : « 98 points et 5 dixièmes est égal à ••,• points. 97 points et 93 centièmes est égal à ••,•• points. »

b. Comparer les performances de Macha et Olympia.

c. Donner le classement de cette épreuve.

PARCOURS 2

Déterminer le classement de l'épreuve de javelot. Expliquer.

PARCOURS 3

Déterminer le classement de l'épreuve du 100 m. Expliquer.

Travailler avec des nombres décimaux

95 Tice Écrire des listes de nombres

1. a. Ouvrir une feuille de calcul.

b. Cliquer dans la cellule A1 pour sélectionner cette cellule. Saisir 0 dans cette cellule puis **Entrée** .

c. Saisir 0,1 dans la cellule A2 puis **Entrée** .

d. Cliquer sur la cellule A1 et sans relâcher le bouton de la souris, faire glisser jusqu'à la cellule A2 comme ci-contre.
On a ainsi sélectionné la **plage A1 : A2**.

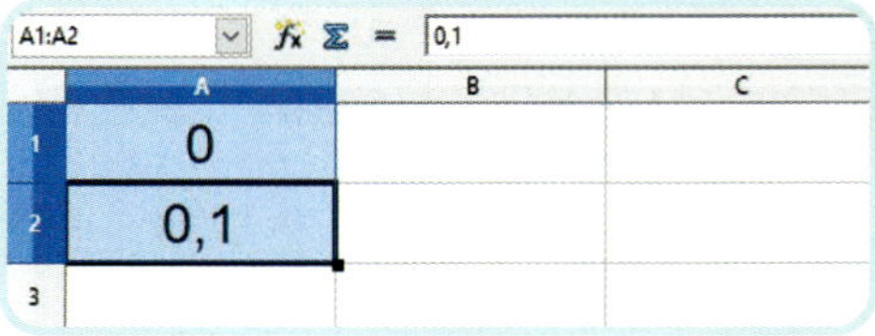

e. Cliquer sur le petit carré en bas à droite de la cellule A2.
Sans relâcher, étirer vers le bas jusqu'à la cellule A11.
Quel nombre est affiché dans la cellule A11 ?

2. Saisir 0 dans la cellule B1 et saisir 0,2 dans la cellule B2.
Procéder comme dans la question **1** pour obtenir une liste de nombres allant de 0 à 10 de 0,2 en 0,2.

3. Utiliser cette feuille de calculs pour obtenir la liste :

a. des nombres décimaux de centième en centième à partir de 20 jusqu'à 21 dans la colonne C ;

b. des nombres décimaux de millième en millième à partir de 30 jusqu'à 30,5 dans la colonne D.

96 Tice Ranger des nombres décimaux

1. D'après une étude d'un magazine de voitures, voici les émissions moyennes de CO_2, en g par km, des véhicules neufs dans certaines villes de France.

a. Saisir cette feuille de calcul.

b. Sélectionner la plage A2:B10.
Cliquer sur [Z/A↓] pour ranger ces villes dans l'ordre décroissant d'émissions de CO_2.

c. Commenter ce que l'on peut observer dans le tableau.

	A	B
1	**Ville**	**Émission CO_2 (en g/km)**
2	Neuilly-sur-Seine	119,269
3	Levallois-Perret	116,048
4	Saint-Raphaël	115,263
5	Épinal	115,042
6	Paris	114,944
7	Caluire-et-Cuire	115,047
8	Ajaccio	114,825
9	La Courneuve	115,365
10	Cannes	115,713

Source : Autoways 2020

2. Le tableau ci-contre donne la population, en milliers d'habitants, des villes précédentes.

a. Saisir ces populations dans la colonne C de la feuille de calcul de la question **1**, puis les ranger dans l'ordre décroissant.

b. Julia affirme : « Plus il y a d'habitants, plus il y a d'émissions de CO_2 par km par les véhicules neufs. »
A-t-elle raison ? Expliquer.

Ville	Population (en milliers d'habitants)
Neuilly-sur-Seine	61
Levallois-Perret	65,817
Saint-Raphaël	35,633
Épinal	32,223
Paris	2 175,601
Caluire-et-Cuire	42,847
Ajaccio	70,817
La Courneuve	43,946
Cannes	73

97 Communiquer en anglais

Raisonner • Communiquer

Arrange the numbers in descending order.

• 3,6012 • 3,612 • 3,621 • 3,0621 • 3,6102
• 3,1062 • 3,107 • 3,2106

98 Ordonner des nombres

Représenter • Raisonner

a. Sur une photocopie de ce labyrinthe, colorier en rouge le chemin obtenu en reliant à chaque fois un nombre à un nombre plus grand. Ce chemin aboutit à l'un des nombres de la ligne « Sorties ».

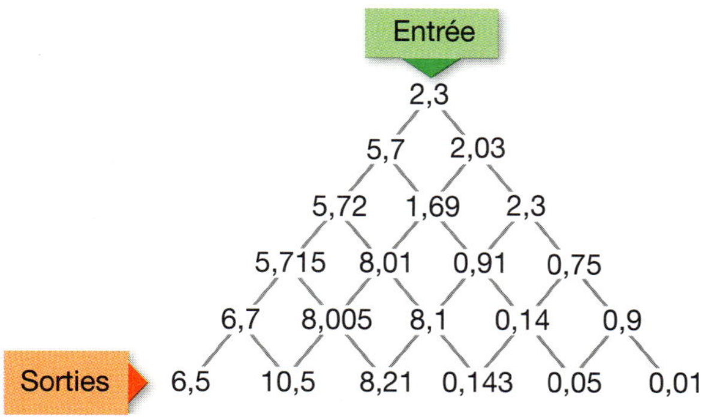

b. Colorier en bleu le chemin obtenu en reliant à chaque fois un nombre à un nombre plus petit.

99 Jouer avec les mots

Chercher • Communiquer

Donner l'écriture décimale de chaque nombre.

a. Une dizaine de centaines.
b. Une centaine de dizaines.
c. Une dizaine de dixièmes.
d. Un millier de dixièmes.
e. Un millième d'une dizaine.
f. Un dix-millième d'une centaine.

100 Travailler avec des grandeurs

Raisonner • Communiquer

a. Clara a dépensé 6,35 € pour acheter un manga. Cela représente le centième de ses économies. Quel est le montant de ses économies ?
b. Jules possède 100 pièces de 0,20 € et Léa possède 10 pièces de 2 €. Ont-ils la même somme d'argent ?
c. Un livre coûte un dixième de 82,50 €. Quel est le prix de ce livre ?
d. Johan réalise un collier de perles. Chaque perle pèse un centième de 180 g. Combien pèse une perle ?

101 Choisir une unité de graduation

Représenter • Raisonner

Voici les résultats, en m, de l'épreuve de saut en longueur femmes aux Jeux olympiques de Tokyo 2020.

Sawyers : 6,80 **Mihambo :** 7,00
Sagnia : 6,67 **Reese :** 6,97
Davis : 6,84 **Brume :** 6,97

a. Donner le classement de ces athlètes.
b. Placer ces longueurs sur une demi-droite graduée, en choisissant une unité adaptée.

102 Envisager plusieurs cas

Représenter • Raisonner

Chaque ◆ représente un chiffre. Dans chaque cas, recopier et compléter. *Il y a plusieurs réponses possibles.*

a. 6,49 < ◆,◆ < 7,55
b. 15 < 1◆,1◆9 < 16,11
c. ◆,001 5 < 0,◆◆◆ 7 < 0,003
d. 3,◆21 < 3, 2◆ < 3,229

103 Organiser des informations

Représenter • Raisonner • Communiquer

« Je suis un nombre décimal à quatre chiffres sans zéros.
Mon chiffre des dixièmes est le même que celui de 17,54.
Mon chiffre des centièmes est le chiffre des unités de millions de 38 214 006.
Mon chiffre des unités est le chiffre des dizaines de 120 028.
Mon chiffre des millièmes est la moitié de celui des centièmes.
Qui suis-je ? »

104 Écrire une consigne

Raisonner • Communiquer

Éva a écrit au brouillon le nombre donné dans son exercice et ses réponses.

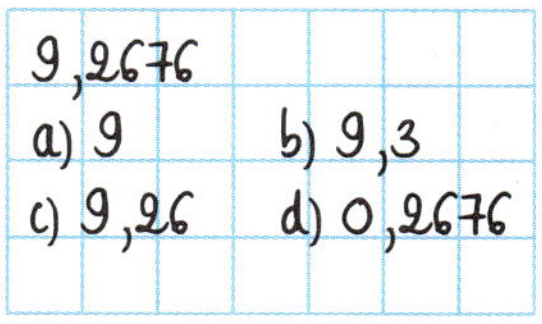

Pour recopier sur son cahier, elle doit écrire des phrases, mais elle ne se souvient plus des consignes.

a. Imaginer la consigne de chaque question.
b. Rédiger les réponses.

J'utilise mes compétences

105 Deviner un nombre

Représenter • Raisonner • Communiquer

Inès affirme : « 8 est le dernier chiffre de mon nombre secret, mais aussi celui des millièmes. De plus, mon nombre est plus petit que 0,5 et plus grand que $\frac{2}{10}$. »
Léo demande : « Ton nombre est-il plus proche de 3 dixièmes en étant plus petit que 26 centièmes ? »
Inès répond : « Oui ! »
Déterminer le nombre secret d'Inès.

106 Décoder un message

Représenter • Raisonner • Calculer

Déterminer le mot caché en utilisant la définition correspondant à chaque case et la grille de traduction.

1	2	3	4	5	6	7	8

Définitions

1. $\frac{562}{100}$
2. Cinquante-six unités et deux dixièmes
3. $\frac{5}{1\,000} + \frac{6}{100} + \frac{2}{10}$
4. $\frac{50\,620}{10}$
5. $5 + \frac{62}{1\,000}$
6. Cinq unités et six cent deux millièmes
7. Cinq centaines et six dizaines
8. 562 dixièmes

Grille de traduction

Résultat	Lettre
0,562	K
5,62	H
5,602	A
562	O

Résultat	Lettre
265	S
56	C
5,062	T
560	G

Résultat	Lettre
5 620	L
5 062	I
56,2	E
0,265	R

107 Comprendre et expliquer

Représenter • Raisonner

Quelle est l'abscisse du point A ci-dessous ?

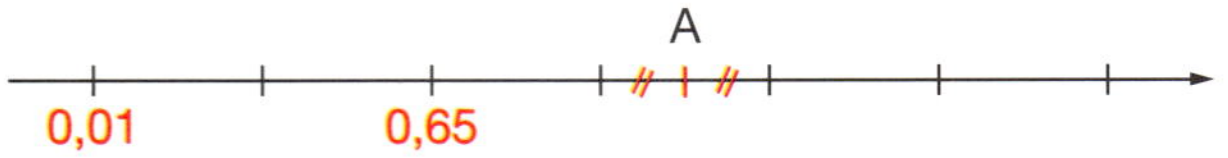

108 Imaginer une stratégie

Représenter • Raisonner • Communiquer

Un nombre décimal possède cinq chiffres.
Il est compris entre 31 dixièmes et 32 dixièmes.
Son chiffre des centièmes est la somme de ses chiffres des unités et des dixièmes. Ses chiffres des dixièmes et des millièmes sont égaux.
Son chiffre des dix-millièmes est le double de sa partie entière. Quel est ce nombre ?

109 Problème ouvert

Chercher • Communiquer • Raisonner

En une seconde, la lumière parcourt environ 300 000 km et le son environ 300 m. La vitesse de la lumière est suffisamment grande pour considérer que l'on voit un éclair à peu près à l'instant où il se produit.
« Pour estimer la distance qui nous sépare de l'endroit où tombe la foudre, on peut compter le nombre de secondes entre l'instant où on voit l'éclair et celui où l'on entend le tonnerre, puis… »
Que faut-il faire ensuite ?

Narration de RECHERCHE

110 PROBLÈME Classer les nombres suivants dans des paquets différents en expliquant les choix.

- $\frac{3\,458}{100}$
- 2,50
- 10 fois plus petit que 345,8
- $2 + \frac{5}{10}$
- $\frac{2\,050}{100}$
- $30 + \frac{4\,058}{1\,000}$
- $2 \times 10 + 5 \times 0{,}1$
- 205 dixièmes
- $\frac{2\,050}{1\,000}$
- 10 fois plus grand que 2,05
- $34 + \frac{580}{1\,000}$
- $\frac{25}{1\,000}$
- $\frac{250}{10\,000}$
- $\frac{2\,500}{1\,000}$
- $34 + \frac{5}{100} + \frac{8}{1\,000}$

Raconter sur une feuille les différentes étapes de la recherche et les remarques qui ont fait changer de méthode ou qui ont permis de résoudre le problème.

Des défis

111 Compter des 1

Combien de fois écrit-on le chiffre 1 si on écrit tous les nombres décimaux qui ont deux chiffres après la virgule et qui sont compris entre 5 et 6 ?

112 Répondre à une devinette

« Je suis un nombre décimal. La somme des deux chiffres de ma partie entière est 18.
La somme des chiffres après la virgule est 11.
Mon chiffre des centièmes s'obtient en enlevant 1 à celui des dizaines. Mon chiffre des millièmes est le double de celui des dixièmes.
Qui suis-je ? »

Je prends des initiatives

TÂCHES COMPLEXES

113 PARTICIPER à une course

▸ La situation-problème

Huit amis ont participé à une course à pied.
Quel temps chacun d'eux a-t-il réalisé ?
Ranger ces temps dans l'ordre croissant.

▸ Les supports de travail

Les documents, la règle graduée.

Toute piste de recherche, même non aboutie, figurera sur la feuille.

Doc. 1

Les temps de certains participants

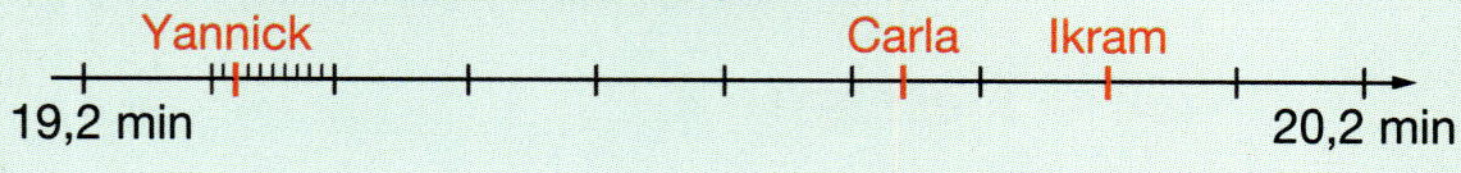

Doc. 2

Des commentaires sur les résultats

- Tous les amis ont terminé la course.
- Le deuxième, Brian, a fini à douze centièmes de minute de Yannick.
- Alice a devancé Ikram d'un dixième de minute.
- Mélanie a mis quatre-vingt-sept centièmes de minute de plus que Yannick, mais elle a devancé Chloé de trente-huit centièmes de minute et Jérémy de cinq dixièmes de minute.

114 CONCOURIR pour le label « Ville Éco-propre »

éco propre

▸ La situation-problème

Cinq villes participent à un concours pour obtenir le label « Ville Éco-propre ».
Laquelle a gagné ce concours ?

▸ Les supports de travail

Les documents.

Toute piste de recherche, même non aboutie, figurera sur la feuille.

Doc. 1

Les critères du jury

Pour chaque catégorie du concours, la première place donne 50 points, la deuxième 30, la troisième 10, la quatrième 5 et la cinquième aucun point.

Doc. 2

Les résultats

	Catégorie			
Ville	Émission de CO_2 en tonnes par an et par habitant	Nombre moyen de véhicules polluants par habitant	Part des produits locaux présents dans les magasins alimentaires	Part de logements « éco » par rapport au nombre total de logements
A	1,23	1,2	0,5	$\frac{54}{100}$
B	1,25	1,8	$\frac{2}{10}$	$\frac{23}{100}$
C	1,65	2,1	0,7	0,65
D	1,75	2,3	0,8	0,24
E	1,62	1,9	$\frac{4}{10}$	$\frac{2}{10}$

CHAPITRE 3

Additionner, soustraire les nombres décimaux

La population de Montpellier était de 257,3 milliers d'habitants en 2010.
La même année, Paris comptait 2 243,8 milliers d'habitants.
De 2010 à 2020, Montpellier a gagné 31,3 milliers d'habitants.
Pendant le même temps, Paris en perdait 56,3 milliers.

Bien démarrer

Pour chaque question, une réponse ou plusieurs sont exactes.

		a	b	c
1	D'après le texte ci-dessus, la population de Montpellier en 2020 était…	257,3 + 31,3 milliers d'habitants	257,3 – 31,3 milliers d'habitants	257,3 + 56,3 milliers d'habitants
2	D'après le texte ci-dessus, la population de Paris en 2020 était…	2 243,8 + 56,3 milliers d'habitants	2 243,8 – 56,3 milliers d'habitants	257,3 – 31,3 milliers d'habitants
3	Timéo effectue en ligne 1,7 + 2,25. Sans commettre d'erreur, il trouve…	24,2	3,32	3,95
4	Inès effectue en ligne 9,6 – 2,7. Sans commettre d'erreur, elle trouve…	6,3	6,9	7,1
5	Le nombre manquant dans l'égalité 85,5 + … = 86 est…	86 – 85,5	5	0,5
6	7 – 4,9 est égal à…	7 – 5 + 0,1	2,1	7,9 – 4,9 – 0,9

Vérifie tes réponses p. 288

ACTIVITÉ

1 Additionner des nombres décimaux

Cours Paragraphes 1 et 3a, p. 52

Voici trois problèmes.

Problème 1	Problème 2	Problème 3
Au Scrabble, Liam a marqué 13 points avec son 1er mot et quatre fois plus de points avec son 2e mot. Combien de points Liam a-t-il marqués avec son 2e mot ?	Maeva achète un pack de yaourts à 1,95 € et un livre à 15,40 €. Combien dépense-t-elle au total ?	Davia se rend au collège à vélo. Le collège est à 2,5 km de son domicile. Ce matin, elle a parcouru 1,3 km. Quelle distance lui reste-t-il à parcourir ?

a. L'un de ces problèmes se résout en effectuant une seule addition. Lequel ?

b. • Poser l'addition comme ci-contre en remplaçant chaque • par le chiffre qui convient.

• Effectuer ensuite cette addition ($_1$ indique une retenue).

c. Rédiger la réponse au problème à l'aide d'une phrase.

		1		
	•	•,	•	•
+		•,	•	•
	•	•,	•	•

ACTIVITÉ

2 Soustraire des nombres décimaux

Cours Paragraphes 2 et 3a, p. 52

Le tableau ci-contre donne quelques informations sur le nombre de personnes qui ont reçu une dose de vaccin anti-Covid dans un pays.

	Nombre (en millions)
Au 30 avril	6,905
Au 31 mai	12,286
Au 30 juin	22,836

a. Pour connaître le nombre de personnes qui ont reçu leur dose de vaccin en mai, on effectue la soustraction 12,286 – 6,905.

• Poser cette soustraction comme ci-contre, puis l'effectuer ($_1$ indique une retenue).

• Rédiger une phrase de conclusion sans oublier de préciser l'unité.

b. • Calculer le nombre de personnes qui ont reçu leur dose en juin.

• Rédiger une phrase de conclusion.

	1	$_1$2,	$_1$2	8	6
–		6,	9	0	5
	1	1			
	•	•,	•	•	•

ACTIVITÉ

3 Utiliser un ordre de grandeur

Cours Paragraphe 3b, p. 52

Chloé s'est inscrite dans un club de VTT.
Avec ses économies et une aide de sa famille, elle dispose de 500 € pour acheter les équipements ci-contre.
Sans calculer le montant total, utiliser des ordres de grandeur pour savoir si 500 € suffisent à Chloé.

1 Addition de nombres décimaux

Exercices 5 à 11

DÉFINITION L'**addition** est l'opération qui permet de calculer la **somme** de deux nombres. Chaque nombre que l'on additionne est un **terme** de la somme.

Exemple

21,4 + 5,3 = **26,7** **26,7** est la somme des deux termes 21,4 et 5,3.

PROPRIÉTÉ Pour calculer une somme, on peut :

- **modifier l'ordre** des termes ;
- **regrouper** différemment les termes.

Exemples

• Modifier l'ordre des termes ne change pas la somme.
6,4 + 2,1 = 8,5 et 2,1 + 6,4 = 8,5

• Changer l'ordre des termes d'une somme peut permettre de calculer plus simplement.
A = 6,4 + 2,1 + 3,6
A = 6,4 + 3,6 + 2,1
A = 10 + 2,1
A = 12,1

2 Soustraction de nombres décimaux

Exercices 22 à 29

DÉFINITION La **soustraction** est l'opération qui permet de calculer la **différence** de deux nombres. Chaque nombre que l'on soustrait est un **terme** de la différence.

Exemple

21,4 – 5,3 = **16,1** **16,1** est la différence des deux termes 21,4 et 5,3.

Remarque : on soustrait toujours le plus petit des deux termes au plus grand, donc **on ne peut pas modifier l'ordre des termes d'une soustraction**.

3 Techniques de l'addition et de la soustraction

Exercices 12 à 21 et 30 à 39

a. Calcul posé

Lorsqu'on pose une addition ou une soustraction, il faut veiller à aligner les virgules, disposer les chiffres de même rang les uns sous les autres et commencer les calculs par la droite.

Exemples

Calcul de 15,9 + 7,25

	1	1		
	1	5,	9	0
+		7,	2	5
	2	3,	1	5

15,9 = 15,90

Calcul de 15,9 – 7,25

	1	₁5,	9	₁0
–		7,	2	5
	1		1	
		8,	6	5

On ne peut pas effectuer 0 – 5, alors on effectue 10 – 5 et on retient 1.

b. Ordre de grandeur

Pour obtenir un ordre de grandeur d'une somme (ou d'une différence), on additionne (ou on soustrait) un ordre de grandeur de chaque terme. Par exemple :

– un ordre de grandeur de 989,7 + 604,25 est 1 000 + 600, c'est-à-dire 1 600 ;
– un ordre de grandeur de 989,7 – 604,25 est 1 000 – 600, c'est-à-dire 400.

J'applique le cours

1 Reconnaître une situation additive

EXERCICE RÉSOLU

ÉNONCÉ Dans son jardin, Louis recueille l'eau de pluie dans une cuve bleue et une cuve verte.
Louis sait que la contenance de la cuve bleue est 35,5 L et que la contenance de cette cuve bleue mesure 7,75 L de moins que celle de la cuve verte.
Représenter cette situation par un schéma et calculer la contenance de la cuve verte.

SOLUTION

La contenance de la cuve verte est la somme de la contenance de la cuve bleue et de 7,75 L.

35,5 L + 7,75 L = 43,25 L

La cuve verte a pour contenance 43,25 L.

		1	1	
	3	5,	5	0
+		7,	7	5
	4	3,	2	5

CONSEILS

- La cuve **bleue** contient **7,75 L de moins** que la cuve **verte**. Autrement dit, la cuve **verte** contient **7,75 L de plus** que la cuve **bleue**.
- On peut vérifier à l'aide de la calculatrice que l'on n'a pas commis une erreur dans le calcul posé.

35,5 [+] 7,75 [entrer] (ou [EXE])

35,5+7,75 43,25

À TON TOUR

2 En 2021, l'altitude du mont Blanc a été mesurée à 4 807,81 m, soit 0,91 m de moins qu'en 2017.
Représenter cette situation par un schéma et calculer l'altitude du mont Blanc en 2017.

3 Reconnaître une situation soustractive

EXERCICE RÉSOLU

ÉNONCÉ Jason achète de la tapisserie pour 8,25 €.
Il n'a qu'un billet de 10 €. Il lui manque 1,72 € pour acheter aussi de la colle.
Représenter cette situation par un schéma et calculer le prix de la colle.

SOLUTION

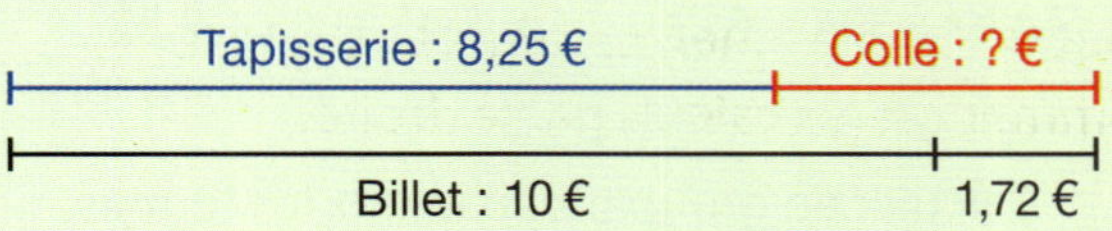

10 € + 1,72 € = 11,72 € donc il faudrait que Jason ait 11,72 € pour acheter aussi la colle.
Le prix de la colle est la différence entre 11,72 € et 8,25 €.
11,72 € – 8,25 € = 3,47 €
La colle coûte 3,47 €.

	1	₁1,	7	₁2
–		8,	2	5
	1		1	
	0	3,	4	7

CONSEILS

- « Il lui manque 1,72 € » signifie que s'il avait 1,72 € en plus du billet de 10 €, Jason pourrait payer la tapisserie et la colle.
- On peut vérifier à l'aide de la calculatrice que l'on n'a pas commis une erreur dans le calcul posé.

11,72 [–] 8,25 [entrer] (ou [EXE])

11,72-8,25 3,47

À TON TOUR

4 La maman d'Elsa mesure 1,75 m.
Elsa dit à sa maman : « Tu mesures exactement 0,29 m de plus que moi. »
Représenter cette situation par un schéma et calculer la taille d'Elsa.

Je travaille mes automatismes

Additionner des nombres décimaux

À l'oral — **Questions flash**

5 Lire en complétant par : *l'addition, la somme, termes*.
a. 7,5 est … des … 3 et 4,5.
b. En effectuant … des … 10,2 et 3,5 on obtient 13,7.
c. Le plus grand des … de … 5,4 + 3,7 est 5,4.

6 CALCUL MENTAL Dans chaque cas, calculer mentalement.
a. Somme de 0,15 et de 2 dixièmes.
b. Somme de 21,51 et de 3 centièmes.
c. Somme de 1,25 et de 8 dixièmes.

7 CALCUL MENTAL Aurélie a 4,25 € et Carlo a 3,75 €. Calculer mentalement combien ils possèdent à eux deux.

8 Recopier les nombres, puis relier ceux dont la somme est 50.

• 13	• 28	• 16,3	• 14,8	• 25,1
• 33,7	• 24,9	• 35,2	• 3,7	• 22

9 Dans chaque cas, on passe d'une case à la case située à droite en ajoutant un même nombre.
Recopier et compléter.

a.	18	19,5				
b.	51,5	52,2				
c.	100,25	101,5				

10 CORRIGÉ en vidéo jaicompris.com

Dans son jardin, Romy a cueilli 8,8 kg de pêches blanches et 7,5 kg de pêches jaunes.
Quelle masse de pêches a-t-elle cueillie au total ?

11 Le crayon rouge de Lionel a une longueur de 15,8 cm. Son crayon bleu mesure 2,5 cm de plus que son crayon rouge.
a. Quelle est la longueur de ce crayon bleu ?
b. Lionel aligne bout à bout ces deux crayons.
Quelle longueur totale ont ces deux crayons ?

Travailler la technique de l'addition

À l'oral — **Questions flash**

12 Dans chaque cas, expliquer oralement l'erreur commise.

a.

	1			
		7,	9	
+	6	3,	4	8
	7	0,	3	8

b.

	1	1		1	
	1	9	9,	5	4
+		5	1,	3	7
	2	4	0,	9	1

13 CALCUL MENTAL Calculer mentalement en regroupant astucieusement les nombres.
a. 47 + 1,29 + 0,01 **b.** 4,02 + 18 + 7,98

14 Citer oralement un ordre de grandeur.
a. 205,4 + 98,7 **b.** 7 598,4 + 19,545 + 81,75

15 Recopier et calculer à la main.

a.

	1	2	3	5
+		5	8	2

b.

			2	3	7,	4	5
+	1	0	8	2,	1	3

16 Recopier et calculer à la main.

a.

	1	2	9,	3	
+	5	0	6		
+		4	7,	8	5

b.

		6	7,	3	
+			0,	9	4
+	3	5	1		

17 Poser et effectuer. Vérifier à la calculatrice.
a. 967,8 + 3 049,5 **b.** 127,5 + 38,24
c. 45,78 + 1 309,7 + 620,52

18 Calculer en ligne.
a. 7 479 + 396 + 653 **b.** 5,45 + 7,5 + 8,52

19 Calculer en groupant au mieux les termes.
a. 6,5 + 24 + 2,5 + 16 **b.** 38,7 + 1,8 + 2,2 + 51,3

20 Dans chaque cas, l'un des résultats est correct. Dire lequel sans effectuer le calcul.
a. 112 + 587 + 1 209 = …
• 958 • 15 238 • 1 908
b. 230,28 + 4 985,75 + 99,56 = …
• 5 315,59 • 4 315,59 • 6 315,59

21 Lequel de ces nombres est le plus proche de la somme 552,8 + 53,5 ?
• 100 • 500 • 600 • 1 000 • 5 500

Je travaille mes automatismes

Soustraire des nombres décimaux

À l'oral — **Questions flash**

22 Lire en complétant par : *différence, somme, soustraction, termes.*
a. En effectuant 12,3 + 7,5 on obtient une ... et en effectuant 12,3 – 7,5 on obtient une ... .
b. En effectuant la ... des ... 34,5 et 27,3 on obtient 7,2.

23 CALCUL MENTAL Dans chaque cas, calculer mentalement.
a. Différence de 2,36 et de 2 dixièmes.
b. Différence de 17,54 et de 3 centièmes.
c. Différence de 1,63 et de 7 dixièmes.
d. Différence de 120,34 et de 6 centièmes.

24 CALCUL MENTAL Calculer mentalement.
a. 22,6 – 5,6 **b.** 5,1 + 1,9
c. 5 – 2,7 **d.** 4,6 + 3,5
e. 20,1 – 5,2 **f.** 100,2 – 99,3

25 CALCUL MENTAL La longueur d'une table est 2,5 m. Avec une rallonge, sa longueur est 3,2 m. Calculer mentalement la longueur de cette rallonge.

26 Recopier les nombres, puis relier ceux dont la différence est 20,5.

• 120 • 1 546 • 56,5 • 47,9 • 75,4

• 1 525,5 • 27,4 • 99,5 • 54,9 • 36

27 Dans chaque cas, on passe d'une case à la case située à droite en soustrayant un même nombre. Recopier et compléter.

a.	18	16,5				
b.	11,8	10,9				
c.	51,5	50,25				

28 Lors d'un orage, la température passe de 36,5 °C à 19,4 °C.
De combien la température a-t-elle baissé ?

29 Une bouteille vide pèse 476 g.
Cette bouteille remplie avec un litre d'huile d'olive pèse alors 1 389,7 g.
Quelle est la masse d'un litre d'huile d'olive ?

Travailler la technique de la soustraction

À l'oral — **Questions flash**

30 Dans chaque cas, expliquer oralement l'erreur commise.

a.

	5	1 7,	8	
–	2	8,	3	2
	1			
	2	9,	5	2

b.

	8	6	1 5,	1 2	4
–	2	5	6,	8	1
		1	1		
	6	1	8,	4	3

31 CALCUL MENTAL Calculer mentalement.
a. 4 – 2,2 **b.** 4,5 – 3,25 **c.** 6 000 – 300,1

32 Expliquer oralement à l'aide d'ordres de grandeur pourquoi ce calcul n'est pas correct.
798,63 – 564,12 = 362,75

33 Recopier et calculer à la main.

a.
```
  2 3 4 7
–   5 1 2
```
b.
```
  5 2 1, 8 5
– 3 8 4, 1 2
```

34 CORRIGÉ en vidéo — jaicompris.com

Recopier et calculer à la main.

a.
```
  7 0 9, 3
– 5 2 6
```
b.
```
  1 2 4 1
–   3 2 7, 8
```

35 Dans chaque cas, poser et effectuer la soustraction si elle est possible.
a. 304,56 – 56,9 **b.** 3 127,5 – 538,24
c. 240,7 – 251,2 **d.** 1 – 0,307

36 Calculer en ligne. Vérifier à la calculatrice.
a. 86 435 – 29 760 **b.** 907,2 – 586,34

37 Quelles sont les différences égales à 0,35 ?
• 15,6 – 15 • 0,85 – 0,5 • 3,25 – 1,9 • 1,6 – 1,25

38 Dans chaque cas, écrire celui des nombres qui est le plus proche de la différence donnée.
a. 1 714,32 – 596,58
• 12 • 1 000 • 1 100 • 1 200
b. 25 894,561 – 7 895,64
• 180 • 1 750 • 17 500 • 18 000

39 La différence 25 104,76 – 7 599,84 est égale à l'un de ces nombres. Dire lequel sans effectuer le calcul.
• 175,92 • 1 750,92 • 17 504,92

Additionner des nombres décimaux

40 Recopier et compléter.

a.
```
    1 ● 4, ●
+     5 ●, 1
    ● 7 6, 4
```

b.
```
    ● 3, 9 ●
+   5 ●, 8 4
    ● 0 2, ● 0
```

c.
```
      ●, 9 4 ●
+     5, ● 8 2
      6, 0 ● 1
```

41 Recopier et compléter.

a.
```
      4 1, ● ●
+     6 7, 0 2
+     4 ●, 9 9
    1 ● 0, 8 0
```

b.
```
      8 4, 7 5 ●
+     6 7, 1 ● 2
+     4 ●, ● 9 8
    2 ● 0, 4 8 0
```

42 Des touristes survolent les colosses de Memnon en Égypte dans une montgolfière.
Brusquement, la montgolfière descend de 52,5 m et se retrouve à 327,8 m d'altitude.
À quelle altitude volait la montgolfière avant sa descente ?

Coup de pouce
Réaliser un schéma.

43 Laure et Arthur courent l'un vers l'autre sur un chemin rectiligne. Au moment où ils se croisent, leurs montres connectées indiquent que Laure a parcouru 28,3 m et Arthur 22,5 m.
a. Représenter cette situation par un schéma.
b. Calculer la distance qui séparait Laure et Arthur au départ.

44 Voici le contenu de la tirelire d'Ambre.

6 pièces | 7 pièces | 2 pièces | 1 pièce | 3 pièces

a. Combien Ambre a-t-elle de pièces ?
b. Quelle somme d'argent, en euros, a-t-elle ?
c. Avec cette somme, Ambre peut-elle acheter une BD à 16,50 € et une gomme à 3,50 € ?

45 CORRIGÉ en vidéo jaicompris.com

Cédric mesure 13 cm de moins que Daniel. Or Cédric mesure 1,41 m.
Quelle est la taille de Daniel ?

46 Sur Internet, Eddy achète deux jeux vidéo, l'un à 12,30 € et l'autre à 18,20 €.
Eddy doit payer également 5,70 € de frais de port.
Combien Eddy va-t-il payer ?

47 Composition d'une baguette de pain :
- eau : 37,6 g ;
- glucides (ou sucres) : 49,65 g ;
- protéines : 7,4 g ;
- amidon : 48,9 g ;
- vitamines et sels minéraux : 6,45 g.

Calculer la masse de cette baguette.

48 On additionne ces nombres deux à deux de toutes les façons possibles.

18,06   17,4   19,85

Lequel des nombres ci-dessous n'est pas l'une des sommes obtenues ?

36,25	37,91	37,25	35,46

49 Jeux et casse-tête Recopier cette pyramide et compléter chaque case par la somme des nombres situés dans les cases juste au-dessous.

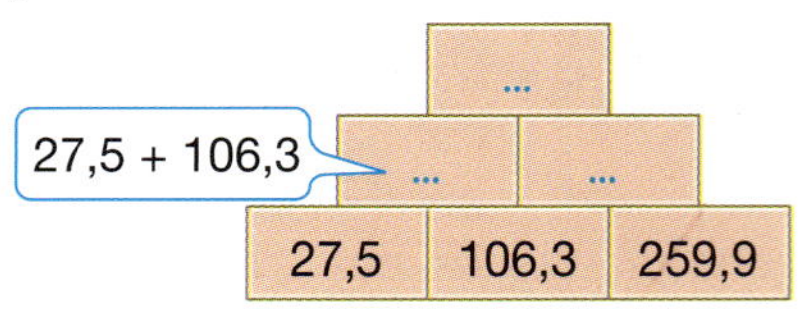

Soustraire des nombres décimaux

50 Recopier et compléter.

a.
```
    6 5, ● 5
−   5 ●, 5 ●
    ● 4, 5 2
```

b.
```
    ● 4 ●, ●
−   6 ● 3, 6
    1 8 4, 8
```

c.
```
    9 3, 0 7
−   ● ●, ● 1
    4 5, 2 ●
```

51 Manon va s'élancer d'un avion pour effectuer un saut en parachute.
Son altimètre indique 3 250 m d'altitude.
Elle effectue une chute libre de 1 700 m avant d'ouvrir son parachute.
À quelle altitude l'a-t-elle ouvert ?

Coup de pouce
Utiliser un schéma.

52 Répondre à chaque question après avoir représenté la situation par un schéma.
a. Anissa choisit un nombre. Elle lui ajoute 13,5 et elle obtient 54,9. Quel nombre a-t-elle choisi ?
b. Au nombre 1 100,2 Nassim soustrait un nombre qu'il a choisi. Il obtient 800,4. Quel nombre a-t-il choisi ?

53 Voici la capacité de stockage de la clé USB de Mila.

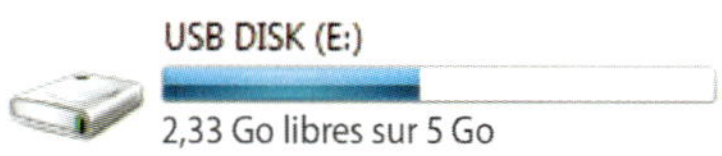

Mila souhaite y télécharger le film *Luca* (4,5 Go).
Combien d'espace doit-elle libérer pour y parvenir ?

54 Lors de la Collecte Nationale annuelle des Banques Alimentaires, un colis de 9 kg contenait :
• 2 kg de sucre ; • 1,5 kg de farine ; • 4 kg de pâtes ;
• 0,250 kg de beurre ; • 24 œufs.
Représenter la situation par un schéma et calculer la masse des 24 œufs.

55 Les parents de Lucie se sont équipés pour télétravailler. Pour cela, ils ont acheté un ordinateur de bureau à 469,90 € et une imprimante à 69,90 €. Ils ont bénéficié d'une remise et n'ont payé que 500 €.
Représenter la situation par un schéma et calculer le montant de la remise.

56 Recopier et compléter chaque case par la somme des nombres situés dans les cases au-dessous.

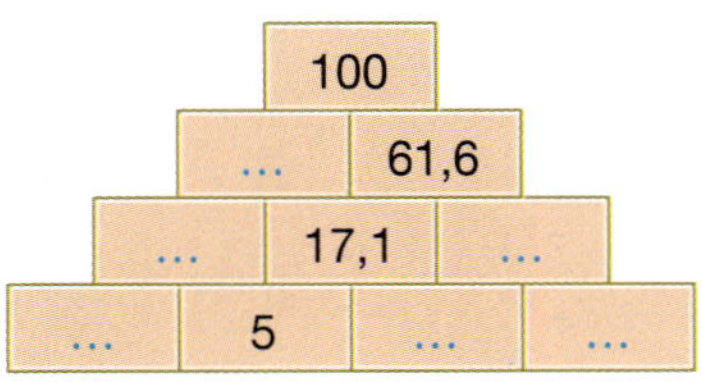

57 Jeux et casse-tête « Je pense à un nombre à deux chiffres. Si j'écris 5 à sa droite, il augmente de 329.
Quel est le nombre auquel j'ai pensé ? »

■ et ■ désignent chacun un chiffre.

Synthèse — Utiliser additions et soustractions

58 Voici un programme de calcul.
Adam réalise ce programme et annonce :
« Je trouve 58. »

• Choisir un nombre.
• Ajouter 15.
• Soustraire 23,5.

Objectif Utiliser un schéma pour retrouver le nombre choisi par Adam.

a. Recopier et compléter les flèches rouges.

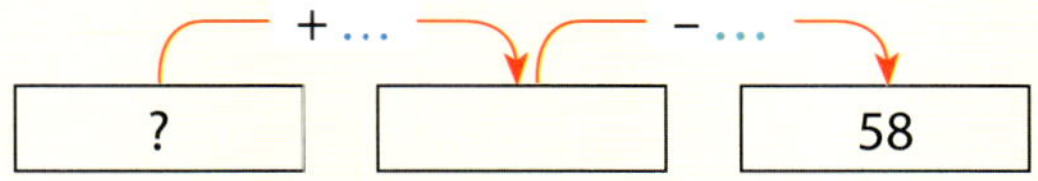

b. Recopier et compléter alors les flèches bleues.

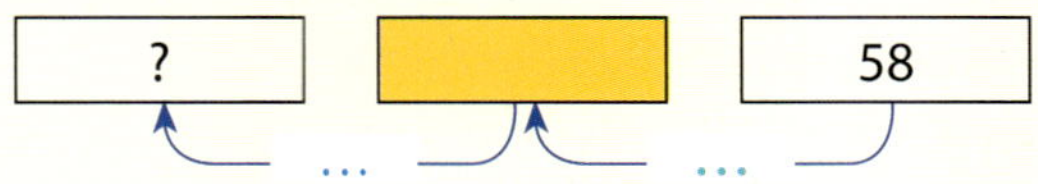

c. Compléter ensuite la case jaune.
Quel nombre a choisi Adam ?

59 Sur une aire d'autoroute, Erwan achète un sandwich « Le Ruban bleu », son frère « Le Parisien », sa maman « L'Oriental » et son papa « Le Généreux ».

Objectif Calculer mentalement le montant à payer pour ces quatre sandwichs.

a. Calculer mentalement 3,70 € + 5,30 €.
b. Expliquer comment terminer le calcul mental du prix à payer pour les quatre sandwiches.

60 Anouk a effectué le calcul suivant et il est exact :

$$7{,}29 + 3{,}45 = 10{,}74.$$

Objectif Tirer des conséquences de la somme obtenue par Anouk.

1. Représenter le calcul d'Anouk par un schéma.
2. Répondre à chaque question sans effectuer de calcul.
a. Hervé achète des légumes pour 7,29 € et un ananas. Il paie 10,74 €. Quel est le prix de l'ananas ?
b. Un rectangle a pour largeur 3,45 m et pour demi-périmètre 10,74 m. Quelle est sa longueur ?

Parcours différenciés

Je m'évalue

Pour chaque question, une seule réponse est exacte.

QCM supplémentaires
college.nathan.fr/tm6058

	a	b	c	En cas d'erreur
61 Le résultat d'une addition est…	une différence	un produit	une somme	
62 Dans l'écriture 2,7 + 4,75 les nombres 2,7 et 4,75 sont des…	différences	sommes	termes	
63 Mentalement, on sait que 2,5 + 4,25 + 7,5 +5,75 est égal à…	6,75 + 12,25	10 + 10	9 + 9	*Cours 1 p. 52*
64 Axel achète une baguette de pain à 0,90 €, un croissant à 0,85 € et un gâteau à 6,55 €. Axel doit payer…	7,20 €	8,20 €	8,30 €	
65 Valérie : « Je mesure 1,58 m ». Paul : « Tu mesures 0,11 m de moins que moi ! ». Alors Paul mesure…	1,58 m – 0,11 m	1,47 m	1,58 m + 0,11 m	*Ex. 1 p. 53*
66 Le résultat d'une soustraction est…	une différence	un produit	une somme	
67 Dans l'écriture 10,5 – 8,14 les nombres 10,5 et 8,14 sont les …	différences	sommes	termes	*Cours 2 p. 52*
68 Le calcul impossible est…	25,7 + 2 054,3	25,7 – 2 054,3	2 054,3 – 25,7	
69 Djamal reçoit un colis de 1,5 kg. L'emballage pèse 400 g et le contenu pèse ■ kg. Cette situation peut se représenter par…	400 g | ■ kg 1,5 kg	1,5 kg | 400 g ■ kg	1,5 kg | ■ kg 400 g	*Ex. 3 p. 53*
70 La descente d'un col est longue de 5,4 km, soit 1,7 km de plus que la montée. La longueur de la montée est…	5,4 km – 1,7 km	7,1 km	5,4 km + 1,7 km	
71 L'addition correctement effectuée est…	1 1 2 5, 8 4 + 1 7, 5 3 4 3, 2 7	1 7 3, 9 + 2 5, 7 6 9 9, 6 6	1 3 9, 4 5 + 5 7, 2 5 8 6, 7 0	
72 La soustraction qui comporte une erreur est…	7 ₁8, ₁5 4 – 2 9, 7 3 1 1 4 8, 8 1	8 ₁3, ₁2 ₁0 – 6 4, 3 5 1 1 1 1 8, 8 5	3 ₁4, ₁2 4 – 1 8, 7 ₁0 1 1 1 1 5, 4 6	*Cours 3 p. 52*
73 Un ordre de grandeur de 49,58 + 101,24 + 998,641 est…	2 000	1 150	115	

Je réalise mon parcours

Selon ton score page précédente

Parcours conseillé
- Entre **0 et 5 bonnes réponses** : drapeau vert
- Entre **6 et 9 bonnes réponses** : drapeau bleu
- **10 bonnes réponses ou plus** : drapeau rouge

74 Utiliser les nombres décimaux dans un contexte concret

Voici la répartition, incomplète, des élèves de collège à la rentrée dans une académie.

Classe	Garçon	Fille	Total
6^e	59,8	36	●
5^e	46,4	▲	79,2
4^e			
3^e			
Total		119,6	

Les nombres sont en milliers.

On sait de plus qu'il y a :
- 8 900 filles de moins en 4e qu'en 6e ;
- 14 100 élèves de plus en 5e qu'en 4e ;
- 60 900 garçons de plus au total que de filles.

On se propose de compléter des cases du tableau.

PARCOURS 1

On s'intéresse aux lignes des classes de 6e et de 5e.

Comment calculer le nombre ▲ ?

▲ est le nombre à ajouter à 46,4 pour trouver 79,2.

a. Recopier et compléter : « Le nombre ● est la ... de 59,8 et 36 et le nombre ▲ est la ... de 79,2 et 46,4. »
b. Calculer à la main le nombre ● puis le nombre ▲.
c. Interpréter chacun des nombres précédents dans le contexte de la situation.

PARCOURS 2

Calculer le nombre de garçons, de filles et le nombre total d'élèves en 4e.

PARCOURS 3

Recopier et compléter le tableau ci-dessus.

75 Modéliser une situation concrète

On attache un ruban de clôture électrique (en rouge) aux deux extrémités du mur et on le tend de façon à délimiter un pré rectangulaire. On se propose d'envisager plusieurs cas selon les longueurs connues.

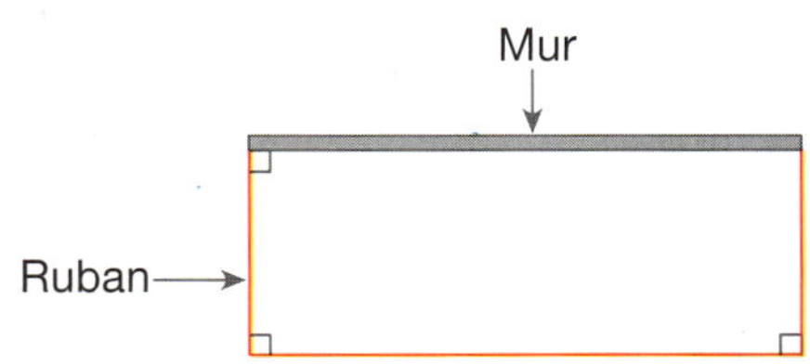

PARCOURS 1

On étudie ici le cas où le mur a une longueur de 200 m et le ruban une longueur de 350 m.

Avec ces données, que peut-on calculer ?

On peut s'intéresser par exemple à la largeur du rectangle.

a. Recopier et compléter : « Le ruban a ... m de longueur. Or, le plus long de ses trois côtés a pour longueur ... m, donc les deux largeurs mesurent au total ... m – ... m, soit ... m. »
b. Calculer alors la largeur du rectangle.

PARCOURS 2

On étudie ici le cas où le mur a une longueur de 200 m et l'aire du rectangle est 15 000 m^2.
Calculer la longueur du ruban.

PARCOURS 3

On étudie ici le cas où le ruban est long de 380 m et où la longueur dépasse la largeur de 50 m.
Calculer la longueur du mur.

Travailler avec des additions et des soustractions

76 Algo Relier script et programme de calcul

▶ Livret Scratch p. 6

1. Du script au programme de calcul et vice versa

Voici un script Scratch où A, B, C représentent des nombres décimaux.

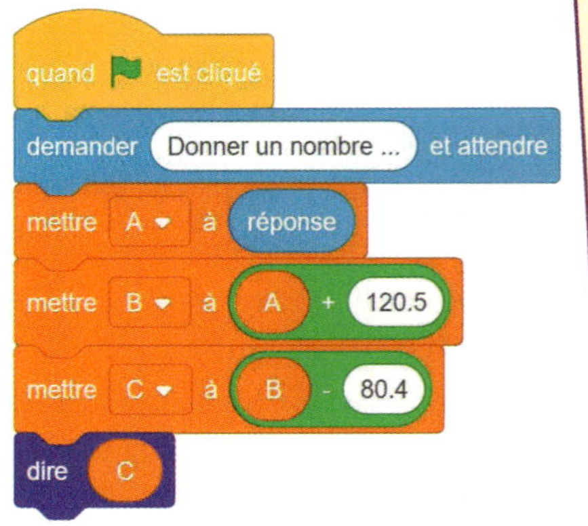

a. Zora a donné le nombre 12,7, ainsi A = 12,7.
Exécuter le script à la main.
Donner alors la valeur de B puis la valeur de A.
Quel nombre énonce le lutin ?

b. Ce programme de calcul correspond au script précédent.

> • Choisir un nombre.
> • ... 120,5.
> • ... 80,4.

Le recopier et le compléter par les verbes qui conviennent.

c. Écrire le programme de calcul précédent, mais avec seulement deux lignes (au lieu de trois).

d. Ouvrir le logiciel Scratch et saisir un script correspondant au programme de calcul de la question **c**.
Tester ce script avec chacun des nombres :

• 12,7 • 59,9 • 1 524,6 • 25 759,7

2. Une curiosité

Hugo affirme : « Avec ce script Scratch, avant même de donner un nombre, je connais le résultat qu'énoncera le lutin. »
Hugo a-t-il raison ? Si oui, expliquer.

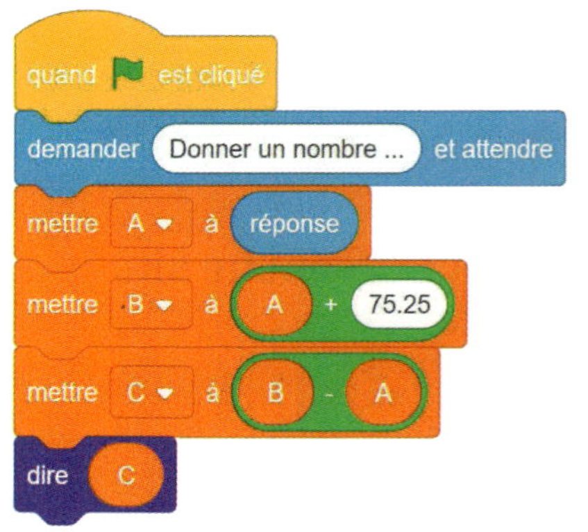

3. Une devinette

Laly affirme : « J'ai donné un nombre décimal supérieur à 100 et j'ai appliqué le script ci-contre.
Voici ce qu'a énoncé le lutin. »
Retrouver le nombre choisi par Laly.

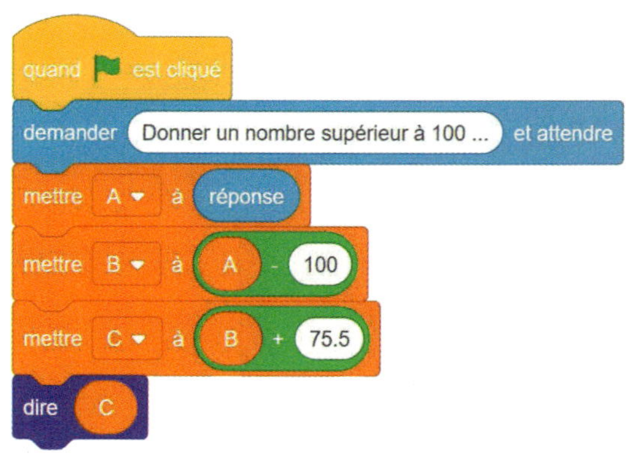

77 Communiquer en anglais

Calculer • Communiquer

Compute these sums in a clever way. Explain.

a. 2,45 + 93,5 + 17,55 + 6,5
b. 0,02 + 7,15+ 12,85 + 0,98
c. 0,065 + 0,9 + 0,035 + 99

78 Utiliser les priorités opératoires

Raisonner • Calculer

1. Dans chaque cas, recopier et compléter.

a. (4,7 + 3,5) – 8,1 → … → …

b. 11,3 + (5 – 2,17) → … → …

2. De façon analogue, calculer en respectant les priorités opératoires.

a. 24,3 – (7,2 + 1,5) **b.** 140 – (24,8 – 4,15)

79 Jouer avec les nombres décimaux

Raisonner • Calculer

Recopier et compléter afin d'obtenir un carré magique : la somme des nombres de chaque ligne, chaque colonne, chaque diagonale est la même.

1,7			1,4
		1,2	0,9
1	0,7		
0,5		1,5	0,2

80 Pour s'exprimer

Communiquer

Pour chaque phrase, remplacer le mot *somme* par un synonyme ou une expression de même sens.

a. L'âne est utilisé comme bête de somme.
b. À la maternelle, les enfants font un somme en début d'après-midi.
c. Pendant les soldes, Yannick a dépensé des sommes folles.
d. Additionner c'est somme toute facile !
e. En additionnant des nombres, on obtient leur somme.

81 Calculer un nombre inconnu

Représenter • Raisonner • Calculer

Dans chaque cas, calculer le nombre manquant désigné par ■.

a. 45,4 + ■ = 67,2 **b.** 75 – ■ = 19,8
c. ■ + 147 = 235,8 **d.** ■ – 12,5 = 200,8

Coup de pouce
Utiliser des schémas.

82 Lire et comprendre des informations

Raisonner • Calculer • Communiquer

Voici les performances réalisées par trois athlètes au lancer du javelot lors des deux premiers essais.

1er essai
- Alan : 55,47 m ;
- Bill : 52 cm de moins qu'Alan ;
- Carl : 93 cm de plus que Bill.

2e essai
- Alan améliore son lancer de 97 cm ;
- Bill améliore son lancer de 1 m ;
- Carl n'améliore pas son lancer.

On garde le meilleur lancer de chaque athlète. Quel est le classement après deux essais ?

83 Résoudre en plusieurs étapes

Raisonner • Calculer

Pour limiter ses trajets en voiture, la mère de Lilou achète un vélo à assistance électrique d'une valeur de 1 249 €.

Elle bénéficie d'une aide de l'État de 200 €.
De plus, elle achète un casque à 14,95 €, un antivol à 19,90 € et un panier à 12,15 €.
Combien doit-elle payer ?

84 Comprendre une expression

Raisonner • Calculer • Communiquer

Pour son repas de midi, Gaël a acheté une salade composée à 4,95 € et une boisson à 1,50 €.
Il a payé avec un billet de 10 €.

a. Combien le vendeur doit-il lui rendre ?
b. Parmi les expressions ci-dessous, laquelle correspond aux calculs effectués au **a** ?

A = 10 + 4,95 + 1,50 B = 10 – 4,95 + 1,50
C = 10 – (4,95 + 1,50) D = 10 – 4,95 – 1,50

c. Une autre des expressions ci-dessus permet de répondre à la question **a** ; laquelle ?

85 Écrire et calculer une expression

Raisonner • Calculer • Communiquer

Jennifer et Johanna ont reçu chacune la même somme d'argent de leur grand-mère.
Jennifer qui possédait 4,65 € a maintenant 10 €.
Johanna possédait 8,50 €.
Écrire la nouvelle somme d'argent de Johanna à l'aide d'une seule expression, puis la calculer.

86 Imaginer un problème

Modéliser • Communiquer

Rédiger un énoncé de problème dont la résolution nécessite de calculer 125 – (34,5 + 51).

87 Faire des essais

Chercher • Calculer • Communiquer

Cette égalité est fausse :

235 + 315 + 4 135 = 30 785

Sans rien changer d'autre, placer des virgules afin que cette égalité soit vraie.

88 Schématiser une situation

Représenter • Raisonner

Simon et Maya ont 40 € à eux deux.
Si Simon avait 3 € de moins et si Maya avait 1 € de plus, alors ils auraient la même somme.

a. Recopier et compléter le schéma suivant :

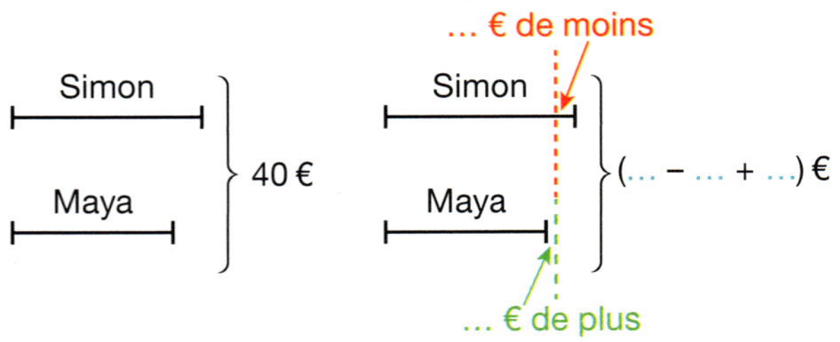

b. En réalité, quelle somme a chaque enfant ? Expliquer.

89 Comprendre et expliquer

Chercher • Raisonner

Dans un vieux cahier, Joy a trouvé une addition posée. Malheureusement, des trous cachent certains chiffres. Retrouver ces chiffres en envisageant toutes les solutions possibles.

		8	2,	5	✱
+		7	4,	✱	1
+		3	✱,	7	✱
	1	✱	1,	8	9

90 Imaginer une stratégie

Représenter • Raisonner • Calculer

Une course cycliste se déroule en deux étapes :
la première a 32,5 km de plus que la seconde.
La longueur totale de la course est de 200,5 km.
Quelle est la longueur de chaque étape ?

91 Problème ouvert

Chercher • Représenter • Raisonner

Voici des informations sur un rectangle :
- son demi-périmètre est égal à 13,3 cm ;
- il y a un écart de 2,5 cm entre sa longueur et sa largeur.

Construire un tel rectangle.

Narration de RECHERCHE

92 PROBLÈME On dispose de trois récipients de contenances 0,8 L, 0,5 L et 0,3 L.
Au départ, celui de 0,8 L est plein d'eau.

0,8 L   0,5 L   0,3 L

Expliquer comment obtenir dans l'un des récipients : • 0,2 L ; • 0,1 L ; • 0,4 L.

Raconter sur une feuille les différentes étapes de la recherche et les remarques qui ont fait changer de méthode ou qui ont permis de résoudre le problème.

Des défis

93 Découvrir un nombre

Lilas choisit deux nombres, elle calcule leur somme, puis leur différence.
Elle additionne ensuite cette somme et cette différence ; elle obtient 98,4.
Quel est le plus grand des deux nombres choisis par Lilas ?

94 Découvrir une soustraction

Reconstituer la soustraction ci-dessous où une même lettre représente un même chiffre.

Coup de pouce
Deux des chiffres sont 0 et 9.

	F	F,	T
–		A,	F
		F,	A

95 Découvrir des termes

Écrire 1 000 en utilisant huit fois le chiffre 8 à l'aide d'additions.

Je prends des initiatives

TÂCHES COMPLEXES

Aristote
(384-322 avant notre ère)

96 S'INITIER à la crytographie

▶ La situation-problème

La cryptographie est une technique qui permet de chiffrer un message à l'aide d'un code secret afin de le protéger. Elle est utilisée dans de nombreux domaines : les clés de sécurité, la défense, le secret médical, etc.
Voici une citation du philosophe grec Aristote (IVᵉ siècle). Malheureusement elle est codée.

λπα∞δθ   Δφελμ   λε   λ∞ραεϒδθ

- Décrypter ce message.
- Créer un message codé et le faire décrypter par un autre groupe.

Doc. 1

Du nombre à la lettre

1	2	3	4	5	6	7	8	9	10
			V	I		U	C	'	L

11	12	13	14	15	16	17	18	19	20
N	A	E	T	R	O		S		

Doc. 2

Du symbole au nombre

+	1	2	3	4	5	6	7	8	9	10
1				δ						
2							φ			
3	α				Δ					
4			ρ			Ω				
5									μ	θ
6							ε			
7		φ								
8				π				∞		
9					μ				λ	
10	ϒ			μ						

▶ Les supports de travail

Les documents.
Toute piste de recherche, même non aboutie, figurera sur la feuille.

97 PARTIR en randonnée

▶ La situation-problème

Au mois d'août, un groupe d'amis a effectué cinq randonnées à VTT en Lozère. Calculer les informations manquantes sur leur carnet de route (doc. 1).

Doc. 1

Le carnet de route

- 1ʳᵉ rando : La Malène ... km
- 2ᵉ rando : Le lac de Charpal 46,4 km
- 3ᵉ rando : Le lac de Villefort
  4 tours d'un circuit de 7,5 km ... km
- 4ᵉ rando : Ruines de Volpilloux 70,2 km
- 5ᵉ rando : Le Bleymard

Lac de Villefort

Doc. 2

Deux informations

- Distance totale parcourue : 221,8 km.
- La longueur de la 4ᵉ rando dépasse de 35,8 km la longueur de la 1ʳᵉ rando.

▶ Les supports de travail

Les documents, la calculatrice.
Toute piste de recherche, même non aboutie, figurera sur la feuille.

CHAPITRE 4

Multiplier les nombres décimaux

Le 5 000 m est une épreuve de fond en athlétisme. Lors de cette course, les athlètes effectuent, en plein air, 12,5 tours d'une piste de 400 m pour parcourir une distance totale de 5 000 m.

Bien démarrer

Pour chaque question, une réponse ou plusieurs sont exactes.

		a	b	c
1	Sofia achète 4 paquets de 7 cartes magiques. Pour calculer le nombre de cartes qu'elle a acheté, on effectue…	$7 + 7 + 7 + 7$	$7 + 4$	4×7
2	Une multiplication correctement effectuée est…	963 × 74 2892 6741 9633	875 × 602 1750 525000 526750	734 × 58 5872 36700 42572
3	63×100 est égal à…	630	6 300	630×10
4	13×47 est égal à…	$10 \times 47 + 3 \times 47$	$10 \times 47 + 3$	$13 \times 40 + 13 \times 7$
5	$7 + 3 \times 6$ est égal à…	60	25	$5 \times (8 - 3)$

Vérifie tes réponses p. 288

Je découvre

ACTIVITÉ 1 Multiplier ou diviser par 10, 100, 1 000

Cours Paragraphe 1, p. 66

1 **a.** À l'aide du travail de Mathis, donner l'écriture décimale de 5,4 × 10.

b. Calculer mentalement :

- 64 × 10
- 154,75 × 10
- 514 × 100
- 35,7 × 100
- 1,47 × 1 000
- 0,021 × 1 000

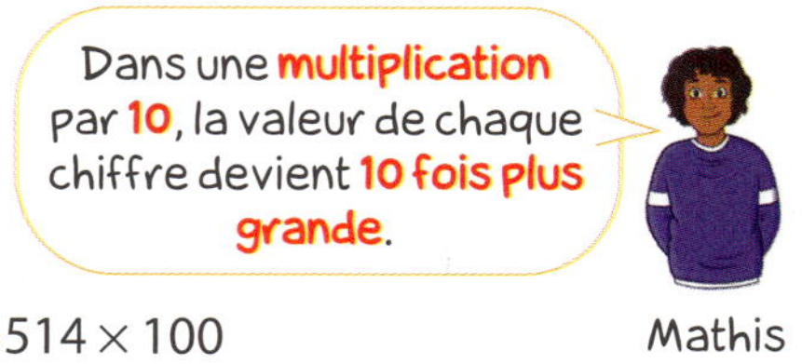

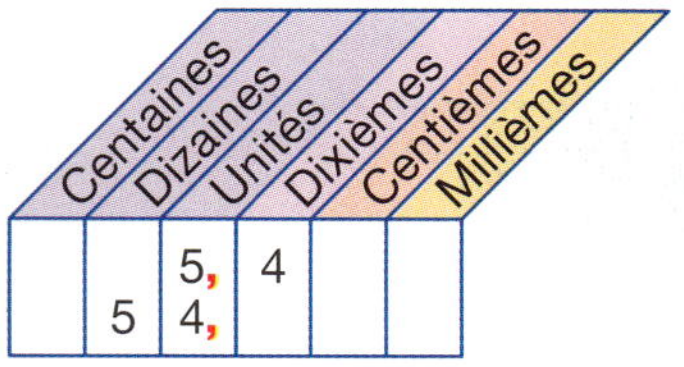

2 **a.** À l'aide du travail de Léna, donner l'écriture décimale de 5,4 : 10.

b. Calculer mentalement :

- 87 : 10
- 0,32 : 10
- 731 : 100
- 8,2 : 100
- 63 : 1 000
- 8,3 : 1 000

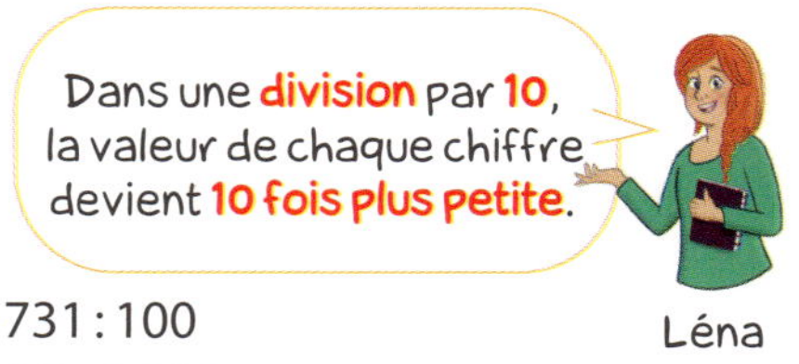

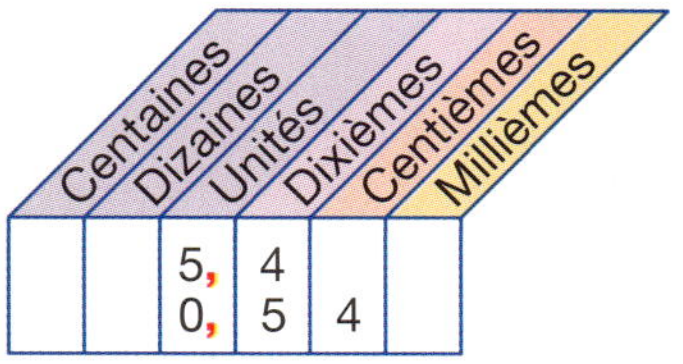

ACTIVITÉ 2 Multiplier un nombre décimal par un nombre entier

Cours Paragraphe 2, p. 66

1 Lors d'une compétition d'athlétisme, Clémence effectue 4 fois un même parcours de 3,5 km. Pour calculer la distance parcourue, Clémence écrit :

3,5 km + 3,5 km + 3,5 km + 3,5 km

Proposer un autre calcul pour connaître cette distance. Quelle est cette distance ?

2 **a.** Recopier et compléter : 7,25 × 3 = 3 × ... = 3 × 725 : ....

b. En s'aidant de la multiplication posée ci-contre, donner l'écriture décimale de 7,25 × 3.

	7	2	5
×			3
2	1	7	5

3 Mario a rempli 6 de ces pots de miel.
Quelle quantité de miel, en kg, a-t-il utilisée au total ?

ACTIVITÉ 3 Multiplier deux nombres décimaux

Cours Paragraphe 3, p. 68

1 À l'aide du travail ci-contre de Giny, donner l'écriture décimale de 3,48 × 7,9.

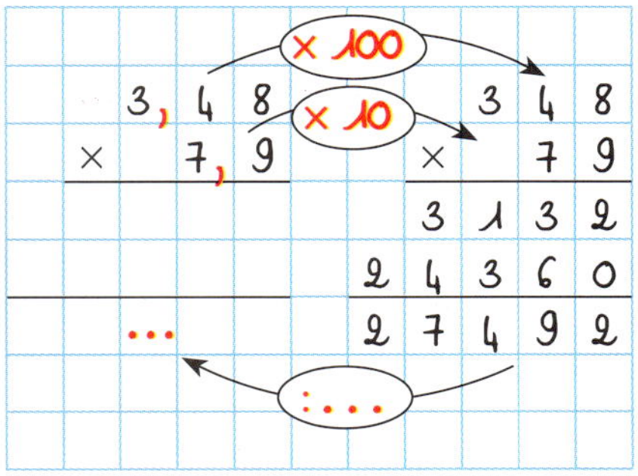

2 Calculer mentalement.

a. 0,7 × 0,3 **b.** 0,08 × 0,4 **c.** 5,3 × 0,2
d. 23,4 × 0,1 **e.** 18 × 0,5 **f.** 27 × 0,5

3 Amine achète 3,6 kg de ce fromage.
Combien paie-t-il ?

VIDÉOS de cours jaicompris.com

1 Multiplication et division par 10, 100, 1 000

Exercices 13 à 20

a. Multiplier par 10, 100, 1 000

PROPRIÉTÉS Quand on **multiplie** un nombre :
- par **10**, le chiffre des unités devient le chiffre des **dizaines** ;
- par **100**, le chiffre des unités devient le chiffre des **centaines** ;
- par **1 000**, le chiffre des unités devient le chiffre des **milliers**.

Exemples
- 3,8 × **10** = 38
- 47 × **100** = 4 700
- 24,5 × **1 000** = 24 500

b. Diviser par 10, 100, 1 000

PROPRIÉTÉS Quand on **divise** un nombre :
- par **10**, le chiffre des unités devient le chiffre des **dixièmes** ;
- par **100**, le chiffre des unités devient le chiffre des **centièmes** ;
- par **1 000**, le chiffre des unités devient le chiffre des **millièmes**.

Exemples
- 5,7 : **10** = 0,57
- 48 : **100** = 0,48
- 12,5 : **1 000** = 0,012 5

2 Multiplication d'un nombre décimal par un nombre entier

Exercices 21 à 33

a. Vocabulaire

DÉFINITION
- La **multiplication** est l'opération qui permet de calculer le **produit** de deux nombres.
- Chaque nombre que l'on multiplie est appelé **facteur** du produit.

Exemple

4,2 × 3 = 12,6 ← 12,6 est le produit de 4,2 par 3.

PROPRIÉTÉS Pour calculer un produit de plusieurs facteurs, on peut :
- modifier l'ordre des facteurs ;
- regrouper différemment les facteurs.

Exemples
- 4,2 × 3 = 12,6
  3 × 4,2 = 12,6
- **3** × **2,5** x 4 = **7,5** × 4 = 30
  3 × **2,5** × **4** = 3 × **10** = 30

b. Calcul posé

Pour effectuer la multiplication d'un nombre décimal par un nombre entier :
- on commence les calculs par la droite, sans tenir compte de la virgule ;
- on place, dans le résultat, le même nombre de chiffres après la virgule que dans le nombre décimal.

Exemple

Calcul de 24,3 × 16

	2	4,	3	
×		1	6	
1	4	5	8	← 243 × 6 unités = 1 458 unités
2	4	3	0	← 243 × 1 dizaine = 243 dizaines = 2 430 unités
3	8	8,	8	← Un chiffre après la virgule comme dans 24,3.

À l'aide de la calculatrice

24,3×16   DEG   388,8

J'applique le cours

1 Multiplier par 10, 100, 1 000

EXERCICE RÉSOLU

ÉNONCÉ Un concert de rock a eu lieu dans un stade.
Voici, selon la catégorie, le nombre de places vendues et le prix de la place.
Calculer, sans poser d'opération, le montant total de la recette.

Catégorie A	Catégorie B
100 places	1 000 places
Prix : **63,50 €**	Prix : **42,30 €**

SOLUTION

100 × 63,50 € = 6 350 €
1 000 × 42,30 € = 42 300 €
6 350 € + 42 300 € = 48 650 €
La recette totale de ce concert est 48 650 €.

CONSEILS

- Le chiffre des unités, **3**, de 6**3**,50 est bien le chiffre des centaines de 6 **3**50.
- Le chiffre des unités, **2**, de 4**2**,30 est bien le chiffre des milliers de 4**2** 300.

À TON TOUR

2 Après l'arrivée d'un nouveau joueur dans un club de football, la boutique officielle de ce club a vendu 1 000 maillots à 87,99 € et 100 équipements à 143,40 €.
Calculer, sans poser d'opération, le montant total de la recette.

3 Un producteur de soupe bio a préparé en un mois 1 000 bouteilles de 0,75 L et 100 bouteilles de 0,5 L.
a. L'objectif de produire 1 300 L de soupe a-t-il été atteint ?
b. Si oui, quelle quantité, en L, de soupe y avait-il en plus ?
Si non, quelle quantité, en L, de soupe manquait-il ?

4 Multiplier un nombre décimal par un nombre entier

EXERCICE RÉSOLU

ÉNONCÉ Le mille marin est une unité de longueur utilisée en navigation.
Un mille marin correspond à environ 1,852 km.
Estimer la distance, en km, entre ces deux voiliers.

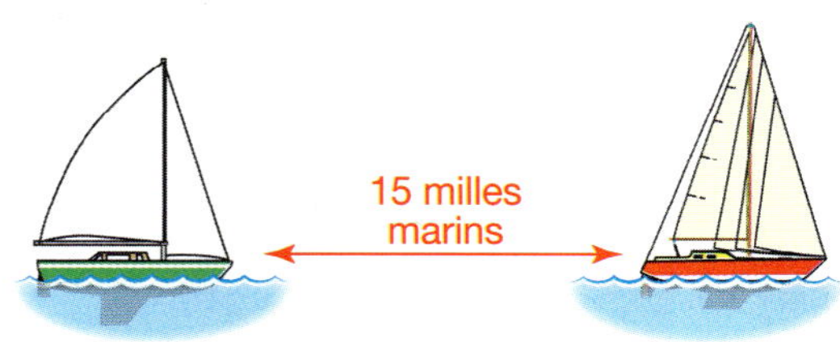

SOLUTION

D'après le calcul posé ci-contre, il y a environ 27,78 km entre ces deux voiliers.

	1,	8	5	2
×			1	5
	9	2	6	0
1	8	5	2	0
2	7,	7	8	0

CONSEIL

- On peut contrôler le résultat de ce calcul en utilisant des ordres de grandeur : 1,852 × 15 est proche de 2 × 15, c'est-à-dire de 30.

À TON TOUR

5 Le mille terrestre est une unité de longueur utilisée dans les pays anglo-saxons.
Un mille terrestre correspond à environ 1,609 km.

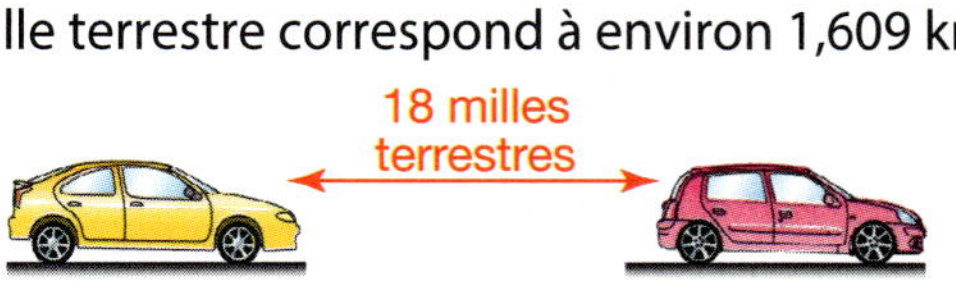

Estimer la distance, en km, entre ces deux voitures.

6 Du fait de ces activités (déplacement, chauffage, électricité, etc.), une personne émet, en moyenne, 32,6 kg de CO_2 par jour.
Quelle quantité de CO_2 est émise par cette personne au cours d'un mois de décembre ?

3 Multiplication de deux nombres décimaux

Exercices 34 à 46

a. Calcul posé

Pour effectuer une multiplication de deux nombres décimaux :

- on l'effectue d'abord sans tenir compte des virgules ;
- on place, dans le résultat, le même nombre de chiffres après la virgule que le nombre total de chiffres après la virgule dans les deux facteurs.

Exemple

Calcul de $1{,}95 \times 4{,}2$

	1,	9	5
×		4,	2
	3	9	0
7	8	0	**0**
8,	1	9	0

3 chiffres après la virgule dans les deux facteurs.

Donc 3 chiffres après la virgule au résultat.

À l'aide de la calculatrice

```
DEG
1,95×4,2        8,19
```

b. Multiplication par 0,1 et 0,5

PROPRIÉTÉ Quand on multiplie un nombre par **0,1** le chiffre des unités devient le chiffre des **dixièmes**.

Exemples

- $84 \times \mathbf{0{,}1} = 84 \times 1$ dixième $= 84$ dixièmes $= 8{,}4$
- $7{,}54 \times \mathbf{0{,}1} = 0{,}754$
- $0{,}35 \times \mathbf{0{,}1} = 0{,}035$

PROPRIÉTÉ Multiplier un nombre par **0,5** revient à prendre la **moitié** de ce nombre, c'est-à-dire à le **diviser par 2**.

Exemples

- $18 \times \mathbf{0{,}5} = 18 : \mathbf{2} = 9$
- $12{,}4 \times \mathbf{0{,}5} = 6{,}2$
- $1\,240 \times \mathbf{0{,}5} = 620$
- $3{,}7 \times \mathbf{0{,}5} = 1{,}85$

4 Priorités opératoires

Exercices 47 à 53

RÈGLES
- Les calculs entre parenthèses sont prioritaires.
- La multiplication est prioritaire sur les additions et les soustractions.

Exemples

$A = 1{,}4 \times (3{,}8 - 3{,}6)$
$A = 1{,}4 \times 0{,}2$ ← On effectue d'abord le calcul entre parenthèses.
$A = 0{,}28$

$B = 2{,}5 \times 4 + 1$
$B = 10 + 1$ ← On effectue d'abord la multiplication.
$B = 11$

Remarque : dans une suite d'additions et soustractions, ou dans une suite de multiplications et divisions, on effectue les calculs de la gauche vers la droite.

J'applique le cours

7 Multiplier deux nombres décimaux

EXERCICE RÉSOLU

ÉNONCÉ Calculer à la main le prix de :

a. 1,8 kg de ces fraises ;

b. 400 g de ces fraises.

SOLUTION

a.

		8,	1	5
×			1,	8
	6	5	2	0
	8	1	5	0
1	4,	6	7	0

$1{,}8 \times 8{,}15$ € $= 14{,}67$ €

Le prix de 1,8 kg de ces fraises est 14,67 €.

b. 400 g = 0,4 kg

	8,	1	5
×		0,	4
3,	2	6	0

$0{,}4 \times 8{,}15$ € $= 3{,}26$ €

Le prix de 400 g de ces fraises est 3,26 €.

CONSEILS

• Pour déterminer le prix de 2 kg, on effectuerait $2 \times 8{,}15$ €, pour 1,8 kg on effectue $1{,}8 \times 8{,}15$ €.

• On peut vérifier les calculs à l'aide de la calculatrice.

```
DEG
8,15×1,8        14,67
8,15×0,4         3,26
```

À TON TOUR

8 Calculer à la main le prix de :

a. 2,6 kg de ces bananes ;

b. 700 g de ces bananes.

9 Une voile d'ombrage coûte 12,35 € le m^2. Louise peut-elle acheter une voile de 7,8 m^2 avec les 100 € dont elle dispose ?

10 Résoudre un problème à étapes

EXERCICE RÉSOLU

ÉNONCÉ Une compétition de VTT se déroule sur un circuit comprenant 2,25 km en forêt et 3,35 km sur un chemin de terre. Les concurrents doivent parcourir 6 tours et demi de ce circuit. Calculer la longueur totale de la course.

SOLUTION

Première méthode

• 2,25 km + 3,35 km = 5,6 km

La longueur d'un tour est 5,6 km.

• $6{,}5 \times 5{,}6$ km $= 36{,}4$ km

La longueur totale de la course est 36,4 km.

Seconde méthode

$6{,}5 \times (2{,}25$ km $+ 3{,}35$ km$) = 6{,}5 \times 5{,}6$ km $= 36{,}4$ km

La longueur totale de la course est 36,4 km.

CONSEILS

• On écrit, avec des parenthèses, une expression qui permet de calculer la distance totale.

• À l'aide de la calculatrice, on utilise alors les touches (et).

```
DEG
6,5×(2,25+3,35)
            36,4
```

À TON TOUR

11 Lors d'un footing, Livia a parcouru 5 tours et demi de son circuit habituel, qui est composé de 1,85 km sur chemin forestier et 0,4 km sur route. Calculer la distance totale parcourue par Livia lors de ce footing.

12 Pour son anniversaire, John a préparé 3 pichets et demi de cocktail sans alcool. Dans chaque pichet, il a versé 0,75 L de jus d'ananas et 1,5 L de jus d'orange. Quelle quantité de cocktail John a-t-il ainsi préparée ?

Multiplier ou diviser par 10, 100, 1 000

À l'oral — **Questions flash**

13 Dans chaque cas, dire le nombre manquant.
a. $10 \times 2{,}8 = \dots$ **b.** $100 \times 4{,}2 = \dots$
c. $1\,000 \times 0{,}7 = \dots$ **d.** $1\,000 \times 25{,}3 = \dots$

14 CALCUL MENTAL Calculer mentalement.
a. $7 : 10$ **b.** $34 : 100$ **c.** $6{,}8 : 1\,000$ **d.** $5{,}6 : 100$

15 Calculer en ligne chaque produit.
a. $12{,}753 \times 100$ **b.** $0{,}435 \times 1\,000$
c. $2{,}714\,3 \times 10 \times 100$ **d.** $14{,}203\,71 \times 100 \times 100$

16 Recopier et compléter.

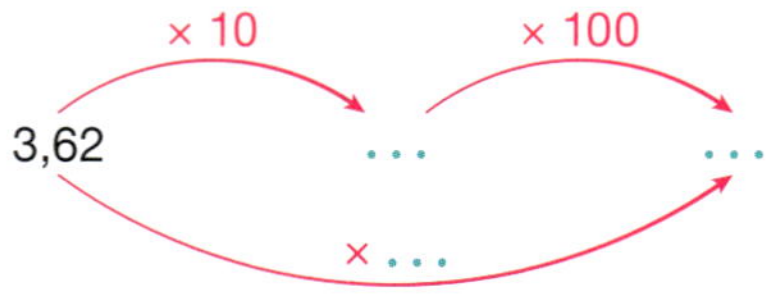

17 Une barrière mesure 2,45 m de longueur.
Quelle longueur obtient-on en disposant bout à bout :
a. 10 barrières ? **b.** 100 barrières ?

18 CORRIGÉ en vidéo jaicompris.com
Calculer en ligne.
a. $27{,}3 : 10$ **b.** $825{,}45 : 100$ **c.** $42{,}87 : 1\,000$ **d.** $0{,}87 : 100$

19 Recopier et compléter.

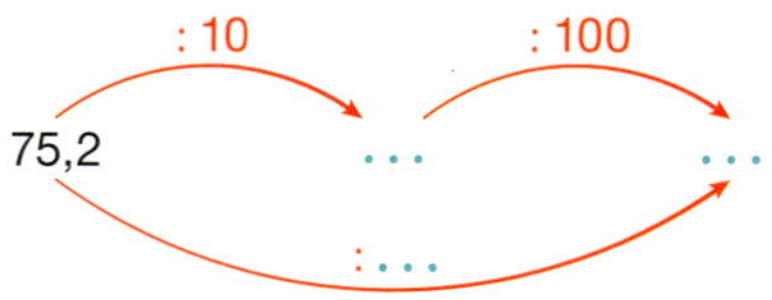

20 On sait que 1 m = 100 cm et 1 m = 1 km : 1 000.
Recopier et compléter.
a. $4{,}3$ m $= 4{,}3 \times 1$ m $= 4{,}3 \times \dots$ cm $= \dots$ cm
b. $0{,}7$ m $= 0{,}7 \times 1$ m $= 0{,}7 \times \dots$ cm $= \dots$ cm
c. 95 m $= 95$ km $: \dots = \dots$ km

Multiplier un nombre décimal par un entier

À l'oral — **Questions flash**

21 Lire en complétant.
« 9 et 0,4 sont les ... du ... $9 \times 0{,}4$ qui est égal à ... »

22 CALCUL MENTAL Calculer mentalement.
a. $3 \times 0{,}9$ **b.** $0{,}6 \times 7$ **c.** $1{,}3 \times 5$ **d.** $53 \times 0{,}2$

23 Parmi les produits ci-dessous, citer les produits égaux à 2,4.
- $4 \times 0{,}6$
- $8 \times 0{,}3$
- $9 \times 0{,}3$
- $1{,}2 \times 2$
- $0{,}01 \times 24$
- $0{,}5 \times 48$

24 Recopier et calculer à la main.
a. $8{,}6 \times 74$ **b.** $6{,}25 \times 38$ **c.** $475 \times 2{,}93$

25 Poser l'opération puis vérifier à la calculatrice.
a. $54 \times 1{,}35$ **b.** $47 \times 12{,}8$ **c.** $36{,}4 \times 12$

26 Donner un ordre de grandeur de chaque produit puis le calculer en posant l'opération.
a. $61 \times 9{,}7$ **b.** $304 \times 48{,}07$
c. $20{,}4 \times 71$ **d.** $982 \times 0{,}46$

27 **1.** Recopier et compléter.
a. $1{,}3 \times 500 = 1{,}3 \times 5 \times \dots = \dots \times \dots = \dots$
b. $0{,}32 \times 3\,000 = 0{,}32 \times 3 \times \dots = \dots \times \dots = \dots$
2. Calculer de même $0{,}24 \times 7\,000$.

28 Calculer en regroupant astucieusement les facteurs.
a. $2 \times 12{,}3 \times 50$ **b.** $25 \times 3{,}7 \times 4$
c. $12 \times 2{,}5 \times 5 \times 4$ **d.** $7 \times 0{,}25 \times 0{,}3 \times 4$

29 **a.** Recopier puis compléter pour calculer $12 \times 3{,}7$.
$12 \times 3{,}7 = 12 \times 3 + 12 \times \dots = \dots + \dots = \dots$
b. Calculer de la même façon $13 \times 4{,}6$.

30 Avec cette loupe, quelle sera la hauteur d'une lettre de 2,8 mm ?

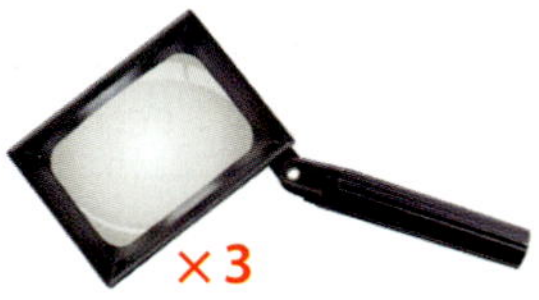

31 Un appel vers un numéro surtaxé est facturé 0,18 € par minute.
Calculer le prix d'une communication de 9 min vers un tel numéro.

32 Camille a préparé 16 pots de 0,65 kg de confiture d'abricots.
Quelle quantité, en kg, de confiture a-t-elle préparée ?

33 Une fourmi commune pèse environ 0,015 g et peut porter 60 fois sa masse.

Un scarabée rhinocéros pèse environ 0,25 g et peut porter 850 fois sa masse.

Calculer la masse, en g, que chacun de ces deux insectes peut porter.

Je travaille mes automatismes

Multiplier deux nombres décimaux

À l'oral — **Questions flash**

34 À l'aide de cet écran de calculatrice, dire la valeur de chaque produit.

DEG 286×95 27170

a. 28,6 × 9,5 **b.** 2,86 × 0,95 **c.** 0,286 × 9,5

35 Lire le nombre écrit en rouge en plaçant correctement la virgule pour que l'égalité soit vraie.

a. 26,3 × 5,6 = **14728** **b.** 65,48 × 0,6 = **39288**
c. 24,5 × 0,35 = **8575** **d.** 0,31 × 5,4 = **1674**

36 Sans calculer le produit, citer le meilleur ordre de grandeur parmi les trois proposés.

a. 19,3 × 49,55 — 500 — 800 — 1 000
b. 0,9 × 31,07 — 3 — 30 — 300

37 Calculer mentalement.

a. 28,6 × 0,1 **b.** 7,4 × 0,1 **c.** 89 × 0,1

38 CORRIGÉ en vidéo — jaicompris.com

Calculer mentalement.

a. 58 × 0,5 **b.** 23 × 0,5 **c.** 0,26 × 0,5

39 On passe d'une case à la case de droite en multipliant par 0,5. Recopier et compléter.

36				

40 Une infirmière a dans son stock de vaccin 17 ampoules de 0,5 cL et 80 ampoules de 0,1 cL. Quelle quantité de vaccin a-t-elle dans son stock ?

41 Calculer mentalement chaque produit.

a. 0,6 × 0,7 **b.** 1,3 × 0,4 **c.** 1,2 × 0,03 **d.** 0,5 × 0,018

42 Recopier et calculer à la main.

a. 9, 4 × 3, 7 **b.** 3, 7 5 × 5, 6 **c.** 9 8, 5 × 4, 2 7

43 Poser la multiplication puis vérifier à la calculatrice.

a. 2,43 × 1,6 **b.** 14,18 × 39,4 **c.** 24,7 × 2,52

44 Donner un ordre de grandeur de chaque produit puis poser l'opération.

a. 198,07 × 24,8 **b.** 1 302,8 × 19,87 **c.** 349,2 × 4,03

45 Dans chaque case, le nombre à inscrire est le produit des nombres notés dans les deux cases situées au-dessous.

Recopier et compléter chaque pyramide.

a.

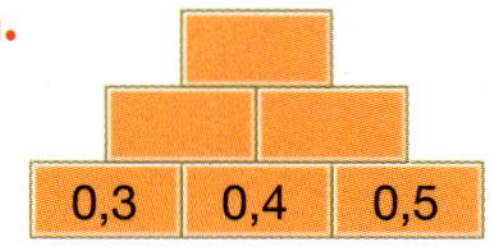

b.

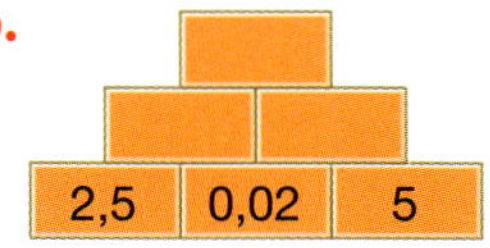

46 Une tonne de papiers ou de cartons recyclés permet d'économiser 2,5 t de bois.
Un collège a collecté 4,6 t de papier en un an.
Quelle quantité de bois, en t, a ainsi été économisée ?

Connaître les priorités opératoires

À l'oral — **Questions flash**

47 CALCUL MENTAL Dans chaque cas, calculer mentalement.

a. 12 + 8 × 0,5 **b.** 0,6 × (5,9 – 5,1)

48 Indiquer le résultat de 5,3 + 0,7 × 0,4 parmi les trois nombres ci-dessous.

2,4 — 5,58 — 6,1

49 Recopier et compléter.

a. 31 × 7 + 5,2 × 4

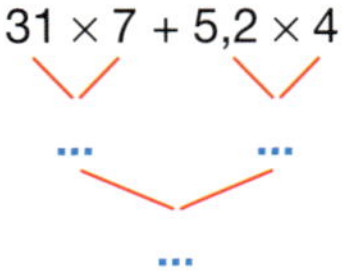

b. 10 – 1,5 × 3

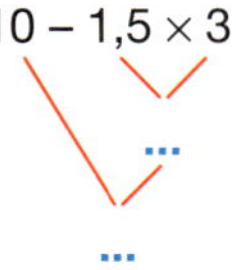

50 Recopier et compléter.

a. (4,7 + 3,5) – 8,1

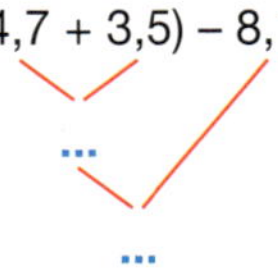

b. 11,3 + (5 – 2,17)

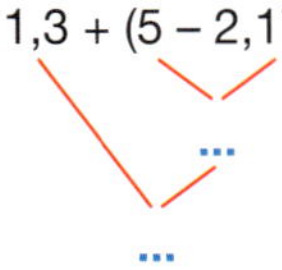

51 Calculer, à la main, en respectant les priorités.

a. 20 × 0,5 + 2,5 **b.** 14 – 3 × 1,2
c. 143 + 5 × 2,8 **d.** 1,4 × 8 – 5

52 Calculer, à la main, en respectant les priorités.

a. 0,6 × (2,8 – 2,5) **b.** (1,5 – 0,8) × 1,2
c. 3,14 × (783 + 217) **d.** 0,25 × (8 – 5,4) × 4

53 Calculer, à la main, en respectant les priorités.

a. 0,3 × (0,6 + 2,5) **b.** 1,4 – 0,3 × 1,2
c. 12,54 × (5,25 – 5,23) **d.** 1,4 × 8 – 5 × 0,7

Multiplier un nombre décimal par un entier

54 Voici le compte-tours du moteur d'un bateau.
Combien de tours ce moteur effectue-t-il en une minute ?

55 Le pied (foot/feet) et le pouce (inch) sont deux unités de longueur anglo-saxonnes.

1 pied = 30,48 cm et 1 pouce = 2,54 cm.

La taille du correspondant anglais de Charlotte est 4 feet et 7 inches. Exprimer sa taille en cm.

56 Ethan a téléchargé de la musique sur son téléphone portable. Il a ainsi enregistré 12 morceaux de 8,81 Mo chacun, 7 morceaux de 9,3 Mo chacun et 15 morceaux de 8,35 Mo chacun.
Combien de Mo de musique a-t-il ainsi téléchargés ?

57 Avec 15 €, Cindy achète 3 magazines à 2,95 € l'un et 4 stylos à 0,80 € l'un.
Quelle somme reste-t-il à Cindy ?

58 Quand Gwen s'est rendue à Londres, on changeait 1 £ (livre sterling) contre 1,25 €.
Pour le dernier jour, elle doit prévoir 15 £ pour les transports et 10 £ pour les repas.
Elle veut aussi acheter un pull à 35 £, une veste à 45 £ et une écharpe à 20 £.
Quelle somme, en €, Gwen doit-elle changer ?

59 On estime que 0,253 t de plastiques est déversée dans les océans chaque seconde.
Quelle masse de plastiques finit dans les océans :
a. chaque minute ? **b.** chaque heure ?

60 Sur son paddle, Enzo avance de 4,6 m par coup de pagaie et il donne un coup de pagaie toutes les 2,5 s.
a. Quelle distance parcourt Enzo en 1 440 coups de pagaie ?
b. En combien de temps parcourt-il cette distance ?

61 *Jeux et casse-tête* À l'aide des définitions et du codage ci-dessous, retrouver les sept lettres du mot caché.
Remettre ensuite ces lettres dans l'ordre pour découvrir ce mot caché.
Les définitions : • 50 × 0,1 • 40 × 0,45 • 0,25 × 4 • 1,2 × 5 • 2 × 1,5 • 42 × 0,5 • 0,02 × 1 000
Le codage : 1 → A, 2 → B, 3 → C, …

Multiplier des nombres décimaux

62 Recopier et compléter par le nombre qui convient.
a. 1 254 × … = 12,54 **b.** 2,53 × … = 0,253
c. 37,8 × … = 378 **d.** 8 960 × … = 8,96
e. … × 0,1 = 7,54 **f.** 0,05 × … = 50

63 Recopier et compléter.

a. 5 —(× 0,1)→ … —(× 0,001)→ … —(× 100)→ …
(de 5 au dernier nombre : × …)

b. 27 —(× …)→ 2,7 —(× …)→ 0,27 —(× …)→ 0,027
(de 27 à 0,027 : × …)

64 Émeric a acheté 800 g de vêtements dans une friperie.

Le vendeur lui annonce : « Cela fait 15 €. »
a. Émeric sait que le vendeur se trompe.
Expliquer son raisonnement.
b. Calculer le montant réel de l'achat d'Émeric.

65 Valérie achète du fromage et du jambon pour une raclette. Voici des extraits de ses tickets de caisse.

Fromage à raclette	Jambon fumé
Prix au kilo : 11,60 €	Prix au kilo : 10,95 €
Masse : 1,450 kg	Masse : 600 g

Combien Valérie paie-t-elle au total ?

66 1 L de soda contient 0,086 kg de sucre.
Quelle masse de sucre y a-t-il dans une bouteille de :
a. 1,5 L de ce soda ? **b.** 0,33 L de ce soda ?

67 Sur une carte, 1 cm représente 2,6 km dans la réalité. Quelle distance dans la réalité représentent 3,4 cm sur cette carte ?

68 Chaque heure, 11,376 milliards de litres d'eau tombent des chutes du Niagara.
Combien de litres d'eau tombent de ces chutes :
a. en une demi-heure ? **b.** en un quart d'heure ?

69 1. Poser puis effectuer 28×695.
2. À l'aide du calcul précédent, répondre aux questions ci-dessous sans poser d'opération.
a. Le CDI achète 28 casques audio à 6,95 € l'un. Quel est le prix de cet achat ?
b. En février, le chien de Kaïs a mangé 28 boîtes de pâtée de 0,695 kg chacune.
Quelle quantité totale de pâtée le chien a-t-il mangée ?
c. Quel est le prix de 2,8 kg de cerises à 6,95 € le kg ?
d. Une voiture hybride consomme 0,028 L de carburant par kilomètre. Quelle quantité de carburant consomme-t-elle sur un trajet de 69,5 km ?

70 Dans chaque cas, écrire une expression qui traduit la phrase, puis calculer cette expression.
a. La somme de 0,7 et du produit de 0,3 par 0,6.
b. Le produit de 0,5 par la somme de 4,8 et de 3,6.

71 Un collège dispose de flacons de gel hydro-alcoolique : 53 de 1,5 L chacun et 53 de 0,75 L chacun.
a. Écrire deux expressions qui permettent de calculer la quantité totale de gel.
b. Calculer ces expressions puis conclure.

72 L'étage supérieur du Pont du Gard est constitué de 35 arches de longueur 4,75 m chacun et de 36 piliers de longueur 3 m chacun.
Calculer la longueur de cet étage à l'aide d'une seule expression.

73 Un train de 10 wagons transporte des voitures pesant chacune 1,3 t. Il y a 10 voitures par wagon.
Chaque wagon vide pèse 19,2 t.
a. Écrire deux expressions différentes qui permettent de calculer la masse totale de ces wagons.
b. Calculer ces deux expressions puis conclure.

74 Jeux et casse-tête Dans chaque cas, écrire un produit égal à la cible, en utilisant les cinq nombres proposés. Pour chaque cible, un nombre ne peut être utilisé qu'une seule fois.

• 4 • 0,02 • 0,8 • 0,5 • 3

Cible 1 : 6	**Cible 2 :** 0,016	**Cible 3 :** 0,12
Cible 4 : 4,8	**Cible 5 :** 0,024	**Cible 6 :** 0,064

Synthèse

Utiliser la multiplication

75 Un professeur d'EPS achète 32 raquettes de tennis à 9,25 € l'unité et un seau de 100 balles.
Il paie au total 342 €.

Objectif Déterminer le prix d'une balle.

a. Calculer le prix des 32 raquettes.
b. Calculer le prix du seau de 100 balles.
c. Calculer le prix d'une balle.

76 Des scientifiques ont émis deux scénarios concernant l'élévation du niveau des océans à partir de 2030.
Scénario 1 : élévation de 4,5 mm par an.
Scénario 2 : élévation de 11,8 mm par an.

Objectif Déterminer l'écart en 2100 (en 70 ans) entre ces deux scénarios à l'aide des travaux de deux élèves.

a. Effectuer le travail de Léna
b. Expliquer le raisonnement d'Ethan puis effectuer son calcul.
c. Les résultats obtenus sont-ils identiques ?

77 La cheffe Maria a sa recette « Pizza per tutti ».
• Pour 1 kg de pâte à pizza, elle prévoit 0,3 kg de garniture.
• Pour 1 kg de garniture, elle prévoit 0,6 kg de mozzarella.

Objectif Déterminer la quantité de mozzarella que Maria doit prévoir pour 7,5 kg de pâte.

a. Quelle quantité de garniture Maria doit-elle prévoir pour 7,5 kg de pâte ?
b. En déduire la quantité de mozzarella que Maria doit prévoir.

Parcours différenciés

Je m'évalue

Pour chaque question, une seule réponse est exacte.

QCM supplémentaires
college.nathan.fr/tm6074

	a	b	c	En cas d'erreur
78 7,8 × 1 000 est égal à…	7,800 0	780	7 800	*Cours 1 p. 66*
79 5,2 : 100 est égal à…	0,52	0,052	0,005 2	
80 Une feuille d'aluminium a une épaisseur de 0,02 mm. Un paquet de 1 000 feuilles d'aluminium a une épaisseur de…	20 mm	200 mm	0,020 00 mm	*Ex. 1 p. 67*
81 29 × 4,5 est…	un facteur	un produit	une somme	*Cours 2 p. 66*
82 Le calcul de 7,12 × 406 est correctement effectué dans le cas…	7,12 × 406 4272 28480 327,52	7,12 × 406 4272 284800 2890,72	7,12 × 406 4272 284800 289072	
83 17 × 2,3 est égal à…	17 × 2 + 17 × 0,3	17 × 2 + 0,3	10 × 2,3 + 7	
84 À vélo, Ewan a effectué 36 fois le trajet entre sa maison et le collège, distants de 2,4 km. Ewan a parcouru au total…	38,4 km	72,24 km	86,4 km	*Ex. 4 p. 67*
85 Le calcul de 3,56 × 3,7 est correctement effectué dans le cas…	3,56 × 3,7 1068 24920 25,988	3,56 × 3,7 2492 10680 13,172	3,56 × 3,7 2492 1068 3,560	*Cours 3 p. 68*
86 345,27 × 0,1 est égal à…	3 452,7	345,27	34,527	
87 18,4 × 0,5 est égal à…	0,92	9,2	92	
88 Lilian achète 2,4 kg d'oranges à 3,65 € le kilo. Il paie…	8,76 €	7,70 €	6,05 €	*Ex. 7 p. 69*
89 20,2 – 7,4 × 0,5 est égal à…	6,4	16,5	5,2	*Cours 4 p. 68*
90 1,2 × (9,8 – 9,77) est égal à…	0,036	0,36	3,6	
91 Chaque jour de la semaine, Numa parcourt 2,8 km à vélo et 3,5 km à pied. Chaque semaine il parcourt au total…	6,3 km	23,1 km	44,1 km	*Ex. 10 p. 69*

Je réalise mon parcours

Selon ton score page précédente

Parcours conseillé
- Entre **0** et **6** bonnes réponses : (drapeau vert)
- Entre **7** et **10** bonnes réponses : (drapeau bleu)
- **11 bonnes réponses ou plus :** (drapeau rouge)

92 Étudier un étalage

Voici les caisses de melons présentes sur un étalage du marché.
Chaque caisse vide pèse 0,6 kg et chaque melon pèse en moyenne 0,7 kg.
On se propose d'étudier cet étalage.

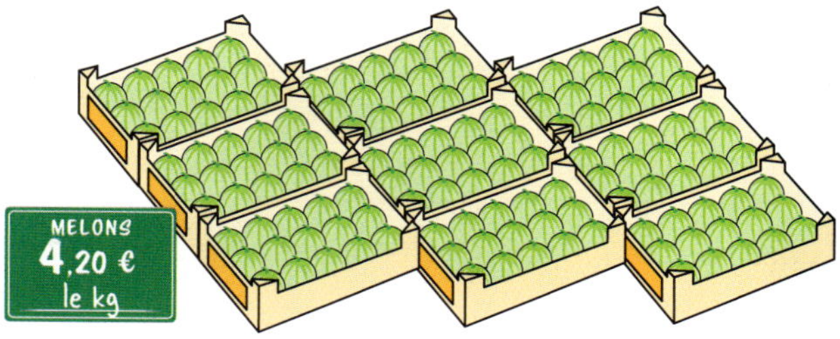

PARCOURS 1

On s'intéresse à la masse totale, en kg, de ces caisses pleines.

« On peut calculer dans un premier temps la masse totale d'une caisse. »

« Oui, et après on multiplie par le nombre de caisses. »

a. Recopier et compléter : « Il y a … melons de … kg dans une caisse, donc la masse totale de ces melons est … × … kg, soit … kg. »
b. Calculer la masse totale d'une caisse pleine.
c. Calculer la masse totale, en kg, des caisses pleines présentes sur cet étalage.

PARCOURS 2

Le marchand propose à un client une caisse pleine au prix de 45 €. Cette offre est-elle intéressante pour le client ?

PARCOURS 3

Le vendeur achète une caisse vide 0,05 € et un melon 1,40 €. Calculer son bénéfice lors de la vente de cet étalage.

93 Étudier des programmes de calculs

On se propose d'étudier ces deux programmes de calcul.

Programme 1
- Choisir un nombre.
- Ajouter 5,6.
- Multiplier par 0,2.
- Noter le résultat.

Programme 2
- Choisir un nombre.
- Multiplier par 1,5.
- Ajouter 1,2.
- Noter le résultat.

PARCOURS 1

On s'intéresse au programme 1 et on choisit le nombre 2,5.

« Comment écrire le produit de 0,2 par la somme de 2,5 et 5,6 ? »

« Il faut utiliser des parenthèses. »

a. Recopier et compléter : « Si l'on choisit 2,5, avec le programme 1, il faut calculer (… + …) × …. »
b. Calculer cette expression.
c. Écrire une expression qui permet de calculer le nombre obtenu avec le programme 1 si l'on choisit 0,7 puis calculer cette expression.

PARCOURS 2

Montrer que si l'on choisit 2,4, le nombre obtenu avec le programme 2 est le triple du nombre obtenu avec le programme 1.

PARCOURS 3

Quel nombre décimal, compris entre 8 et 9, doit-on choisir pour que le résultat du programme 2 soit 5 fois plus grand que le résultat du programme 1 ?
On peut utiliser le tableur.

• Je m'entraîne avec Scratch et le tableur

Travailler avec des multiplications

94 Algo Étudier une animation Livret Scratch p. 4 et 7

Lola a écrit ce script Scratch qui permet de tracer un « escalier » à deux marches.

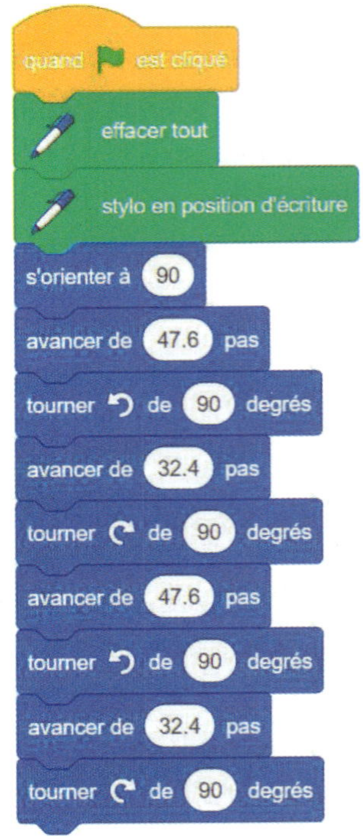

1. a. Ouvrir le logiciel Scratch, saisir le script puis l'exécuter.

b. Pour simplifier son script, Lola utilise l'instruction ci-contre. Modifier le script à l'aide de cette instruction puis le tester.

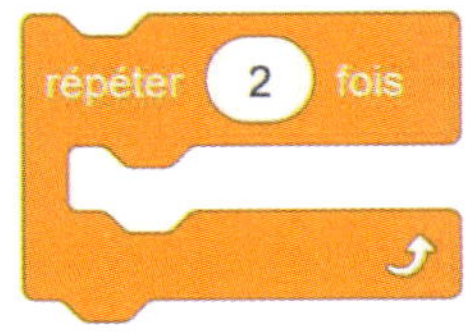

c. Quelle distance totale, en pas, parcourt le lutin pour tracer l'escalier ?

2. a. Modifier le script afin de tracer un « escalier » à 7 marches.

b. Quelle distance totale, en pas, parcourt le lutin pour tracer ce nouvel escalier ?

95 Tice Dresser un bilan

Héloïse est créatrice de bijoux. Elle utilise le tableur pour effectuer le bilan mensuel de ses ventes. Voici le début de son travail pour le mois de novembre.

	A	B	C	D	E	F	G	H
1	novembre							
2	**Prix unitaire (en €)**	8,9	17	24,9	29,9	45	74,9	**Total**
3	**Quantité**	78	54	36	27	17	8	
4	**Recette (en €)**							

1. a. Saisir cette feuille de calcul.

b. Dans la cellule B4 par exemple, on doit effectuer $8{,}9 \times 78$. Pour cela, saisir dans cette cellule la formule `=B2*B3` puis **Entrée**. Quelle est la signification du résultat obtenu ?

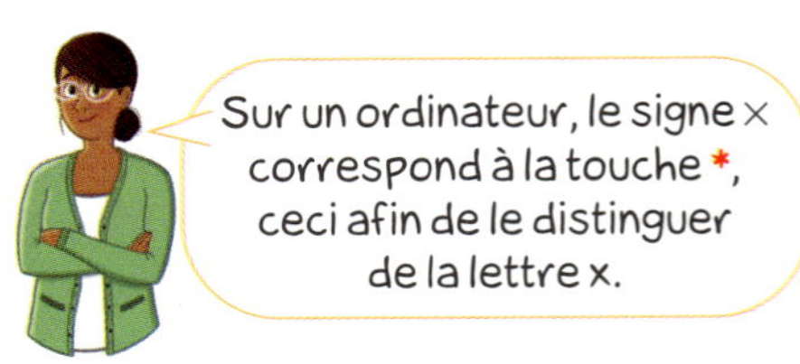

c. Sélectionner la cellule B4 puis tirer la poignée jusqu'à la cellule G4.

d. Dans la cellule H3, saisir `=SOMME(B3:G3)`. Quelle est la signification du résultat obtenu ?

e. Sélectionner la cellule H3 puis tirer la poignée jusqu'à la cellule H4. Quelle est la signification du résultat obtenu ?

2. a. Sélectionner la plage **A1:H4** puis effectuer un clic droit et choisir **Copier**.

b. Positionner la souris dans la cellule A7 puis effectuer un clic droit et choisir **Coller**.

c. Dans la cellule A7, remplacer « novembre » par « décembre ».
Voici le début du travail d'Héloïse pour le mois de décembre.

7	décembre							
8	**Prix unitaire (en €)**	8,9	17	24,9	29,9	45	74,9	**Total**
9	**Quantité**	93	89	74	62	58	27	

Effectuer les modifications nécessaires à la ligne 9 pour que le tableur calcule, dans la cellule H10, la recette de décembre.

J'utilise mes compétences

96 Communiquer en anglais

Raisonner • Calculer • Communiquer

Chris buys three buns and six tartlets.
How much does he pay?

Bun: \$1,25 

 Tartlet: \$2,65

97 Imaginer un énoncé

Modéliser • Communiquer

Rédiger un énoncé de problème pour lequel le calcul à effectuer est $2{,}5 \times (12{,}5 + 7{,}3)$.

98 Calculer puis associer

Calculer • Communiquer

Calculer à la main chaque expression pour retrouver celles qui sont égales.

$A = 0{,}3 \times 2{,}4 \times 0{,}5$ $\quad$ $B = 1{,}5 \times 0{,}6 \times 10 \times 0{,}04$

$C = (5 - 4{,}7) \times 0{,}6$ $\quad$ $D = 1{,}2 \times 5 - 2 \times 2{,}1$

$E = 50 \times 0{,}2 \times 0{,}9 \times 0{,}02$ $\quad$ $F = 5 \times (1 - 0{,}1) - 5{,}4 \times 0{,}5$

99 Réduire une image

Raisonner • Calculer

Pour un exposé sur un phare, Lolita utilise une image de dimensions 9,8 cm et 4,3 cm.
Pour intégrer cette image dans un document, elle a réduit deux fois les dimensions précédentes en les multipliant par 0,7 puis par 0,4.
Calculer les dimensions de l'image ainsi réduite.

100 Rechercher l'information

Raisonner • Calculer • Communiquer

Voici certaines données sur trois des plus grandes tours du monde (le rez-de-chaussée est considéré comme un étage).

	Burj Khalifa	Tour Shangai	One World Trade Center
Lieu et année de construction	Émirats Arabes Unis (2009)	Chine (2015)	États-Unis (2013)
Nombre d'étages	162	128	104
Hauteur par étage	5,12 m	4,94 m	5,2 m

Dylan est arrivé au 102e étage de la tour Shangai ; Karim est arrêté au 98e étage de la tour Burj Khalifa et Marina regarde le paysage au 97e étage de la tour One World Trade Center.
Qui se trouve le plus haut ?

101 Participer à un débat

Raisonner • Communiquer

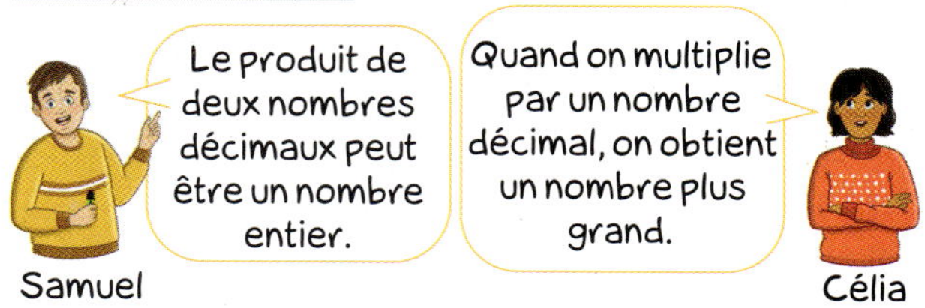

Ces affirmations sont-elles vraies ? Expliquer.

102 Calculer un coût

Raisonner • Calculer

Recette	
Poulet fermier	1,6 kg
Pommes de terre	1,1 kg
Carottes	0,9 kg
Oignons	0,4 kg

Prix au kilo	
Poulet fermier	7,80 €
Pommes de terre	2,20 €
Carottes	1,10 €
Oignons	1,90 €

a. Utiliser des ordres de grandeur pour évaluer le coût des ingrédients de cette recette.
b. Calculer le coût exact des ingrédients de la recette.

103 Entretenir sa forme physique

Raisonner • Calculer • Communiquer

Lors de son footing, Aude, qui pèse 52,5 kg, effectue trois tours d'un circuit de 2,4 km.
À l'aide de la formule ci-dessous, déterminer le nombre de calories qu'Aude dépense à chacun de ses footings.

> Nombre de kcal dépensées
> ≈
> masse en kg × distance en km
> **Info :** 1 kcal = 1 000 calories

104 Gérer sa consommation

Raisonner • Calculer • Communiquer

Inaya utilise cet ordinateur 5 h par jour en moyenne et le laisse en veille le reste du temps.
Le prix d'un kilowatt-heure (kWh) est 0,158 7 € et 1 kWh = 1 000 Wh.

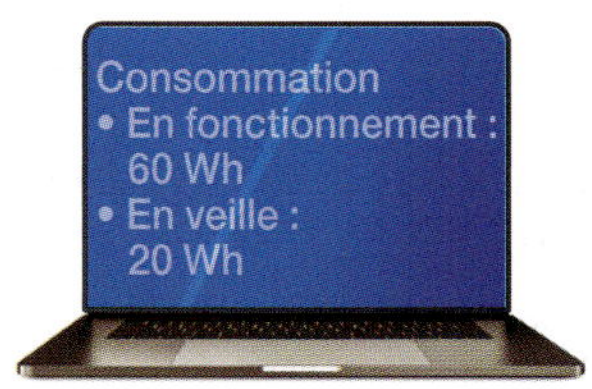

a. Calculer le coût annuel de l'électricité consommée par cet ordinateur en une année de 365 jours.
b. Calculer les économies que pourrait réaliser Inaya en éteignant son ordinateur plutôt que de le laisser en veille.

105 Arroser modérément

Chercher • Raisonner • Calculer

Hela s'occupe de l'entretien de la pelouse du stade ; c'est un rectangle de dimensions 96,5 m sur 60,5 m. Pendant 15 semaines (en été), elle verse chaque semaine 6,4 L d'eau par m^2 de pelouse.
On estime qu'une personne consomme en moyenne 100 L d'eau par jour pour la nourriture, la toilette, etc. Calculer le nombre de personnes que l'on pourrait alimenter en eau chaque jour avec la quantité d'eau utilisée pour l'arrosage de cette pelouse durant ces 15 semaines.

Info
On estime que 2,1 milliards de personnes dans le monde n'ont pas accès à l'eau potable. *Source* : Unicef

106 Réaliser un schéma

Représenter • Raisonner • Calculer

Sur le parcours d'une course de 110 m haies, il y a 10 haies de 1,067 m de hauteur chacune. La première haie est placée à 13,72 m de la ligne de départ.
Deux haies successives sont espacées de 9,14 m.
Réaliser un schéma de la situation, puis calculer la distance entre la dernière haie et la ligne d'arrivée.

107 Comprendre et expliquer

Raisonner • Calculer

Une aventurière prépare un voyage autour du monde en voilier et à vélo afin de sensibiliser à l'écologie les abonnés à ses réseaux sociaux.
Elle a relevé ces taux de change.

1 euro = 38,46 baths (Thaïlande)
1 bath = 3,42 yens (Japon)
1 yen = 0,009 dollar (États-Unis)
1 dollar = 0,88 livre sterling (Royaume-Uni)
1 livre sterling = 97,08 roubles (Russie)

Combien de roubles cette aventurière devrait-elle obtenir contre 50 € ?
Donner une valeur approchée au centième près.

108 Imaginer une stratégie

Chercher • Raisonner • Calculer

Recopier et remplacer chaque ■ par le chiffre qui convient.

```
          ■, ■ 1 5
      ×      7 3, ■
      -------------
            ■ 0 ■ 0
          4 5 ■ ■
    ■ 0 ■ 0 ■
    ---------------
    ■ ■ ■, ■ 0 1 ■
```

109 Problème ouvert

Chercher • Raisonner

Théa calcule le produit de deux nombres, elle obtient 12 ; puis elle calcule la somme de ces deux nombres et elle obtient 7,3.
Quels sont ces deux nombres ?
On peut utiliser le tableur.

Narration de RECHERCHE

110 **PROBLÈME** Zoé a inventé une curieuse opération qu'elle a notée ▲.
Si a et b désignent deux nombres décimaux avec $a > b$, alors a ▲ $b = a \times b + a - b$.
Déterminer un nombre entier a tel que :
(6 ▲ 0,5) ▲ 0,2 = a ▲ 0,5.

Raconter sur une feuille les différentes étapes de la recherche et les remarques qui ont fait changer de méthode ou qui ont permis de résoudre le problème.

Des défis

111 Retrouver l'affichage

Sur les écrans ci-dessous, certains chiffres ont été remplacés par des lettres.

❶
```
346,3A×0,0A
    24,2459
```

❷
```
18,B×27,4C
   512,754
```

Retrouver les chiffres qui conviennent pour remplacer les lettres A, B et C.

112 Retrouver les chiffres

Disposer les chiffres de 0 à 6 pour que cette multiplication soit exacte.

```
    ■, ■ ■
  ×      ■
  --------
    ■, ■ ■
```

113 Obtenir le même résultat

Avec les éléments donnés sur chaque carte ci-dessous, écrire une expression qui permet d'obtenir le même résultat pour toutes les cartes, en n'utilisant qu'une fois chaque nombre et chaque symbole de la carte.

0,5	4,2	17,4
×	+	()

2,1	3,9	7
×	−	

2,3	2,5	3,4
×	+	

1,2	2,4	5,7
×	−	()

Je prends des initiatives

TÂCHES COMPLEXES

114 JOUER aux dominos

▸ La situation-problème

Compléter le parcours (doc. 2) en respectant la règle (doc. 1).

▸ Les supports de travail

Les documents, une photocopie du parcours.

Toute piste de recherche, même non aboutie, figurera sur la feuille.

Doc. 1

La règle

On peut placer côte à côte deux dominos lorsque les parties qui se touchent portent le même nombre.

Doc. 2

Le parcours et les dominos disponibles

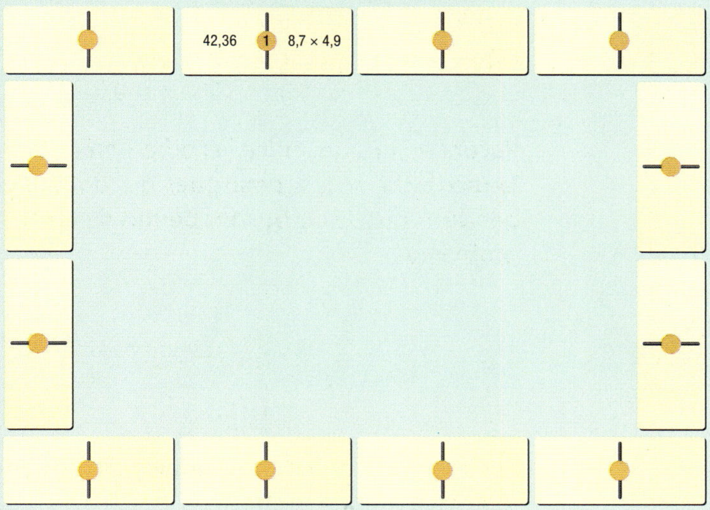

Gauche	N°	Droite
102,3	2	0,1 × 0,1
426,3	3	17,05 × 60
10	4	4,236 × 100
10,23	5	0,1 × 0,01
4 263	6	34,1 × 0,3
4,263	7	70,60 × 0,6
42,63	8	42,63 × 10
423,6	9	204,6 × 0,5
0,01	10	71,05 × 60
0,001	11	14,21 × 0,3
1 023	12	0,8 × 12,5

115 SE DÉPLACER à vélo

▸ La situation-problème

Olivia vient d'acheter un vélo pour se déplacer afin de garder la forme et réduire ses émissions de CO_2.

Aider Olivia à déterminer l'économie qu'elle aura réalisée en trois ans.

Calculer ensuite la quantité de CO_2 que sa voiture n'aura pas émise pendant cette période.

▸ Les supports de travail

Les documents, la calculatrice.

Toute piste de recherche, même non aboutie, figurera sur la feuille.

Doc. 1

Le vélo

- Prix : 1 400 €
- Olivia pense parcourir chaque jour, en moyenne, 26 km à vélo.

Doc. 2

Le carburant

- La voiture d'Olivia consomme 0,055 L de carburant par kilomètre.
- Au moment de l'achat du vélo, un litre de carburant coûte 1,62 €.

Doc. 3

Les émissions de CO_2

La voiture d'Olivia émet 2,64 kg de CO_2 par litre de carburant consommé.

CHAPITRE 5

Diviser par un nombre entier

Une piscine olympique a pour dimensions 50 m par 25 m. Sa profondeur est au minimum de 2 m.
Sa largeur est partagée en 10 couloirs. Chacun a donc pour largeur 2,50 m.
À chaque course, seuls 8 couloirs sont utilisés et les 2 couloirs sur les côtés sont vides.

Bien démarrer

Pour chaque question, une réponse ou plusieurs sont exactes.

		a	b	c
1	Un nombre qui est un multiple de 5 et de 2 est par exemple…	20	25	30
2	Un diviseur de 8 est…	16	2	4
3	Dans la division euclidienne de 15 par 2, le quotient est…	7	7,5	1
4	L'égalité qui traduit la division euclidienne de 45 par 8 est…	$45 = 5 \times 8 + 5$	$45 = 6 \times 8 - 3$	$45 = 4 \times 8 + 13$
5	Pour le 1er mai, Armelle a récolté 28 brins de muguet. Elle souhaite les vendre par bouquets de 3 brins. Elle peut ainsi faire…	9 bouquets	10 bouquets	11 bouquets
6	10 porte-clés identiques coûtent 20 €. Un de ces porte-clés coûte…	0,20 €	0,50 €	2 €

Vérifie tes réponses p. 288

ACTIVITÉ

1 Utiliser une division euclidienne Cours Paragraphe 1, p. 82

Le célèbre brigand Cartouche et ses 5 compagnons se partagent un butin de 104 pièces d'or. Cartouche propose à ses compagnons le partage suivant : « Chacun de nous six aura le même nombre de pièces et les pièces restantes seront ajoutées à ma part. »

1 Expliquer pourquoi chacun des cinq compagnons de Cartouche aura entre 10 et 20 pièces d'or.

2 **a.** Recopier et compléter la division ci-contre.
b. En déduire le nombre de pièces d'or que recevra chaque compagnon, ainsi que Cartouche.

	c	d	u		
	1	0	4	6	
–		■		d	u
		■	4	■	■
	–	■	■		
			■		

3 Quelques jours plus tard, après une nouvelle attaque, Cartouche et ses compagnons se partagent de la même manière la somme de 234 pièces d'or.
Utiliser les touches 2nde ÷ (TI-Collège Plus) ou la touche ⊢ (Casio fx-92 Spéciale Collège) de la calculatrice pour calculer le nombre de pièces d'or que recevra chacun des compagnons ainsi que Cartouche.

ACTIVITÉ

2 Connaître les critères de divisibilité Cours Paragraphe 2, p. 82

1 Divisibilité par 2, par 5 ou par 10
a. Laura collectionne des figurines. Elle en possède 124. Elle voudrait toutes les aligner sur ses étagères.
Peut-elle toutes les aligner par rangées de : • 2 figurines ? • 5 figurines ? • 10 figurines ?
b. Ses amis Ernest et Tao possèdent respectivement 135 et 150 figurines.
Chacun peut-il les aligner par rangées de : • 2 figurines ? • 5 figurines ? • 10 figurines ?

2 Divisibilité par 3 ou par 9
a. Utiliser la calculatrice pour déterminer si 124 est divisible : • par 3 ; • par 9.
b. Calculer la somme des chiffres de 124. Cette somme est-elle divisible : • par 3 ? • par 9 ?
c. Reprendre la question précédente pour 135 et pour 150.
d. Quelle remarque peut-on faire ? Proposer une méthode pour déterminer si un nombre est divisible par 3 ou par 9 (sans effectuer la division) ?

ACTIVITÉ

3 Utiliser une division décimale Cours Paragraphe 3, p. 84

Cinq amis mangent au restaurant et désirent partager équitablement la note de 73 €.

	d	u		
	7	3	5	
–	5		d	u
	2	3	1	4
–	2	0		
		3		

1 Comment peuvent-ils interpréter les résultats de la division posée ci-contre ?

2 On cherche le prix exact, si possible, que chacun doit payer.
a. Combien de dixièmes d'euro y a-t-il dans 3 € ?
b. Combien chacun des amis doit-il payer de dixièmes d'euros ?
Combien en reste-t-il à répartir ? Recopier et compléter la division posée.
c. Indiquer la part exacte que chacun des amis doit payer.

VIDÉOS de cours jaicompris.com

1 Division euclidienne de deux nombres entiers

Exercices 11 à 19

DÉFINITION Effectuer la **division euclidienne** d'un nombre entier (le **dividende**) par un nombre entier (le diviseur) différent de 0, c'est trouver deux nombres entiers, le **quotient** et le **reste**, tels que :

dividende = **quotient** × diviseur + **reste**, avec **reste** < diviseur.

Exemple

Division euclidienne de 185 par 7

Calcul posé

On cherche le nombre de chiffres au quotient :

$7 \times 10 < 185 < 7 \times 100$

donc le quotient a 2 chiffres.

	c	d	u		
	1	8	5	7	
–	1	4		d	u
		4	5	2	6
	–	4	2		
			3		

À l'aide de la calculatrice

• TI-Collège Plus :

185 [2nde] [÷] 7 [entrer]

185⊢7 Q=26 R=3

• Casio *fx*-92 Spéciale Collège :

185 [⊢] 7 [EXE]

185⊢7
Q= 26
R= 3

185 = **26** × 7 + **3** et **3** < 7. Le quotient est **26** et le reste est **3**.

2 Critères de divisibilité par 2, 3, 5, 9, 10

Exercices 20 à 25

PROPRIÉTÉS

Un nombre entier est divisible :
- **par 2** lorsque son chiffre des unités est **0**, **2**, **4**, **6** ou **8** ;
- **par 5** lorsque son chiffre des unités est **0** ou **5** ;
- **par 10** lorsque son chiffre des unités est **0**.

Exemples

- 240 a pour chiffre des unités 0, donc 240 est divisible par 2, par 5 et par 10.
- 65 a pour chiffre des unités 5, donc 65 est divisible par 5, mais ni par 2 ni par 10.

PROPRIÉTÉS

Un nombre entier est divisible :
- **par 3** lorsque **la somme de ses chiffres** est divisible par 3 ;
- **par 9** lorsque **la somme de ses chiffres** est divisible par 9.

Exemples

- 1 851 est divisible par 3, mais pas par 9.

En effet, 1 + 8 + 5 + 1 = 15 et 15 est divisible par 3, mais pas par 9.

- 8 415 est divisible par 3 et par 9.

En effet, 8 + 4 + 1 + 5 = 18 et 18 est divisible par 3 et par 9.

J'applique le cours

1 Reconnaître une situation de division euclidienne

EXERCICE RÉSOLU

ÉNONCÉ Pour un tournoi de rugby au collège, les élèves sont partagés en équipes de 15 joueurs.
187 élèves sont inscrits à ce tournoi. Les élèves qui restent seront les arbitres.
Calculer à la main le nombre d'équipes et le nombre d'arbitres.

SOLUTION

On effectue la division euclidienne de 187 par 15 :

	1	8	7	1	5
−	1	5		1	2
		3	7		
	−	3	0		
			7		

$187 = 12 \times 15 + 7$

Le quotient est 12, donc il y aura 12 équipes.
Le reste est 7, donc il y aura 7 arbitres.

CONSEILS

- Le verbe « partager » fait penser à une division.
- $15 \times 10 = 150$ et $15 \times 100 = 1\,500$, donc le quotient a deux chiffres.
- On peut vérifier les résultats :
  – soit en calculant $12 \times 15 + 7$;
  – soit à l'aide de la calculatrice.

À TON TOUR

2 Une sortie est organisée pour les 136 élèves de 6e du collège et leurs 10 accompagnateurs.
Le voyage se fait dans des cars de 53 places.

a. Combien de cars sont nécessaires pour cette sortie ?
b. Combien d'élèves manque-t-il pour remplir le dernier car ?

3 Comprendre la division euclidienne

EXERCICE RÉSOLU

ÉNONCÉ Dans une fête foraine, 200 ballons ont été partagés entre les enfants.
Chaque enfant a reçu 3 ballons et il en restait 11.
Combien d'enfants étaient présents pendant la fête ?

SOLUTION

- On cherche le diviseur dans la division posée ci-contre.

2	0	0	?
	1	1	3

- $200 - 11 = 189$
Donc 189 ballons ont été distribués durant cette fête.
- Chaque enfant a eu 3 ballons, donc on effectue la division euclidienne de 189 par 3.
Il y avait donc 63 enfants présents pendant la fête.

	1	8	9	3	
−	1	8		6	3
		0	9		
	−		9		
			0		

CONSEILS

- On sait que :
dividende = quotient × diviseur + reste.
Donc on calcule **dividende − reste** pour obtenir la valeur du produit **quotient × diviseur.**
- On cherche le nombre qui multiplié par 3 donne 189, c'est-à-dire le quotient de 189 par 3.
- On peut vérifier que $63 \times 3 + 11 = 200$.

À TON TOUR

4 Avec 2 150 roses, on a réalisé 165 bouquets identiques et il restait alors 5 roses.
Combien a-t-on utilisé de roses par bouquet ?

5 Marc organise une fête chez lui et distribue 205 petits fours à ses invités et à lui-même.
Chacun mange 4 petits fours et il en reste 9.
Combien d'amis Marc a-t-il invités ?

VIDÉOS de cours jaicompris.com

3 Division décimale

▶ Exercices 26 à 36

DÉFINITION ▲ désigne un nombre décimal et ■ un nombre entier différent de 0.
Effectuer la **division décimale** de ▲ par ■, c'est trouver **le nombre appelé quotient par lequel multiplier ■ pour obtenir ▲** :

dividende → ▲ = **quotient** × ■ ← diviseur

quotient = ▲ : ■ (dividende → ▲ ; diviseur → ■)

Exemple 1

Division décimale de 9,2 par 4

Calcul posé

	u	$\frac{1}{10}$		
	9,	2	4	
−	8		u	$\frac{1}{10}$
	1	2	2,	3
−	1	2		
		0		

Dès que l'on abaisse le chiffre des dixièmes, il faut placer la virgule au quotient.

À l'aide de la calculatrice

- TI-Collège Plus :
  9,2 ÷ 4 entrer

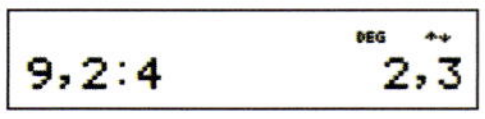

- Casio *fx*-92 Spéciale Collège :
  9,2 ÷ 4 EXE

Le quotient de 9,2 par 4 est le nombre décimal 2,3.
Ainsi, 9,2 = 2,3 × 4, c'est-à-dire 9,2 : 4 = 2,3.

Exemple 2

Division décimale de 8 par 3 : cette division ne se termine jamais.
Le quotient de 8 par 3 **n'est pas** un nombre décimal.
Dans ce cas, on peut donner une valeur approchée du quotient :
8 : 3 ≈ 2,6 (au dixième près),
8 : 3 ≈ 2,66 (au centième près).

	8			3		
−	6			2,	6	6
	2	0				
−	1	8				
		2	0			
	−	1	8			
			2			

4 Division d'un nombre décimal par 10, 100 ou 1 000

▶ Exercices 37 à 43

PROPRIÉTÉ Quand on divise un nombre :
- par 10, le chiffre des unités devient le chiffre des dixièmes ;
- par 100, le chiffre des unités devient le chiffre des centièmes ;
- par 1 000, le chiffre des unités devient le chiffre des millièmes.

Exemples

- 5,7 : **10** = 0,57
- 48 : **100** = 0,48
- 12,5 : **1 000** = 0,012 5

Remarque : diviser un nombre par 10 revient à multiplier ce nombre par 0,1.
Par exemple 5,7 : 10 = 0,57, mais aussi 5,7 × 0,1 = 0,57.

J'applique le cours

6 Utiliser une division décimale — EXERCICE RÉSOLU

ÉNONCÉ 5 stylos identiques coûtent 6,75 €.
Quel est le prix d'un stylo ?

SOLUTION

Le prix d'un stylo est le nombre qui multiplié par 5 donne 6,75 €.
On effectue donc la division décimale de 6,75 par 5.

1 Dans 6, combien de fois 5 ? 1 fois et il reste 1.
On abaisse 7, le chiffre des dixièmes, et on place la virgule au quotient.

	u	$\frac{1}{10}$	$\frac{1}{100}$			
	6,	7	5	5		
−	5			u	$\frac{1}{10}$	$\frac{1}{100}$
	1	7		1,		

2 Dans 17, combien de fois 5 ? 3 fois et il reste 2.
On abaisse 5, le chiffre des centièmes.

	u	$\frac{1}{10}$	$\frac{1}{100}$			
	6,	7	5	5		
−	5			u	$\frac{1}{10}$	$\frac{1}{100}$
	1	7		1,	3	
−	1	5				
		2	5			

3 Dans 25, combien de fois 5 ? 5 fois.
La division « tombe juste ».

	u	$\frac{1}{10}$	$\frac{1}{100}$			
	6,	7	5	5		
−	5			u	$\frac{1}{10}$	$\frac{1}{100}$
	1	7		1,	3	5
−	1	5				
		2	5			
	−	2	5			
			0			

Conclusion : 6,75 : 5 = 1,35 et un stylo coûte 1,35 €.

CONSEILS

- On cherche le nombre manquant dans l'égalité :
■ × 5 = 6,75.
- Ici, on réalise cette division en trois étapes.
En pratique, seule la disposition de droite figure sur la feuille.

À TON TOUR

7 6 pièces de 20 centimes d'euro pèsent ensemble 34,44 g.
Combien pèse une pièce de 20 centimes d'euro ?

8 Diviser lorsque le dividende est inférieur au diviseur — EXERCICE RÉSOLU

ÉNONCÉ Pour faire des décorations, Paula souhaite partager un ruban long de 4,8 m en 24 morceaux de même longueur. Quelle sera la longueur d'un morceau de ruban ?

SOLUTION

La longueur d'un morceau de ruban est le nombre qui multiplié par 24 donne 4,8.
D'après la division décimale ci-contre :

4,8 : 24 = 0,2.

La longueur d'un morceau de ruban sera donc 0,20 m.

	u	$\frac{1}{10}$		
	4,	8	2	4
−	0		u	$\frac{1}{10}$
	4	8	0,	2
−	4	8		
		0		

CONSEILS

- On cherche le nombre manquant dans l'égalité :
■ × 24 = 4,8.
- Quand on divise un nombre par un nombre plus grand (ici 24 > 4,8), le quotient commence par 0, …

À TON TOUR

9 Un cheveu s'allonge en moyenne de 2,45 mm par semaine. Calculer à la main de quelle longueur s'allonge un cheveu en un jour.

10 Avec 1,8 L de parfum, Anis a rempli 24 flacons identiques.
Quelle est la capacité, en L puis en mL, d'un flacon ?

Je travaille mes automatismes

Utiliser une division euclidienne

À l'oral — **Questions flash**

11 Lire la phrase à haute voix en la complétant par les mots qui conviennent.

	2 3	5
−	2 0	4
	3	

« Dans la division euclidienne ci-contre, 23 est le **. . .** , 5 est le **. . .** , 4 est le **. . .** et 3 est le **. . . .** »

12 CALCUL MENTAL Calculer mentalement le quotient et le reste de la division euclidienne de :
a. 27 par 10 ; **b.** 50 par 7 ; **c.** 7 par 9.

13 **1.** Effectuer à la main chaque division euclidienne. Écrire l'égalité correspondante.
a. 725 par 7 ; **b.** 347 par 11 ; **c.** 651 par 13.
2. Vérifier les réponses à l'aide de la calculatrice.

14 Léo a écrit quelques résultats de la table de multiplication de 37.

5 × 37 = 185	6 × 37 = 222
7 × 37 = 259	8 × 37 = 296

Utiliser cette table de multiplication pour effectuer la division euclidienne de :
a. 2 648 par 37 ; **b.** 1 854 par 37 ; **c.** 30 002 par 37.

15 Recopier et compléter chaque division euclidienne.

a.
```
 827 | 13
−78  | ■■
  ■■
 −39
   ■
```

b.
```
 2523 | 37
−■■■  | 68
  ■■■
 −■■■
    ■
```

c.
```
 4239 | 56
−■■■  | 7■
  ■■■
 −280
   ■■
```

16 CORRIGÉ en vidéo jaicompris.com

Dans une division euclidienne par 14, le quotient est 13 et le reste est 2.
Calculer le dividende.

17 On sait que 548 = 21 × 25 + 23.
Sans poser la division, déterminer le quotient et le reste de la division euclidienne :
a. de 548 par 25 ; **b.** de 548 par 21.

18 Un pâtissier remplit des boîtes de 7 macarons.
a. Combien de boîtes peut-il remplir avec 38 macarons ?
b. Combien reste-t-il de macarons ?

19 Les 22 joueurs du club de foot d'un village se rendent à un match dans la ville voisine.
a. Combien de minibus de 8 places sont nécessaires pour transporter tous les joueurs ?
b. Combien de places libres reste-t-il dans le dernier minibus ?

Connaître les critères de divisibilité

À l'oral — **Questions flash**

20 **a.** Citer un nombre divisible par 2 et par 5 compris entre 25 et 52.
b. Citer un nombre divisible par 3 et par 10 compris entre 25 et 55.

21 CALCUL MENTAL Déterminer mentalement si le nombre 16 215 est divisible par :
a. 2 **b.** 3 **c.** 5 **d.** 9 **e.** 10

22 Voici une liste de nombres entiers.

42	85	45	54	1 000	1 548	10 101

Recopier parmi les nombres entiers de la liste ci-dessus ceux qui sont :
a. divisibles par 2 ; **b.** divisibles par 5 ;
c. divisibles par 3 ; **d.** divisibles par 9.

23 Voici une liste de nombres entiers.

27	72	45	33	1 005	90	101 010

Parmi ces nombres, lesquels sont :
a. divisibles par 9 et par 2 ?
b. divisibles par 5 et par 9 ?
c. divisibles par 3 et par 10 ?
d. divisibles par 5, mais pas par 10 et pas par 9 ?

24 Déterminer tous les nombres entiers compris entre 125 et 150 qui sont divisibles à la fois par 2 et par 3.

25 Une tour possède un escalier de 1 665 marches. Aurore, Mélina et Romain décident de grimper ces marches.
Aurore les gravit 2 par 2, Mélina 3 par 3 et Romain 5 par 5.
Lesquels de ces amis arriveront exactement sur la dernière marche ?

Je travaille mes automatismes

Utiliser une division décimale

À l'oral — Questions flash

26 CALCUL MENTAL Les points M, T et U sont alignés. Calculer mentalement la longueur MT.

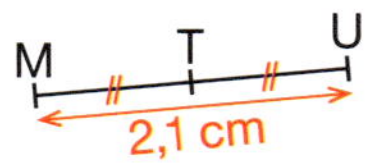

27 CALCUL MENTAL Quatre amis se partagent équitablement la somme de 10 €. Calculer mentalement la somme que chacun obtiendra.

28 CALCUL MENTAL Calculer mentalement :
a. 7 : 2 **b.** 9 : 5 **c.** 21 : 4 **d.** 18 : 8

29 Amélie souhaite partager équitablement la somme de 174 € entre 4 personnes.
Elle pose la division ci-contre.

	1	7	4	4	
−	1	6		4	3
		1	4		
	−	1	2		
			2		

a. Quelle somme d'argent doit encore partager Amélie si elle donne 43 € à chaque personne ?
b. Trouver la part exacte de chaque personne.

30 Dans chaque cas, effectuer à la main la division décimale :
a. 25,6 : 8 **b.** 421,6 : 17 **c.** 1,92 : 32

31 CORRIGÉ en vidéo jaicompris.com
a. Poser la division décimale de 174 par 8.
b. Comment vérifier le résultat à l'aide de la calculatrice sans utiliser la touche ÷ ?

32 **a.** Effectuer à la main la division décimale de 65 par 12 en s'arrêtant au chiffre des millièmes du quotient.
b. Cette division semble-t-elle se terminer ?
c. Est-il possible de partager 65 m de corde en 12 morceaux identiques ?

33 On sait que 126 : 7 = 18.
Dans chaque cas, calculer sans poser la division.
a. 12,6 : 7 **b.** 1 260 : 7 **c.** 0,126 : 7

34 Pour chaque étiquette, calculer l'information manquante.

a.
Prix : 23 €
Masse : 4 kg
Prix d'un kg : … €

b.
Prix : 6,80 €
Masse : … kg
Prix d'un kg : 8 €

35 **a.** Le périmètre d'un carré est de 21 cm. Calculer la longueur d'un côté de ce carré.
b. Le périmètre d'un triangle équilatéral est de 15,3 dm. Calculer la longueur d'un côté de ce triangle.

36 Un hélicoptère consomme 36 L d'essence par heure. Combien en consomme-t-il en une minute ?

Diviser par 10, 100, 1 000

À l'oral — Questions flash

37 Un carnet de 10 timbres coûte 14,30 €.
Quel est le prix d'un timbre ?

38 CALCUL MENTAL Calculer mentalement :
a. 13 : 10 **b.** 0,5 : 10 **c.** 145,7 : 1 000
d. 5 150 : 100 **e.** 56 : 100 **f.** 9 : 1 000

39 Recopier et compléter chaque égalité.
a. 1 346,6 : 10 = … **b.** 527 : … = 5,27
c. … : 1 000 = 123,45 **d.** … : 100 = 567

40 La contenance d'une piscine est de 18 840 L.
Combien faut-il d'arrosoirs de 10 L pour la remplir ?

41 Un paquet de 1 000 feuilles de papier a pour épaisseur 5 cm. Quelle est l'épaisseur d'une feuille ?

42 Lilas calcule qu'il lui faudra 2,7 t de granulés pour chauffer sa maison pendant l'hiver.
Combien de sacs de 10 kg de granulés doit-elle prévoir ?

43 Cinq fois par semaine, Agathe fait un aller-retour entre chez elle et le collège à vélo.
Elle parcourt en tout 41,6 km.
Quelle est la distance entre la maison d'Agathe et le collège ?

Comprendre la division euclidienne

44 CORRIGÉ en vidéo jaicompris.com

a. Effectuer la division euclidienne de 319 par 7.
b. De combien peut-on diminuer le dividende sans changer le quotient ?
c. De combien peut-on augmenter le dividende sans changer le quotient ?

45 Loïc a effectué la division euclidienne d'un nombre par 11. Il a oublié ce nombre mais se souvient du quotient qui est 18.
Quelles sont la plus grande et la plus petite valeurs possibles pour ce nombre ?

46 Clélia range ses 243 mangas, tous de mêmes dimensions, dans des boîtes pouvant contenir chacune 16 mangas.
a. Combien de boîtes sont nécessaires pour ranger tous ses mangas ?
b. Combien lui manque-t-il de mangas pour remplir la dernière boîte ?

47 Maël construit une tour en empilant des briques, en répétant le même enchaînement pour les couleurs.
Le début de sa tour est donné ci-contre.
a. De quelle couleur sera la 21e brique ?
b. De quelle couleur sera la 150e brique ?

48 Un arboriculteur a récolté 247 kg de pommes. Pour la vente et l'expédition, il doit disposer ces pommes dans des cageots.
En moyenne, une pomme pèse 200 g.
Chaque cageot contient 25 pommes.
Combien de cageots doit-il prévoir au minimum pour ranger toutes les pommes récoltées ?

49 Dans la division euclidienne de 2 456 par 5, Héloïse a obtenu comme reste 3.
Sans aucun calcul, expliquer pourquoi Héloïse a commis une erreur.

50 Quelles sont toutes les valeurs possibles des deux chiffres manquants dans le nombre ■24▲, sachant que ce nombre est divisible par 2 et par 9 ?

51 Un nombre mystérieux est compris entre 1 et 100. C'est un multiple de 5. Il est aussi divisible par 9 et 2. Quel est ce nombre mystérieux ?

52 Nolan ne se souvient plus du code à quatre chiffres de son cadenas.
Il se souvient simplement que ce code est divisible par 5, mais pas par 2.
Il sait aussi que le chiffre des centaines est 6 et que ce nombre est divisible par 9.
Combien de codes doit-il essayer ?

53 Jeux et casse-tête Pour sortir du labyrinthe ci-dessous, il ne faut pas déclencher les alarmes. Pour cela, il faut passer d'une pièce à l'autre en suivant les multiples de 9.

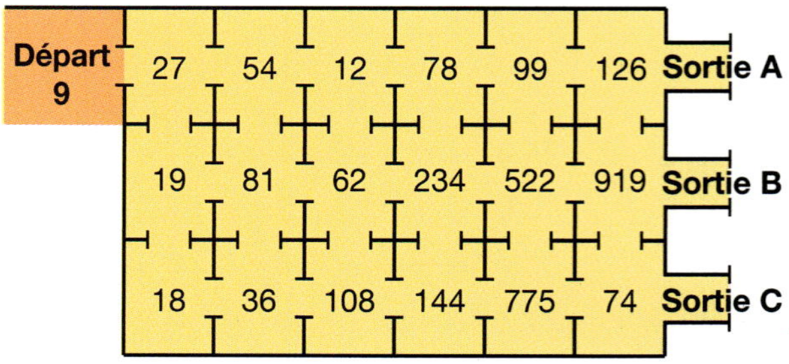

Sur une photocopie, tracer le chemin qui permet de sortir sans déclencher les alarmes.

Comprendre la division décimale

54 Hervé a acheté 5 kg de coings pour 7,30 € et 6 kg de pommes pour 8,10 €.
Comparer les prix au kilogramme de ces deux fruits.

55 Lorsque cela est possible, déterminer le nombre manquant dans chaque égalité.
a. 124 × ■ = 1 674 **b.** 24 × ■ = 244,8
c. 0 × ■ = 246 **d.** 12,8 × ■ = 0

56 Dans un cybercafé, Aylan paie 1,20 € pour 15 min de connexion Internet.
Parmi les prix ci-dessous, lequel est celui d'une minute de connexion ?

5 € 0,80 € 0,05 € 0,08 €

57 Un paysagiste souhaite planter une bordure de lauriers-roses de 4,5 m de longueur. Il doit espacer ces arbustes de 60 cm.
Combien de lauriers-roses doit-il acheter ?

58 Valentin s'achète un nouvel ordinateur à 437,20 €. Il a la possibilité de payer 174,88 € aujourd'hui et le reste en trois mensualités identiques.
Quel est le montant de chaque mensualité ?

59 Un menuisier a construit un meuble de rangement représenté ci-contre.
Chaque étagère a une épaisseur de 2 cm.
Les étagères sont régulièrement espacées.
Calculer la distance entre deux étagères.

60 6 L de lait coûtent 5,70 €.
Calculer le prix d'un litre de lait.

61 Guillaume a couru sur une distance de 100 yards. Son ami lui fait remarquer que 1 000 yards correspondent à 914,4 m.
a. Quelle distance, en m, Guillaume a-t-il couru ?
b. Exprimer 1 yard en cm.

62 Joyce achète un lot de 100 stickers de handball. Elle paie 20,20 €, dont 6 € de frais de port.
Combien coûte un sticker ?

63 Jeux et casse-tête Samuel a-t-il raison ? Expliquer.

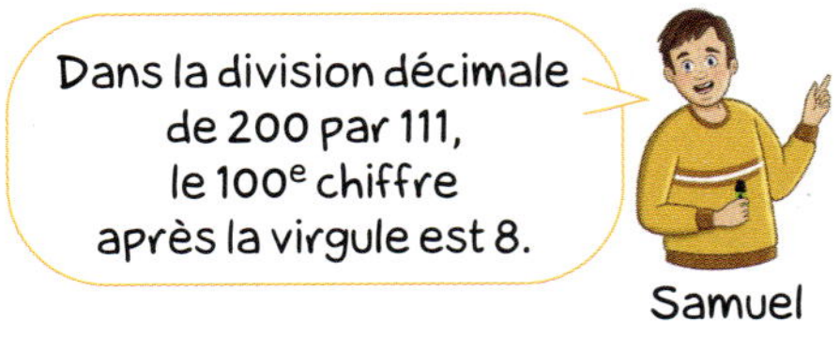

Synthèse

Utiliser une division

64 Lyana et Peter envisagent de faire un voyage à l'étranger. Le billet d'avion aller-retour leur coûte 120 € par personne et ils calculent que chaque jour sur place leur coûtera 65 €. Ils ne veulent pas dépenser plus de 700 € pour ce voyage.

Objectif Calculer le nombre de jours que Lyana et Peter pourront passer sur place.

a. Combien doivent-ils payer pour les billets d'avion ?
b. Quelle somme d'argent leur restera-t-il pour leurs dépenses sur place ?
c. En déduire le nombre de jours qu'ils pourront rester sur place.

65 Hélène a acheté une baguette à 1,10 € et 6 croissants. Elle a payé avec un billet de 20 € et le vendeur lui a rendu 13,20 €.

Objectif Déterminer le prix d'un croissant.

a. Calculer le prix payé par Hélène pour l'ensemble de ses achats.
b. Calculer le prix payé par Hélène pour les 6 croissants.
c. En déduire le prix d'un croissant.

66 Une palette contenant 250 lots de 4 boîtes de conserve pèse 582 kg.
La même palette vide pèse 7 kg.

Objectif Calculer la masse d'une boîte de conserve.

a. Calculer le nombre total de boîtes de conserve sur la palette.
b. Calculer la masse totale de ces boîtes de conserve.
c. En déduire la masse d'une boîte de conserve.

67 Jennifer pense acheter 8 pamplemousses.
Mais à la caisse, on lui demande 6 €, alors qu'elle n'a que 4,80 €.

Objectif Retrouver les questions.

Rédiger une question correspondant à chacune des réponses suivantes.
a. 0,75 € **b.** 6 **c.** 1,20 € **d.** 0,60 €

Parcours différenciés

Je m'évalue

Pour chaque question, une seule réponse est exacte.

QCM supplémentaires
college.nathan.fr/tm6090

	a	b	c	En cas d'erreur
68 Dans la division euclidienne de 17 par 5, le quotient est…	3	3,4	2	*Cours 1 p. 82*
69 Dans la division euclidienne de 10 par 3, le reste est…	1	3	3,33	
70 Aurélien et ses 4 amis se partagent équitablement 48 figurines. Chacun aura…	8 figurines	9 figurines	9,6 figurines	*Ex. 1 p. 83*
71 Petra est la 21e dans la file pour monter sur un télésiège. Chaque siège a 6 places. Elle pourra au mieux monter sur le…	3e siège	3,5^e siège	4e siège	
72 Alexi a 33 €. Il achète 4 DVD et il lui reste 5 €. Un DVD coûte…	7 €	8 €	9 €	*Ex. 3 p. 83*
73 Le nombre 345 est divisible par…	2	5	10	*Cours 2 p. 82*
74 Le nombre 276 est divisible par…	3	5	9	
75 Dans la division décimale de 17 par 4, le quotient est…	4	4,25	4,5	*Cours 3 p. 84*
76 Thomas a acheté 4 kg de cerises pour 24,80 €. Un kilogramme de cerises coûte…	6 €	6,20 €	20,40 €	*Ex. 6 p. 85*
77 Maya paie chaque mois 4 € pour un forfait Internet de 20 Go. Alors 1 Go lui revient à…	5 €	0,40 €	0,20 €	*Ex. 8 p. 85*
78 Un lot de 10 médailles identiques est vendu 8 €. Une médaille coûte…	0,80 €	80 €	0,08 €	*Cours 4 p. 84*
79 Sandra paie 3,70 € pour 1 000 L d'eau. Le remplissage d'un arrosoir de 10 L lui coûte…	0,003 7 €	0,037 €	0,37 €	

Je réalise mon parcours

Selon ton score page précédente

Parcours conseillé
- Entre **0 et 5 bonnes réponses** : drapeau vert
- Entre **6 et 9 bonnes réponses** : drapeau bleu
- **10 bonnes réponses ou plus** : drapeau rouge

80 Utiliser la division euclidienne

À la cantine, les élèves doivent obligatoirement former des tables complètes de 12 élèves.
Au premier service, 173 élèves entrent dans le réfectoire.
Au second service, 254 élèves y entrent à leur tour.
On se propose d'étudier la composition des tables.

PARCOURS 1

On s'intéresse au premier service.

Comment calculer le nombre de tables complètes ?

On partage 173 élèves en tables de 12, donc il faut effectuer une division.

a. Recopier et compléter la division posée ci-contre.
b. En déduire le nombre de tables complètes au premier service.
c. Combien d'élèves sont assis à la table incomplète ?

	1	7	3	1	2
–	•	•	↓	1	•
		•	3		
	–	•	•		
			•		

PARCOURS 2

On s'intéresse au second service.
a. Combien de tables sont complètes à ce service ?
b. Combien manque-t-il d'élèves pour qu'une table supplémentaire soit complète ?

PARCOURS 3

Sophie et ses deux amies entrent les dernières dans le réfectoire lors d'un service. Doivent-elles choisir le premier ou le second service pour être à la même table ?

81 Utiliser la division décimale

Une boîte de chocolats de 600 g est vendue 18 €.
Cette boîte contient deux étages composés chacun de 4 rangées de 6 chocolats de même masse.
On se propose de calculer différentes grandeurs.

PARCOURS 1

On s'intéresse au prix d'un gramme de chocolat.

Comment calculer le prix d'un gramme de chocolat ?

Cela revient à chercher le nombre manquant dans l'égalité 18 = 600 × …, donc il faut effectuer une division.

a. Recopier et compléter : « Le prix d'un gramme de chocolat est le nombre qui multiplié par … donne … . On effectue donc la division décimale de … par … ».
b. Poser cette division décimale.
En déduire le prix, en €, d'un gramme de chocolat.

PARCOURS 2

On s'intéresse à la masse des chocolats.
a. Combien y a-t-il de chocolats dans la boîte ?
b. Calculer la masse, en g, d'un chocolat.

PARCOURS 3

Calculer le prix, en €, d'un chocolat.

Diviser à l'aide de différents logiciels

82 Algo Diviser à l'aide du logiciel Scratch ▸ Livret Scratch p. 6

Pour un spectacle dans une salle des fêtes, 250 chaises doivent être disposées en rangées contenant chacune le même nombre de chaises.
L'employé communal décide de disposer entre 13 et 17 chaises par rangée.

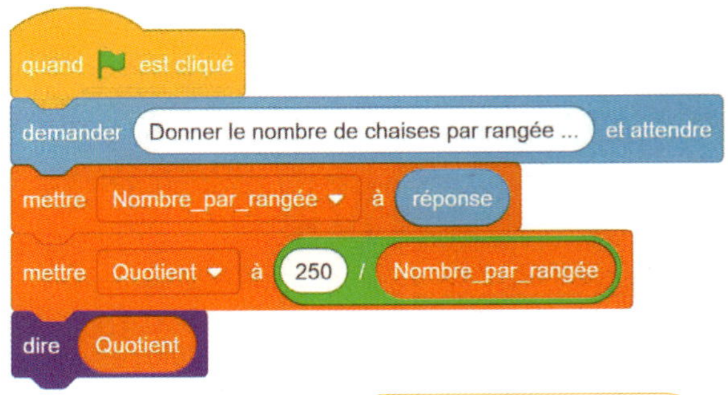

1. Voici un script Scratch.
Lorsqu'on l'exécute, on donne au début le nombre de chaises par rangée.
Quel résultat le lutin énonce-t-il ?

2. a. Ouvrir le logiciel Scratch et saisir ce script.
b. Pour chacune des valeurs de 13 à 17 envisagées par l'employé communal, exécuter le script et déterminer :
- le nombre de rangées de chaises ;
- le nombre de chaises restantes.

83 Tice Dresser une liste de diviseurs à l'aide du tableur

1. a. Saisir cette feuille de calcul avec le tableur.

	A	B	C	D	E	F	G	H	I	J	K	L	M
1	Nombre choisi												
2	Diviseurs	1	2	3	4	5	6	7	8	9	10	11	12
3	Quotient décimal												

b. Dans la cellule B3, saisir la formule `=B1/B2` et la recopier jusqu'en cellule M3.
Les quotients trouvés sont-ils corrects ? Pour comprendre, cliquer sur la cellule C3 et observer.
c. Changer la formule dans la cellule B3, en saisissant la formule `=$B$1/B2`, puis la recopier jusqu'en cellule M3.
Quels sont les diviseurs de 126 compris entre 1 et 12 ?

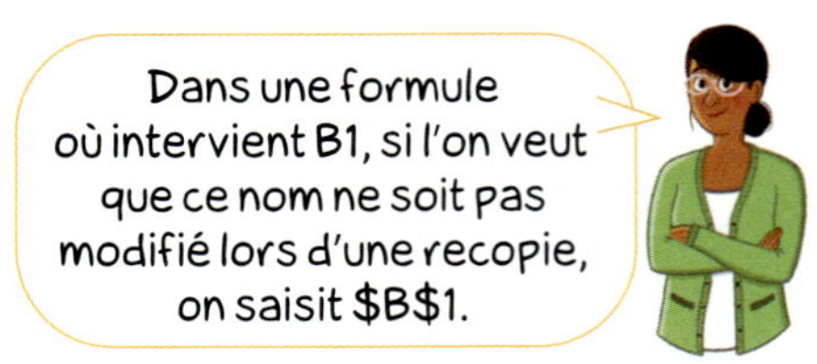

2. Déterminer les diviseurs compris entre 1 et 12 du nombre :
a. 1 695, **b.** 4 587, **c.** 33 660.

84 Tice Relier division euclidienne et division décimale

Andrea a une calculatrice ancienne. Elle ne possède pas de touche ⊢ et elle n'effectue donc pas directement les divisions euclidiennes. En revanche, elle effectue les divisions décimales en utilisant la touche ÷.
Voici ce que la calculatrice d'Andrea a affiché pour la division décimale de 859 par 60. On va aider Andrea à effectuer malgré tout cette division euclidienne.

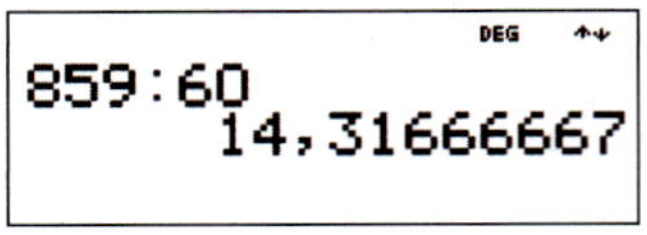

a. D'après l'affichage ci-contre, citer le quotient de la division euclidienne de 859 par 60.
b. Pour l'instant, on note ■ le reste de cette division euclidienne.
Recopier et compléter : 859 = ... × ... + ■.
c. Calculer alors ■ en utilisant uniquement les touches − et × de la calculatrice.
d. Conclure en donnant le quotient et le reste dans la division euclidienne de 859 par 60.

85 Communiquer en anglais

Raisonner • Calculer • Communiquer

During a performance of the Royal Ballet in Covent Garden (London), twenty-five dancers form three groups with the same number of dancers, and only four dancers remain.
How many dancers are in each group?

86 Déduire des dimensions d'une figure

Chercher • Calculer

Dans leur cuisine, Pierrick et Cécile réalisent la frise ci-contre. Elle comporte deux sortes de carreaux : des carrés et des rectangles.

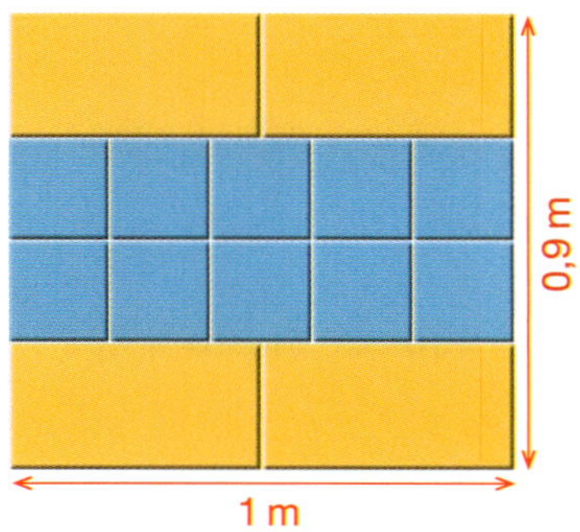

Calculer les dimensions de chaque sorte de carreaux.

87 Comprendre un schéma

Représenter • Calculer

Lucas possède 120 BD de western et d'aventure.
Il possède trois fois plus de BD de western que de BD d'aventure.
Combien de BD de chaque sorte Lucas possède-t-il ?

Coup de pouce
On peut s'aider du schéma suivant pour résoudre le problème :

88 Réaliser un schéma

Représenter • Calculer

Hervé et Michèle emmènent leurs trois petits-enfants au cinéma.
Chaque place adulte coûte deux fois plus cher qu'une place enfant.
Ils ont payé au total 37,10 €.
a. Quel est le prix d'une place enfant ?
b. Quel est le prix d'une place adulte ?

Coup de pouce
On peut faire un schéma pour représenter la situation.

89 Savoir représenter une situation

Représenter • Raisonner • Communiquer

(1) Huit guimauves et deux réglisses coûtent 7,40 €.
(2) Deux guimauves et une réglisse coûtent 2,10 €.
On représente une guimauve par ◯ et une réglisse par |.
Ainsi l'information **(1)** est représentée par :

a. Reproduire ce schéma et, au-dessous, représenter l'information **(2)**.
b. En déduire alors le prix de six guimauves et une réglisse. Expliquer.
c. Représenter cette nouvelle information au-dessous des deux précédentes.
En déduire alors le prix :
• d'une guimauve, • d'une réglisse.

90 Choisir l'opération

Raisonner • Calculer

Écrire les calculs nécessaires pour obtenir les données manquantes de cette facture puis, sur une photocopie, compléter cette facture.

Quantité	Nom du produit	Prix	Total
10 unités	Savon au miel	… € l'un	53,40 €
15 bouteilles	Soupe aux orties	… € la bouteille	180,00 €
48 œufs	Œufs	3,50 € la boîte de 6	… €
5 L	Lait	0,95 € le litre	… €
… kg	Girolle	21 € le kg	67,20 €
4 kg	Aubergine	… € le kg	… €
		Total	356,39 €
		Frais	19,59 €
		Total à payer	… €

91 Encadrer π entre deux quotients

Calculer • Communiquer

Archimède a réussi à démontrer que le nombre π est compris entre le quotient de 223 par 71 et le quotient de 22 par 7.
a. Effectuer à la main la division décimale de 223 par 71, puis celle de 22 par 7, en s'arrêtant au chiffre des millièmes du quotient.
b. En déduire un encadrement de π d'amplitude trois millièmes.

92 Organiser l'information utile

Représenter • Calculer

Martin part pour une randonnée de 179 km.
Le premier, jour il parcourt 9 km.
Il décide ensuite de marcher 11 km chaque jour.
Combien de jours lui faudra-t-il en tout pour effectuer sa randonnée ?
Combien de kilomètres marchera-t-il le dernier jour ?

93 Comprendre une situation

Raisonner • Calculer

Une compagnie de théâtre organise une représentation.
La location de la salle coûte 2 250 € et il faut rémunérer les trois employés de la salle 150 € chacun pour la soirée. La compagnie a obtenu une subvention de la mairie de 500 €.
Combien faut-il vendre de places à 12 € chacune pour que la compagnie gagne de l'argent avec ce spectacle ?

94 Comprendre une division euclidienne

Raisonner • Calculer

Le reste de la division euclidienne d'un nombre par 27 est égal 15.
Ce nombre est compris entre 1 250 et 1 260.
Quel est ce nombre ?

95 Comprendre et expliquer

Raisonner • Calculer • Communiquer

Alain souhaite grillager entièrement un terrain rectangulaire de largeur 16 m et d'aire 740 m^2.
Aider Alain à déterminer le type de grillage qui sera le plus économique.

Les différents types de grillage

Nom du grillage	Top	Gris	Vert
Longueur d'un rouleau (en m)	30	25	20
Prix d'un rouleau (en €)	40	38	33

96 Imaginer une stratégie

Raisonner • Calculer • Communiquer

Ilyes décide d'aligner ses 227 figurines pour préparer une partie de jeu. Les règles sont les suivantes :
- il doit y avoir le même nombre de figurines sur chaque rangée ;
- le nombre de figurines par rangée doit être compris entre 12 et 18 ;
- un maximum de figurines doit participer à la partie.

Aider Ilyes à organiser cette partie.

97 Problème ouvert

Représenter • Raisonner

A, B, C… désignent les noms des fils de cette toile d'araignée.
Sur quel fil prend place le nombre 35 957 ?

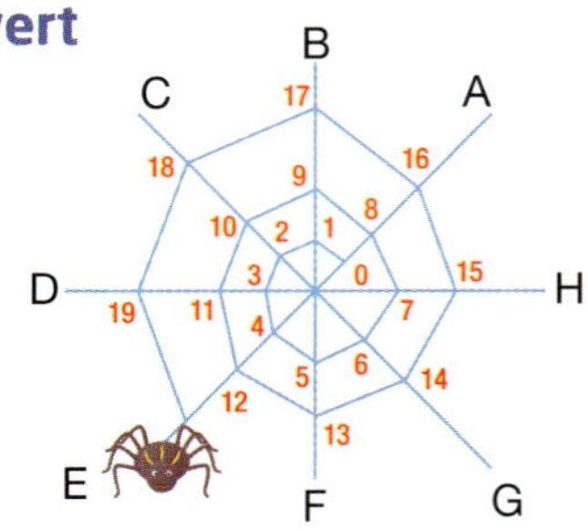

Narration de RECHERCHE

98 PROBLÈME Emma est née le samedi 1er janvier 2 000. Quels sont la date et le jour de la semaine de son 10 000e jour ?

Raconter sur une feuille les différentes étapes de la recherche et les remarques qui ont fait changer de méthode ou qui ont permis de résoudre le problème.

Des défis

99 Sauter d'arbre en arbre

Tarzan part du premier arbre à gauche, puis saute d'arbre en arbre, de gauche à droite, puis de droite à gauche, …
Sur quel arbre se trouve-t-il après 100 sauts ?

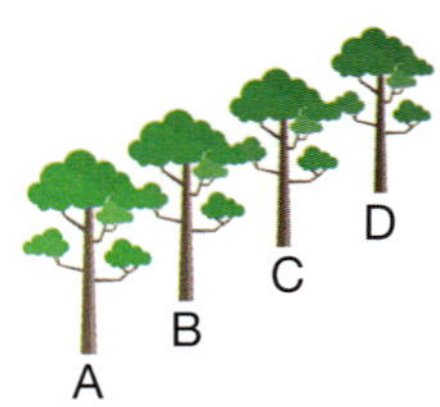

100 Composer des bouquets

Un fleuriste a moins de roses rouges que de roses jaunes.
Il souhaite composer des bouquets de trois roses rouges et des bouquets de cinq roses jaunes.
Il utilise au total 44 roses pour faire ces bouquets.
Combien a-t-il de roses de chaque couleur ?

Je prends des initiatives

TÂCHES COMPLEXES

101 PLANTER des rosiers

La situation-problème

Robin est jardinier. Il doit composer deux rangées de rosiers pour orner l'allée des Promeneurs.
À partir des informations, aider Robin à calculer le nombre de rosiers rouges et de rosiers blancs qu'il devra planter.

Les supports de travail

Les documents, la calculatrice.

Doc.1

Schéma des deux rangées de rosiers

Doc.2

Les contraintes

- Chaque rangée de rosiers commence par un rosier rouge à 50 cm du bord.
- Martin plante un rosier rouge puis deux rosiers blancs et recommence ainsi de suite jusqu'à la fin de la rangée.
- L'espace entre deux pieds de rosiers est de 50 cm.
- L'épaisseur du pied de chaque rosier n'est pas prise en compte.

Toute piste de recherche, même non aboutie, figurera sur la feuille.

102 JOUER au jeu de Marienbad

La situation-problème

Liam et Margot jouent au jeu de Marienbad.
Pour gagner, il y a un truc que Liam connaît.
Aider Margot à le trouver aussi.

Doc.1

La règle du jeu

- On aligne 10 craies.
- Chacun à leur tour, les joueurs peuvent prendre 1, 2 ou 3 craies.
- Le gagnant est celui qui prend la dernière craie.

Doc.2

La première partie

1. Il y a 10 craies. Liam en prend 2.
2. Il reste 8 craies. Margot en prend 1.
3. Il reste 7 craies. Liam en prend 3.
4. Il reste 4 craies. Margot a perdu.

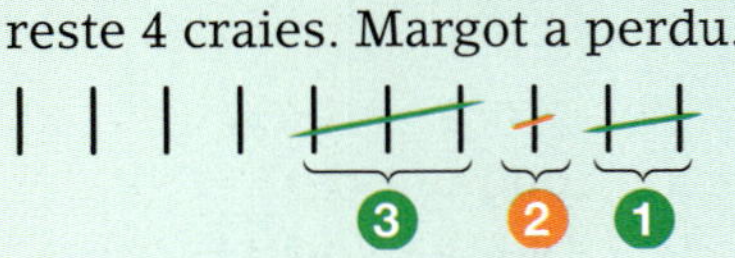

Doc.3

La seconde partie

1. Il y a 10 craies. Margot en prend 1.
2. Il reste 9 craies. Liam en prend 1.
3. Il reste 8 craies. Margot en prend 3.
4. Il reste 5 craies. Liam en prend 1.
5. Il reste 4 craies, Margot a perdu.

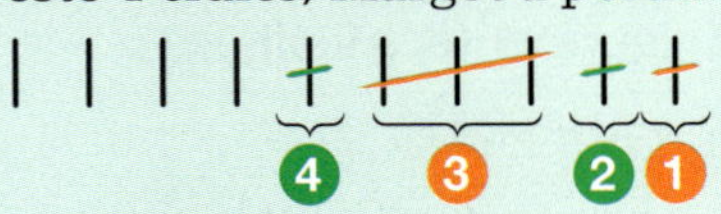

Les supports de travail

Les documents, des craies (ou une feuille et des stylos de couleur).

Toute piste de recherche, même non aboutie, figurera sur la feuille.

CHAPITRE 6

Utiliser les fractions

Les océans occupent un peu moins des $\frac{3}{4}$ de la Terre. Notre planète, la Lune et Mars sont totalement cartographiées, alors que seulement $\frac{1}{20}$ des océans le sont. En effet, les fortes pressions qui règnent à de grandes profondeurs rendent difficile leur exploration.

Bien démarrer

Pour chaque question, une réponse ou plusieurs sont exactes.

		a	b	c
1	Pour la fraction $\frac{3}{4}$…	3 est le numérateur	3 est le nominateur	4 est le dénominateur
2	Ce carré rouge représente une unité. La partie verte représente la fraction… 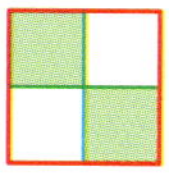	$\frac{1}{3}$	$\frac{2}{4}$	$\frac{1}{2}$
3	Quatre tiers, c'est aussi…	$4 \times \frac{1}{3}$	$\frac{4}{3}$	$1 + \frac{1}{3}$
4	Sur cette demi-droite graduée, la fraction repérée par la flèche est… 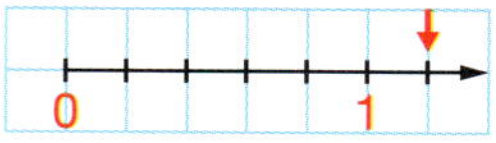	$\frac{1}{5}$	$\frac{6}{5}$	$\frac{1}{6}$
5	La fraction qui peut être encadrée par les nombres entiers 0 et 1 est…	$\frac{4}{3}$	$\frac{7}{10}$	$\frac{8}{5}$

Vérifie tes réponses p. 288

ACTIVITÉ 1 Additionner des fractions de même dénominateur

Cours Paragraphe 1, p. 98

Allie, Bill et Cris ont deux sacs de figurines, un de séries TV et un de BD.
Ils se partagent les figurines de chaque sac de la façon suivante :
– Allie prend $\frac{2}{5}$ des figurines de séries TV, Bill $\frac{1}{5}$ et Cris le reste ;
– Bill prend $\frac{3}{5}$ des figurines de BD, Cris $\frac{1}{5}$ et Allie le reste.

1 **a.** Réaliser le schéma ci-contre.

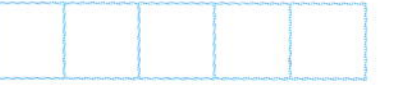

Nombre total de figurines de séries TV

b. Colorier la fraction de figurines de séries TV que possède :
- Allie ;
- Bill.

c. Allie annonce : « Deux cinquièmes plus un cinquième, c'est … » et Bill répond : « Trois cinquièmes. » Traduire ce dialogue par une égalité et des fractions.
d. Quelle fraction des figurines de séries TV Cris possède-t-il ?

2 **a.** Quelle fraction de figurines de BD Bill et Cris ont-ils ensemble ?
b. Allie affirme : « J'ai la même fraction de figurines de BD que Cris. » A-t-elle raison ? Expliquer.

ACTIVITÉ 2 Prendre la moitié d'une quantité

Cours Paragraphe 2, p. 98

Dans un magasin, les kiwis coûtent 0,50 € pièce.

1 **a.** Calculer mentalement le prix de : • 10 kiwis ; • 20 kiwis ; • 28 kiwis.
b. Recopier et compléter la phrase : « Multiplier un nombre par 0,5, c'est le … par 2. »

2 Calculer et interpréter, dans le contexte de cette situation :
- $28 \times \frac{1}{2}$ € ;
- $32 \times \frac{1}{2}$ € ;
- $41 \times \frac{1}{2}$ €.

Rappel
Un demi-euro, c'est-à-dire $\frac{1}{2}$ €, est la moitié d'un euro, soit 0,50 €. Ainsi,
$20 \times \frac{1}{2}$ € = $20 \times 0{,}50$ € = 10 €.

ACTIVITÉ 3 Relier fraction et quotient

Cours Paragraphe 3, p. 98

On considère que la brique de jeu rouge ci-contre représente l'unité.

1 unité

1 **a.** Quelle fraction représente la brique : • orange ? • bleue ?
b. Combien de briques bleues faut-il pour avoir 3 unités ?
c. Recopier et compléter : « $\ldots \times \frac{3}{4} = 3$. Ainsi, $\frac{3}{4}$ est le nombre qui multiplié par … donne …. »

2 **a.** Quelle fraction représente la brique : • verte ? • rose ?
b. Recopier et compléter : $\ldots \times \frac{5}{6} = 5$.
Interpréter cette égalité dans le contexte de cette situation.

Cours

VIDÉOS de cours jaicompris.com

1 Addition de fractions de même dénominateur

Exercices 7 à 20

RÈGLE Pour **additionner** deux fractions de **même dénominateur**, on ajoute les numérateurs et on conserve le dénominateur.

$$\frac{\blacklozenge}{\heartsuit}+\frac{\clubsuit}{\heartsuit}=\frac{\blacklozenge+\clubsuit}{\heartsuit}$$

Exemples

- $\frac{2}{5}+\frac{3}{5}=\frac{2+3}{5}=\frac{5}{5}=1$

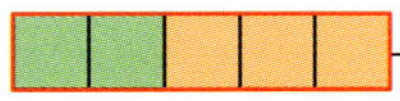

- $\frac{11}{3}+\frac{5}{3}=\frac{11+5}{3}=\frac{16}{3}$ ← Onze tiers + cinq tiers, c'est seize tiers.

2 Interprétation de « la moitié de »

Exercices 21 à 27

RÈGLE Pour prendre **la moitié** d'un nombre, on le **multiplie par 0,5**, c'est-à-dire on le multiplie par $\frac{1}{2}$.

Exemples

- $18\times\frac{1}{2}=9$. En effet, la moitié de 18 est 9.
- $\frac{1}{2}\times 13=6{,}5$. En effet, la moitié de 13 est 6,5.

Remarques :

- $50\ \%=\frac{50}{100}=0{,}5=\frac{1}{2}$. Ainsi, 50 % de 70, c'est $\frac{1}{2}\times 70$, soit 35.
- De façon analogue, le quart de 80 c'est $80\times\frac{1}{4}$, c'est-à-dire 20.

3 Fraction et quotient

Exercices 28 à 39

PROPRIÉTÉ $\blacklozenge$ et $\blacktriangle$ désignent des nombres entiers et $\blacktriangle\neq 0$.
Le quotient $\blacklozenge:\blacktriangle$ est aussi noté $\frac{\blacklozenge}{\blacktriangle}$ à l'aide d'une fraction.
Ainsi, la fraction $\frac{\blacklozenge}{\blacktriangle}$ est le nombre qui multiplié par $\blacktriangle$ donne $\blacklozenge$ (voir p. 84).

$$\blacklozenge:\blacktriangle=\frac{\blacklozenge}{\blacktriangle}\quad\text{et}\quad\frac{\blacklozenge}{\blacktriangle}\times\blacktriangle=\blacklozenge.$$

Exemples

- Deux septièmes de sept, c'est deux.

$$\frac{2}{7}\times 7=2$$

- Sept fois deux septièmes, c'est deux

$$7\times\frac{2}{7}=2$$

- Le nombre manquant dans l'égalité $4\times\ldots=11$ est $\frac{11}{4}$.
- La **valeur exacte** du quotient de 7 par 3 est $\frac{7}{3}$.
Une **valeur approchée** au centième près de ce quotient est 2,33.

```
                DEG
7:3   2,333333333
```

J'applique le cours

1 Additionner des fractions de même dénominateur

EXERCICE RÉSOLU

ÉNONCÉ Shane dispose de plusieurs bobines de ruban identiques.
Elle utilise $\frac{7}{3}$ de bobines, puis $\frac{5}{3}$ de bobines.

a. Quelle fraction de bobines Shane a-t-elle utilisée ?

b. Combien de bobines Shane a-t-elle utilisées ?

SOLUTION

a. $\frac{7}{3}+\frac{5}{3}=\frac{7+5}{3}=\frac{12}{3}$

Ainsi, Shane a utilisé $\frac{12}{3}$ de bobines de ruban.

b. $\frac{12}{3}=12:3=4$

Donc Shane a utilisé 4 bobines de ruban.

CONSEILS

- Les fractions ont le même dénominateur, donc on ajoute les numérateurs.
- $\frac{12}{3}$ est le quotient de 12 par 3, c'est-à-dire 4.

À TON TOUR

2 Un camion a consommé $\frac{61}{3}$ L de carburant sur un premier trajet, puis $\frac{62}{3}$ L sur un second trajet.
Exprimer la quantité totale de carburant consommé :
a. par une fraction ; **b.** par un nombre entier.

3 Idriss a parcouru $\frac{11}{5}$ km pour se rendre au stade, puis $\frac{24}{5}$ km pour aller au collège.
Exprimer la distance totale parcourue par Idriss :
a. par une fraction ; **b.** par un nombre entier.

4 Exprimer un quotient à l'aide d'une fraction

EXERCICE RÉSOLU

ÉNONCÉ Une voiture consomme 3 L de carburant pour parcourir 11 km.

a. Exprimer, à l'aide d'une fraction, la quantité, en litres, de carburant consommé par cette voiture pour parcourir 1 km.

b. Donner une valeur approchée au centième près de cette quantité de carburant consommé.

SOLUTION

a. Pour 11 km, la voiture consomme 3 L de carburant, donc pour 1 km, elle en consomme 11 fois moins. Sa consommation de carburant pour parcourir 1 km est donc $\frac{3}{11}$ L.

b. Une valeur approchée au centième près de cette quantité est 0,27 L.

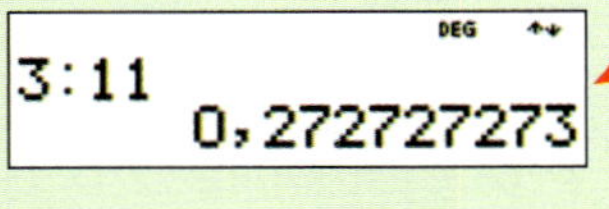

CONSEILS

- La consommation pour 1 km est le quotient de 3 L par 11 (même si $3 < 11$).
- La division de 3 par 11 « ne se termine pas », c'est pourquoi on utilise une fraction pour écrire la valeur exacte de ce quotient.

À TON TOUR

5 On partage une ficelle de longueur 6 m en 13 morceaux de même longueur.

a. Exprimer, à l'aide d'une fraction, la longueur, en mètres, d'un morceau de ficelle.

b. Donner une valeur approchée au centième près de cette longueur.

6 Tous les côtés de cet heptagone ont la même longueur. Son périmètre est 6 cm.

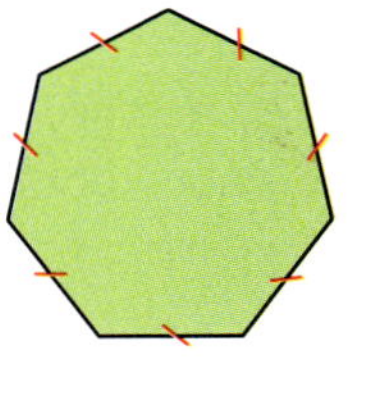

a. Exprimer à l'aide d'une fraction la longueur, en cm, de son côté.

b. Donner une valeur approchée au dixième près de cette longueur.

Je travaille mes automatismes

Additionner des fractions de même dénominateur

À l'oral — **Questions flash**

7 Lire en complétant.
a. « Trois quarts plus sept quarts est égal à .... »
b. « Trois cinquièmes plus ... est égal à onze cinquièmes. »

8 Quel est le nombre $\frac{1}{3}+\frac{2}{3}$?

9 CALCUL MENTAL
Chaque disque représente une unité.

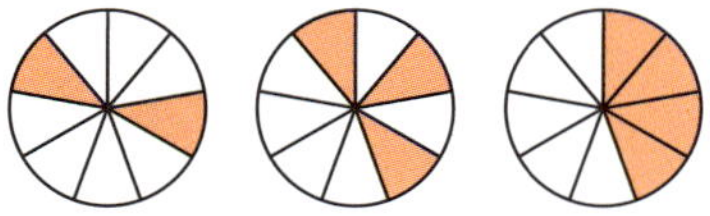

Donner oralement la somme à calculer pour connaître la fraction représentée par la partie orange. Effectuer le calcul mentalement.

10 CALCUL MENTAL Léonie prend les $\frac{4}{9}$ d'une galette des Rois, Paul en prend les $\frac{2}{9}$ et Adam le reste.
Déterminer mentalement la part d'Adam.

11 Recopier et compléter.
a. $\frac{4}{5}+\frac{3}{5}=\frac{...}{5}$ **b.** $\frac{1}{3}+\frac{4}{3}=\frac{...}{3}$ **c.** $\frac{...}{2}+\frac{1}{2}=\frac{7}{2}$

12 **a.** Ce rectangle rouge représente l'unité. Quelle fraction représente :

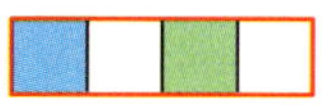

- la partie bleue ?
- la partie verte ?

b. Recopier et compléter $\frac{1}{4}+\frac{1}{4}=\frac{...}{4}=\frac{...}{2}$.

13 Recopier et compléter :
$\frac{1}{6}+\frac{3}{6}=\frac{...}{6}=\frac{...}{3}$

Coup de pouce
On peut s'aider d'un schéma semblable à celui ci-dessous.

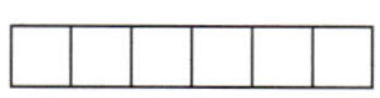

14 CORRIGÉ en vidéo jaicompris.com
Dans chaque cas, exprimer la somme à l'aide d'un nombre entier.
a. $\frac{5}{7}+\frac{2}{7}$ **b.** $\frac{7}{11}+\frac{15}{11}$ **c.** $\frac{5}{4}+\frac{7}{4}$

15 Achille, Béa et Cléa se partagent une bouteille d'eau. Achille en boit quatre dixièmes, Béa cinq dixièmes et Cléa deux dixièmes.
Est-ce possible ? Expliquer.

16 Adonis a utilisé $\frac{5}{12}$ de la batterie de son smartphone en écoutant de la musique, puis $\frac{7}{12}$ en regardant une vidéo.
Que peut-on dire pour la batterie de ce smartphone ?

17 Dans la matinée, un maçon a construit $\frac{2}{5}$ d'un mur. L'après-midi, il construit encore $\frac{2}{5}$.
Quelle fraction du mur lui restera-t-il à construire le lendemain ?

18 Utiliser le modèle ci-dessous pour écrire chaque quotient comme la somme d'un nombre entier et d'une fraction.

$$\frac{15}{4}=\frac{12+3}{4}=\frac{12}{4}+\frac{3}{4}=3+\frac{3}{4}$$

a. $\frac{9}{4}$ **b.** $\frac{23}{3}$ **c.** $\frac{8}{5}$ **d.** $\frac{17}{2}$

19 **a.** Expliquer pourquoi $\frac{17}{3}=5+\frac{2}{3}$.
b. Donner deux nombres entiers consécutifs entre lesquels se situe la fraction $\frac{17}{3}$.

20 Lors d'une soirée, plusieurs amis ont mangé $\frac{33}{4}$ de pizzas de formats identiques.
a. Combien de pizzas entières ont-ils mangées ?
b. Indiquer, sous forme de fraction, la portion d'une pizza qu'il reste.

Interpréter la moitié, le quart, ...

À l'oral — **Questions flash**

21 CALCUL MENTAL Calculer mentalement.
a. $\frac{1}{2}\times 1\,200$ **b.** $\frac{1}{2}\times 80$ **c.** $\frac{1}{2}\times 19$

22 CALCUL MENTAL 50 % des élèves d'une classe de 6e, c'est-à-dire 12, ont eu un rhume cette année. Calculer mentalement le nombre d'élèves dans cette classe.

23 Recopier et compléter.
a. La moitié de 58 c'est $\frac{...}{...}\times 58$, soit ....
b. $\frac{1}{2}\times 27$ c'est le ... de 27 par 2, soit ....
c. 50 % de 80 c'est $\frac{1}{2}\times$ ..., soit ....

24 Recopier et compléter.

a. Le quart de 36 c'est $\frac{\dots}{\dots} \times 36$, soit ....

b. $\frac{1}{4} \times 19$ c'est le ... de 19 par 4, soit ....

c. 25 % de 60 c'est $\frac{1}{4} \times \dots$, soit ....

25 CORRIGÉ en vidéo jaicompris.com

Calculer.

a. $\frac{1}{2} \times 1\,024$ **b.** $0{,}5 \times 38$ **c.** 50 % de 124

d. $0{,}25 \times 6$ **e.** $\frac{1}{4} \times 0{,}18$ **f.** 25 % de 36

26 CALCUL MENTAL

Rose affirme : « Un quart des 36 voitures garées dans ma rue sont rouges. »

Combien de voitures rouges sont garées dans sa rue ?

27 **a.** Un article coûtant 68 € est soldé à 50 % la première semaine. Quel est son nouveau prix ?

b. La deuxième semaine, son prix est 17 €.

Par quelle fraction le prix a-t-il été multiplié la deuxième semaine ?

Exprimer un quotient à l'aide d'une fraction

À l'oral

Questions flash

28 Dans chaque cas, expliquer oralement pourquoi l'affirmation est vraie ou fausse.

a. « $5 \times \frac{2}{5}$ est égal à 10. » **b.** « $3 \times \frac{4}{3}$ est égal à 4. »

29 CALCUL MENTAL Déterminer mentalement l'écriture décimale du nombre $\frac{17}{4}$.

30 Donner oralement un encadrement par deux nombres entiers consécutifs du quotient $\frac{7}{3}$.

31 Exprimer $\frac{2}{3} \times 3 \times \frac{7}{5} \times 5$ par un nombre entier.

32 Dans chaque cas, recopier et compléter par une fraction.

a. $4 \times \dots = 9$ **b.** $4 \times \dots = 7$ **c.** $4 \times \dots = 11$

33 Dans chaque cas, recopier et compléter.

a. $\frac{3}{4} \times \dots = 3$ **b.** $12 \times \frac{\dots}{\dots} = 5$ **c.** $11 \times \frac{7}{11} = \dots$

34 Recopier et compléter chacune des suites de calculs ci-dessous.

a. $3 \xrightarrow{\times \frac{4}{3}} \dots \xrightarrow{\times \frac{3}{4}} \dots \xrightarrow{:7} \frac{\dots}{\dots} \xrightarrow{\times 7} \dots$

b. $5 \xrightarrow{\times \frac{\dots}{\dots}} 3 \xrightarrow{\times \frac{\dots}{\dots}} 2 \xrightarrow{:\dots} 0{,}5$

35 Dans chaque cas, donner une réponse sous la forme d'une fraction, puis donner la valeur décimale exacte ou une valeur approchée au centième près.

a. Quel est le nombre qui multiplié par 2 donne 5 ?

b. Quel est le nombre qui multiplié par 7 donne 3 ?

c. Quel est le nombre qui multiplié par 5 donne 8 ?

36 **a.** Exprimer, à l'aide d'une fraction, la largeur d'un jardin rectangulaire d'aire 30 m^2 et de longueur 7 m.

b. Encadrer la fraction obtenue par deux nombres entiers consécutifs.

37 Dans chaque cas, donner l'écriture décimale du nombre proposé.

a. $\frac{1}{2}$ **b.** $\frac{9}{4}$ **c.** $\frac{7}{10}$ **d.** $\frac{14}{5}$

38 Recopier et relier chaque fraction à son écriture décimale.

$\frac{22}{5}$	$\frac{7}{4}$	$\frac{13}{2}$	$\frac{9}{10}$
•	•	•	•
•	•	•	•
0,9	1,75	4,4	6,5

39 Recopier et compléter ce tableau.

Lecture	Écriture fractionnaire	Écriture décimale
Neuf vingtièmes	$\frac{9}{20}$	...
Treize quarts	...	...
...	$\frac{11}{5}$	...
...	$\frac{\dots}{5}$	4,6

Additionner des fractions de même dénominateur

40 **a.** Traduire par une somme de deux fractions la proportion de la figure qui est coloriée.
Calculer cette somme.

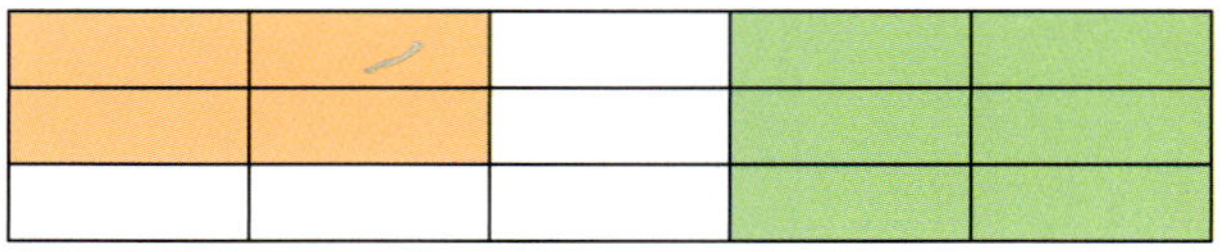

b. Yasmine affirme : « Les $\frac{2}{3}$ de la figure sont coloriés. »
A-t-elle raison ? Expliquer.

41 Sur une photocopie, colorier la figure ci-dessous à l'aide de la légende fournie.

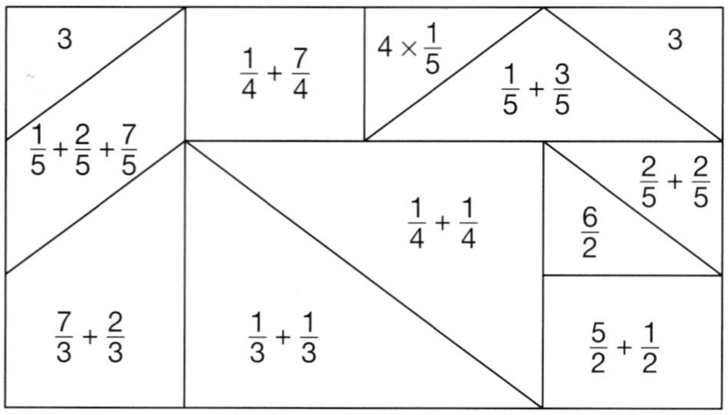

Légende : $\frac{1}{2}$ (bleu) 2 (vert) $\frac{2}{3}$ (orange) $\frac{4}{5}$ (jaune) 3 (gris)

42 CORRIGÉ en vidéo jaicompris.com

Lors d'un entraînement de football, Lisa a joué $\frac{1}{9}$ du temps comme gardienne, $\frac{4}{9}$ du temps comme latérale droite, $\frac{2}{9}$ du temps avant-centre et le reste du temps elle s'est échauffée.

a. Pendant quelle fraction du temps de la séance Lisa a-t-elle joué ?

b. Pendant quelle fraction du temps de la séance s'est-elle échauffée ?

43 *Jeux et casse-tête* Voici un carré magique incomplet. Pour chaque ligne, chaque colonne et chaque diagonale, la somme des fractions est égale à 1.
Recopier et compléter ce carré magique.

$\frac{...}{5}$	$\frac{...}{5}$	$\frac{2}{5}$
$\frac{...}{5}$	$\frac{1}{5}$	$\frac{...}{5}$
$\frac{...}{5}$	$\frac{...}{5}$	$\frac{...}{5}$

Interpréter la moitié, le quart,...

44 Un agriculteur a vendu la moitié de sa récolte de pommes de terre à 0,80 € le kg.
Il lui reste 150 t de pommes de terre.

a. Combien de tonnes représentent sa récolte ?

b. Pour liquider le reste, le prix du kg est divisé par 2. Calculer la recette totale de cette récolte.

45 On joint les milieux des côtés d'un carré de 10 cm de côté et on colorie en bleu le carré central.

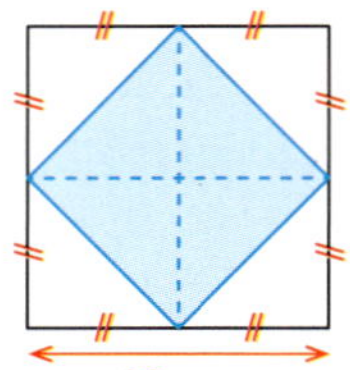

a. En disposant autrement les parties colorées en bleu, expliquer pourquoi l'aire de ce carré est égale à la moitié de celle du grand carré.

b. Calculer l'aire du carré bleu, en cm^2.

46 Une voiture a consommé sur un trajet la moitié des 60 L de carburant qu'elle avait au départ, puis 50 % du reste sur un autre trajet.

a. Combien de litres de carburant la voiture a-t-elle consommés sur :
- le premier trajet ?
- le second trajet ?

b. Adèle affirme : « La voiture a consommé le quart du carburant sur les deux trajets. »
A-t-elle raison ? Expliquer.

47 Dans une classe de 24 élèves :
- 50 % des élèves ont un animal de compagnie ;
- $\frac{1}{4}$ des élèves qui ont un animal de compagnie ont un chat.

a. Combien d'élèves ont un animal de compagnie ?

b. Combien d'élèves ont un chat ?

48 Prendre un tiers d'une quantité, c'est la diviser par trois.
Prendre le tiers de :

a. 9 L **b.** 21 kg **c.** 39 m

49 *Jeux et casse-tête* « J'ai versé 1 000 L d'eau par le trou supérieur du système de tuyaux ci-contre. Quand un tuyau se divise en deux, le volume d'eau se partage en deux parts égales. Combien de litres d'eau y aura-t-il dans le récipient ❷, quand toute l'eau se sera écoulée ? »

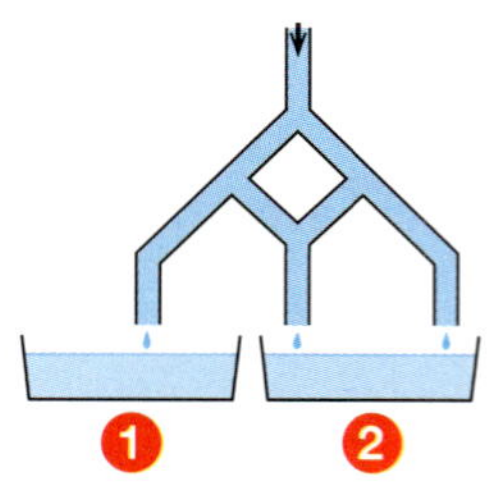

Je m'entraîne

Exprimer un quotient à l'aide d'une fraction

50 Par quel nombre doit-on multiplier :

a. $\frac{9}{5}$ pour obtenir 9 ?

b. $\frac{1}{13}$ pour obtenir $\frac{10}{13}$?

c. 11 pour obtenir $\frac{11}{15}$?

51 Pour calculer $\frac{7}{9} \times 18$, on effectue le calcul suivant :

$$\frac{7}{9} \times 18 = \frac{7}{9} \times 9 \times 2 = 7 \times 2 = 14.$$

Dans chaque cas, calculer de façon analogue.

a. $\frac{4}{7} \times 49$ **b.** $\frac{1}{3} \times 180$ **c.** $\frac{3}{11} \times 33$ **d.** $\frac{17}{12} \times 144$

52 Lors des élections des délégués d'une classe, cinq sixièmes des élèves ont voté pour Jeanne.
Il y a 24 élèves dans la classe.
Combien d'élèves ont voté pour Jeanne ?

53 Un écran TV est au format 16/9e, cela signifie que sa largeur est égale aux $\frac{16}{9}$ de sa hauteur.
Calculer la largeur d'un tel écran dont la hauteur est égale à 54 cm.

54 Cette affirmation est-elle vraie ou fausse ? Expliquer.

Avec les $\frac{2}{5}$ d'un tonneau de 15 L, je peux remplir exactement 8 bouteilles de $\frac{3}{4}$ L.

55 Le diagramme ci-dessous représente la répartition des vols vers différentes destinations au départ de Marseille proposés par une compagnie aérienne.

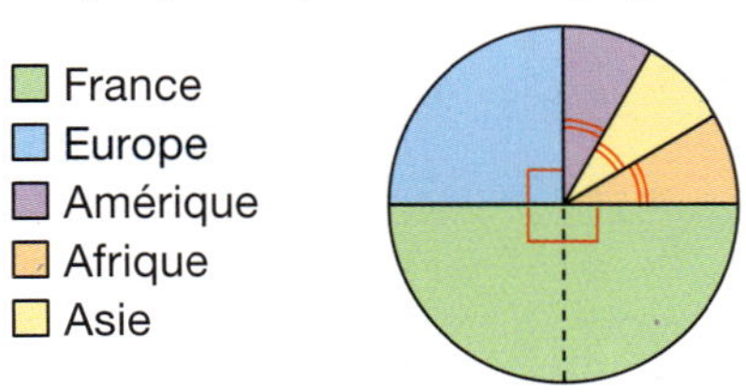

1. Dans chaque cas, indiquer quelle fraction représente les vols vers :
a. la France ; **b.** l'Europe ; **c.** l'Asie.

2. Au mois de février, cette compagnie a affrété 576 vols. Calculer le nombre de vols vers :
a. la France ; **b.** l'Europe ; **c.** l'Asie.

Utiliser des fractions

Synthèse

56 Un avocat est constitué de $\frac{3}{5}$ de graisses, $\frac{1}{5}$ d'eau.
Le reste est constitué de fibres et de sucres.

Objectif Calculer la masse de fibres et de sucres dans un avocat de 225 g.

a. À quelle fraction de l'avocat correspond l'ensemble de l'eau et des graisses ?
b. Quelle fraction de l'avocat est constituée de fibres et de sucres.
c. Conclure sur la masse de fibres et de sucres dans cet avocat de 225 g.

57 Une balle en caoutchouc rebondit chaque fois qu'elle touche le sol de la moitié de la hauteur d'où elle est tombée.

On la laisse tomber d'une hauteur de 50 m.

Objectif Déterminer à partir de quel rebond la balle rebondira à moins de 20 cm du sol.

1. a. Par quelle fraction la hauteur de départ est-elle multipliée pour obtenir la hauteur du premier rebond ?
b. Déterminer cette hauteur.
2. Quelle est la hauteur du deuxième rebond ?
3. a. Recopier et compléter le tableau ci-dessous à l'aide de la calculatrice par des valeurs approchées au centimètre près si besoin.

Rebond n°…		1	2	3	4	5
Hauteur (en m)	50	25				

b. Déterminer le rebond à partir duquel la hauteur est inférieure à 20 cm.

Parcours différenciés

Je m'évalue

Pour chaque question, une seule réponse est exacte.

QCM supplémentaires
college.nathan.fr/tm6104

	a	b	c	En cas d'erreur
58 Quatre tiers plus un tiers est égal à…	quarante et un tiers	quatorze tiers	cinq tiers	
59 $\frac{3}{5}+\frac{4}{5}$ est égal à…	$\frac{7}{5}$	$\frac{7}{10}$	$\frac{12}{25}$	➡ *Cours 1 p. 98*
60 Un ballon a perdu les $\frac{6}{11}$ de son volume, puis les $\frac{3}{11}$. Il a perdu les…	$\frac{9}{22}$ de son volume	$\frac{9}{11}$ de son volume	$\frac{2}{11}$ de son volume	
61 Julie a utilisé $\frac{5}{12}$ de sa réserve de thé, puis $\frac{7}{12}$. Elle a utilisé…	la totalité de sa réserve	la moitié de sa réserve	le douzième de sa réserve	➡ *Ex. 1 p. 99*
62 La moitié de 38 est…	14	19	19,5	
63 $42\times\frac{1}{2}$ est égal à…	21	14	84	
64 $81\times\frac{1}{3}$ est égal à…	9	18	27	
65 Dans une classe de 24 élèves, 50 % des élèves sont demi-pensionnaires, c'est-à-dire…	12 élèves	24 élèves	6 élèves	➡ *Cours 2 p. 98*
66 Dans un autocar de 60 places, le quart des places est occupé par des enfants. Il y a donc…	4 enfants	20 enfants	15 enfants	
67 Le quotient de 21 par 4 peut s'écrire…	$\frac{4}{21}$	$4:21$	$\frac{21}{4}$	
68 $\frac{7}{6}\times 6$ est égal à…	42	7	$\frac{13}{6}$	
69 Le nombre manquant dans l'égalité $41\times\ldots=8$ est…	0,195	$\frac{8}{41}$	$\frac{41}{8}$	➡ *Cours 3 p. 98*
70 On partage 100 m de fil de fer en trois parts égales. Chaque part a pour longueur…	33,3 m	33 m	$\frac{100}{3}$ m	
71 Au restaurant, six amis se partagent l'addition qui s'élève à 94 €. Une valeur approchée au centième près de la part de chacun est…	15,60 €	15,70 €	15,67 €	➡ *Ex. 4 p. 99*

Je réalise mon parcours

Selon ton score page précédente

Parcours conseillé
- Entre **0 et 6 bonnes réponses** : (drapeau vert)
- Entre **7 et 10 bonnes réponses** : (drapeau bleu)
- **11 bonnes réponses ou plus** : (drapeau rouge)

72 Calculer une distance

Des élèves effectuent un test d'endurance sur la piste d'un stade.
Des plots sont régulièrement disposés le long de la piste.
La distance entre deux plots est 40 m.
Najia a parcouru $\frac{7}{2}$ tours, Baptiste $\frac{23}{6}$ tours, Indir $\frac{15}{4}$ tours et Dilan $\frac{35}{12}$ tours.
On se propose de calculer les distances parcourues par certains élèves.

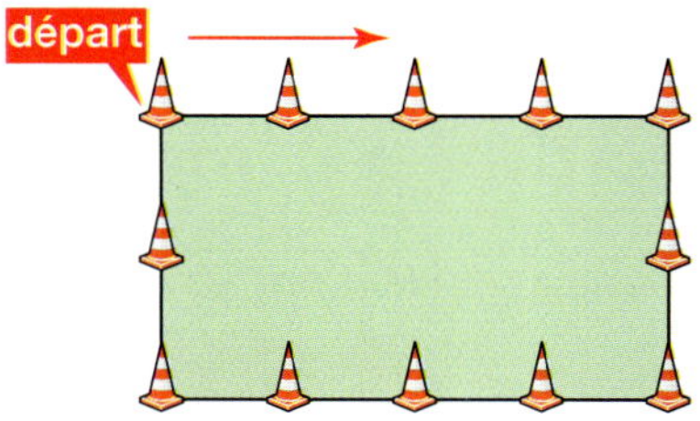

PARCOURS 1

On s'intéresse à la distance parcourue par Najia.

a. Recopier et compléter : « La distance entre deux plots est ... m et il y a ... espaces autour du terrain, donc la longueur d'un tour est égale à ... m. »
b. Calculer la longueur, en m, de 7 tours.
c. Calculer la distance parcourue par Najia.

PARCOURS 2

On s'intéresse à la distance parcourue par Dilan.
a. Expliquer pourquoi cette distance est égale à $\frac{35}{12} \times 12 \times 40$ m.
b. Calculer cette distance.

PARCOURS 3

Ranger ces quatre élèves dans l'ordre décroissant des distances qu'ils ont parcourues.

73 Calculer des effectifs

Dans un collège de 945 élèves, les $\frac{4}{9}$ des élèves sont des garçons.
Parmi les garçons, $\frac{8}{15}$ sont externes.
Parmi les filles, $\frac{4}{7}$ sont externes.
Les élèves qui ne sont pas externes sont demi-pensionnaires.
On se propose de calculer divers effectifs.

PARCOURS 1

On s'intéresse au nombre de garçons.

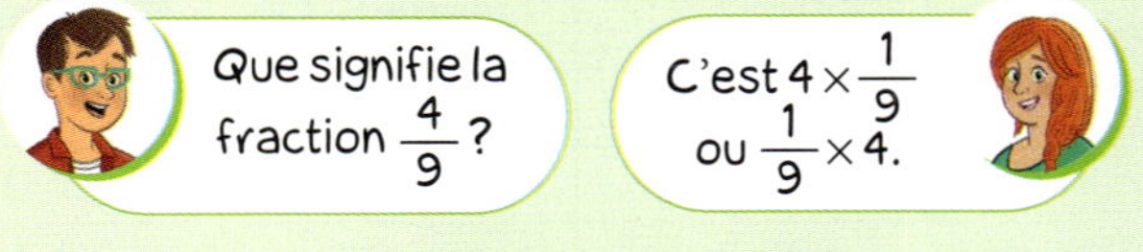

a. Réaliser ce schéma et colorer les $\frac{4}{9}$ des élèves du collège.

945 élèves

b. Combien d'élèves représente $\frac{1}{9}$ des élèves du collège ?
c. Combien y a-t-il de garçons dans ce collège ?

PARCOURS 2

On s'intéresse au nombre de filles.
a. Quelle est la proportion de filles dans ce collège ?
b. Calculer leur nombre en remarquant que $945 = 9 \times 105$.

PARCOURS 3

Présenter dans un tableau à double entrée la répartition des élèves de ce collège.

Additionner des fractions de même dénominateur

74 Algo Comprendre un script ▸ Livret Scratch p. 6

Fiona a saisi le script Scratch ci-contre.

L'instruction 

donne au hasard pour valeur à D l'un des nombres entiers 2, 3, …, 20.

1. a. On suppose que D prend la valeur 10.
Expliquer pourquoi le lutin énonce « 5.3 ».

b. On suppose que D prend la valeur 5.
Quelle valeur décimale énonce le lutin ? Expliquer.

c. On suppose que D prend la valeur 12.
De quelle fraction le lutin énonce-t-il une valeur approchée ?

2. Quelle doit être la valeur prise par D pour que le lutin énonce « 13.25 » ?

3. Ouvrir le logiciel Scratch, saisir le script et l'exécuter afin de vérifier les résultats.

Info
Le logiciel Scratch ne donne pas de résultat fractionnaire, mais une **valeur décimale exacte ou approchée.**

75 Tice Déterminer une somme

Damien calcule successivement les sommes :

$$A = \frac{1}{5} + \frac{2}{5} \qquad B = \frac{1}{5} + \frac{2}{5} + \frac{3}{5} \qquad C = \frac{1}{5} + \frac{2}{5} + \frac{3}{5} + \frac{4}{5}, \dots$$

On se propose de déterminer si Damien peut obtenir une somme égale à 60 avec ce procédé.

1. Calculer à la main

Calculer successivement sous forme fractionnaire les sommes A, B et C.

2. Comprendre une feuille de calcul

La feuille de calcul ci-contre a été réalisée par Damien à l'aide du tableur.

	A	B	C
1	Numérateur ◆	Valeur décimale de ◆/ 5	Somme cumulée
2	1	0,2	0,2
3	2	0,4	0,6
4	3	0,6	1,2
5	4	0,8	2

a. Laquelle de ces deux formules Damien a-t-il saisie en cellule B2 pour obtenir, par recopie vers le bas, la colonne B ?

(1) `=5/A2` (2) `=A2/5`

b. Saisir `=B2` en cellule C2 puis `=C2+B3` en cellule C3.
En cellule C3 figure l'écriture décimale de l'une des sommes calculée à la question **1**. Laquelle ?

3. Réaliser une feuille de calcul

a. Ouvrir le tableur et réaliser cette feuille de calcul.

b. Par recopie vers le bas, dire si Damien pourra obtenir une somme égale à 60.

76 Communiquer en anglais

Représenter • Raisonner • Communiquer

Compute the sum of twelve sevenths and two sevenths. Simplify the result.

77 Modéliser une situation

Représenter • Modéliser

Un adulte a en général 32 dents. Un quart des dents sont des incisives, un quart sont des prémolaires.
Le nombre de canines est égal à la moitié de celui des incisives et 4 sont des dents de sagesse. Les autres dents sont des molaires.
Déterminer la fraction de molaires chez un adulte.

78 Étudier une situation concrète

Modéliser • Calculer

1. Un livre de 450 pages a une épaisseur de 36 mm (sans la couverture).
a. Donner une écriture fractionnaire de l'épaisseur, en mm, d'une page.
b. Expliquer pourquoi l'épaisseur d'une page est $\frac{8}{100}$ mm.

2. Un autre livre de 200 pages est fabriqué avec le même papier. Quelle est l'épaisseur, en mm, de ce livre (sans la couverture) ?

79 Relier fractions et durées

Raisonner • Calculer

Charles met une heure quarante-cinq minutes dans les transports en commun pour se rendre au collège.
Il met une heure un quart pour son trajet retour.
Quelle fraction de la journée Charles passe-t-il dans les transports ?

80 Analyser des informations

Chercher • Raisonner • Communiquer

Anna, Lily et Albane achètent un sachet de 45 bonbons identiques au prix de 9 €.
Anna en prend 20, Lily 8 et Albane le reste.
a. Combien de bonbons Albane a-t-elle ?
b. Expliquer pourquoi le prix d'un bonbon est $\frac{1}{5}$ €.
c. Calculer le montant, en €, que doit verser chacune d'elles pour l'achat du paquet de bonbons.

81 Compléter des tableaux

Raisonner • Calculer • Communiquer

Dans une salle de réunion, un quart des personnes sont assises sur les deux tiers des chaises. Le reste des personnes dans la salle restent debout. Il reste quatre chaises libres.
a. Recopier et compléter les deux tableaux ci-dessous.

	Chaises libres	Chaises occupées
Fraction		
Nombre		

	Personnes assises	Personnes debout
Fraction		
Nombre		

b. Quel est le nombre total de personnes dans la salle de réunion ?

82 Multiplier par $\frac{1}{2}$

Représenter • Raisonner • Calculer

Sur la figure ci-dessous, la mesure du côté d'un carré s'obtient en multipliant le côté du carré qui le précède par $\frac{1}{2}$.

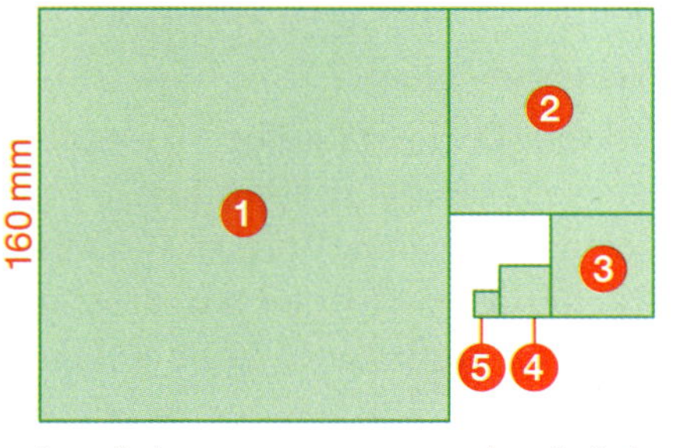

a. Déterminer la longueur, en mm, du côté de chacun des carrés ❷ à ❺.
b. Calculer l'aire, en mm^2, de la figure formée par ces cinq carrés.

83 Étudier une fraction de fraction

Raisonner • Calculer

Les $\frac{3}{4}$ des 24 navigateurs d'un tour du monde à la voile sont européens.
a. Calculer le nombre de navigateurs européens.
b. Seulement les $\frac{2}{9}$ des navigateurs européens sont français. Calculer le nombre de navigateurs français.

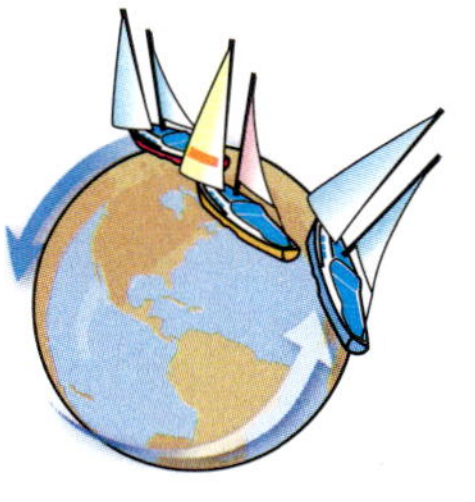

J'utilise mes compétences

84 Utiliser une propriété

Chercher • Raisonner

Une équipe de volley-ball est composée de 6 joueurs. L'organisateur d'un tournoi utilise une calculatrice et trouve que 17,66666666 équipes peuvent être formées avec tous les joueurs souhaitant participer.
Combien de joueurs veulent participer à ce tournoi ?

85 Lire et comprendre des informations

Chercher • Représenter • Raisonner

Une course commence à 10 h 15. Au bout d'un moment, le panneau d'affichage indique :

La course comporte 10 tours en tout. En supposant que le premier de la course poursuit à la même vitesse, à quelle heure terminera-t-il la course ?

86 Représenter une situation

Chercher • Représenter • Raisonner

Un automobiliste constate que s'il ajoute 12 L d'essence dans le réservoir de sa voiture, à moitié plein, le réservoir est alors rempli aux trois quarts.

a. Représenter cette situation par un schéma.
b. Déterminer la contenance de ce réservoir.

87 Comprendre et expliquer

Représenter • Raisonner • Communiquer

Toufik a un carré de papier de périmètre 20 cm.
Il le découpe en deux rectangles.

a. Si les deux rectangles sont superposables, quel est le périmètre de chacun ?
b. Un des deux rectangles a un périmètre de 16 cm. Quel est le périmètre du second rectangle ?

88 Imaginer une stratégie

Chercher • Raisonner

Il y a 24 élèves dans une classe. Ils sont assis par deux.
Chaque garçon est assis à côté d'une fille.
La moitié des filles sont assises à côté d'un garçon.
Combien y a-t-il de garçons dans cette classe ?

89 Problème ouvert

Chercher • Calculer • Communiquer

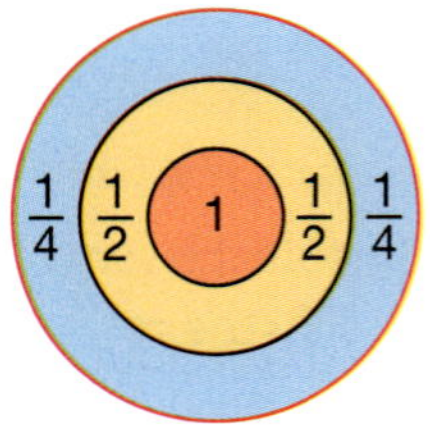

Obtenir un score d'exactement 3 points en lançant dans cette cible :

a. 3 flèches ; **b.** 4 flèches ; **c.** 12 flèches.

Narration de RECHERCHE

90 **PROBLÈME** Élodie choisit un nombre entier supérieur à 10.
À partir de ce nombre, elle obtient une liste de nombres entiers à l'aide des opérations suivantes :

- ajouter 1 ;
- multiplier par $\frac{1}{2}$.

Par exemple, si elle choisit 14, elle obtient successivement : 14 – 15 – 16 – 8 – 4 – 2 – 1
ou bien 14 – 7 – 8 – 9 – 10 – 5 – 6 – 3 – 4 – 2 – 1
Comment Élodie peut-elle obtenir 1 le plus rapidement possible à l'aide de ces opérations si elle choisit 2021 au départ ?

Raconter sur une feuille les différentes étapes de la recherche et les remarques qui ont fait changer de méthode ou qui ont permis de résoudre le problème.

Des défis

91 Faire tourner des roues

Line fait tourner les roues P, Q, R ci-dessous et additionne les nombres obtenus à l'arrêt des roues.

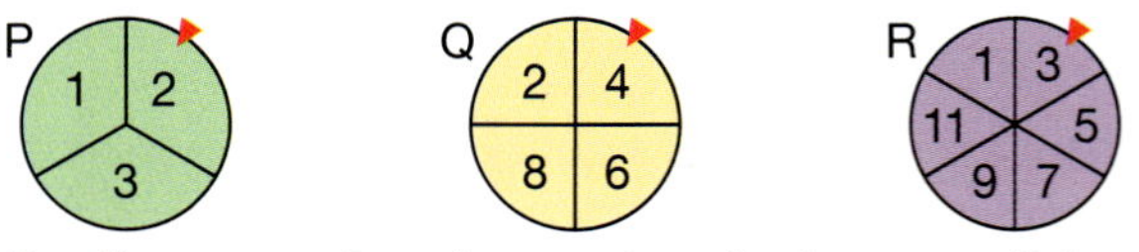

Quelle proportion de tous les résultats possibles est une somme impaire ?

92 Emboîter des triangles

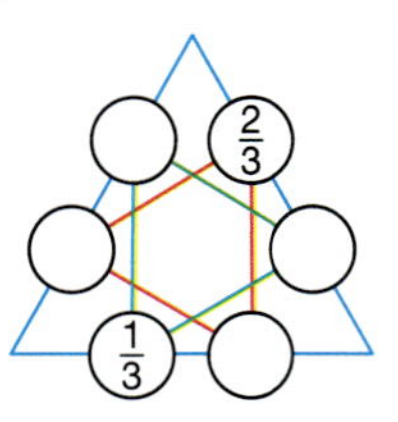

Réaliser ce schéma et placer certaines des fractions $\frac{3}{3}$, $\frac{4}{3}$, $\frac{5}{3}$, $\frac{6}{3}$ et $\frac{7}{3}$ dans les cercles de façon que :

- les sommes sur chaque côté du triangle bleu soient égales ;
- les sommes des fractions écrites aux sommets des triangles vert et rouge soient égales.

Je prends des initiatives

TÂCHES COMPLEXES

93 PRÉPARER *un cocktail*

La situation-problème

Mélanie souhaite préparer un cocktail pour 10 personnes.
Aider Mélanie à déterminer la quantité totale de liquide, en cL, qu'elle doit utiliser.

Les supports de travail

Les documents.

Toute piste de recherche, même non aboutie, figurera sur la feuille.

Doc. 1

La recette du cocktail

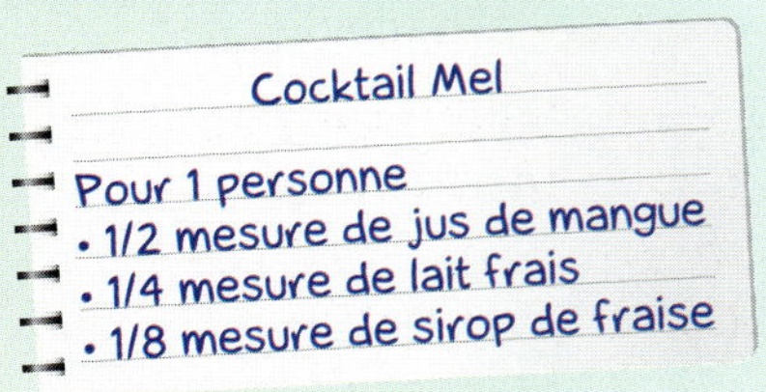

Doc. 2

Le verre de mesure

Ce récipient est utilisé comme unité de mesure par Mélanie.

94 CRÉER *une peinture murale*

La situation-problème

Raphaëlle aime créer des peintures murales comme ci-contre.
Il pense à un nouveau motif (doc. 1).
Aider Raphaëlle à déterminer la fraction du carré occupée par le triangle bleu.

Les supports de travail

Les documents, la calculatrice.

Toute piste de recherche, même non aboutie, figurera sur la feuille.

Doc. 1

Le nouveau motif

La peinture est réalisée à partir d'un carré d'aire 16 m^2.

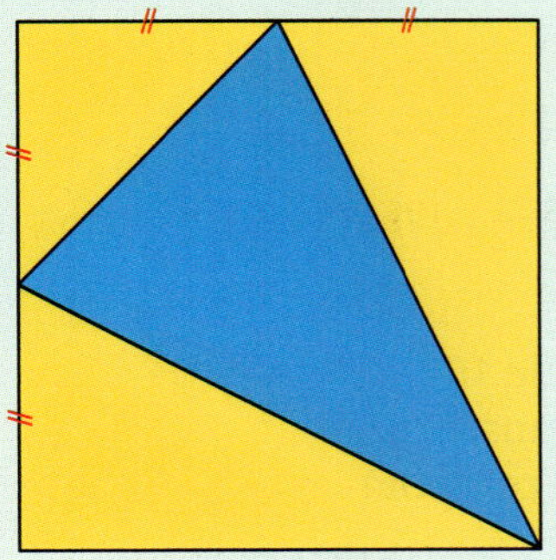

Doc. 2

Aire d'un triangle rectangle

L'aire d'un triangle rectangle est égale à la moitié du produit des longueurs des côtés de l'angle droit.

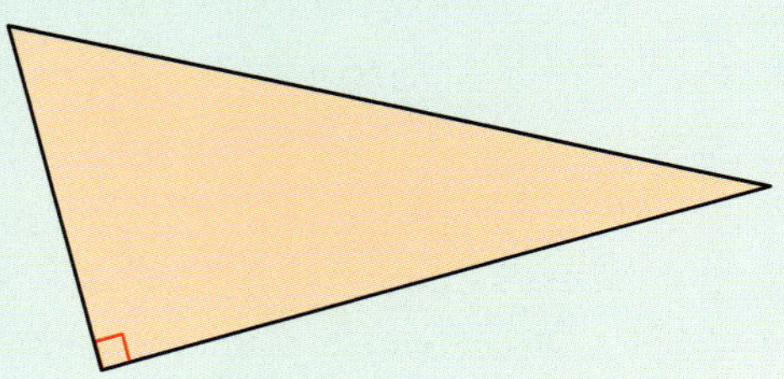

CHAPITRE 7

Utiliser la proportionnalité

La sterne arctique est un oiseau migrateur qui parcourt 80 000 km par an à la vitesse moyenne de 20 km par heure.
Au cours de sa vie, une sterne parcourt ainsi l'équivalent de trois allers-retours de la Terre à la Lune.

Bien démarrer

Pour chaque question, une réponse ou plusieurs sont exactes.

		a	b	c
1	La longueur de 4 tours d'un lac est 1 000 m. Alors…	12 tours de ce lac font 3 000 m	2 tours de ce lac font 500 m	14 tours de ce lac font 4 000 m
2	À 8 h, il fait 12 °C. Alors…	la température à 16 h sera de 24 °C	la température à 16 h sera de 20 °C	on ne peut pas prévoir la température à 16 h
3	Le prix d'un de ces stylos est… 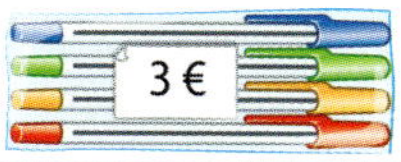	1,33 €	0,75 €	3 € : 4
4	À vélo, Gabin a parcouru 4 km en 20 min. À cette vitesse, Gabin parcourt…	12 km en 1 h	1 km en 5 min	7 km en 35 min
5	Une compote de fruits contient 25 % de poires. On peut affirmer que la masse de poires est…	le quart de la masse de compote	de 10 g dans 40 g de compote	de 60 g dans 250 g de compote

Vérifie tes réponses p. 288

Je découvre

ACTIVITÉ

① Utiliser un tableau et un coefficient de proportionnalité

Cours Paragraphe 1, p. 112

Avec 6 m^2 de panneaux solaires, on peut produire de l'eau chaude pour 5 personnes.
La superficie de panneaux solaires et le nombre de personnes approvisionnées sont proportionnels.

1 **a.** Combien de personnes peut-on approvisionner en eau chaude avec 18 m^2 de ces panneaux ? avec 60 m^2 ? avec 78 m^2 ?
b. Quelle superficie de panneaux solaires faut-il pour approvisionner 20 personnes ?

2 **a.** Donner l'écriture décimale du nombre ■ tel que 5 × ■ = 6.
On dit que ce nombre est le **coefficient de proportionnalité** du tableau ci-contre.
b. En déduire le nombre qui convient dans la case jaune.
Interpréter ce résultat dans le contexte de la situation.

Nombre de personnes	5	120
Superficie de panneaux (en m^2)	6	

× …

ACTIVITÉ

② Appliquer un pourcentage

Cours Paragraphe 2, p. 114

En France, la masse d'ordures ménagères est en moyenne d'environ 250 kg par personne et par an.
15 % de ces déchets sont des papiers et cartons, 9 % sont du verre et des métaux.
a. Recopier et compléter ce tableau afin de calculer la masse de papiers et cartons dans 250 kg d'ordures ménagères.

Masse d'ordures ménagères (en kg)	100	250
Masse de papiers et cartons (en kg)	15	…

× …

b. Recopier et compléter le travail de Lola ci-contre pour calculer la quantité de verre et métaux jetés.

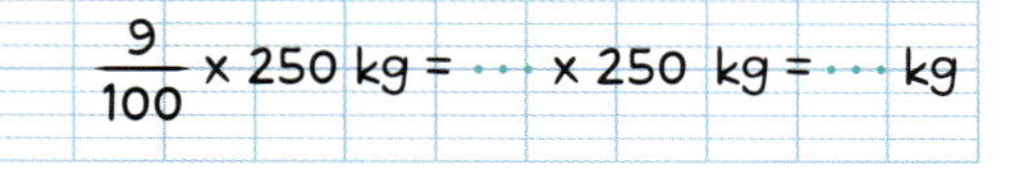

ACTIVITÉ

③ Agrandir une figure

Cours Paragraphe 3, p. 114

Matéo a dessiné un logo composé d'un rectangle et de deux triangles rectangles.
Il souhaite le reproduire en plus grand, de façon que le segment [AD] mesure 9 cm sur le logo agrandi.
a. Recopier et compléter :
« Ainsi, un segment de 1 cm sur la figure ci-contre est représenté par un segment de … cm : 4, soit … cm sur le logo agrandi. »
b. Calculer la longueur de chacun des segments [AB] et [CG] sur le logo agrandi.
c. Construire ce logo agrandi.

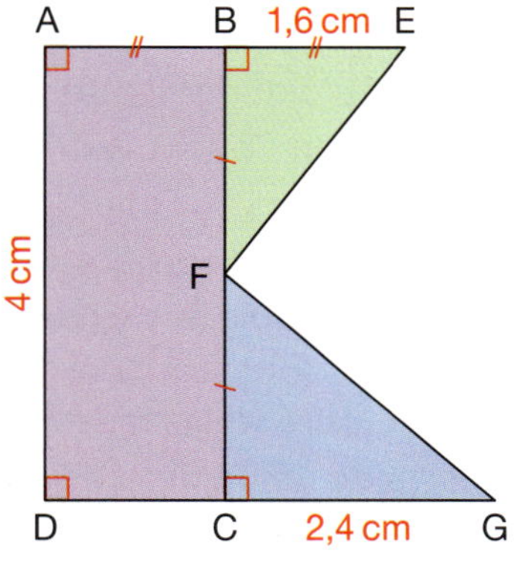

1 Proportionnalité

Exercices 12 à 25

a. Linéarité

PROPRIÉTÉ Pour résoudre un problème de proportionnalité, on peut utiliser :
- l'**addition** (ou la **soustraction**) de quantités ;
- la **multiplication** (ou la **division**) d'une quantité par un nombre différent de 0.

Exemple

La masse, en kg, d'un fil métallique est proportionnelle à la longueur, en m, de ce fil.
On sait que 4 m de ce fil pèsent 5 kg et 3 m de ce fil pèsent 3,75 kg.

Par l'addition
Calcul de la masse de 7 m de ce fil
4 m + 3 m = 7 m
5 kg + 3,75 kg = 8,75 kg
Ainsi, 7 m de ce fil pèsent 8,75 kg.

Par la multiplication
Calcul de la masse de 12 m de ce fil
3 × 4 m = 12 m
3 × 5 kg = 15 kg
Ainsi, 12 m de ce fil pèsent 15 kg.

b. Passage par l'unité

PROPRIÉTÉ Pour résoudre un problème de proportionnalité, on peut utiliser le **passage par l'unité**.

Exemple

On reprend l'exemple du paragraphe 1 a.

Calcul de la masse de 1 m de ce fil
4 m de ce fil pèsent 5 kg, donc 1 m de ce fil pèse 5 kg : 4, c'est-à-dire 1,25 kg.
Ainsi, 14 m de ce fil pèsent 14 × 1,25 kg, c'est-à-dire **17,5** kg.

(: 4 ; × 14)

Longueur (en m)	4	1	14
Masse (en kg)	5	1,25	**17,5**

Calcul de la longueur de 8 kg de ce fil
5 kg de ce fil mesurent 4 m, donc 1 kg de ce fil mesure 4 m : 5, c'est-à-dire 0,8 m.
Ainsi, 8 kg de ce fil mesurent 8 × 0,8 m, c'est-à-dire **6,4** m.

Longueur (en m)	4	0,8	**6,4**
Masse (en kg)	5	1	8

(: 5 ; × 8)

c. Coefficient de proportionnalité

Exemple

Au marché, le prix payé, en €, est proportionnel à la masse, en kg, d'oranges achetées.
4 kg d'oranges coûtent 11,20 €, donc 1 kg d'oranges coûte 11,20 € : 4 c'est-à-dire 2,80 €.
Ainsi, on obtient le prix, en €, en multipliant la masse, en kg, par 2,8. On peut associer, à cette situation, le tableau de proportionnalité ci-contre.
Par exemple, le prix de 11 kg d'oranges est : 11 × 2,80 € = 30,80 €.

Masse (en kg)	4	1	11
Prix (en €)	11,20	2,80	30,80

(× 2,8)

Vocabulaire : dans le tableau précédent, on passe d'un nombre de la première ligne au nombre correspondant de la deuxième ligne **en multipliant par le même nombre** (ici 2,8). On dit que ce nombre est un **coefficient de proportionnalité** (il s'agit ici du prix de 1 kg d'oranges).

J'applique le cours

1 Étudier une situation de proportionnalité

EXERCICE RÉSOLU

ÉNONCÉ On dispose de perles toutes identiques.
8 perles pèsent 52 g.
Combien pèsent 20 de ces perles ?

SOLUTION

Les perles sont toutes identiques, donc la masse des perles est proportionnelle au nombre de perles.

1re méthode : multiplication d'une quantité

20 perles = 8 perles × 2,5 et 52 g × 2,5 = 130 g.
Donc 20 perles pèsent 130 g.

2e méthode : passage par l'unité

8 perles pèsent 52 g, donc 1 perle pèse 52 g : 8, c'est-à-dire 6,5 g.
Donc 20 perles pèsent 20 × 6,5 g, c'est-à-dire 130 g.

CONSEILS

- On peut aussi utiliser ce tableau de proportionnalité.

× 2,5

Nombre de perles	8	20
Masse (en g)	52	…

- On peut aussi utiliser ce tableau de proportionnalité.

: 8 × 20

Nombre de perles	8	1	20
Masse (en g)	52	…	…

À TON TOUR

2 Avec 4 L de peinture, on peut couvrir une surface de 30 m^2. La surface couverte est proportionnelle à la quantité de peinture.
Calculer la surface couverte avec 10 L de peinture.

3 Dans un supermarché, du riz est vendu en vrac, « au poids ».
5 kg de riz coûtent 7,50 €.
Calculer le prix de 8 kg de riz.

4 Utiliser un coefficient de proportionnalité

EXERCICE RÉSOLU

ÉNONCÉ Avec 4 L de lait, on peut fabriquer 500 g de fromage.
La masse de fromage est proportionnelle au volume de lait.
Quelle masse de fromage peut-on fabriquer avec 5,2 L de lait ?

SOLUTION

La situation se traduit par ce tableau de proportionnalité.

Quantité de lait (en L)	4	5,2
Masse de fromage (en kg)	500	■

× ◆

- 500 : 4 = 125, donc le coefficient de proportionnalité ◆ est égal à 125.
- 5,2 × 125 = 650, donc avec 5,2 L de lait, on peut fabriquer 650 g de fromage (case ■ du tableau).

CONSEILS

- Le coefficient de proportionnalité signifie qu'avec **1 L** de lait, on fabrique 125 g de fromage.
- Le tableau complété est :

Quantité de lait (en L)	4	5,2
Masse de fromage (en kg)	500	650

× 125

À TON TOUR

5 Sur le marché, 3 kg de prunes coûtent 8,40 €.
Le prix des prunes est proportionnel à leur masse.

Masse de prunes (en kg)	3	6,5
Prix (en €)	8,40	■

× ◆

a. Calculer le coefficient de proportionnalité ◆.
Que signifie-t-il pour la situation ?
b. Calculer la valeur ■.
Interpréter ce résultat dans le contexte de la situation.

2 Application d'un pourcentage

Exercices 26 à 34

PROPRIÉTÉ t désigne un nombre.

Prendre t % d'une quantité, c'est multiplier cette quantité par $\frac{t}{100}$.

Exemple

Une pomme de 140 g contient **85** % d'eau.

Calculer la masse d'eau dans cette pomme, c'est « prendre **85** % de 140 g », c'est-à-dire calculer :

$$\frac{85}{100} \times 140 \text{ g} = 0{,}85 \times 140 \text{ g} = 119 \text{ g}.$$

Donc il y a 119 g d'eau dans cette pomme.

Cas particuliers

- Prendre **50 %** d'une quantité, c'est en prendre **la moitié.**
- Prendre **25 %** d'une quantité, c'est en prendre **le quart**.
- Prendre **75 %** d'une quantité, c'est en prendre **les trois quarts**.
- Prendre **10 %** d'une quantité, c'est en prendre **le dixième**.

3 Applications de la proportionnalité

Exercices 35 à 41

a. Agrandissement-réduction d'une figure

DÉFINITION Pour **agrandir** (ou **réduire**) une figure, on **multiplie** toutes les longueurs de cette figure par un même nombre **supérieur à 1** (ou **compris entre 0 et 1**).

Conséquence : les dimensions de la figure obtenue lors d'un agrandissement ou d'une réduction sont **proportionnelles** à celles de la figure initiale.

Exemple

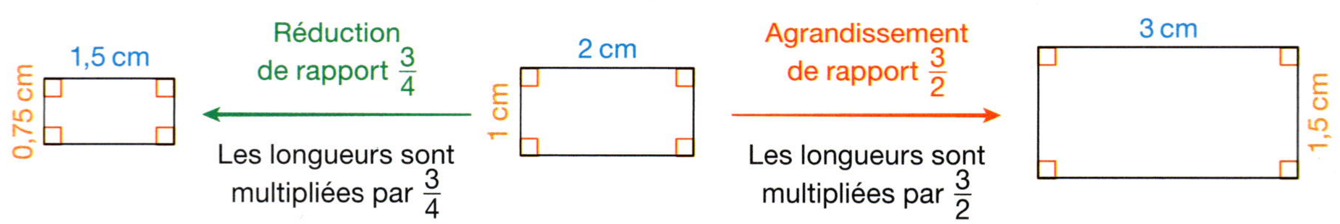

b. Échelle

DÉFINITION L'échelle d'un dessin (plan, carte, etc.) est le **coefficient de proportionnalité** entre les distances sur le dessin et les distances réelles, exprimées avec la même unité : $\frac{\text{distance sur le dessin}}{\text{distance réelle}}$.

En pratique, l'échelle d'une carte s'exprime par une fraction de numérateur 1.

Exemple

Sur un plan à l'échelle $\frac{1}{40}$ (ou **1**/**40**), **1** cm représente **40** cm dans la réalité.

12 cm sur ce plan représentent dans la réalité 12 × **40** cm, soit 480 cm, c'est-à-dire 4,8 m.

Longueur sur le plan (en cm)	1	12
Longueur réelle (en cm)	40	480

× 40

J'applique le cours

6 Étudier une situation de pourcentage

EXERCICE RÉSOLU

ÉNONCÉ Dans une entreprise de 80 salariés, il y a 55 % de femmes.
a. Calculer le nombre de femmes dans cette entreprise. **b.** Quel est le nombre d'hommes ?

SOLUTION

a. $\frac{55}{100} \times 80 = 0{,}55 \times 80 = 44$

Il y a 44 femmes dans cette entreprise.

b. $80 - 44 = 36$.

Donc il y a 36 hommes dans cette entreprise.

CONSEIL

- On peut aussi calculer le pourcentage d'hommes, c'est-à-dire 100 % – 55 %, soit 45 %. On calcule ensuite le nombre d'hommes :
$$\frac{45}{100} \times 80 = 0{,}45 \times 80 = 36.$$

À TON TOUR

7 Lors d'un sondage sur la création d'un parc de loisirs, 63 % des 2 400 personnes interrogées ont répondu « oui », les autres ont répondu « non ».
Calculer le nombre de personnes qui ont répondu :
a. « oui » ; **b.** « non ».

8 **a.** Dans cette sauce tomate, y a-t-il d'autres ingrédients que ceux indiqués sur l'étiquette ?
b. Calculer la masse, en g, de chacun des ingrédients de cette sauce.

9 Agrandir une figure

EXERCICE RÉSOLU

ÉNONCÉ L'écran d'une montre a la forme d'un rectangle de 4,2 cm de longueur et 1,2 cm de largeur.
Construire un agrandissement de ce rectangle à l'échelle $\frac{3}{2}$.

SOLUTION

- L'échelle est $\frac{3}{2}$, c'est-à-dire que les longueurs réelles sont multipliées par $\frac{3}{2}$, soit 1,5.

$4{,}2 \text{ cm} \times \frac{3}{2} = 4{,}2 \text{ cm} \times 1{,}5 = 6{,}3 \text{ cm}$

$1{,}2 \text{ cm} \times \frac{3}{2} = 1{,}2 \text{ cm} \times 1{,}5 = 1{,}8 \text{ cm}$

- On trace le rectangle agrandi.

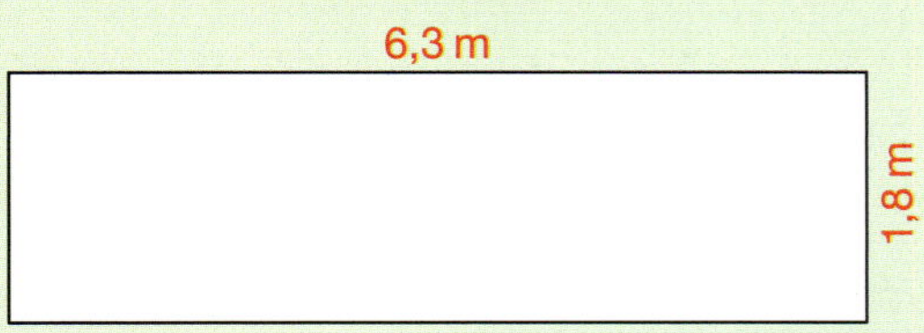

CONSEILS

- On commence par calculer les longueurs sur le dessin.
- On peut aussi utiliser ce tableau de proportionnalité.

Dimension réelle (en cm)	4,2	1,2
Dimension sur le dessin (en cm)	6,3	1,8

$\times \frac{3}{2}$

À TON TOUR

10 Un triangle isocèle a deux côtés de longueur 2,4 cm et un côté de 1,4 cm. Construire un agrandissement de ce triangle à l'échelle $\frac{5}{2}$.

11 ABC est un triangle tel que AB = 12 cm, AC = 8,4 cm et BC = 10 cm. Construire une réduction de ce triangle ABC à l'échelle $\frac{3}{4}$.

Je travaille mes automatismes

Utiliser la proportionnalité

À l'oral

Questions flash

12 Dans chaque cas, expliquer oralement s'il s'agit d'une situation de proportionnalité et répondre, si possible, à la question.

a. En 3 matchs, un basketteur a marqué 20 points. Combien de points marquera-t-il en 6 matchs ?

b. Une pile de 500 feuilles a une épaisseur de 5,5 cm.
Quelle est l'épaisseur d'une pile de 100 de ces feuilles ?

c. 6 pièces de 2 € pèsent 51 g et 14 pièces de 2 € pèsent 119 g.
Combien pèsent 20 pièces de 2 € ?

13 CALCUL MENTAL À la boulangerie, Coline paie 3,90 € pour 3 brioches.
Calculer mentalement le prix :

a. d'une brioche ; **b.** de 5 brioches.

14 Voici un tableau de proportionnalité.

Nombre de tickets	4	×■
Prix (en €)	5	

Parmi les nombres proposés, indiquer ceux qui sont égaux au coefficient de proportionnalité ■.

• 0,8 • $\frac{5}{4}$ • 1,25 • $\frac{4}{5}$ • 5 : 4

15 Voici les prix de sacs de farine dans deux magasins.

Magasin A : 29,50 € le sac de 25 kg
Magasin B : 12 € le sac de 10 kg

Lana souhaite acheter 50 kg de farine.
Dans quel magasin doit-elle faire son achat pour payer le moins cher ?

16 Pour préparer un gâteau de riz pour 8 personnes, il faut 200 g de riz.

1. Calculer la masse, en g, de riz nécessaire pour préparer un gâteau :

a. pour 2 personnes ; **b.** pour 6 personnes.

2. Pour combien de personnes peut-on préparer un gâteau de riz avec 500 g de riz ?

17 En 24 h, la Station spatiale internationale (ISS) effectue 16 tours de la Terre à une vitesse constante.

a. Combien de tours de la Terre l'ISS fait-elle en 6 h ?

b. En combien de temps fait-elle 28 tours ?

18 Recopier et compléter le tableau de proportionnalité ci-dessous.

Nombre de litres	3	7	4	11
Prix (en €)	4,20	9,80		

19 2,5 m d'un tissu coûte 21 € et 3 m de ce même tissu coûtent 25,20 €. Calculer le prix de :

a. 10 m de ce tissu ; **b.** 5,5 m de ce tissu.

20 Des tablettes de chocolat, toutes identiques sont vendues à l'unité ou par lot.

• L'unité : 1,80 €
• Lot de 3 : 5,30 €
• Lot de 5 : 9,20 €

Est-il préférable d'acheter un lot de tablettes ou des tablettes à l'unité ? Expliquer.

21 CORRIGÉ en vidéo jaicompris.com

10 porte-clés tous identiques coûtent 28 €. Calculer le prix de 35 de ces porte-clés en calculant d'abord le prix de :

a. 5 porte-clés ; **b.** 1 porte-clés.

22 Avec 3 L de vernis, on couvre une surface de bois de 15 m². La surface couverte est proportionnelle à la quantité de vernis.

1. Calculer la surface de bois couverte par :

a. 1 L de vernis ; **b.** 7 L de vernis.

2. Quelle quantité de vernis, en L, faut-il pour couvrir une surface de :

a. 1 m² ? **b.** 8 m² ?

23 Une voiture roule à une vitesse constante.
En 15 min, elle parcourt 18 km.
Quelle distance parcourt-elle :

a. en 1 min ? **b.** en 22 min ?

24 5 m de fil de clôture coûtent 12 €.
Recopier et compléter ce tableau de proportionnalité.

Longueur (en m)	5	1	3,25	×…
Prix (en €)	12			

25 Recopier et compléter ce tableau de proportionnalité.

Nombre de pas	40	65	×…
Distance (en m)	24		

Je travaille mes automatismes

Appliquer un pourcentage

À l'oral — **Questions flash**

26 CALCUL MENTAL Calculer mentalement :

a. 10 % de 85 g ; **b.** 25 % de 80 km ;
c. 50 % de 260 L ; **d.** 20 % de 30 min ;
e. 75 % de 40 € ; **f.** 1 % de 50 €.

27 Sans effectuer le calcul, indiquer, dans chaque cas, le meilleur ordre de grandeur.

a. 48 % de 20,3 kg	8 kg	10 kg	12 kg
b. 10,4 % de 412 €	4 €	40 €	5 €
c. 26 % de 790 km	200 km	300 km	80 km

28 Ben a vendu 75 % des 60 kg de noix qu'il a ramassées. Calculer la masse des noix vendues par Ben.

29 Lise affirme : « 25 % de 32 € c'est aussi 20 % de 40 €. » A-t-elle raison ? Expliquer.

30 Chez un adulte, la masse osseuse (les os du squelette) représente 15 % de la masse du corps.
Sam pèse 68 kg.
Quelle est la masse de son squelette ?

31 CORRIGÉ en vidéo jaicompris.com

Un yaourt de 125 g contient 14 % de fruits.
Calculer la masse de fruits que contient ce yaourt.

32 L'examen du code de la route comporte 40 questions. Pour être reçu, il faut avoir répondu correctement à au moins 35 questions.
Anaé a obtenu 85 % de bonnes réponses. Est-elle reçue à cet examen ?

33 Martin a économisé 170 €. Il a dépensé 28 % de cette somme pour acheter un sac de sport.
Calculer le prix du sac. Quelle somme lui reste-t-il ?

34 Dans chaque cas, calculer le montant de la réduction, puis le prix de l'article après réduction.

a.

b.

Agrandir ou réduire une figure

À l'oral — **Questions flash**

35 CALCUL MENTAL Une affiche de cinéma est un rectangle de 40 cm par 60 cm. Une réduction de cette affiche a 8 cm de largeur.
Calculer mentalement la longueur de l'affiche réduite.

36 CALCUL MENTAL Un objet est dessiné à l'échelle $\frac{1}{2}$.
Calculer mentalement la longueur :
a. sur l'objet réel d'un segment de 7,3 cm sur le plan ;
b. sur le dessin d'un segment de 18,4 cm sur l'objet réel.

37 Liv souhaite tracer un agrandissement du triangle dessiné ci-contre à main levée, pour que les longueurs soient 1,5 fois plus grandes.

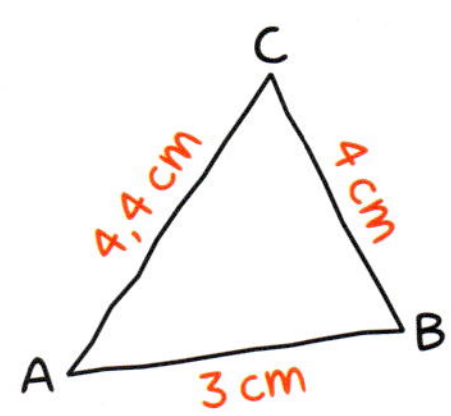

a. Calculer les longueurs des côtés du triangle que Liv souhaite tracer.
b. Construire ce triangle agrandi.

38 Une pièce de 50 centimes a la forme d'un disque de diamètre 2,4 cm.
Construire ce disque agrandi à l'échelle 2,5.

39 Une carte de jeu est un carré de 12 cm de côté.
Construire une réduction de ce carré à l'échelle 0,4.

40 Le plan d'un appartement est réalisé à l'échelle $\frac{1}{50}$.
a. Un mur est représenté par un segment de 3,5 cm sur le plan.
Quelle est la longueur réelle, en cm puis en m, de ce mur ?
b. Une porte a une largeur de 75 cm en réalité.
Quelle est la largeur de cette porte sur le plan ?

41 Voici une carte à l'échelle 1 : 50 000.

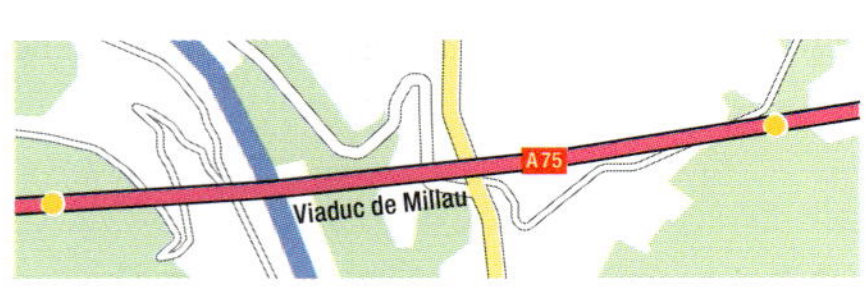

a. Mesurer, sur le plan, la longueur du viaduc de Millau (entre les deux points jaunes).
b. En déduire la longueur réelle, en km, de ce viaduc.

Traiter une situation de proportionnalité. Appliquer un pourcentage

42 Voici les prix de vente de macarons.

Nombre de macarons	1	5	8
Prix (en €)	1,40	7	11,20

a. Vérifier que le prix est proportionnel au nombre de macarons achetés.
b. Calculer le prix à payer pour 14 macarons.

43 Sur un site Internet, 5 bougies sont vendues 3,50 €. Toutes les bougies coûtent le même prix.
a. Combien coûtent 9 de ces bougies ?
b. Avec 70 €, combien de bougies achète-t-on ?

44 CORRIGÉ en vidéo jaicompris.com

Dans un embouteillage, une voiture a avancé de 6 km en 20 min.
Si cette voiture conserve la même vitesse, combien de temps lui faudra-t-il pour parcourir les 15 km suivants ?

45 Un randonneur marche à une vitesse régulière et parcourt 4,5 km en une heure.
a. Quelle distance parcourt-il en 20 min ?
b. Il a mis 2 h 20 min pour arriver à un refuge. À quelle distance se trouvait ce refuge ?

46 La quantité d'eau versée dans un aquarium est proportionnelle à la hauteur d'eau.
1. Recopier et compléter ce tableau.

Hauteur (en cm)	7	9	
Quantité (en L)	84		276

× …

2. Que signifie le nombre manquant dans :
a. la case jaune ? **b.** la case verte ?

47 5 m de corde coûtent 18 €.
Le prix est proportionnel à la longueur de corde.
Réaliser un tableau de proportionnalité et calculer le prix d'une telle corde de longueur :
a. 1 m ; **b.** 13 m.

48 Voici une recette de flan à la vanille pour quatre personnes.

- 80 g de sucre
- 4 œufs
- 150 g de farine
- 1 gousse de vanille
- Trois quarts de litre de lait

a. Calculer la masse de farine pour 6 personnes.
b. Calculer la masse de sucre pour 7 personnes.
c. Quelle quantité de lait, en L, faut-il pour 12 personnes ?
d. Rédiger cette recette pour dix personnes.

49 L'air est un mélange gazeux constitué de 78 % de diazote, de 21 % de dioxygène et d'autres gaz.
a. Quel est le pourcentage des autres gaz dans l'air ?
b. Un adulte respire en moyenne 13 000 L d'air par jour. Calculer la quantité, en L, de chaque gaz respiré par un adulte en un jour.

50 23 % des 175 hectares d'une forêt ont été brûlés lors d'un incendie.
Calculer la superficie de cette forêt qui n'a pas brûlé.

51 Le loyer d'un appartement est de 600 €.
Les propriétaires augmentent ce loyer de 2 %.
a. Calculer le montant, en €, de l'augmentation.
b. Calculer le montant, en €, du nouveau loyer.

52 Calculer le prix soldé de cette planche de skate.

53 Jeux et casse-tête Sur cette grille, on déplace un jeton d'une case à une case voisine par un côté.
Chaque case ne peut être utilisée qu'une seule fois.
Un joueur commence avec 1 000 points.
Ce nombre de points augmente ou diminue selon le pourcentage indiqué sur la case.
Comment un joueur peut-il déplacer le jeton de la case Départ à la case Arrivée pour obtenir finalement au moins 1 000 points ?

DÉPART	–25%	+20%
+50%	–50%	+20%
–25%	–20%	ARRIVÉE

Je m'entraîne

Agrandir ou réduire une figure

54 Voici une figure à main levée.
1. Calculer l'aire de cette figure.
2. a. Calculer les dimensions de cette figure réduite à l'échelle $\frac{3}{4}$.
b. Construire la figure ainsi réduite.
c. Calculer l'aire de la figure réduite.

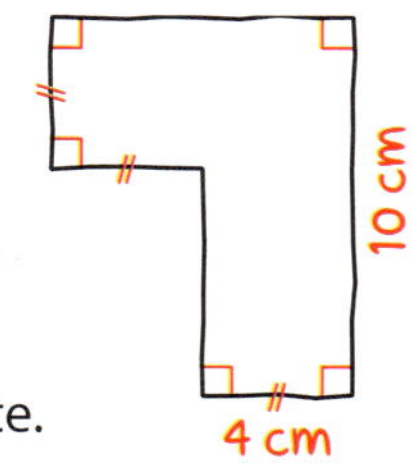

55 ABCD est un rectangle tel que :
AB = 3 cm et BC = 1,8 cm.
Laurence doit tracer un agrandissement de ce rectangle de façon que le segment [AB] mesure 7 cm.
Voici un tableau de proportionnalité.

Dimension initiale (en cm)	3	1,8
Dimension sur l'agrandissement (en cm)	7	

× …

a. Indiquer le coefficient de proportionnalité sous forme fractionnaire.
b. Recopier et compléter le tableau.
c. Construire le rectangle agrandi.

56 Voici une partie d'une carte de Guyane.

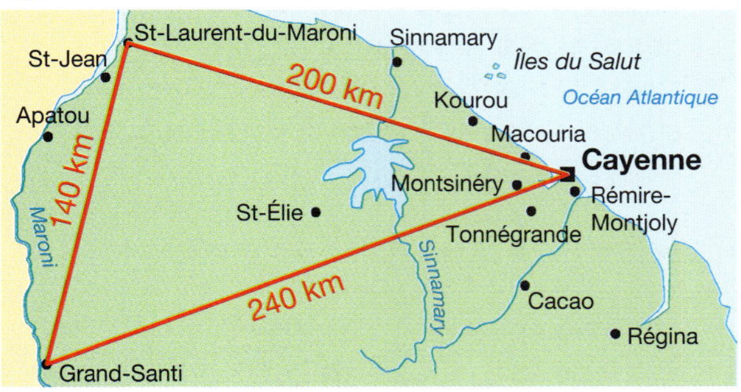

Construire ce triangle rouge sur papier uni, en faisant en sorte que la distance entre Saint-Laurent-du-Maroni et Cayenne soit représentée par un segment de 10 cm.

57 **Jeux et casse-tête** Trouver un chemin sur ce plateau pour aller de ❶ à ⓭ en respectant les règles suivantes :
– on passe d'une pièce à l'autre si ces pièces se touchent par un côté,
– et si ces pièces sont identiques, ou si l'une est un agrandissement ou une réduction de l'autre.

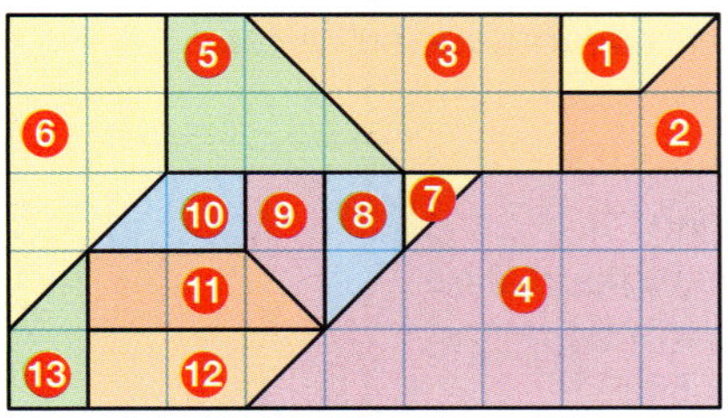

Utiliser la proportionnalité

Synthèse

58 Le principal d'un collège souhaite semer du gazon sur une partie rectangulaire, de 33 m par 15 m, de la cour de récréation de l'établissement.

Objectif Déterminer le budget à prévoir pour l'achat des graines de gazon.

a. Calculer la surface de la zone à ensemencer.
b. Il faut 5 kg de graines pour ensemencer 90 m² de terrain.
Quelle quantité de graines, en kg, faut-il pour ensemencer la surface rectangulaire ?
c. Les graines sont vendues par sac de 8 kg au prix de 45 € le sac.
Calculer le budget à prévoir pour l'achat des graines.

59 À vol d'oiseau, la distance entre Angers et Saumur est 42 km.

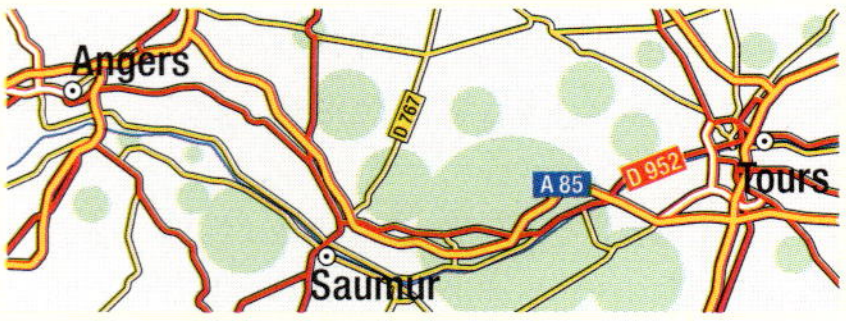

Objectif Calculer la distance à vol d'oiseau entre Saumur et Tours.

a. Mesurer sur la carte la distance, en cm, en ligne droite entre Angers et Saumur.
b. Quelle distance réelle, en km, est représentée sur cette carte par 1 cm ?
c. Mesurer sur la carte la distance, en cm, en ligne droite entre Saumur et Tours.
d. Estimer la distance en ligne droite, en km, entre Saumur et Tours.

60 Dans un collège, 115 élèves sont externes.
Ils représentent 25 % des élèves du collège.
Les autres élèves du collège sont demi-pensionnaires.

Objectif Compléter le tableau ci-dessous.

a. Quelle fraction des élèves du collège les externes représentent-ils ?
b. Calculer le nombre total d'élèves du collège.
c. Recopier et compléter ce tableau.

	Externes	Demi-pensionnaires	Total
Effectif			
Pourcentage			

Parcours différenciés

Je m'évalue

Pour chaque question, une seule réponse est exacte.

QCM supplémentaires college.nathan.fr/tm6120

	a	b	c	En cas d'erreur
61 2,5 m de corde coûtent 4 €. Le prix de 7,5 m de cette corde est …	3×4 €	$7{,}5 \times 4$ €	$(7{,}5 - 2{,}5) \times 4$ €	Cours 1 p. 112
62 4 boîtes pèsent 18 g. La masse de 6 de ces boîtes est…	6×18 g	$2 + 18$ g	18 g $+ 9$ g	
63 Des crayons sont vendus à l'unité. Tim a payé 10 € pour 8 crayons. Un crayon coûte…	1,25 €	1,20 €	0,80 €	
64 Sur un marché, 3 kg de fromage coûtent 45 €. Donc…	pour 1 €, on a 300 g de ce fromage	1 kg de ce fromage coûte 15 €	1 kg de ce fromage coûte 12 €	
65 4 tours d'un circuit font 5 km. La longueur de 10 tours est…	5 km $\times$ 0,4	5 km $\times$ 2,5	5 km $\times$ 2	
66 En 6 min, une tortue parcourt 21 m. En conservant la même vitesse, en 11 min elle parcourt, en m,…	$3{,}5 \times 11$	$\frac{6}{21} \times 11$	6×11	Ex. 1 p. 113
67 Voici un tableau de proportionnalité. **Quantité** (en L) : 4 **Masse** (en kg) : 6 (× ◆) Le coefficient de proportionnalité ◆ est…	4 : 6	environ 0,7	1,5	Ex. 4 p. 113
68 Prendre 75 % de 28 L, c'est prendre…	le quart de 28 L	les trois quarts de 28 L	la moitié de 28 L	Cours 2 p. 114
69 20 % de 60 m font…	12 m	15 m	20 m	
70 60 % des 40 adhérents à un club de sport sont des femmes. Alors dans ce club il y a…	24 hommes	16 hommes	6 hommes	Ex. 6 p. 115
71 On trace une réduction à l'échelle 0,8 d'un carré de côté 6 cm. Sur la réduction, le côté du carré est…	5,2 cm	6,8 cm	4,8 cm	Cours 3 p. 114
72 Un plan de cuisine est à l'échelle $\frac{1}{20}$. La largeur réelle d'une table est 1,40 m. Sur le plan, cette largeur est…	0,7 m	7 cm	0,07 cm	Ex. 9 p. 115

Je réalise mon parcours

Selon ton score page précédente

Parcours conseillé
- Entre **0 et 5 bonnes réponses** : parcours 1
- Entre **6 et 9 bonnes réponses** : parcours 2
- **10 bonnes réponses ou plus** : parcours 3

73 Déterminer des quantités

Voici une recette de madeleines.
On se propose de déterminer les quantités de chaque ingrédient à utiliser selon le nombre de madeleines préparées.

Recette pour 8 madeleines
- 120 g de farine
- 40 g de sucre
- 8 mL de lait
- 2 œufs
- 50 g de beurre
- 4 g de levure

PARCOURS 1

Céleste souhaite préparer 12 madeleines.

« Sais-tu comment déterminer la masse de farine pour 12 madeleines ? »

« Tu peux commencer par calculer la masse pour 4 madeleines. »

a. Recopier et compléter :
« Pour 8 madeleines, il faut ... g de farine, donc il en faut la moitié pour 4 madeleines, c'est-à-dire ... g : 2, soit ... g de farine.
Comme 8 + 4 = 12, il faut ... g + ... g de farine pour 12 madeleines c'est-à-dire ... g de farine. »
b. Calculer la masse de sucre pour 12 madeleines.
c. Calculer la masse de beurre pour 12 madeleines.
d. Combien faut-il d'œufs, de lait et de levure pour 12 madeleines ?

PARCOURS 2

Alan souhaite préparer 15 madeleines.
a. Calculer les quantités de farine, de sucre, de lait et de beurre nécessaires.
b. Combien faut-il d'œufs et de levure ?

PARCOURS 3

Il ne reste à Aël que 280 g de farine.
a. Combien de madeleines peut-il préparer au maximum ?
b. Calculer alors la masse des autres ingrédients nécessaires pour ce nombre de madeleines.

74 Agrandir une figure

Voici une figure tracée à main levée. ABCD est un rectangle.
Les points A, F et B sont alignés, ainsi que les points C, D et E.

AB = 4,8 cm, AD = 3 cm, AF = CE = 3,6 cm.

On se propose de réaliser des agrandissements de cette figure.

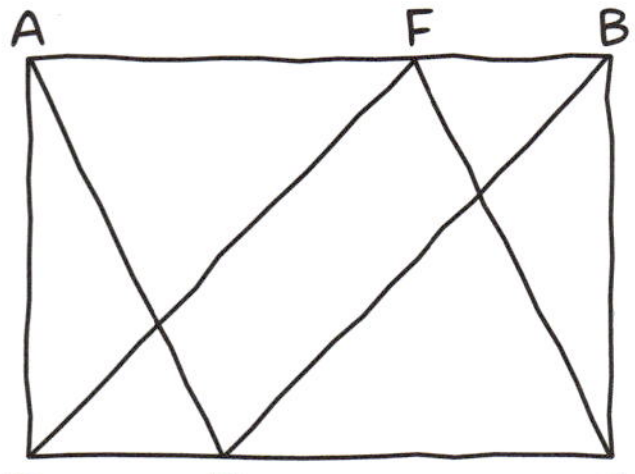

PARCOURS 1

On souhaite réaliser un agrandissement à l'échelle 1,5.

« Comment calculer la longueur du segment [AB] sur l'agrandissement ? »

« Tu multiplies la longueur réelle du segment [AB] par 1,5. »

a. Recopier et compléter :
« Sur la figure donnée, le segment [AB] mesure ... cm, donc sur la figure agrandie, ce segment doit mesurer ... cm × ..., c'est-à-dire ... cm. »
b. Sur l'agrandissement, calculer les longueurs des segments [AD] et [AF].
c. Construire la figure agrandie.

PARCOURS 2

Construire un agrandissement de cette figure afin que AD = 7,5 cm sur l'agrandissement.

PARCOURS 3

Construire un agrandissement de cette figure afin que AD = 7 cm sur l'agrandissement.

Utiliser la proportionnalité

75 Algo Tracer une figure

▸ Livret Scratch p. 2 et 4

1. Comprendre un script

Voici un script Scratch incomplet qui permet de faire tracer au lutin la lettre P représentée ci-contre.

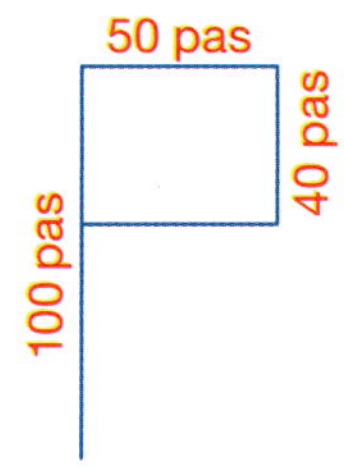

a. Indiquer les nombres à saisir aux lignes **(2)**, **(3)** et **(4)** pour réaliser la figure.

b. Ouvrir le logiciel Scratch et saisir ce script.

c. Exécuter le script et vérifier la construction.

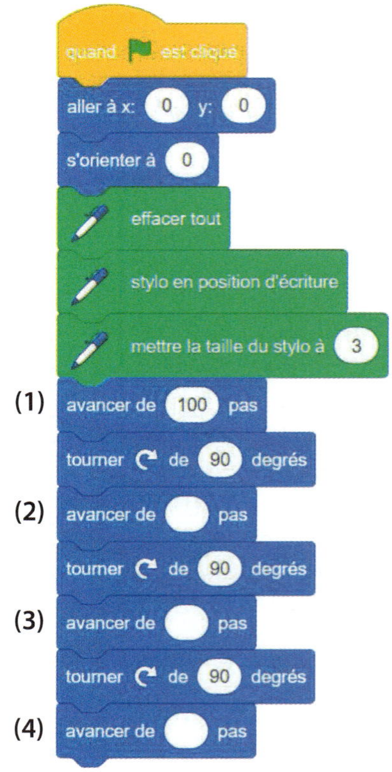

2. Modifier un script

a. On souhaite modifier le script de la question **1** pour obtenir un agrandissement de la lettre P de façon que le segment de 100 pas mesure 150 pas sur la figure agrandie.
Modifier les nombres aux lignes **(1)**, **(2)**, **(3)** et **(4)** pour réaliser la figure agrandie.
Tester ce nouveau script.

b. On souhaite modifier le script de la question **1** pour obtenir cette fois une réduction de la lettre P de façon que toutes les longueurs soient multipliées par 0,8.
Modifier les nombres aux lignes **(1)**, **(2)**, **(3)** et **(4)** pour réaliser la figure réduite.
Tester ce nouveau script.

76 Tice Appliquer un pourcentage

Dans la restauration, le taux de TVA (taxe sur la valeur ajoutée) est de 10 %. Un restaurateur utilise le tableur pour calculer les prix, en €, TTC (toutes taxes comprises).
Ainsi, au prix initial, il ajoute la TVA pour obtenir le prix TTC, qui sera celui que les clients paieront.

	A	B	C
1	Prix initial	TVA	Prix TTC
2	5		
3	6		
4	7		
5	8		
6	9		
7	10		
8	11		
9	12		
10	13		
11	14		
12	15		
13	16		
14	17		
15	18		
16	19		
17	20		
18	21		
19	22		
20	23		
21	24		
22	25		
23	26		
24	27		
25	28		
26	29		
27	30		

1. a. Saisir la feuille de calcul ci-contre.
Inscrire les nombres entiers consécutifs de 5 à 30 dans la plage **A2:A27**.

b. Dans la cellule B2, saisir la formule `=A2*10/100`, puis la recopier vers le bas jusqu'à la cellule B27.

c. Dans la cellule C2, saisir la formule `=A2+B2`, puis la recopier vers le bas jusqu'à la cellule C27.

2. a. Les prix TTC et les prix initiaux sont-ils proportionnels ?
Si oui, indiquer le coefficient de proportionnalité.

b. Un plat est vendu au prix initial de 22,50 €.
En utilisant la question **2. a**, calculer le prix TTC de ce plat.

77 Communiquer en anglais

Chercher • Raisonner • Calculer

In a grocery store in France, oranges cost €2,80 per kilogram.
In another one in the United States, oranges cost \$1,35 per pound.
In which store are oranges the most expensive?

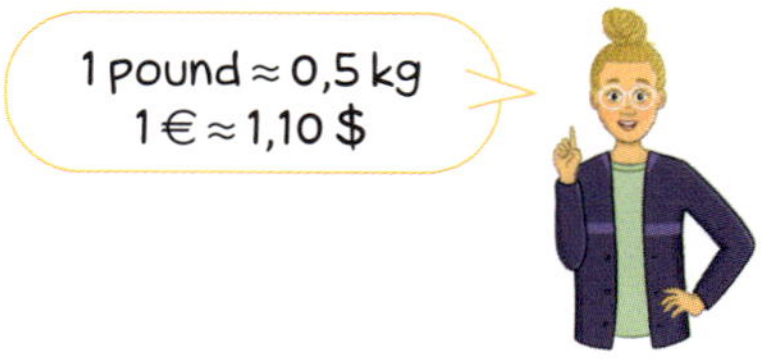

78 Appliquer deux pourcentages

Raisonner • Calculer • Communiquer

Dans une commune, il y a 650 électeurs.
Lors d'une élection, 70 % de ces personnes ont voté. Le candidat X a été élu en obtenant 60 % des suffrages exprimés par ces votants.
a. Combien de personnes ont voté pour le candidat X ?
b. Un article de journal précise : « Le candidat X a été élu par moins de la moitié des électeurs. »
Cette affirmation est-elle correcte ? Expliquer.

79 Modéliser une situation

Modéliser • Raisonner • Calculer

Trois brouettes remplies de sable permettent de couvrir un terrain de 4 m^2.
Une brouette pleine contient 50 kg de sable.
a. Combien de brouettes seront nécessaires pour couvrir le terrain rectangulaire ci-dessous ?

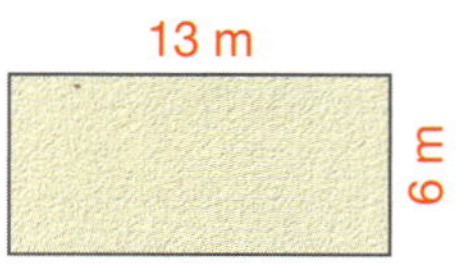

b. Quelle masse, en kg, de sable faut-il commander pour couvrir ce terrain ?

80 Utiliser des vitesses

Raisonner • Calculer • Communiquer

a. Zian court à une vitesse régulière de 10 km/h.
Quelle distance, en km, a-t-il parcourue en 1 h 40 min ?
Donner une valeur approchée au dixième près.
b. En roulant à vélo à vitesse régulière, Amory a parcouru 27 km en 1 h 10 min.
Quelle distance, en km, a-t-il parcourue en 1 h ?
Donner une valeur approchée à l'unité près.

81 Comparer des promotions

Chercher • Raisonner • Communiquer

Un magasin propose des promotions sur les tee-shirts, à l'origine tous au même prix.

2 tee-shirts achetés + 1 gratuit	–25 % pour 3 tee-shirts achetés

Mané souhaite acheter trois tee-shirts.
Quelle est l'offre la plus intéressante pour elle ?

82 Déterminer un prix

Raisonner • Calculer • Communiquer

Quel devrait être le prix du collier mixte ci-dessous ?

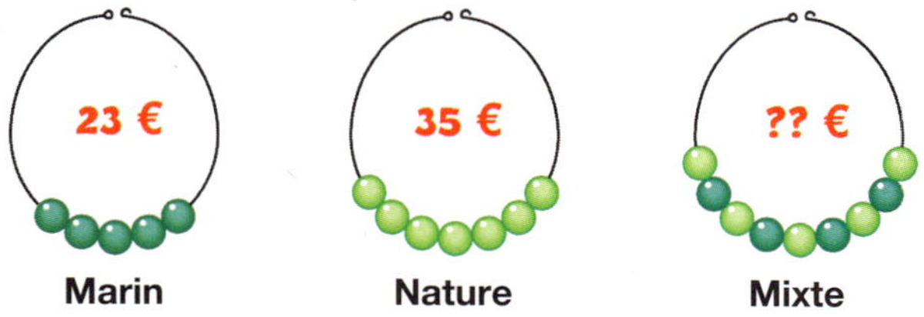

83 Calculer une consommation

Modéliser • Raisonner • Calculer

Sur autoroute, la voiture de Lio consomme 8 L de carburant pour 100 km.
En roulant moins vite, Lio remarque que sa consommation de carburant diminue de 15 %.
Quelle quantité d'essence, en L, la voiture de Lio consommera-t-elle si elle roule moins vite sur une distance de 180 km ?

84 Relier numérique et géométrique

Représenter • Raisonner • Calculer

a. Sur papier quadrillé, tracer un rectangle de 7 carreaux sur 5 carreaux.
Colorier en bleu 60 % de l'aire de ce rectangle.
b. Tracer un carré dont le périmètre représente 75 % du périmètre de ce rectangle.

85 Procéder par étapes

Chercher • Raisonner

Pour obtenir 15 kg de farine, il faut 20 kg de blé.
Avec 25 kg de farine, on fabrique 30 kg de pain.
Quelle est la masse de blé nécessaire pour fabriquer 72 kg de pain ?

J'utilise mes compétences

86 Comprendre un énoncé

Raisonner • Calculer • Communiquer

La superficie de la Terre est de 510 millions de km^2.
Les océans occupent 70,7 % de cette superficie et seulement 5 % des fonds des océans ont été explorés.
La superficie de la France métropolitaine est de 552 000 km^2.
Est-il vrai que les fonds inexplorés des océans représentent plus de 600 fois la superficie de la France métropolitaine ? Expliquer.

87 Organiser sa démarche

Chercher • Raisonner • Calculer

Les âges de quatre enfants sont proportionnels aux volumes des quatre solides ci-dessous (formés de cubes et de demi-cubes).

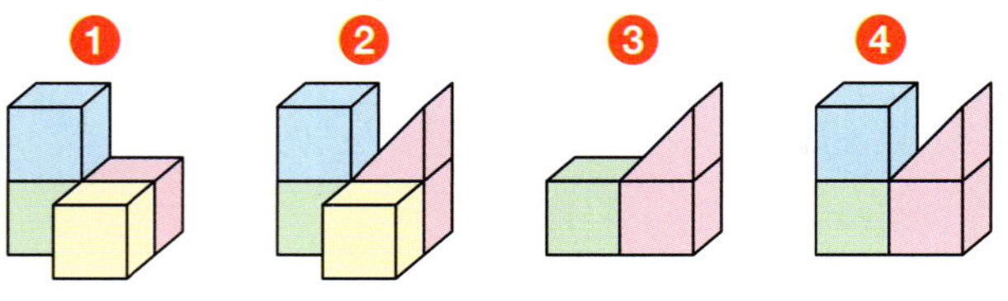

Calculer l'âge de chaque enfant, sachant que le plus jeune à 10 ans.

88 Comprendre et expliquer

Modéliser • Raisonner • Communiquer

Voici une photo du véhicule spatial Crew Dragon.

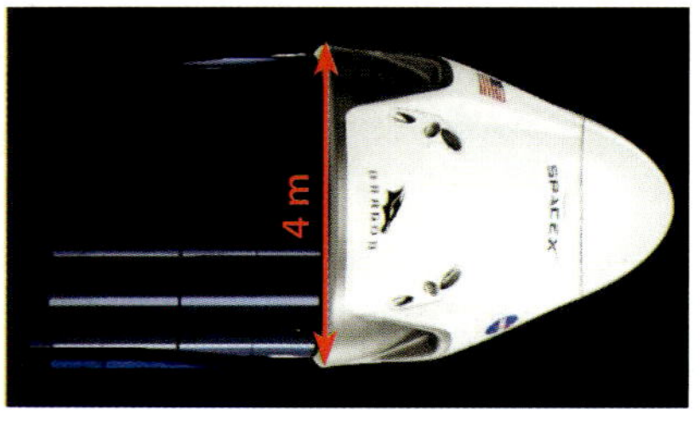

Nora a reçu en cadeau une maquette, à l'échelle 1/25, de ce vaisseau.
Elle souhaite ranger cette maquette sur une étagère de 35 cm de hauteur.
Nora pourra-t-elle placer sa maquette cette étagère ? Expliquer.

89 Imaginer une stratégie

Raisonner • Calculer

Pour réaliser un cocktail, Evan mélange 3 doses de jus d'ananas et 7 doses de jus d'orange.
Calculer la quantité de jus d'orange qu'Evan doit prévoir pour préparer 4 L de cocktail.

90 Problème ouvert

Chercher • Raisonner • Modéliser

Un jeu est composé de 70 jetons qui sont bleus ou rouges, et ronds ou triangulaires.

- 60 % des jetons sont bleus ;
- 70 % des jetons sont triangulaires ;
- 7 jetons sont rouges et triangulaires.

Combien y a-t-il de jetons bleus et triangulaires ?

Narration de RECHERCHE

91 PROBLÈME Une pâtisserie propose quatre assortiments de macarons. Le prix d'un assortiment est proportionnel au nombre de macarons.

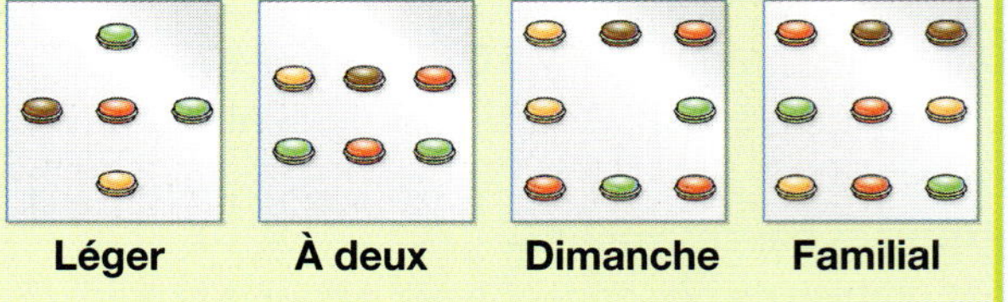

Voici trois des étiquettes à accrocher à trois de ces assortiments.

23,40 € | 13 € | 20,80 €

Déterminer le prix à inscrire sur la 4e étiquette.

Raconter sur une feuille les différentes étapes de la recherche et les remarques qui ont fait changer de méthode ou qui ont permis de résoudre le problème.

Des défis

92 Calculer une durée

En combien de temps 10 ouvriers construiront-ils un mur que 15 ouvriers ont pu élever en 12 jours ?

93 Déterminer un instant

Un robinet qui fuit laisse échapper 2 mL d'eau en 15 min.
Avant de partir en vacances le 12 juillet à 9 h 30, Laura a placé un seau de 5 L sous ce robinet.
À quelle date et à quelle heure doit-elle rentrer de vacances afin d'éviter que le seau ne déborde ?

Je prends des initiatives

TÂCHES COMPLEXES

94 PRENDRE le petit-déjeuner

La situation-problème

Maëlys a 11 ans. Au petit-déjeuner, elle prend habituellement des céréales, du fromage blanc, un verre de jus de fruits et des tranches de brioche.
Aider Maëlys à savoir si son petit-déjeuner est conforme aux recommandations.

Les supports de travail

Les documents, la calculatrice.

Toute piste de recherche, même non aboutie, figurera sur la feuille.

Doc. 1

Les valeurs énergétiques

Fromage blanc	80 kcal pour 100 g
Jus de fruits	60 kcal pour 100 mL
Céréales	420 kcal pour 100 g
Brioche	320 kcal pour 100 g

Doc. 2

Les recommandations

- L'apport énergétique journalier recommandé, pour un adolescent entre 10 et 13 ans ayant une activité physique normale, est en moyenne de 2 100 kcal (kilocalories) pour une fille et 2 400 kcal pour un garçon.
- Le petit déjeuner représente entre 20 % et 25 % de l'apport énergétique journalier.

95 DÉPLACER des robots

La situation-problème

L'équipe de Tiago et celle de Kori participent à un concours de programmation de robots.
Pour être qualifié pour la finale, le robot doit se déplacer à une vitesse supérieure à 4,80 m par minute sur un parcours donné.
Tiago et Kori testent leur robot sur deux parcours.
Aider chaque équipe à savoir si son robot peut être qualifié pour la finale.

Les supports de travail

Les documents, la calculatrice.

Toute piste de recherche, même non aboutie, figurera sur la feuille.

Doc. 1

Les parcours

Voici un plan des parcours, réalisé à l'échelle 1/50.

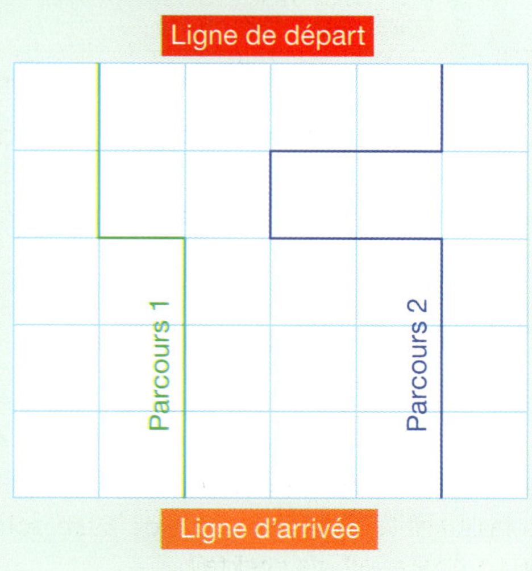

Doc. 2

Les temps de parcours

- Le robot de l'équipe de Tiago a mis 40 s pour réaliser le parcours 1.
- Le robot de l'équipe de Kori a mis 54 s pour réaliser le parcours 2.

CHAPITRE 8

Présenter des données

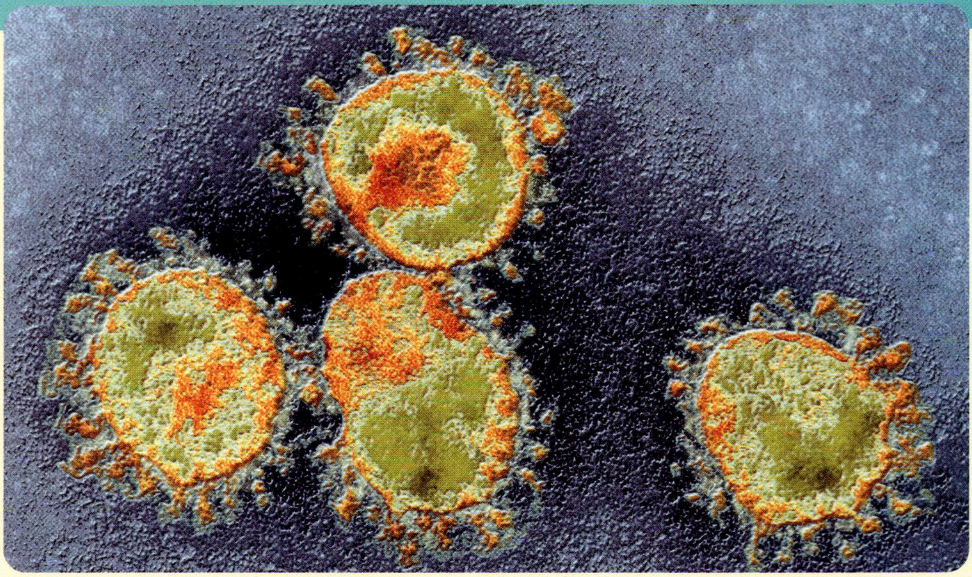

L'épidémie de Covid-19 est présente en France depuis janvier 2020.
Chaque jour, des statistiques sont diffusées dans les médias, sous forme de tableaux, de diagrammes, de graphiques, …
Chaque Français peut ainsi suivre l'évolution de l'épidémie jour après jour.

Bien démarrer

Pour chaque question, une réponse ou plusieurs sont exactes.

<table>
<tr><th></th><th></th><th>a</th><th>b</th><th>c</th></tr>
<tr><td>1</td><td>Dans une commune, on compte 43 garçons de plus de 14 ans, 47 garçons de moins de 14 ans, 40 filles de plus de 14 ans et 70 filles de moins de 14 ans.
Dans cette commune…</td><td>il y a 90 garçons</td><td>il y a 20 filles de plus que de garçons</td><td>le nombre total d'enfants est 200</td></tr>
<tr><td>2</td><td>Voici la répartition de footballeurs lors d'une compétition, selon leur âge.<table><tr><td>Âge</td><td>10 ans</td><td>11 ans</td><td>12 ans</td></tr><tr><td>Nombre de joueurs</td><td>14</td><td>10</td><td>20</td></tr></table>On peut affirmer…</td><td>qu'il y a 11 joueurs de 10 ans</td><td>qu'il y a 10 joueurs de 11 ans</td><td>que le nombre total de joueurs est 44</td></tr>
<tr><td>3</td><td>On reprend les données de la question 2.
Le nombre de joueurs qui ont…</td><td>moins de 11 ans est 10</td><td>moins de 12 ans est 24</td><td>au moins 11 ans est 14</td></tr>
<tr><td>4</td><td>Dans le minibus du club Défi Air, il y a 3 élèves de 6e, 2 de 5e, 5 de 4e et 4 de 3e.
Un diagramme qui représente ces données est…</td><td>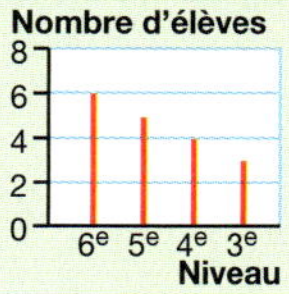</td><td>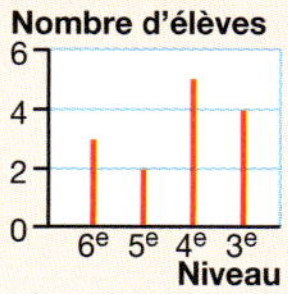</td><td>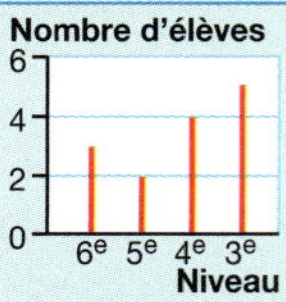</td></tr>
</table>

Vérifie tes réponses p. 288

ACTIVITÉ

1 Présenter des données par un tableau

Cours Paragraphe 1, p. 128

1 Dans un collège, un sondage a été organisé dans la classe de 6e A, avec deux questions :
• Quel âge as-tu ? • Quel est ton sport favori ?
Voici les réponses des élèves.

Kenzo	11 ans	Tennis
Simon	10 ans	Football
Tom	12 ans	Rugby
Anaïs	11 ans	Football
Lucas	12 ans	Basket
Tarek	11 ans	Natation
Zoé	12 ans	Basket
Manon	11 ans	Tennis

David	12 ans	Rugby
Nina	10 ans	Basket
Hélène	12 ans	Football
Assia	12 ans	Tennis
Élias	11 ans	Football
Hugo	13 ans	Tennis
Emma	10 ans	Natation
Louis	11 ans	Rugby

Sirine	10 ans	Basket
Jules	13 ans	Football
Sami	11 ans	Rugby
Alice	12 ans	Natation
Rayan	12 ans	Tennis
Chimène	11 ans	Basket
Nolan	12 ans	Natation
Angèle	12 ans	Football

a. Réaliser un tableau à deux lignes tel que celui commencé ci-contre et le compléter.
b. De la même façon, réaliser un tableau à deux colonnes donnant le nombre de filles et le nombre de garçons de 6e A.

Sport favori	Tennis	Football
Nombre d'élèves	5	

2 On reprend les résultats du sondage présenté à la question **1**.
a. Réaliser un tableau à double entrée tel que celui commencé ci-contre et le compléter.
b. Donner un avantage de ce tableau par rapport aux tableaux de la question **1**.

	Tennis	Football
Nombre de filles		
Nombre de garçons		

ACTIVITÉ

2 Présenter des données par un diagramme

Cours Paragraphe 2, p. 130

1 Voici les distances parcourues par les élèves de 6e B d'un collège à l'occasion d'un cross humanitaire.

Distance (en km)	0,2	0,4	0,6	0,8	1	1,2	1,4
Nombre d'élèves	3	1	5	3	6	7	5

On se propose de présenter les données de ce tableau par un diagramme en bâtons, comme commencé ci-contre.
Le reproduire et le compléter.

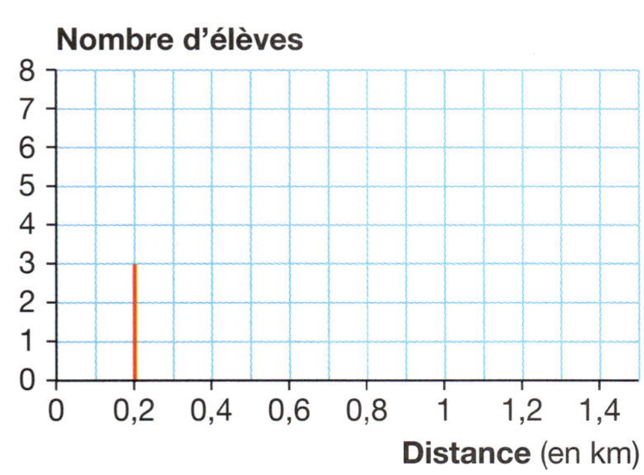

2 Le diagramme circulaire ci-contre présente la répartition des 30 élèves de 6e B selon leur âge.
a. Combien d'élèves de 6e B ont 11 ans ?
b. Calculer le nombre d'élèves de 6e B âgés de 12 ans.
c. Oda affirme : « Dans cette classe, un élève sur trois a 12 ans. »
Pourquoi dit-elle cela ?
d. Calculer la mesure de l'angle du secteur « 12 ans » de ce diagramme.

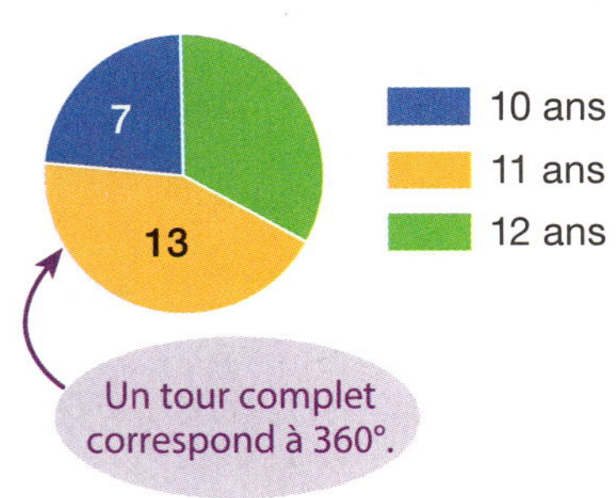

VIDÉOS de cours jaicompris.com

1 Tableaux

Exercices 9 à 16

Un **tableau** permet de présenter des données de façon claire, de lire facilement des informations.

a. Tableau en lignes ou en colonnes

Exemple 1

On a demandé aux élèves d'une classe le moyen de transport qu'ils utilisent pour venir au collège. Leurs réponses sont présentées par ce tableau à deux lignes.

Moyen de transport	Bus	Marche	Vélo	Voiture
Nombre d'élèves	13	5	3	6

Cette colonne indique que **3** élèves vont au collège à **vélo**.

Exemple 2

Ce tableau à deux colonnes présente les longueurs de quatre fleuves français.

Fleuve	**Longueur** (en km)
Garonne	647
Loire	1 012
Rhône	812
Seine	776

Cette ligne indique que la longueur du **Rhône** est **812** km.

b. Tableau à double entrée

Exemple

Ce tableau à double entrée présente le nombre de médailles obtenues par les trois premiers pays aux Jeux paralympiques Tokyo 2020.

	Or	**Argent**	**Bronze**
Chine	96	60	51
Grande-Bretagne	41	38	45
États-Unis	37	36	31

Dans cette case, on lit que les **États-Unis** ont obtenu **36** médailles d'**argent**.

c. Présentation de données par un tableau

Exemple

Lors d'un jeu télévisé, des candidats ont voté pour l'un d'entre eux.
Voici le dépouillement de leurs bulletins.

Lucas Jade Lucas Jules Manon Jade

Jules Lucas Jade Lucas Jules

On peut présenter ces données par un tableau à deux lignes.

Candidat	Jade	Jules	Lucas	Manon
Nombre de voix	3	3	4	1

J'applique le cours

1 Lire un tableau à double entrée

EXERCICE RÉSOLU

ÉNONCÉ Voici la répartition des chevaux d'un club d'équitation par couleur et par âge.
Quelles informations lit-on dans :
a. la ligne jaune ? **b.** la colonne bleue ? **c.** la case verte ?

	8 ans	9 ans	12 ans	15 ans
Alezan	4	2	5	2
Bai	5	3	4	3
Gris	1	2	2	1

SOLUTION
a. On lit le nombre de chevaux de couleur bai, par âge.
b. On lit le nombre de chevaux de 9 ans, par couleur.
c. On lit qu'il y a 2 chevaux gris de 12 ans dans le club.

CONSEILS
• On lit la légende dans la 1re case à gauche de la ligne jaune.
• On lit la légende dans la 1re case en haut de la colonne bleue.

À TON TOUR

2 Ce tableau présente le nombre de cahiers, de classeurs et de crayons de Jane, selon leur couleur.
Quelles informations lit-on dans :
a. la ligne rose ? **b.** la colonne orange ? **c.** la case verte ?

	Bleu	Jaune	Rouge	Vert
Cahier	3	1	3	2
Classeur	1	2	2	1
Crayon	2	1	3	4

3 Réaliser un tableau à double entrée

EXERCICE RÉSOLU

ÉNONCÉ En un week-end, Yann a récolté 126 kg de sel, dont 8 kg de fleur de sel ; le reste est du gros sel.
Le samedi, il a récolté 5 kg de fleur de sel et le dimanche, 62 kg de gros sel.
Présenter ces données par un tableau à double entrée et le compléter.

SOLUTION
On réalise un tableau à 2 lignes (samedi, dimanche) et à 2 colonnes (fleur de sel, gros sel).
8 kg – 5 kg = 3 kg ❶
126 kg – 8 kg = 118 kg ❷
3 kg + 62 kg = 65 kg ❸
118 kg – 62 kg = 56 kg ❹
5 kg + 56 kg = 61 kg ❺ (ou 126 kg – 65 kg = 61 kg)

	Fleur de sel	Gros sel	Total
Samedi	5 kg	❹ 56 kg	❺ 61 kg
Dimanche	❶ 3 kg	62 kg	❸ 65 kg
Total	8 kg	❷ 118 kg	126 kg

CONSEILS
• On ajoute une ligne et une colonne « Total ». On complète par les données de l'énoncé.

	Fleur de sel	Gros sel	Total
Samedi	5 kg		
Dimanche		62 kg	
Total	8 kg		126 kg

• On peut compléter une case du tableau lorsqu'elle est la seule non remplie sur une ligne ou dans une colonne.
Ainsi, on pouvait commencer par ❶ ou par ❷.

À TON TOUR

4 En 6e A, il y a 30 élèves, dont 17 filles.
8 filles ont 11 ans, les autres ont 12 ans.
7 garçons ont 12 ans, les autres ont 11 ans.
Présenter ces données par un tableau à double entrée et le compléter.

5 Un centre de loisirs loue 64 planches de paddle, dont 35 blanches ; les autres sont bleues.
Il loue aussi 21 pédalos blancs et 15 pédalos bleus.
Présenter ces données par un tableau à double entrée et le compléter.

VIDÉOS de cours jaicompris.com

2 Représentations graphiques

Exercices 17 à 24

a. Diagramme en bâtons

On utilise ce type de diagramme pour représenter des données statistiques numériques.

RÈGLE Dans un **diagramme en bâtons**, les hauteurs des bâtons sont **proportionnelles** aux nombres ou aux pourcentages qu'ils représentent.

Exemple

On a lancé douze fois un dé à six faces, numérotées 1, 2, 3, 4, 5, 6.
Voici les résultats obtenus.

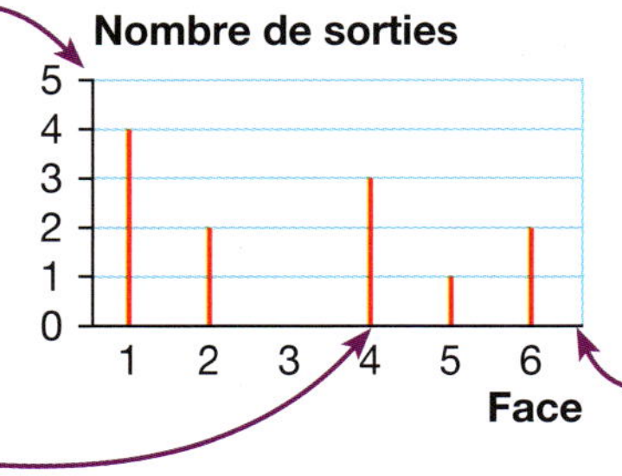

b. Diagramme circulaire ou semi-circulaire

On utilise ce type de diagramme pour représenter des données statistiques non numériques.

RÈGLE Dans un **diagramme circulaire** (ou **semi-circulaire**), les mesures des angles des secteurs sont **proportionnelles** aux nombres ou aux pourcentages qu'ils représentent.

Exemples

Répartition des chaussures portées par un groupe de filles, selon le modèle

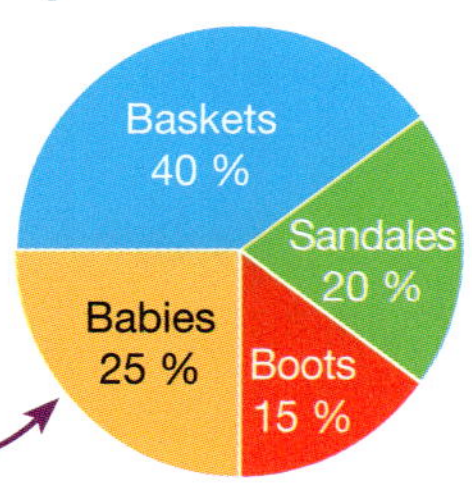

Répartition des avis de 90 spectateurs à la fin d'un film

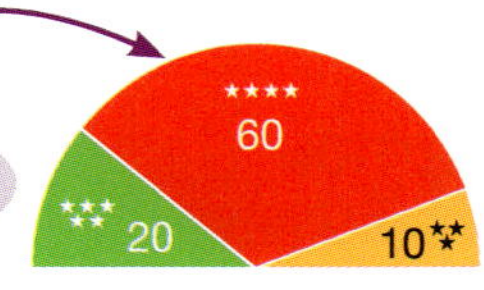

c. Graphique

On utilise un graphique pour représenter **l'évolution** d'une grandeur en fonction d'une autre.

Exemple

Évolution de la hauteur d'un plant de cresson en fonction de son âge

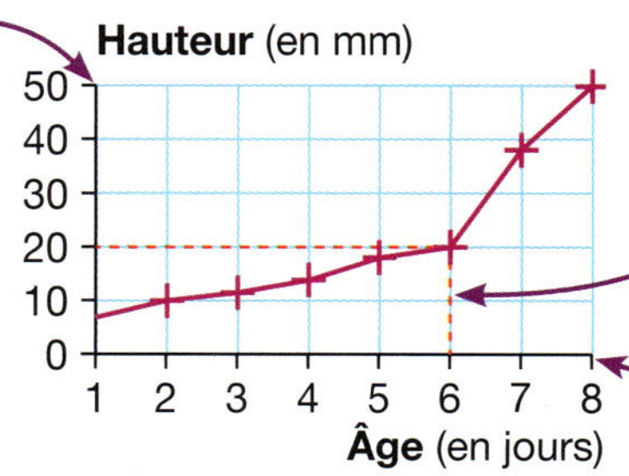

J'applique le cours

6 Réaliser un diagramme circulaire

EXERCICE RÉSOLU

ÉNONCÉ Voici la répartition des joueuses d'un club de football selon leur catégorie.

	U10	U11	U12	U13	Total
Nombre de joueuses	6	8	14	12	40

Le directeur du club souhaite représenter ces données par un diagramme circulaire.

a. Recopier ce tableau en le complétant par une ligne intitulée « Mesure de l'angle (en °) ».
Vérifier que l'angle de la catégorie « U11 » mesure 72°.
Compléter la ligne « Mesure de l'angle ».

b. Représenter les données par un diagramme circulaire.

SOLUTION

a. $360 = 40 \times 9$, donc le coefficient de proportionnalité est 9.
$8 \times 9 = 72$
L'angle de la catégorie « U11 » mesure bien 72°.

	U10	U11	U12	U13	Total
Nombre de joueuses	6	8	14	12	40
Mesure de l'angle (en °)	54	72	126	108	360

×9

b. Voici le diagramme circulaire.

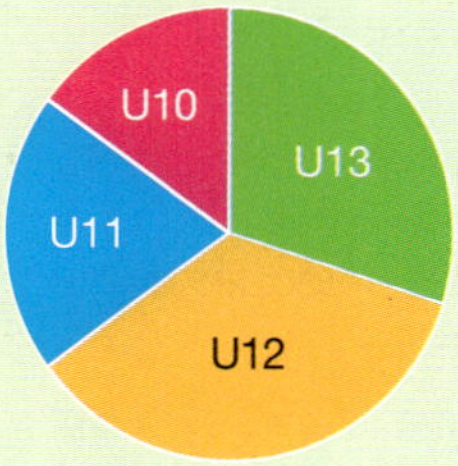

CONSEILS

- On complète la case violette par 360 (mesure de l'angle du tour complet). Ce tableau est un tableau de proportionnalité.
On calcule la mesure de chacun des angles des trois autres secteurs : $6 \times 9 = 54$, $14 \times 9 = 126$, $12 \times 9 = 108$.
- On trace un cercle et l'un de ses rayons. Avec le rapporteur, on trace les angles en reportant successivement les mesures des angles du tableau.
On écrit les légendes et on colorie.
On n'écrit pas les mesures des angles.

À TON TOUR

7 Le tableau ci-dessous donne la répartition des enfants selon leur activité dans un centre de loisirs.

	Cuisine	Théâtre	Sciences	Escalade	Total
Nombre d'enfants	12	28	32	48	120

a. Recopier ce tableau en le complétant par une ligne intitulée « Mesure de l'angle (en °) ».
Vérifier que l'angle de la catégorie « Sciences » mesure 96°.
Compléter la ligne « Mesure de l'angle ».

b. Représenter les données par un diagramme circulaire.
Choisir un cercle de rayon 3 cm.

8 Un ostréiculteur répartit des huîtres en cinq catégories, de n° 1 à n° 5, selon leur masse.

	n° 1	n° 2	n° 3	n° 4	n° 5	Total
Nombre d'huîtres	10	20	15	18	9	

a. Recopier ce tableau et compléter la case « Total ».

b. Compléter le tableau par une ligne intitulée « Mesure de l'angle (en °) ».
Vérifier que l'angle de la catégorie « n° 2 » mesure 100°.
Compléter la ligne « Mesure de l'angle ».

c. Représenter les données par un diagramme circulaire. *Choisir un cercle de rayon 3 cm.*

d. Toni affirme : « 25 % de ces huîtres sont des n° 4. »
A-t-il raison ? Expliquer.
Comment cela se traduit-il sur le diagramme ?

Je travaille mes automatismes

Lire un tableau
Présenter par un tableau

À l'oral

Questions flash

9 Un après-midi, Romain observe des insectes.
Voici ce qu'il a relevé.

Insecte	Nombre
Mouche	2
Coccinelle	4
Sauterelle	7
Fourmi	5

Indiquer oralement :
a. les données lues dans chaque colonne ;
b. les informations lues dans la ligne encadrée en rouge ;
c. l'insecte qui a été le plus observé ;
d. le nombre total d'insectes observés.

10 CALCUL MENTAL Ce tableau à double entrée présente la répartition des habitants d'un immeuble de deux étages. Il est incomplet.

	Adulte	Enfant	Total
1er étage	❶	15	❷
2e étage	9	12	
Total	17		

Calculer mentalement :
a. les nombres à inscrire dans les cases ❶ et ❷ ;
b. le nombre d'habitants de cet immeuble.

11 Un éleveur a étudié le nombre de jours que les œufs d'autruche mettent pour éclore en fonction de la température de la couveuse.

Température (en °C)	35	35,5	36	36,5
Durée en couveuse (en jours)	47	44	42	40

a. Quelles informations lit-on sur la 1re ligne ?
b. Quels renseignements lit-on dans la colonne encadrée en rouge ?

12 Voici le nombre de points obtenus par quatre joueurs lors de deux parties d'un jeu de cartes.

	Claire	Enzo	Glenn	Piala
Partie 1	6	4	8	3
Partie 2	3	7	5	8

a. Qui a obtenu plus de 5 points :
• à la partie 1 ? • à la partie 2 ?
b. Pour gagner une partie, il faut avoir 8 points.
Qui a gagné :
• la partie 1 ? • la partie 2 ?
c. Qui a eu le meilleur score sur les deux parties cumulées ?

13 CORRIGÉ en vidéo jaicompris.com

On a demandé à des enfants :
« Quel est ton animal préféré ? ». Voici leurs réponses.

	Fille	Garçon
Chat	5	2
Cheval	3	4
Chien	6	7

1. Déterminer le nombre :
a. de filles qui préfèrent un cheval ;
b. de garçons qui préfèrent un chien.
2. Calculer le nombre :
a. d'enfants qui préfèrent un chat ;
b. d'enfants interrogés.

14 Voici la répartition des élèves d'un collège par niveau : 175 en 6e, 138 en 5e, 164 en 4e, 142 en 3e.
La CPE du collège présente ces données par ce tableau à deux lignes.

❶	6^{e}	5^{e}	4^{e}	3^{e}
❷	(case jaune)		(case verte)	

1. Exprimer la légende à inscrire :
a. en case ❶ ; **b.** en case ❷.
2. Quel nombre la CPE doit-elle écrire :
a. dans la case jaune ? **b.** dans la case verte ?

15 Voici les votes lors de l'élection des délégués d'une classe au 2e tour.

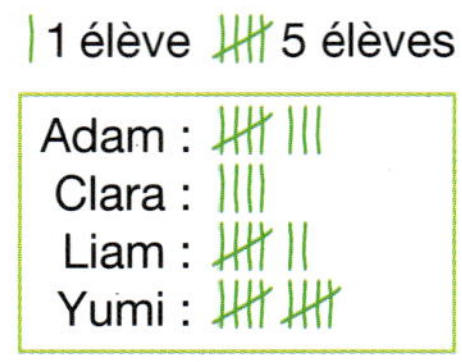

a. Celui qui a le plus de voix est élu. Qui a été élu-e ?
b. Recopier et compléter ce tableau à deux lignes qui présente les résultats du vote.

Prénom	Adam	
Nombre de voix		

16 Voici les âges de 20 élèves de 6e, à la rentrée.

11 10 12 11 11 10 10 10 12 11
10 11 12 10 11 11 11 12 10 12

a. Recopier le tableau ci-dessous et le compléter.

Âge (en années)	10	11	12	Total
Nombre d'élèves				

b. Quel est l'âge le plus fréquent dans cette classe ?
c. Combien d'élèves de cette classe ont :
• moins de 11 ans ? • au moins 11 ans ?

Lire ou réaliser un diagramme

À l'oral

Questions flash

17 Ce diagramme en bâtons présente les réponses de personnes à la question : « Combien d'enfants avez-vous ? »

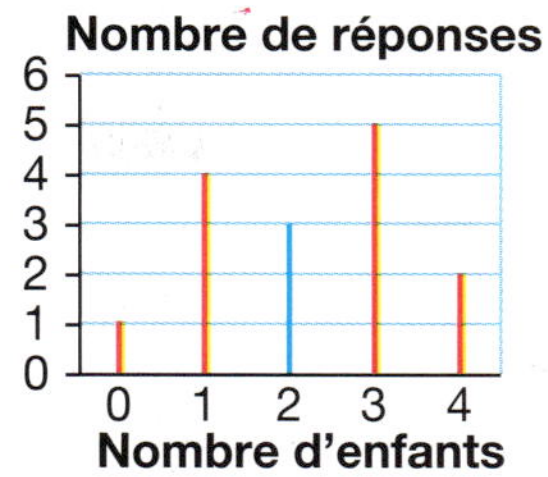

Préciser oralement :

a. ce qu'indique le bâton bleu ;

b. le nombre total de personnes interrogées ;

c. le nombre de personnes interrogées qui ont :

• moins de 2 enfants ; • au moins 2 enfants.

18 Dans l'aquarium d'Igor, il y a 10 poissons néons bleus, 5 guppys et 5 platys. Il présente cette répartition par un diagramme circulaire.
Préciser oralement la mesure, en °, de l'angle de chaque secteur.

19 Ce diagramme semi-circulaire présente la répartition des abricots récoltés sur un abricotier.

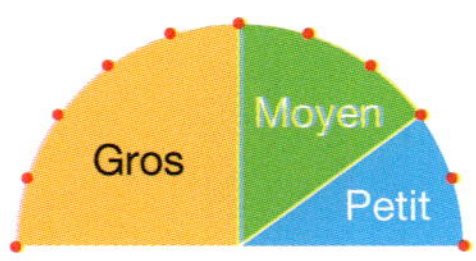

Les 10 arcs du demi-cercle sont superposables.
Cet abricotier a produit 100 kg de gros abricots.

a. Calculer la masse totale d'abricots récoltés.

b. Billy affirme : « 50 % de ces abricots sont gros. » Pourquoi dit-il cela ?

c. Donner le pourcentage d'abricots moyens.

20 CORRIGÉ en vidéo jaicompris.com

Ce graphique représente l'évolution de la masse de Huanlili, panda géant née en août 2021 au ZooParc de Beauval, pendant ses premières semaines.

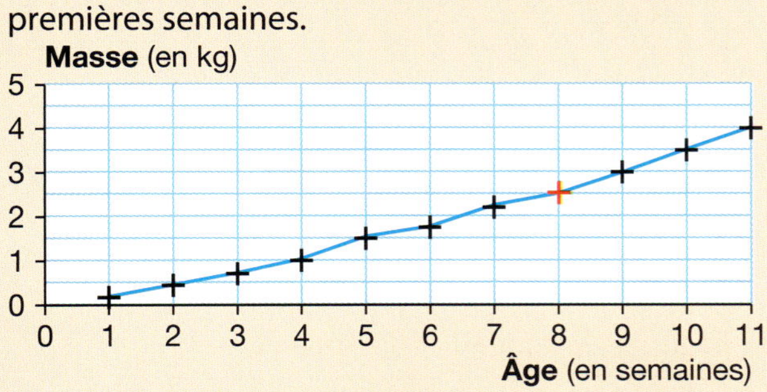

1. Qu'indique le point rouge ?

2. À quel âge Huanlili pesait-elle : **a.** 1 kg ? **b.** 3,5 kg ?

3. Quelle était la masse de Huanlili à l'âge de :

a. 5 semaines ? **b.** 9 semaines ?

21 Voici la répartition des élèves du club théâtre d'un collège selon leur âge.

Âge (en années)	10	11	12	13	14	15
Nombre d'élèves	5	8	4	6	3	2

Représenter cette répartition par un diagramme en bâtons.
Sur l'axe vertical, choisir un carreau pour représenter un élève.

22 Dans un garage, le responsable des ventes expose 11 voitures citadines (C), 6 monospaces (M) et 7 SUV. Il se propose de représenter ces données par un diagramme circulaire.

a. Recopier ce tableau et le compléter.

	C	M	SUV
Nombre de voitures			

b. Créer une colonne « Total » et une ligne « Mesure de l'angle (en °) ». Compléter le tableau.

c. Réaliser le diagramme circulaire.

23 Dans une école d'arts du cirque, 20 enfants participent à l'atelier acrobaties (A), 28 enfants à l'atelier art clownesque (C) et 12 enfants à l'atelier jonglerie (J).

On se propose de représenter ces données par un diagramme semi-circulaire.

a. Recopier ce tableau et le compléter.

	A	C	J
Nombre d'enfants			

b. Créer une colonne « Total » et une ligne « Mesure de l'angle (en °) ». Compléter le tableau.

c. Réaliser le diagramme semi-circulaire.

24 Maxine a relevé les températures dans son jardin un samedi, en hiver. Elle se propose de représenter ces données par un graphique.

Instant (en h)	9	10	11	12	13	14	15
Température (en °C)	1	3	4	5	4	2	1

a. Tracer les deux axes, les graduer. Indiquer les légendes.

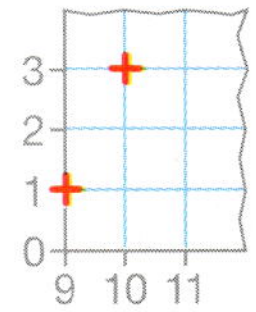

b. Placer les différents points, puis les relier à main levée pour tracer le graphique.

c. Commenter l'évolution de la température entre 9 h et 15 h, ce samedi.

Utiliser un tableau

25 Voici la répartition des spectateurs dans les salles d'un cinéma à 14 h.

Salle	A	B	C	D	Total
Nombre de spectateurs	85	111		92	392

a. Calculer le nombre de spectateurs dans la salle C.
b. Dans quelle salle y a-t-il le plus de spectateurs ?
c. Dans quelle(s) salle(s) y a-t-il au moins 100 spectateurs ?

26 Voici un extrait d'article de presse.

Une traversée de l'Atlantique en double, sans escale
Ce 7 novembre 2021, 79 bateaux se sont élancés du Havre pour rallier la Martinique.
Ils sont répartis en quatre catégories : 5 Ultime, 7 Oceanfifty, 22 Imoca ; les autres sont dans la catégorie Class 40.

a. Calculer le nombre de bateaux en Class 40.
b. Présenter par un tableau à deux colonnes la répartition des voiliers selon leur catégorie.

27 Un professeur effectue un sondage pour connaître les mois de naissance des élèves d'une classe. Il note les résultats ci-contre au tableau.

| 1 élève ~~||||~~ 5 élèves

J : |||
F : ||
M : ||
A : |
M : ||
J : |||
Jt : ||||
A :
S : ~~||||~~
O : ||
N : |
D : ||||

a. Présenter ces résultats sous forme d'un tableau à deux lignes.
b. Combien cette classe compte-t-elle d'élèves ?

28 À l'aide de l'emploi du temps de la classe, réaliser un tableau à deux colonnes qui présente le nombre d'heures par matière, pendant une semaine.

29 Ce diagramme donne le nombre d'animaux chez les habitants d'un groupe d'immeubles.

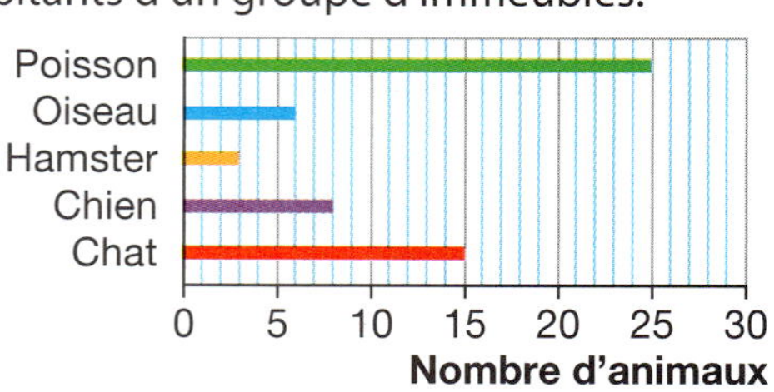

a. Quel animal est le plus courant ?
b. Combien de chiens compte-t-on ?
c. Présenter ces données par un tableau.

30 Voici ce qu'Aël lit sur sa carte de médiathèque.

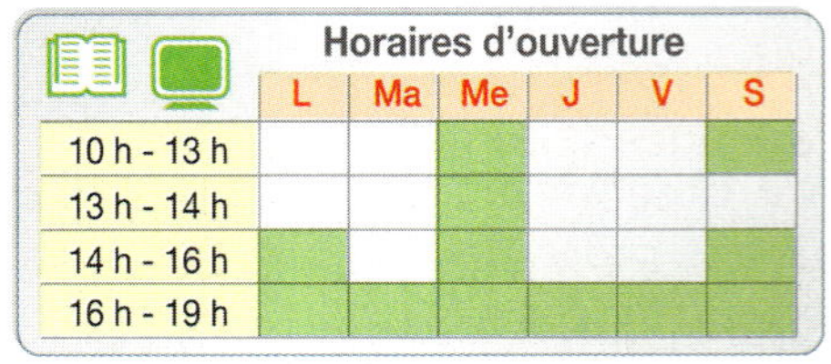

a. Le samedi, à quels moments Aël peut-elle aller à la médiathèque ?
b. Un mardi, Aël termine ses cours à 15 h.
Peut-elle se rendre aussitôt à la médiathèque ?
c. Quel(s) jour(s) Aël peut-elle être à la médiathèque entre midi et 14 h ?

31 CORRIGÉ en vidéo jaicompris.com

En 6e A et 6e B d'un collège,
41 élèves sont demi-pensionnaires (DP), dont 19 sont en 6e B. Les 8 autres élèves de 6e B sont externes, comme 6 élèves de 6e A.
a. Recopier et compléter le tableau ci-dessous.

	6e A	6e B	Total
Externe			
DP			
Total			

b. Quel est le nombre d'élèves en 6e A ?

32 Jeux et casse-tête Dans un club d'arts martiaux, Léa, Tom et Zoé pratiquent la capoeira, le judo ou le karaté.
Zoé ne fait pas de capoeira, Tom ne fait pas de karaté, Léa ne fait pas de judo, Zoé n'aime pas le karaté.
Utiliser ce tableau pour déterminer le sport pratiqué par chaque enfant.

	Léa	Tom	Zoé
Capoeira			
Judo			
Karaté			

Utiliser un diagramme, un graphique

33 À un péage sur autoroute, on a relevé le nombre de personnes à bord de 300 voitures.

Nombre de personnes	1	2	3	4	5	6
Nombre de voitures	52	78	73	54	26	17

Représenter les données de cette enquête par un diagramme en bâtons.
Choisir : sur l'axe horizontal, 1 cm pour représenter 1 personne ; sur l'axe vertical, 1 cm pour représenter 10 voitures.

34 Éric annonce : « Sur notre site, en un mois, on a vendu trois fois plus de drones de marque B que de drones de marque A. »

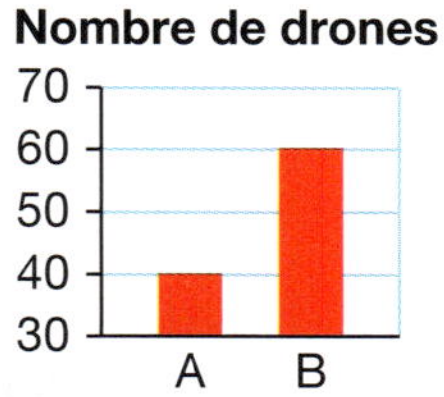

a. Éric a-t-il raison ? Expliquer.

b. Calculer le nombre total de drones de marques A et B vendus ce mois-là sur ce site.

35 **Algo** Une course de VTT rassemble 15 % de coureurs anglais (A), 20 % de belges (B), 25 % d'espagnols (E) ; les autres sont français (F).

Andréa se propose de représenter ces données par un diagramme circulaire.

a. Dans un script Scratch, elle a saisi la ligne suivante :

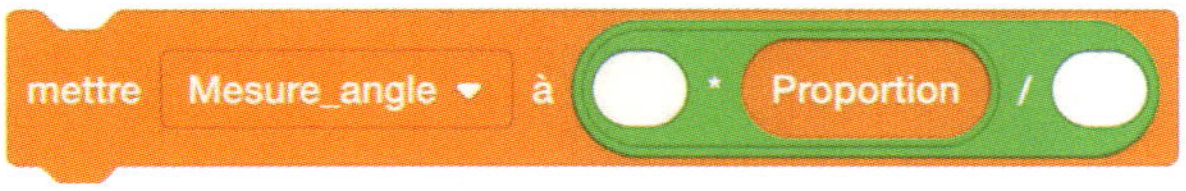

Quels sont les nombres manquants ?

b. Recopier ce tableau et le compléter.

	A	B	E	F	Total
Proportion (en %)					100
Mesure de l'angle (en °)					

c. Réaliser le diagramme circulaire.

36 Voici l'emploi du temps d'Aaron, un mercredi matin. Présenter ces durées par discipline par un diagramme semi-circulaire.

8-9h	Français
9-10h	Français
10-11h	Maths
11-12h	Anglais

37 La répartition du personnel d'une entreprise est la suivante : 3 personnes à la Direction, 19 personnes à l'Atelier, 8 personnes au Service technique et les autres au Service commercial.

Sur un diagramme circulaire présentant ces données, l'angle du secteur « Direction » mesure 27°.

Réaliser ce diagramme circulaire.

38 **Jeux et casse-tête** Ava a 8 BD, Selim 6 BD et Lola 10 BD.

Quel diagramme circulaire représente cette situation ?

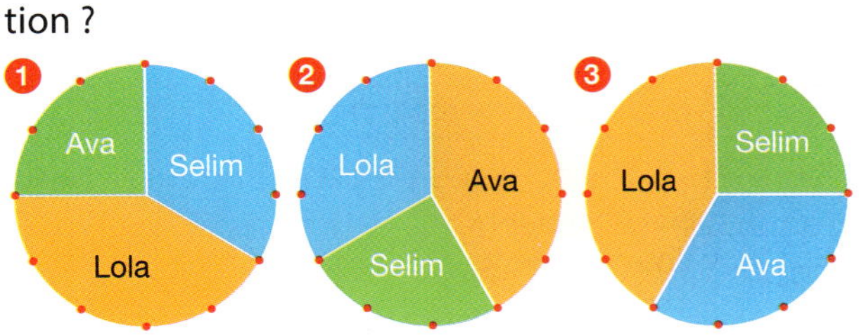

Synthèse

Utiliser des données statistiques

39 La plaquette de présentation d'un groupe industriel contient les informations ci-dessous.

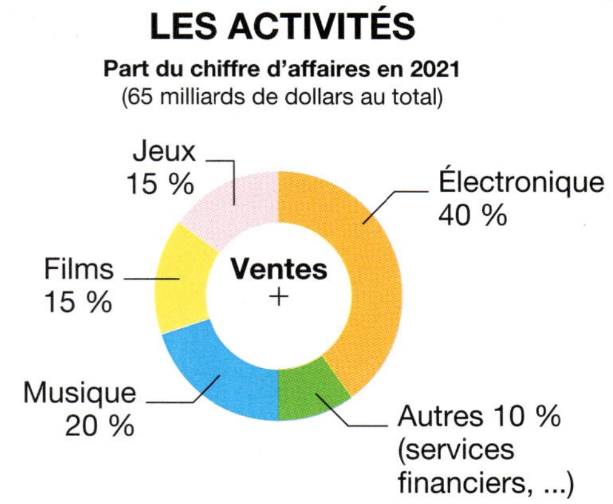

Objectif Étudier l'exactitude de ces deux diagrammes.

1. Pour représenter les activités du groupe, les auteurs de la plaquette ont choisi une sorte de couronne.

a. Sur papier calque, réaliser un diagramme circulaire qui présente les activités du groupe.

b. Comparer le diagramme réalisé à la question **a** à celui de la plaquette.

2. Pour représenter l'évolution du nombre d'employés pour la période 2018-2021, les auteurs de la plaquette proposent un diagramme en barres.

a. Sur ce diagramme, vérifier, en mesurant, que les hauteurs des barres ne sont pas proportionnelles aux nombres d'employés qu'elles représentent.

b. Réaliser un diagramme en barres de façon que les hauteurs des barres soient proportionnelles aux nombres d'employés. *Prendre 5 mm pour 10 milliers.*

3. a. Commenter la répartition des ventes de ce groupe.

b. Commenter l'évolution du nombre d'employés de 2018 à 2021.

Parcours différenciés

Je m'évalue

Pour chaque question, une seule réponse est exacte.

QCM supplémentaires college.nathan.fr/tm6136

40 Voici les entrées dans deux salles de cinéma qui proposent le même film.

	Salle 1	Salle 2	Total
Entrées	86		150

Le nombre de spectateurs en salle 2 est…

a	b	c	En cas d'erreur
150	64	54	Ex. 1 p. 129

41 Au CDI, des élèves travaillent sur écran ou lisent un livre.

	Écran	Livre	Total
6e 1	8		
6e 2	7	4	
6e 3	5		7
Total			30

Le nombre d'élèves de 6e 1 présents est…

a	b	c	En cas d'erreur
8	10	12	Ex. 3 p. 129

42 Voici le nombre de buts marqués lors d'une journée de championnat de football. Alors…

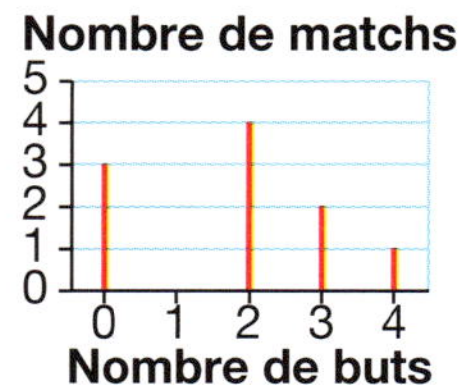

a	b	c
quatre buts ont été marqués dans deux matchs	trois buts ont été marqués dans trois matchs	deux buts ont été marqués dans quatre matchs

43 Voici la répartition des animaux dans un refuge. Le rangement des animaux par effectif croissant est, de haut en bas…

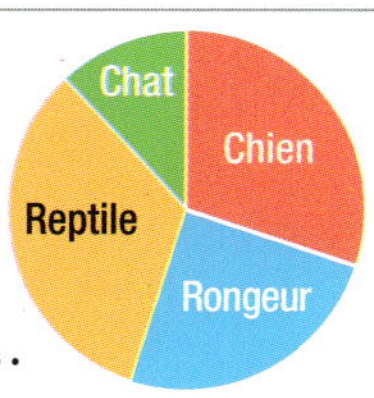

a	b	c
chat chien rongeur reptile	chat rongeur chien reptile	chien reptile rongeur chat

44 Ce graphique présente la hauteur, en m, du ballon lors d'un lancer au basket en fonction du temps écoulé, en s, depuis le lancer du ballon.
Au bout de 0,1 s le ballon est à une hauteur de…

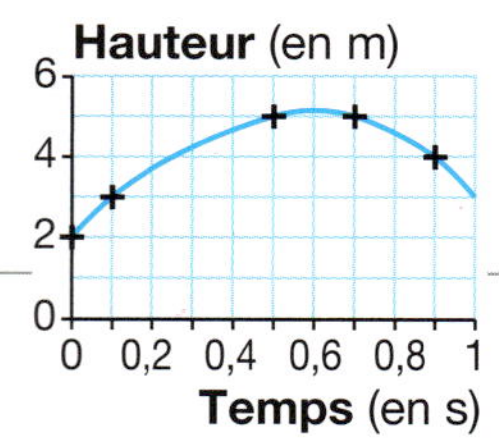

a	b	c
4 m	5 m	3 m

45 Le ballon est à une hauteur de 5 m après une durée de…

a	b	c
0 s	0,9 s	0,5 ou 0,7 s

En cas d'erreur (42 à 45) : Cours 2 p. 130

46 On reprend le diagramme circulaire de l'exercice **43**. Les chiens représentent 30 % des animaux du refuge. La mesure de l'angle du secteur « Chien » est…

a	b	c	En cas d'erreur
30°	108°	110°	Ex. 6 p. 131

Selon ton score page précédente

Parcours conseillé
- Entre **0 et 3** bonnes réponses : drapeau vert
- **4 ou 5 bonnes réponses** : drapeau bleu
- **6 bonnes réponses ou plus** : drapeau rouge

47 Traiter des données statistiques

Voici un document qui donne la répartition moyenne de la consommation d'eau d'une famille en France, par usage.
L'année dernière, la famille d'Arsène a consommé 150 000 L d'eau.

Source : CIEAU

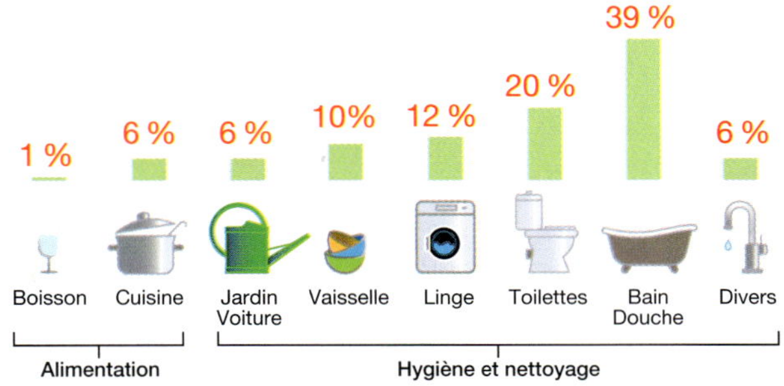

PARCOURS 1

On s'intéresse à la lecture du diagramme.

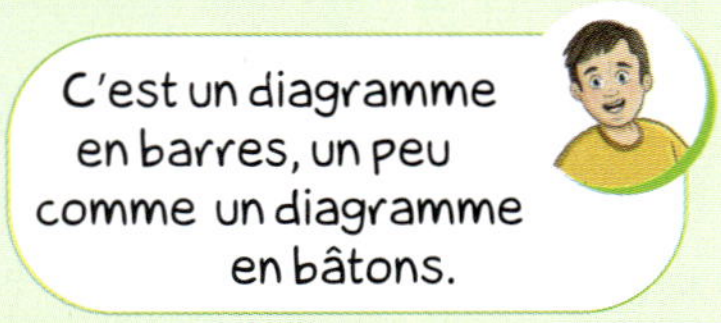

a. Recopier et compléter : « La somme des pourcentages indiqués sur ce diagramme est ... %. »
b. Quelle est la part de la consommation d'eau pour laver le linge ?
c. Quelle est la part de la consommation d'eau pour :
- l'hygiène et le nettoyage ?
- l'alimentation ?

PARCOURS 2

On s'intéresse à la consommation d'eau de la famille d'Arsène l'année dernière.
Présenter par un tableau la quantité d'eau consommée pour chaque usage et le pourcentage correspondant.

PARCOURS 3

Représenter les données du document par un diagramme circulaire.

48 Réaliser un diagramme semi-circulaire

Voici un extrait d'un article de presse.
On se propose de représenter ces données par des diagrammes.

> La Terre porte le nom de « planète bleue » parce que c'est ainsi qu'elle apparaît depuis l'espace, du fait que sa surface est couverte d'eau à 70 %. Mais si l'eau est abondante, l'eau douce ne représente que 2,5 % de toute l'eau de la planète et seule l'eau douce permet le maintien de la vie terrestre, notamment la vie humaine.

PARCOURS 1

On s'intéresse à la représentation par un diagramme semi-circulaire de la répartition Eau – Terre émergée.

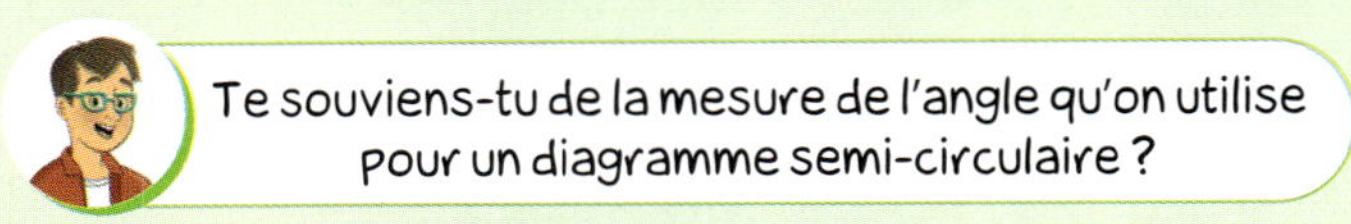

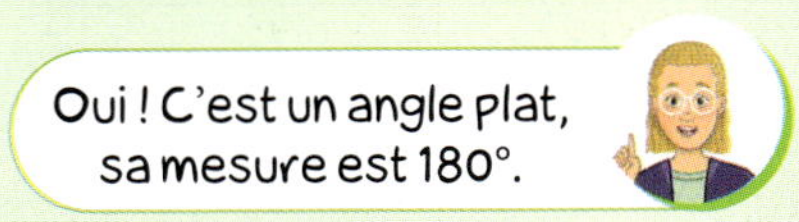

a. Recopier ce tableau et calculer le coefficient de proportionnalité.
b. Compléter ce tableau.
c. Réaliser le diagramme semi-circulaire.
On peut choisir un demi-cercle de rayon 3 cm.

	Eau	Terre émergée	Total
Proportion (en %)			100
Mesure de l'angle (en °)			180

(flèche de 100 vers 180 : ×...)

PARCOURS 2

Représenter par un diagramme semi-circulaire la répartition Eau salée – Eau douce.

PARCOURS 3

Représenter par un diagramme semi-circulaire la répartition Terre émergée – Eau douce – Eau salée.

Présenter des données statistiques

49 Tice Présenter des données dans un tableau

Le tableau ci-dessous présente la production d'électricité renouvelable, en térawattheures (1 TWh = un milliard de kilowattheures), en France, en 2020, par filière.

	A	B	C	D	E	F	G	H
1		**Hydraulique**	**Éolien**	**Solaire**	**Biomasse**	**Biogaz**	**Déchets**	**Autres**
2	**Production** (en Twh)	62	41	14	4	2	2	1

Source : SDES

1. a. Saisir la feuille de calcul ci-dessus.
b. Tracer les bordures du tableau : cliquer sur [□ ▾] puis sur [⊞].

2. En cellule I2, saisir la formule =SOMME(B2:H2) . Interpréter le résultat.

3. a. Déterminer, sous forme fractionnaire, la part de l'éolien dans la production d'électricité renouvelable.
b. Aglaé affirme : « En 2020, la part de l'éolien est environ 33 % ». Pourquoi dit-elle cela ?

50 Tice Réaliser un diagramme circulaire

On se propose de représenter par un diagramme circulaire les données du tableau de l'exercice 49.

1. a. Sélectionner la plage **A1:H2** et insérer un diagramme (utiliser). Dans l'assistant de diagramme :
• choisir le type du diagramme : **Secteur** et (Normal) ;
• préciser les éléments du diagramme : saisir le titre « Production d'électricité renouvelable en France en 2020 » ; décocher « Afficher la légende ». Cliquer sur « Terminer ».
b. Sélectionner le diagramme et insérer des étiquettes de données. Les formater. Cocher « Afficher la valeur sous forme de pourcentage » et « Afficher la catégorie ». Dans Placement, choisir « Adaptation optimale ».

2. Aglaé s'exclame : « On retrouve les 33 % de l'éolien ! ». Vérifier les pourcentages des autres filières.

51 Tice Réaliser un graphique

Voici la production totale d'électricité renouvelable, en France, de 2005 à 2020.

	A	B	C	D	E	F	G	H	I	J	K	L	M	N	O	P	Q
1	**Année**	2005	2006	2007	2008	2009	2010	2011	2012	2013	2014	2015	2016	2017	2018	2019	2020
2	**Production** (en TWh)	55	61	66	74	71	78	65	84	99	93	92	99	93	113	113	126

Source : SDES

1. Télécharger cette feuille de calcul sur le site compagnon.

2. a. Sélectionner le tableau et insérer un diagramme (utiliser).
Dans l'assistant de diagramme :
• choisir le type du diagramme : **Ligne** et **Points et lignes** ;
• préciser la plage de données, en cochant comme ci-contre ;

- (●) Séries de données en lignes
- ( ) Séries de données en colonnes
- [x] Première ligne comme étiquette
- [x] Première colonne comme étiquette

• préciser les éléments du diagramme : décocher « Afficher la légende » et compléter les titres des deux axes. Cliquer sur « Terminer ».
b. Faire un clic droit sur l'axe horizontal et cliquer sur « Insérer la grille principale ».

3. Commenter l'évolution de la production d'électricité renouvelable, en France, de 2005 à 2020.

52 Communiquer en anglais

Raisonner • Communiquer

a. Copy and fill out this table knowing that:
• 9 children have a cat and a rabbit;
• 6 children do not have a cat but have a rabbit;
• 12 children have neither cat nor rabbit;
• 4 children have a cat but no rabbit.

		Rabbit	
		Yes	No
Cat	Yes		
	No		

b. How many children have a cat?

53 Extraire des informations

Chercher • Raisonner • Communiquer

Voici un extrait des horaires d'une ligne de bus qui amène Océane et Martin au collège.
Océane prend le bus à l'arrêt « Commerce ».
L'arrêt le plus proche du collège est « Mairie ».

Dalby	6.57	7.09	7.22	7.37	7.52
Cathédrale	7.04	7.18	7.32	7.47	8.02
Commerce	7.08	7.23	7.38	7.53	8.08
René Bouhier	7.15	7.31	7.47	8.02	8.17
Zola	7.19	7.36	7.52	8.08	8.24
Mairie	7.22	7.39	7.55	8.11	8.28
Tertre	7.30	7.47	8.03	8.19	8.36

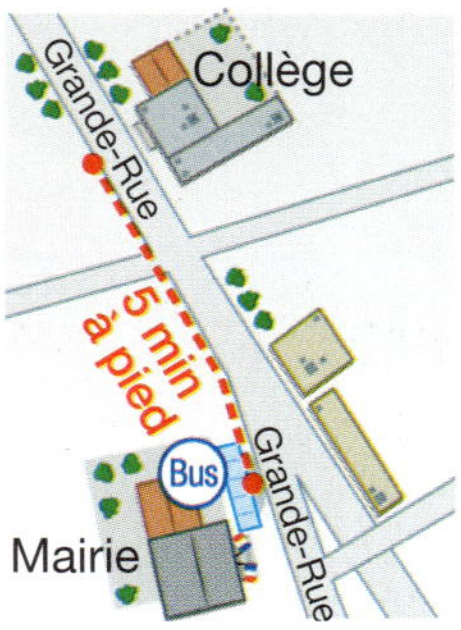

1. Océane peut-elle prendre le bus de 7 h 38 pour être au collège à 8 h ?
2. Océane souhaite être au collège environ 10 min avant 8 h. À quel instant :
a. prend-elle le bus ? **b.** arrive-t-elle au collège ?
3. Le mercredi, Océane prend le bus à 7 h 53.
a. À quelle heure Martin doit-il monter dans le bus à l'arrêt « Cathédrale » pour être dans le bus d'Océane ?
b. Seront-ils au collège avant la sonnerie de 8 h 30 ?

54 Passer d'un diagramme à un tableau

Représenter • Communiquer

Le diagramme ci-dessous représente les masses des abricots achetés par Mary ce matin.

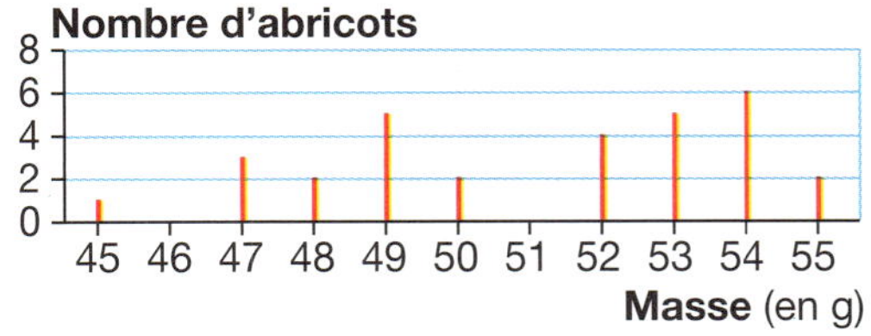

a. Présenter ces données dans un tableau à deux lignes.
b. Combien d'abricots Mary a-t-elle achetés ?

55 Réaliser un tableau à double entrée

Représenter • Raisonner • Calculer

Dans un collège, les élèves ont le choix d'étudier trois langues en LV2 : allemand, espagnol ou italien.
En 5e A, il y a 28 élèves. 13 ont choisi espagnol, 7 allemand et les autres italien.
En 5e B, 15 élèves ont choisi espagnol et 6 élèves allemand.
17 élèves de ces deux classes ont choisi italien.
Présenter ces données dans un tableau à double entrée.

56 Associer tableau et diagramme

Modéliser • Représenter • Raisonner

On a représenté ci-dessous en vert la part du budget consacrée au logement pour trois familles.
Associer chaque famille au diagramme semi-circulaire qui lui correspond.

Famille	Martin	Dupont	Lebrun
Part du budget	25 %	20 %	30 %

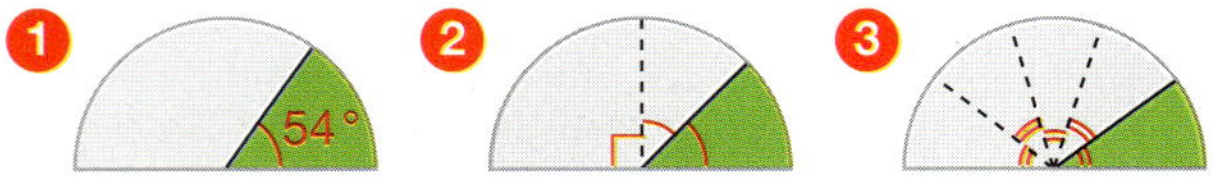

57 Étudier un graphique

Chercher • Raisonner • Communiquer

Le graphique ci-dessous décrit les variations de la hauteur de la mer dans le port de Fort-de-France (Martinique) un matin, de 0 h à 12 h.

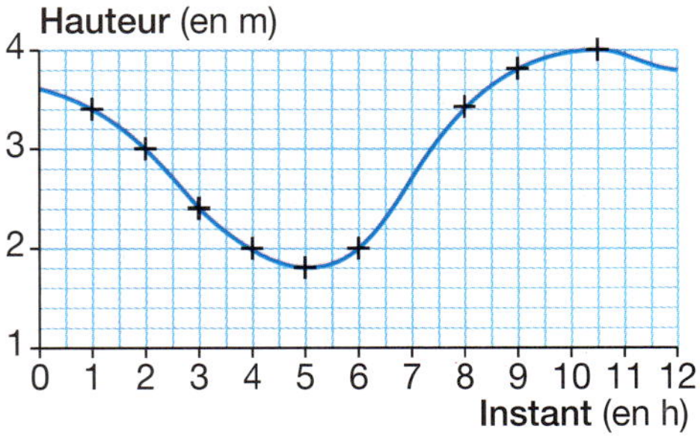

1. Quelle hauteur d'eau représente l'écart entre deux lignes horizontales ?
2. a. Quelle est la hauteur d'eau à 8 h ? à 9 h ?
b. Quand la hauteur d'eau est-elle de 2 m ?
3. a. Le voilier de Gil ne peut sortir du port que si la hauteur d'eau dépasse 3,40 m.
Quelles sont les tranches horaires de départ possibles ?
b. Gil décide de partir lorsque la hauteur d'eau est maximale. Quelle est cette hauteur maximale ?
À quelle heure part-il ?

58 Réaliser un diagramme circulaire

Représenter • Raisonner • Calculer

Jamil rapporte des pièces de 1 € des pays d'Europe qu'il visite. Il possède 5 pièces grecques, 7 pièces italiennes, 4 pièces espagnoles et 2 pièces belges.
Représenter cette répartition par un diagramme circulaire.

59 Tice Réaliser un diagramme

Représenter • Communiquer

Aldo utilise un simulateur de dé à 6 faces en ligne. Après 1 000 lancers virtuels, voici ce qu'il a relevé.

	A	B	C	D	E	F	G
1	**Face**	1	2	3	4	5	6
2	**Nombre de sorties**	147	165	159	163	171	195

a. Saisir cette feuille de calcul.
b. Sélectionner le tableau et insérer un diagramme.
Dans l'assistant de diagramme :
• choisir le type du diagramme :
Colonne et Normal .
• préciser la plage de données, en cochant comme indiqué ci-contre.

- Séries de données en lignes
- Séries de données en colonnes
- Première ligne comme étiquette
- Première colonne comme étiquette

• préciser les éléments du diagramme.
c. Faire un clic droit sur les barres du diagramme. Dans la fenêtre qui s'ouvre, cliquer sur « Formater les séries de données… » puis, dans l'onglet « Options », régler « Espacement » sur 400 %.

60 Comprendre et expliquer

Chercher • Représenter • Raisonner

Réaliser un graphique pour représenter la masse d'un rongeur en fonction de son âge.

Âge (en semaines)	0	1	2	3	4	6	8	10	12	14	16
Masse (en g)	5	8	10	18	30	35	40	55	70	75	80

61 Imaginer une stratégie

Chercher • Raisonner • Calculer

Voici la répartition de 140 basketteurs, selon leur âge.
L'angle du secteur « 15 ans ou plus » mesure 162°.
Calculer le nombre de jeunes de chaque tranche d'âge.

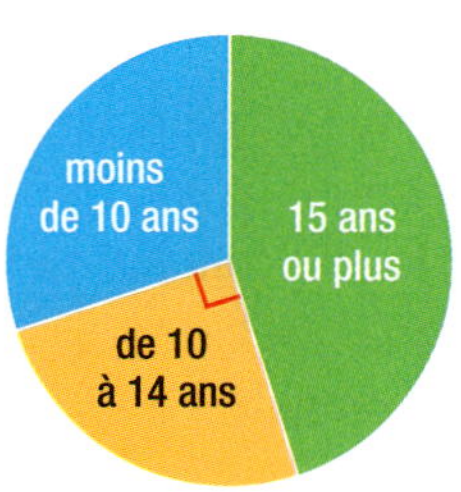

62 Problème ouvert

Chercher • Raisonner • Calculer

Voici la répartition des salariés d'une entreprise, selon leur nombre d'années d'ancienneté.
Combien de salariés cette entreprise compte-t-elle ?

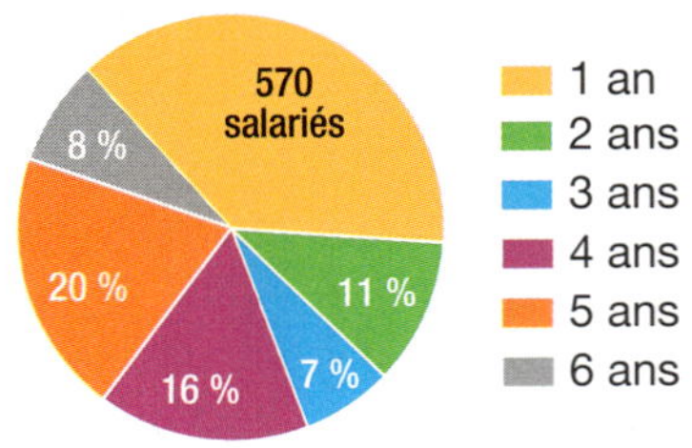

Narration de RECHERCHE

63 PROBLÈME Peut-on savoir qui, de Joseph ou de Célia, a le plus de jeux en solo ? Expliquer.

Joseph **Célia**

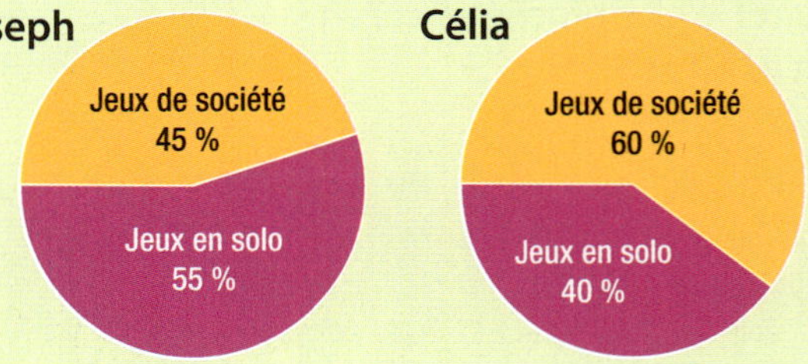

Raconter sur une feuille les différentes étapes de la recherche et les remarques qui ont fait changer de méthode ou qui ont permis de résoudre le problème.

Des défis

64 Découvrir un mot caché

Un mot se cache dans cette grille, mais il y a des lettres en trop. Le nombre écrit dans chaque case indique le nombre de lettres à noircir aux sommets de cette case.
Sur une photocopie, faire apparaître le mot.

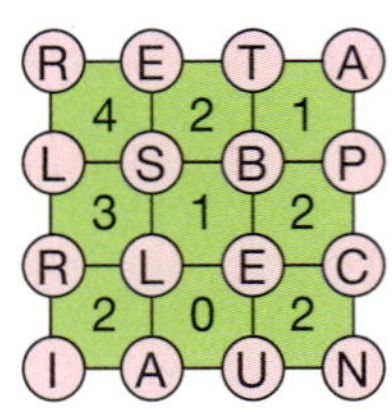

65 Colorier des cases

Chaque nombre indique le nombre de cases coloriées dans une ligne ou dans une colonne.
Recopier et colorier les cases pour qu'il en soit ainsi.

	2	3	2	1	2	1
6						
0						
0						
4						
0						
1						

Je prends des initiatives

TÂCHES COMPLEXES

66 PARTICIPER à un prix littéraire

▶ La situation-problème

Deux classes, une de CM2 et une de 6e participent à un prix littéraire.
Les élèves de ces deux classes ont lu six livres au cours de l'année.
Les documents apportent des éléments d'information mais ils sont tous incomplets.

- Sur une photocopie, compléter le tableau (doc. 2) et le diagramme (doc. 3).
- Indiquer le titre du livre qui a obtenu le prix.
- Déterminer le nombre d'élèves qui ont participé au vote.
- Dire si les votes des élèves de CM2 et de 6e se ressemblent ou non.

▶ Les supports de travail

Les documents, une photocopie des doc. 2 et 3.

Toute piste de recherche, même non aboutie, figurera sur la feuille.

Doc. 1

Un article sur le blog du collège

Hier avait lieu une rencontre entre ma classe de 6e et une classe de CM2 de l'école voisine. Chacun de nous a lu six livres depuis le mois d'octobre. Après que chaque groupe a défendu son livre préféré, nous avons voté. Voici les résultats :
Moi le minotaure n'a pas eu beaucoup de succès, quatre élèves de CM2 et ... de 6e ont voté pour lui.
... élèves de CM2 et huit de 6e ont trouvé que *Des bleus au cartable* était bien écrit et d'actualité.
Quatre élèves de CM2 et ... de 6e ont voté pour *Edison, la fascinante plongée d'une souris au fond de l'océan*, aux magnifiques illustrations.
Six élèves de CM2, mais seulement un de 6e ont choisi *12 jours sans parents*.
L'univers fantasy de *L'herboriste de Hoteforais* a plu à quatre élèves de CM2 et ... de 6e.
Le grand vainqueur a été *Mystères à Rome*, qui a passionné ... élèves de CM2 et dix de 6e, avec la découverte du sarcophage.
Le goûter était excellent !

Louis, 4 juin 2022

Doc. 2

Un tableau

Classe \ Titre	Moi le minotaure	Des bleus au cartable	Edison	12 jours sans parents	L'herboriste de Hoteforais	Mystères à Rome	Total
CM2				6			
6^e				1	2		
Total							

Doc. 3

Un diagramme

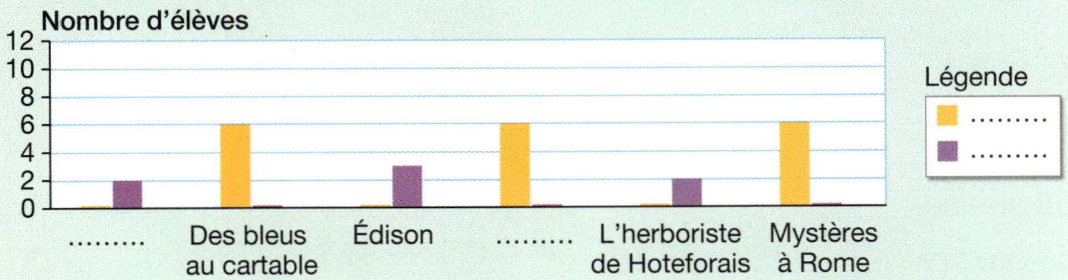

CHAPITRE 9

Utiliser les angles

Au départ d'un trou, un golfeur commence par planter un tee dans le sol afin de surélever sa balle.
Après avoir positionné correctement ses mains sur le club, le golfeur réalise un swing pour frapper la balle. Lors de ce mouvement, son club réalise un 360°, c'est-à-dire un tour complet.

Bien démarrer

Pour chaque question, une réponse ou plusieurs sont exactes.

			a	b	c
1	L'instrument qui permet de vérifier si un angle est droit est…		une règle	un compas	une équerre
2	L'angle colorié en vert est un angle…	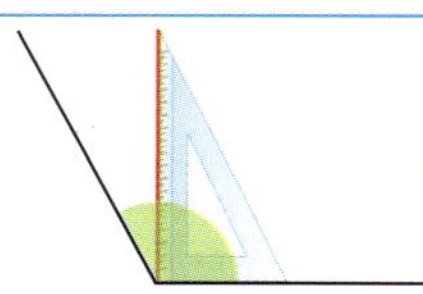	aigu	obtus	droit
3	L'angle colorié en vert est…		un angle droit	un angle aigu	la moitié d'un angle droit
4	À vue d'œil, l'angle le plus grand est celui colorié en…	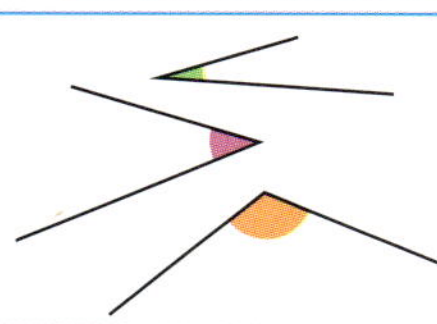	vert	rose	orange
5	Le nombre repéré par la flèche rouge est…		33	27	28

Vérifie tes réponses p. 288

ACTIVITÉ

1 Mesurer un angle en degrés

Cours Paragraphe 1, p. 144, et 2, p. 146

Lorsque la grande aiguille d'une horloge effectue un tout complet du cadran, elle décrit un angle de 360° (lire « 360 degrés »).
Le disque de centre O ci-dessous est partagé en 12 angles superposables.

Au collège, l'unité de mesure des angles est le **degré** (symbole °).

a. Quelle est la mesure de l'angle colorié en vert ?
On note cet angle $\widehat{AOB}$ pour indiquer que son **sommet** est le point O et ses **côtés** les demi-droites [OA) et [OB).
Recopier et compléter : $\widehat{AOB} = \dots$ °.

b. Quelle est la mesure de l'angle $\widehat{COD}$ colorié en rose ?

c. La mesure de l'angle $\widehat{EOF}$ colorié en jaune est la moitié de la mesure de l'angle $\widehat{AOB}$. Quelle est cette mesure ?

d. Quelle est la mesure de l'angle $\widehat{FOG}$ colorié en bleu ?
On dit qu'il s'agit d'un **angle droit**. Recopier et compléter : $\widehat{FOG} = \dots$ °.

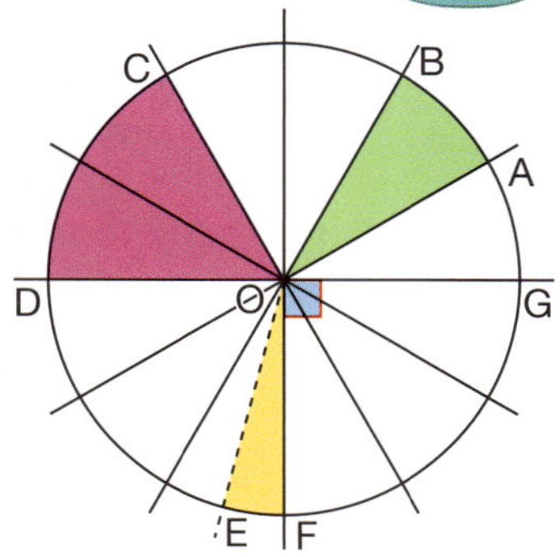

ACTIVITÉ

2 Utiliser un rapporteur

Cours Paragraphe 3, p. 146

Le rapporteur est un instrument de géométrie qui permet de mesurer un angle.

Rapporteur gradué de 0° à 180° **Rapporteur gradué de 0° à 360°**

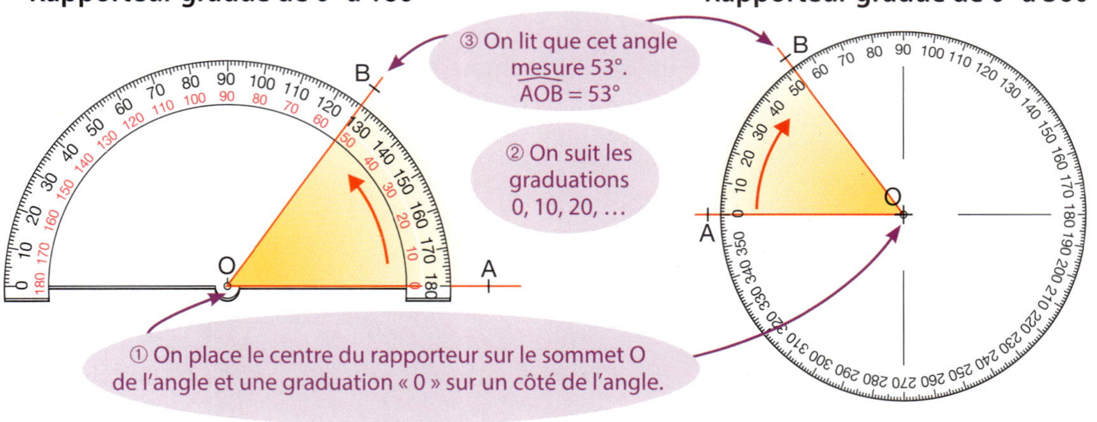

a. Mesurer chacun des angles ci-dessous à l'aide du rapporteur.

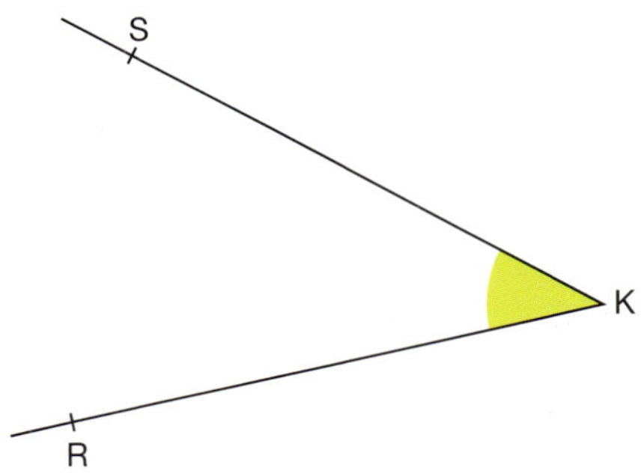

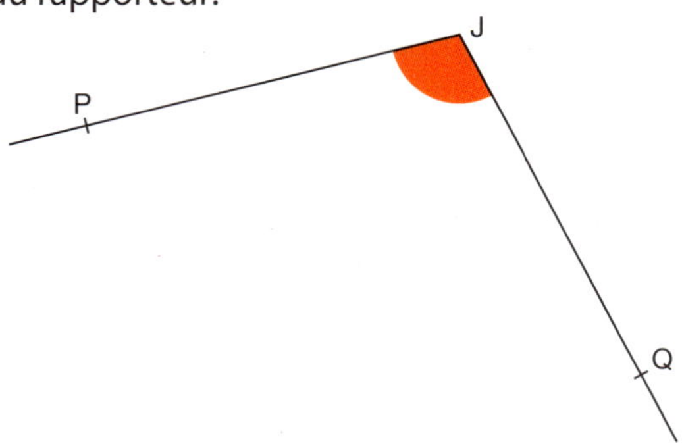

b. Tracer une demi-droite [OA).
Avec le rapporteur et la règle, tracer une demi-droite [OB) telle que $\widehat{AOB} = 83°$.

1 Angles

Exercices 11 à 21

a. Demi-droites

La demi-droite d'origine A qui passe par B est notée [AB).
Elle peut aussi être notée [Ax) où x indique de quel côté la demi-droite peut être prolongée.

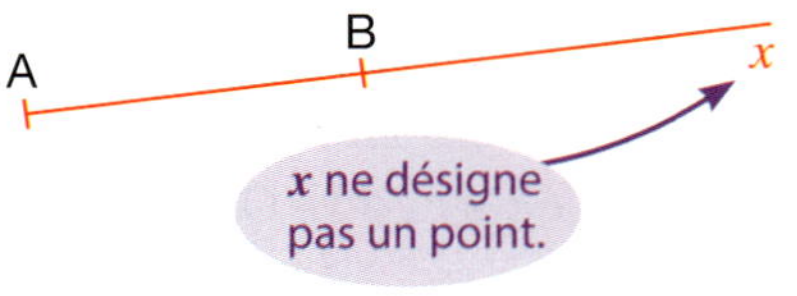

b. Vocabulaire et notation

DÉFINITION **Un angle** est une portion de plan délimitée par deux demi-droites **de même origine**.

Vocabulaire : l'origine de ces deux demi-droites est **le sommet** de l'angle.
Les deux demi-droites sont **les côtés** de l'angle.
Notation : on note un angle avec trois lettres surmontées d'un chapeau.
Au milieu figure le nom du sommet.

Exemples

Cet angle est noté $\widehat{BAC}$ ou $\widehat{CAB}$.

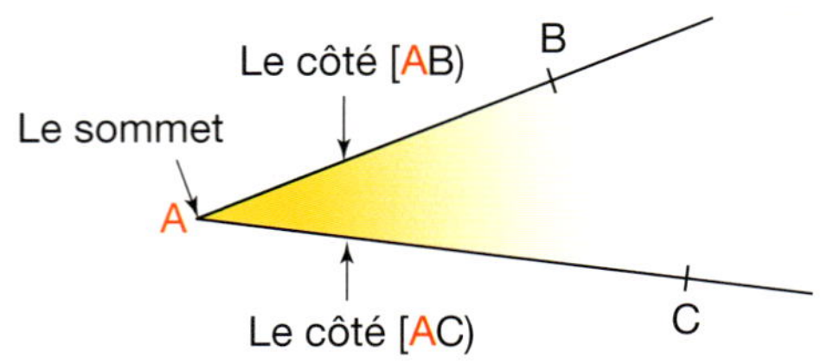

Cet angle est noté $\widehat{xOy}$ ou $\widehat{yOx}$.

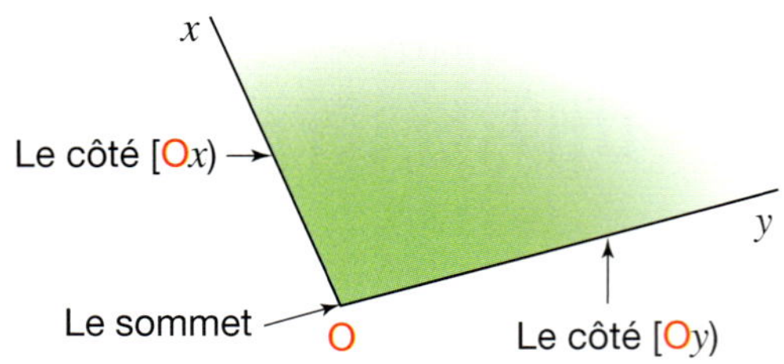

Codages : pour coder un angle droit on utilise ⌞ (comme pour des droites perpendiculaires).
Pour coder d'autres angles, on utilise de petits arcs de cercle : ∠ ou ∠ ou…

Exemple

Pour ce triangle ABC, l'angle $\widehat{BAC}$ est droit.
On a codé ci-contre les deux autres angles $\widehat{ABC}$ et $\widehat{ACB}$ de ce triangle.

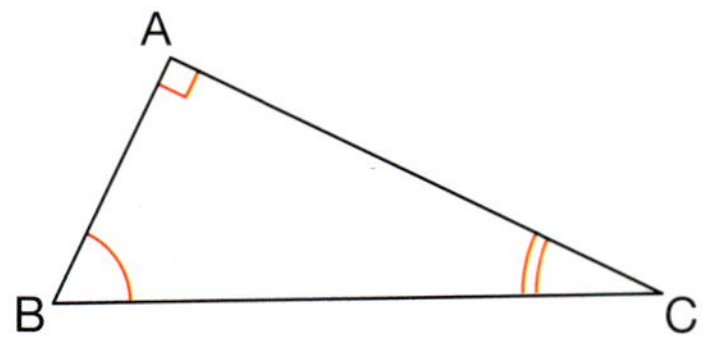

c. Comparaison d'angles

DÉFINITION Deux angles sont dits **superposables** lorsqu'en faisant coïncider leurs sommets, leurs côtés se superposent.

Exemple

Pour comparer ces deux angles, on peut utiliser un gabarit de l'angle $\widehat{xOy}$, puis le superposer à l'angle $\widehat{BAC}$.
Pour cela, on fait coïncider les sommets O et A.
Ici, ces angles sont superposables et on note : $\widehat{xOy} = \widehat{BAC}$.

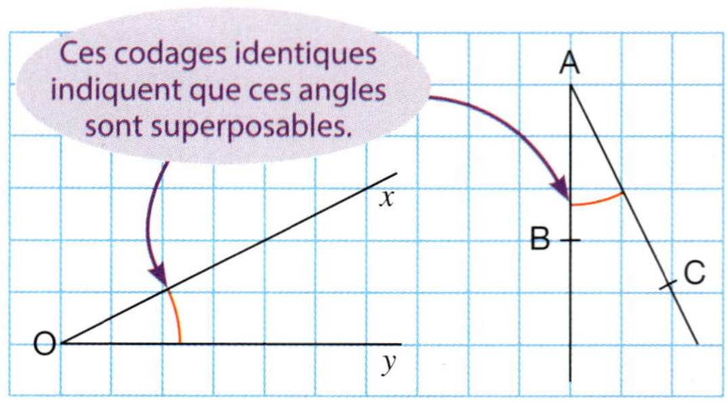

J'applique le cours

1 Nommer un angle

EXERCICE RÉSOLU

ÉNONCÉ Sur la figure ci-contre, les points A, B et C sont alignés et le point E appartient à la demi-droite [Bx).
Nommer l'angle colorié en :
a. vert ; **b.** violet.

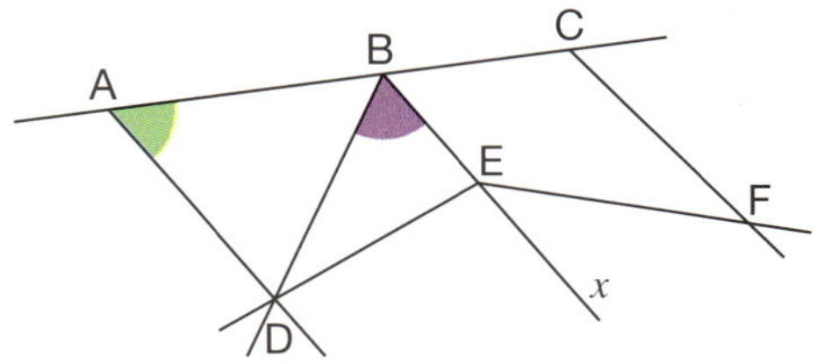

SOLUTION

a. L'angle colorié en vert se nomme $\widehat{BAD}$ ou $\widehat{CAD}$ ou $\widehat{DAB}$ ou $\widehat{DAC}$.
b. L'angle colorié en violet se nomme $\widehat{DBE}$ ou $\widehat{EBD}$ ou $\widehat{DBx}$ ou $\widehat{xBD}$.

CONSEILS
- Le sommet d'un angle occupe la position centrale dans la notation de cet angle.
- L'un des deux côtés de l'angle colorié en violet est la demi-droite [Bx) ou [BE).

À TON TOUR

2 Sur la figure ci-contre, les points R, Q et N sont alignés et le point M appartient à la demi-droite [Nt).
Nommer les angles coloriés en :
a. vert ; **b.** violet.

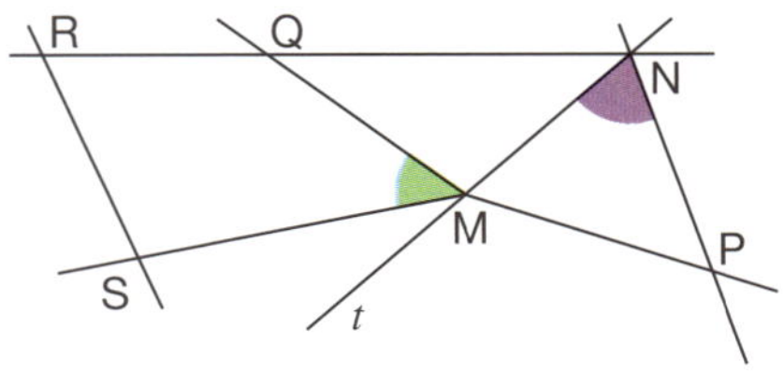

3 Comparer des angles sans effectuer de mesure

EXERCICE RÉSOLU

ÉNONCÉ À l'aide de papier calque, comparer les angles $\widehat{ABD}$ et $\widehat{BDC}$ de la figure ci-contre.

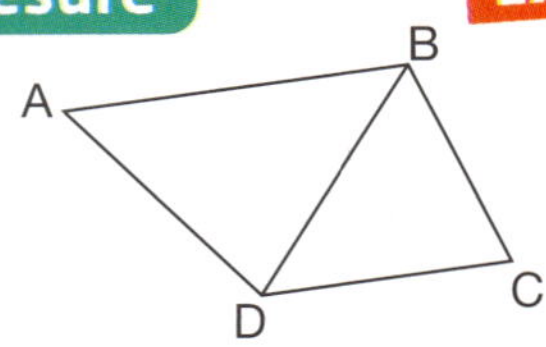

SOLUTION

1 On pose une feuille de papier calque G sur l'angle $\widehat{ABD}$.
On repasse en rouge les côtés de cet angle.

2 On pose le calque de l'angle $\widehat{ABD}$ sur l'angle $\widehat{BDC}$: les sommets et les côtés coïncident.
Donc $\widehat{ABD}$ et $\widehat{BDC}$ sont superposables.

3 On code de la même façon ces deux angles superposables.

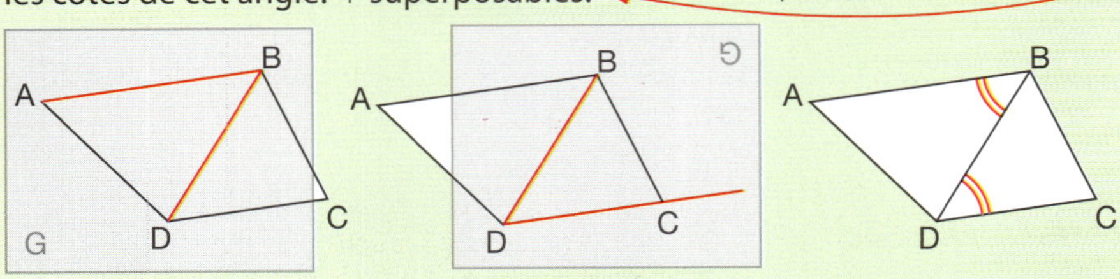

CONSEILS
- Il faut bien repérer les deux angles à comparer sur la figure.
Le sommet de $\widehat{ABD}$ est B.
Le sommet de $\widehat{BDC}$ est D.
- À l'étape **2** le fait que les longueurs AB et DC ne sont pas égales n'intervient pas.

À TON TOUR

4 Sur la figure ci-contre, comparer à l'aide de papier calque les angles :
a. $\widehat{HEG}$ et $\widehat{GFI}$; **b.** $\widehat{HEG}$ et $\widehat{GEF}$.

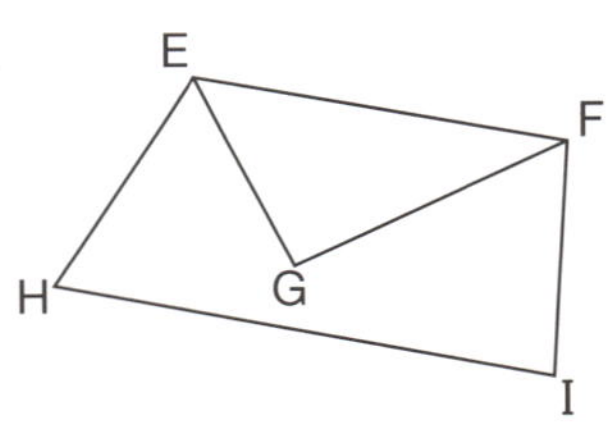

VIDÉOS de cours
jaicompris.com

2 Le degré

Exercices 22 à 27

DÉFINITION Le **degré** est l'unité avec laquelle un angle droit mesure **90°** (lire « 90 degrés »).

Vocabulaire

	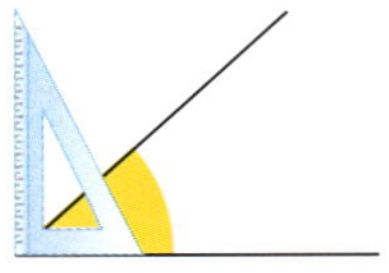		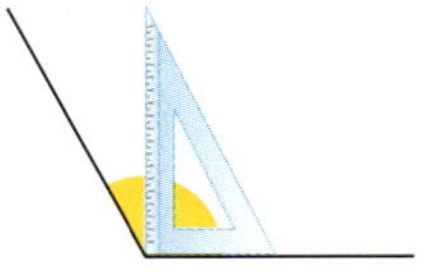	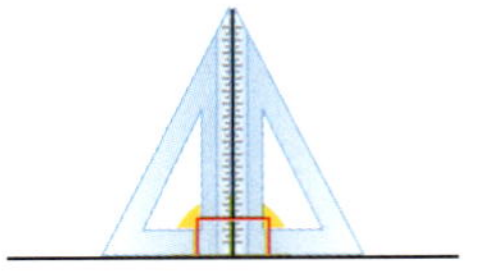
Angle	aigu	droit	obtus	plat
Mesure	comprise entre 0° et 90°	90°	comprise entre 90° et 180°	180°

3 Le rapporteur

Exercices 28 à 32

Pour mesurer un angle, on utilise un rapporteur. Il en existe deux types :
- le rapporteur « demi-disque », gradué de 0° à 180° ;
- le rapporteur « disque », gradué de 0° à 360°.

Exemple 1

Mesure d'un angle $\widehat{AOB}$ avec un rapporteur « demi-disque »

Pour lire la mesure de l'angle $\widehat{AOB}$, on utilise la graduation pour laquelle un côté passe par la graduation « 0 » ; ici, il s'agit de la graduation rouge.

$\widehat{AOB}$ est un angle aigu de mesure 65°.

On note $\widehat{AOB} = 65°$.

On utilise la même notation pour désigner un angle et sa mesure.

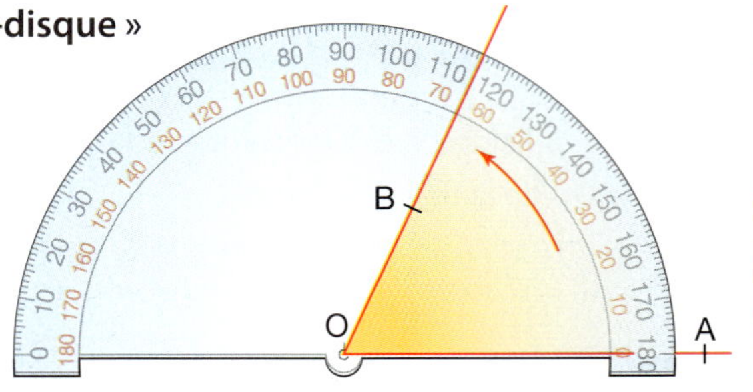

Exemple 2

Mesure d'un angle $\widehat{MON}$ avec un rapporteur « disque »

On place le rapporteur de façon que l'un des côtés de l'angle $\widehat{MON}$ passe par la graduation « 0 » et qu'on lise les graduations 10, 20, … en tournant vers le deuxième côté de l'angle.

$\widehat{MON}$ est un angle obtus de mesure 120°.

On note $\widehat{MON} = 120°$.

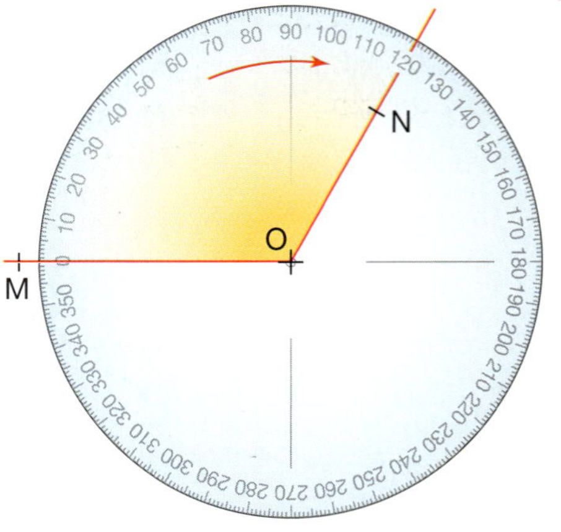

Remarques
- On peut utiliser l'un ou l'autre des types de rapporteur que l'angle soit aigu ou obtus.
- Au collège, la mesure d'un angle est comprise entre 0° et 180°.

J'applique le cours

5 Mesurer un angle avec un rapporteur

EXERCICE RÉSOLU

ÉNONCÉ Mesurer l'angle $\widehat{xOy}$ à l'aide du rapporteur.

SOLUTION

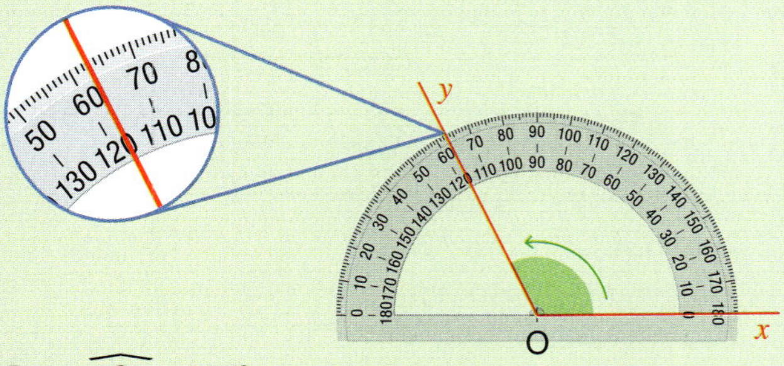

Donc $\widehat{xOy} = 117°$.

CONSEILS

- Pour mesurer un angle :
(1) on prolonge ses côtés à la règle si nécessaire ;
(2) on place le centre du rapporteur sur le sommet de l'angle et le zéro d'une graduation sur l'un des côtés de l'angle ;
(3) on suit cette graduation (0, 10, 20, …) jusqu'à rencontrer l'autre côté de l'angle (ici, c'est la graduation du bas) ;
(4) on lit alors la mesure de l'angle.

À TON TOUR

6 Mesurer l'angle $\widehat{ABC}$ à l'aide du rapporteur.

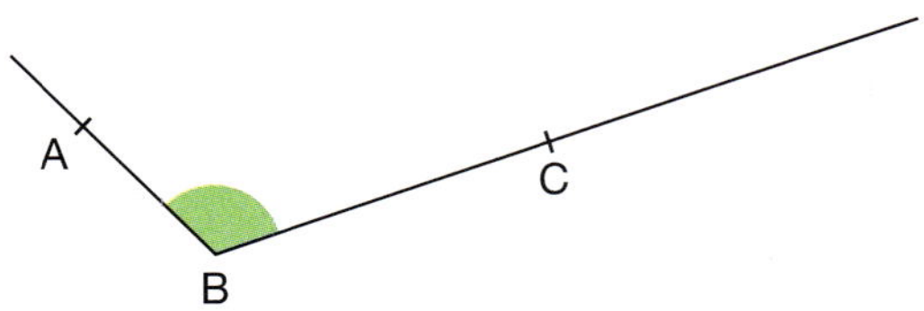

7 Mesurer l'angle $\widehat{EFG}$ à l'aide du rapporteur.

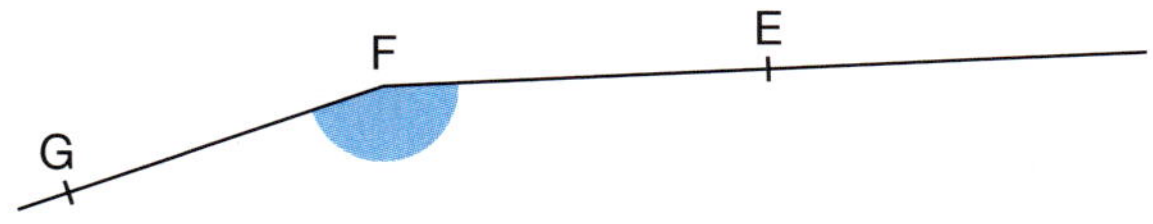

8 Construire un angle de mesure donnée

EXERCICE RÉSOLU

ÉNONCÉ Construire un angle $\widehat{uAv}$ de mesure 64°.

SOLUTION

1 On trace l'un des côtés de l'angle, par exemple la demi-droite [Au).

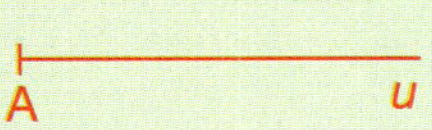

2 On place le centre du rapporteur sur le sommet A et l'une des graduations 0 sur le côté [Au).
On suit cette graduation, ici en rouge (**0**, **10**, **20**, …) et on fait une marque à la graduation **64**.

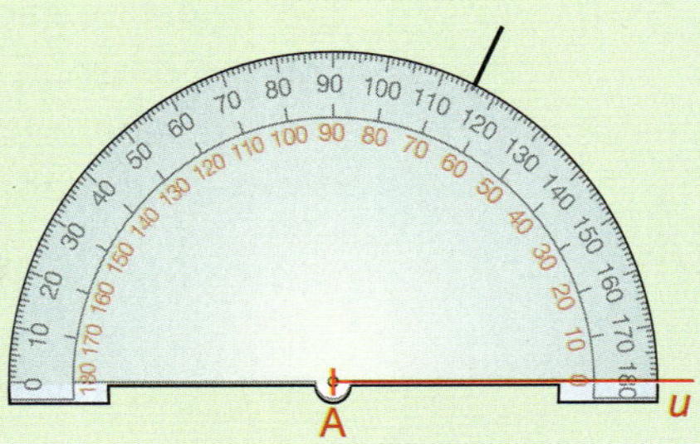

3 On trace la demi-droite [Av) qui passe par la marque précédente.
On indique que l'angle mesure 64°.

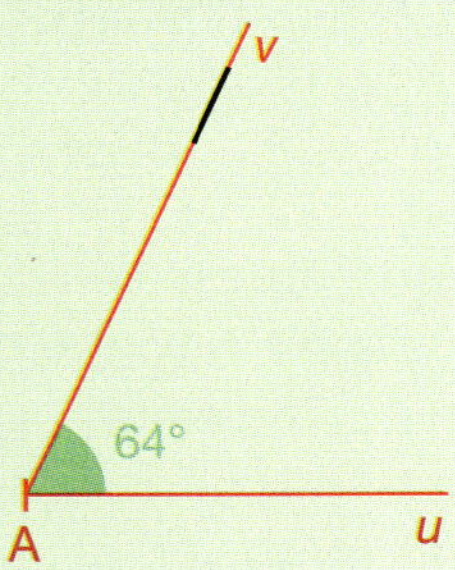

À TON TOUR

9 Construire un angle $\widehat{xBy}$ de mesure 56°.

10 Construire un angle $\widehat{tEs}$ de mesure 124°.

Connaître le vocabulaire des angles

À l'oral — **Questions flash**

11 **1.** Pour l'angle ci-contre :
a. citer ses côtés ;
b. citer son sommet.
2. Nommer cet angle.

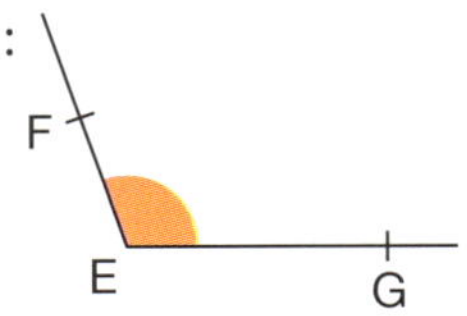

12 Pour la figure ci-dessous, citer un nom de l'angle marqué :
a. en bleu ; **b.** en orange ; **c.** en vert.

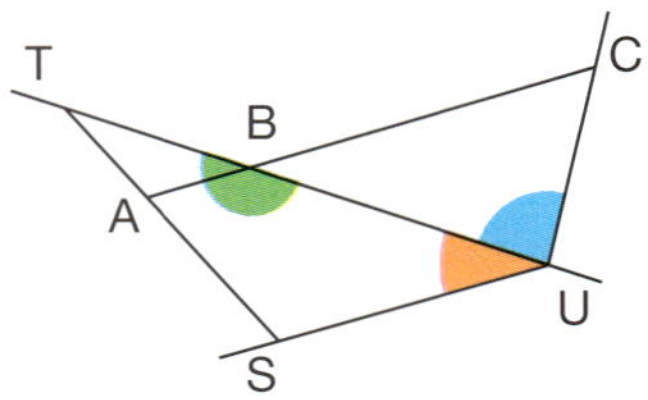

13 Hamza a noté $\widehat{AOB}$ l'angle ci-contre.
Son professeur a noté $\widehat{AOC}$ cet angle au tableau.
Hamza s'est-il trompé ?

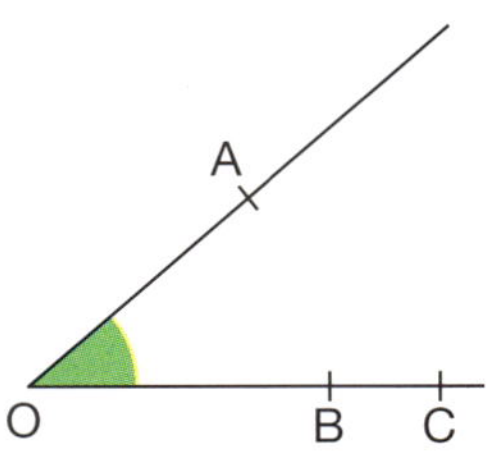

14 Les points A, E, B sont alignés ainsi que les points B, F, C.
Citer plusieurs noms de chacun des trois angles marqués.

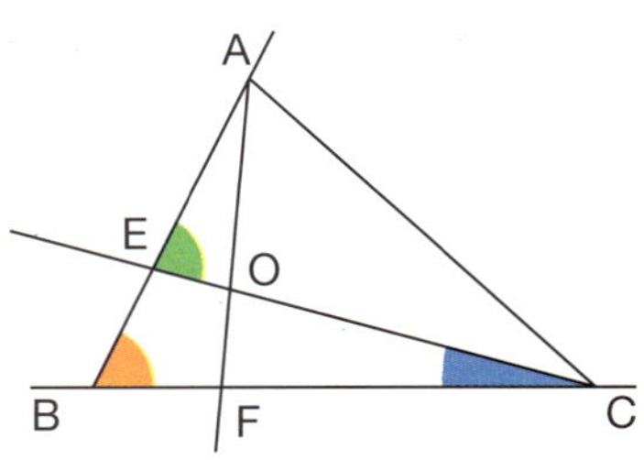

15 Recopier et compléter la phrase.
« Sur la figure ci-contre, on a tracé l'angle …. .
A est le … de l'angle.
Les demi-droites [AP) et [AS) sont les … de l'angle. »

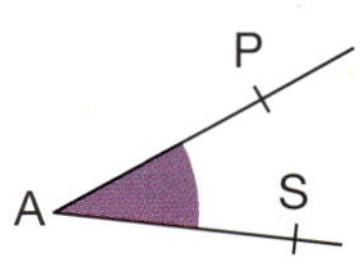

16 Chaque phrase se rapporte au triangle ci-contre.
Recopier et compléter.
a. L'angle $\widehat{MAR}$ a pour sommet … et pour côtés … et … .
b. L'angle … a pour sommet M et pour côtés [MR) et [MA).
c. Le troisième angle de ce triangle est … ; son sommet est … et ses côtés sont … et … .

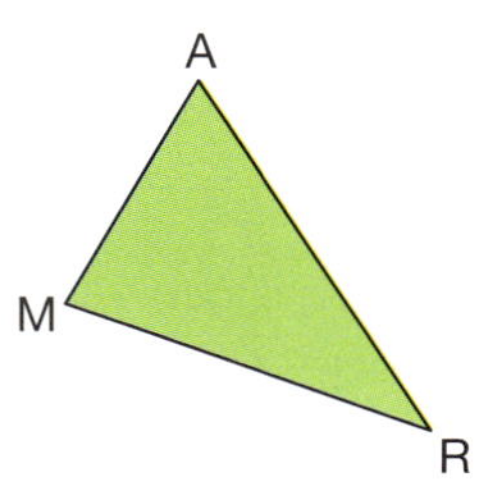

17 Recopier puis compléter le tableau en prenant la première colonne pour modèle.

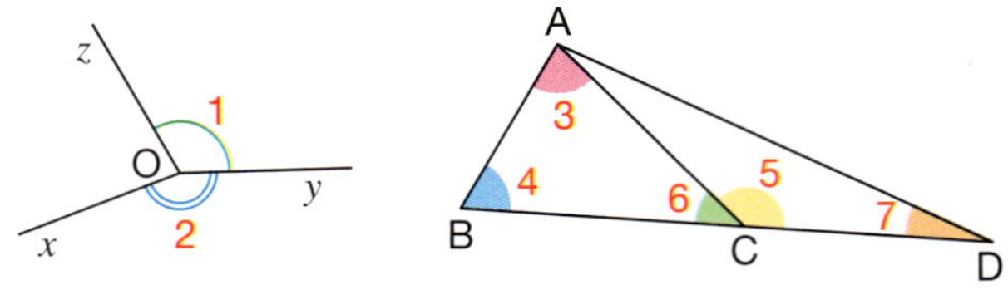

Angle	1	2	3	4	5	6	7
Sommet	O						
Nom	$\widehat{yOz}$						

18 CORRIGÉ en vidéo jaicompris.com

Les points A, E, B sont alignés ainsi que les points A, D, C.
1. Sur une photocopie de cette figure, coder l'angle :
a. de côtés [DB) et [DC),
b. de côtés [FD) et [FE),
c. $\widehat{EAD}$, **d.** $\widehat{ABD}$, **e.** $\widehat{EFB}$.
2. Citer un autre nom de l'angle :
a. $\widehat{AEC}$, **b.** $\widehat{ABD}$, **c.** $\widehat{DCF}$.

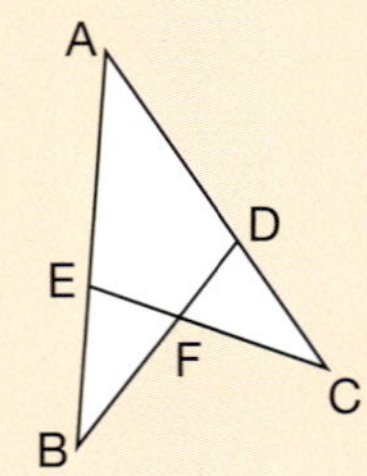

19 Emmy affirme :
« L'angle $\widehat{ABC}$ est plus grand que l'angle $\widehat{FED}$ ».
Emmy a-t-elle raison ?

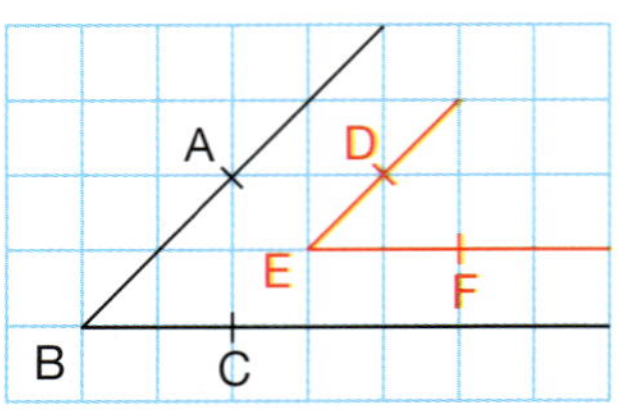

20 À vue d'œil, ranger du plus grand au plus petit les angles de ce triangle.

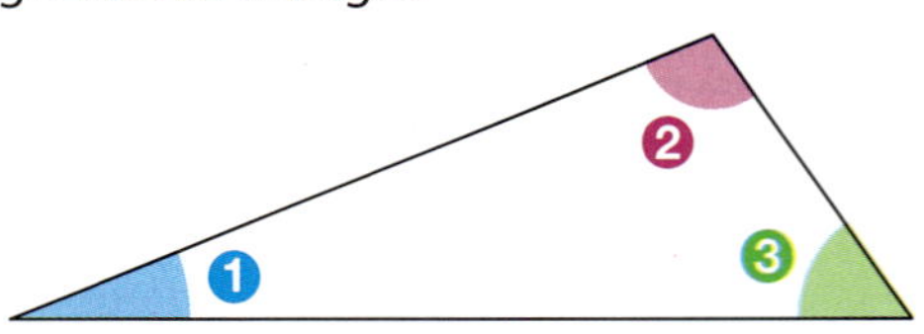

21 S'aider de papier calque pour déterminer, sur la figure ci-dessous, deux angles :
a. aigus superposables ;
b. obtus superposables.

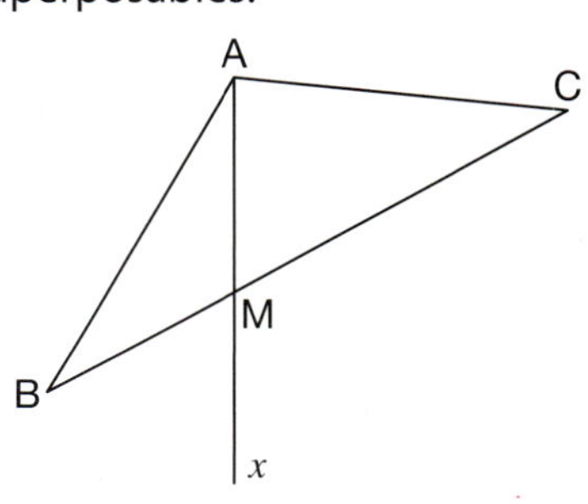

Je travaille mes automatismes

Reconnaître un angle aigu, droit, obtus

À l'oral — **Questions flash**

22 Dans chaque cas, dire si l'angle $\widehat{ECD}$ est aigu ou obtus. Expliquer.

a. 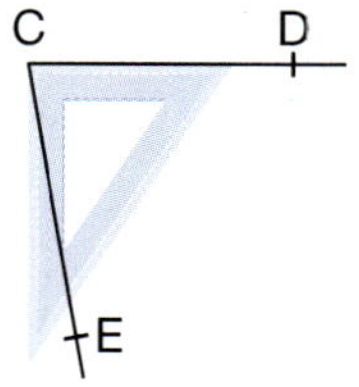

b. 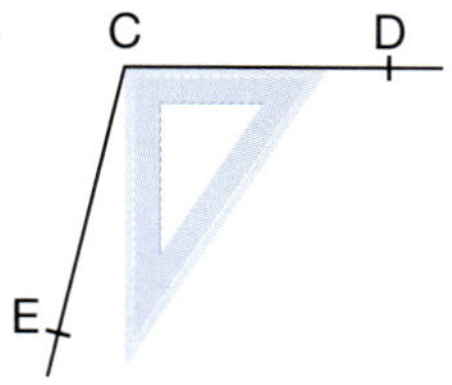

23 Pour communiquer, la marine utilise un alphabet visuel, appelé alphabet sémaphore, dont voici quelques lettres.
Pour chacune des lettres ci-dessous, dire si l'angle formé par les bras est aigu, droit ou obtus.

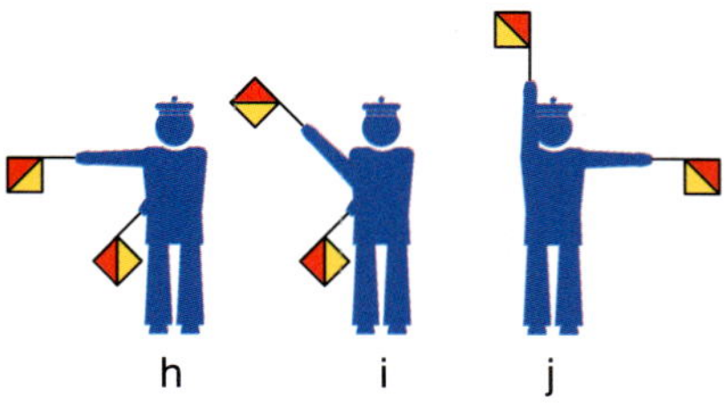

24 **a.** Tracer deux droites (*d*) et (*d'*) perpendiculaires en A. Marquer un point B de la droite (*d*).
b. Marquer un point C tel que l'angle $\widehat{BAC}$ soit aigu.
c. Marquer un point D tel que l'angle $\widehat{BAD}$ soit obtus.

25 Les points A, C, D ont été effacés sur la figure ci-contre. Retrouver leurs positions à l'aide des informations :
- $\widehat{BOC}$ est un angle aigu ;
- $\widehat{COA}$ est un angle droit ;
- $\widehat{DOC}$ est un angle plat.

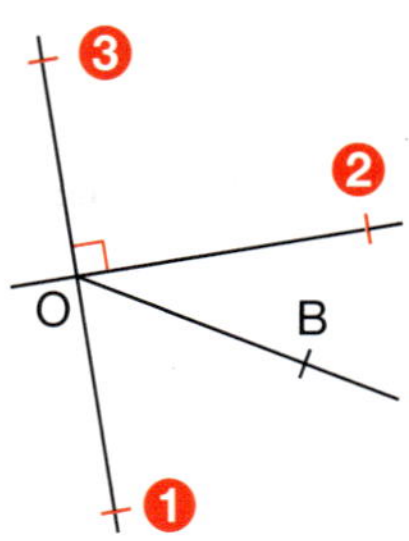

26 Les droites (AC), (BF) et (DE) se coupent en H.
Les droites (DE) et (BF) sont perpendiculaires.
Nommer deux angles :
a. aigus ; **b.** droits ; **c.** obtus.

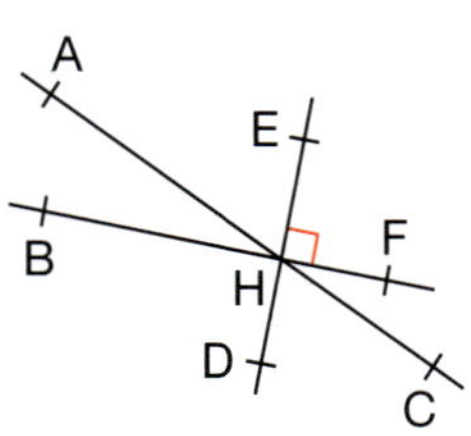

27 Citer tous les angles aigus, puis tous les angles obtus de cette figure.

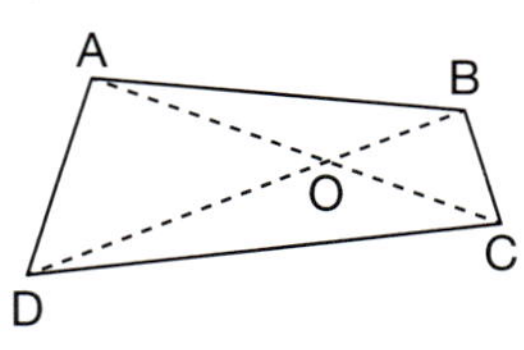

Mesurer ou construire un angle

À l'oral — **Questions flash**

28 Dans chaque cas, dire si l'angle marqué est aigu ou obtus. Donner sa mesure.

a. 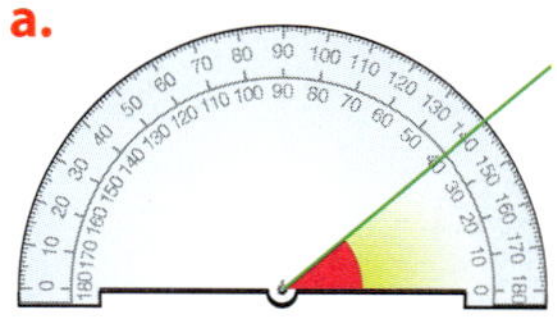

b. 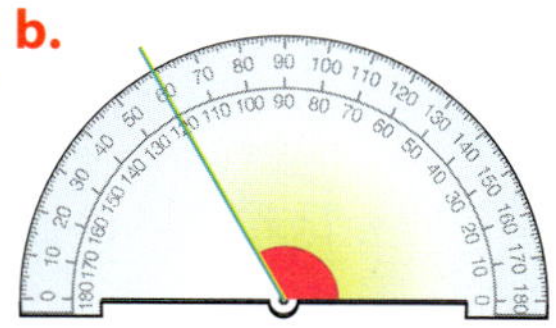

29 CALCUL MENTAL Calculer mentalement la mesure de l'angle $\widehat{AOB}$.

a. 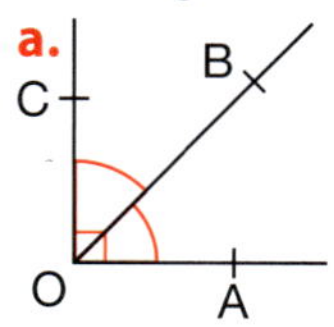

b. 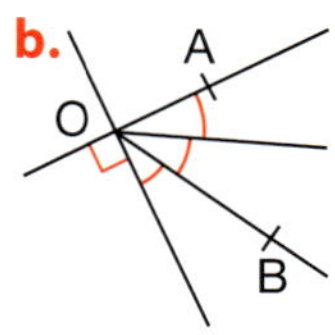

c. A, O, C alignés.
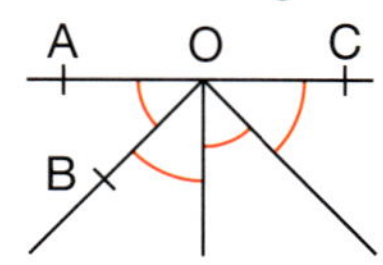

30 L'affirmation d'Ethan est-elle vraie ou fausse ? Expliquer.

31 CORRIGÉ en vidéo jaicompris.com

Dans chaque cas, dire si l'angle est aigu ou obtus, puis le mesurer à l'aide du rapporteur.

a. 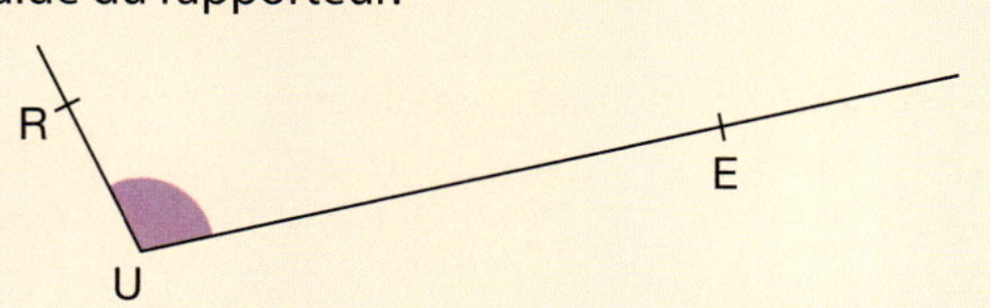

b. 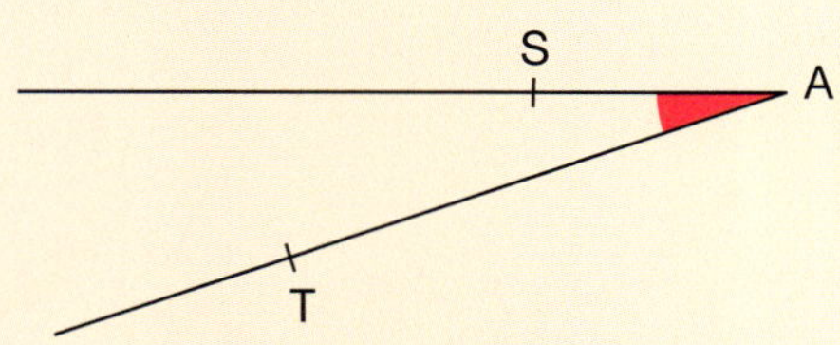

c. 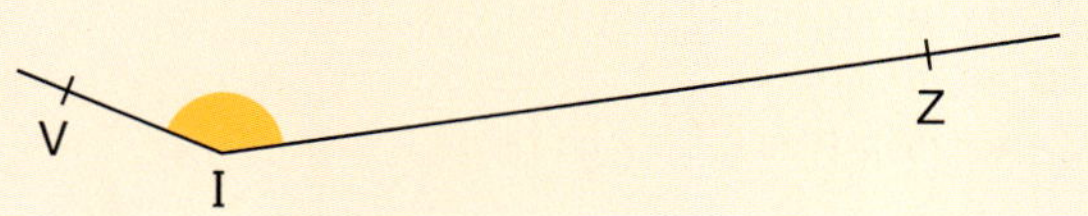

32 Dans chaque cas, construire un angle de mesure donnée.
a. $\widehat{FED} = 115°$ **b.** $\widehat{GHI} = 83°$ **c.** $\widehat{JKL} = 38°$ **d.** $\widehat{MNO} = 174°$

Mesurer un angle

33

Utiliser le rapporteur pour vérifier qui a raison.

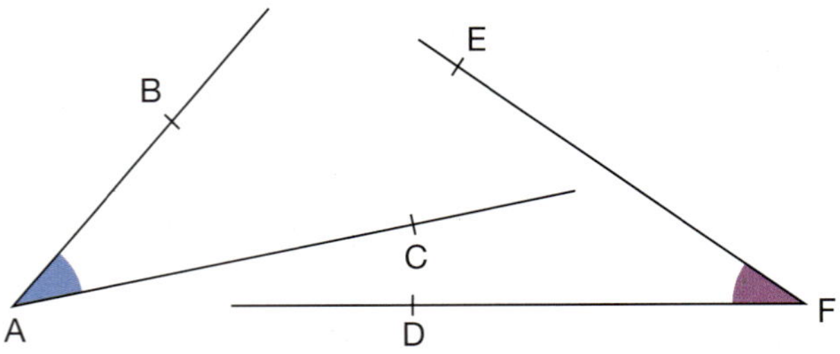

34 Sur une photocopie de cette figure, mesurer chacun des angles coloriés.

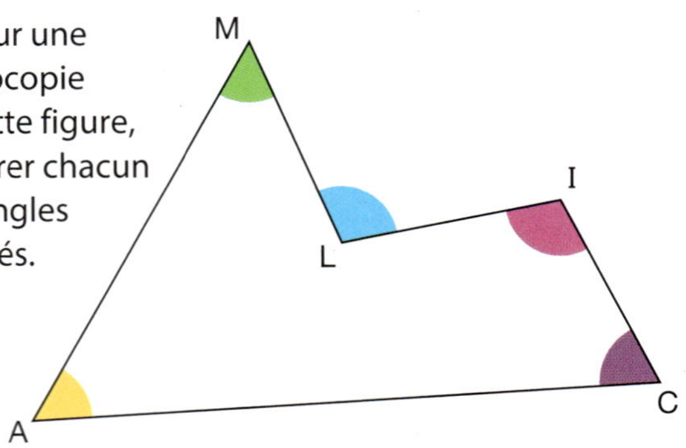

35 **a.** Sur une photocopie de cette figure, mesurer chacun des angles du polygone ABCDE.

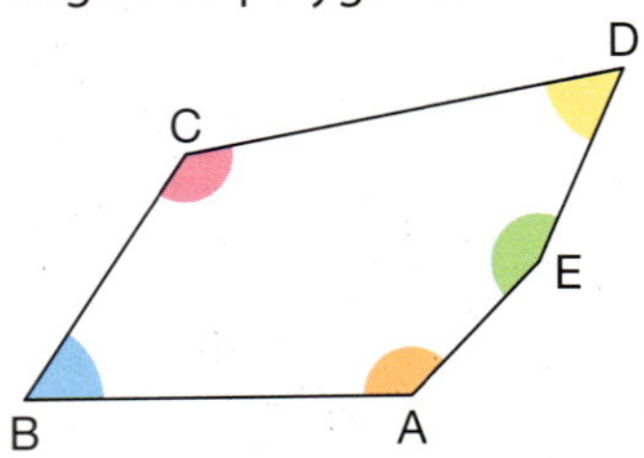

b. Nommer deux angles superposables.

36 À l'aide du rapporteur, mesurer les angles :

- $\widehat{TRU}$ • $\widehat{SVT}$ • $\widehat{UTV}$ • $\widehat{TSU}$

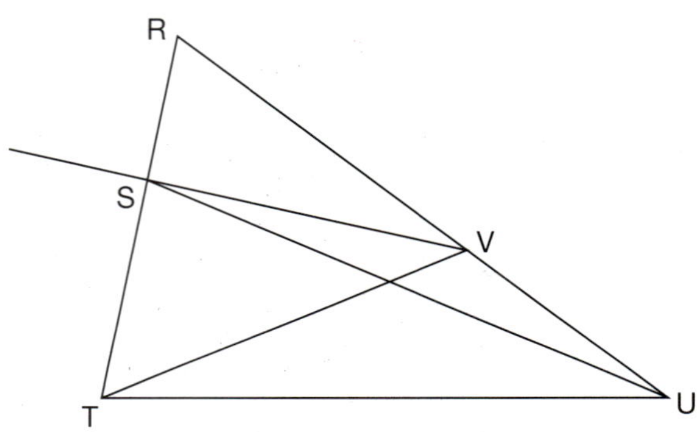

37 Dans chaque cas, expliquer pourquoi la figure est fausse.

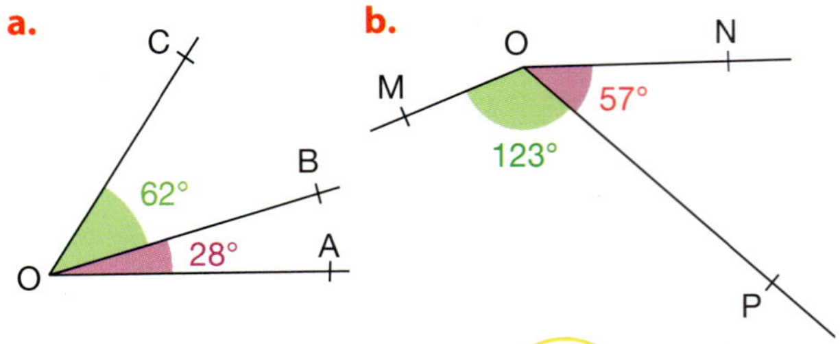

38 CORRIGÉ en vidéo jaicompris.com

Dans chaque cas, calculer la mesure de l'angle $\widehat{xOy}$. Expliquer.

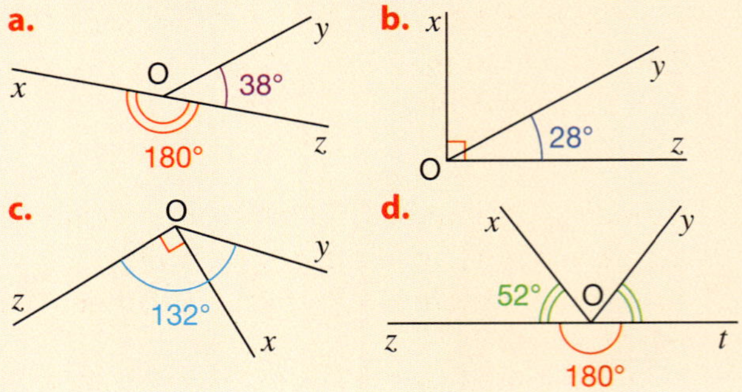

39 Utiliser un gabarit pour savoir lequel de ces footballeurs voit la cage de but sous l'angle le plus grand.

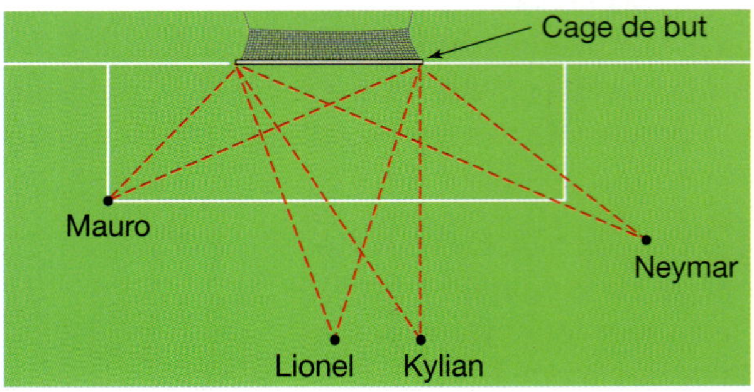

40 Jeux et casse-tête Les bandes d'une table de billard sont représentées ci-dessous par le quadrilatère ABDC. Sur une photocopie, réaliser les tracés nécessaires pour déterminer quel sera le point d'impact de la boule rouge après rebond en F.

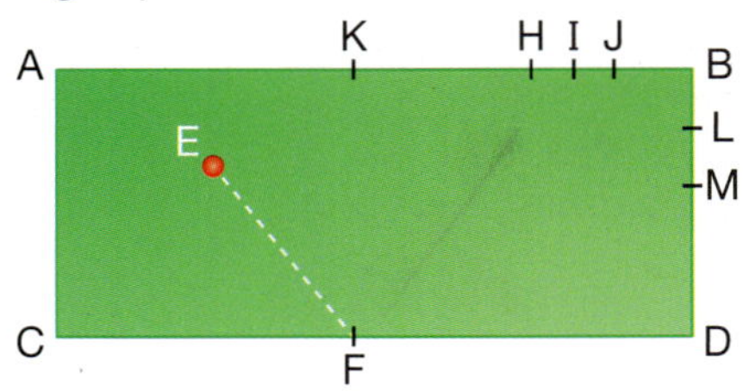

Coup de pouce
La boule rebondit sur la bande [CD] en faisant un angle égal à l'angle sous lequel elle l'a touchée.

Construire un angle

41 **a.** Construire un angle $\widehat{GHI}$ de mesure 51°.
b. Construire un angle $\widehat{STU}$ qui mesure le double de l'angle $\widehat{GHI}$.
c. L'affirmation de Célia ci-contre est-elle exacte ? Expliquer.

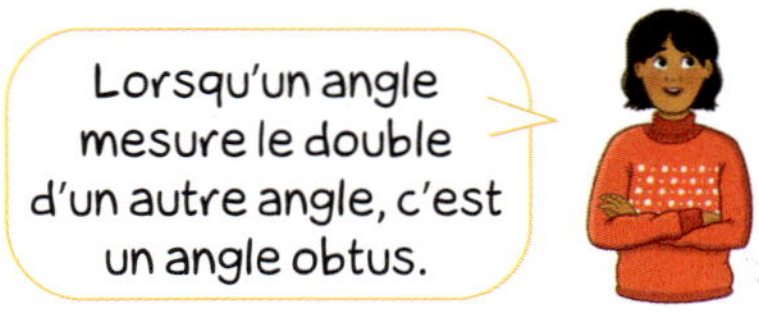

Célia

42 **a.** Tracer une demi-droite [BA).
b. Marquer un point C tel que l'angle $\widehat{ABC}$ mesure 124°.
c. Marquer un point D d'un même côté que C par rapport à la droite (AB) tel que l'angle $\widehat{ABD}$ mesure 47°.
d. Quelle est la mesure de l'angle $\widehat{DBC}$?
Vérifier avec le rapporteur.

43 **a.** Tracer un segment [AB] de longueur 9 cm.
b. Marquer le point I, milieu du segment [AB].
c. Tracer une demi-droite [Iy) telle que l'angle $\widehat{AIy}$ mesure 42°.
d. Tracer la demi-droite [Ix) du même côté que [Iy) telle que l'angle $\widehat{BIx}$ mesure 29°.
e. Calculer la mesure de l'angle $\widehat{yIx}$.

44 L'angle $\widehat{ACB}$ du triangle que Justine a construit a été effacé. Construire un angle de même mesure que l'angle $\widehat{ACB}$.
Réaliser et compléter la figure de Justine.

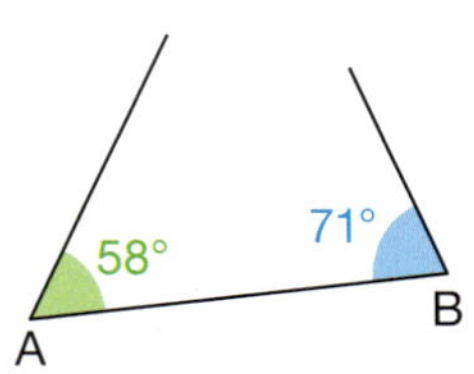

45 Construire la figure codée ci-dessous.
Les points A, O et B sont alignés.

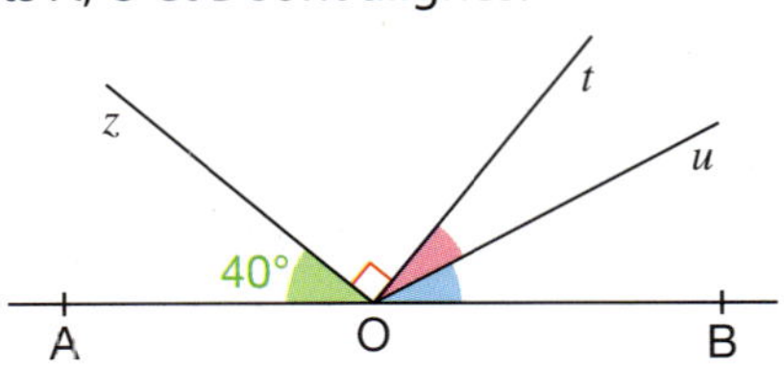

46 **a.** Construire cette figure en vraie grandeur.
b. Les points O, M, N sont-ils alignés ?
Pourquoi peut-on être certain de la réponse ?

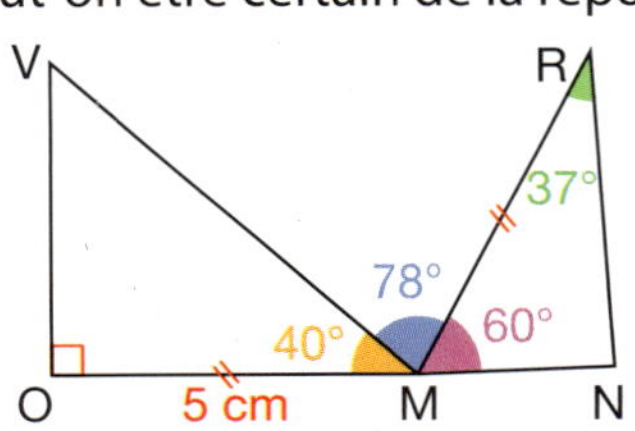

47 **Jeux et casse-tête** Voici les règles d'un jeu.
- Le joueur 1 donne la mesure d'un angle.
- Le joueur 2 doit construire à vue d'œil un tel angle.
- Le joueur 1 mesure cet angle avec le rapporteur.
- Si le joueur 2 a une erreur de moins de 5°, il marque 10 points. Si son erreur est plus petite que 1°, il marque 100 points.

Faire plusieurs parties en inversant les rôles.

Synthèse

Utiliser les angles

48 Voici une figure.

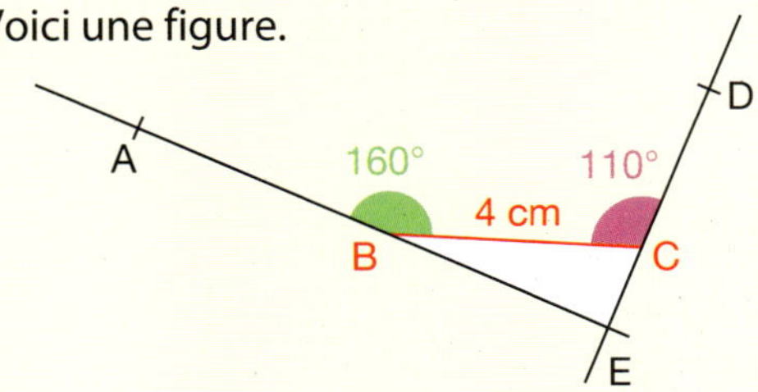

Objectif Construire cette figure en vraie grandeur en décomposant les étapes.

a. Tracer un segment [BC] de longueur 4 cm.
b. Construire les angles $\widehat{ABC}$ et $\widehat{BCD}$, avec les côtés [BA) et [CD) d'un même côté de la droite (BC).
Les droites (AB) et (CD) se coupent en E.
c. Vérifier la précision de ces tracés, sachant que l'angle $\widehat{BEC}$ doit être un angle droit.

49 Lors d'une régate de voiliers en mer, Albert (A) et Barbara (B) sont postés aux extrémités de la ligne d'arrivée.
Ils mesurent des angles afin de repérer les positions des voiliers.

Mesures de Barbara	$\widehat{ABC} = 65°$	$\widehat{ABD} = 36°$	$\widehat{ABE} = 45°$
Mesures d'Albert	$\widehat{BAC} = 34°$	$\widehat{BAD} = 42°$	$\widehat{BAE} = 23°$

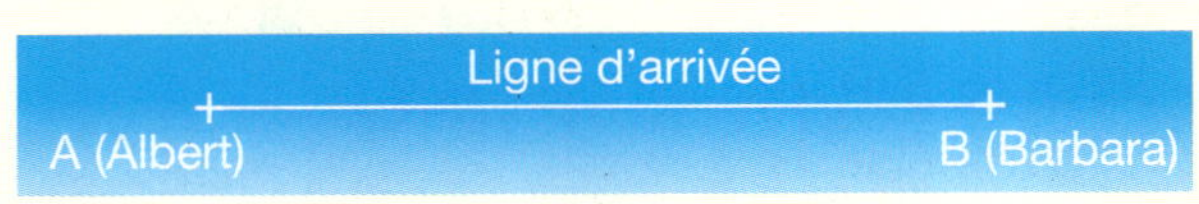

Objectif Construire les positions des trois voiliers de la régate C, D et E.

a. Tracer un segment [AB] de longueur 6 cm pour représenter la ligne d'arrivée.
b. Construire les positions des voiliers C, D et E, tous d'un même côté de la ligne d'arrivée.
c. Quel voilier semble être en tête de la course ?

Parcours différenciés

Je m'évalue

Pour chaque question, une seule réponse est exacte.

QCM supplémentaires
college.nathan.fr/tm6152

		a	b	c	En cas d'erreur
50 La demi-droite ci-contre…		a pour origine le point A	a pour origine le point B	se nomme [BA]	*Cours 1 p. 144*
51 Cet angle se nomme…	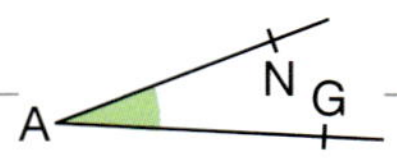	$\widehat{GNA}$	$\widehat{NAG}$	$\widehat{AGN}$	
52 Un côté de cet angle est…		[NA]	[GA]	[AN]	
53 L'angle colorié en vert se nomme…	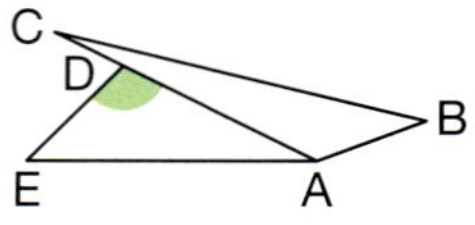	$\widehat{EDA}$	$\widehat{EDC}$	$\widehat{ACE}$	*Ex. 1 p. 145*
54 Sur cette figure, des angles superposables sont…	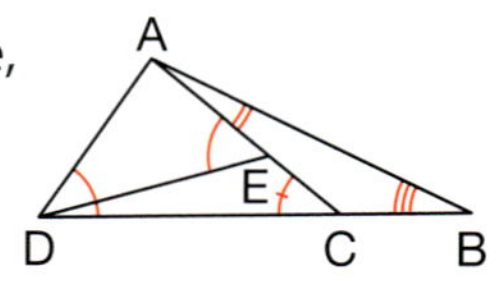	$\widehat{EDC}$ et $\widehat{ABC}$	$\widehat{CAB}$ et $\widehat{EDA}$	$\widehat{ADB}$ et $\widehat{AED}$	*Ex. 3 p. 145*
55 L'angle $\widehat{DCE}$ est…	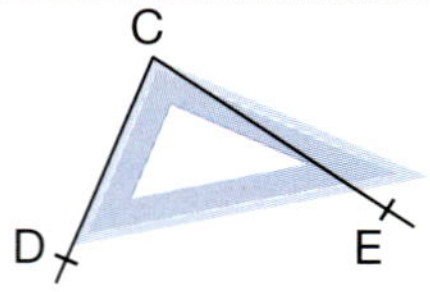	droit	aigu	obtus	*Cours 2 p. 146*
56 Un angle droit mesure…		45°	90°	180°	
57 Cet angle colorié en vert mesure…	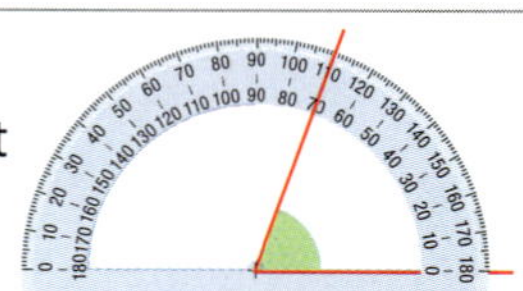	70°	90°	110°	*Cours 3 p. 146*
58 Sur la figure ci-contre…	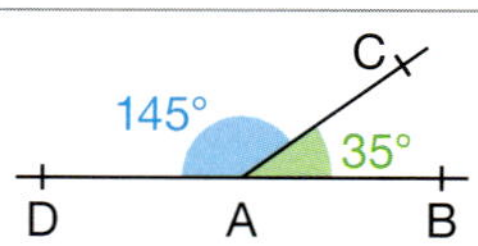	$\widehat{DAC}$ est un angle aigu	les points D, A et B sont alignés	$\widehat{DAB}$ = 170°	
59 Sur la figure ci-contre, l'angle $\widehat{CAD}$ mesure…	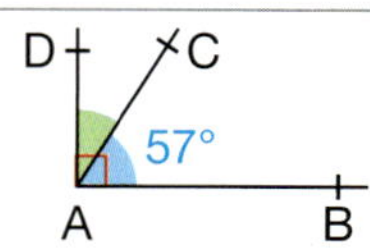	43°	90°	33°	
60 Le rapporteur permet de dire que…	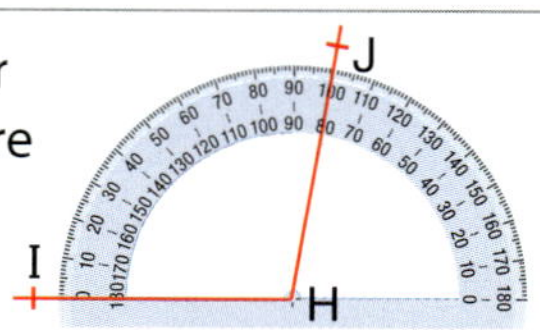	$\widehat{JHI}$ = 80°	$\widehat{JHI}$ = 91°	$\widehat{JHI}$ = 100°	*Ex. 5 p. 147*

Vérifie tes réponses page 288.

Tu peux poursuivre ton entraînement page 153.

Je réalise mon parcours

Selon ton score page précédente

Parcours conseillé
- Entre **0 et 5 bonnes réponses** : (drapeau vert)
- Entre **6 et 8 bonnes réponses** : (drapeau bleu)
- **9 bonnes réponses ou plus** : (drapeau rouge)

61 Calculer des mesures d'angles

À partir des informations codées sur la figure ci-contre, Max a écrit sur son cahier :

(1) $\widehat{GBI}$ est un angle droit, ça se voit.
(2) $\widehat{GCA}$ est un angle aigu.
(3) L'angle $\widehat{CBI}$ mesure 30°.

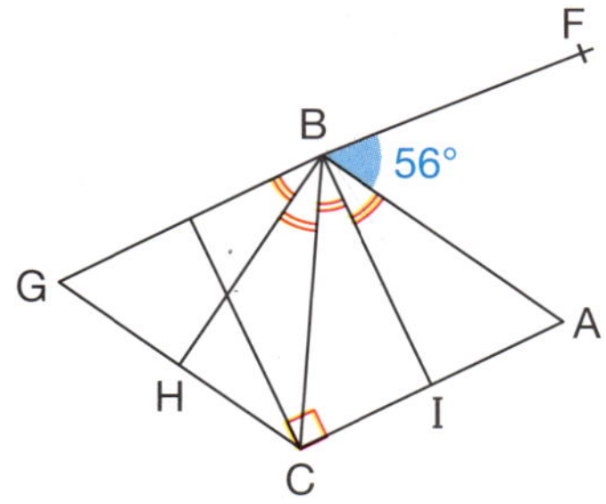

Les points G, B et F sont alignés.

PARCOURS 1

On s'intéresse à l'affirmation **(2)** de Max.

Comment comprendre les codages sur une figure ?

Le codage ∟ signifie que l'angle est droit et deux angles codés de la même façon ont la même mesure.

a. Recopier et compléter : « Un angle obtus est plus … qu'un angle droit et un angle … est plus petit qu'un angle droit. »
b. Que penser alors de l'affirmation **(2)** ?

PARCOURS 2

On s'intéresse à l'affirmation **(3)**.
a. Calculer la mesure de l'angle $\widehat{GBA}$.
b. Que penser alors de l'affirmation **(3)** ?

PARCOURS 3

L'affirmation **(1)** est-elle vraie ou fausse. Expliquer par le calcul.

62 Étudier une constellation

Gaëlle est passionnée d'astronomie.
Elle a réalisé une représentation d'Orion, l'une des plus belles constellations du ciel, connue pour sa forme de sablier.
Seules les étoiles les plus brillantes sont indiquées ci-contre.

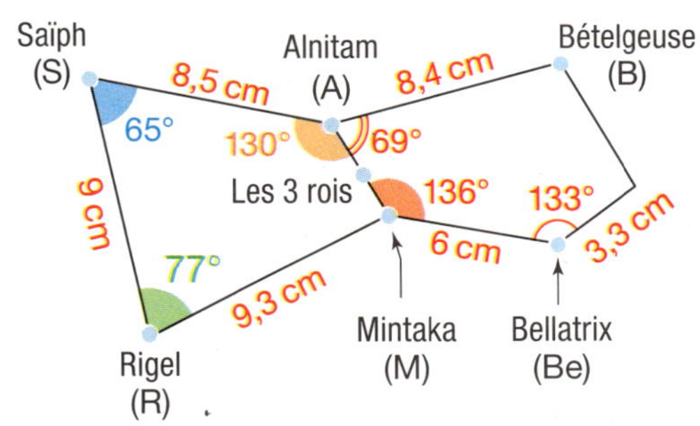

PARCOURS 1

On s'intéresse à la représentation en vraie grandeur de la partie composée des trois étoiles S, R, M.

Par quoi commencer pour réaliser cette figure ?

Commence par tracer le segment [SR].

a. Recopier et compléter : « L'angle défini par les trois étoiles S, R, M a pour sommet l'étoile … et pour mesure … °. »
b. Construire un angle $\widehat{xRy}$ de mesure 77° puis placer les étoiles S et M.

PARCOURS 2

On s'intéresse à la représentation en vraie grandeur de la partie composée des quatre étoiles S, R, M, A.
Tracer un segment [AS] de longueur 8,5 cm, puis des angles $\widehat{xSA}$ de 65° et $\widehat{yAS}$ de 130°.
Placer ensuite les étoiles R et M.

PARCOURS 3

Construire en vraie grandeur la constellation d'Orion représentée par Gaëlle.

Construire des angles

63 Algo Construire un polygone régulier ▶ Livret Scratch p. 2 et 6

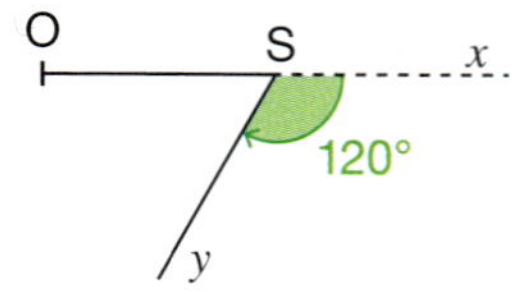

1. L'instruction [tourner ↻ de 120 degrés] signifie que le lutin tourne de 120° vers la droite.
Calculer la mesure de l'angle $\widehat{OSy}$.

2. a. Voici un script Scratch.
Sur papier quadrillé, tracer la figure décrite par le lutin lorsqu'on exécute ce script.
Choisir un point de départ et prendre un carreau pour 20 pas.

b. Ouvrir le logiciel Scratch, saisir le script ci-contre et l'exécuter.
Le lutin décrit-il la figure obtenue à la question **a** ?

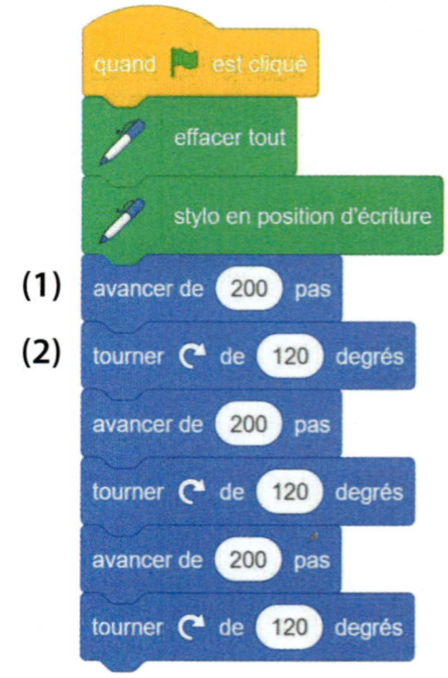

3. On remarque que les instructions **(1)** et **(2)** de ce script sont répétées trois fois.

a. Saisir un script en utilisant une seule fois les instructions **(1)** et **(2)** ainsi que le bloc ci-contre.

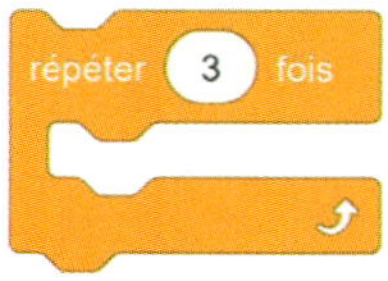

b. Exécuter le script ainsi modifié et vérifier que le lutin trace la même figure que précédemment.

64 Tice Construire et mesurer un angle

a. Ouvrir le logiciel GeoGebra et cliquer sur [Géométrie].

b. Créer deux demi-droites [AB) et [AC) (utiliser [Demi-droite]).

c. Afficher la mesure de l'angle $\widehat{BAC}$ (utiliser [Angle] et cliquer sur B, puis sur A et enfin sur C).

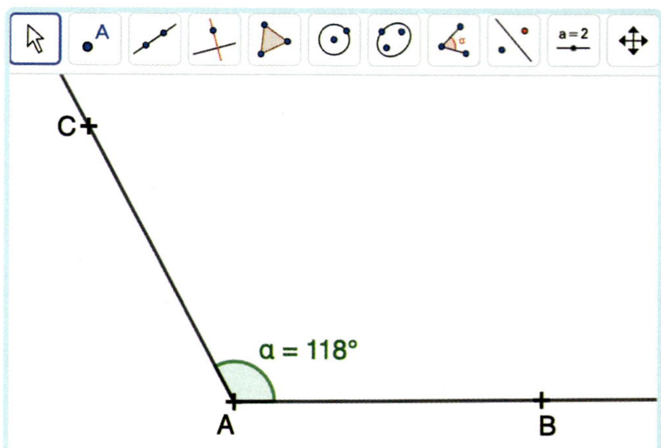

α et β sont des lettres grecques.
α se lit alpha
(elle correspond à notre a).
β se lit bêta
(elle correspond à notre b).
γ se lit gamma
(elle correspond à notre g).

d. Créer une demi-droite [CA') telle que $\widehat{ACA'} = 59°$. Pour cela :
• utiliser [Angle de mesure donnée] ;
• cliquer sur A, puis sur le sommet C, saisir 59° dans la boîte de dialogue qui s'ouvre et cocher [Sens anti horaire] puis [OK] ;
• créer la demi-droite [CA').

e. De la même façon, créer une autre demi-droite [CA'$_1$) telle que $\widehat{ACA'_1} = 59°$: cette fois, cocher [Sens horaire] dans la boîte de dialogue. GeoGebra note automatiquement A'1 le point obtenu.

J'utilise mes compétences

65 Communiquer en anglais

Représenter • Raisonner • Communiquer

a. Cut two angles such as:

$\widehat{xOy} = 30°$ et $\widehat{uIv} = 70°$.

b. Without using a protractor, construct an angle that measures: • 100° • 40° • 130°

66 Critiquer une réponse

Représenter • Calculer • Communiquer

À propos de la figure ci-dessous, un professeur demande : « Calculer la mesure de l'angle $\widehat{tAy}$. »
La copie de Sofiane est donnée ci-dessous à droite.

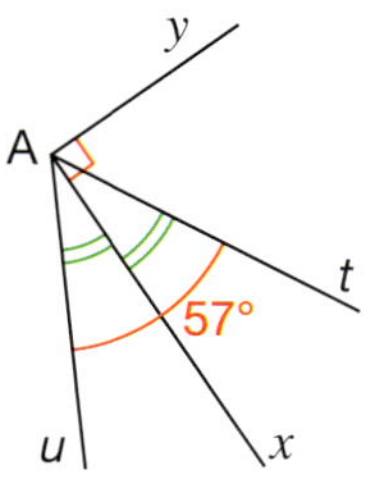

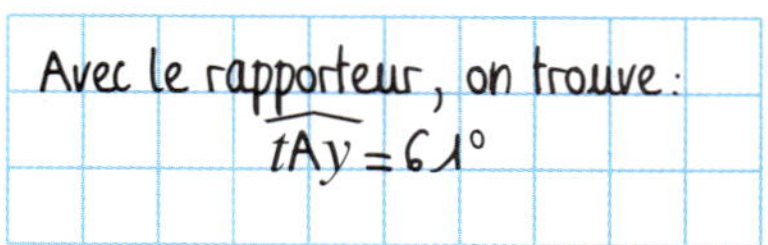

Que peut-on en penser ? Expliquer.

67 Comprendre les codages

Calculer • Raisonner • Communiquer

Sur cette figure, les points B, C, D, E sont alignés et la demi-droite [Dx) passe par le point A.

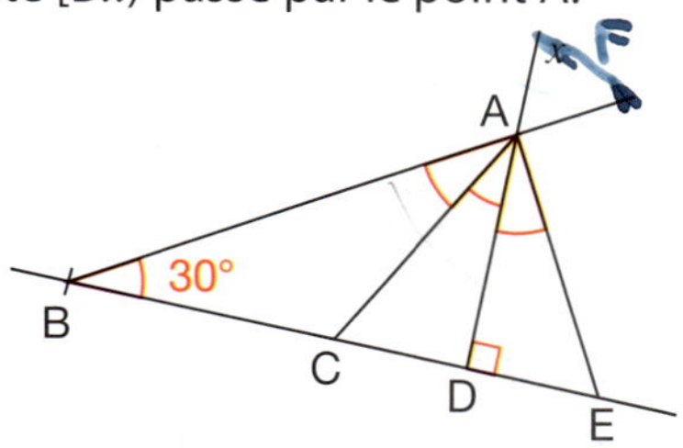

a. Expliquer pourquoi l'angle $\widehat{BAE}$ est droit.
b. Calculer la mesure de l'angle $\widehat{BAx}$.

68 Algo Comprendre un algorithme

Représenter • Raisonner • Communiquer

Voici un script Scratch. Sur papier quadrillé, construire la figure décrite par le lutin lorsque ce script est exécuté.
Choisir un point de départ et prendre 1 carreau pour 20 pas.

69 Comprendre l'information

Modéliser • Représenter • Communiquer

Le schéma ci-dessous représente le champ de vision d'un automobiliste selon sa vitesse.

a. Poser un calque sur ce schéma et mesurer chacun de ces angles de vision.
b. Sur le schéma ci-dessous, trouver les personnes (notées A, B, … , P) sur les trottoirs qui ne seront pas vues par le conducteur suivant sa vitesse de conduite.

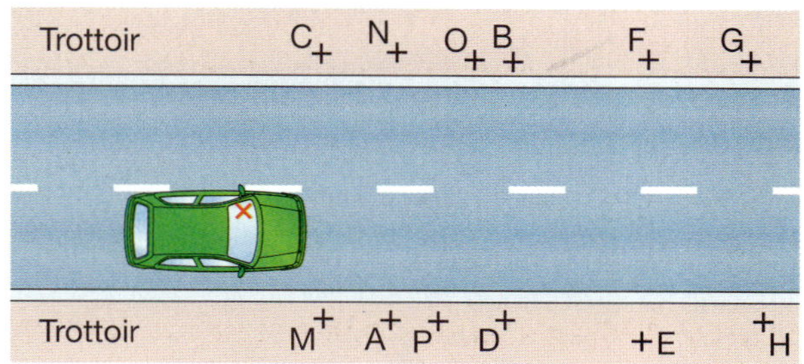

c. Recopier et compléter :
« Plus on roule vite, plus le champ de vision du conducteur est … ».
d. Pourquoi les limitations de vitesse sont-elles importantes en ville ?

70 Envisager plusieurs cas

Chercher • Représenter • Raisonner

[BC] est un segment de longueur 5 cm.
Construire tous les triangles ABC possibles tels que :

$\widehat{CBA} = 41°$ et AC = 4 cm.

71 Retrouver des sommets

Représenter • Raisonner • Communiquer

a. Construire en vraie grandeur cette figure.

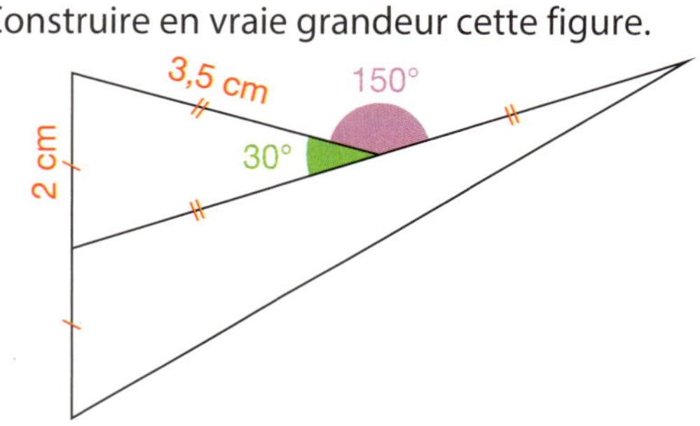

b. Nommer les points de la figure sachant que : $\widehat{ABC} = 30°$, $\widehat{EAD}$ est un angle obtus et la mesure de l'angle $\widehat{ADE}$ est inférieure à celle de l'angle $\widehat{AED}$.

72 Réaliser une figure artistique

Représenter • Raisonner • Calculer

Élise souhaite réaliser la figure ci-contre.
L'angle $\widehat{EAB}$ est droit et les points A, C, D et B sont alignés.

a. Calculer la mesure de chacun des angles coloriés en vert.

b. Construire en vraie grandeur cette figure, puis la colorier.

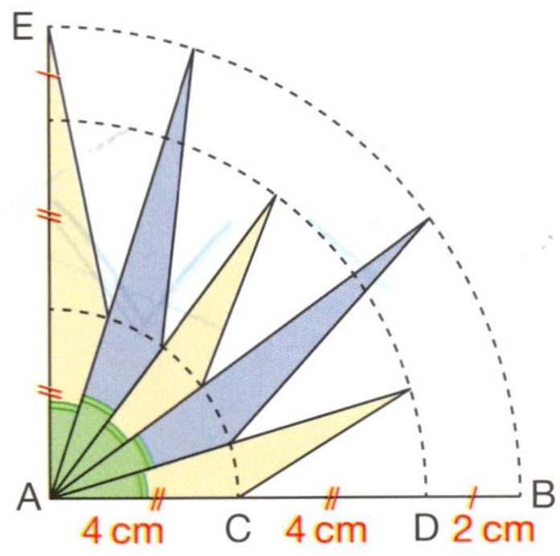

73 Comprendre et expliquer

Représenter • Raisonner • Communiquer

La citadelle de Lille a été construite vers 1671.
Elle a été dessinée par l'architecte Vauban sur le modèle d'une étoile à cinq branches.
Réaliser, en vraie grandeur, le plan de la citadelle de Lille donné ci-dessous.

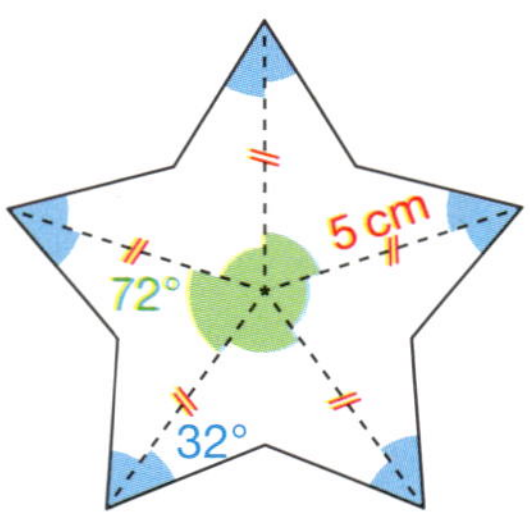

74 Imaginer une stratégie

Représenter • Raisonner • Calculer

À l'intérieur d'un angle $\widehat{xOy}$, Aylin trace des angles de même mesure pour construire un éventail.
Elle constate qu'après avoir construit les trois premiers angles, il reste un angle de 119°.
Après le cinquième angle, il reste un angle de 95°.

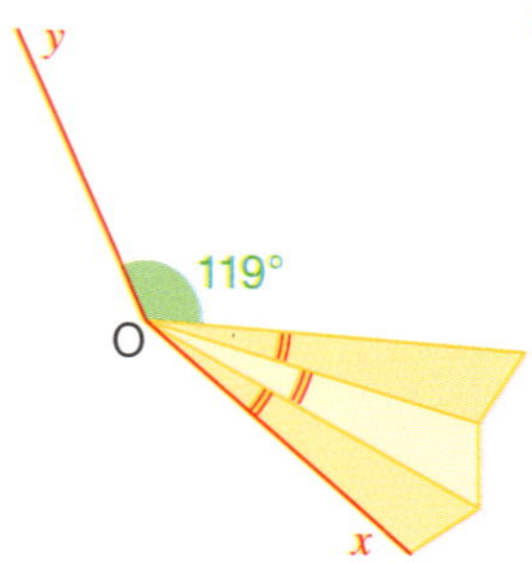

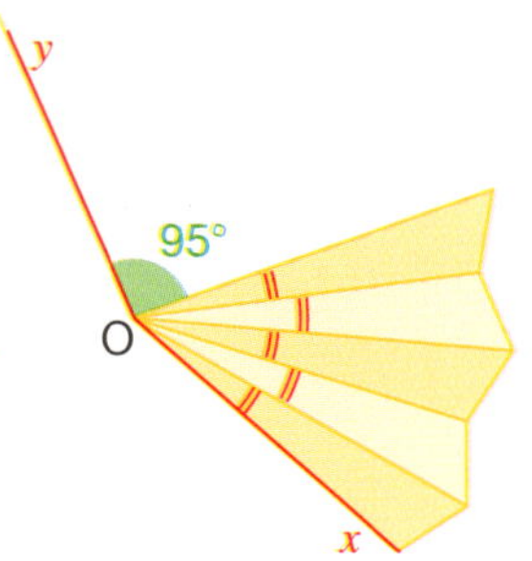

En continuant ainsi de tracer des angles de même mesure, il restera un petit angle à découper.
Calculer la mesure de ce petit angle.

75 Problème ouvert

Modéliser • Représenter • Calculer

Pauline constate qu'il ne reste plus qu'une part de tarte aux fruits.
Voici un dessin de cette part.
La tarte a été découpée en parts identiques avec 17 fruits chacune.
Pauline s'exclame : « Il y avait beaucoup de fruits sur cette tarte ! »
Combien y avait-il de fruits sur cette tarte ?

Narration de RECHERCHE

76 PROBLÈME Alba souhaite estimer la hauteur de ce sapin qui a été cassé par une tempête.
Proposer un procédé afin de donner une estimation la plus précise possible de la hauteur, en m, du sapin avant la tempête.

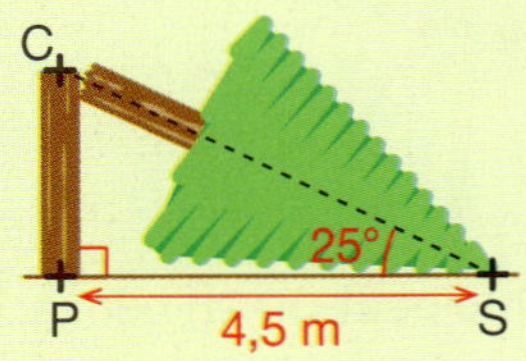

Raconter sur une feuille les différentes étapes de la recherche et les remarques qui ont fait changer de méthode ou qui ont permis de résoudre le problème.

Des défis

77 Calculer une somme

Un carré est divisé en 25 petits carrés superposables.
Quelle est la somme des mesures des cinq angles $\widehat{MPN}$, $\widehat{MQN}$, $\widehat{MRN}$, $\widehat{MSN}$ et $\widehat{MTN}$?

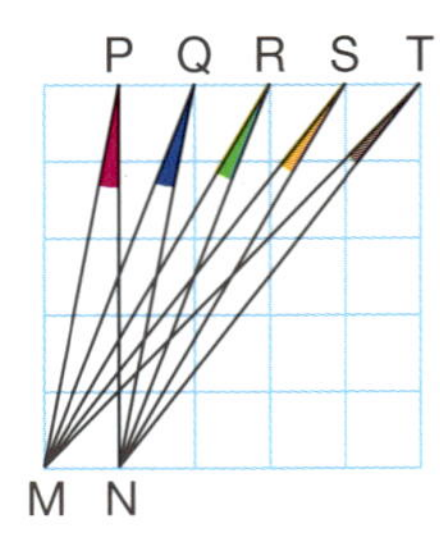

78 Se passer du rapporteur

Tracer cet angle $\widehat{BAC}$ en utilisant uniquement la règle et le compas.

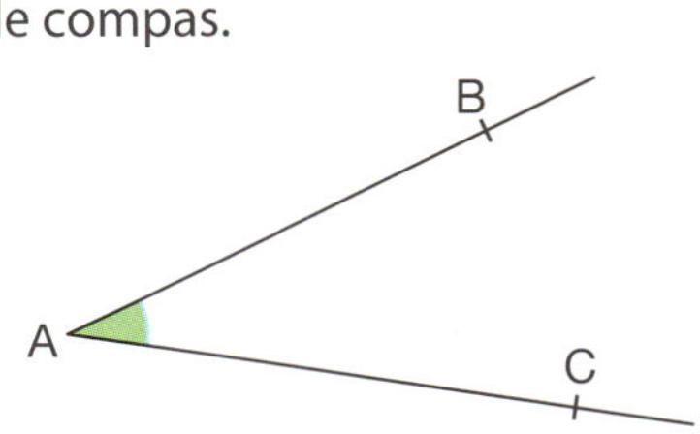

Je prends des initiatives

79 **LOCALISER** *des caméras*

La situation-problème

Une compétition de ski se déroule sur une piste verte. Comment disposer correctement les caméras au bord de cette piste de ski en tenant compte des contraintes ?

Les supports de travail

Une photocopie du doc. 2 et les instruments de géométrie.

Toute piste de recherche, même non aboutie, figurera sur la feuille.

Doc. 1

Les contraintes

- Chaque caméra a un angle de vision de 50°.
- Chaque partie de la piste doit être couverte par une caméra.
- Chaque panneau publicitaire ne peut être vu que par une seule caméra.
- Une caméra est déjà placée à l'arrivée de la piste.

Doc. 2

Le plan de la piste

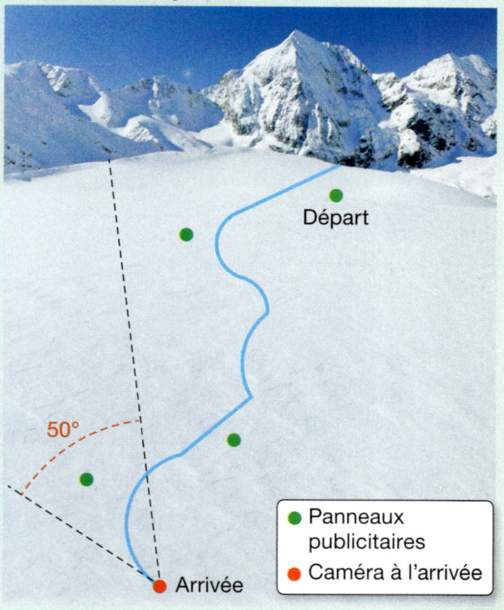

80 **CONSTRUIRE** *des carrés*

La situation-problème

Oscar a saisi un script Scratch pour dessiner une lettre P.
Pour chacune des figures du doc. 2, construire comme Oscar un script qui permet de la dessiner.

Les supports de travail

Un ordinateur et le logiciel Scratch.

Toute piste de recherche, même non aboutie, figurera sur la feuille.

Doc. 1

Le dessin du lutin

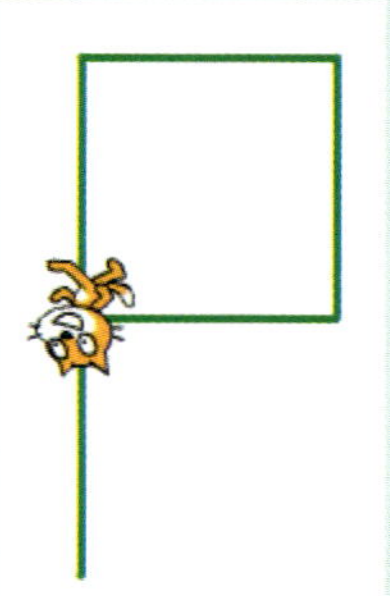

Doc. 2

Les figures à dessiner

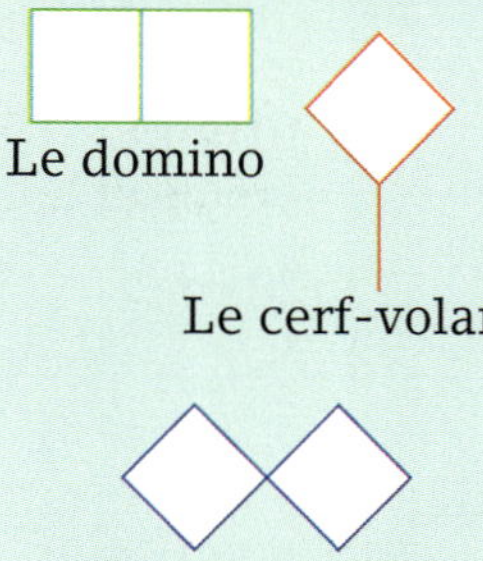

Doc. 3

Le script de Oscar

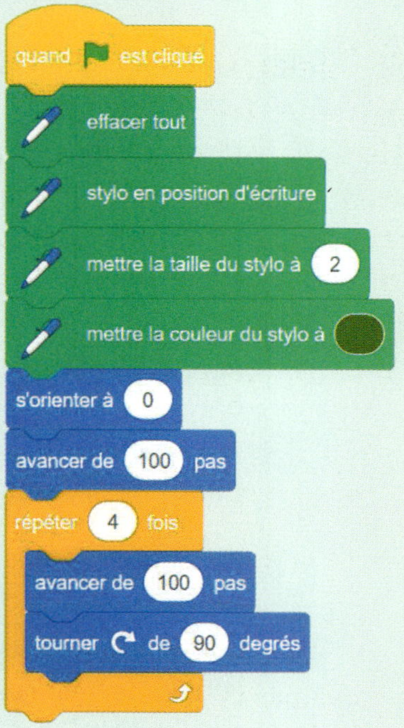

CHAPITRE
10 Calculer des longueurs, des aires, des durées

Un centre commercial dans l'Allier a installé 22 000 m^2 de panneaux solaires en ombrières sur son parking de 1 500 places.
Cette installation produit 30 % de la consommation électrique annuelle du centre commercial.
Elle permettra également la mise en place de 70 bornes de recharge pour véhicules électriques.

Bien démarrer

Pour chaque question, une réponse ou plusieurs sont exactes.

		a	b	c
1	Une figure de périmètre 6 cm est par exemple la figure…		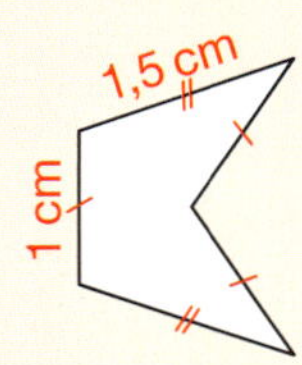	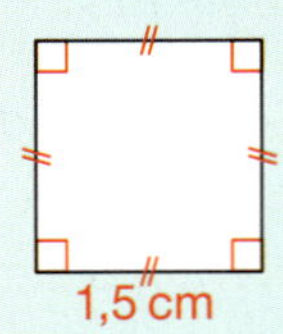
2	Les deux figures ci-contre ont… 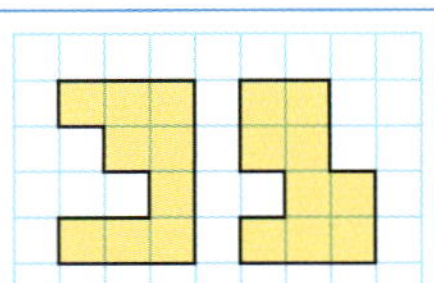	des aires et des périmètres différents	des aires égales	des périmètres égaux
3	Dans 1 m^2, il y a…	10 dm^2	100 dm^2	10 000 cm^2
4	Un carré de 7 m de côté a une aire de…	28 cm^2	4 900 dm^2	49 m^2
5	Éloïse se lève à 6 h 45 et prend le bus une heure et demie plus tard. Elle prend le bus à…	7 h 45	8 h 15	8 h 35

Vérifie tes réponses p. 288

ACTIVITÉ

1 Calculer des longueurs

Cours Paragraphe 1, p. 160

Un responsable de club de football utilise un odomètre pour prendre des mesures et marquer les lignes autour du terrain.
Un compteur affiche la distance parcourue, en m.

a. La fiche technique de l'odomètre indique :

Diamètre de la roue : 318,3 mm
Longueur d'un tour de roue : 1 m (précision 0,1 mm)

Un odomètre

En utilisant la touche π de la calculatrice, vérifier que les indications portées sur la fiche technique sont exactes.

b. Le responsable doit tracer un rectangle de dimensions 105 m sur 68 m.
Quelle distance affichera le compteur lorsqu'il aura tracé ce rectangle ?

La longueur d'un cercle est le produit de son diamètre par le nombre π (pi).

ACTIVITÉ

2 Calculer des aires

Cours Paragraphe 2, p. 162

Voici trois parterres de fleurs.

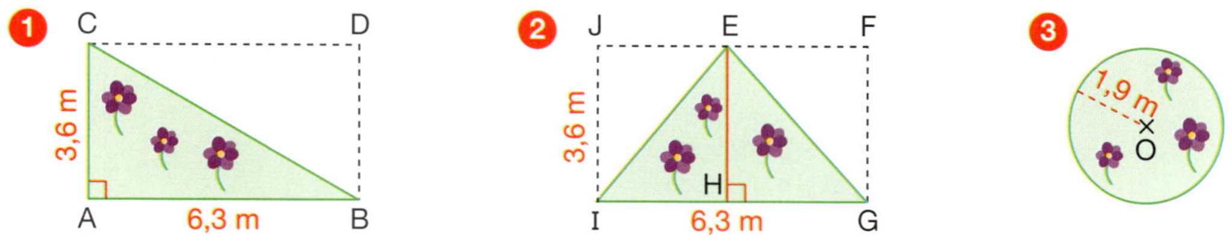

1 Calculer l'aire, en m^2, du parterre **1**.

2 **a.** Calculer l'aire, en m^2, du parterre **2**.

b. Calculer $(IG \times EH) : 2$ et vérifier que l'on retrouve l'aire du parterre **2**.
On dit que EH est la longueur de **la hauteur** relative au côté [IG] du triangle EIG.

3 L'aire $\mathcal{A}$ d'un disque de rayon r se calcule en utilisant la formule :
$\mathcal{A} = \pi \times r \times r$ (on écrit souvent $\mathcal{A} = \pi \times r^2$ où r^2 est « le carré » du rayon r).
L'affirmation de Léna est-elle exacte ?

Les parterres **1** et **3** ont à peu près la même aire.

Léna

ACTIVITÉ

3 Calculer des durées

Cours Paragraphe 3, p. 164

Lors du Festival du Court Métrage de Lille, la séance du matin propose un film de 1 h 15 min et un autre de 49 min.
La séance de l'après-midi propose un film de 55 min et un autre de 35 min.

a. Exprimer la durée, en h et min, de chacune de ces séances.

b. Quelle est la durée totale, en h et min, de ces deux séances ?

c. La séance du soir débute à 20 h 30 et se termine à 23 h 55.
Combien de temps a-t-elle duré ?

Cours

VIDÉOS de cours jaicompris.com

1 Longueurs et périmètres

Exercices 19 à 33

a. Unités de longueurs

Chaque unité de longueur est **10** fois plus grande que celle de rang inférieur.

1 m = 10 dm = 100 cm   1 km = 1 000 m

1 cm = 0,1 dm = 0, 01 m   1 m = 0,001 km

1 km	1 hm	1 dam	1 m	1 dm	1 cm	1 mm

× 10 × 10 × 10 × 10 × 10 × 10

b. Notion de périmètre

DÉFINITION Le **périmètre** d'une figure est la longueur de son contour.

Exemple

1,3 cm + 2,3 cm + 2,8 cm = 6,4 cm

Le périmètre de ce triangle est 6,4 cm.

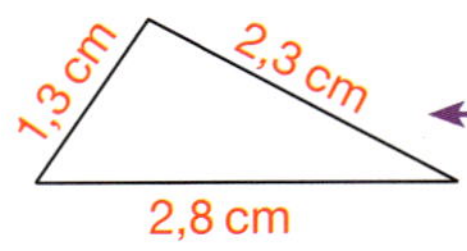

Pour calculer le périmètre d'une figure, il faut exprimer toutes les longueurs dans la **même unité**.

c. Périmètre d'un rectangle, d'un carré

Périmètre d'un rectangle de dimensions a et b		Périmètre d'un carré de côté c	
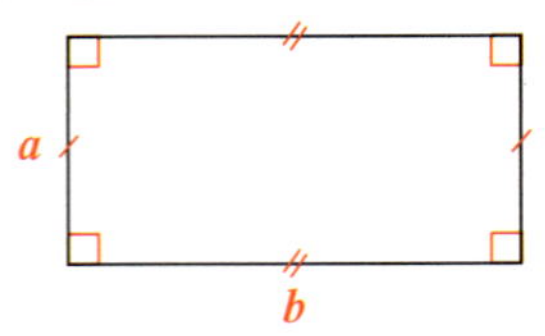	$P = 2 \times a + 2 \times b$ ou $P = 2 \times (a + b)$	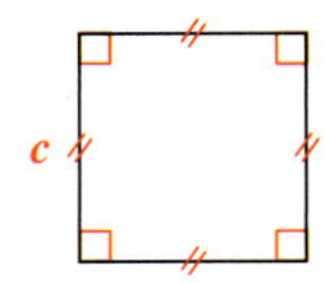	$P = 4 \times c$

Exemple

Le périmètre P du rectangle représenté ci-contre est :

P = 2 × 2,5 cm + 2 × 1,5 cm = 5 cm + 3 cm = 8 cm

ou P = 2 × (2,5 cm + 1,5 cm) = 2 × 4 cm = 8 cm.

Le périmètre de ce rectangle est 8 cm.

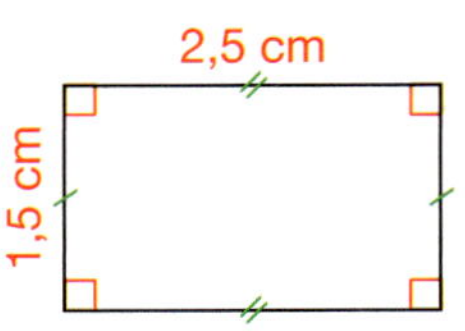

d. Longueur d'un cercle

PROPRIÉTÉ La **longueur** (ou périmètre) d'un cercle est égale au **produit** de son diamètre par le nombre π.

Longueur d'un cercle de diamètre d		Longueur d'un cercle de rayon r	
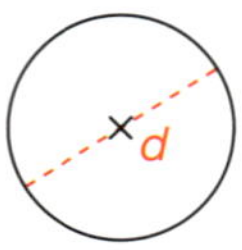	$L = \pi \times d$	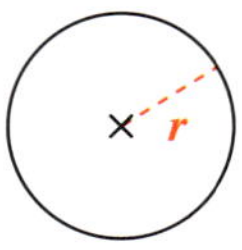	$L = 2 \times \pi \times r$

Pour calculer une valeur approchée de L, on peut utiliser la touche π de la calculatrice.

Exemple

La longueur L d'un cercle de rayon 3 cm est : L = 2 × π × 3 cm = π × 6 cm.

D'après l'écran ci-contre, L ≈ 18,85 cm.

π×6	18,84955592

J'applique le cours

1 Calculer le périmètre d'une figure

EXERCICE RÉSOLU

ÉNONCÉ Calculer le périmètre, en cm, de la figure ci-contre.

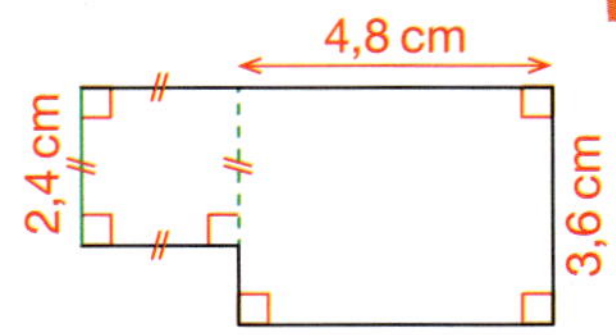

SOLUTION

• Périmètre du rectangle :
2 × (4,8 cm + 3,6 cm) = 2 × 8,4 cm = 16,8 cm.
• Longueur de deux côtés du carré :
2 × 2,4 cm = 4,8 cm.
• 16,8 cm + 4,8 cm = 21,6 cm
Ainsi, le périmètre de cette figure est 21,6 cm.

CONSEILS

• Le périmètre du rectangle comprend la longueur du trait en pointillés verts, c'est-à-dire la longueur du côté vert du carré.
• À ce périmètre du rectangle, il ne reste donc plus qu'à ajouter la longueur de deux côtés du carré.

À TON TOUR

2 Le plan d'une maison est donné ci-contre.
Quel est le périmètre, en m, de cette maison ?

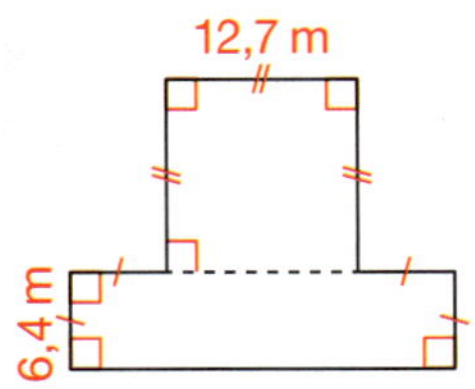

3 Jérôme court deux fois autour de l'école.
Quelle distance, en m, Jérôme a-t-il parcourue ?

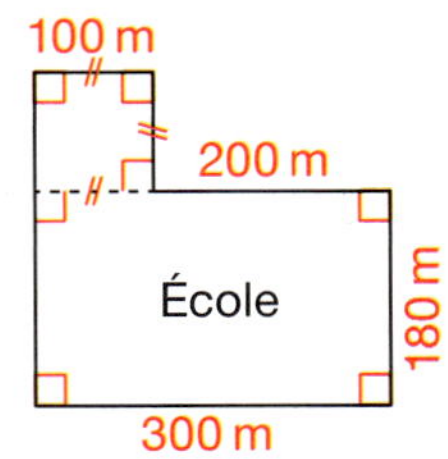

4 Calculer la longueur d'un cercle

EXERCICE RÉSOLU

ÉNONCÉ Le cadran circulaire d'une montre a pour diamètre 3,4 cm.
Calculer la longueur L, en cm, de ce cercle.
Donner une valeur approchée au dixième près.

SOLUTION

La longueur de ce cercle est : $L = \pi \times 3{,}4$ cm.
À l'aide de la calculatrice (voir ci-dessous), on détermine une valeur approchée au dixième près : $L \approx 10{,}7$ cm.

TI-Collège Plus

On sélectionne : mode ▼ ▼ ▼ ▼ ▼ ▶

(AFFLIGNE) entrer 2nde mode

On tape : π × 3,4 entrer

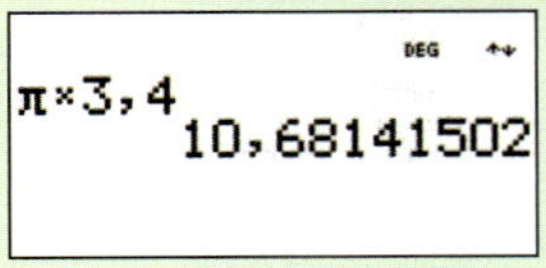

Casio *fx*-92 Spéciale Collège

On sélectionne le mode Math : SECONDE MENU CONFIG

1 (Saisie/Résultat) 2 (Smaths/Rdéc)

On tape : SECONDE ×10^x × 3,4 EXE

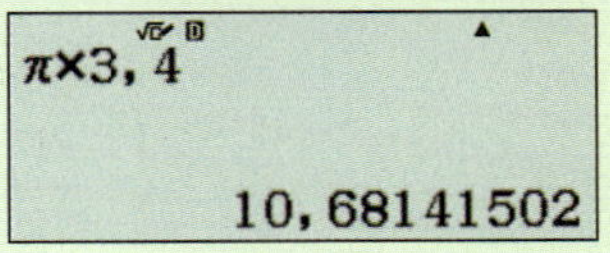

CONSEIL

• Le signe ≈ est utilisé pour écrire une valeur approchée.

À TON TOUR

5 Le « rond central » d'un terrain de football a un diamètre de 18,3 m.
Calculer la longueur, en m, de ce cercle.
Donner une valeur approchée au dixième près.

6 Un cercle a pour rayon 7 cm.
Calculer la longueur, en cm, de ce cercle.
Donner une valeur approchée à l'unité près.

2 Aires

Exercices 34 à 43

a. Aire d'une figure

DÉFINITION L'aire d'une figure est la mesure de sa surface intérieure.

Exemple

L'aire de la surface jaune ci-contre est égale à 6 unités.

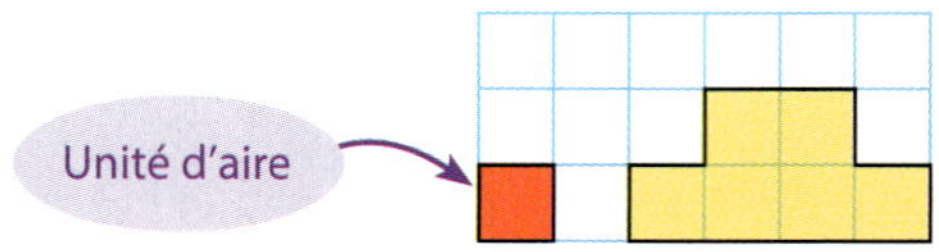

b. Unités d'aire usuelles

DÉFINITION Une unité d'aire souvent utilisée est le **mètre carré** (m^2).
1 m^2 est l'aire d'un carré de côté 1 m.

Autres unités d'aire

Le décimètre carré (dm^2) est l'aire d'un carré de côté 1 dm.
Un carré d'aire 1 m^2 contient 100 carrés d'aire 1 dm^2.
Donc 1 m^2 = 100 dm^2.

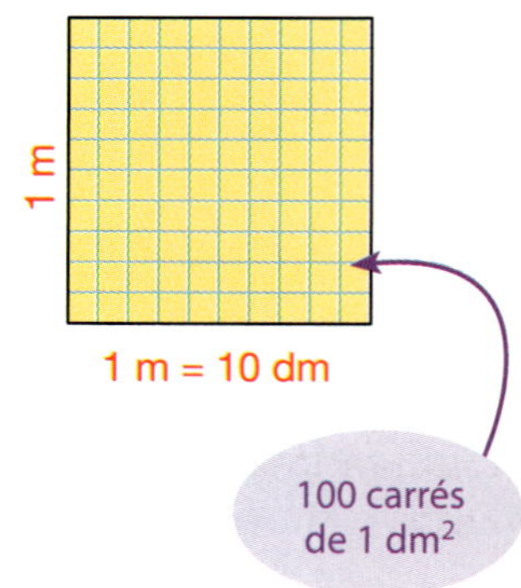

1 km^2	1 hm^2	1 dam^2	1 m^2	1 dm^2	1 cm^2	1 mm^2

$\times 100$ (←) entre chaque unité et la précédente : $\times 100$ $\times 100$ $\times 100$ $\times 100$ $\times 100$ $\times 100$

Vocabulaire

Pour mesurer la superficie des terrains, on utilise l'**are** (a) et l'**hectare** (ha) :
1 **a** = 1 dam^2 = 100 m^2
1 **ha** = 1 hm^2 = 10 000 m^2

c. Aires de polygones particuliers

Il faut penser à exprimer toutes les dimensions dans une même unité.	Rectangle	Carré	Triangle rectangle	Triangle
	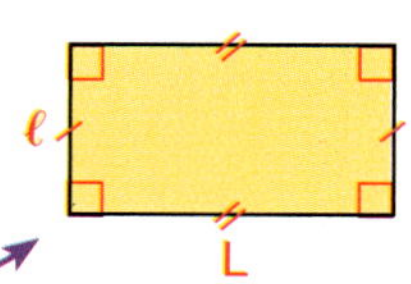	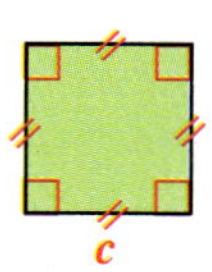	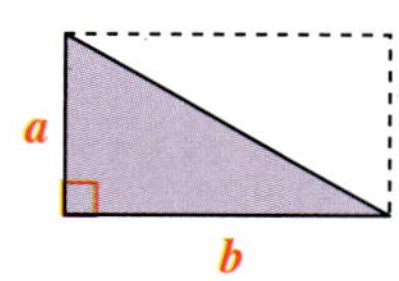	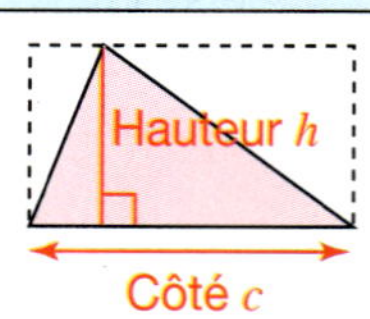
Aire $\mathscr{A}$	$\mathscr{A} = L \times \ell$	$\mathscr{A} = c \times c$ ou $\mathscr{A} = c^2$	$\mathscr{A} = (a \times b) : 2$ ou $\mathscr{A} = \frac{a \times b}{2}$	$\mathscr{A} = (c \times h) : 2$ ou $\mathscr{A} = \frac{c \times h}{2}$

d. Aire d'un disque

Disque de rayon r	Aire $\mathscr{A}$
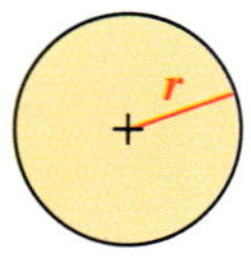	$\mathscr{A} = \pi \times r \times r$ ou $\mathscr{A} = \pi \times r^2$

Info
On dit que c^2 (ou r^2) est « le carré » du nombre c (ou r).

J'applique le cours

7 Calculer l'aire d'un triangle

EXERCICE RÉSOLU

ÉNONCÉ Une façade d'une maison est schématisée ci-contre. Calculer l'aire, en m², de la façade (fenêtre comprise).

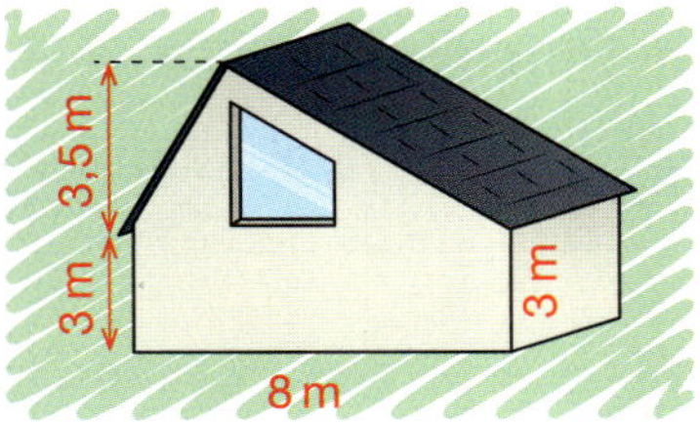

SOLUTION

On décompose cette façade en un triangle et un rectangle comme ci-contre.

• Aire du triangle :
$(8\text{ m} \times 3{,}5\text{ m}) : 2 = 28\text{ m}^2 : 2 = 14\text{ m}^2$.

• Aire du rectangle :
$3\text{ m} \times 8\text{ m} = 24\text{ m}^2$.

• $14\text{ m}^2 + 24\text{ m}^2 = 38\text{ m}^2$

Ainsi, l'aire de la façade est 38 m^2.

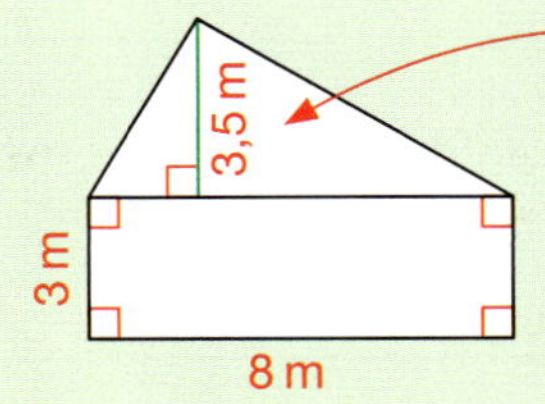

CONSEIL
Une hauteur du triangle a pour longueur 3,5 m, elle est relative à un côté de longueur 8 m.

À TON TOUR

8 Calculer l'aire, en cm², de cette planche en bois.

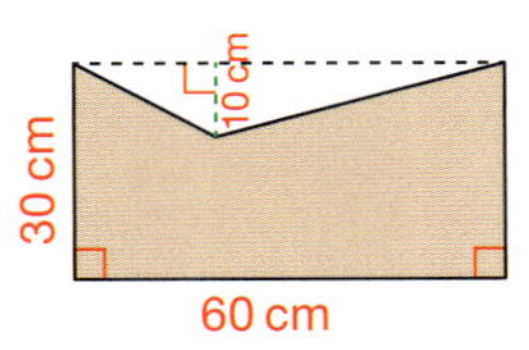

9 Calculer l'aire, en cm², du triangle blanc.

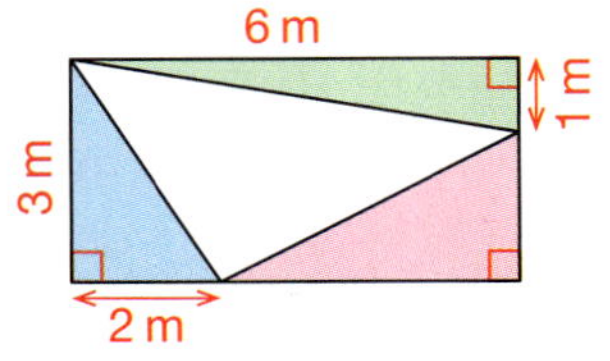

10 Calculer l'aire d'un disque

EXERCICE RÉSOLU

ÉNONCÉ Ce panneau signale un passage piéton obligatoire. Calculer l'aire, en m², de ce disque.
Donner une valeur approchée au centième près.

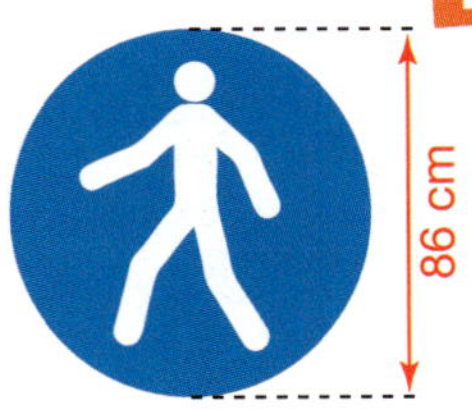

SOLUTION

Ce panneau est un disque de diamètre 86 cm, c'est-à-dire de rayon 43 cm.
Or 43 cm = 0,43 m.
Donc son aire est :

$$\mathcal{A} = \pi \times 0{,}43\text{ m} \times 0{,}43\text{ m} = \pi \times 0{,}43^2\text{ m}^2.$$

À l'aide de la calculatrice, on obtient :

$$\mathcal{A} \approx 0{,}58\text{ m}^2.$$

CONSEILS
On saisit à l'aide de la calculatrice :

• π × 0,43 x^2 entrer avec TI Collège Plus.

• SECONDE ×10^x (π) × 0,43 x^2 EXE avec Casio *fx*-92 Spéciale Collège.

À TON TOUR

11 Calculer l'aire $\mathcal{A}$, en mm², de cette pièce de 2 €.
Donner une valeur approchée à l'unité près.

12 Calculer l'aire $\mathcal{A}$, en mm², du dessus de cette canette.
Donner une valeur approchée à l'unité près.

3 Durées

Exercices 44 à 51

a. Durée

DÉFINITION La mesure du temps entre deux instants s'appelle la **durée**.
Une unité de durée souvent utilisée est la **seconde** (s).

Autres unités de durée

Multiples de l'unité			Unité	Sous-multiples de l'unité		
jour	heure	minute	seconde	dixième de seconde	centième de seconde	millième de seconde
1 j =24 h	1 h = 60 min	1 min = 60 s	1 s	0,1 s	0,01 s	0,001 s

- 1 semaine = 7 jours
- 1 siècle = 100 ans
- 1 mois = 28 ou 29 ou 30 ou 31 jours
- 1 millénaire = 1 000 ans = 10 siècles
- 1 an = 365 ou 366 jours

Exemple

Une séance de cinéma commence à 17 h 40 et se termine à 19 h 10. Sa durée est :

20 min + 1 h 10 min = 1 h 30 min.

Cette séance a donc duré 1 h 30 min.

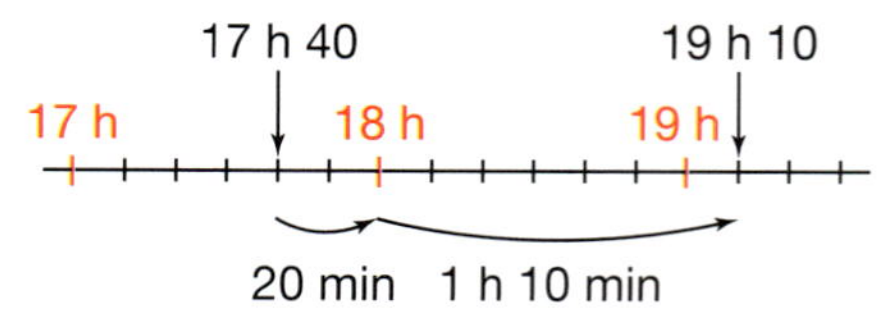

b. Calculs d'horaires

- À partir de la donnée de l'horaire initial et de la durée, on peut calculer l'horaire final.

Exemple

Un cours d'une durée de 1 h 30 min commence à 8 h 50.

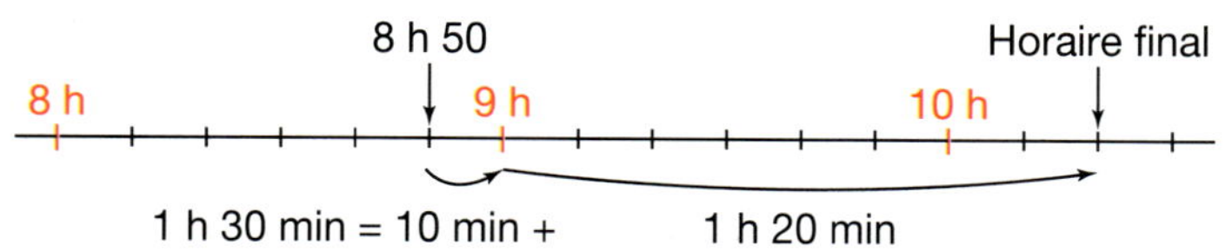

8 h 50 min + 10 min + 1 h 20 min = 9 h + 1 h 20 min

Ce cours se termine donc à 10 h 20.

- À partir de la donnée de l'horaire final et de la durée, on peut calculer l'horaire initial.

Exemple

Un train est arrivé à 15 h 30, le voyage a duré 1 h 50 min.

15 h 30 min – 1 h 30 min = 14 h,

et 14 h – 20 min = 13 h 40 min.

Ce train est parti à 13 h 40.

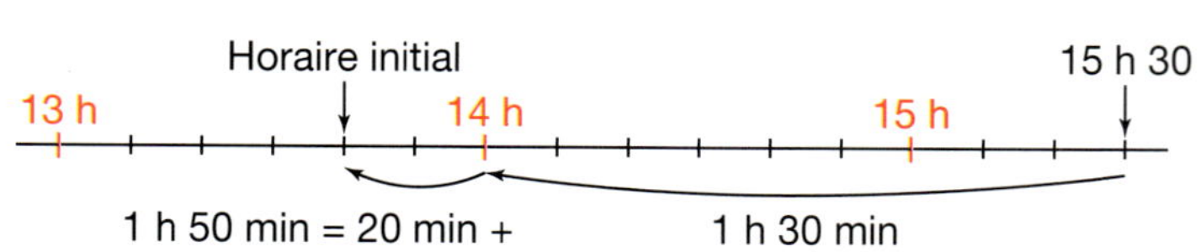

J'applique le cours

13 Calculer un horaire d'arrivée

EXERCICE RÉSOLU

ÉNONCÉ Le départ d'un avion pour Paris est prévu à 12 h 20.
Mais il est affiché avec un retard de 45 min.
Son trajet dure 1 h 30 min.
À quelle heure arrivera-t-il à Paris s'il n'y a pas plus de retard ?

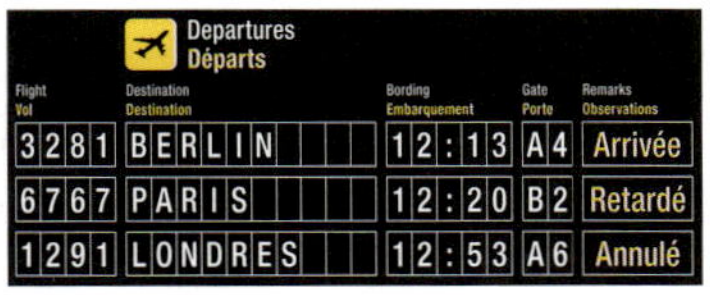

SOLUTION

L'avion a 45 min de retard, donc l'horaire de décollage est :

12 h 20 min + 45 min = 12 h 65 min = 13 h 5 min.

La durée normale du vol est 1 h 30 min, donc l'horaire d'arrivée sera :

13 h 5 min + 1 h 30 min = 14 h 35 min.

L'avion arrivera donc à Paris à 14 h 35 min.

CONSEIL
- 60 min = 1 h, donc 65 min = 1 h 5 min.

À TON TOUR

14 Aristide effectue un trajet en deux étapes : l'une dure 1 h 35 min et l'autre dure 2 h 14 min.
Il part à 9 h 40.
Quelle est l'heure d'arrivée d'Aristide ?

15 Un spectacle comprend 1 h 35 min d'acrobaties et 45 min de danse.
La représentation commence à 19 h 10.
À quelle heure ce spectacle se termine-t-il ?

16 Convertir des durées

EXERCICE RÉSOLU

ÉNONCÉ Le 23 novembre 2021, les navigateurs Franck Cammas et Charles Caudrelier gagnent la Transat Jacques Vabre, dans la catégorie « Ultime », en passant la ligne d'arrivée à Fort-de-France (Martinique) à 15 h 16 min 16 s.
Le départ avait lieu du Havre le 7 novembre à 13 h 27.
Calculer le temps réalisé par les vainqueurs.

SOLUTION

Du 7 novembre 13 h 27 au 23 novembre 13 h 27, il y a 16 jours.

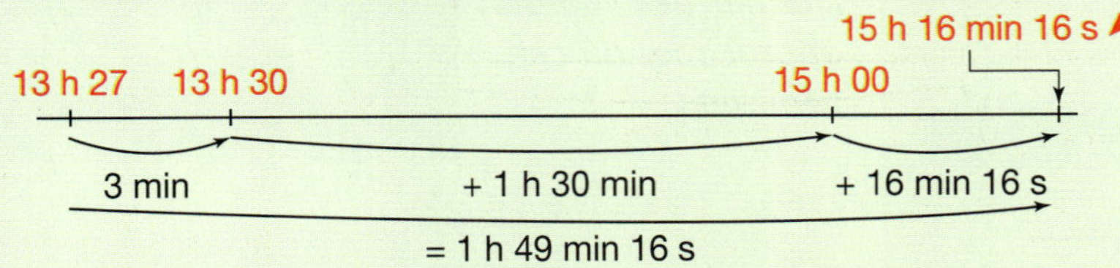

Du 23 novembre 13 h 27 au 23 novembre 15 h 16 min 16 s, il y a 1 h 49 min 16 s.
Les vainqueurs ont remporté cette transat en 16 jours 1 h 49 min 16 s.

CONSEILS
- On peut s'aider de lignes pour schématiser le temps (l'échelle n'est pas respectée sur le schéma ci-contre).
- On détermine la durée entre 13 h 27 et 15 h 00, puis la durée entre 15 h 00 et 15 h 16 min 16 s.

À TON TOUR

17 Ellen MacArthur a coupé la ligne de départ de son tour du monde à la voile en solitaire et sans escale le 28 novembre 2004 à 8 h 10 min 44 s. Elle a battu le record du monde de l'époque en franchissant la ligne d'arrivée le 7 février 2005 à 22 h 29 min 17 s.
Calculer la durée de son tour du monde.

18 Thomas Pesquet s'est envolé le 23 avril 2021 à 11 h 49 vers la Station Spatiale Internationale (ISS), pour y étudier notamment le vieillissement accéléré de cellules souches du cerveau. Son retour sur Terre a eu lieu le 9 novembre 2021 à 4 h 33.
Calculer la durée de son séjour dans l'espace.

Je travaille mes automatismes

Utiliser des longueurs

À l'oral

Questions flash

19 Exprimer oralement en m.
a. 4,215 km **b.** 679 cm **c.** 3,1 hm

20 CALCUL MENTAL Calculer mentalement la longueur, en km, de 4 tours d'une piste de 400 m.

21 Exprimer en cm.
a. 4 dm **b.** 5,2 dam **c.** 7,2 mm **d.** 0,045 m

22 Recopier et compléter.
a. 2,5 cm = … mm **b.** 1,25 dm = … m
c. 820 cm = … m **d.** 34 dam = … km

23 Recopier et compléter.
a. Un ouistiti mesure 150 mm, c'est-à-dire … cm.
b. La largeur d'un but de football est 7,32 m, c'est-à-dire … cm.
c. La tour Eiffel est haute de 0,34 km, c'est-à-dire … m.
d. Un anaconda est long de 70 dm, c'est-à-dire … cm.

24 CORRIGÉ en vidéo jaicompris.com
Exprimer :
a. 43 cm + 34 m en cm **b.** 2,3 km + 700 m en m
c. 34 mm + 34 cm en mm **d.** 1 dam + 500 m en dam

25 Le circuit de la course annuelle du collège comprend un parcours plat de 20 hm, une côte de 600 m suivie d'une descente deux fois plus longue que la côte.
Quelle est la longueur, en km, du circuit ?

Calculer des périmètres

À l'oral

Questions flash

26 CALCUL MENTAL Calculer mentalement le périmètre de chaque figure.
a. Un carré de côté 6,4 cm.
b. Un rectangle de dimensions 3,2 cm et 5,3 cm.
c. Un triangle équilatéral de côté 21 mm.

27 CALCUL MENTAL Dans chaque cas, calculer mentalement une valeur approchée du périmètre du cercle dont on donne le rayon r ou le diamètre d.
Prendre 3,14 pour valeur approchée de π.
a. $r = 2$ cm **b.** $d = 20$ mm **c.** $r = 5$ m

28 La grille ci-contre est formée d'hexagones de côté 3 cm.
Déterminer le périmètre de la surface coloriée en orange.

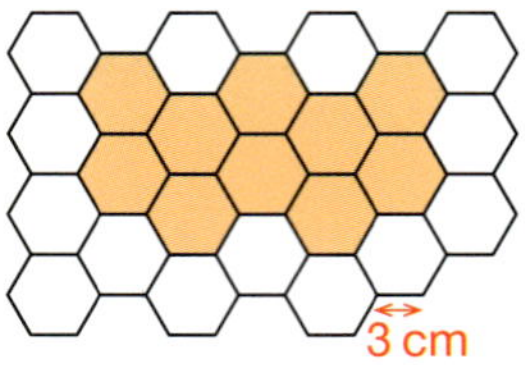

29 Un carré a le même périmètre que le triangle ci-contre.
Quelle est la longueur du côté de ce carré ?

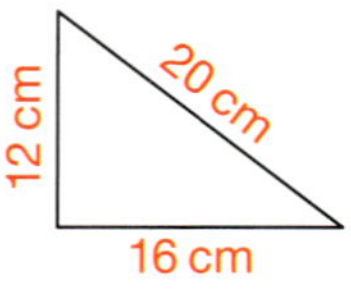

30 Arnaud souhaite poser une clôture en bois autour de son potager.
Chaque mètre de clôture coûte 8,30 €.
a. Calculer le périmètre du potager.
b. Calculer le coût de la clôture.

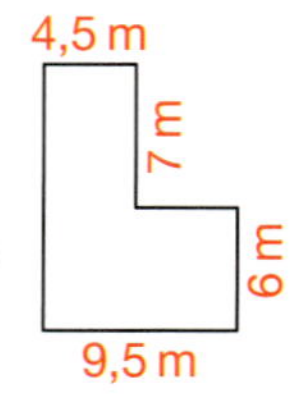

31 La Lune est à environ 384 000 km de la Terre et sa trajectoire autour de la Terre est presque circulaire.
Calculer la longueur, en km, du trajet décrit par la Lune en un tour complet autour de la Terre.
Donner une valeur approchée à l'unité près.

32 Columbus Circle est une place circulaire de New York au centre de laquelle s'élève une statue de Christophe Colomb.
Le cercle intérieur a un diamètre de 64 m et le cercle extérieur a un rayon de 66 m.
Calculer la longueur, en m, de chacun de ces cercles.
Donner des valeurs approchées au centième près.

33 **1.** Calculer le périmètre, en cm, de chacune des figures rouges ci-dessous.
Donner des valeurs approchées au dixième près.

a.

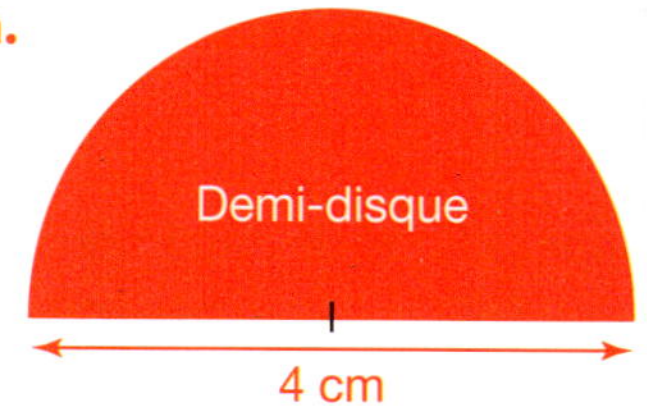

b.

2. Iron affirme : « Pour calculer le périmètre du quart de disque **b**, je divise par 2 celui du demi-disque **a**. »
A-t-il raison ? Expliquer

Je travaille mes automatismes

Calculer des aires

À l'oral — **Questions flash**

34 CALCUL MENTAL L'aire d'un carré est 36 mm^2.
Calculer mentalement la longueur, en mm, de son côté.

35 CALCUL MENTAL Calculer mentalement l'aire d'un triangle :
a. ABC rectangle en A tel que AB = 5 cm et AC = 3 cm ;
b. MNP tel que MN = 8 cm et PH = 4 cm, où H est le pied de la hauteur issue de P.

36 Un disque a pour diamètre 8 cm.
Laquelle de ces expressions correspond à l'aire de ce disque ?
(1) $\pi \times 8$ cm $\times 8$ cm **(2)** $\pi \times 4$ cm $\times 4$ cm

37 Recopier et compléter.
a. 5 m^2 = ... dm^2 **b.** 3,2 m^2 = ... dm^2
c. 5,42 m^2 = ... cm^2 **d.** 3 ha = ... m^2

38 Recopier et compléter :
a. 2 cm^2 = ... m^2 **b.** 4,1 dm^2 = ... m^2
c. 5 m^2 = ... hm^2 **d.** 75 mm^2 = ... cm^2

39 Exprimer dans une unité plus appropriée.
a. La superficie de la Corse est 87 000 000 dam^2.
b. L'aire d'une salle de classe est 500 000 cm^2.
c. L'aire d'une pièce de 1 € est 0,000 4 m^2.

40 Calculer l'aire de chaque triangle.

a.

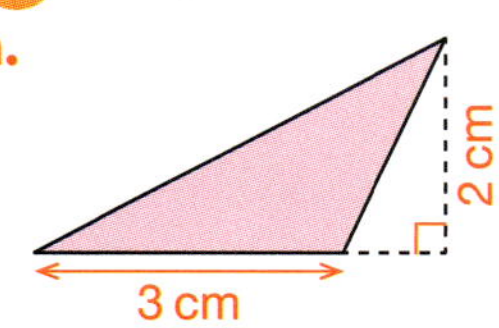

b.

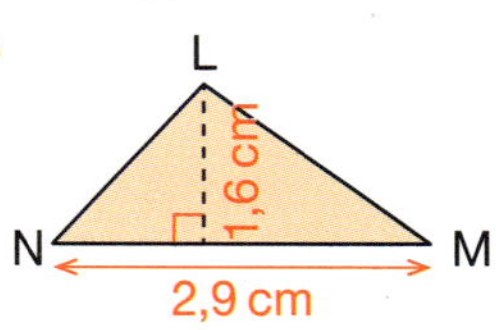

41 CORRIGÉ en vidéo jaicompris.com

ABC est un triangle rectangle en C.
Proposer deux méthodes différentes pour calculer l'aire de ce triangle.

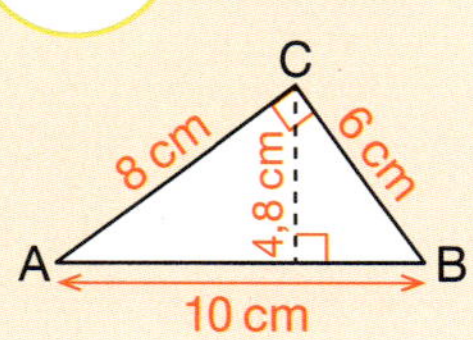

42 Utiliser la touche π de la calculatrice, et donner une valeur approchée à l'unité près de l'aire, en cm^2, d'un disque de rayon 7 cm.

43 Cette piscine a un diamètre de 3,05 m.
Calculer l'aire, en m^2, de sa surface.
Donner une valeur approchée au centième près.

Calculer des durées

À l'oral — **Questions flash**

44 CALCUL MENTAL Calculer mentalement chaque durée.
a. Un coureur part à 15 h 10 et arrive à 16 h 20.
b. Au restaurant, l'entrée a été servie à 12 h 50 et on a terminé le dessert à 13 h 30.

45 CALCUL MENTAL Pour chaque proposition, dire si elle est vraie ou fausse à l'aide d'un calcul mental.
a. 1 h correspond à 3 600 s.
b. 7 260 s correspondent à 2 h 1 min.
c. Une semaine correspond à 168 h.

46 Recopier et compléter.
a. Dans 5 min, il y a ... s. **b.** Dans 3 h, il y a ... min.
c. Dans 2 jours, il y a ... h.
d. Dans un siècle, il y a ... mois.

47 Exprimer en minutes :
a. 2 h 16 min **b.** 3 h 10 min **c.** 5 h 4 min

48 Exprimer en secondes :
a. 6 min 14 s **b.** 1 h 30 min **c.** 2 h 10 min 15 s

49 **a.** Calculer 25×24.
b. Exprimer 609 h en jours et heures, puis en semaines, jours et heures.

50 **a.** Calculer 145×60.
b. Exprimer 8 710 s en minutes et secondes, puis en heures, minutes et secondes.

51 Un premier morceau de musique dure 2 min 47 s et un second dure 3 min 58 s.
Quelle est la durée totale, en minutes et secondes, de ces deux morceaux ?

Je m'entraîne

Calculer un périmètre

52 Un joggeur s'entraîne autour d'une place pour préparer une course.
La place est de forme rectangulaire et a pour dimensions 170 m et 130 m.
a. Calculer le périmètre de la place.
b. Calculer le nombre de tours que devra effectuer le joggeur pour parcourir l'équivalent d'un marathon de 42 km.

53 Un cercle a pour périmètre 35,82 m.
À l'aide de la calculatrice, calculer une valeur approchée au dixième près de son rayon, en m.

54 Un ring de boxe a la forme d'un carré de côté 4,30 m. Il est entouré de 4 rangées de cordes.
Calculer la longueur totale des cordes autour de ce ring.

55 Sur la figure ci-contre, le triangle et le carré ont le même périmètre.
Le carré a pour côté 2 cm.
Quel est le périmètre, en cm, de la figure ?

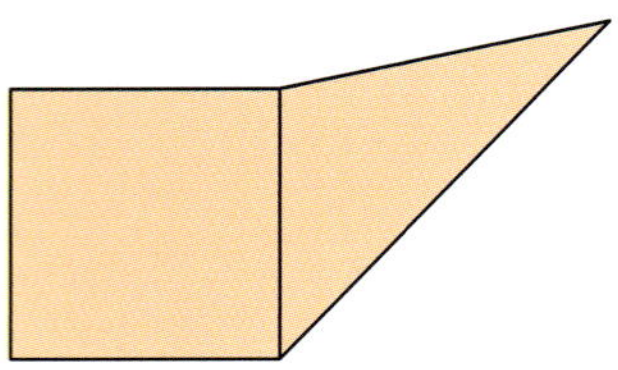

56 CORRIGÉ en vidéo jaicompris.com

La surface intérieure de la piste d'un vélodrome est formée d'un rectangle et de deux demi-disques.

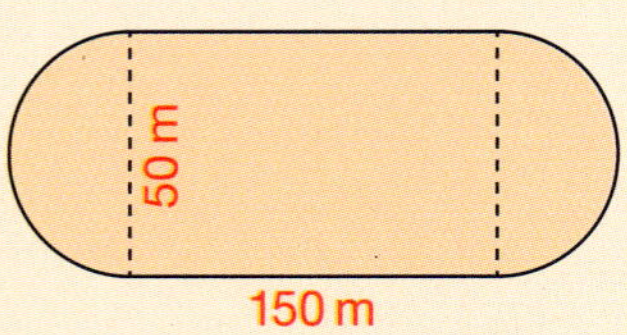

a. Calculer le périmètre, en m, de cette surface.
Prendre 3,14 pour valeur approchée de π.
b. Un cycliste effectue 5 tours de piste en suivant exactement le contour de cette surface.
Estimer la distance totale, en km, parcourue par le cycliste.

57 Jeux et casse-tête 15 carrés identiques de côté 1 cm sont disposés comme indiqué sur la figure ci-contre.
Calculer le périmètre, en cm, de cette figure.

Calculer une aire

58 ABC est le triangle représenté ci-dessous.

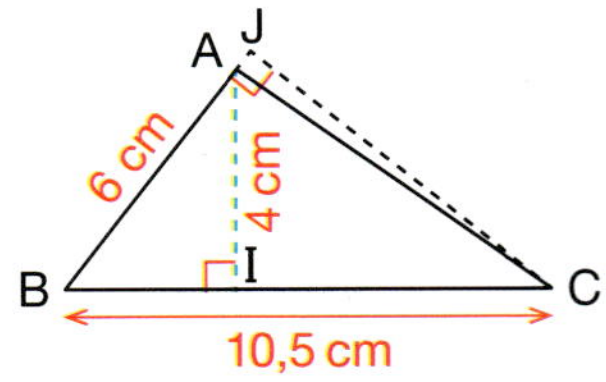

a. Calculer l'aire, en cm^2, du triangle ABC.
b. Justifier que l'aire, en cm^2, du triangle ABC est aussi égale à $3 \times CJ$. En déduire la longueur CJ, en cm.

59 **Algo** Un cercle de rayon 12 cm est inscrit dans un carré.
Le script Scratch ci-dessous calcule une valeur approchée au centième près de l'aire, en cm^2, de la partie verte.

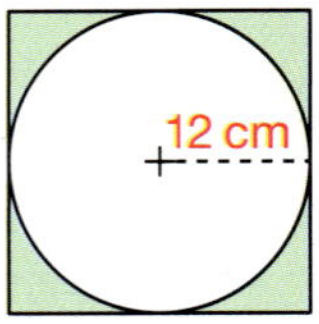

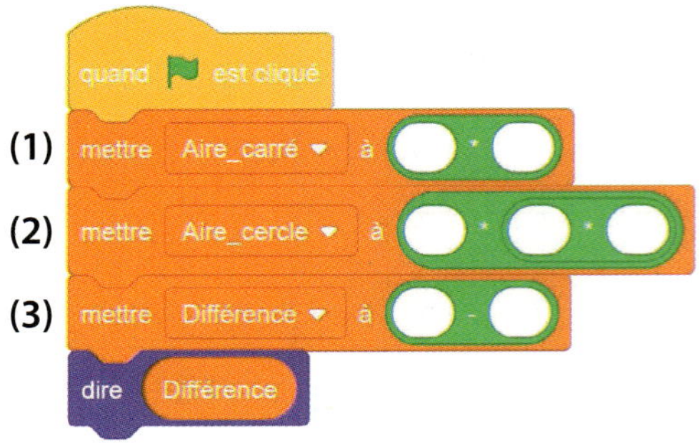

Par quelles données, compléter les calculs effectués aux lignes **(1)**, **(2)** et **(3)** du script ?

60 On assimile un frisbee à un disque de diamètre 25 cm. Le disque rouge intérieur a un rayon de 11 cm.
Calculer l'aire, en cm^2, de la partie grise délimitée par ces deux cercles.
Donner une valeur approchée au centième près.

61 Jeux et casse-tête Laquelle de ces pièces peut remplacer la case rouge pour que l'aire de la surface blanche soit égale à celle de la surface verte ?

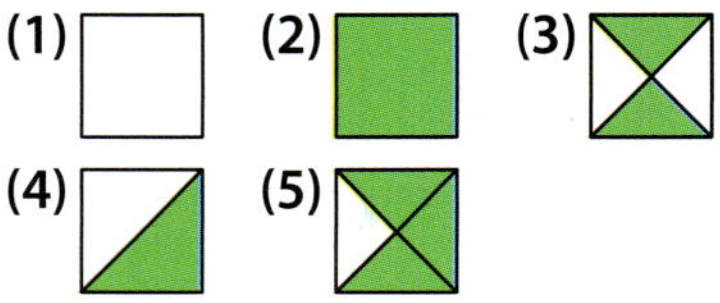

Je m'entraîne

Calculer des durées

62 Lors d'un slalom géant, les temps sont mesurés au dixième de seconde près.
Un skieur a réalisé le parcours en 1 min 15 s 7 à la 1re manche (15 s 7 signifie 15 s et 7 dixièmes, soit 15,7 s).
À la 2e manche, il a réalisé le parcours en 1 min 18 s 5.
Calculer la durée totale des deux parcours de ce skieur lors de ce slalom géant.

63 En athlétisme, les temps sont mesurés au centième de seconde près.
Ce tableau donne les temps réalisés par les médaillés du 5 000 m féminin aux Jeux Paralympiques de Tokyo en 2021.

Rang	Nom	Temps
1	Susannah Scaroni	10 min 52 s 57
2	Manuela Schaer	11 min 00 s 50
3	Tatyana McFadden	11 min 15 s 13

Calculer l'écart de durée entre :
a. la première et la deuxième ;
b. la première et la troisième.

64 En 2021, en France, le solstice d'été a eu lieu le 21 juin à 5 h 31 et l'équinoxe d'automne le 22 septembre à 21 h 21.
Quelle a été la durée de l'été 2021 ?
Donner la réponse en mois, jours, heures et minutes.

65 **a.** Le mardi 16 novembre 2021, à Paris, le soleil s'est levé à 8 h 02 et s'est couché à 17 h 09.
Quelle est la durée d'ensoleillement de ce jour ?
b. La ville de Paris a perdu en moyenne 2,7 min de soleil par jour au mois de novembre 2021.
Déterminer, en heures et minutes, la perte totale d'ensoleillement sur le mois de novembre.

66 **Jeux et casse-tête** Sam dispose de deux sabliers.
L'un de ces sabliers permet de mesurer une durée de 11 min et l'autre une durée de 7 min.
Comment Sam doit-il procéder pour mesurer 15 min à l'aide de ces deux sabliers ?

Synthèse

Utiliser des mesures de grandeurs

67 ABC est un triangle rectangle en A.
D est le milieu du segment [BC] et [DE] est une hauteur du triangle ACD.
[AI] est une hauteur du triangle ABC.

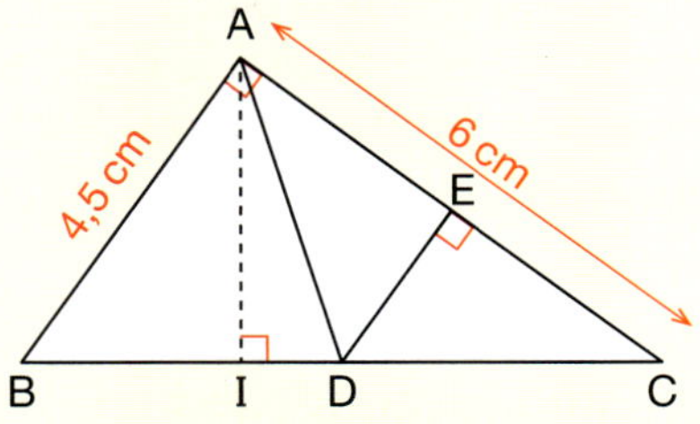

Objectif Déterminer la longueur de la hauteur [DE].

a. Déterminer l'aire, en cm^2, du triangle ABC.
b. Expliquer pourquoi les triangles ABD et ACD ont la même aire.
c. En déduire l'aire, en cm^2, de chacun de ces triangles.
d. Calculer la longueur DE.

Coup de pouce
Utiliser le triangle ACD.

68 À l'intérieur du cercle rouge de diamètre 8,4 cm sont dessinés quatre cercles identiques passant par son centre.
On admet que le quadrilatère en pointillés bleus est un carré de côté égal au diamètre d'un petit cercle.

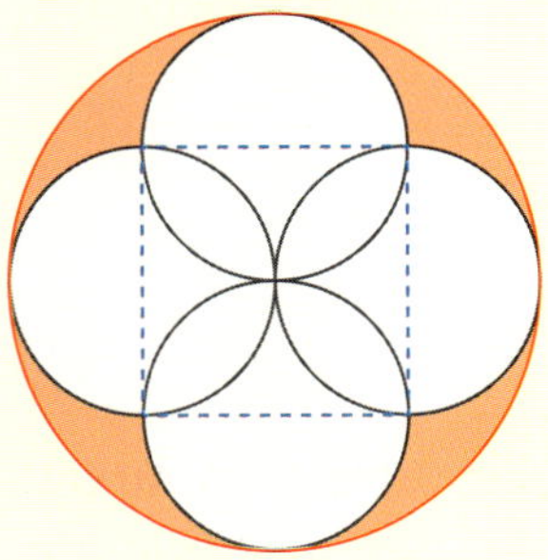

Objectif Déterminer l'aire de la partie coloriée en orange.

a. Donner la longueur, en cm, du côté du carré bleu.
b. Calculer l'aire, en cm^2, de ce carré.
c. Expliquer pourquoi l'aire, en cm^2, de la partie blanche est la somme de l'aire du carré et de l'aire de deux petits disques.
d. Comment obtenir l'aire de la partie coloriée en orange ?
e. En déduire une valeur approchée au dixième près de l'aire, en cm^2, de la partie coloriée en orange.

Parcours différenciés

Je m'évalue

Pour chaque question, une seule réponse est exacte.

QCM supplémentaires
college.nathan.fr/tm6170

	a	b	c	En cas d'erreur
69 125 m est égal à…	1 250 cm	12,5 dm	0,125 km	Cours 1 p. 160
70 Un carré a pour périmètre 32 cm. La longueur de son côté est…	16 cm	8 cm	4 cm	
71 Le périmètre du polygone ABCD ci-contre est… 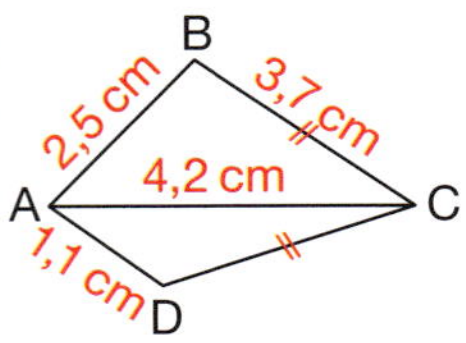	10,4 cm	9 cm	11 cm	Ex. 1 p. 161
72 Une valeur approchée au dixième près de la longueur d'un cercle de rayon 2,5 cm est…	7,8 cm	15,7 cm	19,6 cm	Ex. 4 p. 161
73 0,75 dam^2 est égal à…	7,5 m^2	75 m^2	750 m^2	Cours 2 p. 162
74 L'aire de ce triangle est… 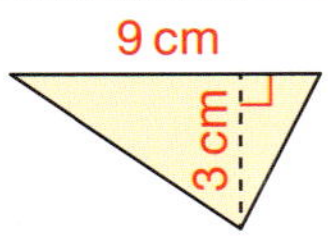	13,5 cm^2	27 cm^2	12 cm	
75 La valeur exacte de l'aire d'un disque de rayon 3 cm est…	$\pi \times 9$ cm^2	$\pi \times 6$ cm^2	$\pi \times 2,25$ cm^2	
76 Le carré rouge a pour côté 6 cm. L'aire de la partie coloriée en bleu est… 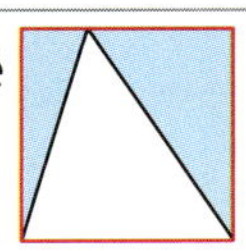	36 cm^2	18 cm^2	18 cm	Ex. 7 p. 163
77 Ce disque « jeune conducteur » a un diamètre de 15 cm. Une valeur approchée au centième près de son aire est… 	706,86 cm^2	176,71 cm^2	47,12 cm^2	Ex. 10 p. 163
78 Un film d'une durée de 1 h 40 min débute à 16 h 30. Il se termine à…	18 h 10	14 h 50	18 h	Cours 3 p. 164
79 Victor a fait 2 h 11 min de vélo et il est rentré à 11 h 05. Il est parti à…	13 h 06	13 h 16	8 h 54	
80 Un bus qui devait partir à 7 h 30 a 17 min de retard. Son trajet dure 55 min. Il arrivera au collège à…	8 h 12	9 h 12	8 h 42	Ex. 13 p. 165

Je réalise mon parcours

Selon ton score page précédente

Parcours conseillé
- Entre **0** et **5** bonnes réponses : drapeau vert
- Entre **6** et **9** bonnes réponses : drapeau bleu
- **10 bonnes réponses ou plus** : drapeau rouge

81 Calculer un périmètre et une aire

La figure ci-contre est composée du carré ABCD autour duquel on a construit quatre quarts de disques de centres B, C, D, A.
On se propose de calculer le périmètre et l'aire de cette figure.
Par la suite, prendre 3,14 pour valeur approchée de π.

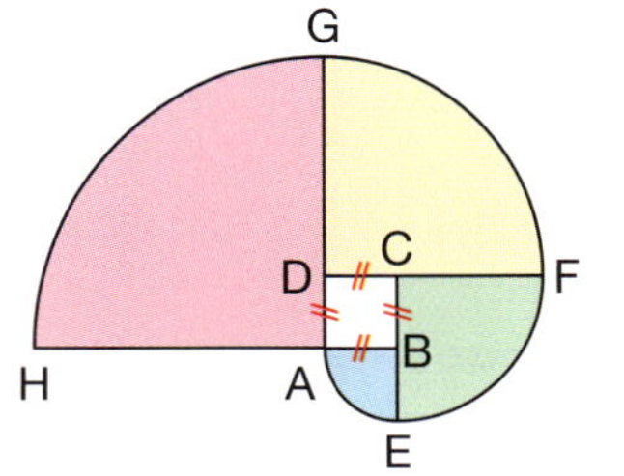

PARCOURS 1

On suppose ici que le carré ABCD a pour périmètre 8 cm.

De quelles données a-t-on besoin pour calculer le périmètre de cette figure ?

On a besoin du rayon de chaque quart de cercle.

a. Recopier et compléter : « Le périmètre du carré est ... cm, donc le côté du carré a pour longueur ... cm.
Ainsi, la longueur du quart de cercle bleu est :
(... × 3,14 × ... cm) : ..., soit ... cm. »
b. Donner les rayons CE, DF et AG.
c. Calculer le périmètre de la figure.

PARCOURS 2

On suppose ici que CF = 4 cm.
Calculer l'aire, en cm^2, de la surface coloriée.

PARCOURS 3

On suppose ici que AH = 8 cm.
Calculer le périmètre, en cm, et l'aire, en cm^2, de la surface coloriée.

82 Calculer une heure d'arrivée

Pour se rendre de Paris à Brest, Malika peut choisir l'une des trois options de trajets suivantes :
- le métro et le TGV,
- la voiture,
- l'avion.

On se propose de déterminer une heure d'arrivée.

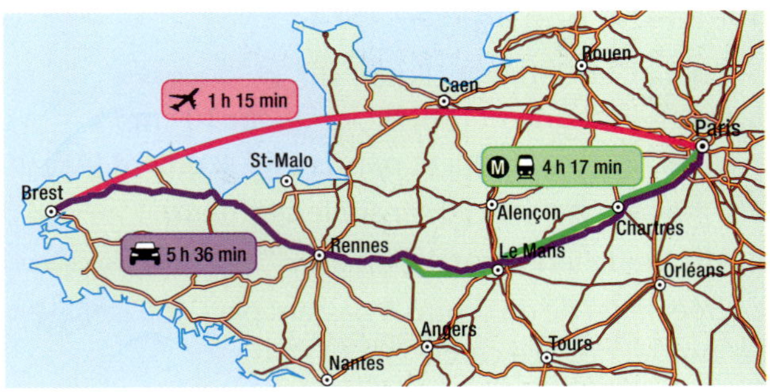

PARCOURS 1

Malika choisit de prendre l'avion.
Son vol est prévu à 8 h 55, mais il a 3 h 30 min de retard.

Comment déterminer une heure d'arrivée ?

On peut calculer l'heure du décollage à l'aide d'une ligne des temps.

a. Recopier et compléter cette ligne des temps.

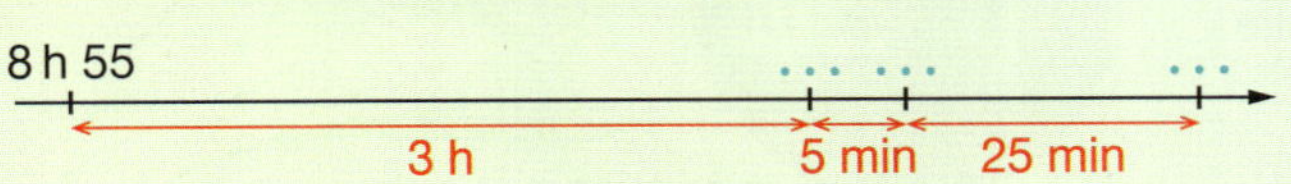

b. Quelle est heure d'arrivée de Malika à Brest ?

PARCOURS 2

Malika prend la voiture.
Elle part à 7 h 32 et fait deux pauses, l'une de 12 min et l'autre de 23 min.
À quelle heure arrive-t-elle à Brest ?

PARCOURS 3

Malika commence son trajet à 8 h 50.
Calculer l'heure d'arrivée de Malika à Brest selon le moyen de transport choisi.

• Je m'entraîne avec GeoGebra

Travailler sur les périmètres et les aires

83 Tice Afficher le périmètre et l'aire d'un polygone

1. Réaliser une figure

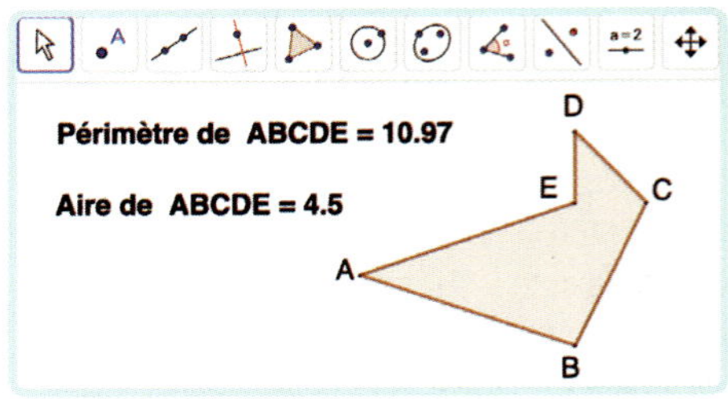

a. Ouvrir GeoGebra et cliquer sur **Géométrie** .
b. Créer un polygone ABCDE (utiliser **Polygone** , cliquer cinq fois pour placer les points A, B, C, D, E et cliquer à nouveau sur A).
c. Afficher le périmètre du polygone ABCDE (utiliser **Distance ou Longueur** et cliquer à l'intérieur du polygone).
d. Afficher l'aire du polygone ABCDE (utiliser **Aire** et cliquer à l'intérieur du polygone).
e. Faire un clic droit et cocher **Afficher grille** .
On suppose qu'un carreau a pour côté 1 cm. En quelle unité s'exprime alors le périmètre ? l'aire ?

2. Déplacer des points

Noter le périmètre et l'aire obtenus à la question **1**. Déplacer un ou plusieurs sommets du polygone pour :
a. diminuer son aire et augmenter son périmètre ; **b.** augmenter son aire et diminuer son périmètre.

84 Tice Reconnaître une situation de proportionnalité

1. Réaliser une figure

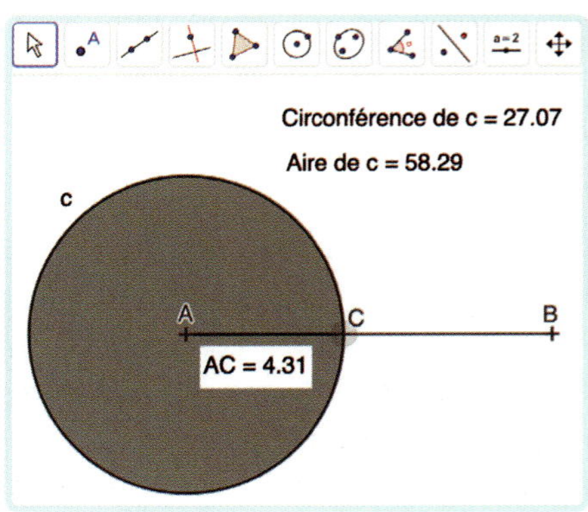

a. Ouvrir GeoGebra et cliquer sur **Géométrie** .
b. Créer un segment [AB] de longueur 10 cm.
c. Créer un point C qui appartient au segment [AB] (utiliser **Point sur Objet** et cliquer sur le segment).
d. Afficher la longueur AC (utiliser **Distance ou Longueur**).
e. Créer le cercle de centre A passant par C (utiliser **Cercle (centre-point)**). Le logiciel note ce cercle c.
f. Mettre en couleur le disque de centre A passant par C (faire un clic droit sur le cercle c, choisir **Propriétés**, puis dans l'onglet **Couleur** régler Opacité sur 50).
g. Afficher la longueur du cercle et l'aire du disque.

2. Utiliser le tableur de GeoGebra

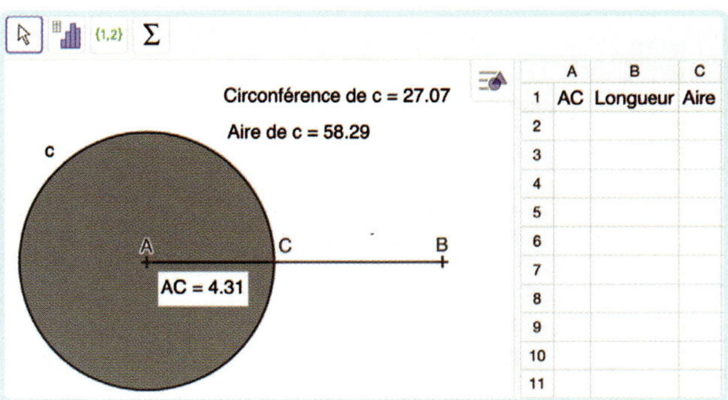

a. Cliquer sur **Affichage** puis sur **Tableur** .
b. Faire un clic droit sur AC et cliquer sur **Enregistrer dans Tableur** . Procéder de façon analogue pour **Longueur de c** et **Aire de c** .
c. Cliquer sur le point C et le déplacer en tenant enfoncé le bouton de la souris. Le tableau se complète.
d. L'aire du disque de rayon AC est-elle proportionnelle à ce rayon ? Expliquer.
e. La longueur du cercle de rayon AC est proportionnelle à ce rayon.
Quel est le coefficient de proportionnalité ?

85 Communiquer en anglais

Raisonner • Calculer • Communiquer

A pizza factory makes two kinds of pizzas.
A square pizza of side 45cm costs £15 and a circular pizza of diameter 50cm costs £16.
Which pizza is the best deal?

86 Étudier une situation concrète

Raisonner • Calculer

Un agriculteur élève des poulets bio dans l'enclos ci-contre.
Chaque poulet a besoin de 3 m^2.
Quel est le nombre maximum de poulets que l'enclos peut accueillir ?

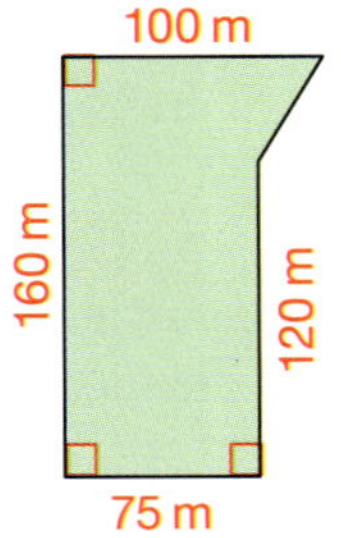

87 Analyser des affirmations

Raisonner • Calculer • Communiquer

Voici quatre figures.

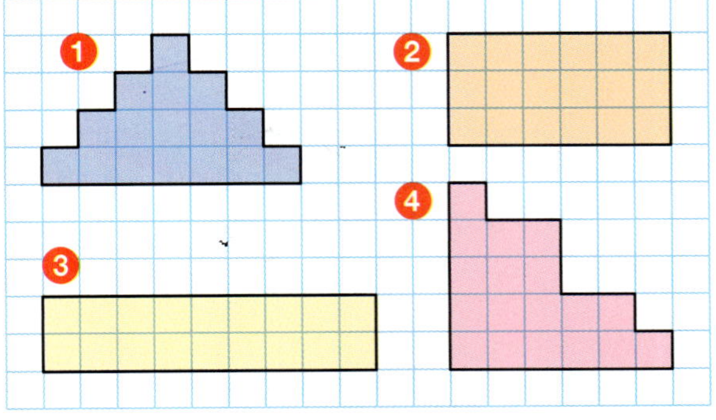

Laquelle de ces affirmations n'est pas correcte ?

a. Les figures ❶, ❸ et ❹ ont des aires différentes et des périmètres différents.

b. Les figures ❸ et ❹ ont la même aire et le même périmètre.

c. Les figures ❷, ❸ et ❹ ont la même aire.

d. Les figures ❶, ❸ et ❹ ont le même périmètre.

88 Construire et calculer

Représenter • Calculer

a. Construire un rectangle ABCD tel que :
AB = 5 cm et AD = 3 cm.

b. À l'extérieur du rectangle ABCD, construire un triangle ABE tel que AE = 4 cm et EB = 6 cm.

c. À l'extérieur du triangle ABE, tracer le demi-cercle de diamètre [EB] et le demi-cercle de diamètre [AE].

d. Calculer une valeur approchée au dixième près du périmètre, en cm, de la figure obtenue.

89 Analyser une figure

Représenter • Raisonner • Communiquer

Des cercles de même rayon sont accolés. La longueur de la ligne rouge est égale à un certain nombre de fois la longueur d'un seul de ces cercles.
Dans chaque cas ci-dessous, dire combien de fois.

a.

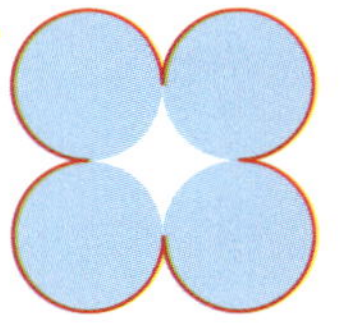

b.

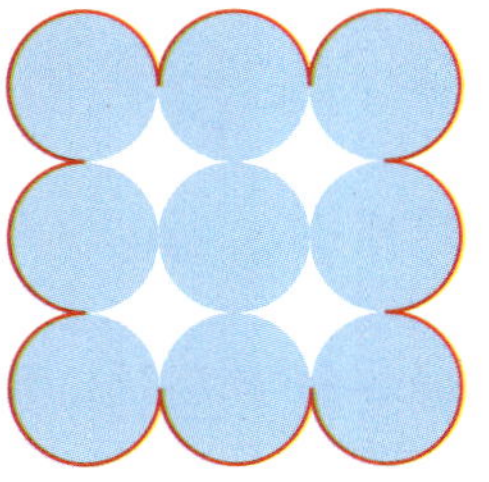

90 Calculer une distance

Chercher • Raisonner • Communiquer

La lumière parcourt environ 300 000 km en 1 s.
Pour aller de l'étoile Proxima du Centaure à la Terre, elle met environ 4 ans et 3 mois.
Estimer la distance entre cette étoile et la Terre, en millions, puis en milliards de kilomètres.

91 Analyser un patron

Raisonner • Calculer

Voici un patron pour réaliser le dos d'une sellette (petit siège sur lequel est assis un parapentiste).

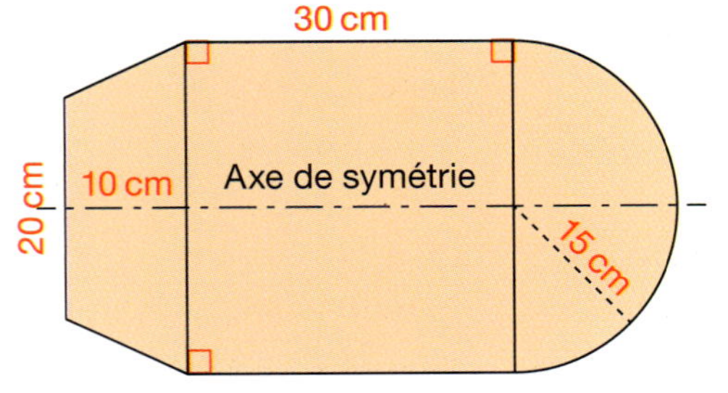

Calculer une valeur approchée à l'unité près de l'aire, en cm^2, de la pièce de tissu nécessaire à la conception du dos de la sellette.

92 Calculer une durée

Représenter • Raisonner

Dans une usine, un robot met 1,3 s pour serrer un boulon et il lui faut 2,4 s pour passer d'un boulon au suivant. Il doit serrer 1 500 boulons.
Il commence à 8 h 12, mais il tombe en panne à 9 h 43 min 16 s.
Le robot a-t-il eu assez de temps pour visser l'ensemble des boulons ?
Si non, combien lui en reste-t-il à visser ?

J'utilise mes compétences

93 Calculer un périmètre et une aire

Raisonner • Calculer

La figure ci-dessous est formée de trois carrés. Le côté du carré ❶ est le double du carré ❷ et le côté du carré ❸ est la moitié du carré ❷.

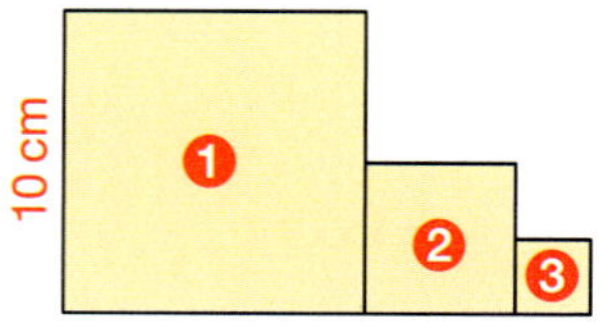

a. Calculer le périmètre de la surface jaune.
b. Calculer l'aire de la surface jaune.

94 Représenter une situation

Chercher • Représenter • Raisonner

Un rectangle a une aire de 9 cm^2.
a. Tracer trois rectangles de ce type et calculer le périmètre de chacun.
b. Plus généralement, quel semble être le rectangle d'aire 9 cm^2 qui a le plus petit périmètre ?

95 Comprendre et expliquer

Représenter • Raisonner • Communiquer

On dit qu'une figure est « équitable » si son aire et son périmètre ont la même valeur numérique.
Par exemple, la figure ci-dessous a une aire de 40 cm^2 et un périmètre de 40 cm.

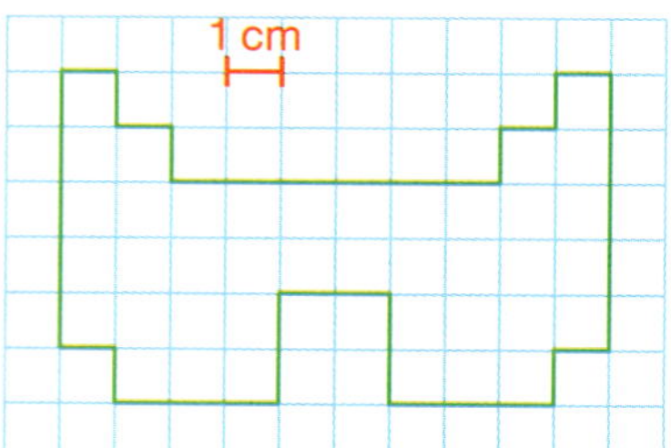

Tracer quatre autres figures « équitables », dont un carré, un rectangle et un disque.

96 Imaginer une stratégie

Chercher • Raisonner

Sur cette figure tracée à main levée, les points A, D et F sont alignés, ainsi que les points A, B et E. ABCD est un carré de périmètre 32 cm. De plus, DF = 5 cm et BE = 13 cm.
Les points F, C et E sont-ils alignés ? Expliquer.

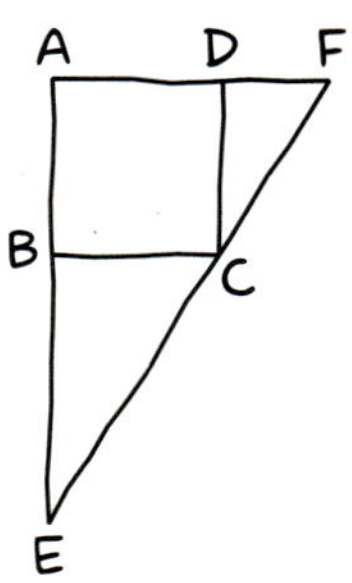

97 Problème ouvert

Chercher • Calculer • Communiquer

Iris a dessiné le cœur ci-contre. Il comporte deux demi-cercles de même diamètre et quatre arcs de cercles de même rayon.
Calculer une valeur approchée au centième près de l'aire, en cm^2, de ce cœur.

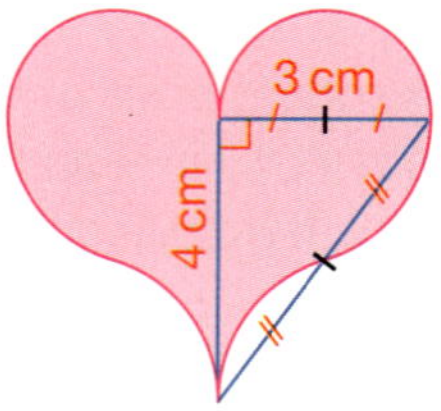

Narration de RECHERCHE

98 **PROBLÈME** Un carré de côté 16 cm est plié par rapport au segment rouge comme l'indique la figure ci-dessous. On obtient ainsi quatre triangles bleus.

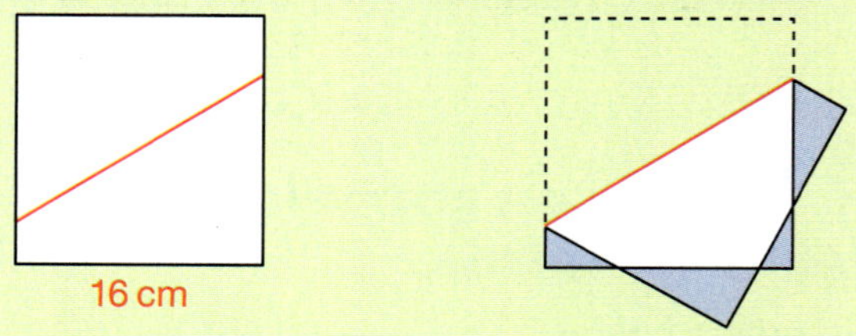

Déterminer la somme des périmètres des quatre triangles.

Raconter sur une feuille les différentes étapes de la recherche et les remarques qui ont fait changer de méthode ou qui ont permis de résoudre le problème.

Des défis

99 Étudier un partage

On divise un carré en quatre parties comme le montre la figure ci-contre. Quelle est l'aire de la partie jaune ?

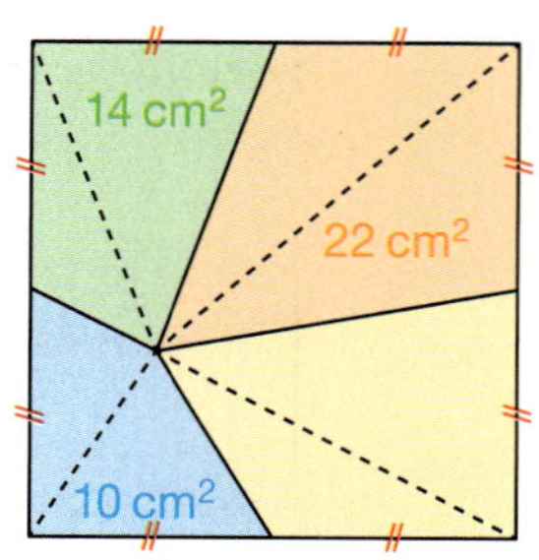

100 Déterminer une durée de sortie

Faustine sort de chez elle et lit l'heure sur sa montre digitale : 20 : 20.
À son retour, elle dépose sa montre en inversant haut et bas ; elle lit de nouveau 20 : 20.
Pendant combien de temps Faustine est-elle sortie ?

Je prends des initiatives

TÂCHES COMPLEXES

101 POSER une pelouse

La situation-problème

La mairie d'un village souhaite demander un devis pour la pose d'une pelouse sur le terrain de jeux.
Réaliser ce devis.

Les supports de travail

Les documents, la calculatrice.

Toute piste de recherche, même non aboutie, figurera sur la feuille.

Doc. 1

Les éléments pour le devis

- La pelouse est vendue par rouleaux de 20 m de longueur et de 1,5 m de largeur.
- Le prix d'un rouleau est 150 €.
- Il faut 40 min pour poser 60 m^2 de pelouse.
- Le prix horaire de la pose est 11,25 €.

Doc. 2

Le plan du terrain de jeux

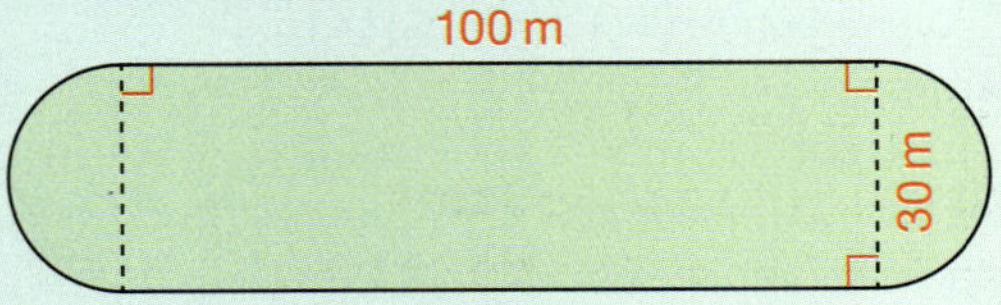

102 MANIPULER un tangram

La situation-problème

Lison a assemblé les pièces d'un tangram pour obtenir un chat.
Aider Lison à déterminer l'aire, en cm^2, de la queue du chat.

Les supports de travail

Les documents, la calculatrice.

Toute piste de recherche, même non aboutie, figurera sur la feuille.

Doc. 1

Le tangram initial

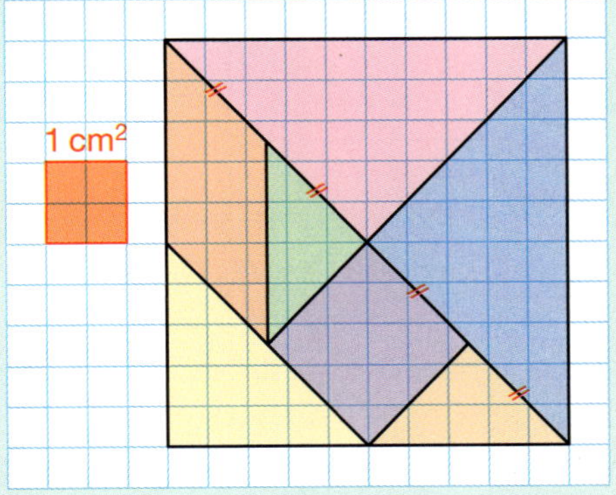

Doc. 2

Le chat de Lison

CHAPITRE

11 Calculer des volumes et des contenances

Certaines marchandises sont transportées par des navires dans des conteneurs qui ont la forme de pavés droits, dont le volume va de 28 à 76 m^3 environ.
Mais le transport de marchandises par voie maritime est une cause importante de pollution des océans.
Pour réduire l'impact écologique, des compagnies développent de nouveaux types de cargos, propulsés par de très grandes voiles.

Bien démarrer

Pour chaque question, une réponse ou plusieurs sont exactes.

		a	b	c
1	Dans ce grand cube plein, le nombre de petits cubes est… 	19	27	$3 \times 3 \times 3$
2	$10 \times 2 \times 7$ est égal à…	140	$7 \times 2 \times 10$	1 400
3	$8{,}5 \times 1\,000$ est égal à…	85 000	8 500	85×100
4	La contenance d'un pot de yaourt est environ… 	15 mL	15 cL	0,15 L
5	1 L est égal à…	100 cL	0,1 dL	1 000 mL

Vérifie tes réponses p. 288

ACTIVITÉ

1 Comprendre les unités de volume

Cours Paragraphes 1.a, p. 178 et 2, p. 180

Voici la représentation d'un cube d'arête 1 m.
Son volume est **1 mètre cube** (noté 1 m^3).

1 **a.** Il est rempli de cubes d'arête 1 dm. Combien en faut-il ?

b. Quelle unité peut-on utiliser pour exprimer le volume d'un cube d'arête 1 dm ?

c. Recopier et compléter : 1 m^3 = … dm^3.

2 **a.** Combien de cubes d'arête 1 cm faut-il pour construire un cube d'arête 1 dm ?

b. Recopier et compléter : 1 dm^3 = … cm^3.

c. Recopier et compléter : 1 m^3 = … cm^3.

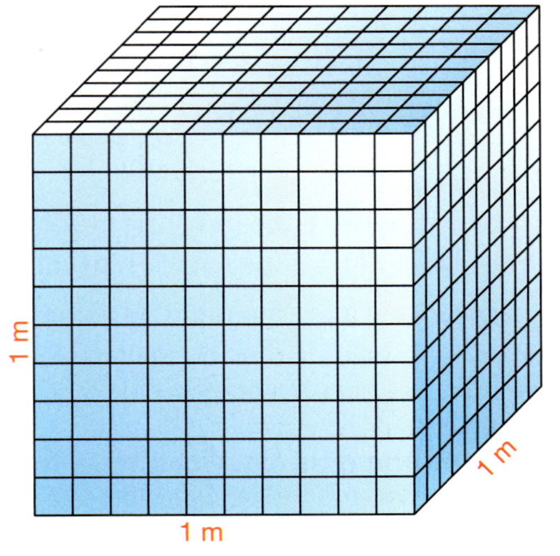

ACTIVITÉ

2 Calculer le volume d'un pavé droit

Cours Paragraphes 1.b et c, p. 178

Silas joue avec un ensemble de petits cubes d'arête 1 cm.
Il a assemblé des petits cubes pour construire les deux pavés droits A et B ci-contre.

1 **a.** Combien y a-t-il de cubes dans chaque pavé droit ?
b. En déduire le volume, en cm^3, de chaque pavé droit.

2 Silas remarque : « Les dimensions du pavé droit A sont 5 cm, 3 cm, 2 cm. Quand je multiplie ces trois dimensions, je retrouve le volume du pavé droit obtenu à la question 1 b. »
a. Vérifier l'affirmation de Silas.
b. Utiliser cette méthode pour retrouver le volume du pavé droit B.

ACTIVITÉ

3 Relier les unités de volume et de contenance

Cours Paragraphe 3, p. 180

1 Cette brique de lait a la forme d'un pavé droit.
a. Calculer son volume en cm^3, puis en dm^3.
b. Cette brique a une contenance d'un **litre**.
Recopier et compléter : 1 **L** = … dm^3.

2 Un aquarium a la forme d'un pavé droit de largeur 35 cm, de longueur 60 cm et de hauteur 40 cm.
a. Calculer son volume en cm^3.
b. Exprimer, en litres, la contenance de cet aquarium.

Info
La **contenance** est la quantité que peut contenir un récipient.

VIDÉOS de cours jaicompris.com

1 Volume d'un pavé droit

Exercices 13 à 21

a. Unités de volume

DÉFINITION Une unité de volume souvent utilisée est le **mètre cube** (**m³**).
1 m³ est le volume d'un cube d'arête 1 m.

Autres unités de volume

- Le **décimètre cube** (dm³) est le volume d'un cube d'arête 1 dm.
- Le **centimètre cube** (cm³) est le volume d'un cube d'arête 1 cm.

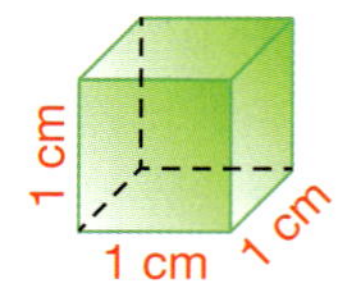

Remarque : une autre unité de volume est le **millimètre cube** (mm³), qui est le volume d'un cube d'arête 1 mm.

b. Volume d'un pavé droit par dénombrement

Exemple

On remplit entièrement le pavé droit ci-contre de cubes d'arête 1 cm.
Au fond du pavé droit, on dispose une couche de 5 rangées de 4 petits cubes.
$5 \times 4 = 20$, donc il y a 20 petits cubes au fond du pavé droit.
Dans le pavé droit, 3 de ces couches sont superposées.
$3 \times 20 = 60$, donc le pavé droit contient 60 cubes d'arête 1 cm.
Le volume de ce pavé droit est donc 60 cm³.

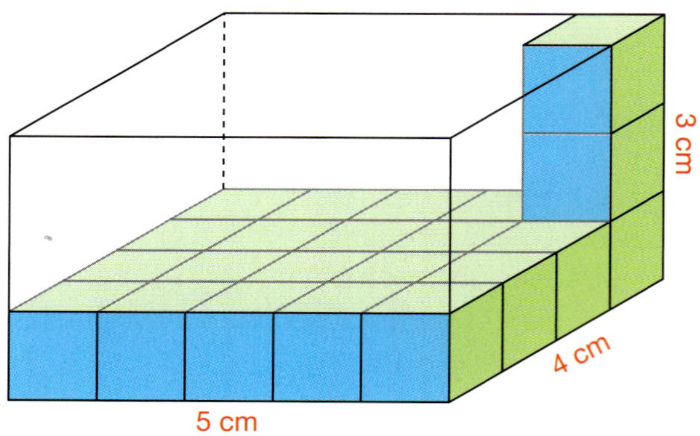

c. Formule du volume d'un pavé droit

	Pavé droit	Cube
	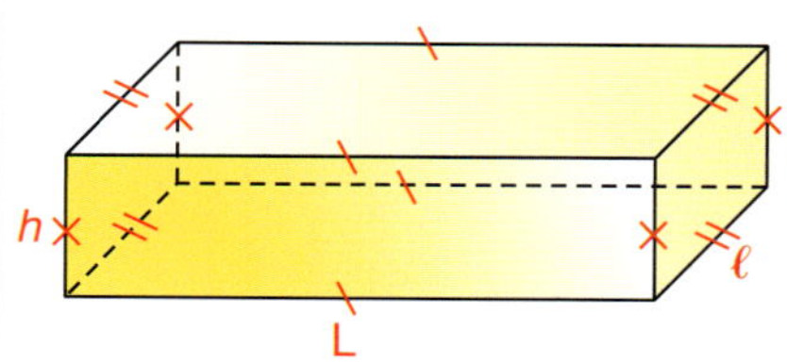	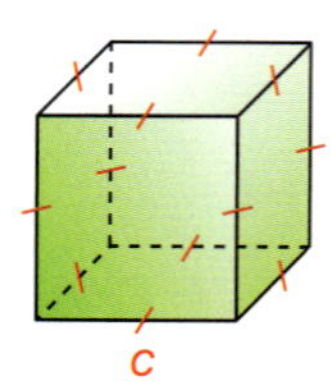
Volume $\mathcal{V}$	$\mathcal{V} = L \times \ell \times h$	$\mathcal{V} = c \times c \times c$

Exemple

Un pavé droit a pour longueur 12 cm, pour largeur 5 cm et pour hauteur 7 cm.
Le volume de ce pavé droit est :

$$\mathcal{V} = 12 \text{ cm} \times 5 \text{ cm} \times 7 \text{ cm},$$

c'est-à-dire $\mathcal{V} = 420 \text{ cm}^3$.

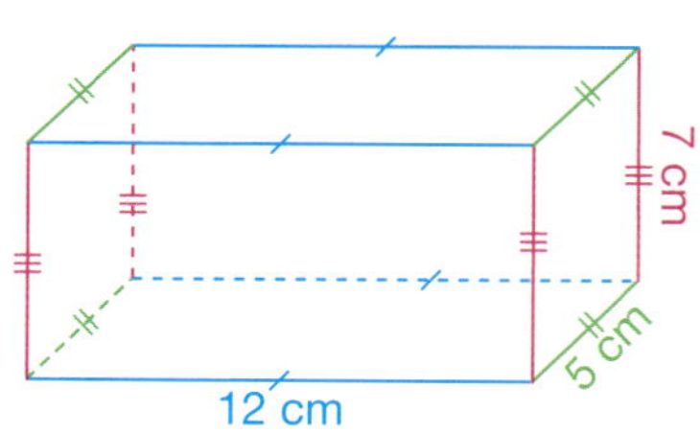

J'applique le cours

1 Calculer le volume d'un cube par dénombrement

EXERCICE RÉSOLU

ÉNONCÉ Du fromage est vendu sous forme de petits cubes d'arête 1 cm. Eleonora en a acheté plusieurs, qu'elle a empilés pour constituer ce grand cube. Déterminer le volume, en cm^3, de ce grand cube.

SOLUTION

• Chaque couche est constituée de 6 rangées de 6 cubes.
$6 \times 6 = 36$, donc il y a 36 cubes à chaque couche.
• Le grand cube est constitué de 6 couches.
$6 \times 36 = 196$, donc il y a 196 cubes au total.
• Chaque petit cube a pour volume 1 cm^3, donc le volume du grand cube est 196 cm^3.

CONSEILS

On procède comme pour un pavé droit non cubique :
- on calcule le nombre de cubes par couche ;
- on multiplie par le nombre de couches ;
- on rédige une phrase de conclusion, en faisant attention à l'unité.

À TON TOUR

2 Une fois résolu, ce puzzle en bois a la forme d'un cube constitué de cubes plus petits d'arête 1 cm.
Déterminer le volume, en cm^3, de ce cube.

3 La *Tête Carrée* est une sculpture monumentale qui abrite les locaux d'une bibliothèque à Nice. Chaque côté de la partie cubique semble constitué de 14 petits cubes d'arête 1 m. Déterminer le volume, en m^3, de cette partie cubique.

4 Calculer le volume d'un pavé droit à l'aide d'une formule

EXERCICE RÉSOLU

ÉNONCÉ Pour ranger des crayons de couleurs, Anouk a acheté la boîte ci-contre, de dimensions 22 cm, 3,5 cm, 2 cm.
Calculer le volume , en cm^3, de cette boîte.

SOLUTION

• Les dimensions de la boîte sont 22 cm, 3,5 cm et 2 cm.
• $\mathcal{V} = 22 \text{ cm} \times 3{,}5 \text{ cm} \times 2 \text{ cm} = 154 \text{ cm}^3$
• Donc le volume de la boîte est 154 cm^3.

CONSEILS

- On s'assure que les dimensions sont dans la même unité, ici le cm.
- On multiplie les trois dimensions.
- On rédige une phrase de conclusion.

À TON TOUR

5 Cette micro-maison (en anglais *tiny house*) a la forme d'un pavé droit de longueur 7 m, de largeur 3,5 m et de hauteur 3,2 m.
Calculer le volume, en m^3, de cette micro-maison.

6 Une boîte à bijoux a la forme d'un pavé droit de longueur 29 cm, de largeur 20,5 cm et de hauteur 40,5 cm.
Calculer le volume, en cm^3, de cette boîte.

2 Relations entre les unités de volume

Exercices 22 à 31

Un cube de 1 m^3 contient 10 couches de 100 cubes de 1 dm^3, soit **1 000** cubes de 1 dm^3.
Ainsi : **1 m^3** = **1 000 dm^3**.
De façon générale, chaque unité de volume est **1 000 fois plus grande que celle de rang immédiatement inférieur**.

× 1 000 ←	× 1 000 ←	
1 m^3	1 dm^3	1 cm^3

1 m^3 = **1 000** dm^3
1 dm^3 = **1 000** cm^3

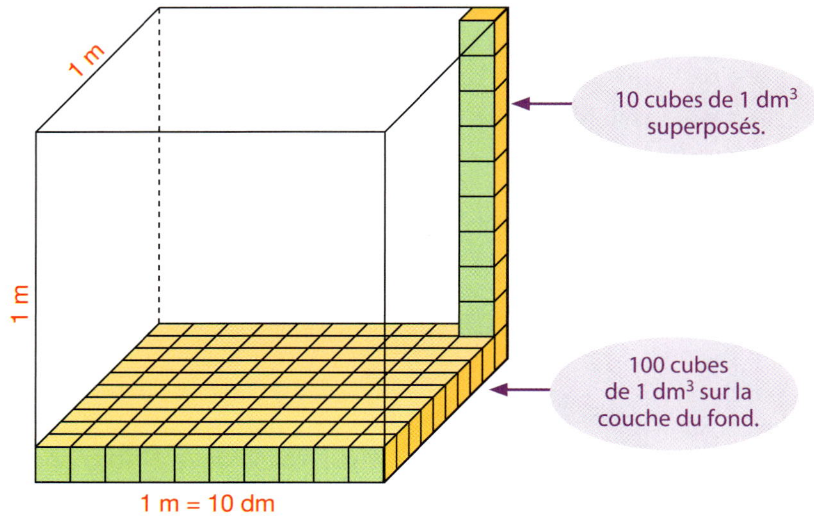

Exemples

- 1 m^3 = **1 000** dm^3 = 1 000 × **1 000** cm^3 = 1 000 000 cm^3
- 1 dm^3 = 0,001 m^3
- 1 m^3 = **1 000** dm^3, donc 12,8 m^3 = 12,8 × **1 000** dm^3 = 12 800 dm^3.

3 Relations avec les unités de contenance

Exercices 32 à 40

DÉFINITION Une unité de contenance souvent utilisée est le **litre** (L).
1 L est le volume d'un cube d'arête 1 dm. Ainsi, **1 L = 1 dm^3**.

Chaque unité de contenance est **10 fois plus grande que celle de rang immédiatement inférieur**.

1 m^3			1 dm^3			1 cm^3			1 mm^3		
		1 kL	1 hL	1 daL	**1 L**	1 dL	1 cL	1 mL			

Exemples

- 1 m^3 = 1 000 dm^3 = 1 000 L
- 1 cm^3 = 1 mL
- 1 cm^3 = 0,001 dm^3 = 0,001 L
- 1 m^3 = **1 000** L, donc 2,5 m^3 = 2,5 × **1 000** L = 2 500 L.

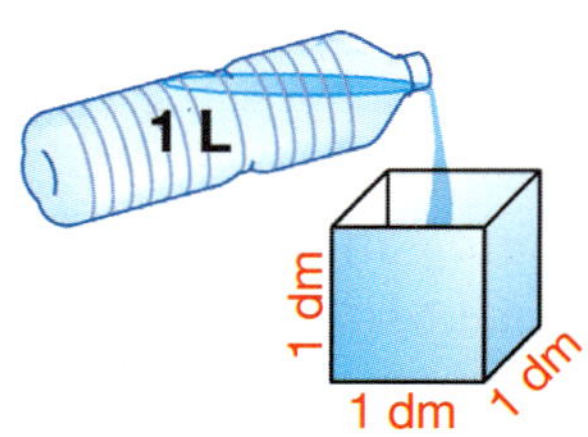

J'applique le cours

7 Utiliser les unités de volume

EXERCICE RÉSOLU

ÉNONCÉ Dans chaque cas, exprimer le volume en dm^3.

a. La caisse de résonance d'une contrebasse : 1,23 m^3.

b. Une boîte de céréales : 1 400 cm^3.

SOLUTION

a. $1{,}23\ m^3 = 1{,}23 \times 1\ m^3 = 1{,}23 \times 1\,000\ dm^3 = 1\,230\ dm^3$

Ainsi, le volume de la caisse de résonance est 1 230 dm^3.

b. $1\ dm^3 = 1\,000\ cm^3$, donc $1\ cm^3 = 0{,}001\ dm^3$.

$1\,400\ cm^3 = 1\,400 \times 1\ cm^3 = 1\,400 \times 0{,}001\ dm^3 = 1{,}4\ dm^3$

Donc le volume de la boîte de céréales est 1,4 dm^3.

CONSEILS

- On utilise les relations entre les unités de volume.

$1\ dm^3 \xleftarrow{\times 1\,000} 1\ cm^3$

$1\ dm^3 \xrightarrow{\times 0{,}001} 1\ cm^3$

À TON TOUR

8 Un magasin utilise des cartons de volumes différents pour expédier les commandes.
Exprimer ces volumes en cm^3.

a. Carton A : 0,375 m^3

b. Carton B : 4,68 dm^3

c. Carton C : 1,23 m^3

9 Voici les volumes de plusieurs modèles de voitures.
Exprimer ces volumes en m^3.

a. Modèle A : 4 354 dm^3

b. Modèle B : 15 482 dm^3

c. Modèle C : 3 535 000 cm^3

10 Relier les unités de volume et de contenance

EXERCICE RÉSOLU

ÉNONCÉ **a.** Un réservoir pour eau de pluie a un volume de 120 m^3.
Quelle quantité d'eau, en L, peut-il contenir ?

b. Un petit seau peut contenir 75 cL de liquide. Quel est son volume, en dm^3 ?

SOLUTION

a. $120\ m^3 = 120 \times 1\,000\ dm^3 = 120\,000\ dm^3$

Or, $1\ dm^3 = 1\ L$, donc $120\,000\ dm^3 = 120\,000\ L$.

Ainsi, ce réservoir peut contenir 120 000 L d'eau.

b. $1\ dm^3 = 1\ L = 100\ cL$, donc $1\ cL = 0{,}01\ dm^3$.

$75\ cL = 75 \times 0{,}01\ dm^3 = 0{,}75\ dm^3$

Ainsi, ce seau a un volume de 0,75 dm^3.

CONSEILS

- Pour exprimer des m^3 en L, on peut passer par les dm^3.
- On relie tout d'abord l'unité de contenance utilisée à l'unité de volume demandée.

À TON TOUR

11 Dans une piscine municipale, il y a plusieurs bassins.

a. Le grand bassin a un volume de 750 m^3.
Exprimer sa contenance, en L.

b. Le bassin pour enfants peut contenir jusqu'à 32 000 L d'eau.
Exprimer son volume, en m^3.

c. Le pédiluve a un volume de 230 000 cm^3.
Exprimer sa contenance, en L.

12 En laboratoire de chimie, plusieurs types de récipients sont disponibles.

a. Une éprouvette a un volume de 45 cm^3.
Exprimer sa contenance en L.

b. Un bécher peut contenir 1,5 L de liquide.
Exprimer son volume en dm^3, puis en cm^3.

c. Un erlenmeyer a un volume de 50 cm^3.
Exprimer sa contenance en mL.

Je travaille mes automatismes

Calculer le volume d'un pavé droit

À l'oral

Questions flash

13 Les pavés droits ci-dessous sont constitués de cubes d'arête 1 cm. Dans chaque cas, donner oralement leur volume, en cm^3.

a.

b.

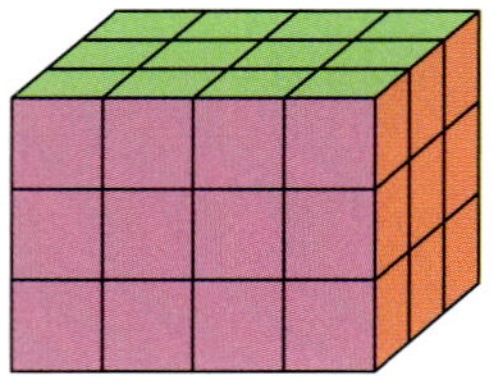

14 CALCUL MENTAL Dans chaque cas, calculer mentalement le volume d'un cube d'arête :

a. 2 m **b.** 5 cm **c.** 10 dm

15 Ce pavé droit est constitué de cubes identiques.

a. Combien y a-t-il de cubes ?

b. Chaque cube à un volume de 8 cm^3.

Quel est le volume, en cm^3, du pavé droit ?

16 Un pavé droit a pour dimensions 8 cm, 4 cm et 2,5 cm.

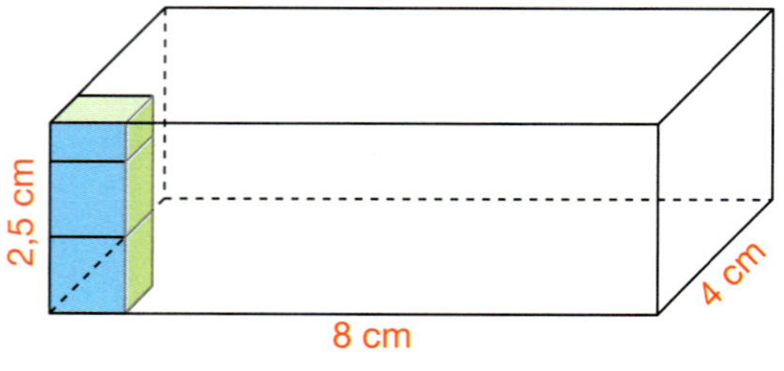

1. a. Combien de cubes d'arête 1 cm peuvent être disposés sur le fond de ce pavé droit ?

Combien de ces cubes peut-on disposer sur la deuxième couche ?

b. Sur la troisième couche, on ne peut disposer que des demi-cubes. Combien y en aura-t-il ?

c. En déduire le volume de ce pavé droit.

2. Retrouver le volume du pavé droit avec la formule.

17 On dispose d'un pavé droit de dimensions 6 dm, 5 dm et 7,5 dm.

1. a. Combien de cubes d'arête 1 dm peuvent être disposés à l'intérieur de ce pavé droit ?

b. En déduire le volume de ce pavé droit.

2. Retrouver le volume du pavé droit avec la formule.

18 Une boîte de mouchoirs a la forme d'un pavé droit.
Voici ses dimensions :
- longueur : 22,5 cm
- largeur : 1,4 cm • hauteur : 6,5 cm

Calculer le volume de cette boîte.

19 Nathalie a acheté un ensemble de trois cubes transparents qui peuvent se ranger les uns dans les autres. Les longueurs de leurs arêtes sont, dans l'ordre croissant : 10 cm, 12,5 cm, 15 cm.
Calculer le volume de chacun de ces cubes.

20 Dans une papeterie, on trouve des boîtes de rangement qui ont la forme d'un pavé droit de dimensions 24 cm, 32 cm, 4 cm.
Calculer le volume occupé par un ensemble de 8 boîtes de rangement.

21 CORRIGÉ en vidéo jaicompris.com

Le vase A est cubique et le vase B est en forme de pavé droit.

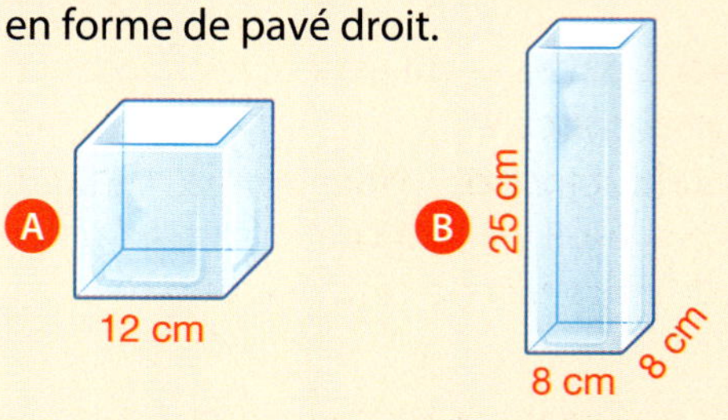

Lola a entièrement rempli d'eau le vase B.
Si elle verse toute cette eau dans le vase A, le liquide va-t-il déborder ? Expliquer.

Manipuler les unités de volume

À l'oral

Questions flash

22 Dans chaque cas, indiquer oralement l'unité de volume qui convient.

a. $0{,}025\ m^3 = 25\ ...$ **b.** $25\ 000\ cm^3 = 25\ ...$

c. $3\ 700\ dm^3 = 3{,}7\ ...$ **d.** $0{,}003\ 7\ dm^3 = 3{,}7\ ...$

23 Compléter oralement chaque égalité.

a. $5\ m^3 = ...\ dm^3$ **b.** $7{,}5\ dm^3 = ...\ cm^3$

c. $0{,}12\ m^3 = ...\ cm^3$ **d.** $3\ cm^3 = ...\ dm^3$

e. $4{,}9\ m^3 = ...\ cm^3$ **f.** $2{,}5\ m^3 = ...\ dm^3$

Je travaille mes automatismes

24 CORRIGÉ en vidéo jaicompris.com
Exprimer chaque volume dans l'unité indiquée.
a. 7,033 m^3 en dm^3. **b.** 12,358 dm^3 en cm^3.
c. 0,847 dm^3 en cm^3. **d.** 357,2 m^3 en cm^3.
e. 0,000 3 m^3 en cm^3. **f.** 0,004 5 m^3 en dm^3.

25 Exprimer chacun de ces volumes en dm^3 puis les ranger dans l'ordre croissant.
A = 11,5 dm^3 B = 0,012 m^3
C = 9 080 cm^3 D = 0,000 9 m^3

26 On a demandé à plusieurs élèves d'estimer le volume d'un ordinateur portable, en m^3.
Voici leurs réponses.
• Margaux : 1,2 m^3 • Eli : 0,001 3 m^3 • Karl : 0,3 m^3

a. Exprimer chacune de ces réponses en dm^3.
b. Quelle réponse semble la plus réaliste ? Expliquer.

27 Simon affirme : « Un centimètre cube est égal à cent mètres cubes. »
Alexandra lui répond : « Non, c'est le contraire. Dans un mètre cube, il y a cent centimètres cubes. »
Que peut-on penser de ces affirmations ?

28 Pour observer des lombrics, Inès a rempli un pot avec de la terre et du sable.
Le volume de ce pot est de 400 cm^3.
Exprimer ce volume en m^3.

29 Exprimer chaque volume dans l'unité indiquée.
a. 4 523 dm^3 en m^3. **b.** 735,8 dm^3 en m^3.
c. 10,9 dm^3 en m^3. **d.** 7 350 cm^3 en dm^3.
e. 735,8 cm^3 en dm^3. **f.** 4 250 000 cm^3 en m^3.

30 Exprimer chaque volume en m^3.
a. 0,05 dm^3 **b.** 475 dm^3
c. 1,35 cm^3 **d.** 0,025 cm^3

31 Un coffre de toit pour voiture a un volume intérieur de 350 dm^3.
Est-il possible d'y placer cinq valises de volume 0,08 m^3 chacune ?

Relier les unités de volume et de contenance

À l'oral — **Questions flash**

32 Compléter oralement chaque égalité.
a. 15,3 L = … dL **b.** 0,25 L = … cL
c. 437 cL = … L **d.** 17,03 dL = … L

33 Compléter oralement chaque égalité.
a. 5 dm^3 = … L **b.** 3,8 dm^3 = … L
c. 0,17 m^3 = … L **d.** 48 cm^3 = … L

34 Compléter oralement chaque égalité.
a. 1,5 L = … dm^3 **b.** 45 L = … dm^3
c. 4 500 L = … m^3 **d.** 325 L = … m^3

35 Exprimer chaque contenance dans l'unité indiquée.
a. 13,7 L en dL. **b.** 2,05 L en cL. **c.** 0,478 L en mL.
d. 23,7 dL en cL. **e.** 1,09 cL en mL. **f.** 1,225 dL en mL.

36 Un petit aquarium peut contenir 1,5 L de liquide. Alors qu'il reste 1,1 L de liquide dans cet aquarium, Lucie y verse le contenu d'une bouteille de 50 cL d'eau.
L'aquarium va-t-il déborder ?

37 Pour ne plus utiliser de bouteilles en plastique, Mateusz a acheté une gourde qui peut contenir 0,72 L de liquide.
Exprimer la contenance de cette gourde en dL puis en cL.

38 Exprimer chaque volume en L.
a. 3,5 m^3 **b.** 0,07 m^3 **c.** 37 dm^3
d. 650,8 dm^3 **e.** 4 700 cm^3 **f.** 357,9 cm^3

39 Exprimer chaque contenance en dm^3.
a. 3,9 L **b.** 250 L **c.** 65 dL
d. 9,9 dL **e.** 2 057 cL **f.** 29,75 cL

40 Lisa a préparé une peinture verte en mélangeant 360 cL de peinture bleue, 200 cm^3 de peinture blanche et 0,4 daL de peinture jaune. Calculer la quantité totale, en L, de peinture verte ainsi préparée.

Calculer le volume d'un pavé droit

41 CORRIGÉ en vidéo jaicompris.com

Un pavé droit a pour dimensions 30 cm, 25 cm et 15 cm.

a. Calculer son volume, en cm^3.

b. Exprimer ce volume en dm^3.

42 Algo Voici un script Scratch qui permet de calculer le volume d'un solide. L'unité est le cm.

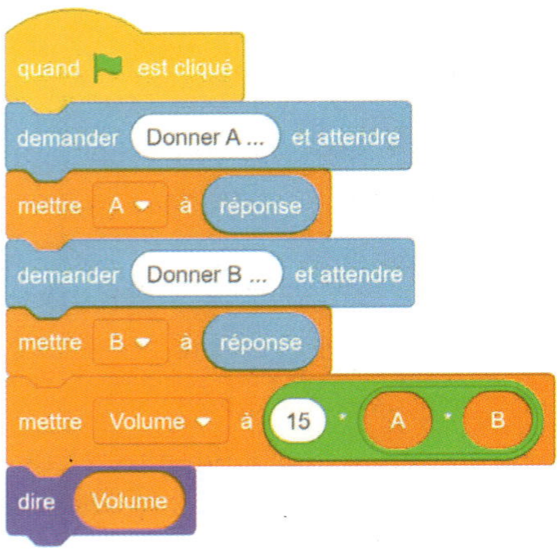

a. Décrire ce solide.

b. Ouvrir le logiciel Scratch, saisir et exécuter ce script avec A = 45 et B = 20. Exprimer le volume en dm^3.

43 Jill a mesuré les dimensions d'un pavé droit : longueur 4 dm, largeur 2,5 dm, hauteur 12 cm.

a. Jill affirme : « Le volume de ce pavé droit n'est pas égal au produit $4 \times 2{,}5 \times 12$. » Expliquer.

b. Exprimer les dimensions en cm, puis calculer le volume du pavé droit, en précisant l'unité.

44 Léonie a empilé trois pavés droits : le vert a une longueur de 1 dm, une largeur de 6 cm et une hauteur de 2 cm. Les suivants ont la même hauteur que le premier, mais les autres dimensions sont divisées par 2 à chaque fois.

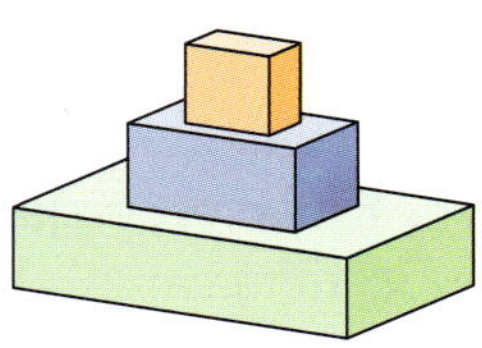

Calculer le volume de la structure complète.

45 Dans chaque cas, exprimer le volume dans une unité plus adaptée.

a. Une goutte d'eau : 0,000 05 dm^3.

b. Une piscine : 42 000 000 cm^3.

c. Une tasse à thé : 0,000 15 m^3.

d. Une boîte à gâteaux : 5 340 000 mm^3.

46 Laura a calculé le volume d'un pavé droit et obtenu 45 000 cm^3.

Mais elle a par erreur effacé deux dimensions de ce pavé droit. Elle se souvient cependant que c'étaient des nombres entiers de décimètres.

Quelles sont les valeurs possibles de ces dimensions, en dm ? *Il y a plusieurs solutions.*

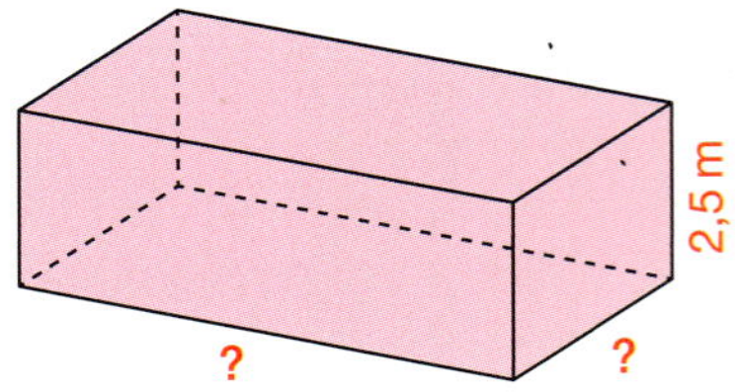

47 Katarina a acheté un nouveau sac à dos dont le volume utile est de 12 dm^3. Elle doit y mettre les objets suivants :

- six livres de volume 840 cm^3 chacun ;
- huit cahiers de volume 0,5 dm^3 chacun ;
- un agenda de volume 580 cm^3 ;
- une trousse de volume 640 cm^3 ;
- une pochette de feutres de volume 91 cm^3.

Aura-t-elle assez de place dans son nouveau sac ?

48 Jeux et casse-tête Voici les premiers niveaux d'un empilement de cubes d'arête 5 cm.

Calculer le volume, en m^3, de l'ensemble obtenu en continuant jusqu'au dixième niveau.

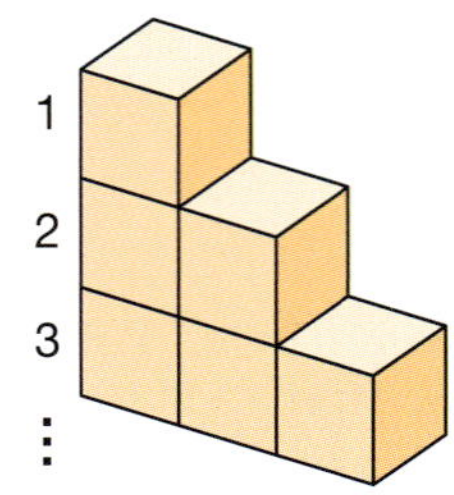

Relier les unités de volume et de contenance

49 La propriétaire d'un restaurant souhaite le décorer avec quatre aquariums identiques.

Chaque aquarium a pour dimensions 1 m, 40 cm et 5 dm.

a. Calculer le volume, en dm^3, d'un aquarium.

b. Quel volume d'eau, en L, faut-il pour remplir les quatre aquariums ?

50 Parmi les six étiquettes ci-dessous, indiquer celles qui correspondent à la même quantité.

45 000 cm^3 | 45 cm^3 | 0,045 dm^3

4 500 cL | 0,045 m^3 | 45 L

51 Exprimer la contenance, en L, de chacun de ces objets, puis les ranger par ordre croissant de contenance.

A Casserole  0,8 dm^3

B Boîte de conserve  900 cm^3

C Pot de yaourt  14 cL

D Bouteille de jus de fruits  330 mL

52 Un entraîneur sportif a acheté un pack de six bouteilles de 1,5 L de jus de fruits.
Aura-t-il assez de jus de fruits pour remplir un gobelet de 30 cL pour chacun des 35 adhérents du club ?

53 Rodrigue oublie de fermer le robinet pendant qu'il se lave les dents. Il s'écoule alors 3,5 cL d'eau par seconde pendant les 3 min de brossage.
Sa sœur Alienor le réprimande : « Comme tu te laves les dents deux fois par jour, tu gaspilles ainsi plus de 80 L d'eau par semaine. »
A-t-elle raison ? Expliquer.

54 Jeux et casse-tête Ce carré magique contient des volumes écrits dans des unités différentes. Les sommes des volumes dans une même ligne, une même colonne ou une diagonale, exprimés en dm^3, sont égales.
Recopier et compléter ce carré magique.

cm^3	m^3	dm^3
900 000		450
	1,125	
		1 350

Synthèse

Utiliser des volumes et des contenances

55 Des boîtes de chocolats ont la forme d'un pavé droit, avec les dimensions suivantes : longueur 35 cm, largeur 9 cm, hauteur 20 cm.
Ces boîtes sont expédiées dans des lieux de ventes par paquets de 12 boîtes.

Objectif Étudier plusieurs modèles de cartons pour expédier 12 boîtes.

1. Calculer le volume d'une boîte.
2. Peut-on placer 12 boîtes dans un carton dont les dimensions intérieures sont : longueur 50 cm, largeur 30 cm, hauteur 50 cm ?
3. Voici les dimensions intérieures d'un autre type de carton : longueur 135 cm, largeur 30 cm, hauteur 20 cm.
a. Vérifier que le volume de ce carton est suffisant pour les 12 boîtes.
b. Peut-on vraiment placer les 12 boîtes dans ce carton ?
4. Voici les dimensions intérieures d'un troisième type de carton : longueur 105 cm, largeur 18 cm, hauteur 40 cm.
Vérifier que ce modèle convient parfaitement.

56 Quatre vivariums sont installés dans un laboratoire de biologie.
La terre nécessaire pour les utiliser a été livrée dans une caisse en forme de pavé droit de dimensions 1,2 m, 8 dm et 7 dm.

Objectif Étudier différentes façons de remplir des vivariums.

1. a. Calculer le volume de terre initialement livrée.
b. Calculer le volume de terre utilisée dans un vivarium.
c. Le laboratoire décide d'installer 10 vivariums supplémentaires.
Calculer le volume, en m^3, de terre nécessaire pour les nouveaux vivariums.
2. À la fin du projet de recherche, les 14 vivariums sont reconvertis en aquariums.
a. Quelle est la contenance totale, en L, des aquariums du laboratoire ?
b. L'eau pour remplir les aquariums coûte 3,45 € par mètre cube.
Quel est le coût total, en €, pour remplir les aquariums avec de l'eau ?
Donner une valeur approchée au centième près.

Parcours différenciés

Je m'évalue

Pour chaque question, une seule réponse est exacte.

QCM supplémentaires college.nathan.fr/tm6186

	a	b	c	En cas d'erreur
57 1 dm^3 est le volume…	d'un carré de côté 1 dm	d'un cube d'arête 1 dm	de dix cubes d'arête 1 m	Cours 1 p. 178
58 Ce pavé droit est totalement rempli de cubes d'arête 1 dm. Son volume est… 	14 dm^3	11 dm^3	18 dm^3	
59 Le volume d'un pavé droit de dimensions notées a, b et c dans une même unité est…	$a+b+c$	$a \times b \times c$	$a \times b + c$	Ex. 1 p. 179
60 Le volume d'un cube d'arête 5 cm est…	125 cm^2	15 cm^3	125 cm^3	
61 Ce cube est constitué de petits cubes d'arête 1 cm. Son volume est… 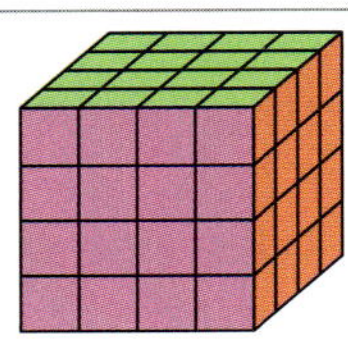	64 cm^3	16 cm^3	12 cm^3	
62 Le volume de cette planche de bois est… 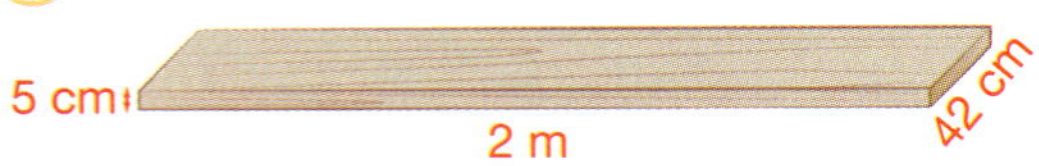	42 cm^3	42 dm^3	4,2 m^3	Ex. 4 p. 179
63 1 dm^3 est égal à…	10 m^3	1 000 m^3	1 000 cm^3	Cours 2 p. 180
64 1 cm^3 est égal à…	1 000 dm^3	0,001 m^3	0,001 dm^3	
65 La météorite de Hoba est la plus grande météorite retrouvée sur Terre. Son volume de 6 561 dm^3 est égal à…	656,1 m^3	65,61 m^3	6,561 m^3	Ex. 7 p. 181
66 1 L est égal à…	1 m^3	1 dm^3	1 cm^3	Cours 3 p. 180
67 1 000 L est égal à…	1 m^3	1 dm^3	1 cm^3	
68 Une boule à neige a un volume intérieur d'environ 115 cm^3. La quantité de liquide qu'elle contient est environ…	1,15 dL	11,5 L	115 cL	Ex. 10 p. 181
69 Une canette remplie contient 25 cL de soda. Son volume est…	25 cm^3	250 cm^3	250 mm^3	

Je réalise mon parcours

Selon ton score page précédente

Parcours conseillé

- Entre **0 et 5 bonnes réponses** : (drapeau vert)
- Entre **6 et 9 bonnes réponses** : (drapeau bleu)
- **10 bonnes réponses ou plus** : (drapeau rouge)

70 Soustraire des volumes

Voici trois solides qui ont été obtenus à partir de pavés droits.
On se propose de calculer les volumes de ces solides.

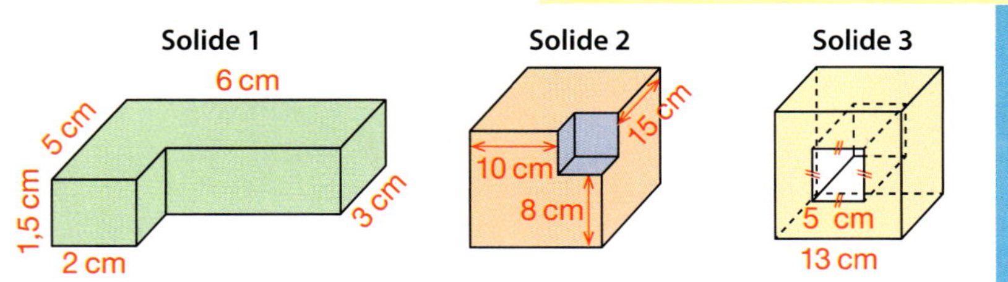

PARCOURS 1

On s'intéresse au **solide 1**.

La forme est trop compliquée, comment calculer son volume ?

Il suffit de calculer le volume du pavé droit qui a été découpé et de le soustraire du volume initial.

a. Recopier et compléter : « Les dimensions du pavé droit initial sont ..., ... et ..., donc son volume est ... × ... × ..., soit ... cm^3. »
b. Indiquer les dimensions du pavé droit qui a été découpé, puis calculer son volume.
c. En déduire le volume du **solide 1**.

PARCOURS 2

Le **solide 2** est obtenu en découpant un cube d'arête 5 cm dans un pavé droit.
Calculer le volume du **solide 2**.

PARCOURS 3

Le **solide 3** est obtenu en découpant un pavé droit dans un cube.
Calculer le volume du **solide 3**.

71 Comparer des contenances

Dans un supermarché, on peut acheter des packs de bouteilles d'eau de plusieurs contenances.
On se propose de comparer les contenances totales de ces trois packs.

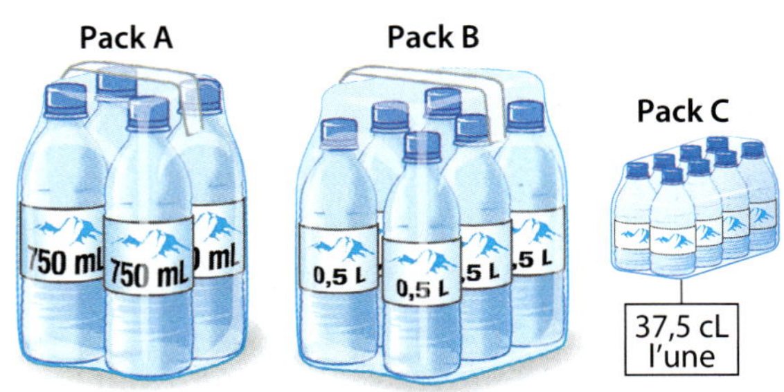

PARCOURS 1

On s'intéresse dans un premier temps aux packs A et B.

Comment comparer alors que ce ne sont pas les mêmes unités de contenance ?

Il faut justement les exprimer dans une même unité !

a. Recopier et compléter : « Dans le pack A, il y a ... bouteilles de ... mL, donc sa contenance totale est ... × ... mL, soit ... mL.
Or, 1 mL = ... L, donc la contenance totale du pack A est ... L. ».
b. De même, calculer la contenance totale, en L, du pack B.
c. Comparer et conclure.

PARCOURS 2

Comparer les contenances totales des packs A, B et C.

PARCOURS 3

Combien de bouteilles de 1,5 L devrait contenir un pack pour que sa contenance totale soit la somme des contenances des packs A, B et C ?

Travailler sur les pavés droits

72 Tice Représenter un pavé droit

On se propose de construire un pavé droit de dimensions 5 cm, 2 cm, 4 cm avec GeoGebra et d'afficher son volume.

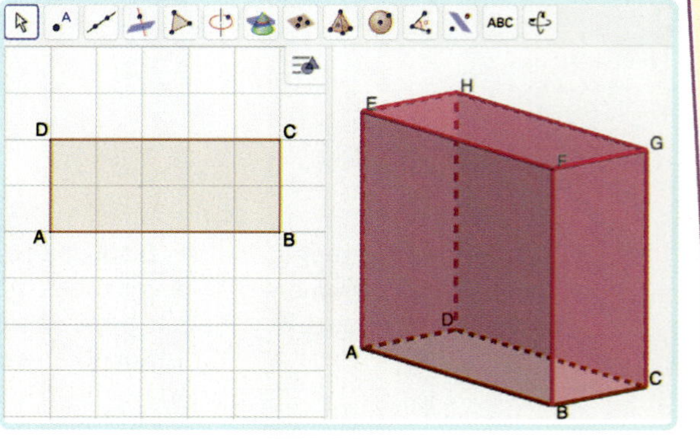

a. Ouvrir le logiciel GeoGebra et cliquer sur Géométrie . Faire un clic droit pour afficher la grille.
Créer un rectangle ABCD tel que AB = 5 et BC = 2.

b. Cliquer sur Affichage et cocher □Graphique 3D . Faire un clic droit et décocher Afficher axes et Afficher Plan .

c. Dans le menu, cliquer sur Extrusion Prisme , puis cliquer sur le rectangle ABCD et saisir 4 dans la boîte de dialogue demandant la hauteur.

d. Faire un clic droit sur chaque sommet de la face supérieure et cliquer sur Renommer .

e. Cliquer sur Volume , puis sur le pavé droit pour afficher son volume.

73 Tice Choisir les dimensions d'un pavé droit de volume donné

Un artisan réalise des bougies en forme de pavés droits.

1. Une bougie bleue a pour dimensions 3 cm, 3 cm et 10 cm.
Calculer le volume, en cm^3, de cette bougie.

2. Pour connaître plus facilement la quantité de cire dont il a besoin, cet artisan utilise une feuille de calcul, dans laquelle il indique la largeur, la longueur et la hauteur de chaque modèle de bougie.

	A	B	C	D	E
1	**Bougie**	**Largeur** (en cm)	**Longueur** (en cm)	**Hauteur** (en cm)	**Volume** (en cm^3)
2	**Bleue**	3	3	10	
3	**Verte**	4	3,5	8	
4	**Orange**	5	5	5	
5	**Blanche**	3	3	20	
6	**Rose**	6	6	10	
7	**Défi**				

a. Réaliser cette feuille de calcul.

b. Dans la cellule E2, saisir la formule =B2*C2*D2 qui permet de calculer le volume de la bougie bleue.
Vérifier que l'on obtient le même résultat qu'à la question **1**.

c. Sélectionner la cellule E2 et recopier vers le bas jusqu'à la cellule E6.

3. a. Comparer les dimensions des bougies bleue et blanche puis comparer leurs volumes.

b. Comparer les dimensions des bougies bleue et rose puis comparer leurs volumes.

c. Cet artisan veut réaliser une bougie de volume 400 cm^3 exactement.
Utiliser la ligne 7 « Défi » pour proposer des dimensions possibles pour cette bougie.

J'utilise mes compétences

74 Communiquer en anglais

Raisonner • Calculer • Communiquer

An architect has designed a house in the shape of a perfect cuboid, with dimensions 1,2 dam, 7 m and 64 dm.
Compute the volume of the building, with the most appropriate unit.

75 Comprendre une situation

Raisonner • Calculer

Noah a rempli une bassine à ras bord avec de l'eau.
a. Il dépose dans la bassine un cube plein en métal d'arête 15 cm.
Calculer la quantité d'eau, en L, qui va déborder de la bassine.
b. Après avoir rempli à nouveau la bassine, il y dépose cette fois-ci un cube plein d'arête 2,5 cm.
Calculer la quantité d'eau, en mL, qui va déborder.

76 Retrouver des dimensions

Raisonner • Calculer

Joann veut envoyer un cadeau à ses cousins. Pour cela, il a besoin d'un colis dont la longueur, la largeur et la hauteur dépassent 17 cm.
On lui propose deux modèles de même volume 9 dm^3 :
- **modèle 1 :** longueur 30 cm, largeur 20 cm ;
- **modèle 2 :** longueur 25 cm, largeur 20 cm.

a. Exprimer le volume, en cm^3, de ces modèles.
b. Calculer la hauteur du modèle 1. Est-ce suffisant ?
c. Vérifier que le modèle 2 est adapté.

77 Calculer une hauteur

Raisonner • Calculer

L'intérieur d'un vase a la forme d'un pavé droit.
La base de ce pavé est un carré de 5 cm de côté.
On verse 0,25 L d'eau dans ce vase.
Quelle est la hauteur d'eau ?

78 Calculer une masse

Chercher • Raisonner

En se réveillant un matin, Étienne découvre que l'accès à son garage est recouvert de 20 cm de neige. Il doit donc déneiger une zone qui a la forme d'un rectangle de 6 m par 3 m.
On considère que 1 m^3 de neige fraîche pèse en moyenne 50 kg.
Quelle quantité de neige, en kg, Étienne doit-il déplacer ?

79 Économiser l'eau

Raisonner • Calculer • Communiquer

On utilise en moyenne 150 L d'eau pour un bain et 80 L pour une douche avec un pommeau normal.
Un pommeau de douche à débit réduit permet d'utiliser moitié moins d'eau lors d'une douche.
Maël prend chaque semaine 1 bain et 6 douches.
Il n'a pas de pommeau à débit réduit.
Sirine prend 7 douches par semaine, avec un pommeau à débit réduit.
Calculer le volume, en m^3, d'eau économisée par Sirine par rapport à Maël, dans une année de 52 semaines.

80 Relier contenances et volumes

Raisonner • Calculer

Le château d'eau d'un village, quand il est plein, contient un volume de 1 000 m^3 d'eau.
Suite à un problème d'approvisionnement, ce château d'eau devient l'unique source d'eau du village.
Chacun des 260 foyers de ce village consomme en moyenne 330 L d'eau par jour.
Dans ces conditions, au bout de combien de temps le château d'eau sera-t-il vide ?

J'utilise mes compétences

81 Utiliser des débits

Raisonner • Calculer

Dans une station-service, il y a plusieurs types de pompes :

- standard, avec un débit de 50 dm^3 par minute ;
- pour poids lourds, avec un débit de 0,15 m^3 par minute.

Le réservoir d'un camion contient 900 L.
Alors qu'il reste 50 L dans le réservoir, le chauffeur s'arrête dans cette station pour faire le plein.
Combien de temps gagnera-t-il s'il utilise la pompe pour poids lourds ?

82 Utiliser un volume donné

Chercher • Calculer

Anna a réalisé en pâte à modeler un pavé droit de longueur 12 cm, largeur 6 cm et hauteur 3 cm.

a. En conservant le même volume de pâte à modeler, elle souhaite réaliser un nouveau pavé droit dont la longueur et la largeur seront deux fois plus petites. Quelle doit être la hauteur de ce pavé droit ?

b. Est-il possible de construire un cube avec le même volume de pâte à modeler ?
Si oui, quelle sera son arête ?

83 Comprendre et expliquer

Calculer • Raisonner

Une usine fabrique chaque jour 15 000 exemplaires de cette pièce métallique. Calculer le volume de métal ainsi utilisé en une semaine de 5 jours de travail.

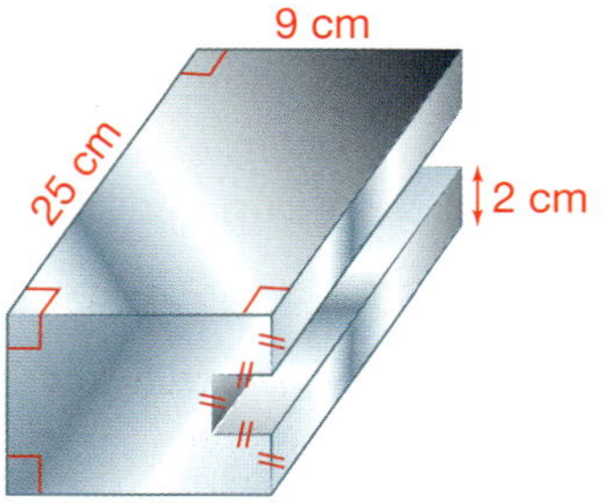

84 Imaginer une stratégie

Raisonner • Calculer • Communiquer

Un caillou est plongé dans ce cube contenant de l'eau.
Quel est le volume du caillou ?

Avant

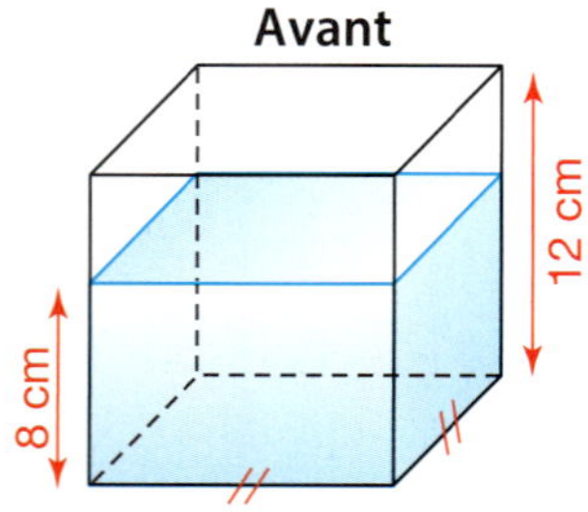

Après

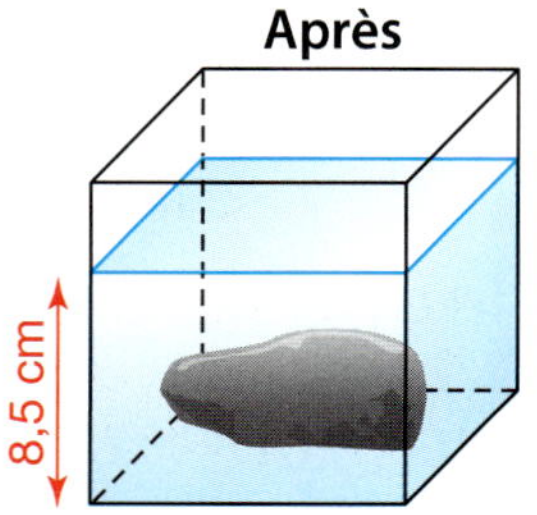

85 Problème ouvert

Raisonner • Calculer • Communiquer

Voici un patron d'un pavé droit, sur lequel on a précisé les aires de plusieurs faces.
Calculer le volume de ce pavé droit.

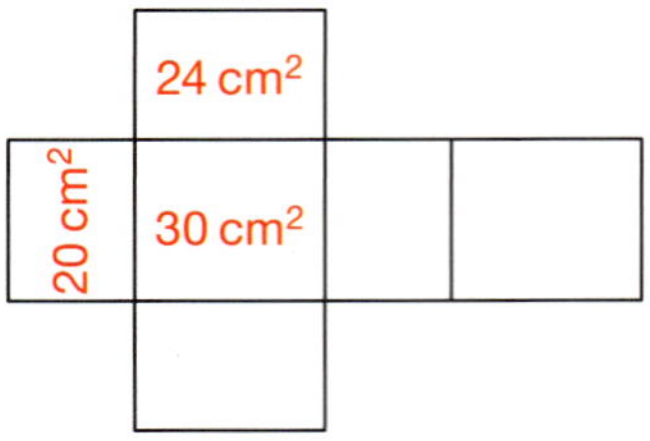

Narration de RECHERCHE

86 PROBLÈME Leander dispose d'un récipient en forme de pavé droit de longueur 1,2 dm, de largeur 1,2 dm et de hauteur 7,5 cm.
Pour une expérience en Sciences, il souhaite y déposer des glaçons cubiques de 2,5 cm d'arête.
En fondant, la glace donne un volume d'eau représentant 90 % du volume des glaçons.
Combien peut-il placer de glaçons pour être certain qu'après la fonte, l'eau ne va pas déborder ?

Raconter sur une feuille les différentes étapes de la recherche et les remarques qui ont fait changer de méthode ou qui ont permis de résoudre le problème.

Des défis

87 Compléter un solide

Voici un assemblage de cubes.

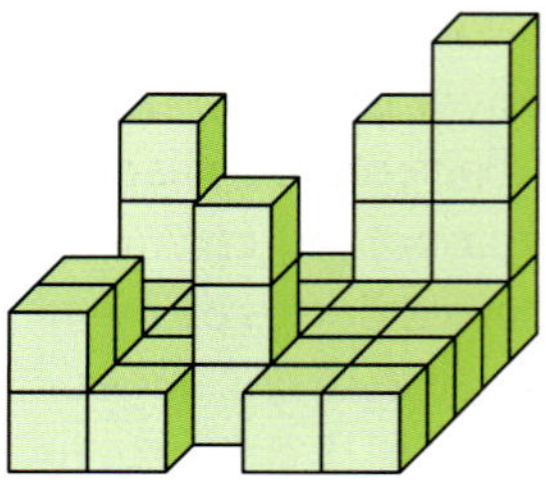

Quel est le nombre de petits cubes qu'il faut ajouter pour construire un grand cube de 5 petits cubes de côté ?

88 Maximiser un volume

Un pavé droit a pour dimensions, en cm, des nombres entiers dont la somme est 30.
Quel est le plus grand volume possible, en cm^3, pour un tel pavé droit ?

Je prends des initiatives

TÂCHES COMPLEXES

89 CALCULER un budget

▸ La situation-problème

Léonie souhaite réaliser une terrasse en béton devant sa maison. Cette terrasse aura la forme d'un pavé droit de longueur 6 m, de largeur 3,5 m et d'épaisseur 15 cm. Utiliser les éléments fournis pour calculer le budget qu'elle doit prévoir.

▸ Les supports de travail

Les documents, la calculatrice.

Toute piste de recherche, même non aboutie, figurera sur la feuille.

Doc. 1

Fournitures pour préparer 1 m^3 de béton

Doc. 2

Prix des fournitures

- Sac de 35 kg de ciment : 6 €
- Sac de 40 kg de sable : 4 €
- Sac de 30 kg de gravier : 3 €

90 INSTALLER une réserve d'eau de pluie

▸ La situation-problème

Alberto souhaite installer une réserve d'eau de pluie dans son jardin. Il récupérera ainsi l'eau de pluie qui tombe sur le toit plat de son abri de jardin. Utiliser les informations fournies pour déterminer la quantité maximale d'eau qu'il pourrait récupérer pendant une année.

▸ Les supports de travail

Les documents, la calculatrice.

Toute piste de recherche, même non aboutie, figurera sur la feuille.

Doc. 1

Vue de dessus de l'abri

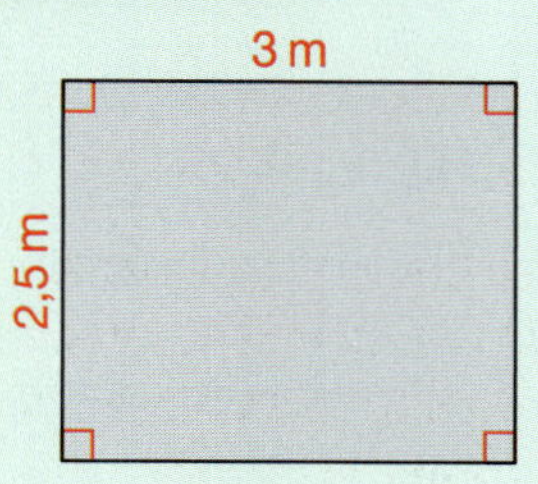

Doc. 2

Pluviométrie dans sa région

(hauteur moyenne d'eau tombée par mois)

- Printemps : 60 mm par mois
- Été : 45 mm par mois
- Automne : 70 mm par mois
- Hiver : 75 mm par mois

Doc. 3

Efficacité du dispositif

Environ 50 % du volume de l'eau de pluie tombée peut être récupéré.

CHAPITRE 12

S'initier à l'espace

Avant de se lancer sur les pentes d'un slalom, les skieurs de haut niveau répètent mentalement le parcours :
« Première porte, virage serré à gauche, puis légère bosse et saut, deuxième porte, virage long à droite… »

Bien démarrer

Pour chaque question, une réponse ou plusieurs sont exactes.

		a	b	c
1	Le déplacement du pingouin jusqu'à l'iceberg peut être codé… 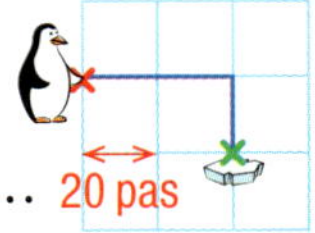	av 40 tg 90 av 40	av 40 tg 90 av 20	av 40 td 90 av 20
2	En exécutant ce programme, on se déplace de D à A selon le trajet… av 40 tg 90 av 40 td 90 av 40	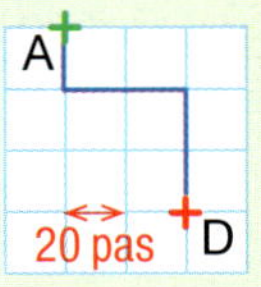	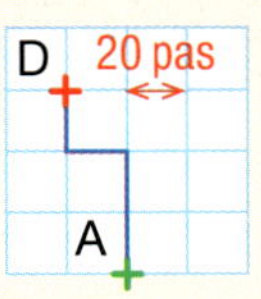	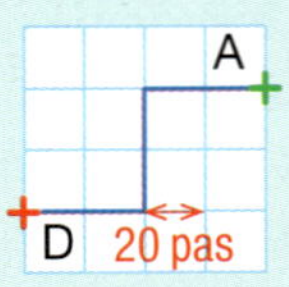
3	Ce solide est un assemblage… 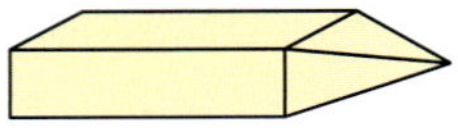	d'un cylindre et d'un cône	d'un pavé droit et d'une pyramide	d'une pyramide et d'un cylindre
4	Un cube a…	6 faces carrées et 12 arêtes	6 faces carrées et 6 sommets	12 arêtes et 8 sommets
5	Un patron de cube est dessiné sur la figure…	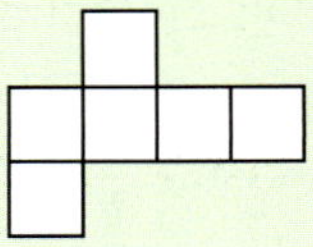	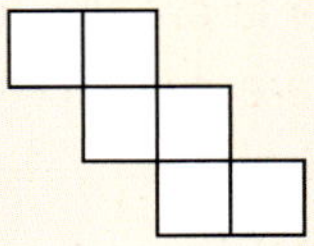	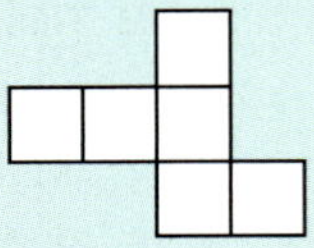

Vérifie tes réponses p. 288

ACTIVITÉ 1 Se déplacer dans le plan

Cours Paragraphe 1, p. 194

a. Sur papier quadrillé, prendre 1 carreau pour 20 pas, choisir un point pour centre de la scène et tracer le déplacement du lutin lorsqu'on exécute le script Scratch ci-contre.

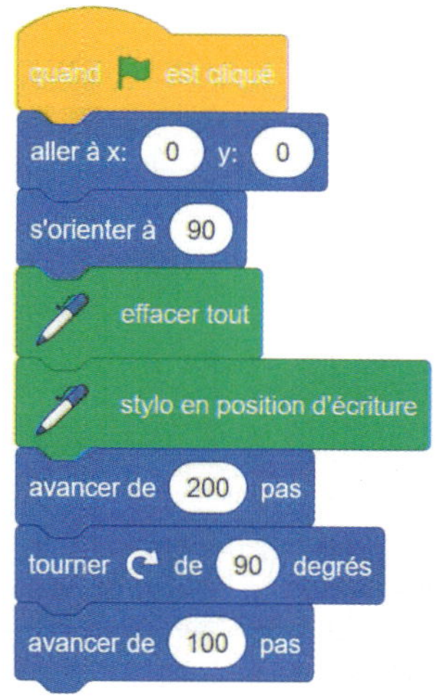

b. Le lutin a effectué le nouveau déplacement ci-dessous.
Ouvrir le logiciel Scratch, saisir le script précédent sauf les trois dernières instructions.
Le compléter par les instructions ci-dessous, dans le bon ordre, afin que le lutin décrive ce déplacement.

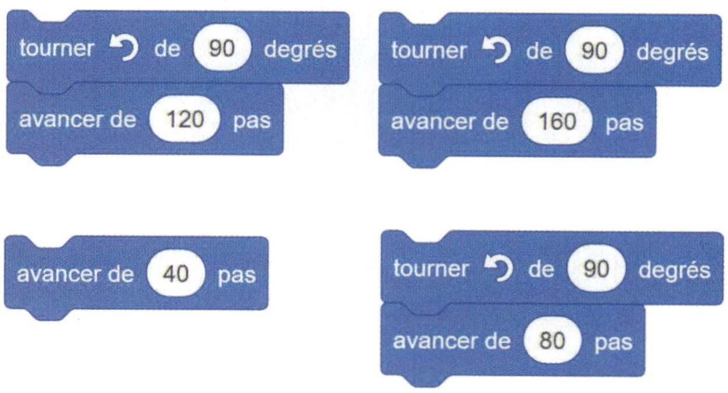

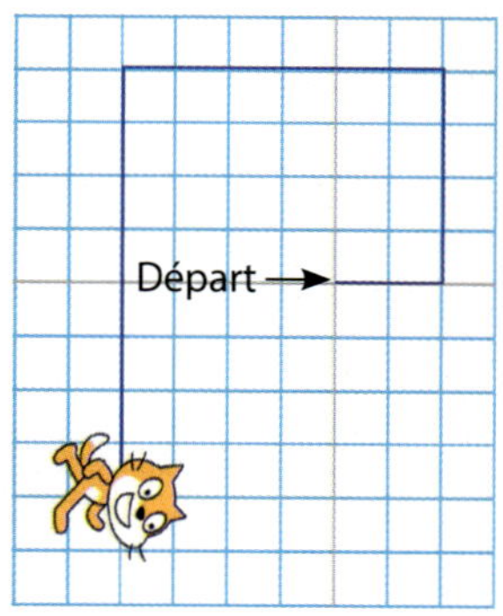

ACTIVITÉ 2 Représenter un pavé droit

Cours Paragraphe 2, p. 196

Kelly souhaite réaliser un abri pour son lapin.
Il est schématisé par le pavé droit ci-contre.
On se propose d'en réaliser une maquette.

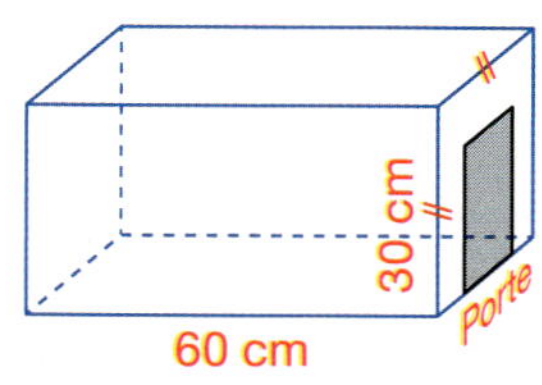

a. On dit que cet abri est représenté en **perspective cavalière**.
Pourquoi certaines arêtes sont-elles en pointillés ?
b. Sur papier quadrillé, reproduire et compléter la figure ci-contre afin d'obtenir un patron du pavé droit. *Prendre 1 carreau pour 10 cm.*
Colorier la porte de l'abri sur ce patron.
c. Découper et assembler ce patron afin d'obtenir une maquette de l'abri.

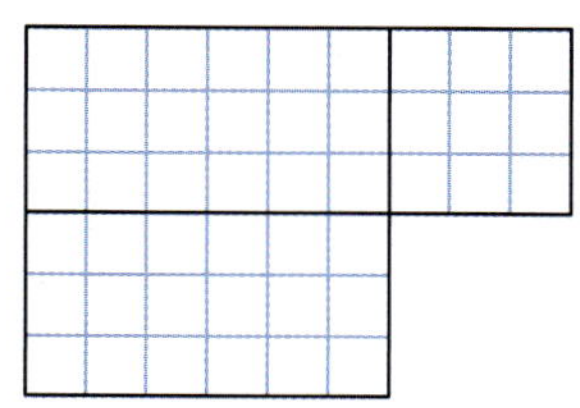

ACTIVITÉ 3 Décrire un assemblage de solides

Cours Paragraphe 3, p. 198

Située en Estonie, la tour de Kiek in de Kök est un assemblage de solides.
Recopier et compléter la phrase en utilisant la représentation en perspective cavalière de la tour.
« La tour est constituée d'un ... de ... [AB] et de rayon ... et d'un ... de hauteur ... et de rayon ... ».

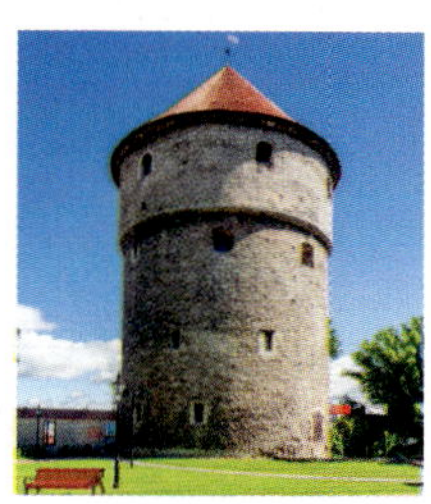

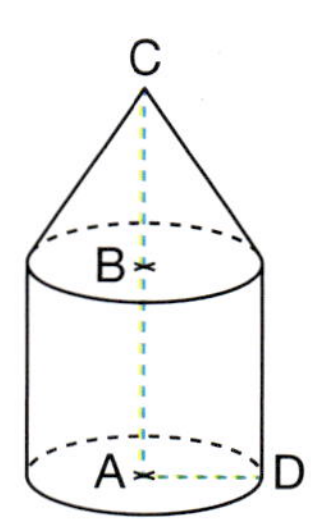

1 Se repérer, se déplacer

Exercices 15 à 21

a. Se repérer dans le plan

Repérage d'une case d'un quadrillage

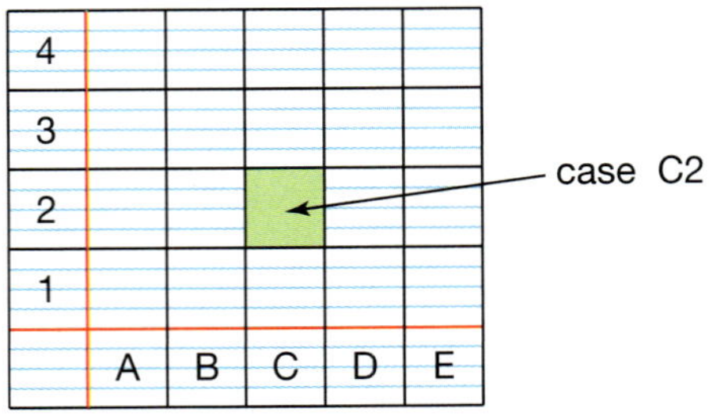

Repérage d'un nœud d'un quadrillage

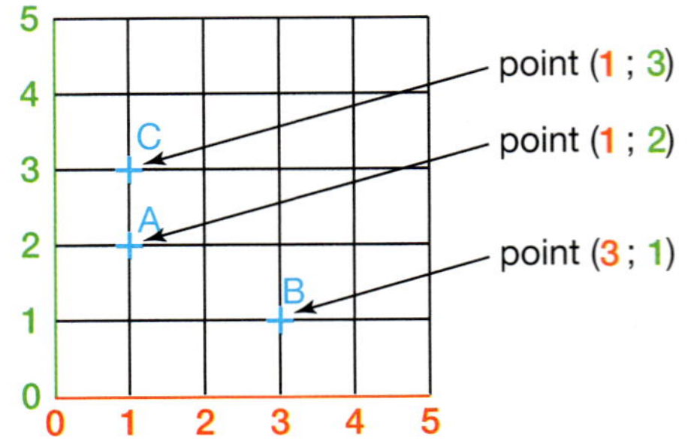

Par convention, on se repère d'abord horizontalement avant de se repérer verticalement.

b. Programmer un déplacement dans le plan

Scratch est un logiciel qui permet de programmer des déplacements.

Action	Instruction Scratch
S'orienter vers la droite	s'orienter à 90
Avancer de 100 pas	avancer de 100 pas
Tourner vers la droite d'un angle droit	tourner ↻ de 90 degrés

Exemple

Lorsqu'on exécute le script ci-contre, le lutin effectue ce déplacement.

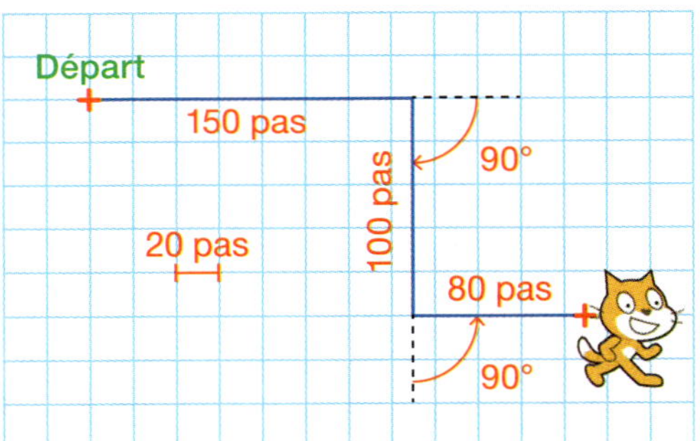

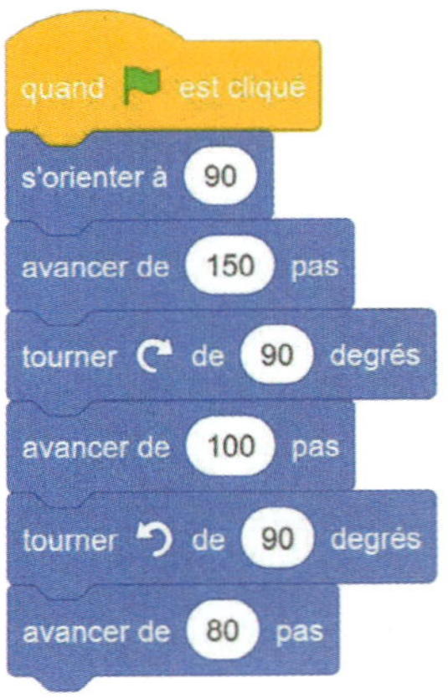

c. Se repérer dans l'espace

La vue d'un objet dépend de la position de l'observateur.

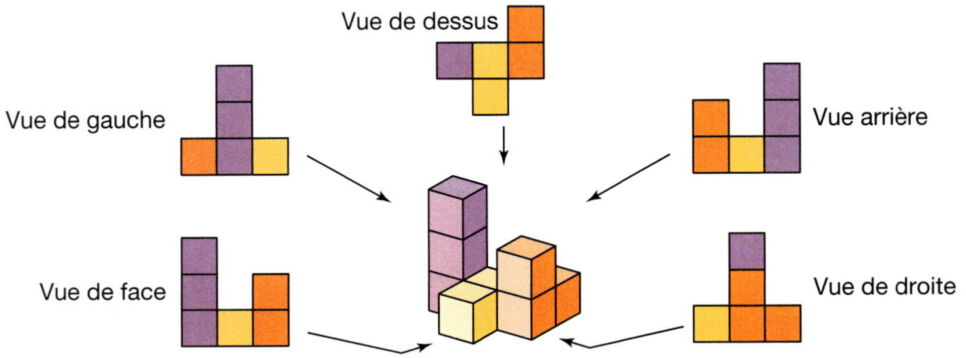

J'applique le cours

1 Décrire des déplacements

EXERCICE RÉSOLU

ÉNONCÉ Au départ, la tortue est orientée vers la droite. Elle part du point rouge et décrit le trajet bleu.
Bérénice indique : « J'ai mélangé les instructions suivies par la tortue. »
Remettre ces instructions dans le bon ordre.

av 200	av 100	tg 90
td 90	tg 90	av 200
av 300	av 100	td 90

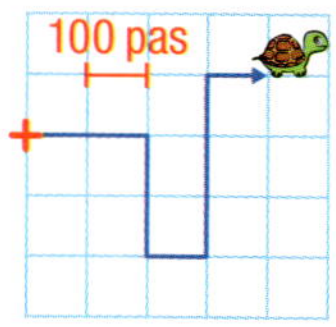

SOLUTION

(1) av 200	(4) tg 90	(7) av 300
(2) td 90	(5) av 100	(8) td 90
(3) av 200	(6) tg 90	(9) av 100

CONSEIL
Au début, la tortue avance de 2 carreaux, soit de 2 × 100 pas (instruction **(1)**).
Ensuite, elle tourne à droite d'un angle droit, soit 90° (instruction **(2)**).

À TON TOUR

2 Au départ, la tortue est orientée vers la droite.
Utiliser les instructions av … , td 90 , tg 90 pour décrire le déplacement ci-contre de la tortue à partir de la croix rouge.

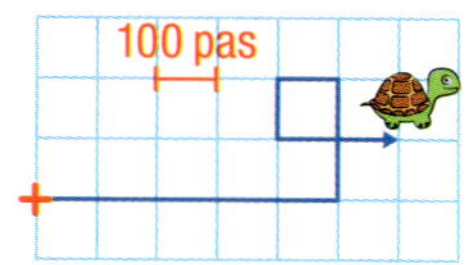

3 Compléter un script Scratch

EXERCICE RÉSOLU

ÉNONCÉ Voici le début d'un script Scratch.
Le compléter afin que le lutin effectue le déplacement représenté ci-contre.

```
quand [drapeau] est cliqué
s'orienter à (90)
avancer de (50) pas
```

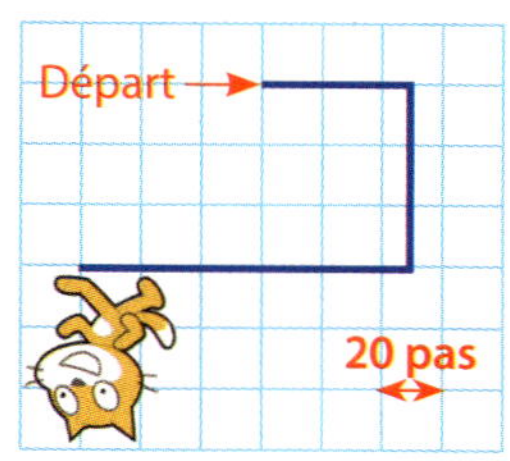

SOLUTION
Voici les instructions à utiliser pour compléter le script.

```
tourner ↻ de (90) degrés
avancer de (60) pas
tourner ↻ de (90) degrés
avancer de (110) pas
```

CONSEIL
Après avoir avancé de 50 pas, le lutin doit tourner à droite d'un angle droit pour poursuivre son déplacement.

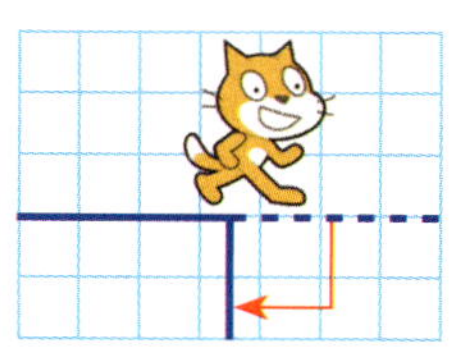

À TON TOUR

4 **Algo** Compléter le début du script de l'exercice **3** afin que le lutin effectue le déplacement représenté ci-contre.

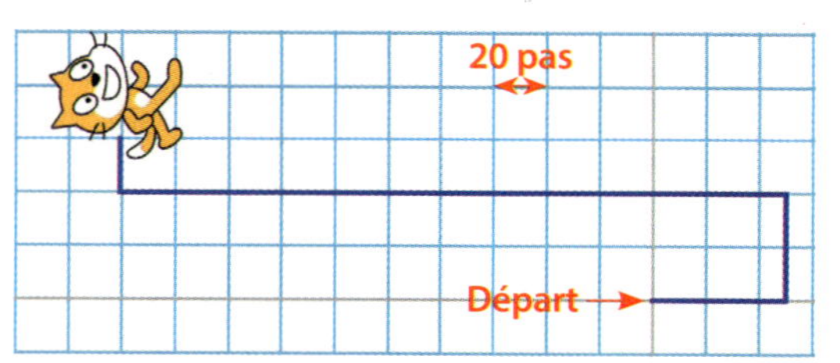

2 Pavé droit

Exercices 22 à 28

a. Description

DÉFINITION Un **pavé droit** est un **solide** dont les **six faces** sont des **rectangles**.

PROPRIÉTÉS
- Un pavé droit a **8 sommets** et **12 arêtes**.
- Un pavé droit a **3 dimensions** : sa **longueur**, sa **largeur** et sa **hauteur**.

Exemple

Un pavé droit ABCDEFGH

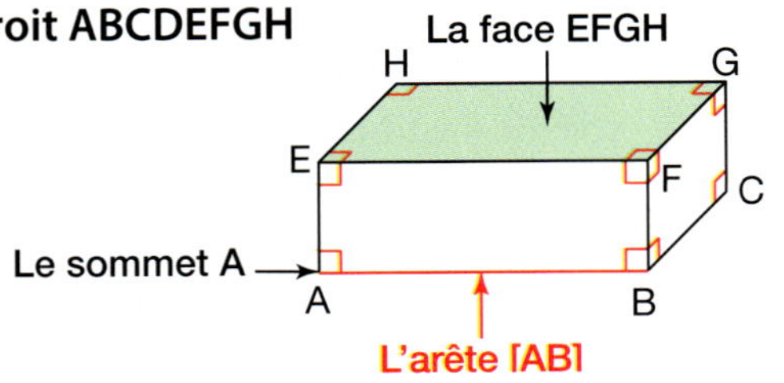

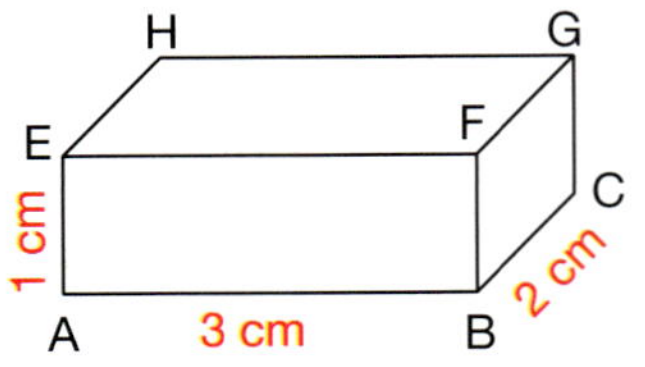

Cas particulier : un **cube** est un pavé droit dont les six faces sont des carrés.

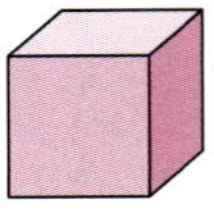

b. Patrons

Exemples

Voici deux patrons d'un même pavé droit.

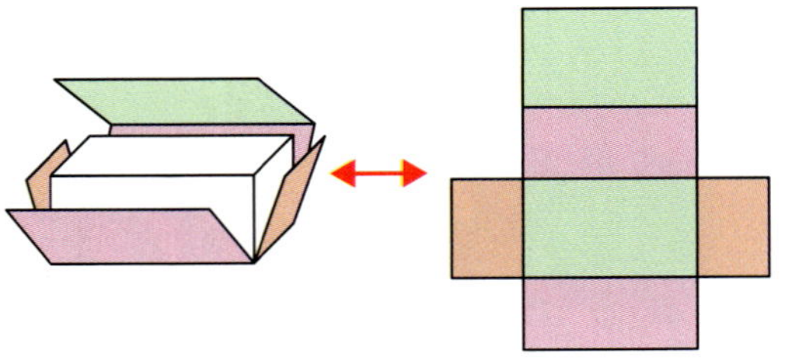

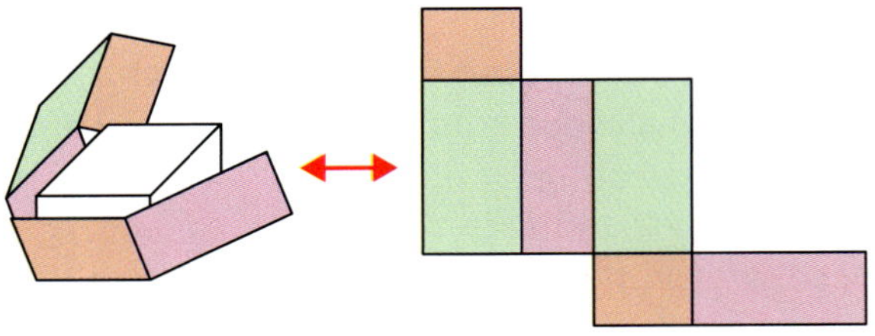

c. Perspective cavalière

La **perspective cavalière** est un procédé qui permet de représenter un solide sur une feuille de papier, tout en rendant « visibles » les parties cachées.

Exemple

Un pavé droit ABCDEFGH

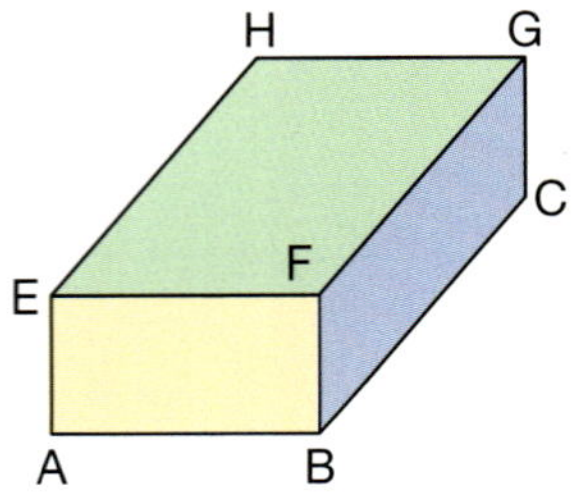

Représentation en perspective cavalière du pavé droit ABCDEFGH

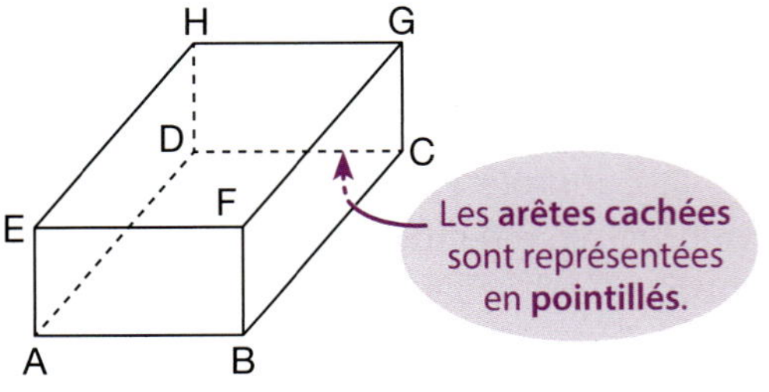

J'applique le cours

5 Compléter un patron de pavé droit

EXERCICE RÉSOLU

ÉNONCÉ La brique ci-contre a la forme d'un pavé droit de dimensions 5 cm, 5 cm et 20 cm. Compléter la figure ci-contre afin d'obtenir un patron à l'échelle 1/5 de cette brique.

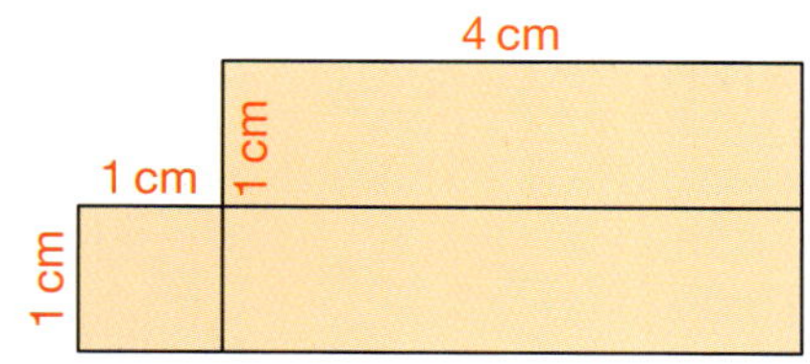

SOLUTION

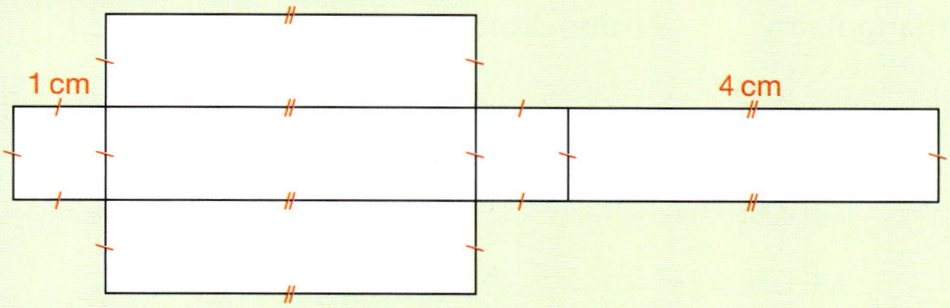

CONSEILS

- Un pavé droit possède 6 faces, donc un patron de pavé droit est constitué de 6 rectangles.
- On peut vérifier en repliant le patron que les arêtes qui coïncident sont de même longueur.

À TON TOUR

6 Une boîte d'allumettes a la forme d'un pavé droit de dimensions 0,7 cm, 1,6 cm et 3,5 cm. Réaliser et compléter le schéma ci-contre afin d'obtenir un patron de cette boîte d'allumettes.

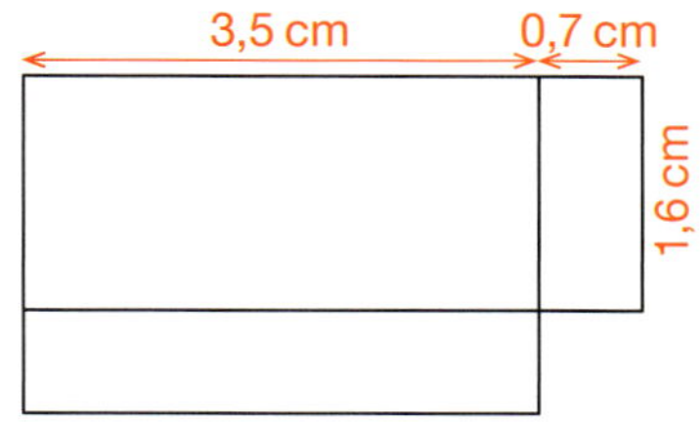

7 Représenter en perspective cavalière

EXERCICE RÉSOLU

ÉNONCÉ La gomme ci-contre a la forme d'un pavé droit. Sans tenir compte des dimensions, tracer une représentation en perspective cavalière de cette gomme.

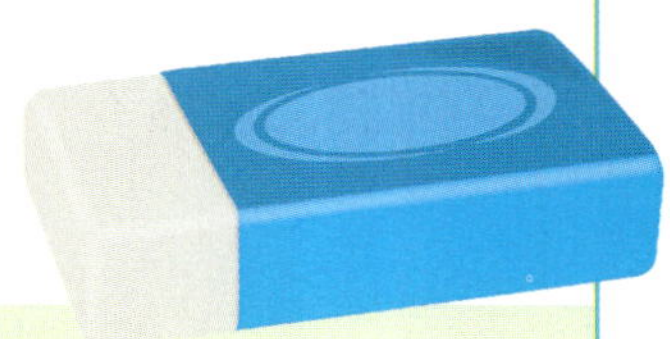

SOLUTION

1 On représente la face avant par un rectangle en vraie grandeur.

2 On représente en réduction une arête qui relie les faces avant et arrière.

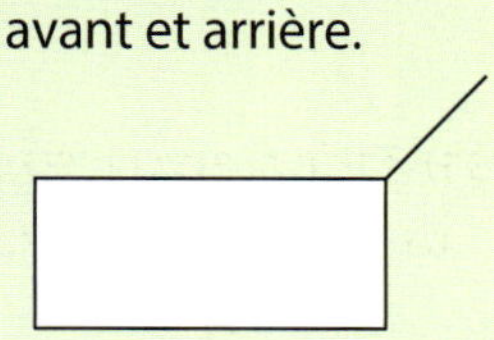

3 On trace le rectangle arrière, ses arêtes sont parallèles aux arêtes du rectangle avant.

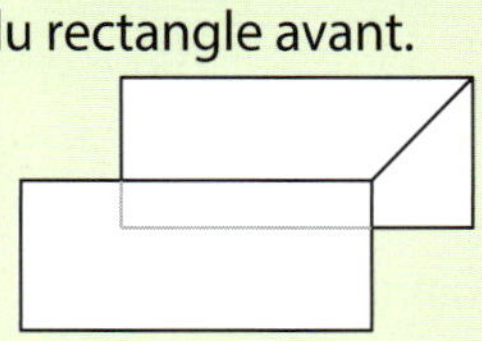

4 On trace les autres arêtes qui relient les faces avant et arrière. **On met en pointillés les arêtes cachées.**

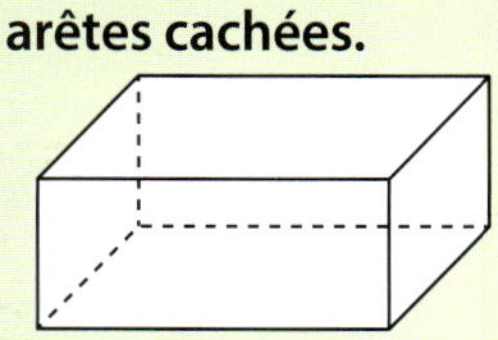

À TON TOUR

8 Cette boîte de chocolats a la forme d'un pavé droit. Sans tenir compte des dimensions, tracer une représentation en perspective cavalière de cette boîte.

VIDÉOS de cours jaicompris.com

3 D'autres solides

Exercices 29 à 34

a. Prisme droit : description

DÉFINITIONS Un **prisme droit** est un **solide** qui a :
- deux polygones superposables pour faces parallèles : on les appelle les **bases** ;
- des rectangles pour autres faces ; on les appelle les **faces latérales**.

La **hauteur** d'un prisme droit est la longueur commune à toutes ses arêtes latérales.

Exemples

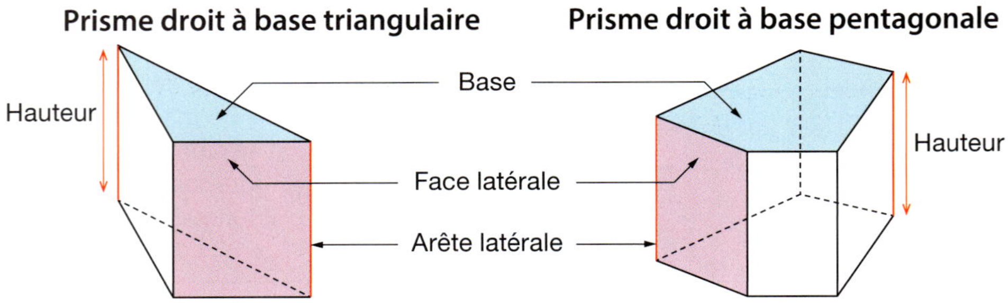

b. Cylindre de révolution : description

DÉFINITIONS Un **cylindre de révolution** est un solide qui a :
- deux **bases parallèles**, ce sont des **disques** de même rayon ;
- une **surface latérale** qui peut être déroulée en un rectangle.

La **hauteur** d'un cylindre est la longueur du segment qui joint les centres de ses bases.

Exemples

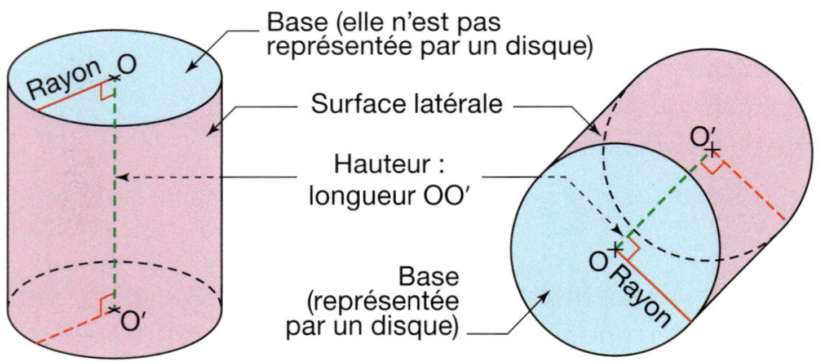

c. Pyramide, cône : vocabulaire

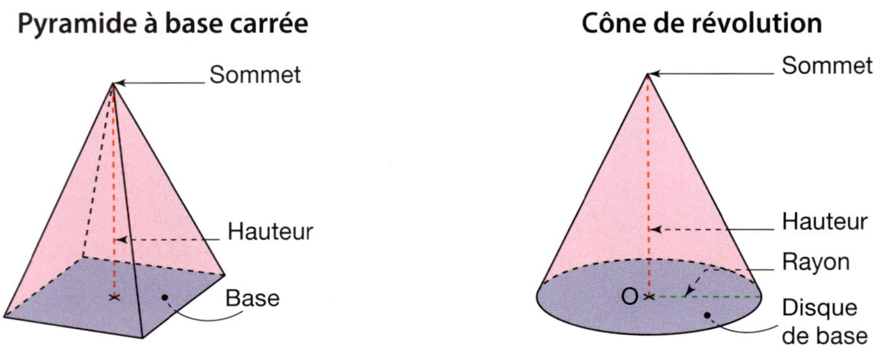

J'applique le cours

9 Décrire un solide

EXERCICE RÉSOLU

ÉNONCÉ On a représenté ci-contre en perspective cavalière un prisme droit.

a. Citer les bases de ce prisme.

b. Combien de faces latérales possède ce prisme ?

c. Quelles arêtes ont la même longueur que l'arête [AA'] ?
Comment nomme-t-on cette longueur ?

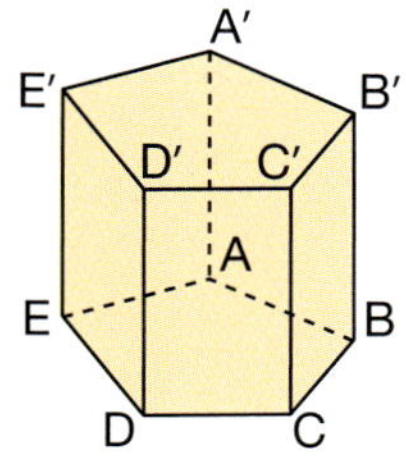

SOLUTION

a. Les bases se nomment ABCDE et A'B'C'D'E'.

b. Le prisme droit possède 5 faces latérales.

c. Les arêtes [BB'], [CC'], [DD'] et [EE'] ont la même longueur que l'arête [AA'].
Leur longueur est appelée hauteur du prisme droit.

CONSEIL
Un prisme droit a autant de faces latérales que sa base possède de côtés.

À TON TOUR

10 Voici un prisme droit représenté en perspective cavalière.

a. Citer ses bases.

b. Déterminer le nombre d'arêtes, de sommets et de faces de ce prisme.

c. Citer sa hauteur.

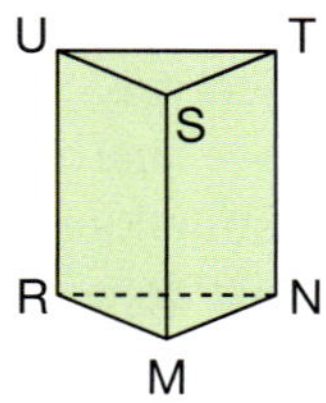

11 Voici une pyramide à base carrée.

a. Citer :
- sa base ;
- sa hauteur ;
- son sommet.

b. Construire sa base en vraie grandeur.

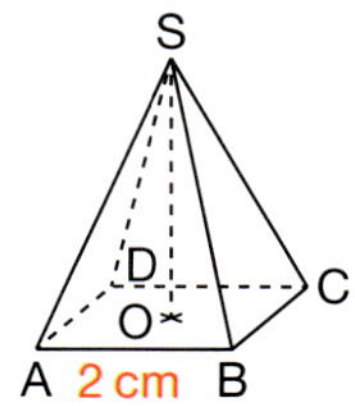

12 Décrire un assemblage de solides

EXERCICE RÉSOLU

ÉNONCÉ Les silos à grains ci-contre sont constitués de solides usuels.
Décrire un de ces silos comme un assemblage de solides.

SOLUTION
Ce silo à grains est un assemblage de deux solides :
- un cône de hauteur 2 m et de rayon 8 m : 2, soit 4 m ;
- un cylindre de hauteur 12 m – 2 m, soit 10 m et de même rayon, 4 m.

CONSEIL
Ne pas hésiter à dessiner les solides à main levée en perspective cavalière.

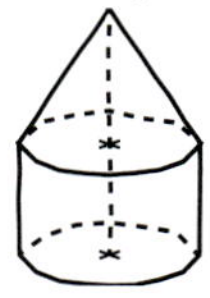

À TON TOUR

13 Ce coffre est constitué de solides usuels.
Décrire ce coffre comme un assemblage de solides.

14 La bougie ci-contre est constituée de solides usuels.
Décrire cette bougie comme un assemblage de solides.

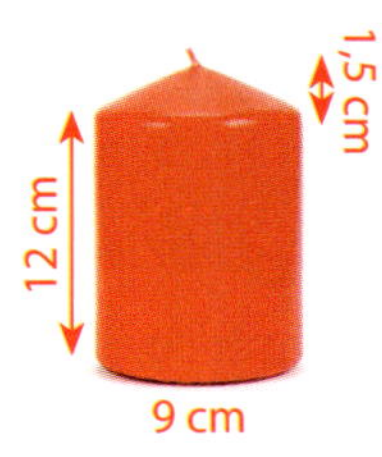

Se repérer, se déplacer

À l'oral

Questions flash

15 Voici un plan d'une ville.

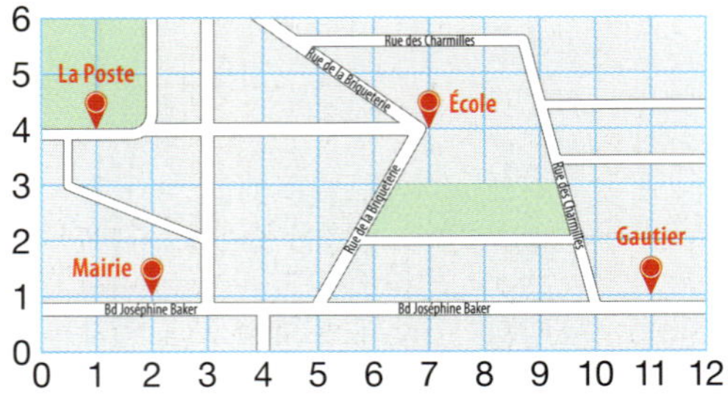

Indiquer oralement l'emplacement :
- de la Mairie ;
- de la Poste ;
- de l'École ;
- de Gautier.

16 Sur le plan ci-dessus, décrire oralement le déplacement de Gautier jusqu'à l'école.

17 Pour décrire les déplacements sur le quadrillage ci-dessous, on utilise les codes suivants :

→ : « avance d'une case » ; ← : « recule d'une case » ;
↑ : « monte d'une case » ; ↓ : « descend d'une case » ;
⮥ : « effectue un quart de tour à gauche » ;
⮧ : « effectue un quart de tour à droite ».

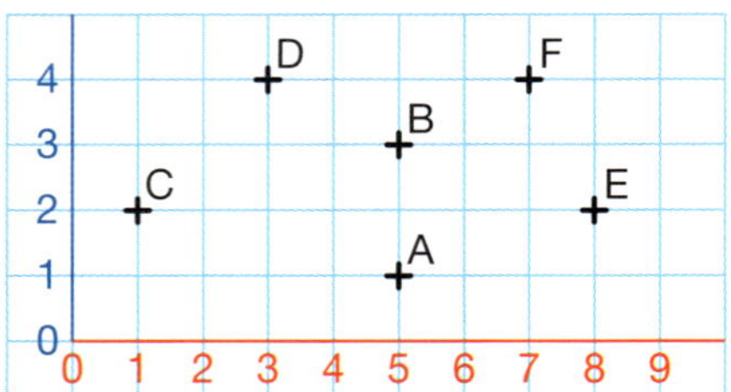

Coder un déplacement qui permet d'aller :
a. de A à D ; **b.** de F à C ; **c.** de C à B ; **d.** de B à C.

18 **Algo** **a.** Alix affirme : « Pour effectuer ce déplacement, le lutin Scratch doit être orienté vers la droite au départ, puis il doit exécuter les instructions ❶ suivies des instructions ❷. »
A-t-elle raison ?

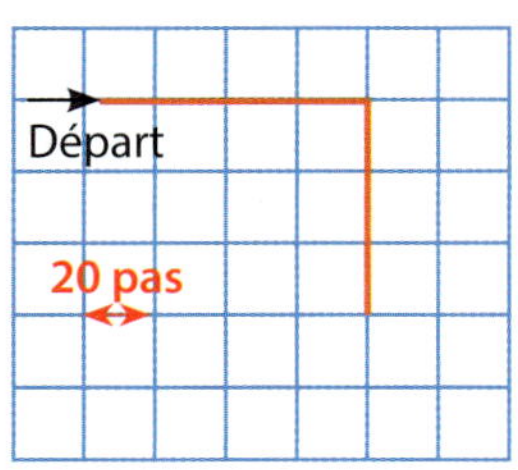

❶
avancer de 60 pas
tourner ↺ de 90 degrés

❷
avancer de 80 pas
tourner ↻ de 90 degrés

b. Tracer sur papier quadrillé le déplacement qui correspond à l'affirmation d'Alix.

19 CORRIGÉ en vidéo jaicompris.com

Algo À son point de départ, le lutin Scratch est orienté vers la droite.
Voici des instructions de déplacement :

❶
tourner ↺ de 90 degrés
avancer de 40 pas

❷
tourner ↻ de 90 degrés
avancer de 60 pas

❸
tourner ↻ de 90 degrés
avancer de 80 pas

Sur papier quadrillé, choisir le point de départ du lutin et prendre 1 carreau pour 20 pas, puis :
a. tracer en vert le déplacement obtenu si le lutin exécute les instructions ❶, puis ❷, puis ❸ ;
b. tracer en rouge le déplacement obtenu si le lutin exécute les instructions ❸, puis ❶, puis ❷.

20 **Algo** Le lutin se trouve à l'entrée du labyrinthe comme indiqué ci-contre.
Dans quel ordre les instructions ci-dessous doivent-elles être exécutées pour que le lutin sorte du labyrinthe ?

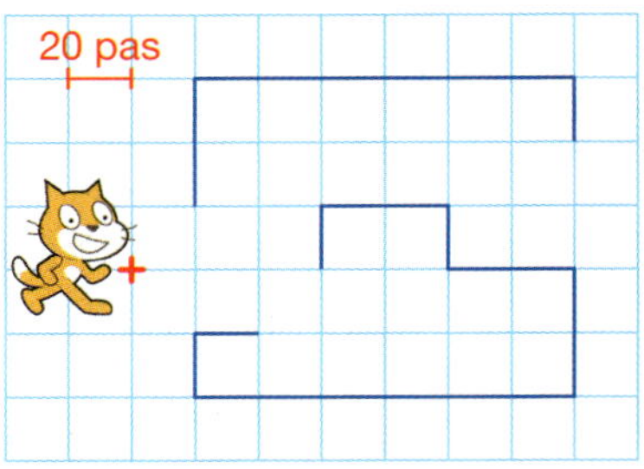

❶
tourner ↺ de 90 degrés
avancer de 40 pas

❷
avancer de 40 pas
tourner ↺ de 90 degrés
avancer de 40 pas

❸
tourner ↻ de 90 degrés
avancer de 20 pas

❹
tourner ↻ de 90 degrés
avancer de 80 pas

21 Chacune des flèches indique une direction dans laquelle on observe ce bloc.

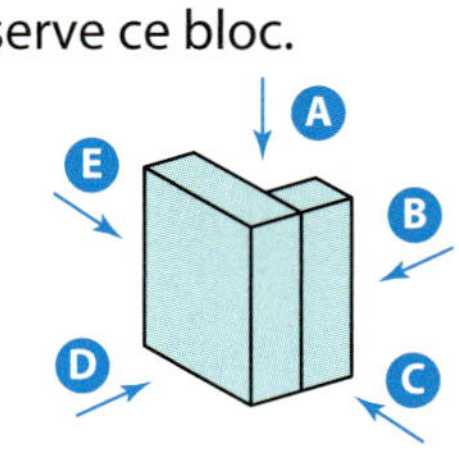

Voici quatre vues de ce bloc.

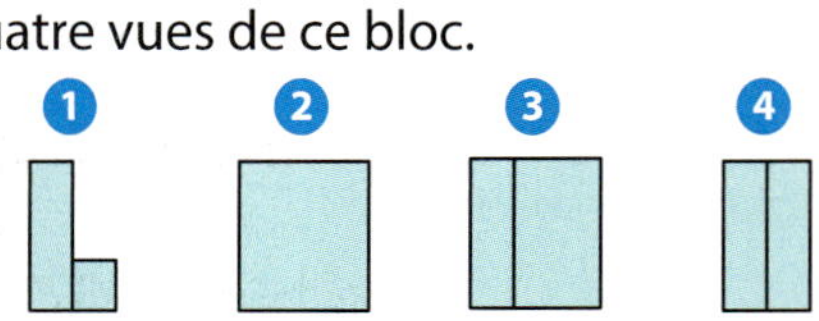

Pour chaque flèche, indiquer la vue que l'on a du bloc.

Je travaille mes automatismes

Représenter un pavé droit

À l'oral

Questions flash

22 CALCUL MENTAL Calculer mentalement la somme des longueurs de toutes les arêtes d'un cube d'arête :

a. 5 cm ; **b.** 20 cm ; **c.** 0,7 cm.

23 Lesquelles de ces figures représentent un pavé droit en perspective cavalière ?

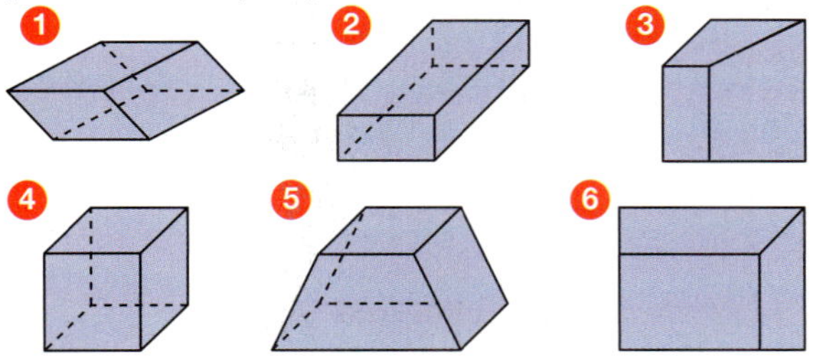

24 ABCDEFGH est le pavé droit représenté ci-contre.

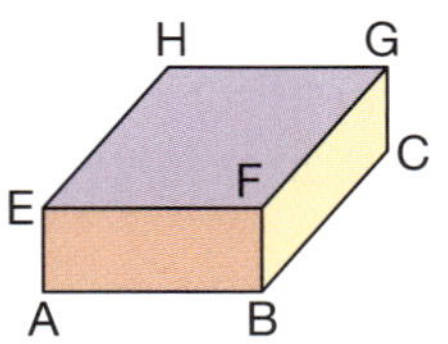

a. Citer toutes les arêtes cachées puis toutes les faces cachées.

b. Tracer cette figure et la compléter afin d'obtenir une représentation en perspective cavalière de ce pavé droit.

25 Dans chaque cas, sur une photocopie, compléter le dessin afin d'obtenir une représentation en perspective cavalière d'un cube.

a.

b.

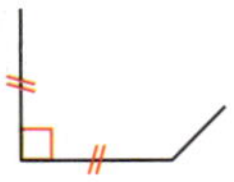

Coup de pouce
Ne pas oublier de représenter les arêtes cachées !

26 CORRIGÉ en vidéo jaicompris.com

a. Tracer le patron du pavé droit ci-contre.

b. Colorier d'une même couleur les faces de mêmes dimensions.

c. Relier par des flèches les segments qui se superposent par pliage, comme nous avons commencé à le faire ci-dessus.

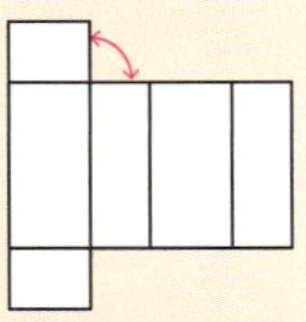

27 Dans chaque cas, reproduire la figure et la compléter pour obtenir une représentation en perspective cavalière d'un pavé droit.

a.

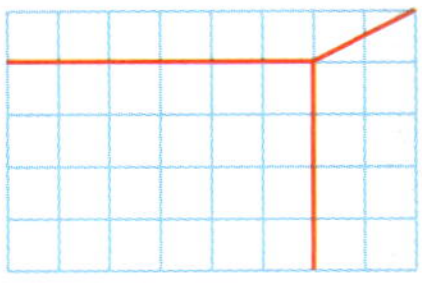

b.

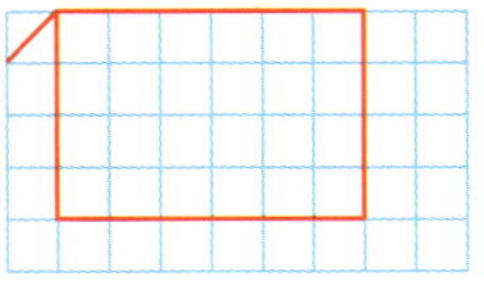

28 Les objets ci-dessous ont la forme de pavés droits. Représenter chacun de ces objets en perspective cavalière.

❶

❷

Décrire des solides usuels

À l'oral

Questions flash

29 Citer oralement la nature de chaque solide.

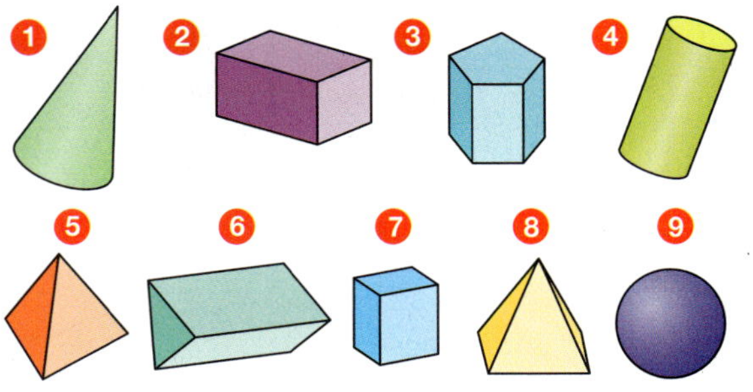

Pour les exercices **30** à **33**, nommer le solide représenté, puis construire, en vraie grandeur, la (ou une) base de ce solide.

30

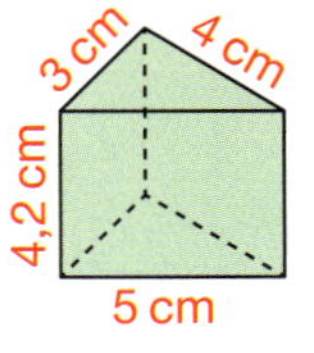

31

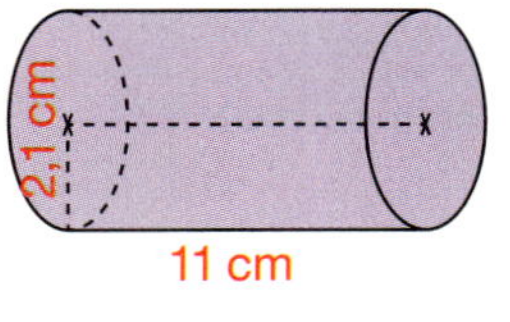

32

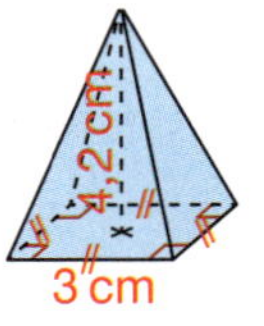

33

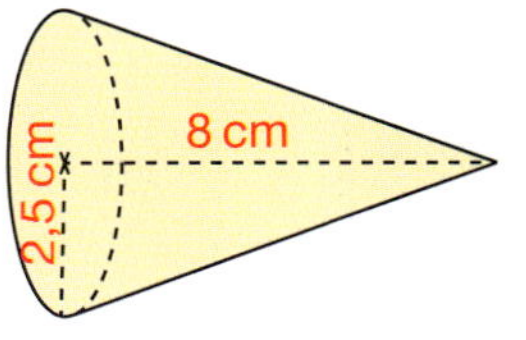

34 Pour chacun des solides ci-dessous, tracer :

a. la vue du dessous ; **b.** la vue de face.

❶

❷

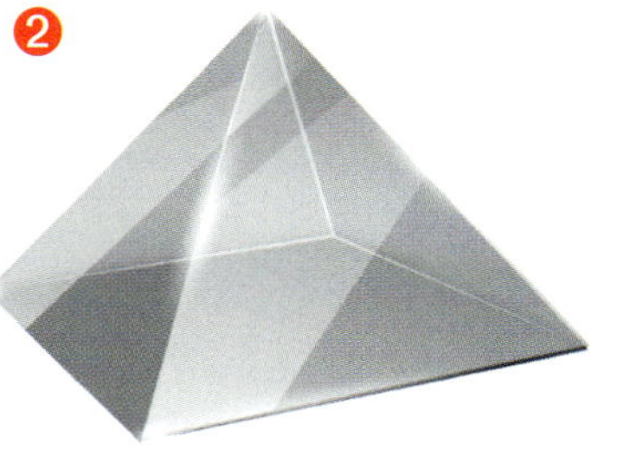

Se repérer, se déplacer

Algo Pour les exercices 35 et 36, le lutin est orienté comme ci-contre à son point de départ.
Sur papier quadrillé, choisir un point de départ et tracer le déplacement du lutin indiqué par le script.

35

- avancer de 40 pas
- tourner ↻ de 90 degrés
- avancer de 60 pas
- tourner ↻ de 90 degrés
- avancer de 80 pas
- tourner ↻ de 90 degrés
- avancer de 100 pas

36

- avancer de 100 pas
- tourner ↺ de 90 degrés
- avancer de 80 pas
- tourner ↻ de 90 degrés
- avancer de 60 pas
- tourner ↺ de 90 degrés
- avancer de 40 pas

37 **Algo** Compléter le script Scratch ci-dessous afin d'obtenir ce déplacement du lutin.

- s'orienter à 90
- avancer de 120 pas
- tourner ↺ de 90 degrés
- avancer de 80 pas

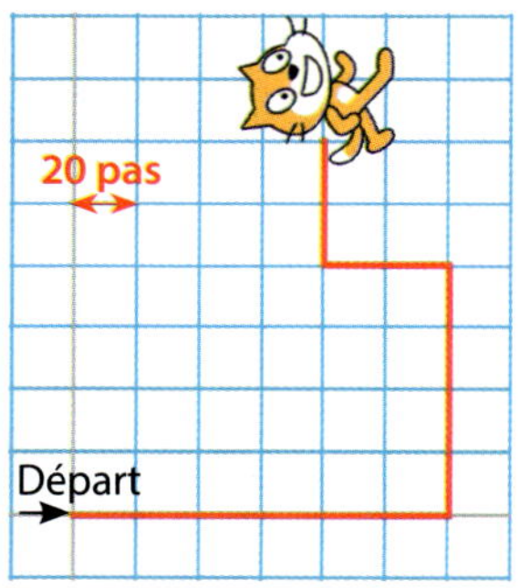

38 **Algo** Compléter le script Scratch ci-dessous afin d'obtenir ce déplacement du lutin.

- s'orienter à 90
- avancer de 20 pas
- tourner ↺ de 90 degrés
- avancer de 40 pas

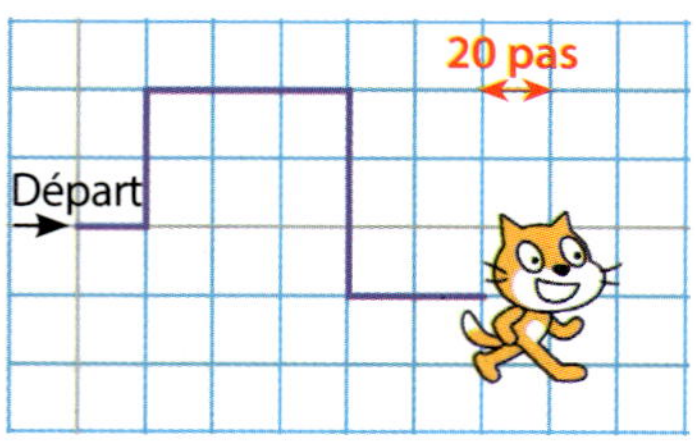

39 **Jeux et casse-tête** Le chat mangera-t-il la souris lorsque les deux auront terminé leur parcours ?

Chat : av 3 | tg 90 | av 3 | td 90 | av 1 | tg 90 | av 6 | td 90 | av 2

Souris : av 2 | td 90 | av 2 | tg 90 | av 3 | td 90 | av 1 | tg 90 | av 2

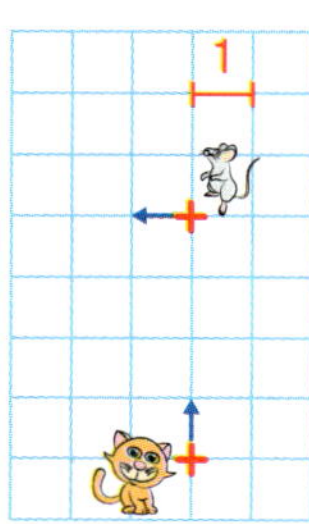

Représenter un pavé droit

Pour les exercices 40 et 41, utiliser la représentation du pavé droit EFGHIJKL ci-contre.

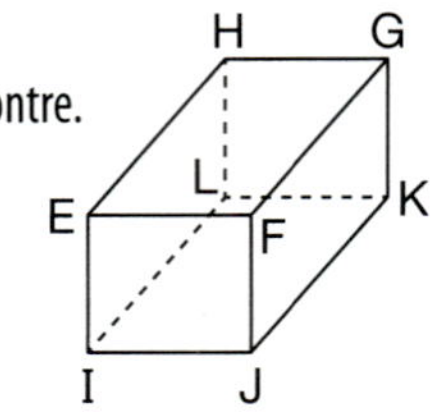

40 **a.** Citer deux sommets qui n'appartiennent pas à une même face.
b. Citer trois arêtes qui n'ont aucun sommet commun et telles que deux d'entre elles n'appartiennent pas à une même face.

41 On suppose que EF = 5 cm, EI = 6 cm, EH = 8 cm.
Construire en vraie grandeur la face :
a. EFJI **b.** EFGH **c.** EHLI

42 Construire sur papier quadrillé un patron du pavé droit ci-contre en mettant pour chaque face le nombre de carreaux indiqué.
Reporter sur le patron les segments colorés.

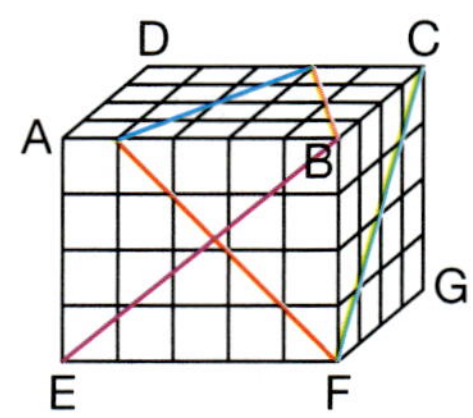

43 Amandine souhaite construire un dé d'arête 1,5 cm.

a. Construire un patron en vraie grandeur de ce dé.
b. On sait que, sur deux faces opposées d'un dé cubique, la somme des points est 7.
Marquer les points qui conviennent sur chaque face du patron.

44 CORRIGÉ en vidéo jaicompris.com
a. Marquer ces huit points sur papier quadrillé et tracer la perspective cavalière du pavé droit ABCDEFGH, sachant que ABCD est la face avant visible.
b. Même question si c'est la face EFGH qui est la face avant visible.

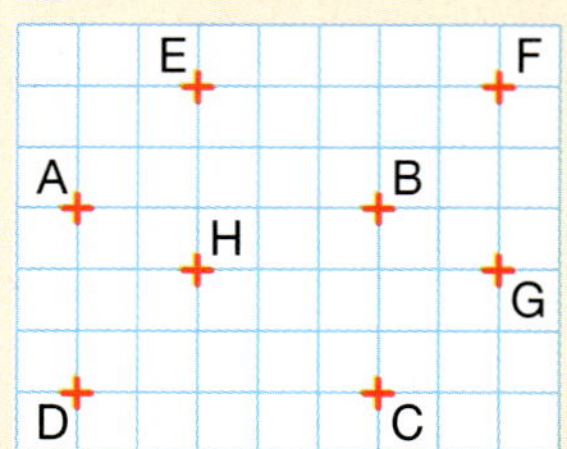

45 Un paquet-cadeau a la forme d'un pavé droit de dimensions 20 cm, 15 cm et 10 cm. On entoure le paquet d'une ficelle qui passe une fois au milieu de chaque arête, perpendiculairement à cette arête.
On utilise 30 cm de ficelle pour faire un joli nœud.
Calculer la longueur de ficelle nécessaire.

46 Un pavé droit a pour dimensions 2,5 cm, 7 cm et 4 cm.
Quelle est la somme des aires de toutes ses faces ? Expliquer.

47 Voici un patron d'un cube et quatre représentations du même cube.

Tracer les représentations ci-dessus à main levée et compléter les faces visibles avec les lettres ou les chiffres qui conviennent.

Coup de pouce
Utiliser un patron découpé pour vérifier.

48 *Jeux et casse-tête* Trois des faces d'un pavé droit se nomment ABCD, DCPQ et PQMN.
Donner le nom de ses trois autres faces.

Décrire des solides usuels

49 **a.** Tracer le patron ci-contre d'une pyramide sur papier quadrillé.
b. Tracer, sur papier quadrillé, un patron d'un cube ABCDEFGH.
c. Découper les patrons précédents afin d'obtenir une maquette d'un assemblage de ces solides.

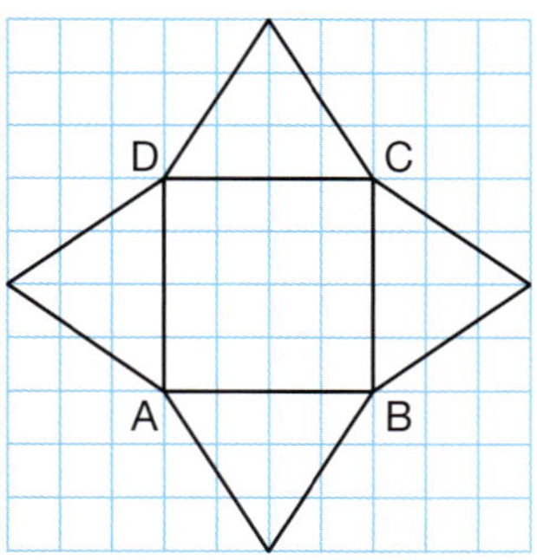

50 **a.** Tracer en vraie grandeur le patron ci-contre.
b. Tracer un patron d'un pavé droit ABCDEFGH de dimensions 3 cm, 4 cm et 5 cm.
c. Découper les patrons précédents afin d'obtenir une maquette d'un assemblage de ces solides.

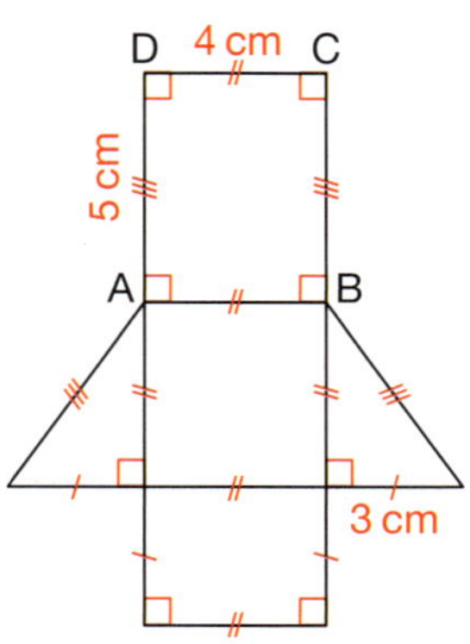

51 *Jeux et casse-tête* Sur une photocopie, compléter les cases de mots croisés ci-dessous avec des noms de solides usuels.

Synthèse

Utiliser des solides

52 La boîte ci-dessous a la forme d'un pavé droit dans lequel un trou circulaire, de diamètre 2,5 cm, a été percé de haut en bas, à partir du centre de la face EFGH.

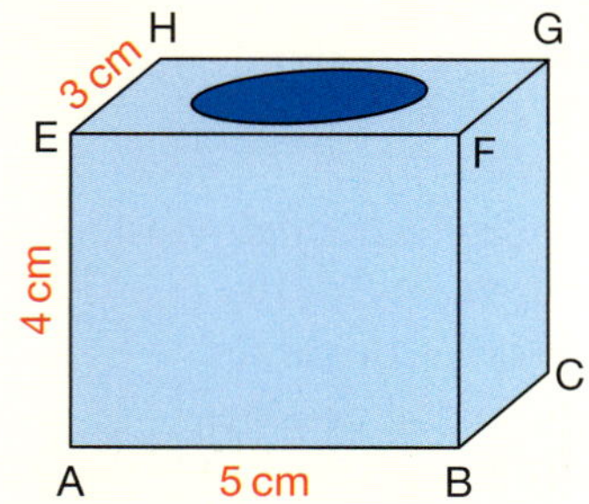

Objectif Construire un patron de cette boîte.

a. Tracer en vraie grandeur un patron du pavé droit ABCDEFGH.
b. Compléter ce patron avec les trous afin d'obtenir un patron de la boîte.

53 Voici les trois faces d'un pavé droit ABCDEFGH.
Sur ces faces, des déplacements sont tracés en rouge.

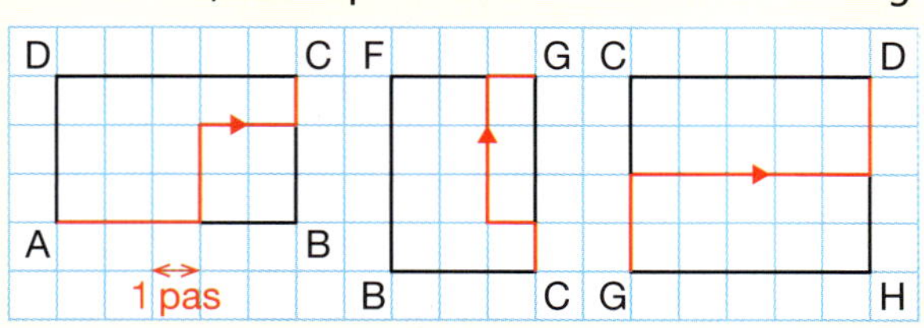

Objectif Décrire et représenter ces déplacements sur un patron.

a. Tracer un patron de ce pavé droit sur papier quadrillé.
b. Représenter, puis décrire le déplacement de A à D sur le patron.

Parcours différenciés

Je m'évalue

Pour chaque question, une seule réponse est exacte.

QCM supplémentaires
college.nathan.fr/tm6204

	a	b	c	En cas d'erreur
54 On part de (2 ; 1), on se déplace de 1 vers le haut et de 2 vers la droite. On se trouve alors en… 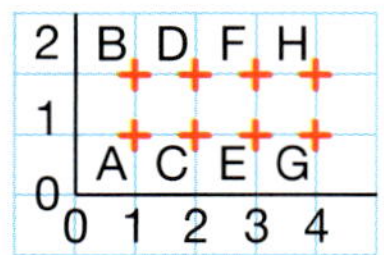	F	G	H	Cours 1 p. 194
55 Une vue de dessus de ce solide est… 	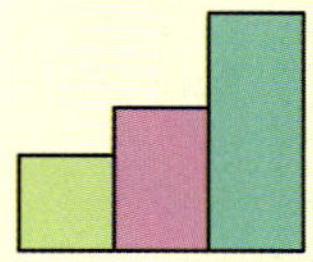			
56 Au départ, le lutin est orienté vers le haut. Il a effectué le déplacement ci-contre grâce aux instructions… 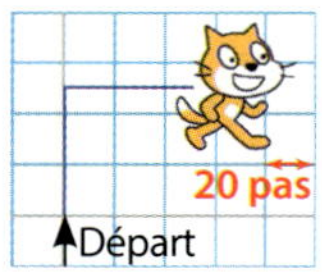	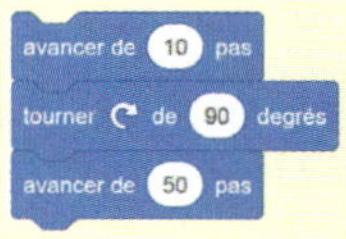	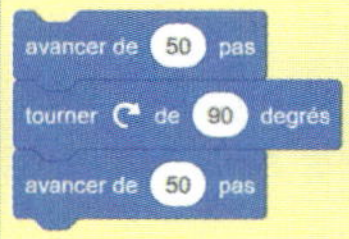	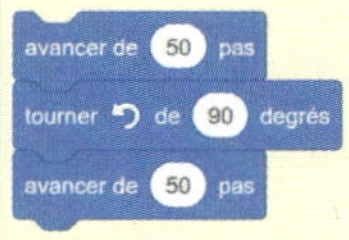	Ex. 3 p. 195
57 Un pavé droit possède…	12 arêtes et 8 sommets	8 arêtes et 12 sommets	8 sommets et 12 faces	Cours 2 p. 196
58 Un pavé droit a pour dimensions 4 cm, 3 cm et 2 cm. Pour dessiner l'un de ses patrons, on doit dessiner à la place du « ? » un rectangle de dimensions… 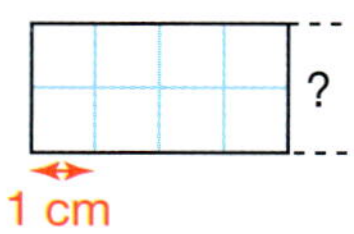	2 cm et 4 cm	2 cm et 3 cm	3 cm et 4 cm	Ex. 5 p. 197
59 Pour le pavé droit représenté ci-contre, une face cachée est… 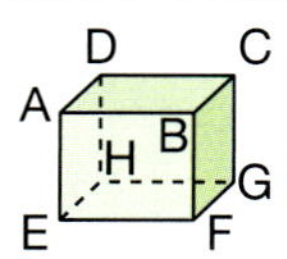	GHDC	CBEH	ABCD	Ex. 7 p. 197
60 Les bases d'un cylindre de révolution sont…	des rectangles	des disques	des triangles	Cours 3 p. 198
61 Ce crayon est un assemblage… 	d'un cylindre et d'un cône	d'une pyramide et d'un pavé droit	d'un cône et d'un pavé droit	Ex. 12 p. 199
62 Ce solide est un assemblage… 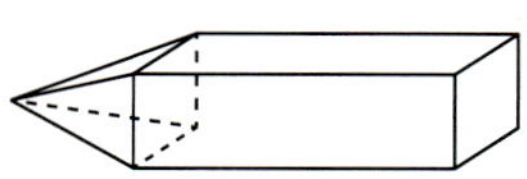	d'un pavé droit et d'un prisme droit	d'une pyramide et d'un pavé droit	d'un cône et d'un pavé droit	

Vérifie tes réponses page 288.

Tu peux poursuivre ton entraînement page 205.

Je réalise mon parcours

Selon ton score page précédente

Parcours conseillé
- Entre **0** et **4** bonnes réponses : drapeau vert
- Entre **5** et **7** bonnes réponses : drapeau bleu
- **8** bonnes réponses ou plus : drapeau rouge

63 Algo Saisir et exécuter un script Scratch

Voici la frise tracée par le lutin lors de l'exécution d'un script Scratch.
Ce script incomplet est donné ci-dessous.
Le bloc ❶ indique la situation de départ et le bloc ❷ précise les premiers déplacements.

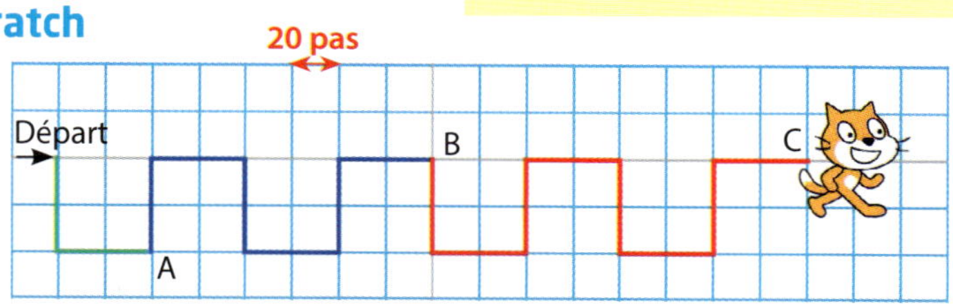

PARCOURS 1

« Que signifie l'instruction « s'orienter à 90 » ? »

« Elle oriente le lutin vers la droite. »

a. Expliquer le rôle de la première ligne du bloc ❷ : « tourner ↻ de 90 degrés ».

b. Quelle instruction faut-il saisir à la fin du bloc ❷ pour que le lutin arrive au point A ?

c. Ouvrir le logiciel Scratch et saisir ce script, puis l'exécuter afin que le lutin arrive au point A.

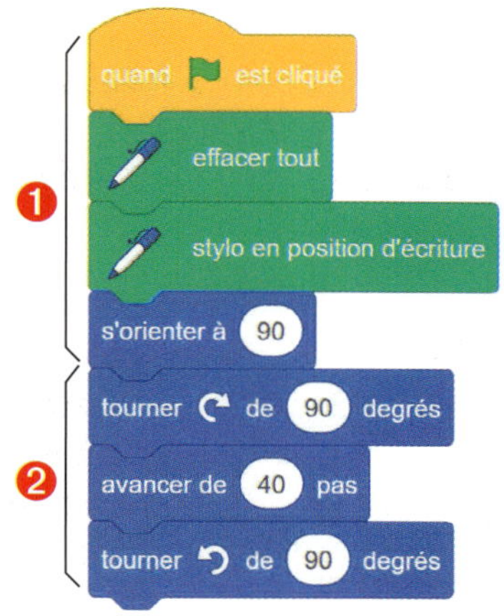

PARCOURS 2

a. Ouvrir le logiciel Scratch, saisir ce script et le compléter afin que le lutin arrive au point B.

b. Exécuter ce script pour le vérifier.

PARCOURS 3

a. Ouvrir le logiciel Scratch, saisir ce script et le compléter afin que le lutin arrive au point C.
On peut utiliser le bloc « répéter … fois ».

b. Exécuter ce script pour le vérifier.

64 Se déplacer sur un pavé droit

Une fourmi part du point A et se déplace pour atteindre une goutte de miel située au point M, à la surface du pavé droit.
On souhaite aider la fourmi à trouver le meilleur chemin.

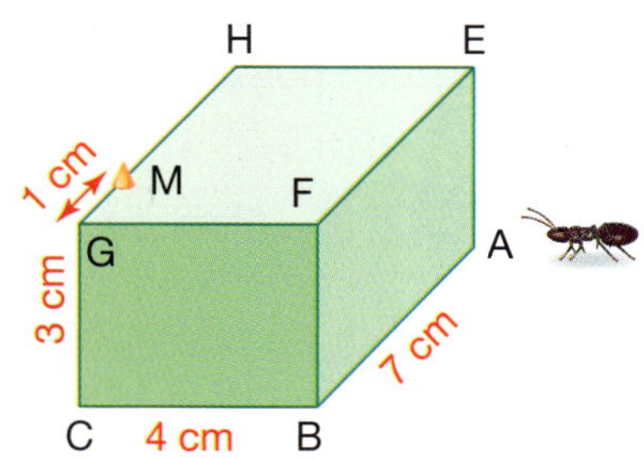

PARCOURS 1

« Est-ce que je connais les longueurs de toutes les arêtes de ce pavé droit ? »

« Oui, car dans un pavé droit, 4 arêtes ont chacune de ces longueurs. »

a. Déterminer la longueur de chacune des arêtes visibles de ce pavé droit.

b. On s'intéresse au déplacement A → B → C → G → M.
Recopier et compléter :
« Pour effectuer ce déplacement, la fourmi parcourt les arêtes …, …, … et le segment …, donc ce déplacement a pour longueur … cm + … cm + … cm + … cm, soit … cm. »

c. Calculer la longueur du déplacement A → E → H → M.

PARCOURS 2

Déterminer les trois chemins de longueur 15 cm pour aller du point A au point M, dans le cas où la fourmi est obligée de se déplacer le long des arêtes du pavé droit.

PARCOURS 3

Rechercher le chemin le plus court (pas nécessairement le long des arêtes) pour aller du point A au point M.

Se repérer, se déplacer, représenter

65 Algo Décrire un déplacement à l'aide d'un script

▶ Livret Scratch p. 2 et 4

On se propose d'écrire un script Scratch pour guider le lutin jusqu'à la sortie du labyrinthe ci-contre.
Au départ, le lutin est orienté vers la droite.

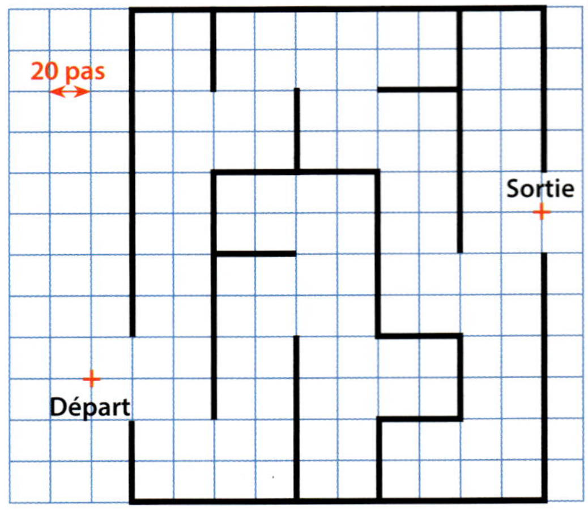

1. Pour chacun des scripts ci-dessous, indiquer si le chat est ou non sur le bon chemin.

a.

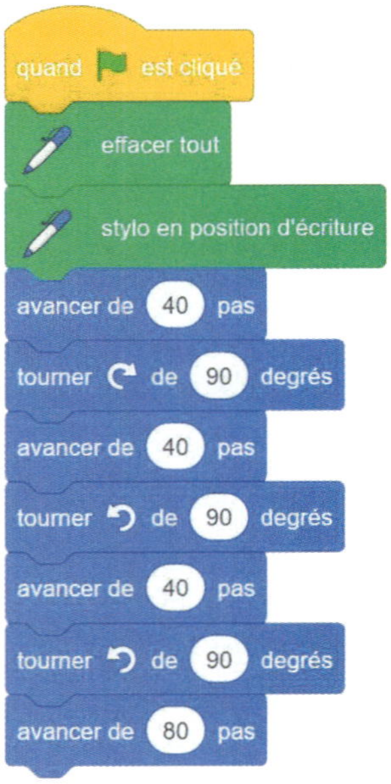

b.

2. Ouvrir le logiciel Scratch, saisir le script correct parmi les deux proposés ci-dessus et le compléter afin que le lutin puisse sortir du labyrinthe lorsqu'on exécute le script.

66 Tice Créer un patron d'un pavé droit

Avec GeoGebra, on se propose de créer un patron d'un pavé droit de dimensions 5 ; 3 ; 4.

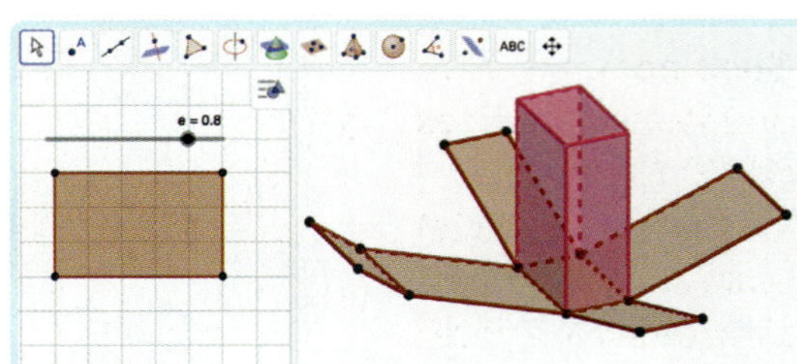

1. Créer le pavé droit

a. Ouvrir le logiciel GeoGebra et cliquer sur **Géométrie 3D**.
Faire un clic droit et cliquer sur **Afficher Grille**.

b. Créer un rectangle de 5 sur 3 en plaçant les sommets sur les nœuds du quadrillage (utiliser **Polygone**).

c. Dans **Affichage**, cliquer sur **Graphique 3D**. Effectuer un clic droit dans la fenêtre 3D et décocher et .

d. Dans le menu , cliquer sur **Exclusion Prisme**, puis sur le rectangle et saisir 4 dans la boîte de dialogue demandant la hauteur.

2. Créer un patron

a. Cliquer sur **Patron**, puis sur le pavé droit.

b. Un curseur s'affiche dans la partie Graphique 2D. Le faire glisser de façon à ouvrir ou fermer le patron. Lorsque le curseur est sur 1, on obtient un patron plan du pavé droit.

J'utilise mes compétences

67 Communiquer en anglais

Communiquer

This is part of the Brooklyn district in New York.
Liam exits Paerdegat Park via Farragut Road. She wants to meet James on Clarendon Road. Describe the journey she has to make.

68 Étudier un solide tronqué

Représenter • Modéliser

Ce solide est un cube auquel on a enlevé un coin.
Construire en vraie grandeur un patron de ce solide.

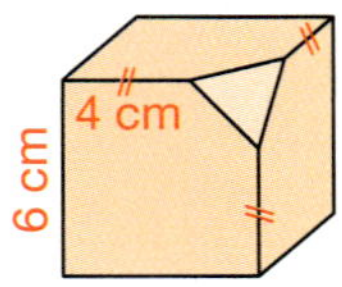

69 Algo Compléter un script

Représenter • Raisonner

1. Voici un script Scratch incomplet et le déplacement du lutin obtenu lorsqu'on exécute ce script.

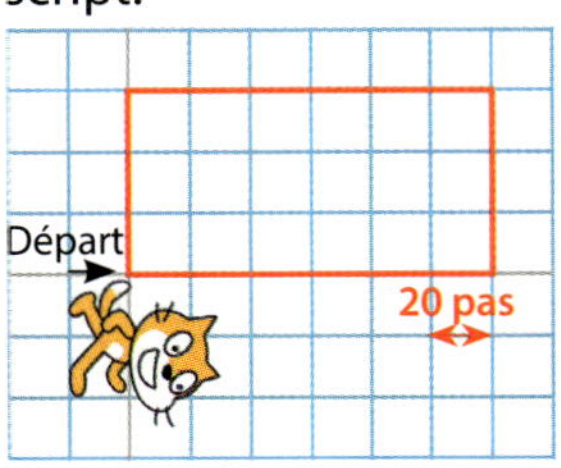

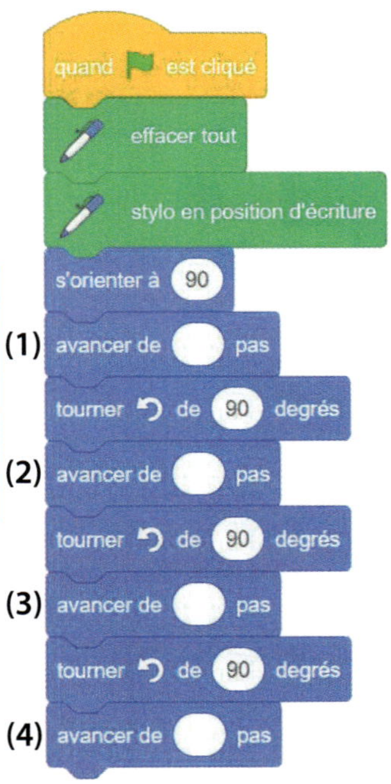

Quels nombres manquent-ils aux lignes (1), (2), (3), (4) ?

2. Ouvrir le logiciel Scratch. Saisir un script afin que le lutin trace :
- un carré de côté 60 pas ;
- un rectangle de 20 pas sur 80 pas.

70 Décrire un assemblage de solides

Modéliser • Communiquer

On réalise une bordure de jardin avec des piquets comme celui ci-contre.
Décrire l'assemblage de solides qui permet d'obtenir ce piquet.

71 Trouver le bon solide

Modéliser • Représenter • Communiquer

Voici une vue de profil d'un solide obtenu par un assemblage de deux solides usuels.

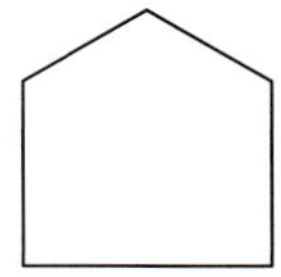

a. Décrire les solides de cet assemblage lorsque la vue de dessus de ce solide est :

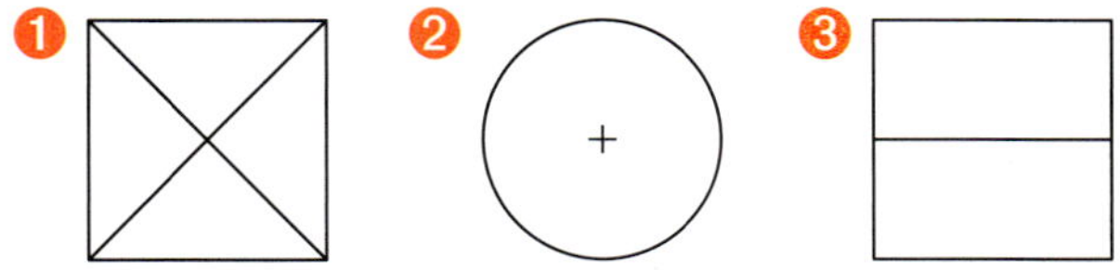

b. Représenter en perspective cavalière chacun de ces trois solides.

72 Étudier une pyramide égyptienne

Représenter • Calculer

Les plus anciennes pyramides d'Égypte avaient la forme suivante :
- tous les étages ont la même hauteur : 12 m ;
- d'un étage au suivant, on a le même retrait : 10 m ;
- la base est un carré de 104 m de côté.

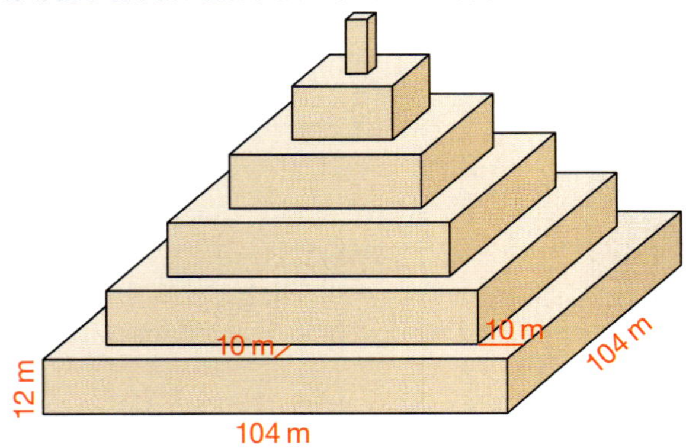

Construire un patron à l'échelle 1/200 du pavé droit situé au sommet de cette pyramide.

73 Connaître un patron de pavé droit

Chercher • Représenter • Communiquer

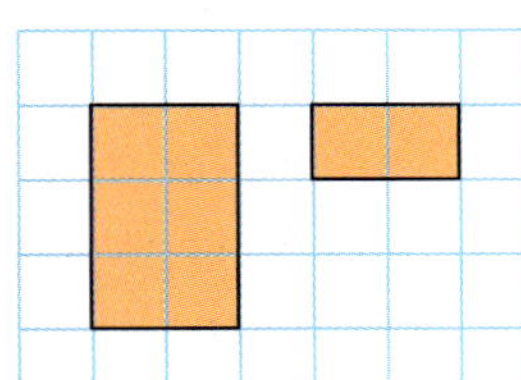

Avec uniquement des rectangles superposables aux deux rectangles ci-dessus dessinés sur papier quadrillé, peut-on construire le patron d'un pavé droit ?
Si cela n'est pas possible, dessiner un 3e rectangle, puis un patron de pavé droit avec les trois rectangles.

J'utilise mes compétences

74 Calculer une aire

Représenter • Calculer

Une boîte à chaussures, sans couvercle, est un pavé droit de dimensions 17 cm, 32 cm et 11 cm.

a. Représenter cette boîte en perspective cavalière.

> **Coup de pouce**
> Attention aux pointillés car on voit l'intérieur.

b. Tracer un patron de cette boîte à l'échelle 1/10.

c. Quelle est l'aire de carton nécessaire pour construire la boîte à chaussures ?

75 Illustrer à l'aide d'une figure

Représenter • Communiquer

Alicia affirme : « En reliant trois sommets d'un cube, j'obtiens un triangle équilatéral. »
A-t-elle raison ? Expliquer.
Illustrer à l'aide d'une figure.

76 Algo Comprendre et expliquer

Représenter • Raisonner • Communiquer

a. Rédiger un script Scratch afin que le chat décrive le profil d'escalier ci-dessous.

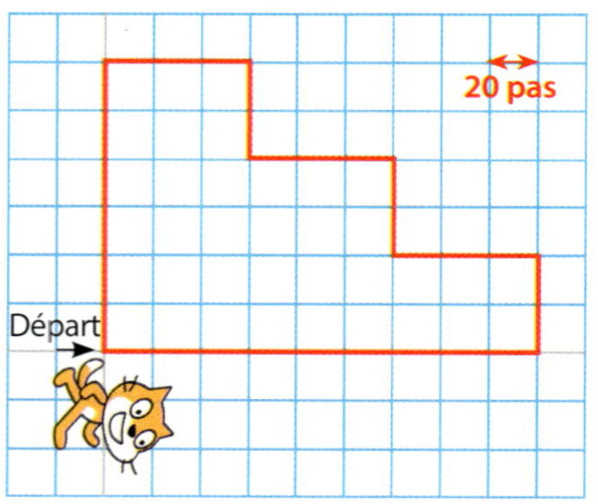

b. Cette partie d'escalier a la forme d'un prisme droit dont une base est le profil dessiné par le lutin.
Représenter ce prisme droit en perspective cavalière.

77 Imaginer une stratégie

Raisonner • Communiquer

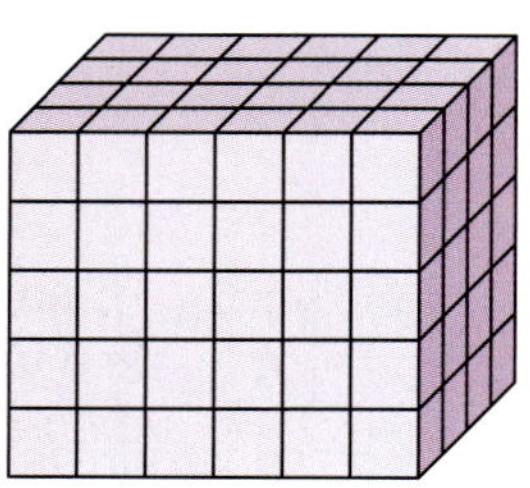

Les six faces d'un pavé droit ont été peintes.
On le découpe en petits cubes tous de mêmes dimensions comme ci-contre.

a. Combien de petits cubes obtient-on ?

b. Combien de ces cubes ont :
• 3 faces peintes ? • 2 faces peintes ? • 0 face peinte ?

78 Problème ouvert

Représenter • Raisonner • Communiquer

Voici un patron de pavé droit. Construire le patron de ce pavé droit dont le périmètre est le plus petit possible.

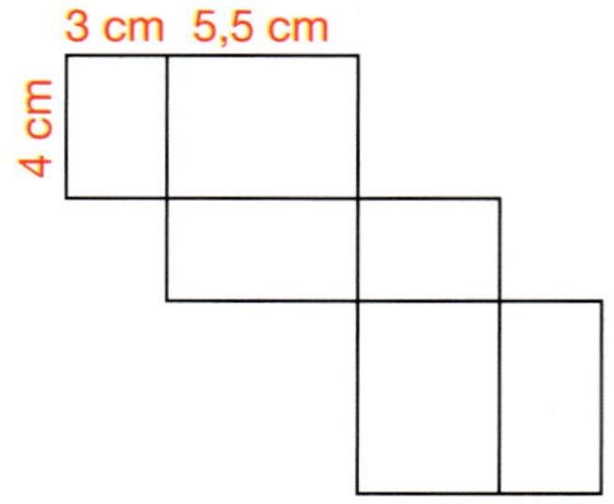

Narration de RECHERCHE

79 PROBLÈME

Des petits cubes de 1 cm d'arête ont été retirés d'un pavé droit.
Ce pavé était rangé dans une boîte qui le contenait exactement.
Construire un patron de cette boîte.

Raconter sur une feuille les différentes étapes de la recherche et les remarques qui ont fait changer de méthode ou qui ont permis de résoudre le problème.

Des défis

80 Assembler des cubes

Proposer un assemblage avec le minimum de petits cubes qui aura de face l'apparence de la figure F et de côté l'apparence de la figure C ci-contre.

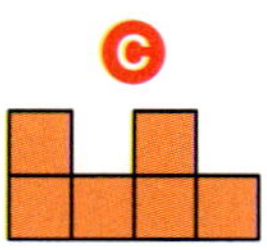

81 Dénombrer

Cette usine est constituée de trois parties identiques ; elle possède 27 arêtes.

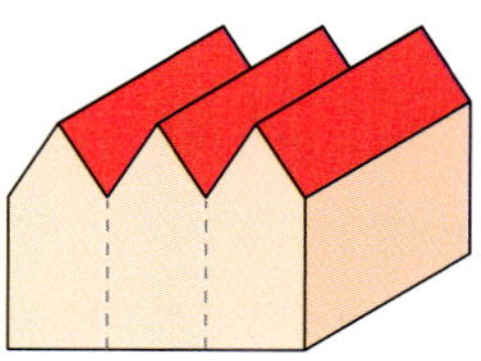

Combien de parties possèderait-elle si elle comptait 2 025 arêtes ?

Je prends des initiatives

TÂCHES COMPLEXES

82 CHOISIR le trajet le plus court

La rose des vents

La situation-problème

Vahina, placée au point V sur le plan (doc. 1), doit rejoindre William, placé au point W. Un exemple de trajet est représenté en bleu sur le plan.
Décrire précisément le trajet le plus court que peut choisir Vahina en empruntant les rues pour retrouver William.
Déterminer une valeur approchée à 50 m près de la longueur de ce trajet.

Doc. 1

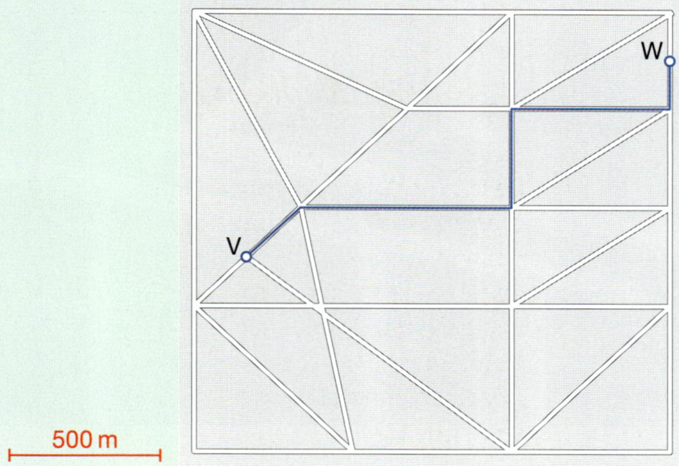

Les supports de travail

Les documents, la règle graduée, la calculatrice.

Toute piste de recherche, même non aboutie, figurera sur la feuille.

83 EMBALLER des canettes

La situation-problème

Un artisan fabrique de l'huile de noisette qu'il met dans de petites canettes en forme de cylindre.
Il les vend par lots de 6 qu'il envoie à ses clients dans des emballages en carton en forme de pavé droit.
Il cherche à ranger les canettes de manière à utiliser des emballages qui nécessitent le moins de carton possible.
Indiquer comment il peut s'y prendre et donner les dimensions d'un emballage.

Les supports de travail

Les documents, les instruments de géométrie, la calculatrice.

Toute piste de recherche, même non aboutie, figurera sur la feuille.

Doc. 1

Une canette
Une canette a la forme d'un cylindre de rayon 2,3 cm.
La hauteur OO′ est égale à 5,8 cm.

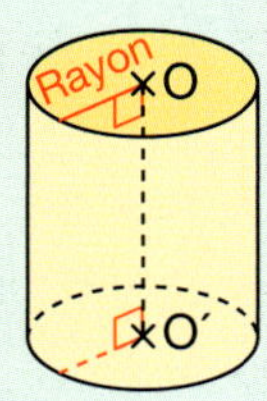

Doc. 2

Aire totale d'un pavé droit
L'aire totale d'un pavé droit de dimensions a, b, c est :

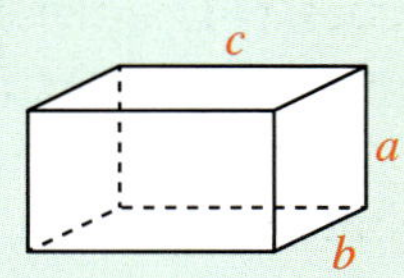

$$2 \times a \times b + 2 \times a \times c + 2 \times b \times c.$$

CHAPITRE

13 S'initier à la géométrie plane

Les barres parallèles sont l'un des six agrès de la gymnastique artistique masculine. Leur longueur est de 350 cm, leur hauteur de 195 cm et la distance entre les barres est réglable de 42 cm à 52 cm. Le Chinois Jingyuan Zou a remporté la médaille d'or à l'épreuve des barres parallèles aux Jeux olympiques de Tokyo en août 2021.

Bien démarrer

Pour chaque question, une réponse ou plusieurs sont exactes.

		a	b	c
1	Sur cette figure… 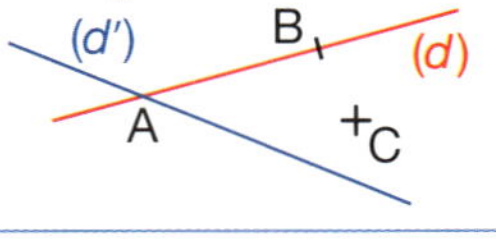	le point A appartient aux deux droites (*d*) et (*d*′)	le point B appartient à la droite (*d*′)	le point C n'appartient ni à la droite (*d*) ni à la droite (*d*′)
2	Les points A, B, C sont alignés sur la figure…	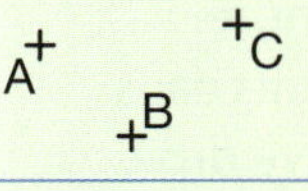	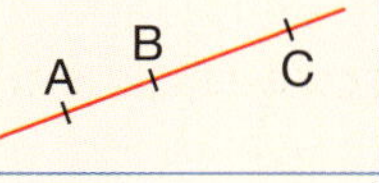	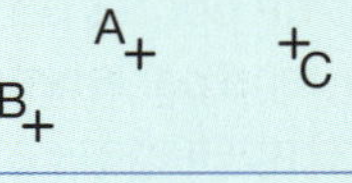
3	On a représenté un segment [AB] sur la figure…	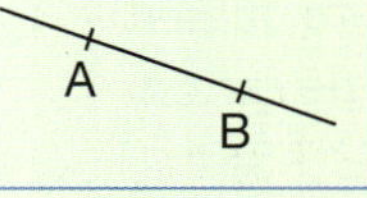	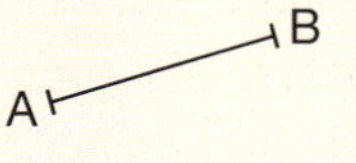	
4	Le point M est le milieu du segment [AB] sur la figure…	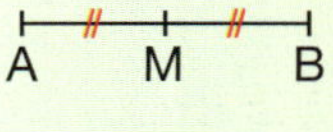	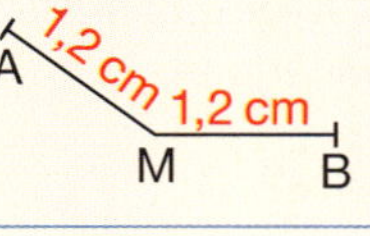	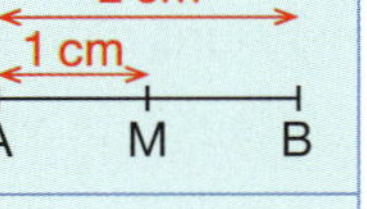
5	Les droites (*d*) et (*d*′) sont perpendiculaires sur la figure…	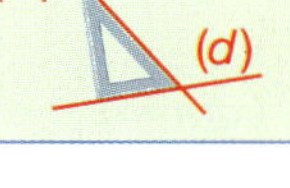	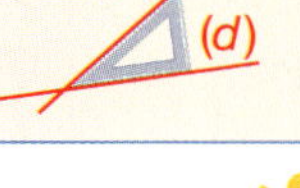	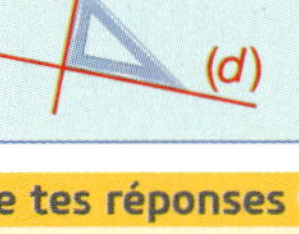

Vérifie tes réponses p. 288

ACTIVITÉ

1 Introduire les notations usuelles

Cours Paragraphe 1, p. 212

Un bord de mer est schématisé sur la figure ci-contre.

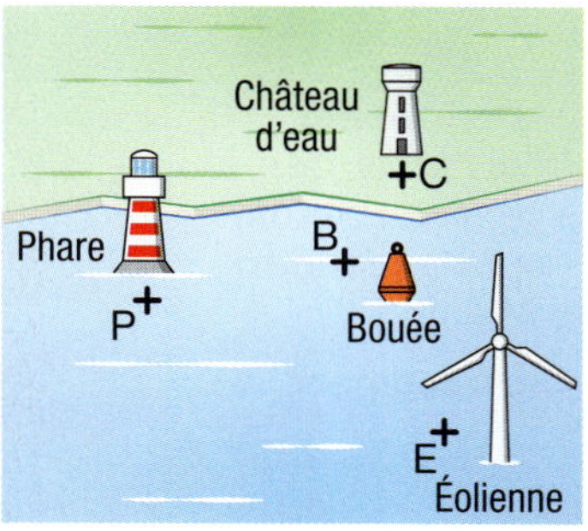

a. Sur papier uni, marquer quatre points B, C, E, P comme sur la figure.

b. Le bateau (X) d'Élouan est aligné avec les points P et E, et situé entre ces deux points.
Tracer le segment [PE], c'est l'ensemble des positions possibles du point X.
On dit que **le point X appartient au segment [PE]** et on note **X ∈ [PE]**.

c. Le bateau est aussi aligné avec les points B et C.
Tracer la droite (BC), puis marquer la position X du bateau d'Élouan.
On remarque que le point X appartient à la droite (BC) (on note **X ∈ (BC)**) mais n'appartient pas au segment [BC] (on note **X ∉ [BC]**).

ACTIVITÉ

2 Effectuer des tracés

Cours Paragraphe 2, p. 214

Des randonneurs sont à la recherche d'un trésor sur une île.
Ils possèdent une carte de l'île représentée ci-contre et disposent de deux informations.

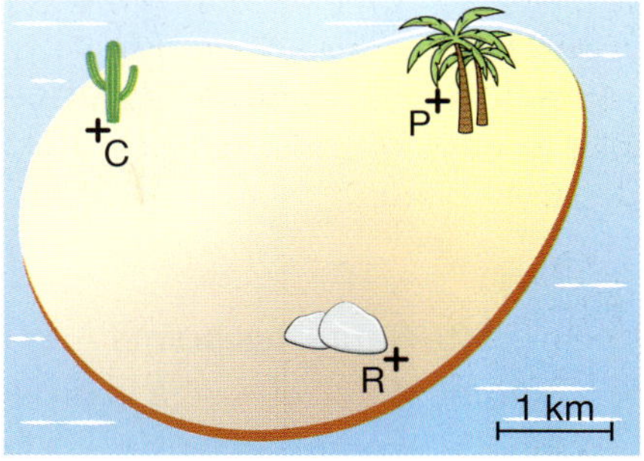

a. Sur papier uni, marquer trois points C, P, R comme sur la carte.

b. 1re **information :** le trésor T appartient à la droite (*d*) perpendiculaire au segment [CP] en son milieu.
Tracer la droite (*d*) des positions possibles du point T.
Coder sur la figure le milieu et l'angle droit.
On dit que **la droite (*d*) est la médiatrice du segment [CP]**.

c. 2e **information :** T est le point de la droite (*d*) le plus proche du point R.
À l'aide de l'équerre, déterminer la position du point T.

d. Estimer la distance RT, en km. Il s'agit de la **distance du point R à la droite (*d*)**.

ACTIVITÉ

3 Construire des droites parallèles

Cours Paragraphe 3, p. 216

Voici un programme de construction.

(1) Marquer deux points distincts A et B.
(2) Tracer la droite (AB).
(3) Tracer la perpendiculaire à la droite (AB) en A. La noter (*d*).
(4) Marquer un point C qui appartient à la droite (*d*) et distinct du point A.
(5) Tracer la droite (*d'*) perpendiculaire à la droite (*d*) en C.

Les outils de construction

a. Sur papier uni, réaliser ce programme.

b. Que peut-on dire des droites (AB) et (*d'*) ? Expliquer.

1 Vocabulaire de la géométrie

Exercices 13 à 22

a. Vocabulaire et notations

	Tracé et notation	Remarques et compléments
Deux **points distincts** (c'est-à-dire qui ne sont pas confondus)	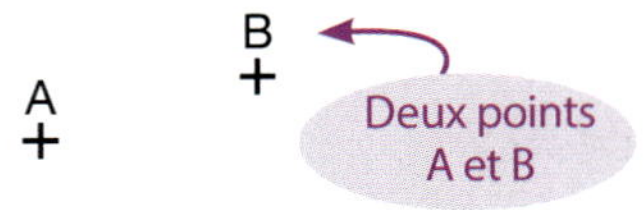	• Sur une figure, deux points distincts ont des noms différents. 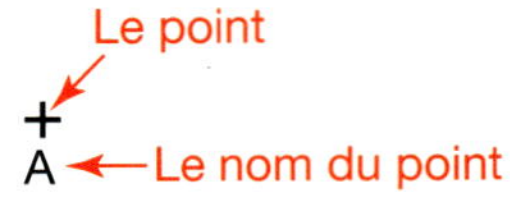
Un **segment**		• On trace le segment [AB] en reliant les points A et B à la règle. • Les points A et B sont les **extrémités** du segment [AB].
Une **droite**	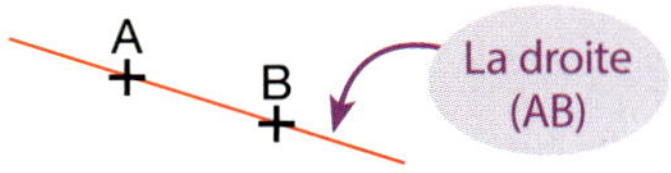	• La droite (AB) est le support du segment [AB]. • **Par deux points distincts, il passe une seule droite.**
	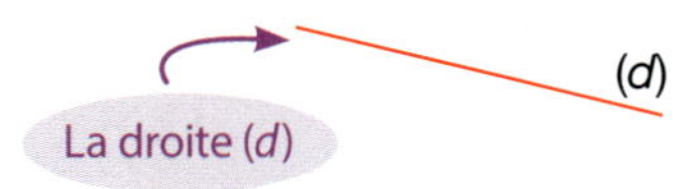	• Une droite est une ligne droite **illimitée**, elle peut être prolongée des deux côtés. 
Une **demi-droite**		• Le point A est l'**origine** de la demi-droite [AB). • On note un crochet pour l'origine à gauche et une parenthèse à droite pour la partie illimitée.

b. Alignement, appartenance

DÉFINITION Des **points alignés** sont des points qui appartiennent à une même droite.

Exemple

Sur cette figure, les points A, B, M sont alignés.
Le point M **appartient** à la droite (AB). On note : M ∈ (AB).
Le point N **n'appartient pas** à la droite (AB). On note : N ∉ (AB).

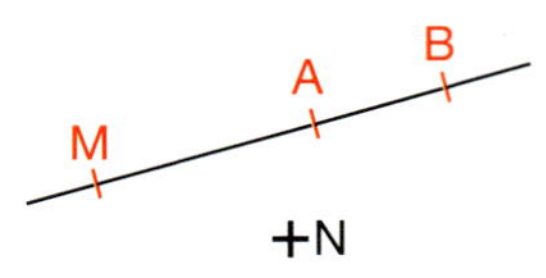

c. Distance entre deux points

DÉFINITION La **distance** entre deux points est la **longueur du plus court chemin** entre ces deux points. C'est la longueur du segment qui joint ces deux points.

Exemple

La distance entre les points A et B ci-contre est 2,5 cm.
On note : **AB = 2,5 cm.**

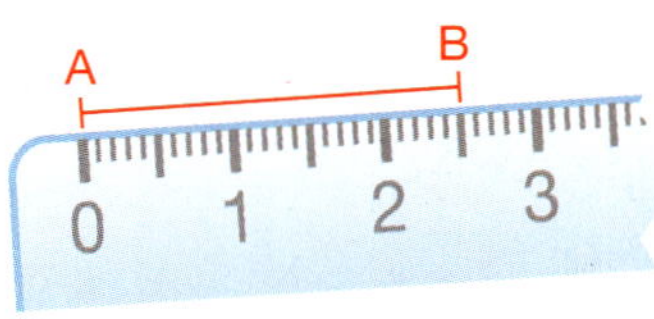

d. Milieu d'un segment

DÉFINITION Le **milieu d'un segment** est le point de ce segment qui le partage en deux segments de même longueur.

Exemple

Le point M est le milieu du segment [AB].
En effet, **M ∈ [AB]** et **AM = MB.**

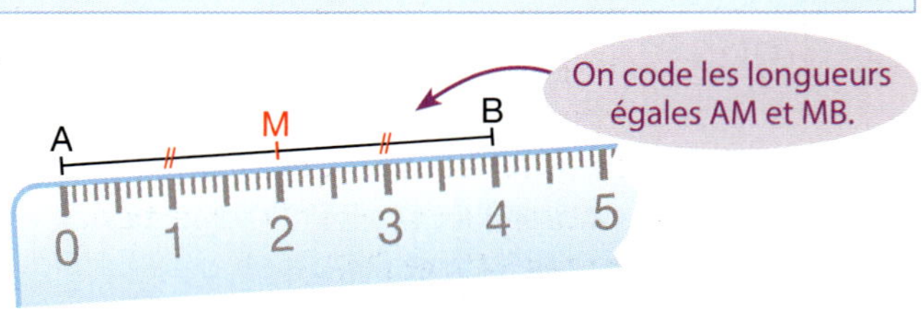

J'applique le cours

1 Connaître les notations, réaliser des tracés

EXERCICE RÉSOLU

ÉNONCÉ A, B, C, D sont les quatre points ci-contre.

a. Tracer les segments [AB] et [CD].
Ces segments se coupent-ils ?

b. Tracer les droites (AB) et (CD).
Ces droites se coupent-elles ? Si oui, noter E leur point d'intersection.

c. Tracer les demi-droites [AC) et [DB). Ces demi-droites se coupent-elles ?

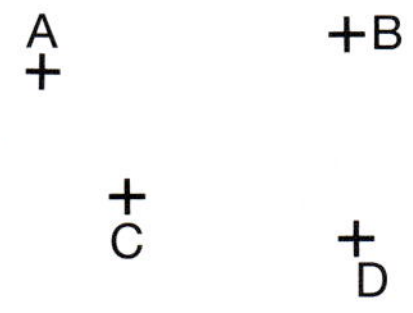

SOLUTION

a. Les segments [AB] et [CD] ne se coupent pas.

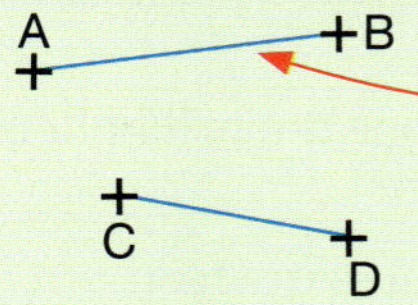

b. Les droites (AB) et (CD) se coupent au point E.

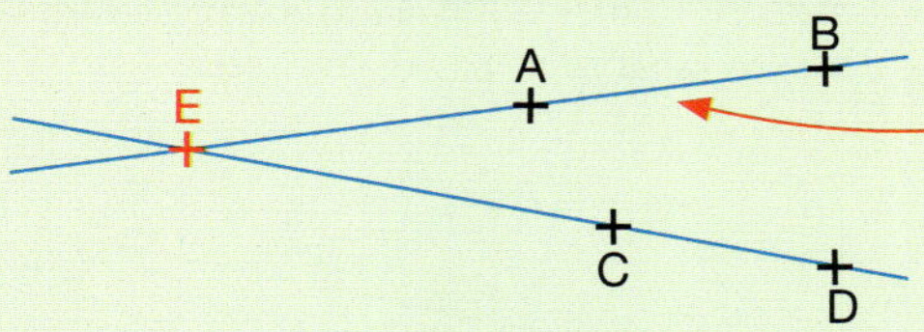

c. Les demi-droites [AC) et [DB) ne se coupent pas.

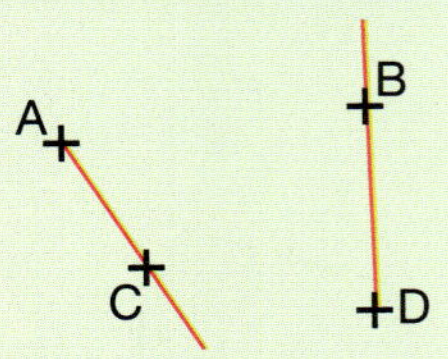

CONSEILS

- Dans la notation [AB], il y a des crochets : le tracé du segment s'arrête à ses extrémités A et B.
- Dans la notation (AB), il y a des parenthèses : le tracé de la droite se prolonge après A et après B.
- Dans la notation [DB), il y a un crochet pour D et une parenthèse pour B : le tracé de la demi-droite s'arrête au point D, l'origine de la demi-droite, et se prolonge après B.

À TON TOUR

2 M, N, S, T sont les quatre points ci-dessous.

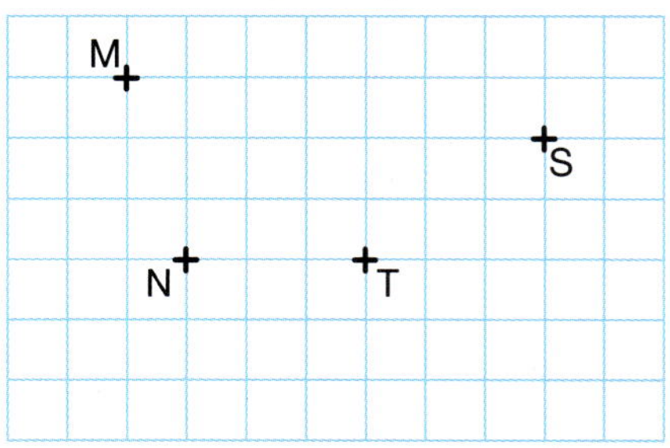

Pour chaque question, marquer les quatre points sur papier quadrillé comme sur cette figure.

a. Tracer les segments [MN] et [ST].
Ces segments se coupent-ils ?

b. Tracer les droites (MN) et (ST). Ces droites se coupent-elles ? Si oui, noter P leur point d'intersection.

c. Tracer les demi-droites [MS) et [TN).
Ces demi-droites se coupent-elles ?

3

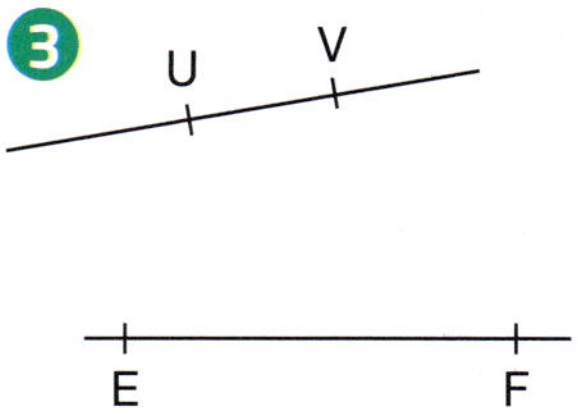

a. Mathis a-t-il raison ?

b. Tracer cette figure et marquer si possible le point d'intersection des droites (UV) et (EF).

4 Réaliser cette figure et marquer le point A, commun au segment [PQ] et à la demi-droite [RS).

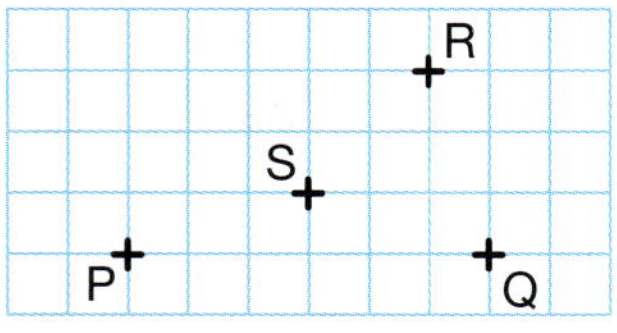

VIDÉOS de cours jaicompris.com

2 Droites

Exercices 23 à 28

a. Droites sécantes

DÉFINITION Deux droites **sécantes** sont deux droites qui ont un seul point commun.

Exemple

Les droites (d) et (d') sont sécantes en **A**.

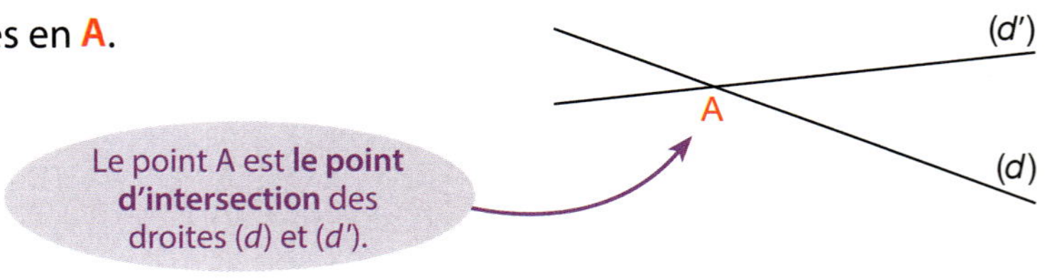

b. Droites perpendiculaires

DÉFINITION Deux droites **perpendiculaires** sont deux droites sécantes qui forment quatre angles droits.

Exemple et notation

On utilise la règle et l'équerre pour tracer deux droites perpendiculaires.
Les droites (d) et (d') ci-contre sont perpendiculaires en A.
On note : $(d) \perp (d')$.

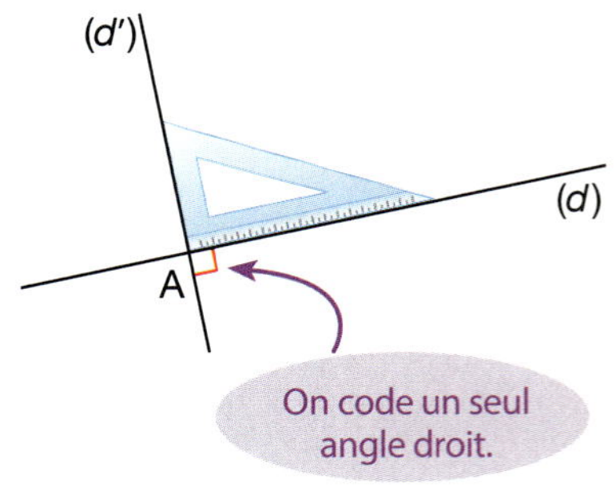

c. Distance d'un point à une droite

DÉFINITION La **distance** d'un point à une droite est **la longueur du plus court chemin** entre ce point et la droite.

PROPRIÉTÉ La distance d'un point A à une droite (d) est la distance **AH** entre A et H, **pied de la perpendiculaire** menée de A à la droite (d).

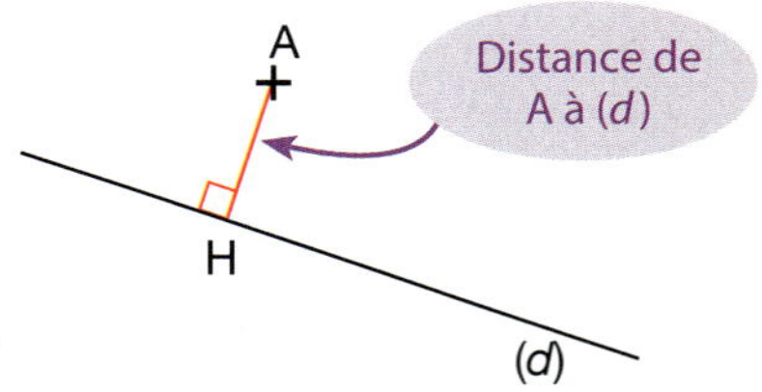

d. Médiatrice d'un segment

DÉFINITION La **médiatrice** d'un segment est la droite **perpendiculaire** à ce segment en son **milieu**.

Exemple et construction

Pour tracer la médiatrice (d) du segment [AB] :
- on marque le point I milieu du segment [AB] à l'aide de la règle graduée ;
- à l'aide de l'équerre, on trace la perpendiculaire au segment [AB] en I.

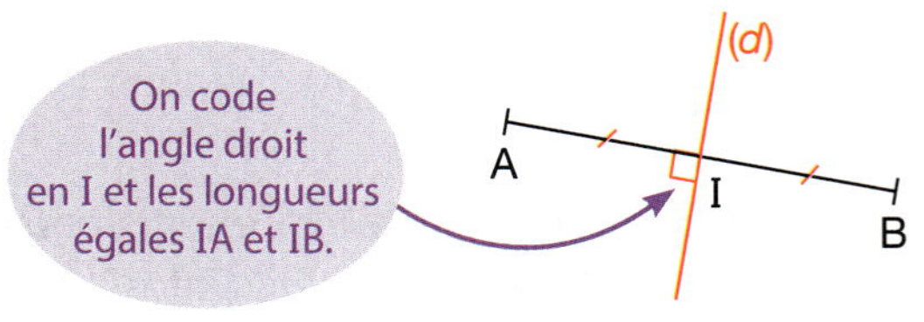

J'applique le cours

5 Construire une perpendiculaire à une droite donnée

EXERCICE RÉSOLU

ÉNONCÉ A est le point et (d) la droite représentés ci-contre.
Construire la droite (d') perpendiculaire à la droite (d) passant par le point A.

SOLUTION

1 On prolonge (si besoin) le tracé de la droite (d) avec la règle.

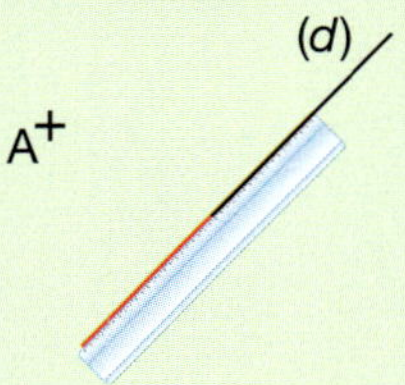

2 On place l'équerre, un côté de l'angle droit le long de la droite (d), l'autre côté de l'angle droit passant par le point A. On trace.

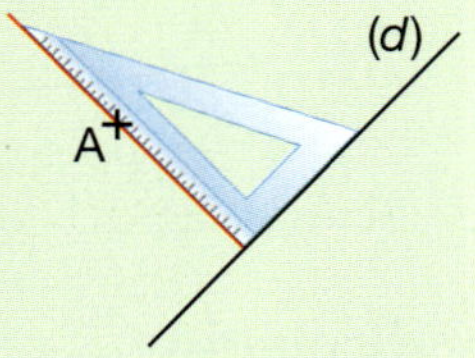

3 On prolonge le tracé. On nomme la droite (d').
On code un angle droit.

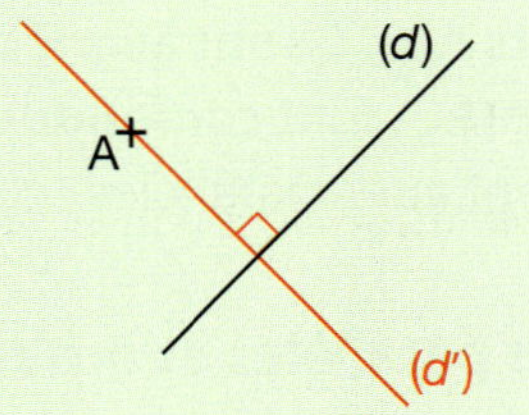

CONSEIL
- Avant de faire le tracé, on peut repérer la position de la droite (d') en la matérialisant par un stylo.

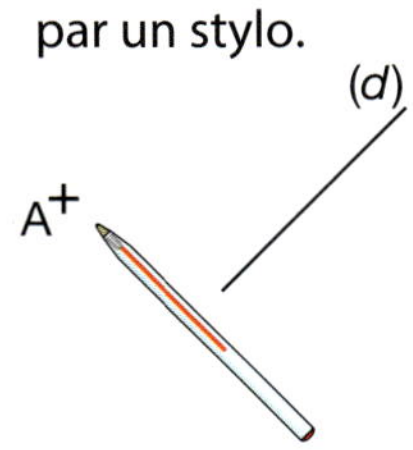

À TON TOUR

6 **1.** Tracer la figure ci-contre où (d) est une droite qui passe par le point C.
2. Construire la perpendiculaire à la droite (d) qui passe :
a. par A ; **b.** par B ; **c.** par C.

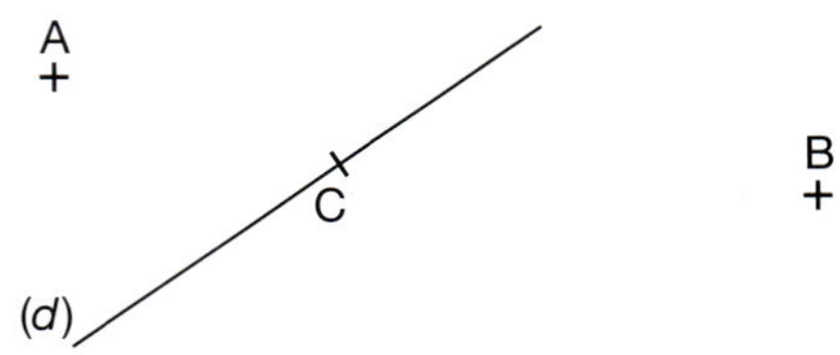

7 Tracer une figure et la coder

EXERCICE RÉSOLU

ÉNONCÉ ABCD est le rectangle ci-contre.
a. Construire la médiatrice (d) du segment [AB], coder la figure.
b. Construire de même la médiatrice (d') du segment [AD], coder la figure.
c. Noter E le point d'intersection des deux médiatrices.

SOLUTION

a.

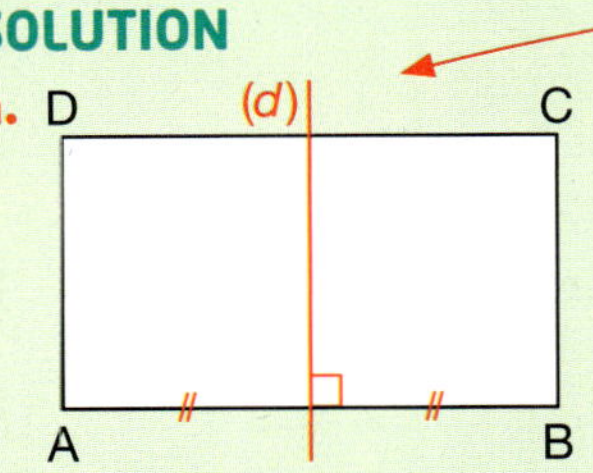

b. et **c.**

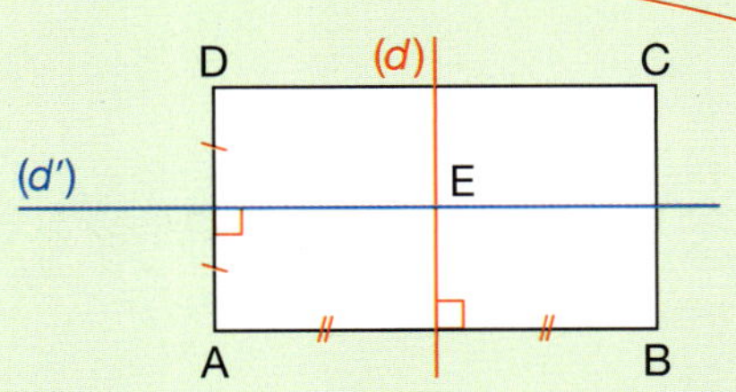

CONSEIL
- On marque le milieu du segment [AB], puis avec l'équerre, on trace la perpendiculaire à la droite (AB) en ce point.

À TON TOUR

8 **a.** Tracer un triangle ABC comme celui ci-contre.
b. Construire la médiatrice (d) du segment [AB] et la médiatrice (d') du segment [AC], coder les angles droits et les longueurs égales.
c. Noter O le point d'intersection des deux médiatrices.

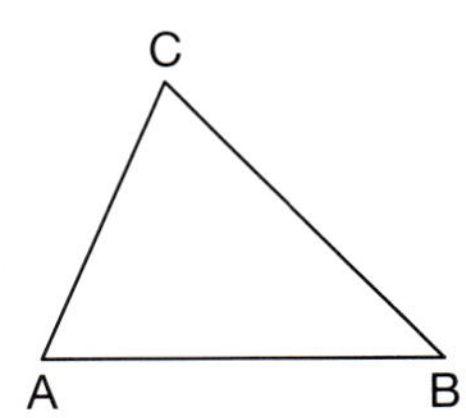

3 Droites parallèles et droites perpendiculaires

Exercices 29 à 33

a. Droites parallèles

DÉFINITION Deux droites **parallèles** sont deux droites qui ne sont pas sécantes.

Exemple et notation

Les droites (d) et (d') sont parallèles.
On note : $(d) // (d')$.
On dit aussi que la droite (d) est parallèle à la droite (d') ou bien que la droite (d') est parallèle à la droite (d).

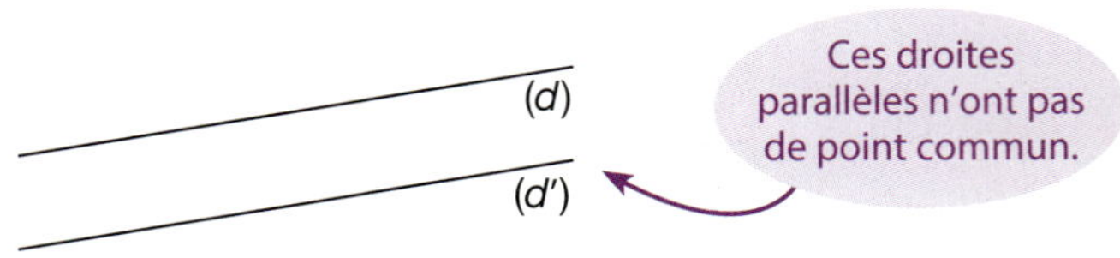

Remarque : lorsque **les points A, B, C sont alignés**, on dit que les droites (AB) et (AC) sont **confondues**.
Deux droites confondues sont aussi parallèles.

b. Relations entre droites parallèles et droites perpendiculaires

PROPRIÉTÉ **Si** deux droites sont **perpendiculaires à une même droite**, **alors** elles sont **parallèles**.

Exemple

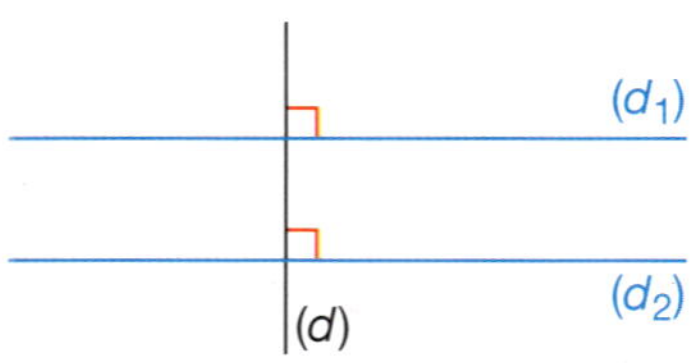

Données
$(d_1) \perp (d)$
et
$(d_2) \perp (d)$

Donc, d'après cette propriété

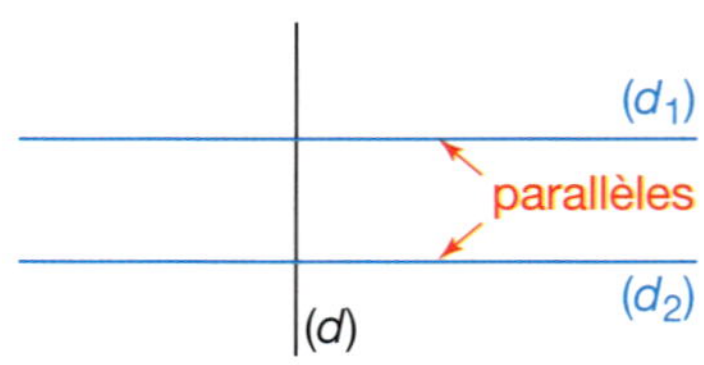

Conclusion

$(d_1) // (d_2)$

PROPRIÉTÉ **Si** deux droites sont **parallèles**, et si une troisième droite est **perpendiculaire** à l'une, **alors** elle est aussi **perpendiculaire** à l'autre.

Exemple

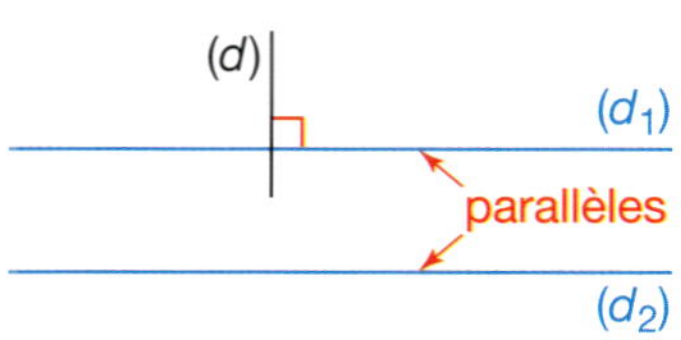

Données
$(d_1) // (d_2)$
et
$(d) \perp (d_1)$

Donc, d'après cette propriété

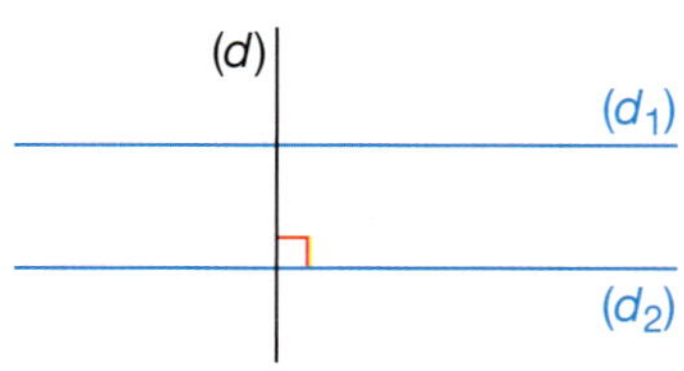

Conclusion

$(d) \perp (d_2)$

J'applique le cours

9 Construire une parallèle à une droite donnée

EXERCICE RÉSOLU

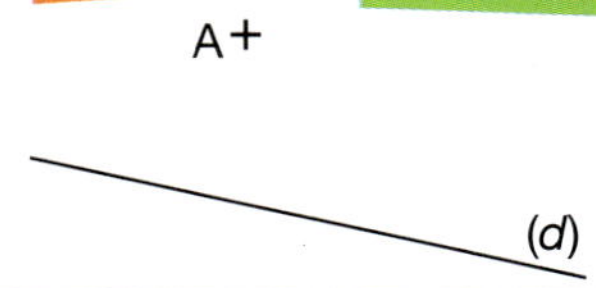

ÉNONCÉ Construire la droite (d') parallèle à la droite (d) passant par le point A.

SOLUTION

1 On place un côté de l'angle droit de l'équerre le long de la droite (d). On place la règle le long de l'autre côté de l'angle droit de l'équerre.

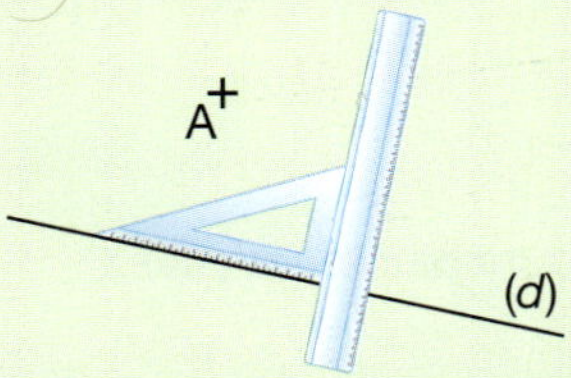

2 D'une main, on tient fermement la règle. De l'autre, on fait glisser l'équerre le long de la règle jusqu'au point A. On trace.

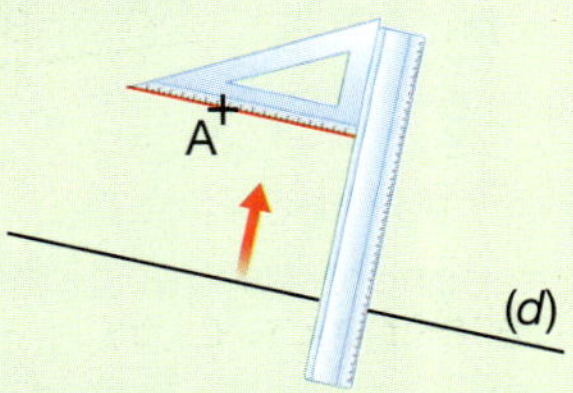

3 On prolonge le tracé. On nomme la droite (d').

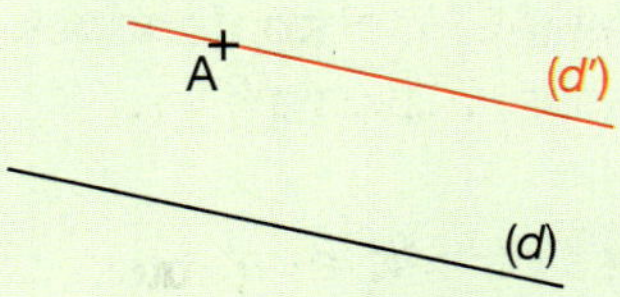

CONSEIL
- Avant de faire le tracé, on peut repérer la position de la droite (d') en la matérialisant par un stylo.

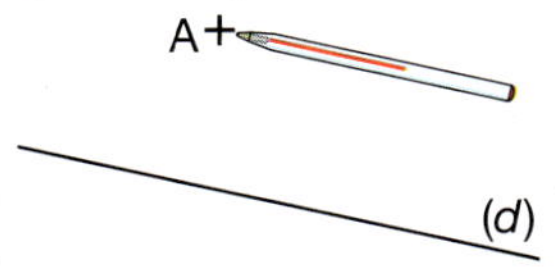

Remarque : cette méthode utilise la propriété « Si deux droites sont perpendiculaires à une même droite, alors elles sont parallèles ». En effet, les droites (d) et (d') sont toutes les deux perpendiculaires au bord de la règle.

À TON TOUR

10 Tracer la figure ci-contre et construire la droite :

a. (d'_1) parallèle à la droite (d_1) passant par le point A ;

b. (d'_2) parallèle à la droite (d_2) passant par le point A.

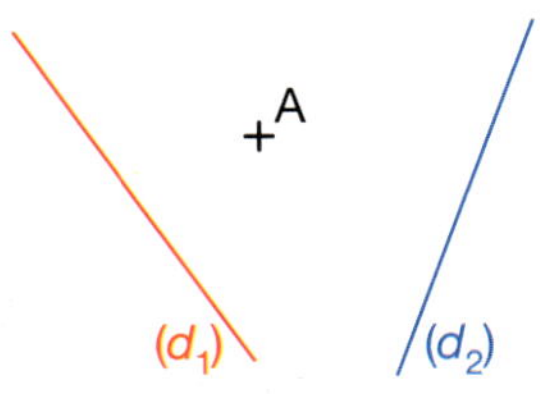

11 Effectuer un raisonnement

EXERCICE RÉSOLU

ÉNONCÉ Le triangle ART représenté ci-contre est rectangle en A. La droite (d_1) est la médiatrice du segment [AR]. Que peut-on dire des droites (d_1) et (AT) ? Expliquer.

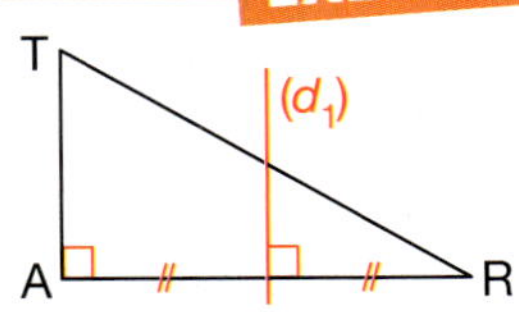

SOLUTION

- Le triangle ART est rectangle en A, donc les droites (AT) et (AR) sont perpendiculaires.
- La droite (d_1) est la médiatrice du segment [AR], donc les droites (d_1) et (AR) sont perpendiculaires.
- Les droites (AT) et (d_1) sont perpendiculaires à la même droite (AR), donc ces droites sont parallèles.

CONSEIL
- (AT) $\perp$ (AR) et (d_1) $\perp$ AR donc (AT) // (d_1).

À TON TOUR

12 ABC est le triangle représenté ci-contre.
La droite (d) est la perpendiculaire à la droite (BC) passant par le point A, les droites (BC) et (d) se coupent en H. La droite (d') est la médiatrice du segment [BH].
Que peut-on dire des droites (d) et (d') ? Expliquer.

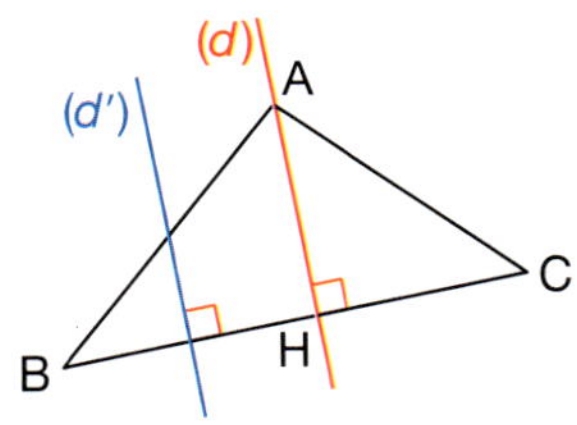

Connaître le vocabulaire de la géométrie

À l'oral

Questions flash

13 Parmi les segments suivants, lesquels sont tracés sur la figure ci-contre ?
• [AB] • [CA] • [AD] • [CD]

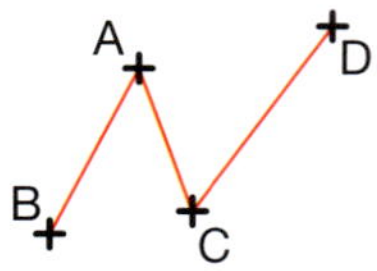

14 Alexia a tracé la figure ci-contre. Parmi les droites et demi-droites suivantes, lesquelles a-t-elle tracées ?
• (SR) • (ST) • (TR) • [ST) • [TS)

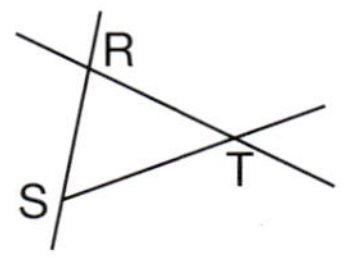

15 Observer la figure ci-contre. Dans chaque cas, dire si l'affirmation est vraie ou fausse.
a. Les points X, Y, Z sont alignés.
b. Les points Y, Z, T sont alignés.
c. Les points X, Y, U ne sont pas alignés.

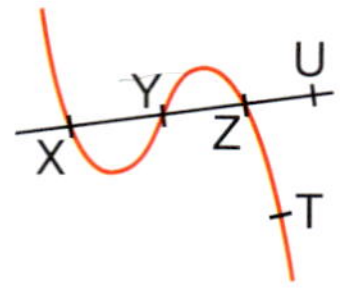

16 Voici un rectangle ABCD.
Quelle est la distance entre :
a. les points A et B ?
b. les points D et A ?
c. les points C et D ?

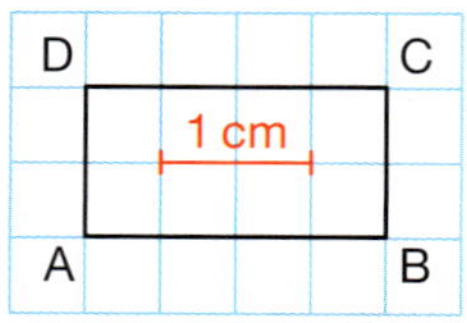

17 CALCUL MENTAL Le point M est le milieu d'un segment [AB].
1. Calculer mentalement la distance AM lorsque :
a. AB = 22 cm **b.** AB = 7 cm **c.** AB = 8,2 cm
2. Calculer mentalement la distance AB lorsque :
a. AM = 17 cm **b.** AM = 7,5 cm **c.** AM = 0,9 cm

18 **1.** Marquer des points A, B, C comme ci-dessous.

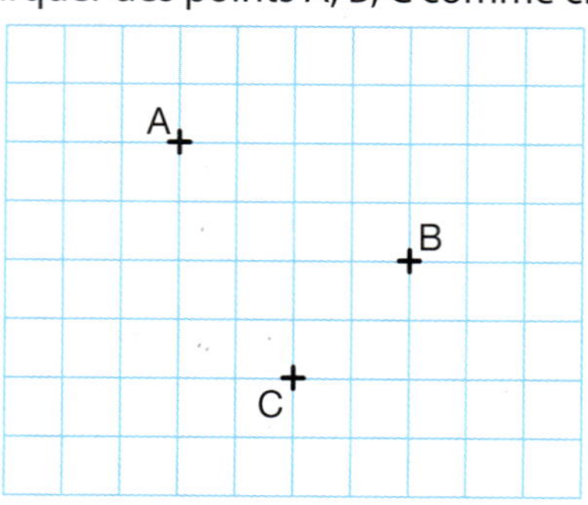

2. Tracer :
a. la droite (AB) en rouge ; **b.** le segment [AC] en vert ;
c. la demi-droite [BC) en bleu.
3. a. Marquer un point D de la droite (AB) qui n'appartient pas au segment [AB].
b. Marquer un point E de la demi-droite [BC) qui n'appartient pas au segment [BC].

19 CORRIGÉ en vidéo jaicompris.com
1. Marquer des points A, B, C, D comme ci-contre.

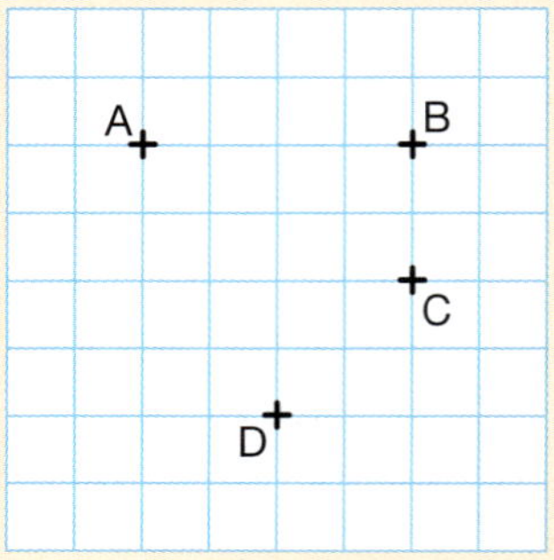

2. Dans chaque cas, traduire la donnée par une notation mathématique et compléter la figure.
a. Le segment d'extrémités A et B.
b. La droite passant par les points C et D.
c. La demi-droite d'origine le point B passant par le point C.
d. La demi-droite d'origine le point D passant par le point A.

20 Voici trois figures.
Répondre aux questions pour chacune d'elles.

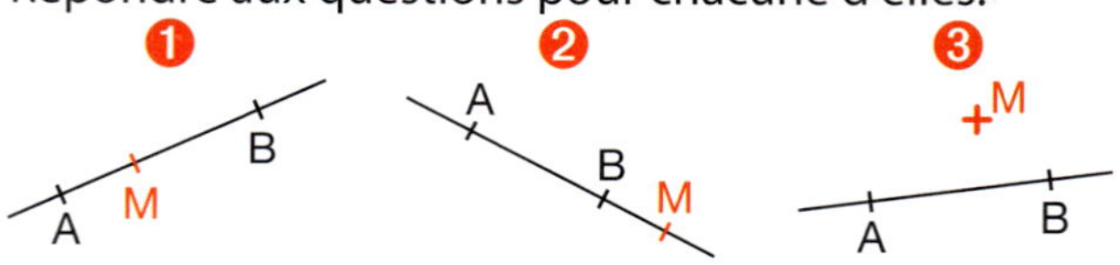

a. Recopier et compléter les phrases ci-dessous par : *appartient*, *n'appartient pas*.
• Le point M ... à la droite (AB).
• Le point M ... au segment [AB].
b. Traduire ces deux phases en langage mathématique avec le signe ∈ ou ∉.

21 Voici trois points A, B, C.

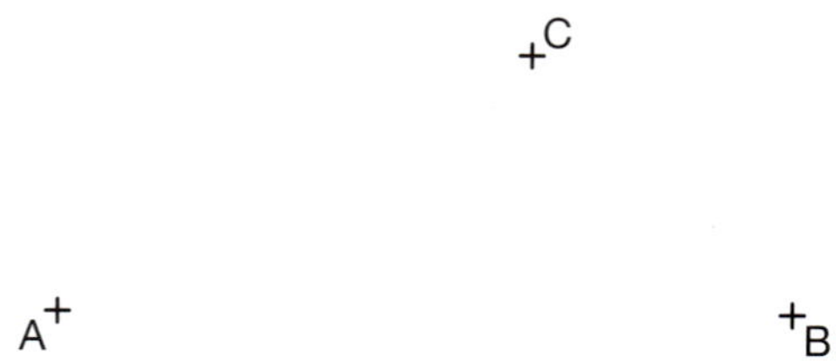

1. Mesurer les distances, en cm, entre les points :
a. A et B ; **b.** B et C ; **c.** A et C.
2. Pour chaque distance précédente, écrire une égalité de la forme AB = ... cm.

22 Voici un segment [AB].

a. Mesurer la longueur de ce segment et écrire le résultat sous la forme AB = ... cm.
b. Le point I est le milieu du segment [AB].
Quelle est la longueur du segment [AI] ?
c. Tracer le segment [AB] ci-dessus, marquer le point I et coder les longueurs égales.

Je travaille mes automatismes

Tracer des perpendiculaires et des médiatrices

À l'oral

Questions flash

23 Observer la figure. Lire chaque phrase en la complétant.

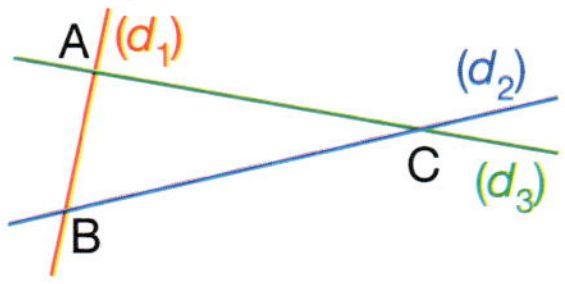

a. Les droites (d_1) et (d_2) sont sécantes en ....

b. Le point A est le point d'intersection des droites ... et ....

c. Les droites (d_2) et (d_3) se coupent au point ....

24 Que signifie la notation « $(d_1) \perp (d_2)$ » ?

25 CORRIGÉ en vidéo jaicompris.com

a. Réaliser la figure ci-contre et tracer :

- la perpendiculaire à la droite (BC) passant par le point A ;
- la perpendiculaire à la droite (AC) passant par le point B ;
- la perpendiculaire à la droite (AB) passant par le point C.

b. Que remarque-t-on pour ces trois droites ?

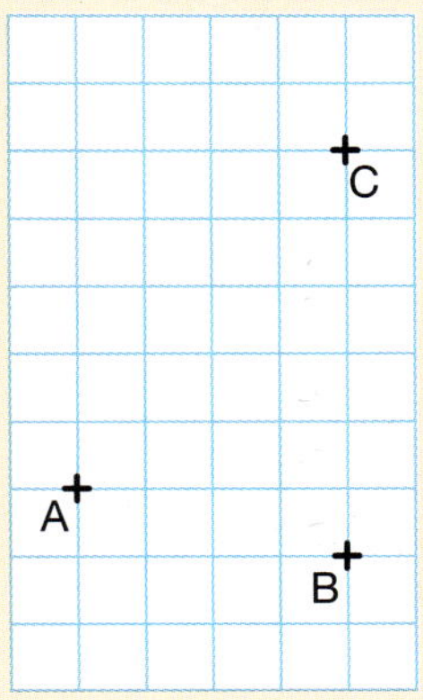

26 Réaliser la figure ci-contre.

a. Représenter le plus court chemin entre :

- le point A et la droite (d) ;
- le point B et la droite (d).

b. Mesurer leur longueur en cm.

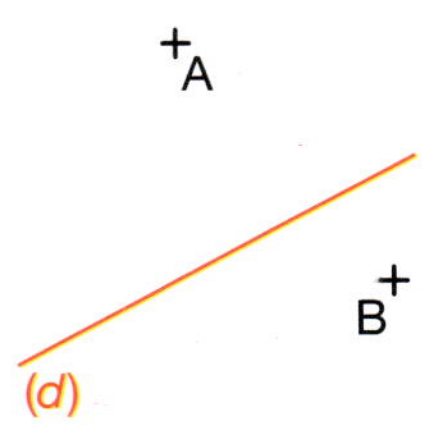

27 Dans chaque cas, tracer un segment [AB] sur papier uni puis construire sa médiatrice.

a. AB = 5,4 cm **b.** AB = 42 mm **c.** AB = 0,78 dm

28 Voici le plan d'un parc. Lors d'une chasse au trésor, Noé a reçu l'indice ci-dessous. Trouver l'emplacement de ce trésor sur une photocopie.

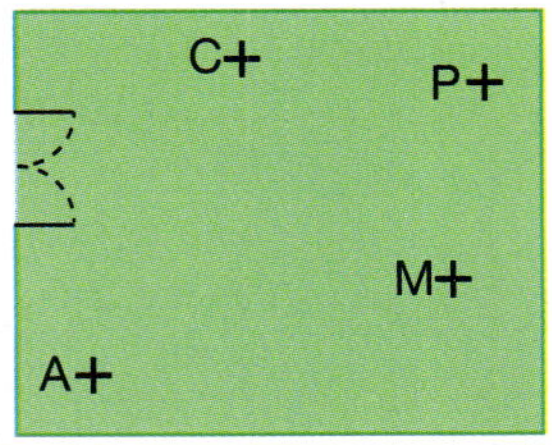

Le trésor est caché sur la médiatrice du segment [AC] et sur la droite (MP).

Tracer des droites parallèles

À l'oral

Questions flash

29 Quelle consigne donner pour passer de la figure ❶ à la figure ❷ ?

❶

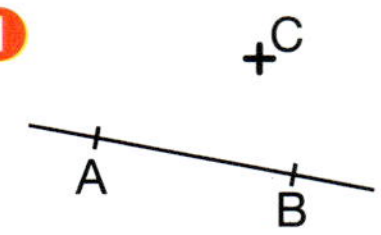

❷

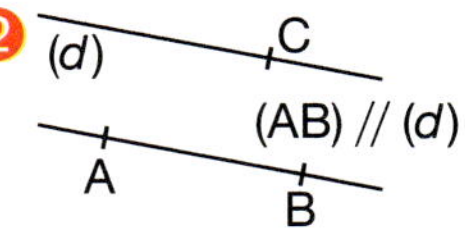

30 Zoë énonce :
« Les droites (d_1) et (d_2) sont parallèles. »
A-t-elle raison ? Expliquer.

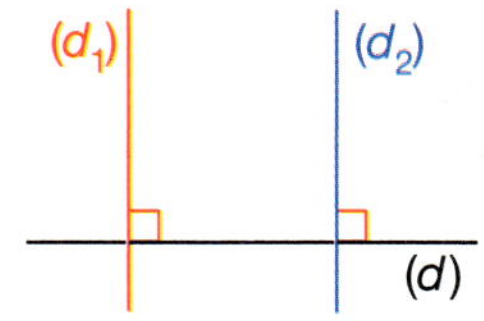

31 **a.** Tracer la figure ci-contre où (d_1) et (d_2) sont deux droites sécantes et M est un point qui n'appartient ni à la droite (d_1) ni à la droite (d_2).

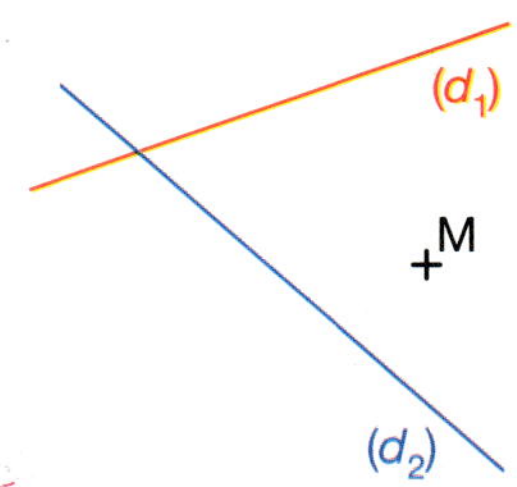

b. Construire :

- la droite (d'_1) passant par le point M et parallèle à la droite (d_1) ;
- la droite (d'_2) passant par le point M et parallèle à la droite (d_2).

32 **a.** Tracer un triangle ABC comme ci-dessous.

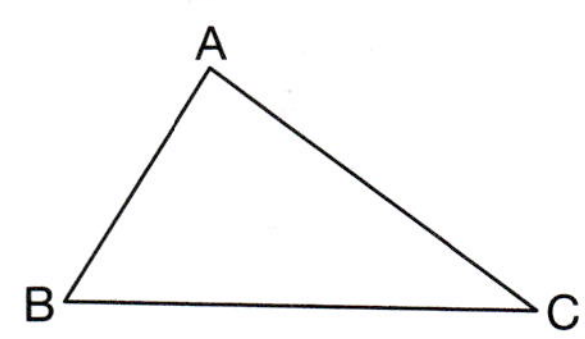

b. Construire :

- la parallèle (d_1) à la droite (BC) passant par le point A ;
- la parallèle (d_2) à la droite (AC) passant par le point B ;
- la parallèle (d_3) à la droite (AB) passant par le point C.

c. Noter :

- I le point d'intersection des droites (d_1) et (d_2) ;
- J le point d'intersection des droites (d_1) et (d_3) ;
- K le point d'intersection des droites (d_2) et (d_3).

33 **a.** Tracer une droite (d), puis placer un point M qui n'appartient pas à la droite (d).

b. Construire la parallèle (d_1) à la droite (d) passant par le point M.

c. Construire la perpendiculaire (d_2) à la droite (d) passant par le point M.

d. Expliquer pourquoi les droites (d_1) et (d_2) sont perpendiculaires.

Je m'entraîne

Utiliser le vocabulaire de la géométrie

34 **a.** Marquer trois points A, B, C tels que : $A \in [BC]$ et $A \notin [CB)$.
b. Marquer un point D qui n'appartient à aucune des demi-droites [BC) et [CB).
c. Marquer un point E aligné avec les points A et D.

35 CORRIGÉ en vidéo jaicompris.com

a. Tracer la figure ci-dessous.

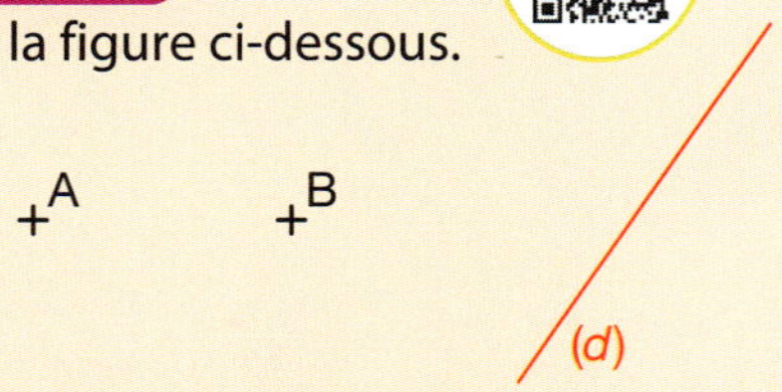

b. Marquer un point M appartenant à la droite (*d*) tel que les points A, B et M soient alignés.
c. Dans chaque cas, dire si l'affirmation est vraie ou fausse.
- $M \in [AB)$
- $M \in [BA)$

36 **1.** Tracer une telle figure en vraie grandeur.

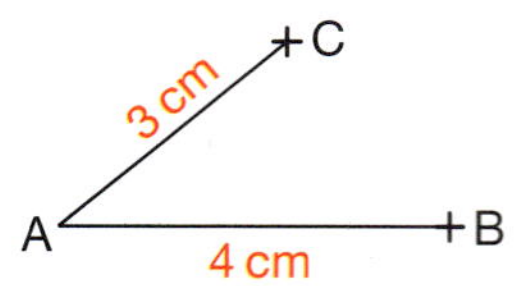

2. a. Marquer les points I et J tels que :
- I est le milieu du segment [AB] ;
- J est le milieu du segment [AC].

b. Recopier et compléter les égalités :

AI = IB = ... cm AJ = JC = ... cm

3. Mesurer la distance entre les points I et J.

37 **1. a.** Marquer un point A et tracer une droite (*d*) qui passe par le point A.
b. Marquer deux points distincts B et C appartenant à la droite (*d*) tels que AB = AC = 3 cm.
c. Que peut-on dire du point A ?
2. Marquer également deux points E et F appartenant à la droite (*d*) tels que EF = 9 cm avec A milieu du segment [EF].

38 **Jeux et casse-tête** D'une étape à la suivante, chacun des segments est partagé par son milieu et on note le nombre total de segments de même longueur.

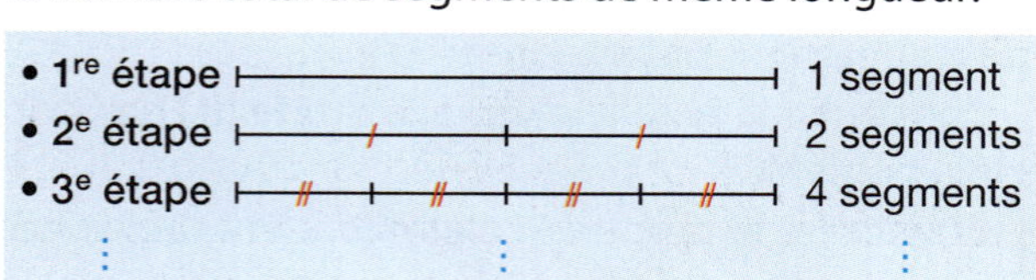

En poursuivant ainsi, combien de segments de même longueur obtient-on à la 6e étape ?

Tracer des droites perpendiculaires

39 On a représenté une statue par le point S et trois allées d'un jardin par des droites.

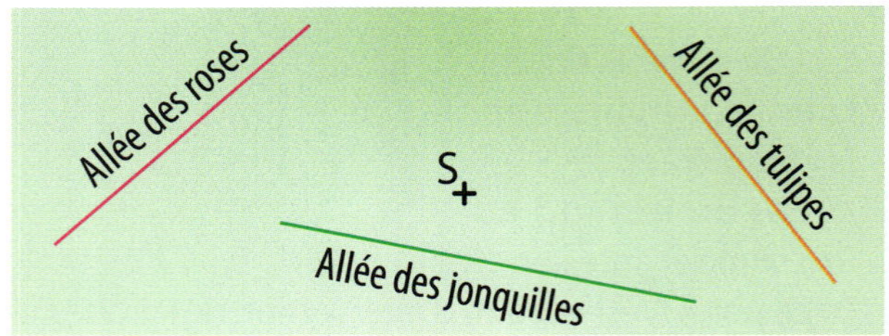

On souhaite relier la statue aux trois allées par des passages perpendiculaires à chacune d'elles.
Sur une photocopie de cette figure, tracer les trois passages.

40 **a.** Tracer la figure ci-dessous où le point A appartient à la droite (d_1) et le point B à la droite (d_2).

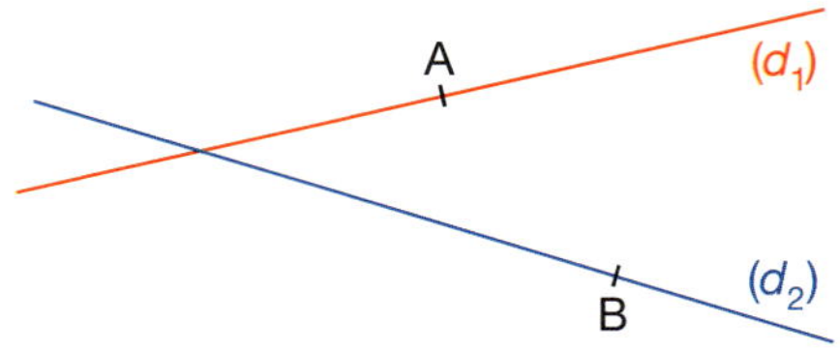

b. Construire :
- la perpendiculaire à la droite (d_2) passant par le point A ;
- la perpendiculaire à la droite (d_1) passant par le point B.

41 Écrire une consigne permettant à un camarade qui ne la voit pas de réaliser la figure ci-contre.

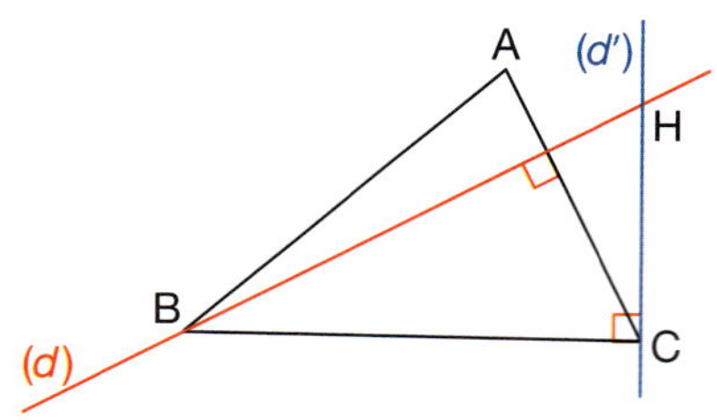

42 Voici une figure.

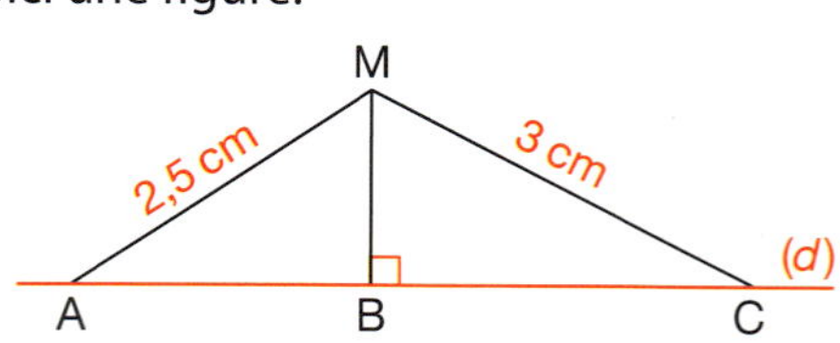

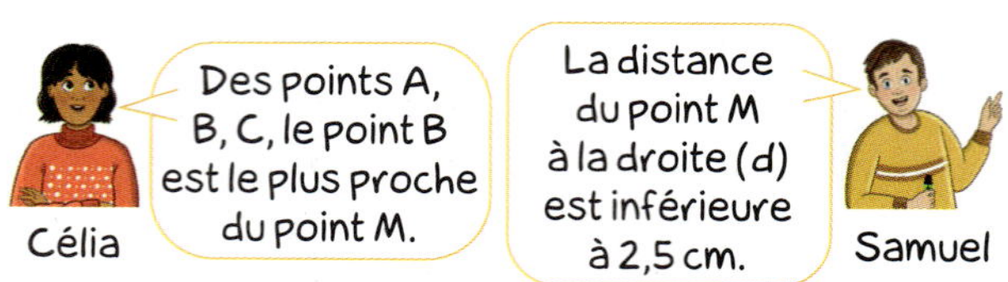

Que penser de chacune de ces affirmations ?

43 La figure ci-dessous est tracée en vraie grandeur.

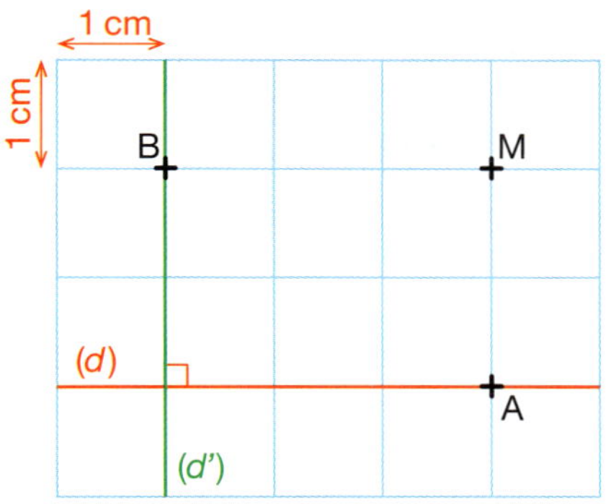

Donner la distance, en cm :

a. du point A à la droite (d') ;

b. du point B à la droite (d) ;

c. du point M à chacune des deux droites (d) et (d').

44 **a.** Tracer en vraie grandeur la figure ci-dessous.

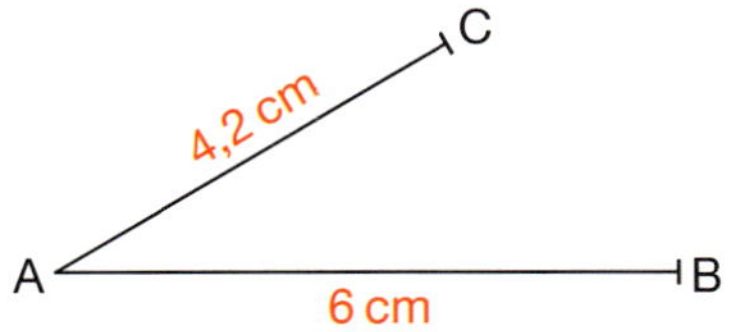

b. Construire la médiatrice (d_1) du segment [AB] et la médiatrice (d_2) du segment [AC].

c. Noter I le point d'intersection des deux médiatrices (d_1) et (d_2).

45 Écrire une consigne permettant à un camarade qui ne la voit pas de construire la figure ci-dessous.

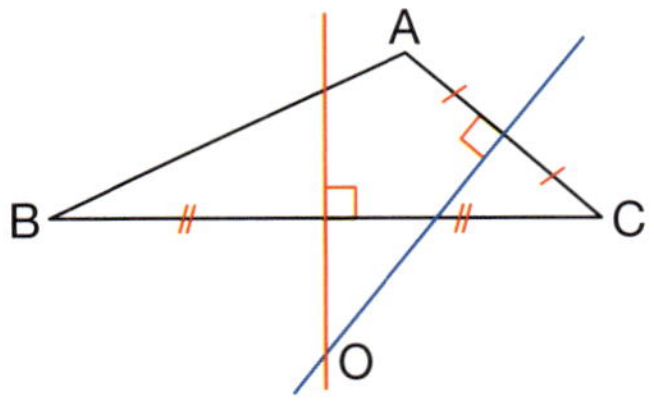

46 **Jeux et casse-tête** Voici le plan d'un parc.

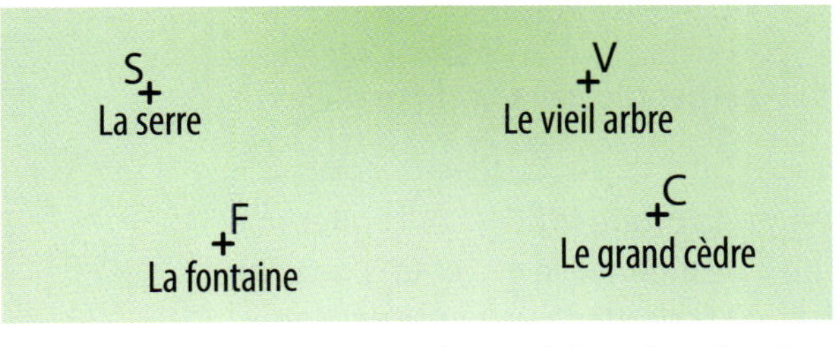

Au cours d'un jeu de piste, Alex est à la recherche d'un message qui se trouve à l'intersection de la médiatrice du segment [FC] et de celle du segment [FS].
Lorsqu'il aura découvert ce message, sera-t-il plus près du grand cèdre ou du vieil arbre ?

Synthèse

Utiliser la géométrie

47 Au cours d'une partie de balle au prisonnier, on a représenté les positions sur le terrain de Denis (D) et d'Éva (E).

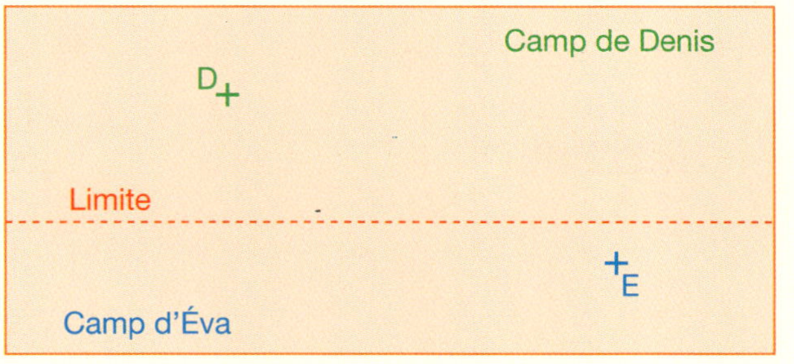

Fleur (F) est dans le camp de Denis, Gabriel (G) dans le camp d'Éva ; la droite (FG) est la médiatrice du segment [DE] et FG = 2 cm.

Objectif Déterminer des positions possibles de Fleur et de Gabriel sur le terrain.

a. Réaliser la figure ci-dessus.

b. Tracer le segment [DE] et marquer son milieu I.

c. Construire la médiatrice (d) du segment [DE].

d. Marquer alors deux points F et G de la droite (d) qui représentent les positions possibles de Fleur et de Gabriel en respectant les contraintes de l'énoncé.

48 Dans les prés d'un marais, on a relié deux lieux A et B à deux canaux (C_1) et (C_2) par des fossés perpendiculaires à chacun d'eux.
Voici une figure qui représente cette situation.

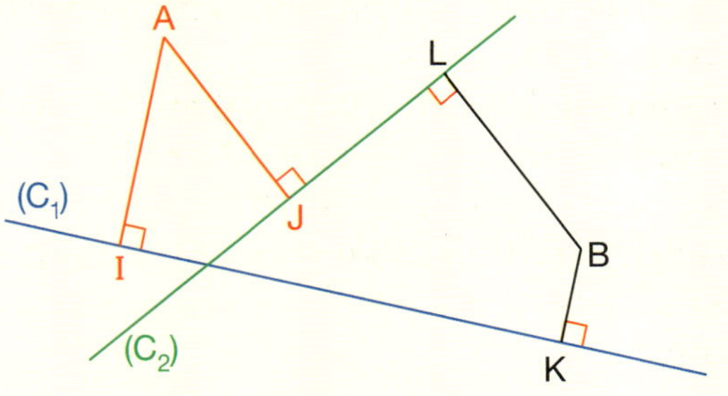

Objectif Étudier les positions des droites (AI) et (AJ) par rapport aux droites (BK) et (BL).

1. a. D'après le codage de la figure, recopier et compléter chaque phrase :

- « La droite (AI) est perpendiculaire à la droite .... »
- « La droite (BK) est perpendiculaire à la droite .... »

b. Énoncer la propriété du cours qui permet d'affirmer que les droites (AI) et (BK) sont parallèles.

2. Par un raisonnement analogue, expliquer pourquoi les droites (AJ) et (BL) sont parallèles.

Parcours différenciés

Je m'évalue

Pour chaque question, une seule réponse est exacte.

QCM supplémentaires college.nathan.fr/tm6222

	Question	a	b	c	En cas d'erreur
49	Sur cette figure, on a représenté… 	la demi-droite [AB]	la demi-droite [BA]	la droite (AB)	
50	Sur cette figure, on observe que… 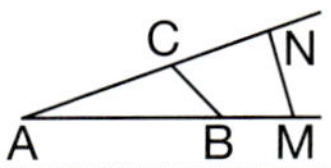	M ∉ (AB)	B ∈ (AN)	N ∈ (AC)	Cours 1 p. 212
51	Le point I est le milieu du segment [AB] et AB = 7 cm. Alors…	IB = 3 cm	AI = AB	IA = 3,5 cm	
52	Sur la figure de l'exercice **50**, les droites (BC) et (MN)…	n'ont pas de point d'intersection	sont sécantes	sont sécantes en A	Ex. 1 p. 213
53	Sur la figure ci-contre, les droites… 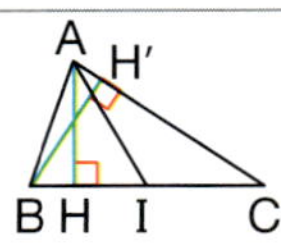	(AH) et (BC) sont perpendiculaires	(AI) et (BC) sont perpendiculaires	(BH') et (AB) sont perpendiculaires	
54	La distance du point S à la droite (*d*) est… 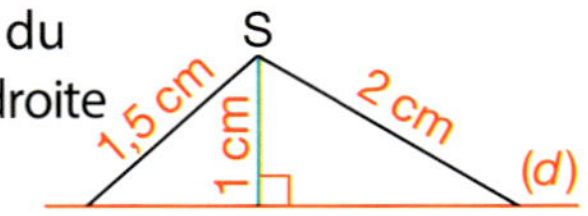	1,5 cm	1 cm	2 cm	Cours 2 p. 214
55	Sur la figure ci-contre, I est le milieu de [BC]. La médiatrice du segment [BC] est la droite… 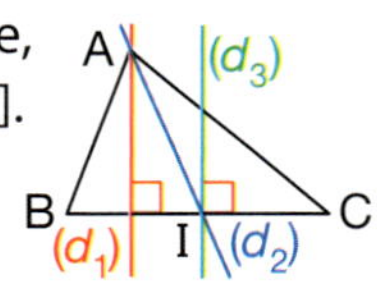	(d_1)	(d_2)	(d_3)	
56	La médiatrice du segment [BC] est représentée sur la figure…		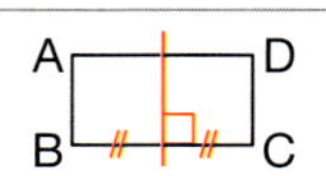	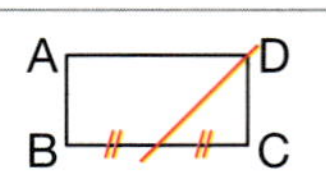	Ex. 7 p. 215
57	La notation « (*d*) // (*d'*) » signifie que les droites (*d*) et (*d'*) sont…	parallèles	perpendiculaires	sécantes	
58	Voici une figure. On peut énoncer que les droites (d_1) et (d_2) sont… 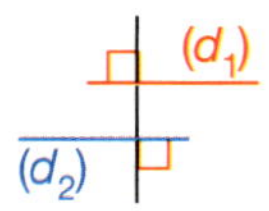	sécantes	perpendiculaires	parallèles	Cours 3 p. 216
59	A, B et C sont trois points alignés distincts. Les médiatrices des segments [AB] et [AC] sont…	confondues	perpendiculaires	parallèles	
60	Voici une figure où les droites (d_1) et (d_2) sont parallèles. Alors… 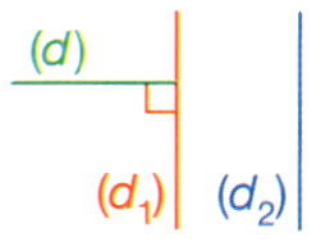	la droite (*d*) est perpendiculaire à la droite (d_2)	la droite (*d*) est parallèle à la droite (d_2)	les droites (*d*) et (d_2) ne sont pas sécantes	Ex. 11 p. 217

Selon ton score page précédente

Parcours conseillé
- Entre **0 et 5 bonnes réponses** :
- Entre **6 et 9 bonnes réponses** :
- **10 bonnes réponses ou plus** :

61 Connaître le vocabulaire

Voici une figure.
On se propose de revoir le vocabulaire de la géométrie à partir de celle-ci.

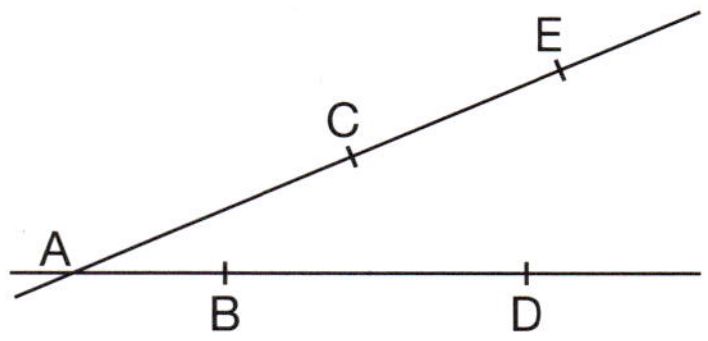

PARCOURS 1

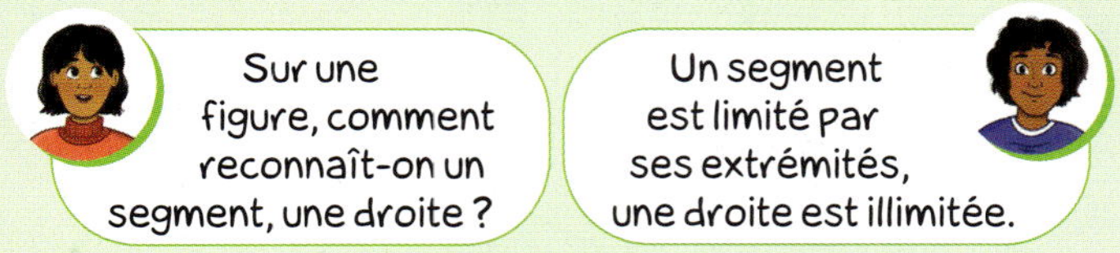

a. Recopier et compléter : « Le point B … à la droite (AD) et les points A, C, E sont …. »
b. Réaliser la figure et tracer :
- le segment [BC] en vert ;
- la droite (DE) en bleu ;
- la demi-droite [EB) en rouge.

PARCOURS 2

Écrire une consigne qui permet à un camarade qui ne voit pas la figure de la réaliser.

PARCOURS 3

a. Réaliser une telle figure.
Construire le point d'intersection F des droites (CD) et (BE).
b. Marquer un point G qui appartient à la droite (BE) sans appartenir au segment [BE].
c. Marquer un point H qui appartient à la demi-droite [DC) sans appartenir au segment [CD].

62 Argumenter

Voici une figure.
On se propose de la compléter et d'appliquer les propriétés du parallélisme.

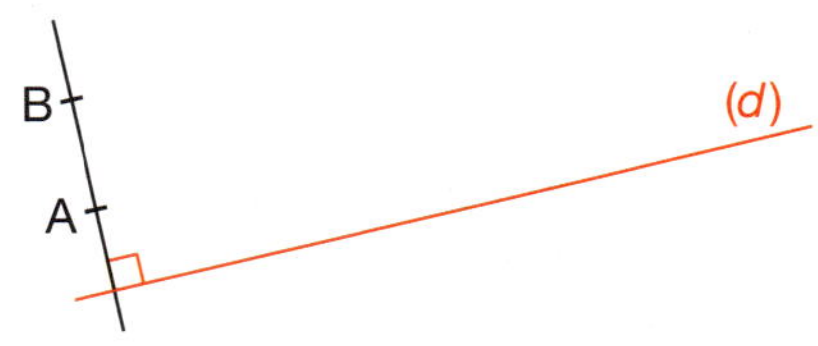

PARCOURS 1

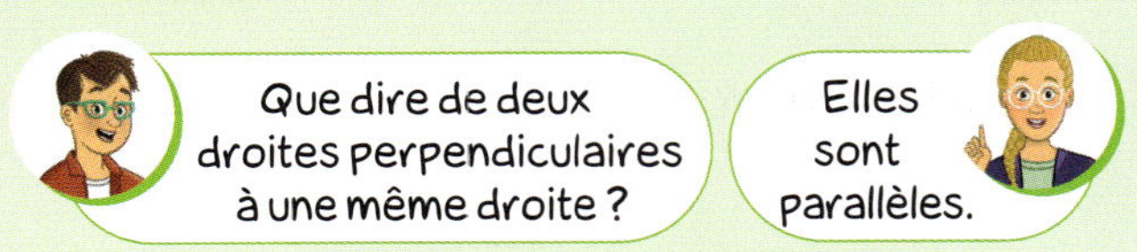

a. Tracer cette figure.
Construire la droite (d_1) perpendiculaire à la droite (AB) passant par le point A.
b. Recopier et compléter : « Les droites (d) et (d_1) sont perpendiculaires à la droite ….
Deux droites perpendiculaires à une même droite sont ….
Donc les droites (d) et (d_1) sont …. »

PARCOURS 2

Tracer cette figure. Construire par A, la perpendiculaire (d_1) à la droite (AB) et par B, la parallèle (d_2) à la droite (d_1).
Tirer des conséquences de ces constructions. Expliquer.

PARCOURS 3

M est un point de la médiatrice (d') du segment [AB] et (d'') est la parallèle à la droite (AB) passant par M.
Tirer des conséquences de ces informations. Expliquer.

Réaliser des figures avec GeoGebra

63 Tracer des droites

1. Réaliser une figure

a. Créer deux points distincts A et B (utiliser Point).

b. Créer la droite (AB) (utiliser Droite et cliquer sur les points A et B).

c. Créer une droite (CD) qui coupe la droite (AB). Créer le point d'intersection E des droites (AB) et (CD) (utiliser Intersection et cliquer sur chaque droite).

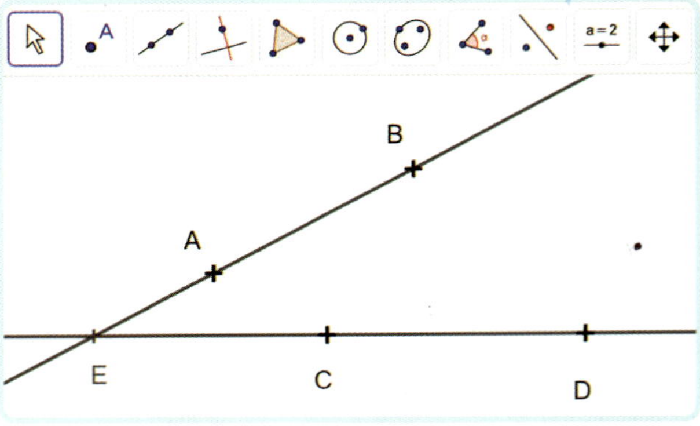

2. Modifier la figure

Cliquer sur Déplacer, puis sur le point D en maintenant le bouton gauche de la souris enfoncé.
Dans chaque cas, déplacer le point D de façon que le point E :
- appartienne au segment [AB] ;
- appartienne à la demi-droite [AB) sans appartenir au segment [AB].

64 Tracer une droite perpendiculaire à une droite

1. Réaliser une figure

a. Créer une droite (AB).

b. Créer un point C qui n'appartient pas à la droite (AB).

c. Créer la droite d qui passe par le point C et qui est perpendiculaire à la droite (AB) (utiliser Perpendiculaire et cliquer sur le point C, puis sur la droite (AB)).
Faire un clic droit sur cette perpendiculaire et choisir Afficher l'étiquette.
Faire un nouveau clic droit pour renommer la droite (utiliser Renommer).

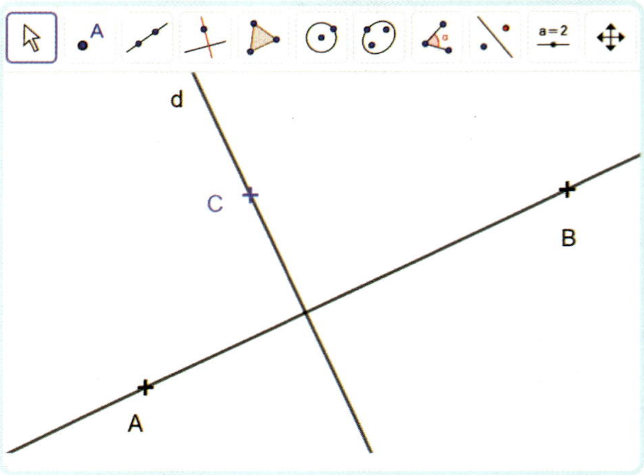

2. Modifier la figure

Déplacer le point C afin d'obtenir différentes figures.

65 Tracer une droite parallèle à une droite

1. Réaliser une figure

a. Créer une droite (AB).

b. Créer un point C qui n'appartient pas à la droite (AB).

c. Créer la droite d qui passe par le point C et qui est parallèle à la droite (AB) (utiliser Parallèle et cliquer sur le point C, puis sur la droite (AB)).
Afficher l'étiquette et renommer cette droite.

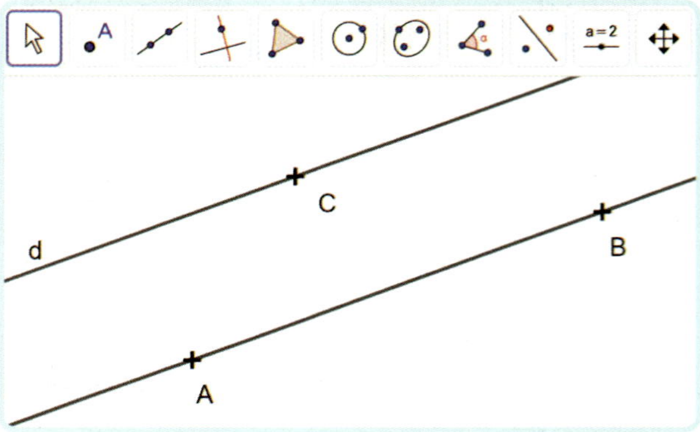

2. Modifier la figure

a. Déplacer le point C afin d'obtenir différentes figures.

b. Que remarque-t-on lorsqu'on place le point C sur la droite (AB) ?

66 Communiquer en anglais

Représenter • Raisonner • Communiquer

The subway network of Mathcity is made of six lines represented by the lines (d_1), (d_2), (d_3), (d_4), (d_5), (d_6) on the map below.

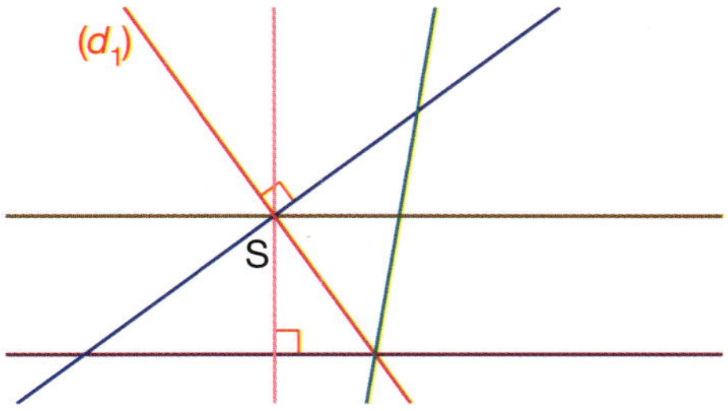

We know that: $(d_1) \perp (d_4)$, $(d_2) // (d_3)$, $(d_5) \perp (d_2)$ and that (d_2) passes through point S.
Associate each subway line with its color on the map.

67 Trouver la position d'un point

Représenter • Raisonner

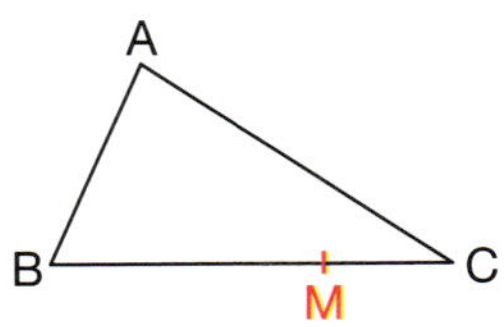

a. Réaliser la figure ci-contre.
b. Déterminer la position du point L tel que :
• les droites (ML) et (AB) sont parallèles ;
• les droites (AL) et (ML) sont perpendiculaires.

68 Ordonner des instructions

Représenter • Raisonner • Communiquer

Pierre doit construire une figure.
Voici les différentes instructions, dans le désordre.
Les remettre dans un ordre correct et construire la figure de Pierre.

1. Placer un point C de la droite (*d*) tel que AC = 6 cm.
2. Tracer la médiatrice (*d'*) du segment [BC].
3. Tracer la perpendiculaire (*d*) en A à la droite (AB).
4. Tracer un segment [AB] de longueur 8 cm.
5. Elle coupe la droite (AB) en D et la droite (*d*) en E.
6. Tracer le segment [BC].

69 Envisager plusieurs situations

Représenter • Calculer • Communiquer

A, B, C sont trois points alignés, pas nécessairement dans cet ordre.
On sait que AB = 17 cm et AC = 25 cm.
Quelles sont les valeurs possibles de la distance entre les points B et C ?

70 Tice Tracer une médiatrice

Représenter • Communiquer

a. Créer deux points A et B et créer le segment [AB].
b. Créer la médiatrice d de ce segment (utiliser Médiatrice et cliquer sur le segment [AB]).
c. Créer la perpendiculaire d' à la droite (AB) qui passe par le point A.
d. Afficher l'étiquette et renommer chacune de ces droites.
e. Tester le parallélisme des droites d et d' avec le logiciel (utiliser $a \stackrel{?}{=} b$ Relation et cliquer sur les droites d et d').
Lire le message qui s'affiche et l'expliquer.

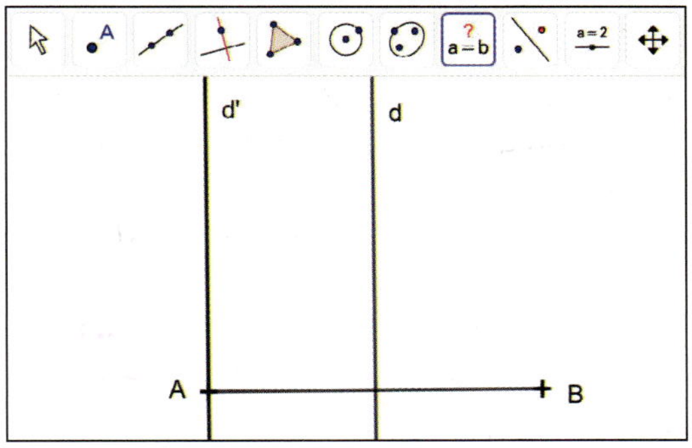

71 Lire les informations d'une figure

Représenter • Raisonner

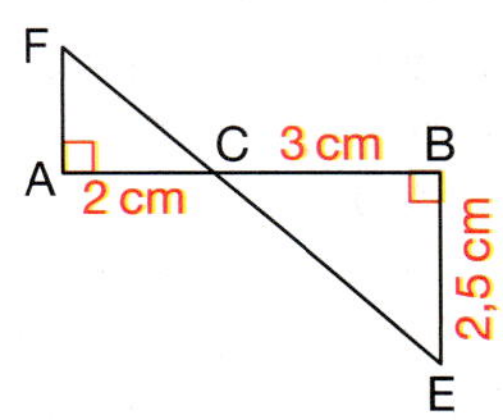

Sur la figure ci-contre, les points A, B, C sont alignés.
a. Tracer le segment [AB] en vraie grandeur puis placer le point C.
b. Lequel des points E ou F construit-on ensuite ?
c. Le construire et terminer la figure.

72 Tracer des parallèles en cascade

Représenter • Communiquer

Les points A_1, A_2, A_3, … appartiennent aux côtés du triangle FIN.

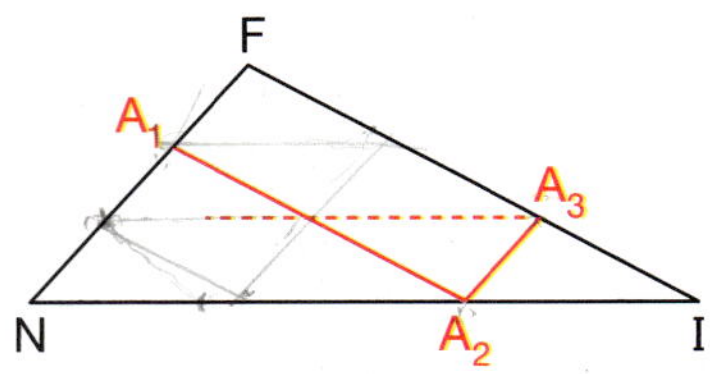

a. Réaliser cette figure sachant que :
$(A_1A_2) // (FI)$ et $(A_2A_3) // (NF)$.
b. Poursuivre la construction de façon analogue et marquer les points A_4, A_5, A_6 et A_7.
c. Qu'observe-t-on ?

73 Tice Conjecturer

Représenter • Communiquer

a. Créer trois points non alignés A, B et C.
b. Créer la droite (BC), les segments [AB] et [AC].
c. Créer le milieu I du segment [AB], le milieu J du segment [AC] et la droite (IJ).
d. À l'aide du logiciel GeoGebra, proposer une conjecture (une prévision) concernant les droites (IJ) et (BC).
On peut utiliser a=b **Relation** .

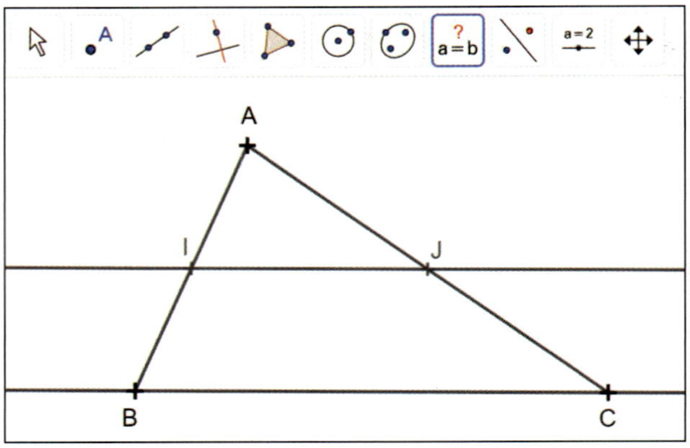

74 Comprendre et expliquer

Chercher • Représenter • Raisonner

a. Réaliser la figure ci-dessous.

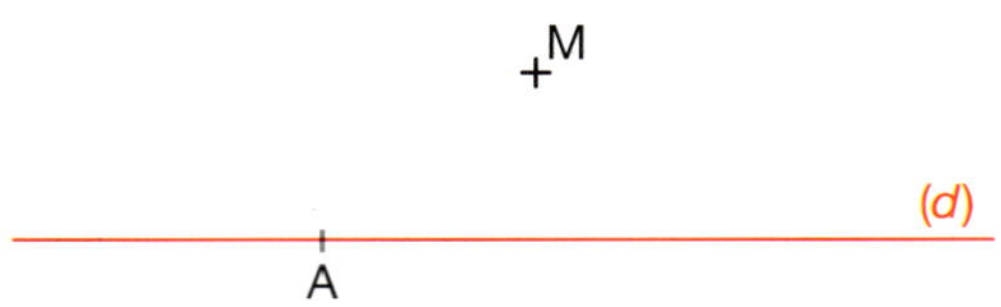

b. Construire le point B appartenant à la droite (*d*) et tel que le point M appartienne à la médiatrice du segment [AB].

75 Imaginer une stratégie

Représenter • Raisonner • Communiquer

a. Tracer la figure ci-dessous.

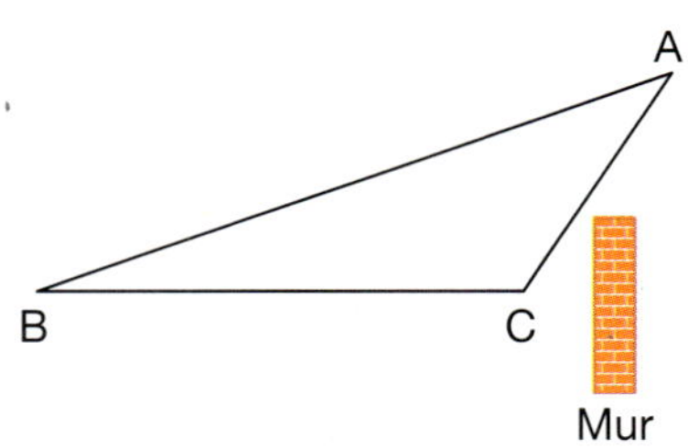

b. Jade doit tracer la perpendiculaire à la droite (BC) passant par le point A, mais ni son équerre, ni sa règle ne doivent franchir le mur.
Proposer une construction à Jade et l'expliquer.

76 Problème ouvert

Chercher • Raisonner • Communiquer

Retrouver les noms des huit points ci-contre grâce à ces informations :
- les points A, B et G sont alignés ;
- les droites (CG) et (BE) sont sécantes en H ;
- (DE) $\perp$ (BD) ;
- (AB) // (CE) ;
- F $\in$ [CE] ;
- C $\in$ [EF].

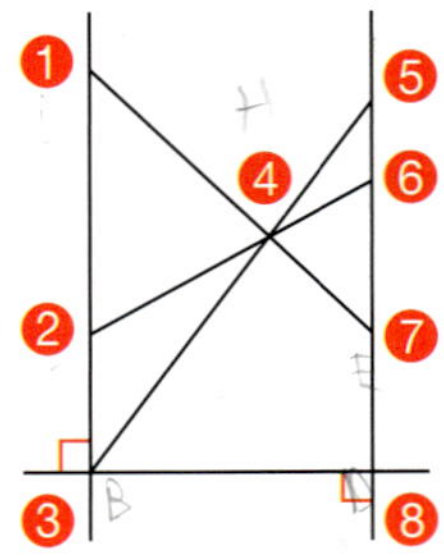

Narration de RECHERCHE

77 PROBLÈME On donne cinq points tels que trois d'entre eux ne soient pas alignés comme sur la figure ci-contre.
Combien de droites peut-on tracer passant par deux des points A, B, C, D, E ?

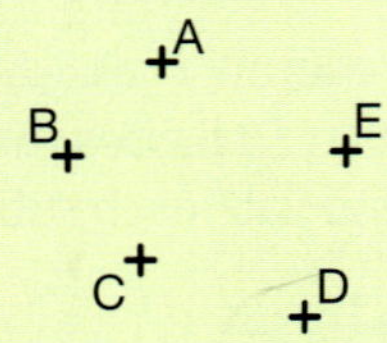

Raconter sur une feuille les différentes étapes de la recherche et les remarques qui ont fait changer de méthode ou qui ont permis de résoudre le problème.

Des défis

78 Prévoir des mesures

Voici le début de la construction d'une spirale formée de segments.
Chaque segment mesure 0,5 cm de plus que celui qui le précède.
Quelle est la longueur de la spirale formée par les douze premiers segments ?

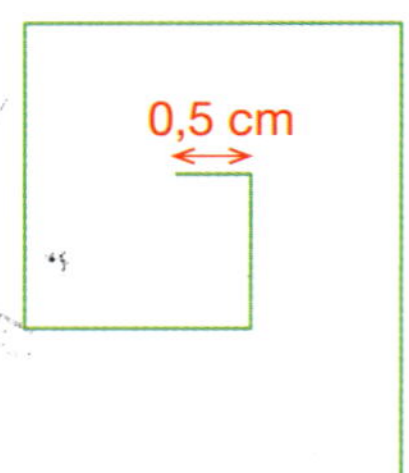

79 Former des alignements

Ces six points forment quatre alignements de trois points.

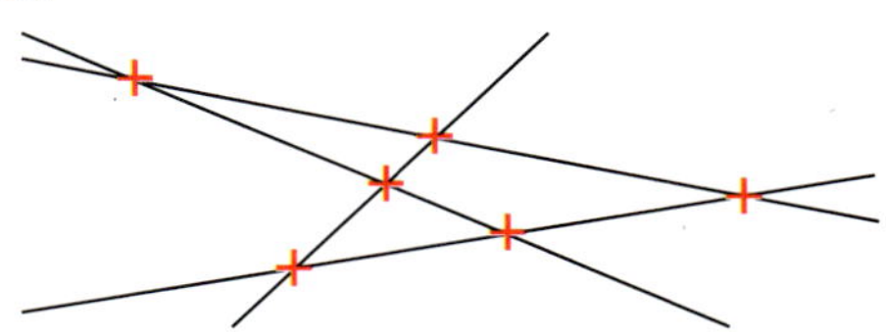

Marquer de même dix points formant cinq alignements de quatre points.

Je prends des initiatives

TÂCHES COMPLEXES

80 TRACER une spirale

La situation-problème

Ambre a écrit un script Scratch afin que le lutin trace la spirale du doc. 1. Retrouver le programme de construction de cette spirale.

Les supports de travail

Le logiciel Scratch.

Toute piste de recherche, même non aboutie, figurera sur la feuille.

Doc. 1

La spirale

Elle est formée de segments mis bout à bout.

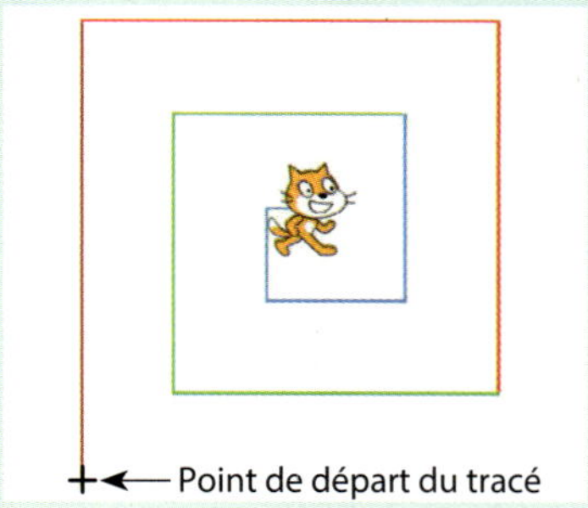

Doc. 2

Les données géométriques

La longueur du premier segment de la spirale est égale à 200 pas. D'un segment au suivant, la longueur diminue de 20 pas.

Doc. 3

Les instructions du langage

effacer tout

stylo en position d'écriture

mettre la couleur du stylo à

s'orienter à 0 : le lutin s'oriente vers le haut.

avancer de 200 pas : le lutin avance de 200 pas.

tourner ↻ de 90 degrés : le lutin tourne vers la droite dans une direction perpendiculaire.

81 JOUER à l'agent secret

La situation-problème

Un agent secret doit se rendre dans cinq villes de France. Les consignes lui sont parvenues par courriel. Quelles sont ces cinq villes ?

Les supports de travail

Les documents,
une photocopie du doc. 2,
les instruments de géométrie.

Toute piste de recherche, même non aboutie, figurera sur la feuille.

Doc. 1

Le courriel

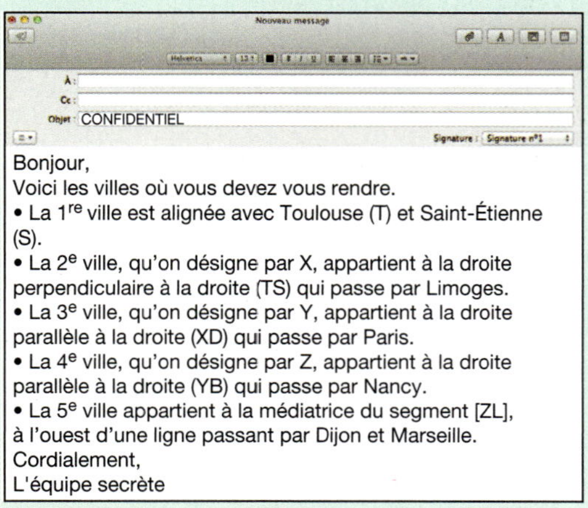

Nouveau message

Objet : CONFIDENTIEL

Bonjour,
Voici les villes où vous devez vous rendre.
• La 1re ville est alignée avec Toulouse (T) et Saint-Étienne (S).
• La 2e ville, qu'on désigne par X, appartient à la droite perpendiculaire à la droite (TS) qui passe par Limoges.
• La 3e ville, qu'on désigne par Y, appartient à la droite parallèle à la droite (XD) qui passe par Paris.
• La 4e ville, qu'on désigne par Z, appartient à la droite parallèle à la droite (YB) qui passe par Nancy.
• La 5e ville appartient à la médiatrice du segment [ZL], à l'ouest d'une ligne passant par Dijon et Marseille.
Cordialement,
L'équipe secrète

Doc. 2

Une carte de France

CHAPITRE 14

Connaître les figures usuelles

Certains smartphones sont équipés d'un système de reconnaissance faciale.
Ce système permet, par exemple, à l'utilisateur de le déverrouiller en plaçant son visage face à l'objectif.
Un algorithme analyse les différents éléments du visage et relie les principaux pour constituer un ensemble de polygones, notamment des triangles et des quadrilatères.

Bien démarrer

Pour chaque question, une réponse ou plusieurs sont exactes.

			a	b	c
1	Ce cercle a pour centre le point A et pour…	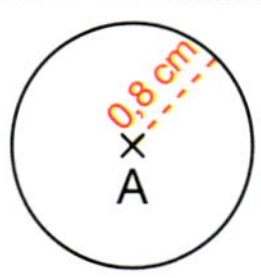	diamètre 1,6 cm	rayon 1,6 cm	rayon 0,8 cm
2	Ce triangle…	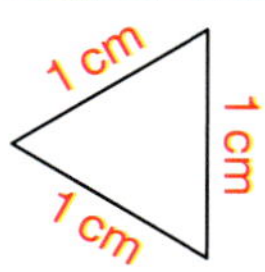	est isocèle	est équilatéral	n'est ni isocèle ni équilatéral
3	Un triangle rectangle a…		deux angles droits	un angle droit	des côtés de même longueur
4	Un carré est une figure qui a…		quatre sommets	quatre côtés de même longueur	quatre angles droits
5	Sur cette figure, un losange est tracé en…	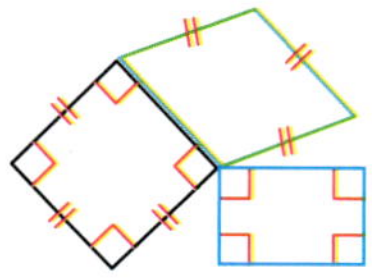	noir	bleu	vert

Vérifie tes réponses p. 288

ACTIVITÉ

1 Comprendre la notion de cercle

Cours Paragraphe 1, p. 230

Abdel (A), Barbara (B), Cléo (C) et Diego (D) sont assis autour d'un feu de bois. Chacun est situé à une distance de 3 m du centre du feu (O).

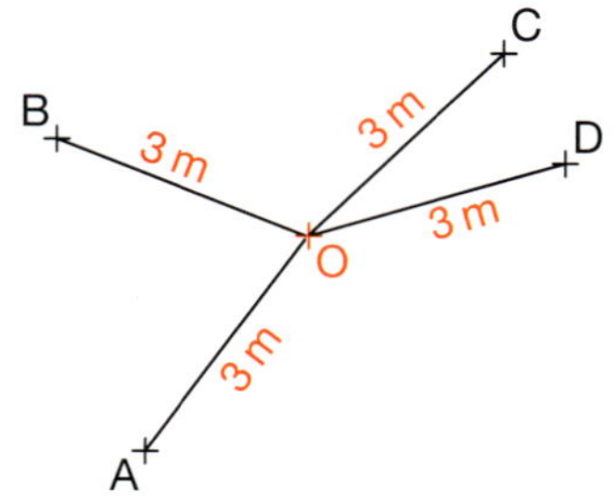

1 Erin se joint à eux et décide de s'asseoir aussi à 3 m du feu.

a. Tracer la figure ci-contre en prenant 1 cm pour 1 m.

b. Marquer plusieurs positions possibles pour Erin. Les noter E_1, E_2, …

c. Si l'on plaçait toutes les positions possibles pour Erin, quelle figure $\mathscr{C}$ obtiendrait-on ? Avec quel instrument peut-on tracer cette figure ?

2 **a.** Fouzia s'assoit à 3 m du feu et à 6 m de Barbara. Placer sa position F sur la figure.

b. Que peut-on dire du segment [BF] pour la figure $\mathscr{C}$?

ACTIVITÉ

2 Reconnaître des triangles

Cours Paragraphe 2, p. 232

Indiquer la **nature d'un triangle**, c'est préciser si ce triangle est **isocèle**, **équilatéral** ou **rectangle**.

1 Donner la nature de chacun des triangles représentés sur ces photos.

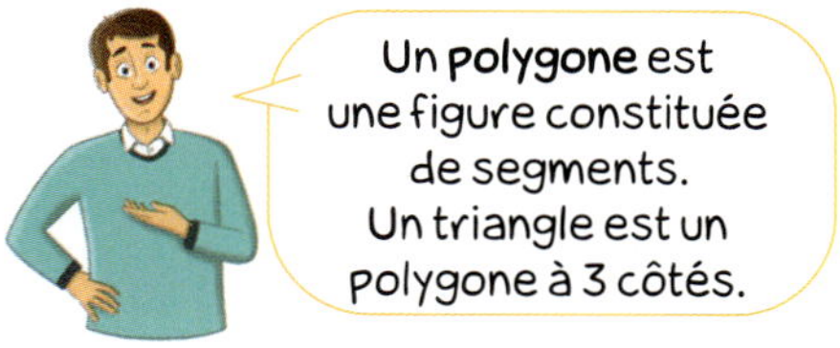

2 **a.** Tracer un segment [AB] tel que AB = 8 cm.

b. Utiliser le compas pour construire un point C tel que AC = 3 cm et BC = 6 cm.

c. Le triangle ABC a-t-il une nature particulière ? Expliquer.

ACTIVITÉ

3 Construire des quadrilatères

Cours Paragraphe 3, p. 234

1 Voici les descriptions de deux quadrilatères.

a. Dans chaque cas, tracer une figure à main levée, puis construire le quadrilatère (polygone à 4 côtés) avec la règle et le compas.

① Les quatre côtés du quadrilatère ABCD mesurent 6 cm.

② Le quadrilatère IJKL a quatre angles droits et JK = KL = 5 cm.

b. Tous les élèves de la classe devraient avoir obtenu un carré pour l'une de ces figures. Laquelle ?

2 Le quadrilatère ABCD ci-contre a ses côtés opposés deux à deux parallèles ; on dit qu'il s'agit d'un **parallélogramme**.

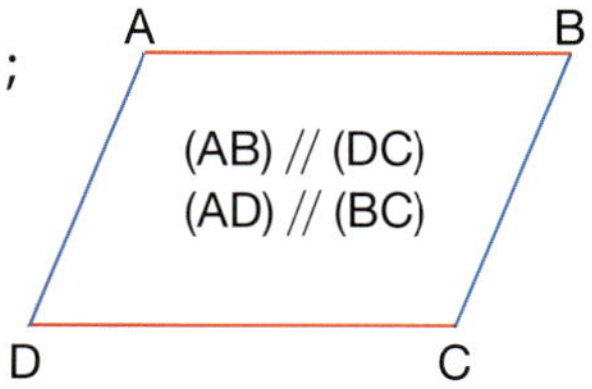

a. MIRE est un parallélogramme tel que MI = 5 cm et IR = 3 cm. Réaliser une figure à main levée, puis construire le parallélogramme MIRE avec les instruments de géométrie.

b. Sur la même figure, construire les parallélogrammes : • IRMA • RIEN • MUER

Cours

VIDÉOS de cours jaicompris.com

1 Cercle et disque

Exercices 19 à 24

a. Vocabulaire

DÉFINITIONS • Un **cercle** de centre O est l'ensemble des points situés à une même distance du point O. Cette distance est appelée le **rayon** du cercle.
• Le **diamètre** d'un cercle est le double de son rayon.

Exemple

Avec le compas, on a tracé le cercle de centre O et de rayon 1,5 cm.
• OA est un **rayon**, donc OA = 1,5 cm.
• BC est un **diamètre**, donc BC = 3 cm.
• Le segment [DC], qui relie les extrémités de l'**arc** $\overset{\frown}{DC}$, est une **corde**.

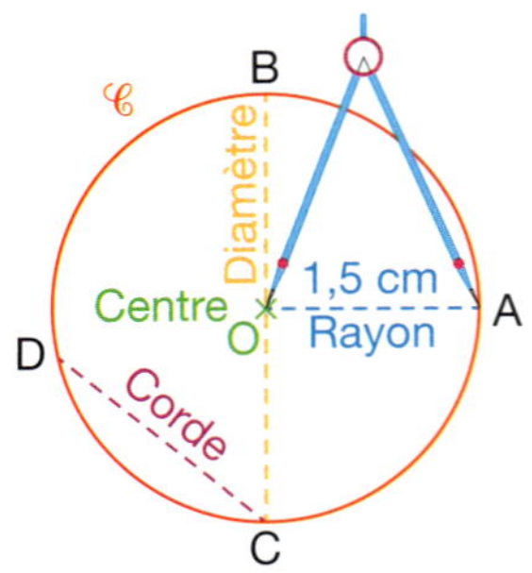

Remarque : on dit aussi qu'un rayon du cercle ci-contre est le segment [OA] et qu'un diamètre est le segment [BC].

b. Propriétés caractéristiques

PROPRIÉTÉ Tous les points d'un cercle de centre O sont à la même distance du point O.

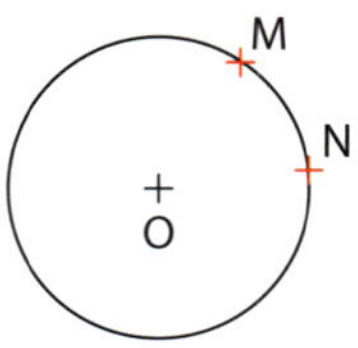

Donnée
M et N appartiennent à un même cercle de centre O.

Donc, d'après cette propriété

Conclusion
OM = ON

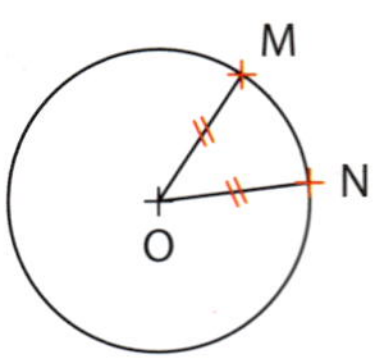

PROPRIÉTÉ Deux points situés à la même distance d'un point O appartiennent à un même cercle de centre O.

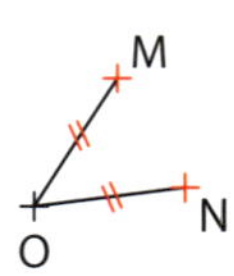

Donnée
OM = ON

Donc, d'après cette propriété

Conclusion
M et N appartiennent à un même cercle de centre O.

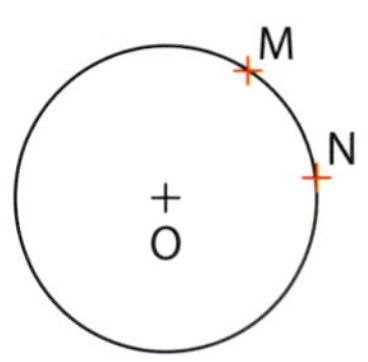

c. Disque

DÉFINITION r désigne un nombre.
Un **disque** de centre O et de rayon r est l'ensemble des points situés à une distance du point O **inférieure ou égale** au rayon r.
Ainsi, un disque est constitué d'un cercle et de son intérieur.

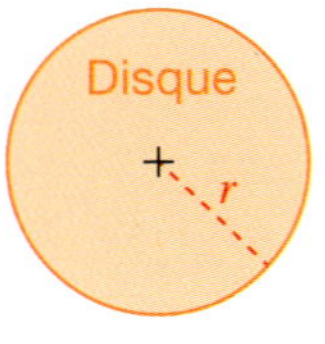

Exemple

• Ce disque a pour centre O et pour rayon 1,5 cm.
• OA = 1 cm et 1 cm < 1,5 cm, donc le point A appartient à ce disque.
• OB = 2 cm et 2 cm > 1,5 cm, donc le point B n'appartient pas à ce disque.

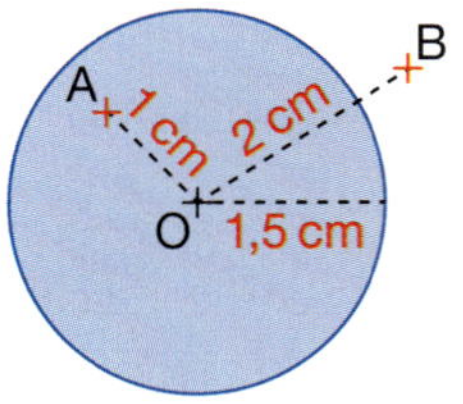

Remarque : un cercle est une ligne alors qu'un disque est une surface.

J'applique le cours

1 Reconnaître l'appartenance à un cercle, à un disque

EXERCICE RÉSOLU

ÉNONCÉ Dans un jeu, les personnages, représentés par des points, doivent se trouver à l'intérieur d'un disque $\mathcal{D}$ de centre O et de rayon 200 m. Voici certaines distances :

OA = 400 m, OB = 130 m, OC = 200 m, OD = 280 m, OE = 140 m, OF = 200 m.

Quels points appartiennent : **a.** au disque $\mathcal{D}$? **b.** à la frontière du disque $\mathcal{D}$?

SOLUTION

a. Les distances inférieures ou égales à 200 m sont OB, OC, OE et OF. Donc les points B, C, E et F appartiennent à $\mathcal{D}$.

b. Les distances égales à 200 m sont OC et OF. Donc les points C et F appartiennent à la frontière du disque $\mathcal{D}$.

CONSEILS

- Un point appartient au disque $\mathcal{D}$ lorsque sa distance au point O est inférieure ou égale au rayon de $\mathcal{D}$.
- La frontière du disque est le cercle de centre O et de rayon 200 m.

À TON TOUR

2 Voici plusieurs distances entre différents points :

AB = 5 cm, AC = 4 cm, AD = 6 cm,
AE = 2,5 cm, AF = 5 cm, AG = 8 cm.

Parmi ces points, lesquels appartiennent :
a. au cercle de centre A qui passe par B ?
b. au disque de centre A et de rayon 4,9 cm ?

3 Un point A appartient à un cercle de centre O. Dans chaque cas, dire si le point appartient au cercle, au disque ou à aucun des deux.
a. B est tel que OB = OA ;
b. C est tel que OC = 2 × OA ;
c. D est tel que OD = 0,5 × OA.

4 Tracer des cercles

EXERCICE RÉSOLU

ÉNONCÉ Voici un programme de construction.
a. Construire la figure décrite par ce programme.
b. Donner les longueurs OB et BC.

- Tracer un segment [AB] de longueur 2,4 cm.
- Tracer le cercle de diamètre [AB]. Noter son centre O.
- Tracer le cercle de centre B et de rayon 0,8 cm.
- Noter C et D les points d'intersection des cercles.

SOLUTION

a.

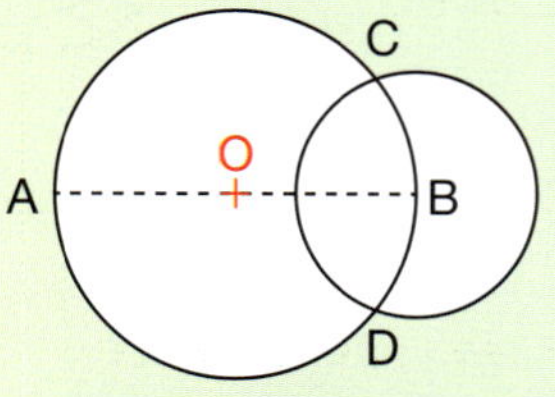

b. B appartient au cercle de centre O et de rayon 1,2 cm, donc OB = 1,2 cm. C appartient au cercle de centre B et de rayon 0,8 cm, donc BC = 0,8 cm.

CONSEILS

- Le cercle de diamètre [AB] a pour centre le milieu O de ce segment.
Le rayon de ce cercle est la moitié de son diamètre.
2,4 cm : 2 = 1,2 cm, donc le rayon est 1,2 cm.
- L'appartenance d'un point à un cercle indique que la distance de ce point au centre du cercle est égale au rayon.

À TON TOUR

5 **a.** Tracer un segment [FG] de longueur 7 cm, puis tracer le cercle de centre F et de rayon 5 cm.
b. Tracer le cercle de diamètre [FG].
c. Ces deux cercles se coupent en H et I.
Donner les longueurs FH et FI.

6 **a.** Tracer un segment [MN] de longueur 6 cm.
b. Tracer le cercle de centre M et de rayon 4 cm.
c. Tracer le cercle de centre N et de rayon 3 cm.
d. Les deux cercles se coupent en A et B.
Donner les longueurs AM, BM, AN et BN.

2 Triangle

Exercices 25 à 37

a. Vocabulaire des triangles

DÉFINITION Un **triangle** est un polygone à **trois côtés**.

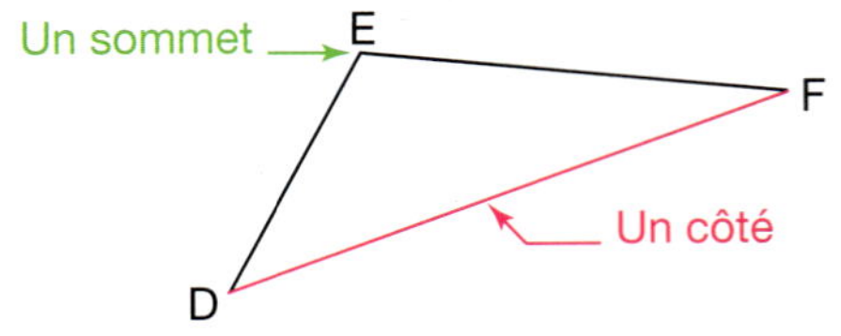

Vocabulaire

Pour ce triangle DEF :

- les points D, E et F sont les **sommets** ;
- les segments [DE], [DF] et [EF] sont les **côtés**.

DÉFINITION Dans un triangle, une **hauteur** est une droite qui **passe par un sommet** et est **perpendiculaire au côté opposé**.

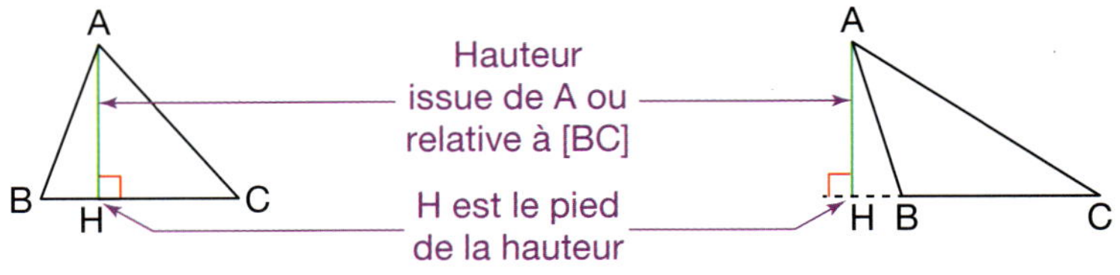

Remarque : avec les notations de la figure ci-dessus, le terme « hauteur » désigne également le segment [AH] ou la longueur AH.

Dans ce dernier cas, **la hauteur AH est la distance du sommet A à la droite (BC).**

b. Triangle rectangle

DÉFINITION Un **triangle rectangle** est un triangle qui a **un angle droit**.

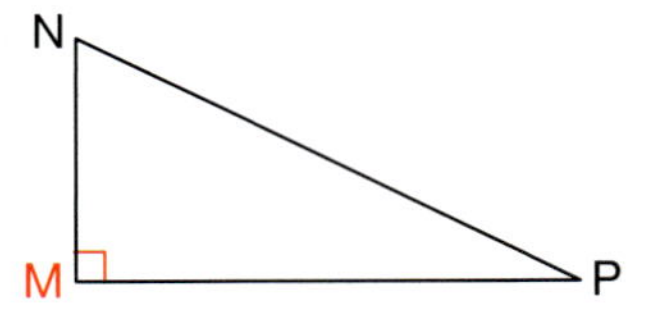

Vocabulaire : on dit que ce triangle MNP est **rectangle en M.**

L'angle de sommet M est **droit**.

c. Triangle isocèle

DÉFINITION Un **triangle isocèle** est un triangle qui a **deux côtés de même longueur**.

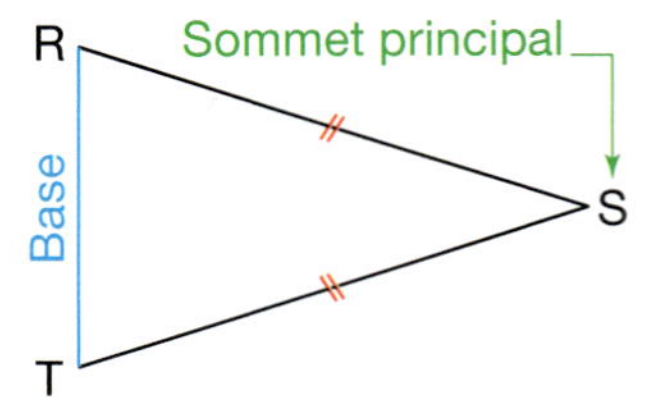

Vocabulaire : on dit que ce triangle RST est **isocèle en S.**

Le point S est son **sommet principal**.

Le côté [RT] est sa **base**.

d. Triangle équilatéral

DÉFINITION Un **triangle équilatéral** est un triangle qui a **trois côtés de même longueur.**

Exemple

Le triangle EFG est équilatéral.
Il est isocèle en E, mais il est aussi isocèle en F et isocèle en G.

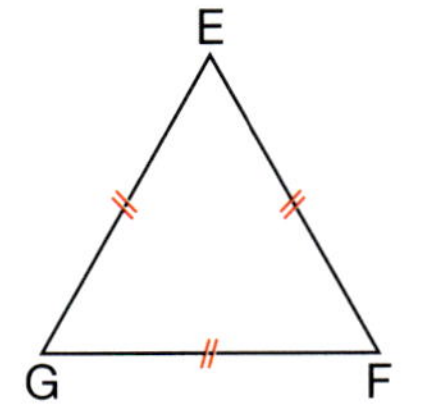

Remarque : on dit parfois qu'un triangle est **quelconque** quand il n'est ni rectangle, ni isocèle, ni équilatéral.

J'applique le cours

7 Construire un triangle isocèle

EXERCICE RÉSOLU

ÉNONCÉ ABC est un triangle isocèle en B tel que AB = 3 cm et AC = 2 cm.

a. Réaliser une figure codée à main levée.

b. Effectuer la construction avec la règle et le compas.

SOLUTION

a. ABC est isocèle en B, donc BA = BC.

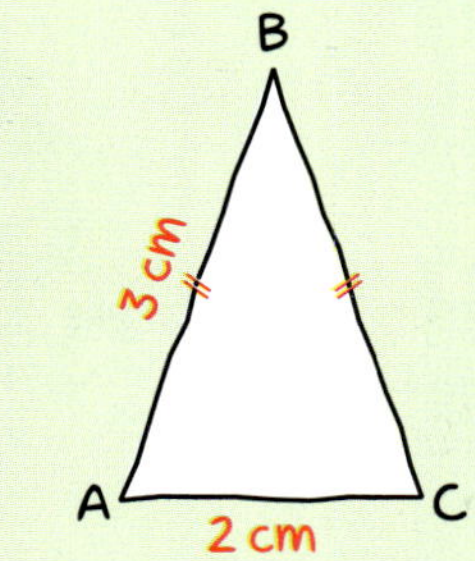

b. ① On trace un segment [AC] de longueur 2 cm.
② On trace deux arcs de cercles de centres A et C et de rayon 3 cm.
③ On note B le point commun aux deux arcs de cercle. On trace les côtés [AB] et [BC].

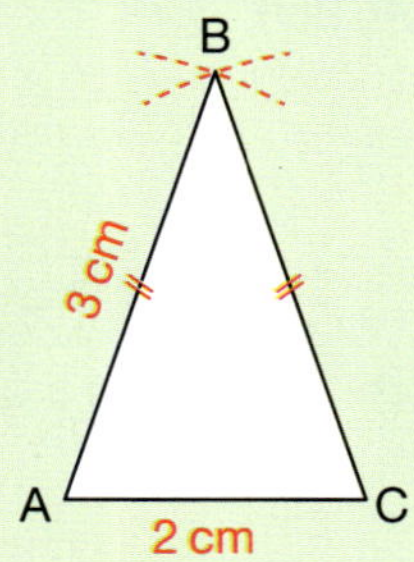

CONSEILS
- On utilise la règle graduée.
- On utilise le compas.

À TON TOUR

8 Construire un triangle DEF isocèle en E tel que : DE = 5 cm et DF = 3,5 cm.

9 Construire un triangle GHK isocèle en H tel que : GK = 4 cm et GH = 6 cm.

10 Construire un triangle

EXERCICE RÉSOLU

ÉNONCÉ Construire un triangle ABC tel que AB = 3 cm, AC = 2,5 cm et BC = 1,5 cm.

SOLUTION

① On trace un segment [AB] de longueur 3 cm. On trace un arc de cercle de centre A et de rayon 2,5 cm.

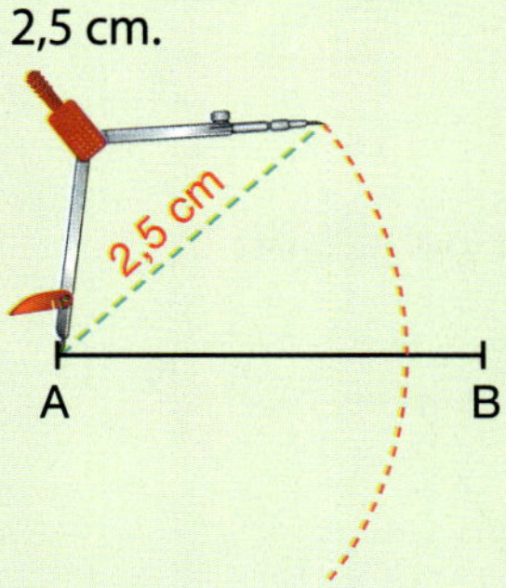

② On trace un arc de cercle de centre B et de rayon 1,5 cm.

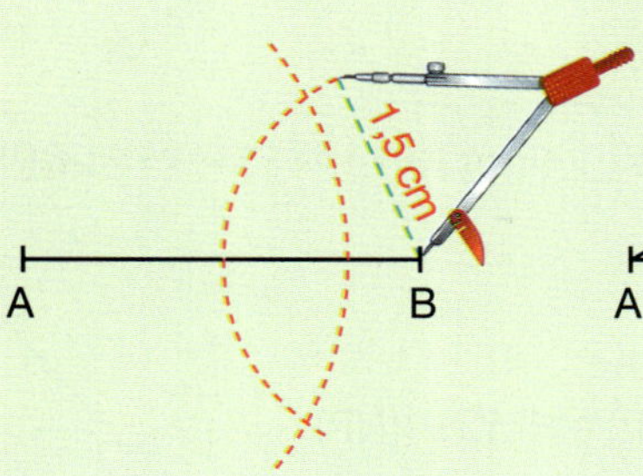

③ On note C l'un des deux points communs aux arcs de cercle. On trace les côtés [AC] et [BC].

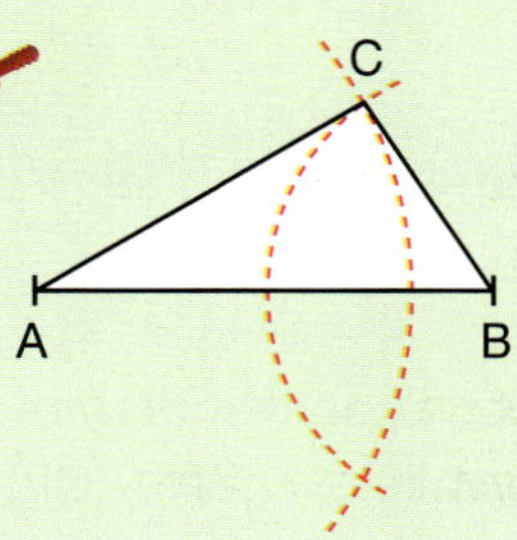

CONSEIL
Pour visualiser la figure à construire, on peut d'abord la tracer à main levée et la coder.

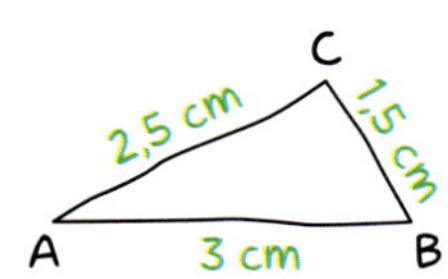

À TON TOUR

11 Construire un triangle DEF tel que : DE = 5 cm, DF = 3,5 cm et EF = 2,5 cm.

12 Construire un triangle RST tel que : RS = 4 cm, ST = 3,7 cm et TR = 5,2 cm.

3 Quadrilatère

Exercices 38 à 44

a. Vocabulaire

DÉFINITION Un **quadrilatère** est un polygone à **quatre côtés**.

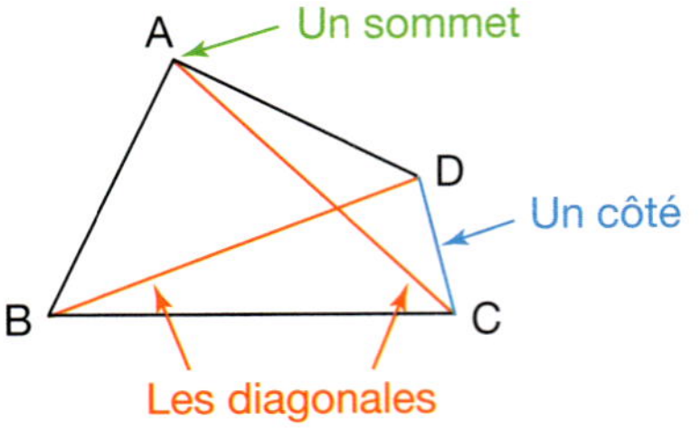

Vocabulaire : pour ce quadrilatère ABCD,
- A, B, C, D sont les **sommets** ;
- [AB], [BC], [CD] et [DA] sont les côtés :
[AB] et [CD] sont dits **opposés**, [AB] et [BC] sont dits **consécutifs** ;
- les segments [AC] et [BD] sont les **diagonales**.

Remarque : pour nommer un quadrilatère, on note les sommets dans l'ordre où on les rencontre en tournant dans un certain sens. Ainsi, le quadrilatère ci-dessus peut se noter ABCD ou ADCB ou BCDA ou … (mais il ne peut pas se noter ACBD).

b. Quadrilatères particuliers

DÉFINITION Un **rectangle** est un quadrilatère qui a **quatre angles droits**.

Exemple

ABCD est un rectangle.
Ses côtés opposés sont parallèles et de même longueur.

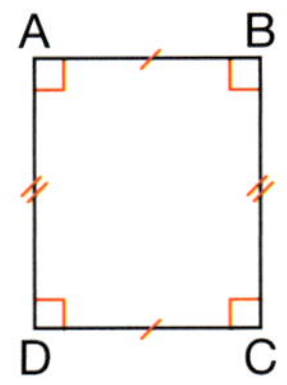

DÉFINITION Un **losange** est un quadrilatère qui a **quatre côtés de même longueur**.

Exemple

EFGH est un losange.

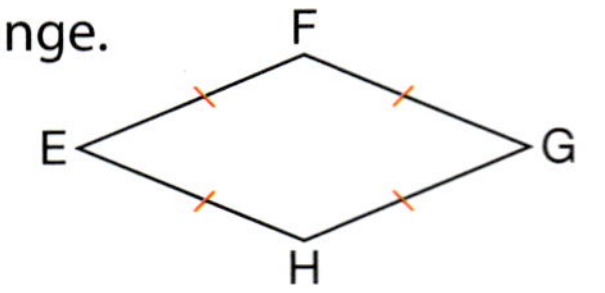

DÉFINITION Un **carré** est un quadrilatère qui a **quatre angles droits** et **quatre côtés de même longueur**.

Remarque : un **carré** est à la fois un **rectangle** et un **losange**.

Exemple

Le quadrilatère RSTU est un carré. Ses quatre angles sont droits.
Ses quatre côtés ont la même longueur : RS = ST = TU = UR.

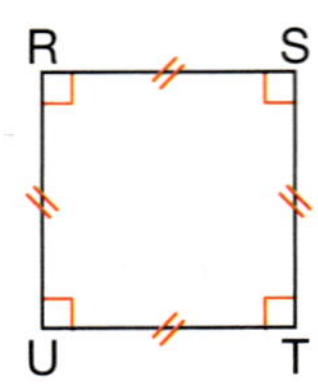

DÉFINITION Un **parallélogramme** est un quadrilatère qui a **ses côtés opposés parallèles**.

Exemple

Le quadrilatère MNPQ est un parallélogramme.
Ses côtés opposés sont parallèles : (MN)//(QP) et (MQ)//(NP).

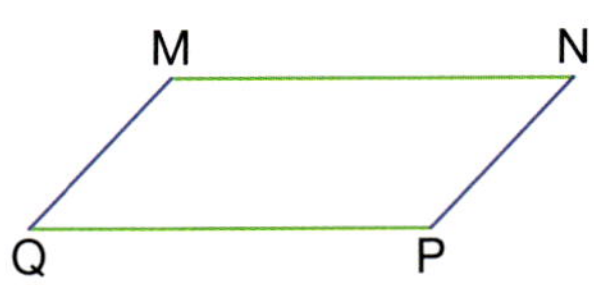

Conséquences (admises) : un rectangle est un parallélogramme qui a un angle droit.
Un losange est un parallélogramme qui a deux côtés consécutifs de même longueur.

J'applique le cours

13 Écrire un programme de construction d'un carré

EXERCICE RÉSOLU

ÉNONCÉ Construire un carré de côté 2,2 cm.
Rédiger un programme de construction de ce carré.

SOLUTION

1. Tracer un segment [AB] de longueur 2,2 cm.

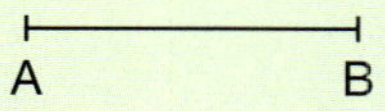

2. Tracer la perpendiculaire à la droite (AB) en B. Sur cette droite, marquer un point C tel que BC = 2,2 cm.

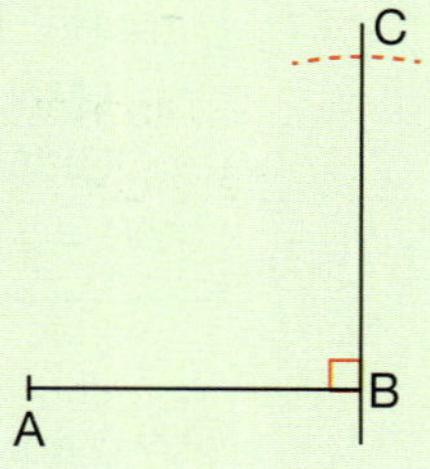

3. Construire le point D tel que AD = 2,2 cm et CD = 2,2 cm. Puis tracer les segments [AD] et [CD].

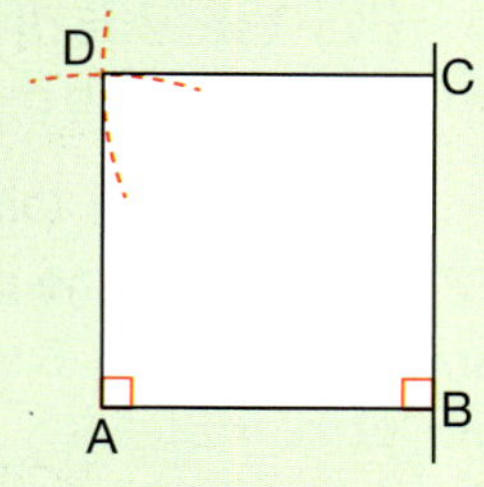

À TON TOUR

14 Construire un carré de côté 7,5 cm et rédiger un programme de construction de ce carré.

15 Un potager a la forme d'un carré de côté 5 m. Représenter ce potager en prenant 1 cm pour 1 m.

16 Écrire un programme de construction d'un rectangle

EXERCICE RÉSOLU

ÉNONCÉ Construire un rectangle MNPQ tel que MN = 2 cm et MP = 2,3 cm.
Rédiger un programme de construction de ce rectangle.

SOLUTION

1. Tracer un segment [MN] de longueur 2 cm et la perpendiculaire (*d*) à la droite (MN) en N.

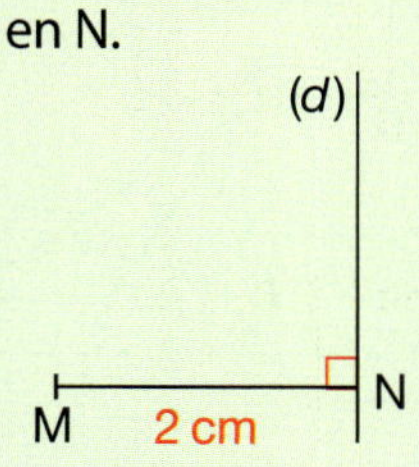

2. Tracer un arc de cercle de centre M et de rayon 2,3 cm. Il coupe (*d*) en P.

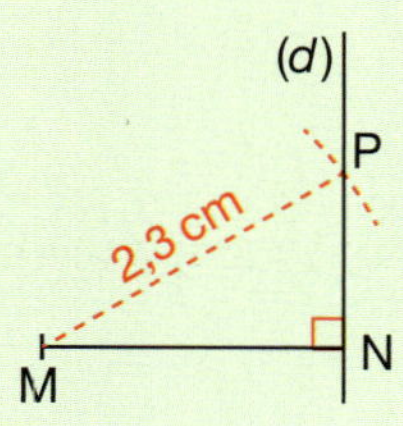

3. Tracer la perpendiculaire en P à la droite (PN) et la perpendiculaire en M à la droite (MN). Ces droites se coupent en Q.

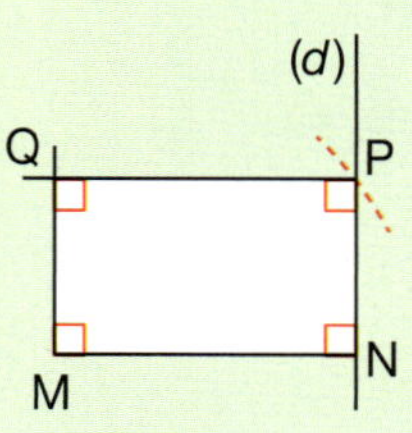

CONSEIL
Pour visualiser la figure à construire, on peut d'abord la tracer à main levée et la coder.

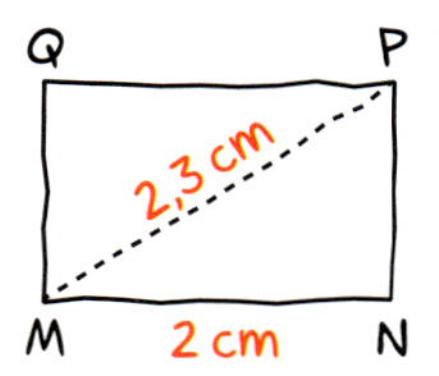

À TON TOUR

17 Construire un rectangle MNOP tel que MN = 6 cm et PN = 8 cm.
Rédiger un programme de construction de ce rectangle.

18 Construire un rectangle RSTU tel que RS = 4 cm et RT = 8 cm.
Rédiger un programme de construction de ce rectangle.

Je travaille mes automatismes

Connaître le cercle et le disque

Questions flash

19 Nommer le centre, un rayon, un diamètre et une corde du cercle rouge ci-contre.

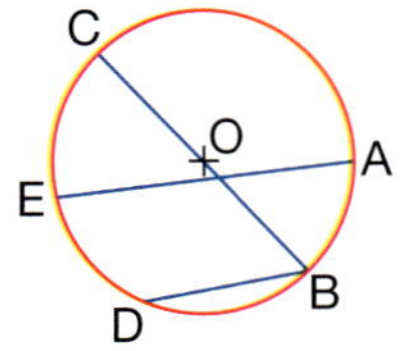

20 CALCUL MENTAL Calculer mentalement :

a. le rayon d'un cercle de diamètre 12 cm ;

b. le diamètre d'un cercle de rayon 7,8 cm.

21 𝒞 est un cercle de centre A et de rayon 1,5 cm.

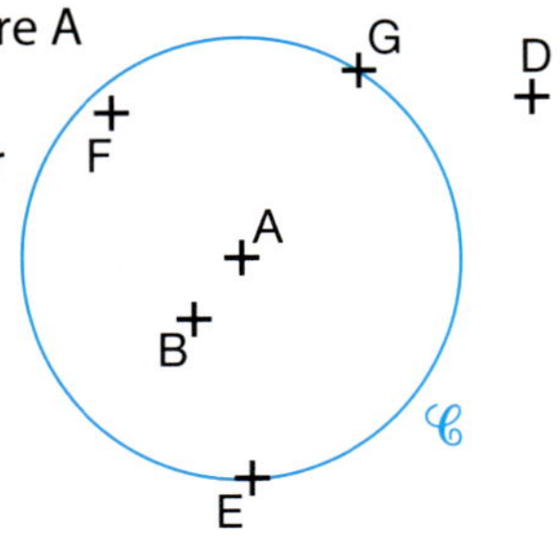

1. Recopier et compléter avec l'un des symboles :

=, > ou <.

a. AB ... 1,5 cm

b. AD ... 1,5 cm

c. AE ... 1,5 cm

d. AF ... 1,5 cm

2. Ryan affirme : « AE = AG ». A-t-il raison ? Expliquer.

22 Écrire une consigne pour chacune des étapes de la construction ci-dessous.

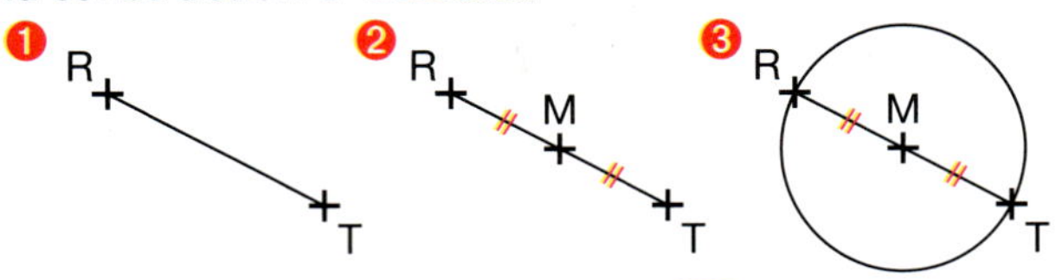

23 CORRIGÉ en vidéo jaicompris.com

Réaliser une figure obtenue avec ce programme de construction.

- Tracer un segment [AB].
- Tracer le cercle 𝒞 de centre A et de rayon [AB].
- Tracer le cercle 𝒞' de diamètre [AB].
- Tracer un diamètre du cercle 𝒞' qui n'est pas un rayon du cercle 𝒞.

24 **a.** Réaliser cette figure.

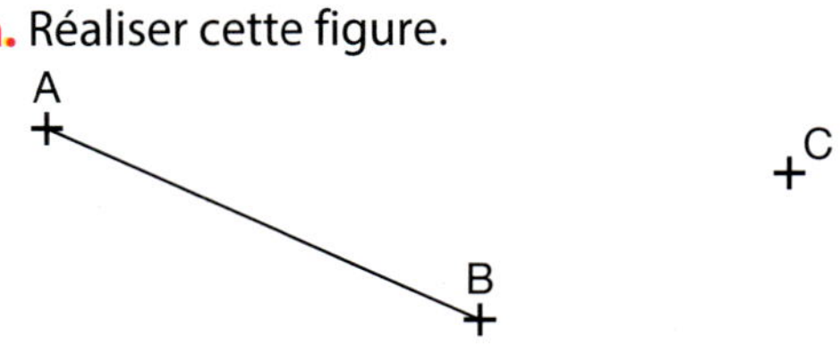

b. Tracer le cercle de centre C et de rayon AB.

c. Marquer trois points D, E, F de ce cercle tels que :

DE = DF = AB.

Connaître les triangles

Questions flash

25 Indiquer oralement la nature de chaque triangle.

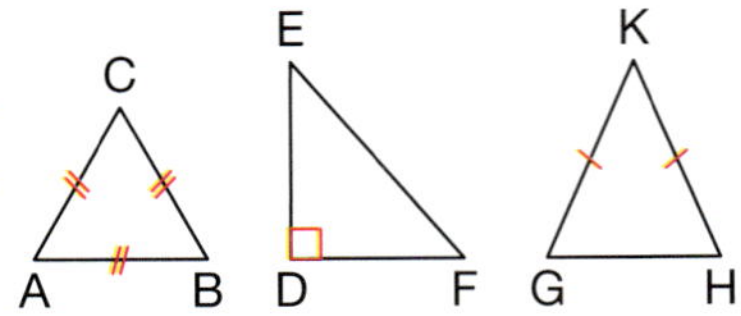

26 CALCUL MENTAL Calculer mentalement le périmètre de chaque triangle.

a. LMN est équilatéral, avec LM = 4,5 cm.

b. UVW est isocèle en U, avec UV = 3,2 cm et VW = 2,6 cm.

27 D'après les codages de cette figure, que peut-on dire du triangle :

a. ABC ?

b. ACD ?

c. ABE ?

d. BCF ?

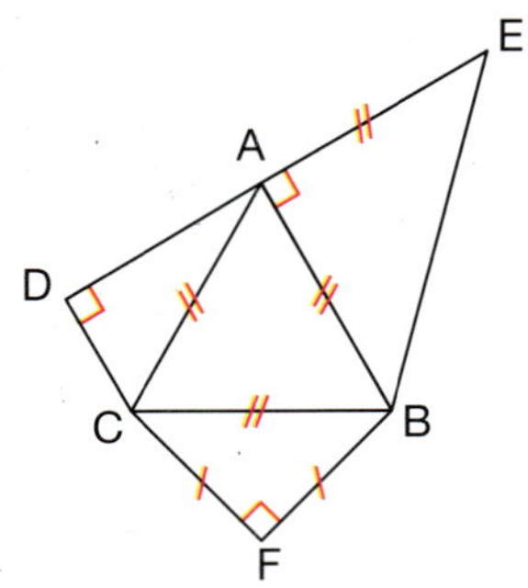

28 Que dire à Magali pour qu'elle trace chacun de ces triangles sans les voir ?

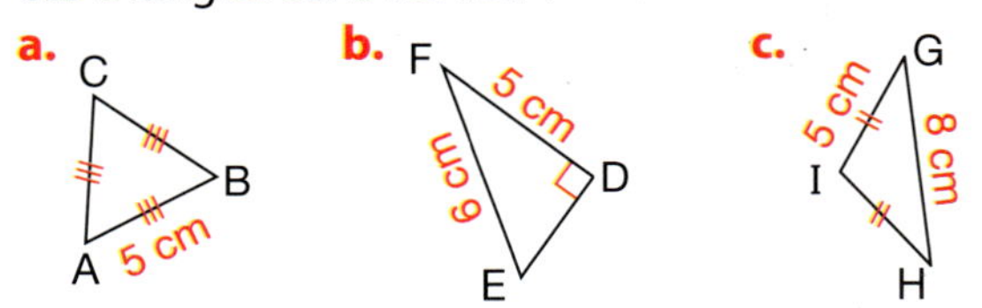

29 Dans chaque cas, décrire la hauteur du triangle tracée en vert.

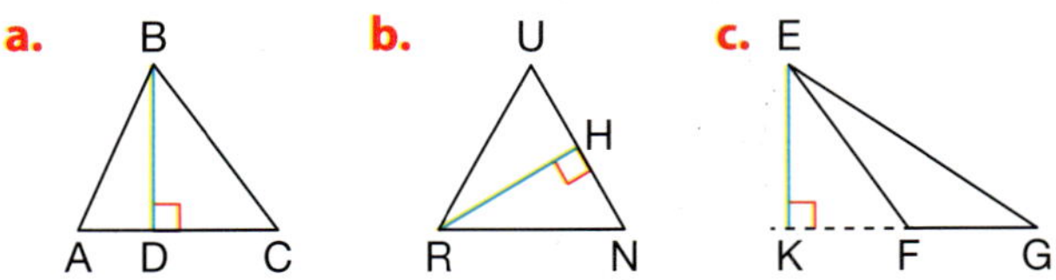

30 Dans chaque cas, tracer un tel triangle et construire ses trois hauteurs.

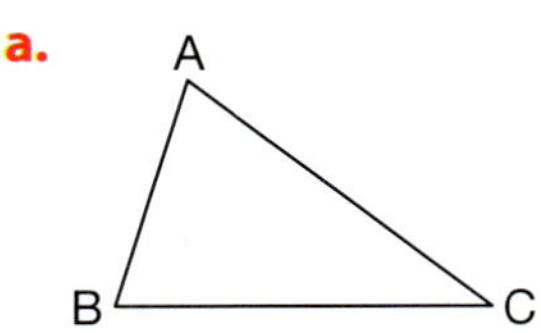

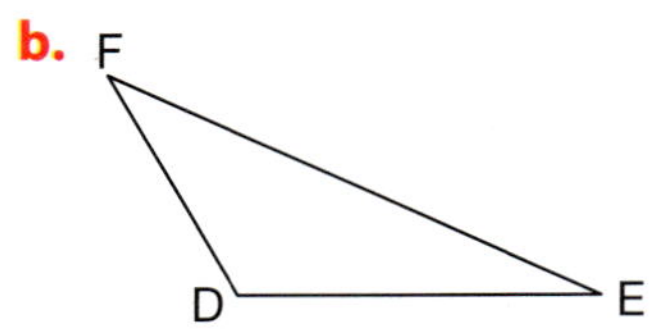

31 **a.** Construire un triangle équilatéral XYZ de côté 4 cm.
b. Construire un triangle NFT équilatéral dont le périmètre est égal à 15 cm.

32 Construire un triangle isocèle qui représente ce pendentif dont les côtés mesurent 5 cm et 7 cm.

33 Voici des informations sur les deux voiles de ce bateau :
HD = 11 m, GH = 2,6 m, FH = 1,5 m et DE = 10 m.
Représenter ces deux voiles en prenant pour échelle 1 cm pour 1 m.

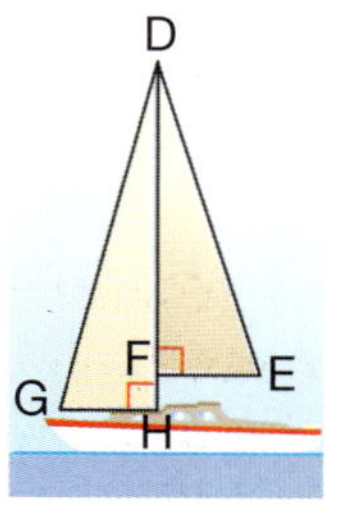

Pour les exercices **34** à **37**, construire chaque triangle à l'aide de la règle et du compas.

34 AB = 5,5 cm, AC = 3 cm, BC = 4,2 cm

35 DE = 2,8 cm, EF = 2,2 cm, DF = 3,9 cm

36 GH = 3 cm, HK = 4 cm, GK = 5 cm

37 LM = 8,2 cm, MN = 1,7 cm, LN = 8,2 cm

Connaître les quadrilatères

À l'oral

Questions flash

38 Préciser oralement la nature de chaque quadrilatère.

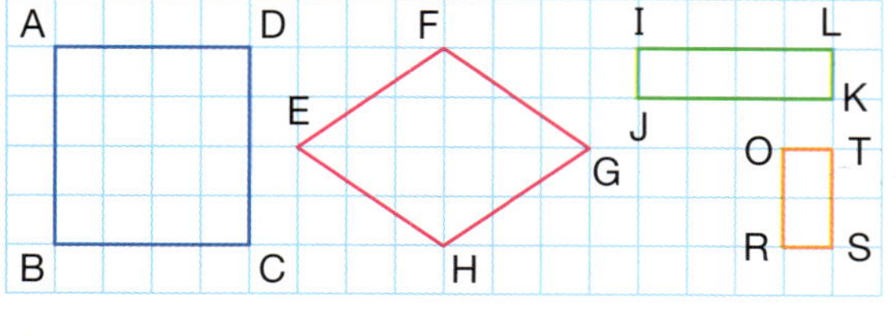

39 CALCUL MENTAL Dans chaque cas, calculer mentalement le côté d'un losange de périmètre :
a. 12 cm ; **b.** 8,4 cm ;
c. 7,8 cm ; **d.** 15 cm.

40 Dans chaque cas, utiliser les codages pour indiquer la nature du quadrilatère, puis les longueurs manquantes des côtés.

a.

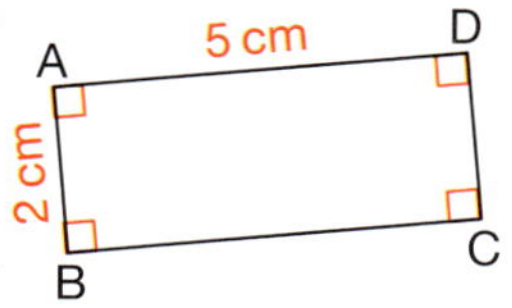

b.

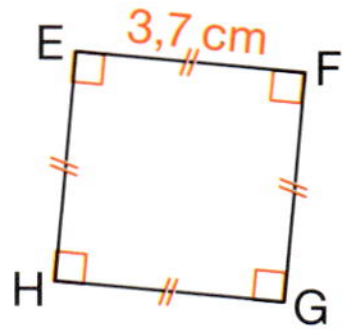

41 CORRIGÉ en vidéo jaicompris.com

Sur cette figure, les points I, E, F sont alignés, ainsi que les points D, H, G, et les droites (DI) et (HE) sont parallèles.

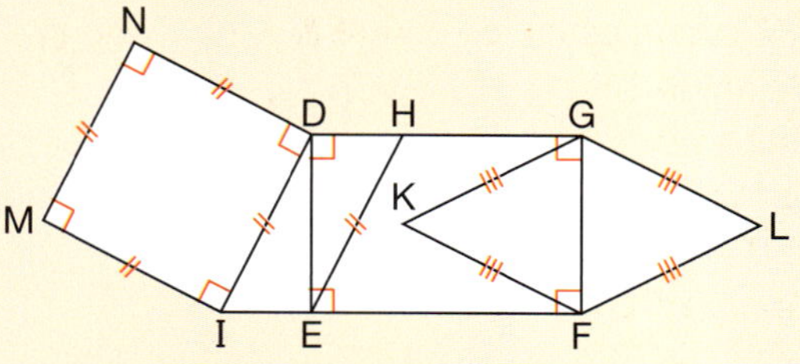

Que peut-on dire du quadrilatère :
a. DGFE ? **b.** KGLF ? **c.** MNDI ? **d.** DHEI ?

42 Pour chaque polygone décrit ci-dessous, réaliser une figure à main levée codée.
a. Un losange de côté 17,5 cm.
b. Un carré de côté 8,9 cm.
c. Un rectangle de dimensions 12,1 cm et 7,7 cm.
d. Un parallélogramme de dimensions 2,6 cm et 5 cm.

43 La piste d'envol du porte-avions Charles de Gaulle est un rectangle de 202 m de long sur 20 m de large.

Représenter cette piste en prenant 1 cm pour 20 m.

44 **a.** Construire un triangle ABC rectangle en A tel que AB = 2,4 cm et AC = 4,6 cm.
b. Sur la même figure et à l'extérieur du triangle ABC, construire :
- le carré ABDE ;
- le rectangle BCFG tel que CF = 3,5 cm.

Je m'entraîne

Utiliser des cercles et des disques

45 (d) est une droite.
A est un point qui n'appartient pas à la droite (d).
Un cercle de centre A coupe la droite (d) en deux points M et N.
a. Réaliser une telle figure.
b. Que peut-on dire des longueurs AM et AN ? Expliquer.

46 CORRIGÉ en vidéo jaicompris.com

Une commune souhaite installer une éolienne ; elle doit respecter les distances autorisées.
Cette éolienne (désignée par E) sera à 1 500 m d'un moulin (M) et à 1 600 m d'une ferme (F).
Le moulin et la ferme sont distants de 800 m.
Représenter les emplacements possibles de l'éolienne, en prenant 1 cm pour 200 m.

47 Deux balises lumineuses en mer sont distantes de 6 km. La balise B est visible dans un rayon de 3 km. La balise C est visible dans un rayon de 4 km.
a. Représenter les positions des balises en prenant 1 cm pour 1 km.
b. Délimiter la région depuis laquelle :
• la balise B est visible ; • la balise C est visible.
c. Utiliser des couleurs différentes pour repérer les zones depuis lesquelles on peut voir :
• les deux balises ; • seulement la balise B ;
• seulement la balise C ; • aucune des deux balises.

48 Météo France a prévu de violents orages dans toute la zone située à moins de 40 km de Tours.
Sur cette carte, 0,5 cm représente 10 km.

a. Dans chaque cas, dire si la ville est dans cette zone.
• Amboise • Azay-le-Rideau • Chinon
• Blois • Chenonceau • Valençay
b. Sur une photocopie, colorier la zone des orages.

49 Jeux et casse-tête Tracer trois cercles de sorte qu'ils délimitent exactement six zones.

Utiliser des triangles et des quadrilatères

50 Cette figure représente un triangle ABC et deux de ses hauteurs.

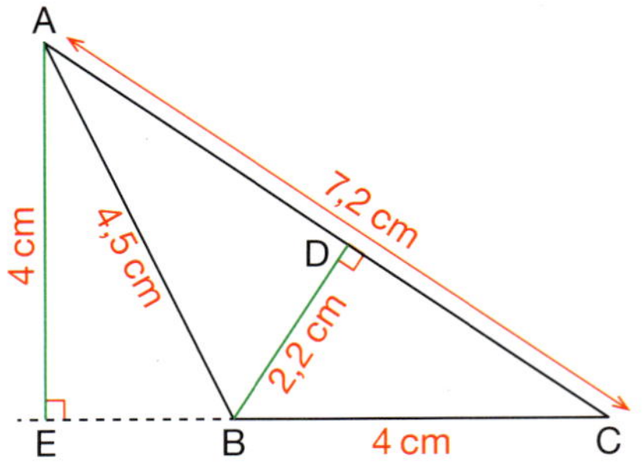

Donner la distance entre :
a. le point B et la droite (AC) ;
b. le point A et la droite (BC).

51 **a.** Construire un triangle FGH rectangle en G tel que FG = 4 cm et GH = 8 cm.
b. Construire le point K tel que G appartienne au segment [FK] et que GK = 8 cm.
c. Quelle est la nature du triangle GKH ?
d. Nommer une hauteur du triangle FKH, puis donner la distance entre le sommet H et la droite (FK).

52 Voici un programme de construction.

• Construire un triangle JKL équilatéral de côté 5 cm.
• Construire la hauteur du triangle issue du sommet J.
• Noter M le pied de cette hauteur.
• Tracer le cercle de centre J et de rayon [JM].
• Noter E le point d'intersection du cercle avec le segment [KJ] et F celui avec le segment [JL].

a. Réaliser ce programme de construction à l'aide de la règle et du compas.
b. Pour chaque affirmation, dire si elle est vraie.
(1) Les points K et L appartiennent au cercle.
(2) Les points K et L appartiennent au disque.
(3) La distance entre le point J et la droite (KL) est la longueur JM.
(4) La distance entre le point J et la droite (KL) est égale à 5 cm.

53 **a.** Construire un triangle DEF tel que :
DE = 6 cm, DF = 4 cm et EF = 5 cm.
b. À l'aide de la règle non graduée et de l'équerre, construire le parallélogramme DEFG.

54 **a.** Construire un rectangle ABCD tel que :
AB = 2,5 cm et AC = 6,5 cm.
b. Construire le parallélogramme ABEC.

Je m'entraîne

55 Voici l'énoncé proposé à Édouard.

> ABC est un triangle rectangle en B.
> Construire le parallélogramme ABCD.

Édouard affirme :
« Le polygone ABCD est un rectangle ! »
A-t-il raison ? Expliquer.

56 EFGH est un rectangle.
Nommer tous les triangles rectangles que l'on peut construire avec ces sommets.

57 **a.** Donner la nature des triangles et des quadrilatères qui constituent la figure ci-contre.
b. Construire cette figure dans le cas où CG = 2 cm et DG = 4 cm.

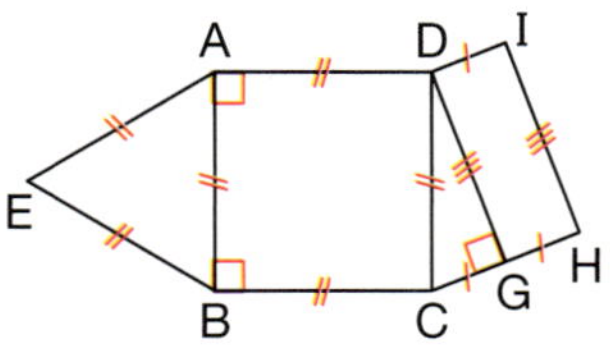

58 Un architecte a dessiné sur papier quadrillé le schéma du plan d'un bâtiment.

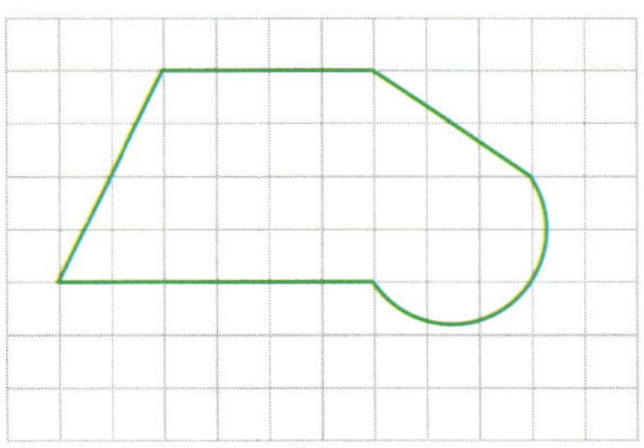

Tracer cette figure, puis ajouter des segments pour visualiser les quatre figures usuelles qui la composent. Donner la nature de chacune.

59 Rédiger un énoncé qui permet à un élève qui ne voit pas cette figure de la construire.

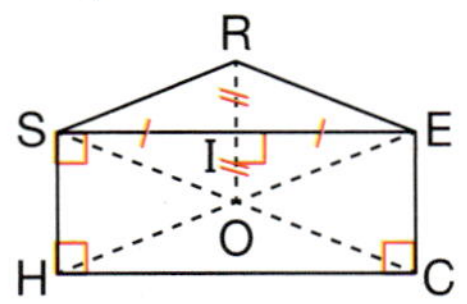

60 *Jeux et casse-tête* Chaque lettre d'un mot secret est un sommet de l'une de ces figures, dans l'ordre indiqué ci-dessous. Quel est ce mot secret ?
Triangle rectangle / Triangle rectangle / Triangle isocèle / Carré / Losange / Rectangle / Losange / Rectangle

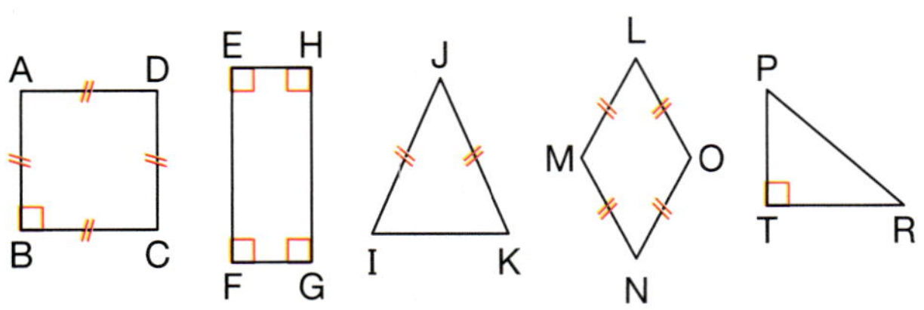

Synthèse — Utiliser des cercles et des polygones

61 $\mathscr{C}$ est un cercle de centre A et de rayon 4 cm.
[BC] est une corde de $\mathscr{C}$ telle que BC = 4 cm.
D est le point tel que ABCD est un losange.

Objectif Étudier la position du point D.

a. Réaliser une figure à main levée et la coder.
b. Construire cette figure avec les instruments de géométrie.
c. Que semble-t-on pouvoir dire du point D ?
d. Utiliser la définition d'un losange pour expliquer pourquoi AD = 4 cm.
Que peut-on conclure pour le point D ?

62 ABCD est un parallélogramme tel que :
AB = 5 cm, BC = 3 cm, AC = 7 cm.
À l'extérieur de ce parallélogramme, BCEF est un carré et CDGH est un losange tel que les points B, C, H sont alignés.

Objectif Étudier la position particulière des droites (BF), (AD) et (DG).

1. Parmi ces figures à main levée, laquelle représente cette situation ?

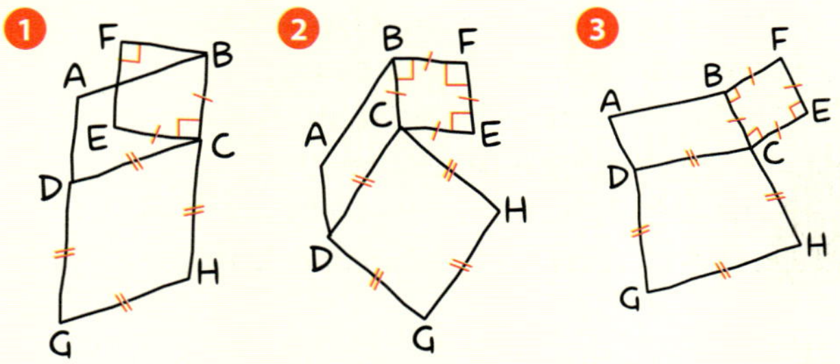

2. Construire en vraie grandeur avec les instruments de géométrie :
a. le parallélogramme ABCD ;
b. le carré BCEF ;
c. le losange CDGH.
3. a. Par définition d'un parallélogramme, que peut-on dire des droites (BC) et (AD) ?
b. Par construction, que sait-on des droites (BC) et (BF) ?
c. Recopier et compléter : « Si deux droites sont ... et si une troisième droite est perpendiculaire à l'une, alors elle est aussi ... à l'autre. »
d. Que peut-on alors conclure pour les droites (BF) et (AD) ?
Vérifier qu'il en est bien ainsi sur la figure tracée.
4. a. Expliquer pourquoi les points A, D, G sont alignés.
b. Que peut-on alors dire des droites (BF) et (DG) ? Expliquer.

Parcours différenciés

Je m'évalue

Pour chaque question, une seule réponse est exacte.

QCM supplémentaires
college.nathan.fr/tm6240

	a	b	c	En cas d'erreur
63 Sur cette figure, deux points qui appartiennent à un même cercle de centre D sont … 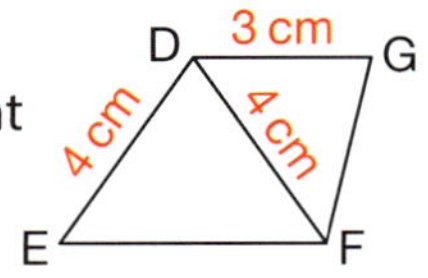	G et F	F et E	E et G	*Cours 1 p. 230*
64 K est un point d'un cercle de centre O. Le milieu du segment [OK]…	appartient au cercle	appartient au disque	est à l'extérieur du disque	*Ex. 1 p. 231*
65 Voici deux cercles de centres I et K. D'après les codages, la longueur IJ est égale à… 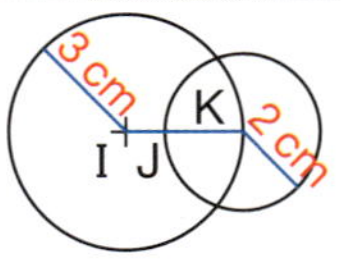	1 cm	2 cm	3 cm	*Ex. 4 p. 231*
66 Les codages indiquent que ce triangle est… 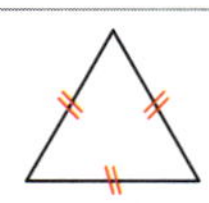	non isocèle	rectangle	équilatéral	*Cours 2 p. 232*
67 Une hauteur du triangle ABC est le segment… 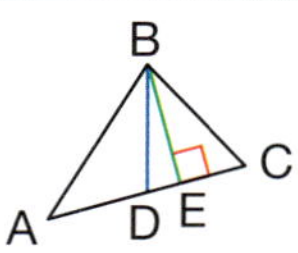	[BC]	[BD]	[BE]	
68 Les codages sur cette figure à main levée indiquent que ce triangle est… 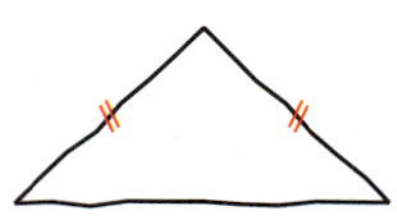	rectangle	isocèle	équilatéral	*Ex. 7 p. 233*
69 Pour construire un triangle KLM, on a tracé un segment [KL] de longueur 6 cm et deux arcs de cercles de rayon 4,5 cm et sécants en M. Alors le triangle KLM est…	rectangle	isocèle	équilatéral	*Ex. 10 p. 233*
70 Ce quadrilatère peut être nommé… 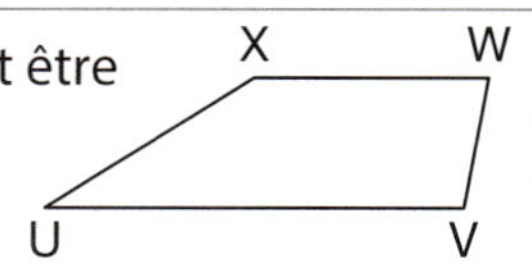	UVXW	UWVX	XWVU	*Cours 3 p. 234*
71 MATH est un parallélogramme. Alors les droites…	(MA) et (HT) sont parallèles	(MA) et (TA) sont parallèles	(MT) et (AH) sont parallèles	
72 WXYZ est un rectangle tel que WX = 7 cm et WY = 9,5 cm. La construction correcte est…	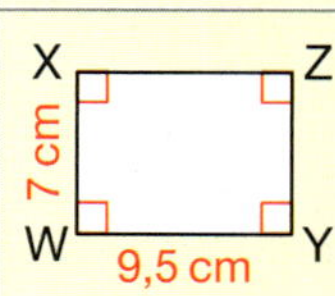	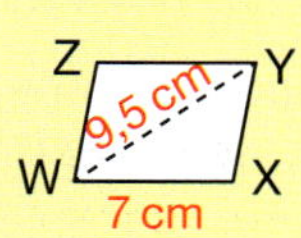	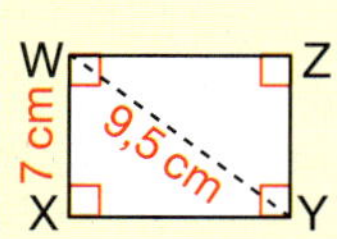	*Ex. 16 p. 235*

Je réalise mon parcours

Selon ton score page précédente

Parcours conseillé
- Entre **0 et 4 bonnes réponses** : (drapeau vert)
- Entre **5 et 8 bonnes réponses** : (drapeau bleu)
- **9 bonnes réponses ou plus** : (drapeau rouge)

73 Compléter un programme de construction

Voici le début d'un programme de construction.

- Construire un segment [AB] de longueur 4 cm.

Les figures ci-contre sont celles obtenues à deux étapes différentes de ce programme.

Figure ❶

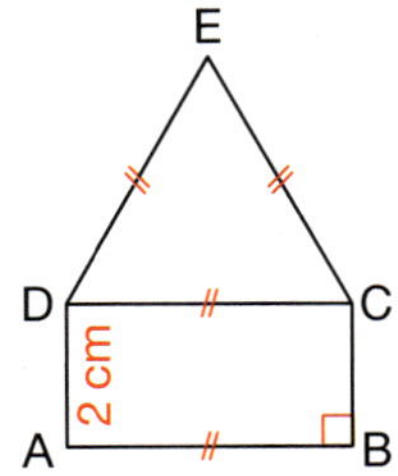

Figure ❷

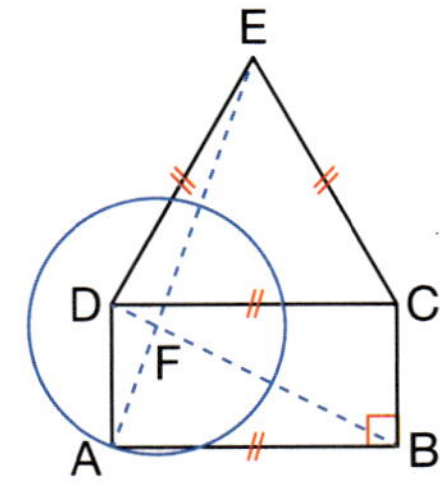

PARCOURS 1

On s'intéresse à la figure ❶.

a. Recopier et compléter la deuxième ligne du programme :
« Tracer la … en A à la droite (AB) et marquer un point D tel que AD = … cm. »

b. Écrire une troisième ligne qui permet de marquer le point C.

c. Écrire une quatrième ligne qui permet de marquer le point E.

PARCOURS 2

Compléter le programme pour construire la figure ❶, puis construire cette figure en vraie grandeur.

PARCOURS 3

Compléter le programme pour construire la figure ❷, puis construire cette figure en vraie grandeur.

74 Utiliser un schéma à main levée

Voici un triangle ABC tracé à main levée.
On se propose de tracer un tel triangle et de construire plusieurs quadrilatères.

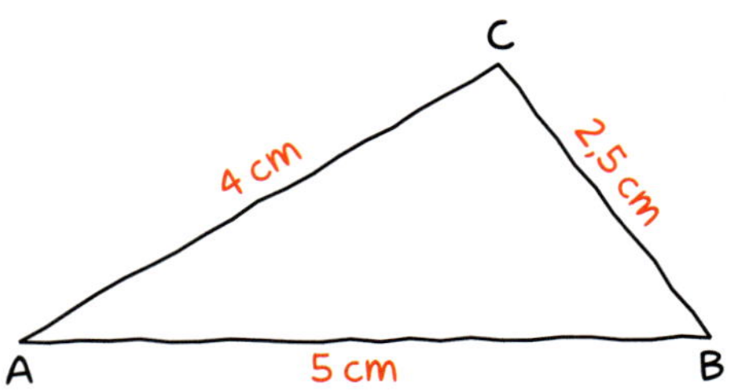

PARCOURS 1

On souhaite construire le point D tel que ABCD soit un parallélogramme.

a. À l'aide des instruments de géométrie, construire un tel triangle ABC.

b. Recopier et compléter :
« ABCD est un parallélogramme, donc (AB) … (DC) et (BC) … (…). »

c. À l'aide de la règle et de l'équerre, construire la droite parallèle à la droite (AB) passant par le point C.

d. Terminer la construction du parallélogramme ABCD.

PARCOURS 2

a. Construire un tel triangle ABC.

b. Construire les points D, E, F tels que les quadrilatères CDAB, AEDC et EADF sont des parallélogrammes.

c. Quelle est la nature du quadrilatère BCFE ? Expliquer.

PARCOURS 3

a. Construire un tel triangle ABC.

b. Construire les points M et N tels que AMBC et ABNC sont des parallélogrammes.

c. Que remarque-t-on pour les points M, B, N ? Expliquer.

Construire une figure

75 Algo Tracer une figure ▸ Livret Scratch p. 2 et 7

Voici un script Scratch.

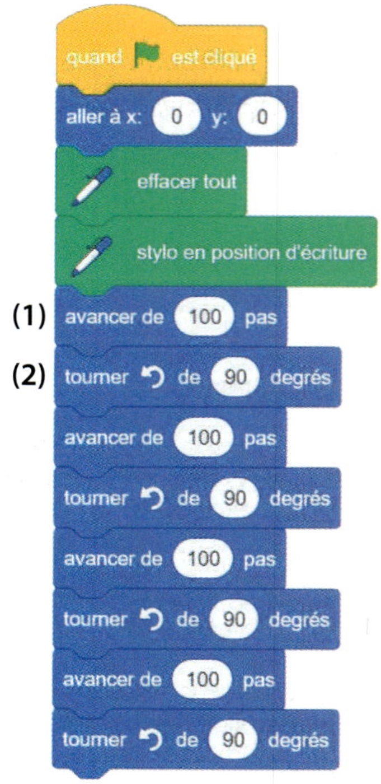

a. Sur papier quadrillé, choisir un point pour centre de la scène.
En prenant un carreau pour 20 pas et en choisissant une orientation pour le lutin au départ, tracer la figure qu'il décrit lorsqu'on exécute ce script.

b. Ouvrir le logiciel Scratch, saisir ce script et l'exécuter.
Cela confirme-t-il la figure obtenue à la question **a** ?

c. Dans ce script, on répète quatre fois les instructions **(1)** et **(2)**.
Modifier ce script en utilisant le bloc ci-dessous et une fois seulement les blocs **(1)** et **(2)**, afin que le lutin décrive la même figure que précédemment.

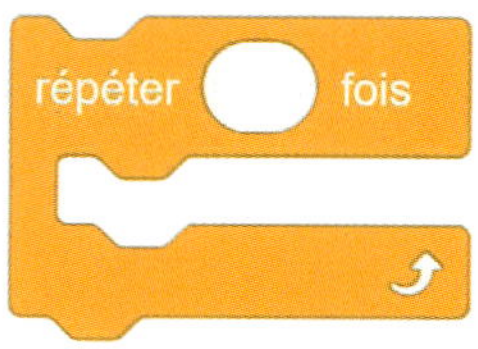

76 Tice Conjecturer puis prouver

1. Construire une figure

a. Ouvrir le logiciel GeoGebra et créer un point A.

b. Créer le cercle de centre A et de rayon 3
(utiliser **Cercle (centre-rayon)**).

c. Créer un point B qui appartient à ce cercle
(utiliser **Point sur Objet**).

d. Créer le cercle de centre B qui passe par A
(utiliser **Cercle (centre-point)**).

e. Créer les points d'intersection C et D des deux cercles
(utiliser **Intersection**).

f. Créer les segments [AC], [CB], [BD] et [AD] et afficher leurs longueurs (utiliser **Distance ou longueur**).

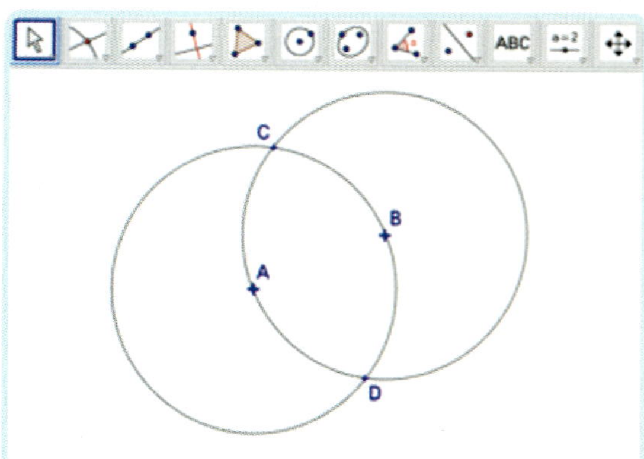

2. Conjecturer

Déplacer le point B. Que remarque-t-on ?
Que semble-t-on pouvoir dire du quadrilatère ACBD ?

3. Prouver

a. Pourquoi peut-on affirmer que AB = AC = AD = 3 ?

b. Pourquoi peut-on affirmer que BA = BC = BD = 3 ?

c. En déduire la nature du quadrilatère ACBD.

Info
En mathématiques, **conjecturer** c'est énoncer un résultat que l'on pense fortement être vrai.
Mais il ne sera vrai que si l'on parvient à le **prouver**.

77 Communiquer en anglais

Chercher • Raisonner • Communiquer

In each case, say if the sentence is true or false.

a. Any square is a rectangle.
b. Any lozenge is a square.
c. Any quadrilateral is a parallelogram.
d. Any rectangle is a parallelogram.

78 Ordonner un programme

Représenter • Raisonner

Gil a mélangé les instructions d'un programme de construction.

- Tracer le parallélogramme ABCD.
- Tracer un segment [AB] de longueur 5 cm.
- Construire le point D tel que ABCD est un parallélogramme.
- Marquer un point C appartenant au cercle $\mathscr{C}$.
- Tracer le cercle $\mathscr{C}$ de centre A et de rayon AB.

a. Placer ces instructions dans le bon ordre.
b. Réaliser la construction.
c. Gil affirme : « Si BC = AB, alors le point D appartient au cercle. »
A-t-elle raison ? Expliquer.

79 Algo Tracer un cercle avec Scratch

Chercher • Raisonner • Communiquer

Hanna essaie de tracer un cercle avec le logiciel Scratch. Elle a saisi le script ci-dessous.

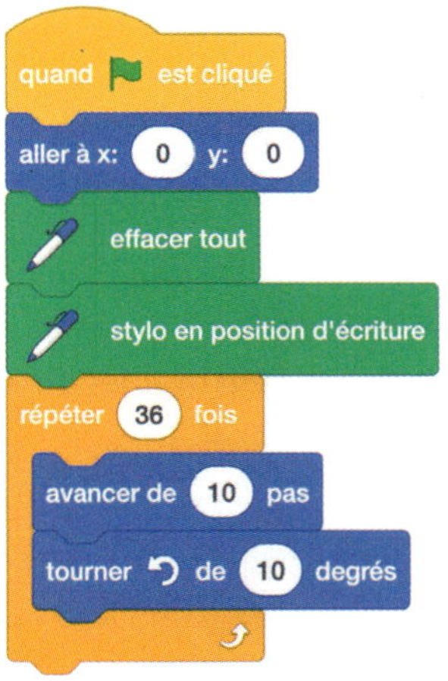

1. a. Ouvrir le logiciel Scratch, saisir ce script et l'exécuter.
b. La figure obtenue semble-t-elle être un cercle ?
2. a. Modifier ce script pour qu'il répète 18 fois « Avancer de 20 pas puis tourner à gauche de 20 degrés ».
b. La figure obtenue est-elle alors un cercle ?

80 Déduire des informations

Représenter • Raisonner • Communiquer

1. L'énoncé

a. Tracer un segment [AB] de longueur 7 cm.
b. Marquer le milieu I de ce segment.
c. Tracer le cercle de centre B et de rayon 3,5 cm.
d. Marquer un point M qui appartient à ce cercle.

2. Faire des déductions

a. Aïda affirme : « Le cercle passe par le point I. »
L'énoncé ne le dit pas. Pourquoi est-ce exact ?
b. Thierry affirme : « AI = BM. »
L'énoncé ne le dit pas. Pourquoi est-ce exact ?
c. Sabine affirme : « Le triangle BMI est isocèle. »
Que peut-on en penser ?

81 Analyser une figure

Représenter • Raisonner • Communiquer

a. Construire la figure ci-dessous sachant que :
- ABC est un triangle équilatéral ;
- BCD est un triangle isocèle en C ;
- ABEF est un losange ;
- AB = 6 cm ; BD = 2 cm ;
- les points E, B et D sont alignés.

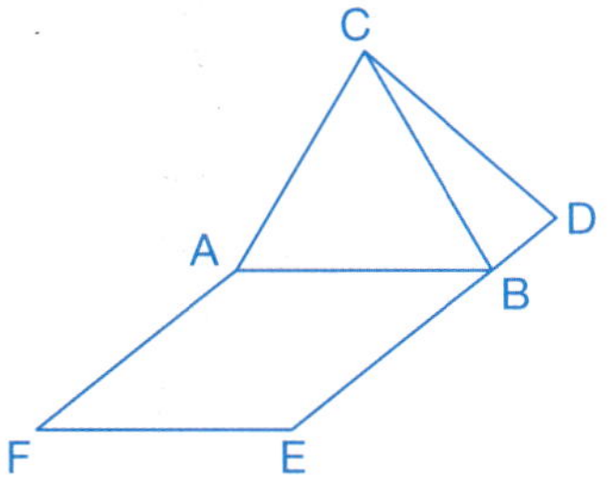

b. Que peut-on dire du triangle ACD ? Expliquer.

82 Construire des triangles

Représenter • Raisonner

Construire trois triangles de natures différentes tels qu'un côté mesure 4 cm et la hauteur relative à ce côté mesure 3 cm.

83 Reporter des longueurs avec le compas

Représenter • Communiquer

Sans utiliser de règle graduée, reproduire cet arc de cercle $\overset{\frown}{AB}$ de centre O.

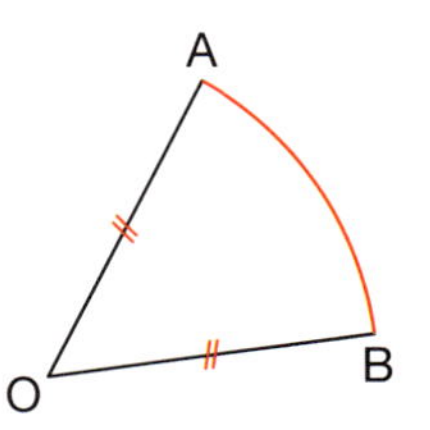

84 Traduire des données

Représenter • Raisonner • Communiquer

ABC est un triangle équilatéral.
À l'extérieur de ce triangle :

- ADB est un triangle rectangle isocèle en B ;
- ACE est un triangle isocèle en C.

a. Construire une telle figure.

b. Écrire les longueurs égales concernant le triangle :
• ABC • ADB • ACE

c. Expliquer pourquoi BD = EC.

85 Comprendre et expliquer

Représenter • Raisonner • Communiquer

Sur cette carte, une réserve protégée est située à moins de 4 cm de Marseille, à moins de 3 cm de Montpellier et à moins de 2 cm de Nîmes.

Sur une photocopie de cette carte, colorier la zone dans laquelle se trouve la réserve.

86 Imaginer une stratégie

ART ET CULTURE

Représenter • Communiquer

Une mosaïque romaine, dite « mosaïque de Penthée » (IIIe siècle), a été découverte à Nîmes en 2006. On y voit des oiseaux associés par quatre dans des ovales.

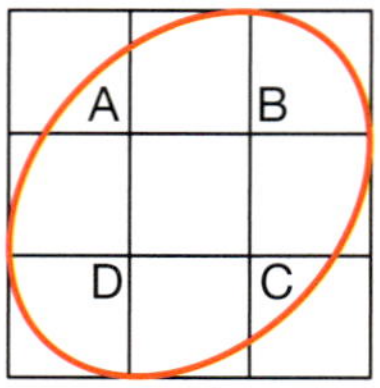

Construire un tel ovale, sachant qu'il est réalisé à l'aide de quatre arcs de cercle.

87 Problème ouvert

Représenter • Raisonner • Communiquer

(*d*) et (*d'*) sont deux droites sécantes en E.
Peut-on construire un parallélogramme EFGH tel que F soit un point de la droite (*d*) et H un point de la droite (*d'*) ?

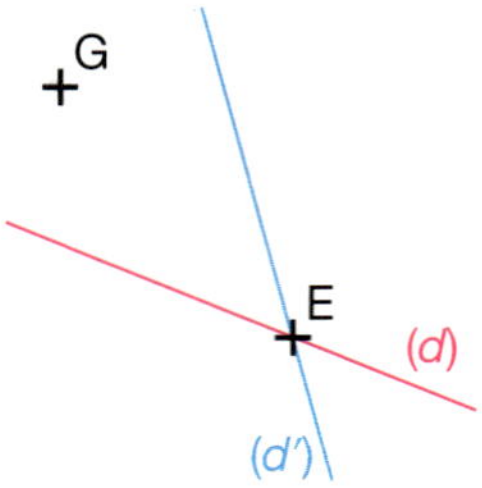

Narration de RECHERCHE

88 PROBLÈME Retrouver les noms des sept points ci-dessous à l'aide des informations :

- C est le centre du cercle de diamètre [AE] ;
- A est un point du segment [BE] ;
- la corde [DF] passe par le milieu I du segment [AC] ;
- EF $<$ DE.

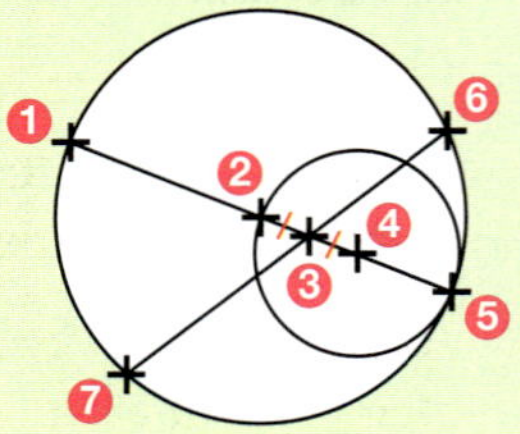

Raconter sur une feuille les différentes étapes de la recherche et les remarques qui ont fait changer de méthode ou qui ont permis de résoudre le problème.

Des défis

89 Joindre des points

Sur une photocopie de la figure ci-contre, tracer quatre segments passant par ces neuf points sans lever le crayon.

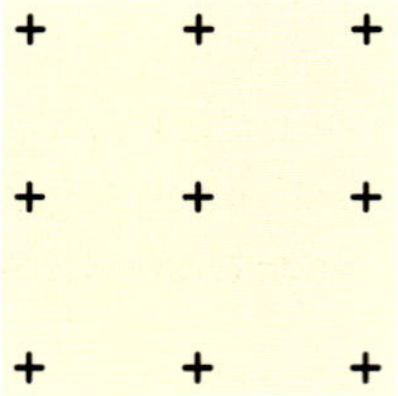

90 Isoler des moutons

Neuf moutons sont dans un enclos carré. Les neuf moutons sont malades. Il faut les séparer.

Sur une photocopie de la figure, isoler chaque mouton de chacun des autres en traçant uniquement deux nouveaux carrés.

Je prends des initiatives

TÂCHES COMPLEXES

91 NAVIGUER au radar

▸ La situation-problème

Trois bateaux (représentés par les points A, B, C) sont en mer. Le radar du bateau C est en panne ; les capitaines des bateaux A et B lui ont donc envoyé les copies de leurs écrans radars.

Aider le capitaine du bateau C à construire l'écran radar de son bateau.

▸ Les supports de travail

Les documents, les instruments de géométrie.

Toute piste de recherche, même non aboutie, figurera sur la feuille.

Doc. 1

Les écrans radars des bateaux

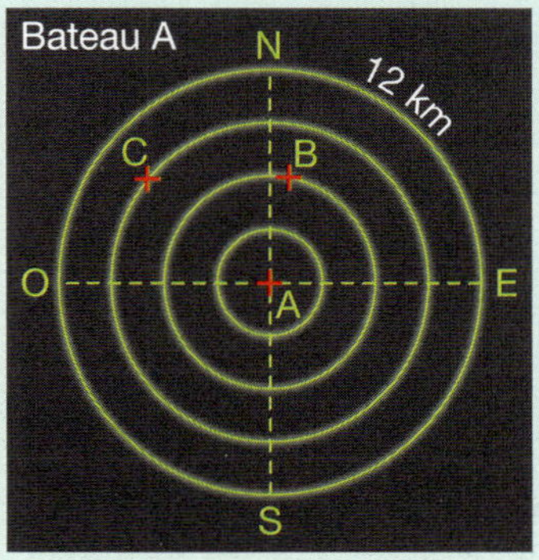

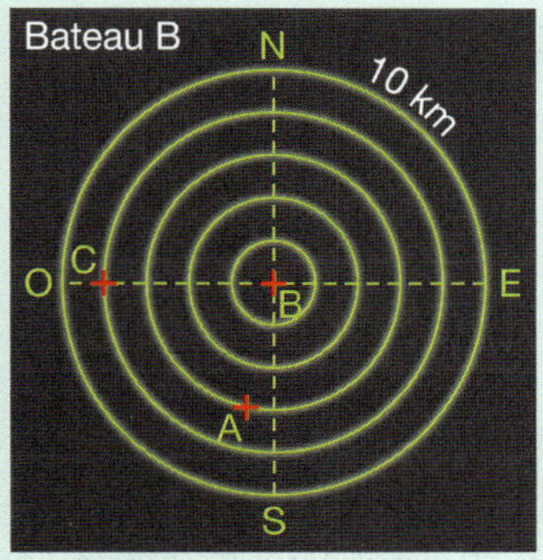

Doc. 2

La fiche technique

Un écran radar est constitué de cercles concentriques (de même centre) régulièrement espacés.

92 ÉTUDIER une mosaïque de Pompéi

▸ La situation-problème

Plusieurs motifs géométriques ont été retrouvés sur des mosaïques de la ville italienne antique de Pompéi, détruite au Ier siècle par une éruption du Vésuve.

Utiliser le logiciel GeoGebra pour reproduire la mosaïque (doc. 2), constituée de figures usuelles.

Les ruines de Pompéi

▸ Les supports de travail

Les documents, le logiciel GeoGebra.

Toute piste de recherche, même non aboutie, figurera sur la feuille.

Doc. 1

Un hexagone régulier

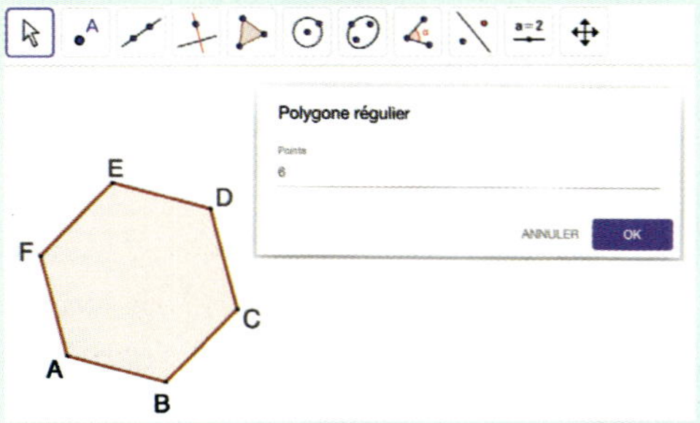

Doc. 2

La mosaïque à reproduire

CHAPITRE

15 Utiliser la symétrie axiale

La terrasse du Château Vieux de Saint-Germain-en-Laye est due à André Le Nôtre, sur commande de Louis XIV. Cette terrasse, longue de 2 400 m, a été complétée plus tard par une balustrade. Elle a demandé presque 30 ans de construction, de 1857 à 1881. Chaque élément de la balustrade est constitué de deux motifs symétriques.

Bien démarrer

Pour chaque question, une réponse ou plusieurs sont exactes.

		a	b	c
1	La perpendiculaire passant par le point A à la droite verte est tracée sur la figure…	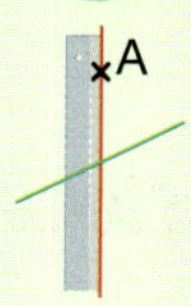	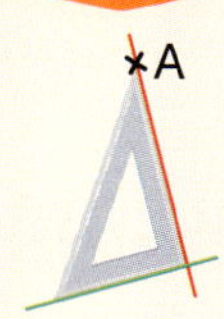	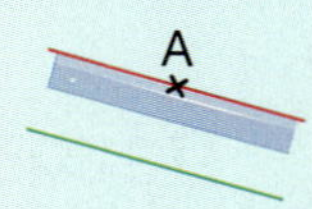
2	Pour que le point I soit le milieu du segment [AB], le point B est correctement placé sur la figure…	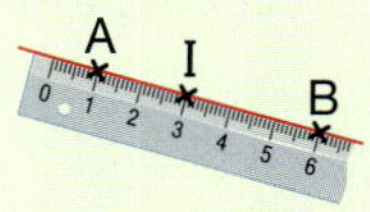	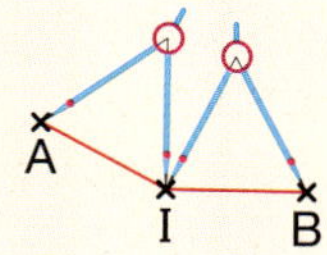	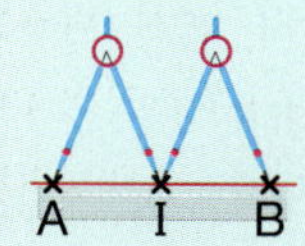
3	Les deux motifs sont symétriques par rapport à la droite rouge sur la figure…	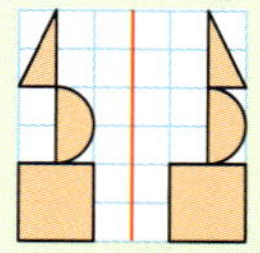	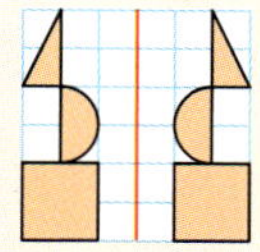	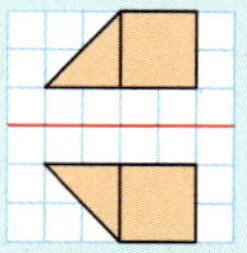
4	Une figure qui admet au moins un axe de symétrie est…	@	♀	

Vérifie tes réponses p. 288

ACTIVITÉ 1 Étudier des conservations par symétrie axiale

Cours Paragraphes 1 et 2, p. 248

a. Utiliser du papier calque pour tracer la symétrique $\mathcal{F}'$ de la figure $\mathcal{F}$ ci-contre par rapport à la droite (*d*). Noter A′, B′, C′, D′, E′, F′, G′, H′ les symétriques respectifs des points A, B, C, D, E, F, G, H.

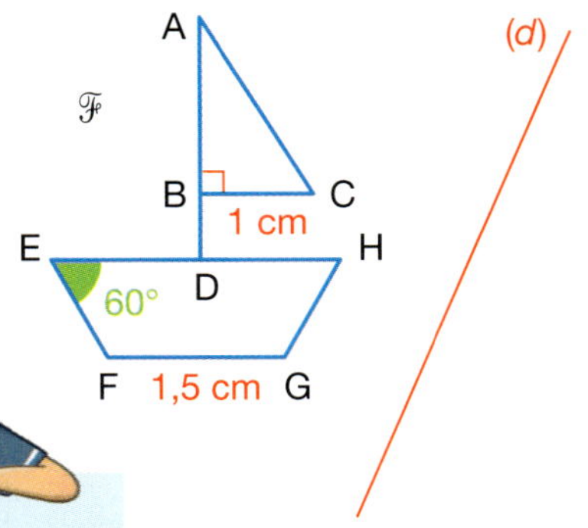

b. Sans mesurer, citer sur la figure $\mathcal{F}'$:
- un segment de longueur 1 cm ;
- un angle droit ;
- un segment de longueur 1,5 cm.
- des points alignés ;
- un angle de mesure 60° ;

c. Léa affirme : « La droite (*d*) est la médiatrice du segment [AA′]. »
- Vérifier que Léa a raison à l'aide des instruments de géométrie.
- Citer d'autres segments dont la droite (*d*) est la médiatrice.

Rappel
La **médiatrice** d'un segment est la droite qui est perpendiculaire à ce segment en son milieu.

ACTIVITÉ 2 Construire des symétriques

Cours Paragraphe 2, p. 248

Dans chaque cas, tracer la figure sur papier uni et à l'aide des instruments de géométrie :

a. marquer le point A′ symétrique du point A par rapport à la droite (*d*) ;

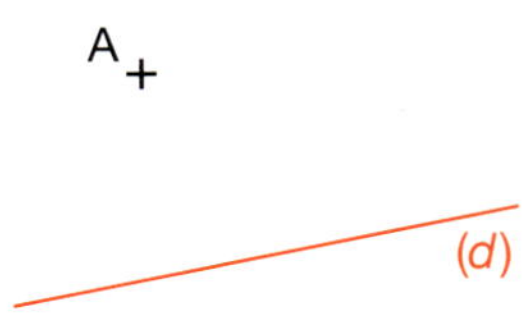

b. tracer la droite (Δ′) symétrique de la droite (Δ) par rapport à la droite (*d*) ;

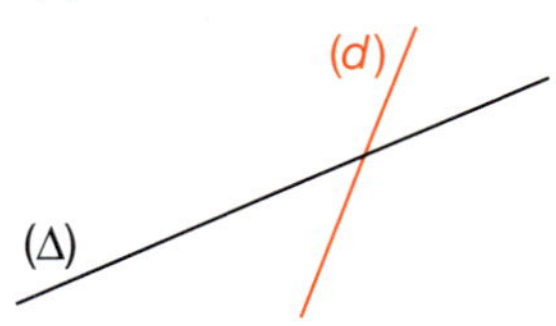

c. tracer le segment [M′N′] symétrique du segment [MN] par rapport à la droite (*d*).

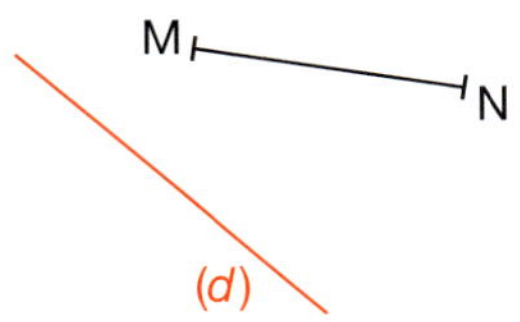

ACTIVITÉ 3 Découvrir une propriété des médiatrices

Cours Paragraphe 4, p. 250

1 Sur la figure ci-contre, la droite (*d*) est la médiatrice du segment [AB] et M est un point de la droite (*d*).

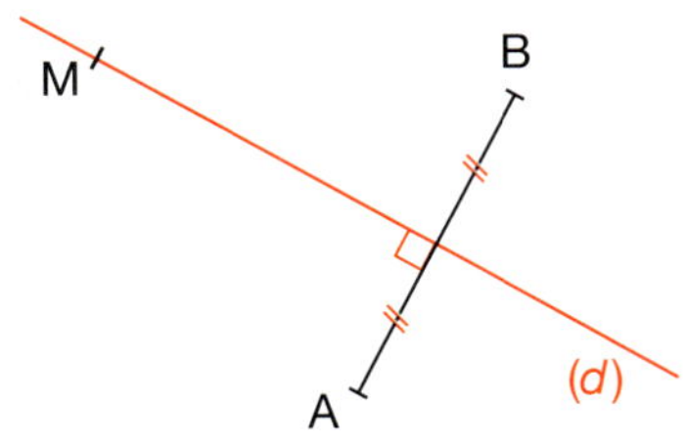

a. Citer le symétrique par rapport à la droite (*d*) :
- du point M ;
- du point A ;
- du segment [MA].

b. Enzo affirme : « Le point M est à égale distance des points A et B. » Expliquer pourquoi Enzo a raison.

2 **a.** Tracer un segment [CD] de longueur 6 cm. Marquer les points suivants :
- M et M′ situés à 4 cm chacun des points C et D ;
- N et N′ situés à 5 cm chacun des points C et D ;
- P et P′ situés à 7 cm chacun des points C et D ;
- Q et Q′ situés à 10 cm chacun des points C et D ;

b. Sur quelle ligne les points M, M′, N, N′, P, P′, Q, Q′ semblent-ils être situés ? Vérifier à l'aide des instruments de géométrie.

1 Symétrie axiale

Exercices 12 à 16

a. Pliage et symétrie axiale

DÉFINITION Deux figures sont **symétriques par rapport à une droite (*d*)** lorsqu'elles se superposent par pliage autour de la droite (*d*).

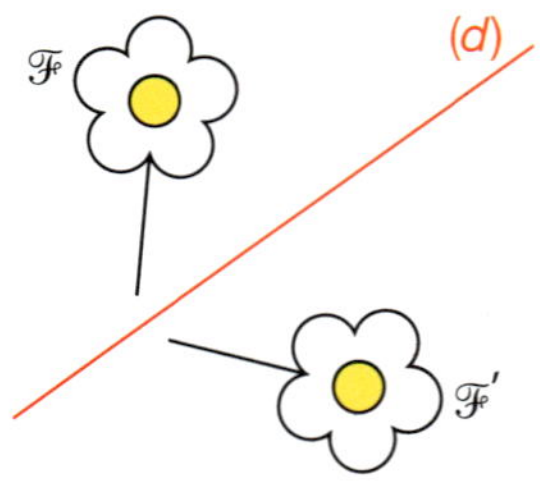

Exemple

Ci-contre, la figure 𝓕′ est la symétrique de la figure 𝓕 (ou bien la figure 𝓕 est la symétrique de la figure 𝓕′) par rapport à la droite (*d*).

b. Propriétés conservées par symétrie axiale

PROPRIÉTÉS La symétrie par rapport à une droite **conserve** :
- les longueurs,
- l'alignement,
- les mesures d'angles,
- les aires,
- le parallélisme.

Exemple

Les triangles rectangles ABC et AB′C′ ci-contre sont symétriques par rapport à la droite (*d*).
- AB = AB′, AC = AC′, BC = B′C′.
- Le point M est aligné avec les points A et C.

Son symétrique M′ est aussi aligné avec les points A et C′.
- $\widehat{ABC} = 90°$ et $\widehat{AB'C'} = 90°$.
- Les triangles ABC et AB′C′ ont la même aire.

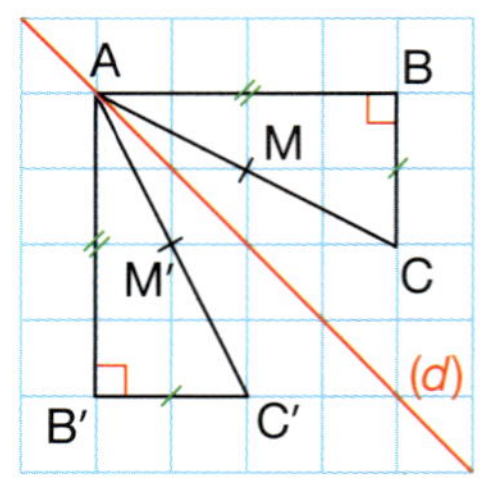

2 Symétriques d'un point, d'une droite, ...

Exercices 17 à 26

PROPRIÉTÉ Le symétrique d'un point M par rapport à une droite (*d*) est :
- le point M′ tel que la droite (*d*) est perpendiculaire au segment [MM′] en son milieu lorsque **le point M n'appartient pas à (*d*)** ;
- le point M lui-même lorsque **le point M appartient à (*d*)**.

- $M \notin (d)$

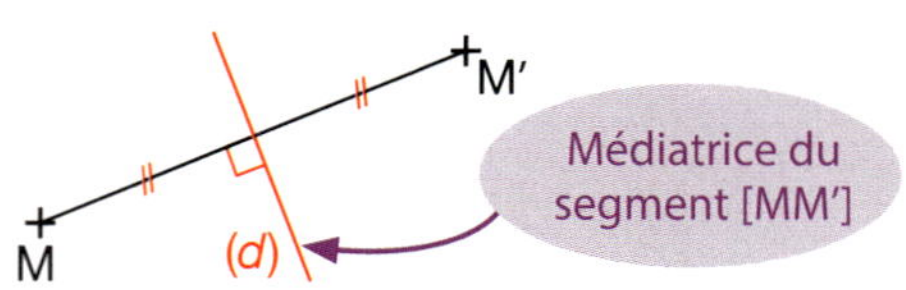

- $M \in (d)$

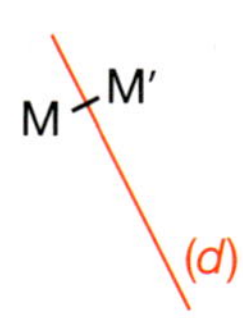

PROPRIÉTÉS Par rapport à une droite (*d*) :
- la symétrique d'une droite (Δ) est **une droite (Δ′)** ;
- le symétrique d'un segment [AB] est un **segment [A′B′] de même longueur** ;
- le symétrique d'un cercle de centre O est un **cercle de même rayon** et de **centre O′ symétrique de O**.

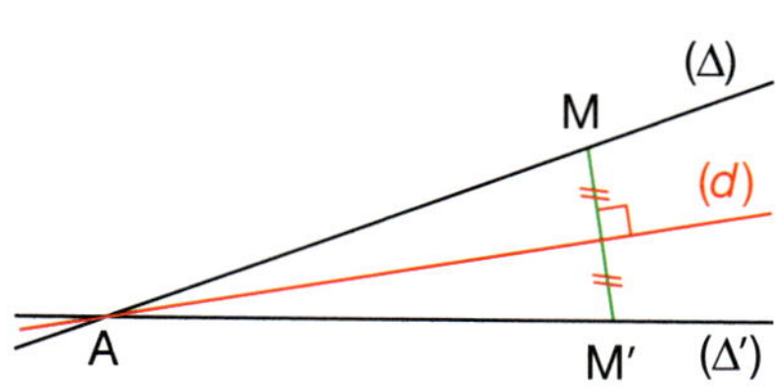

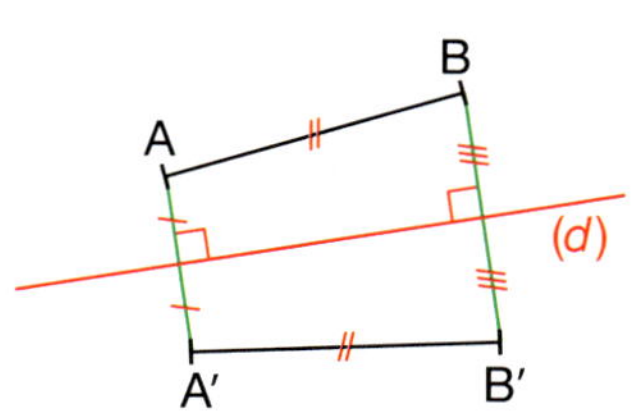

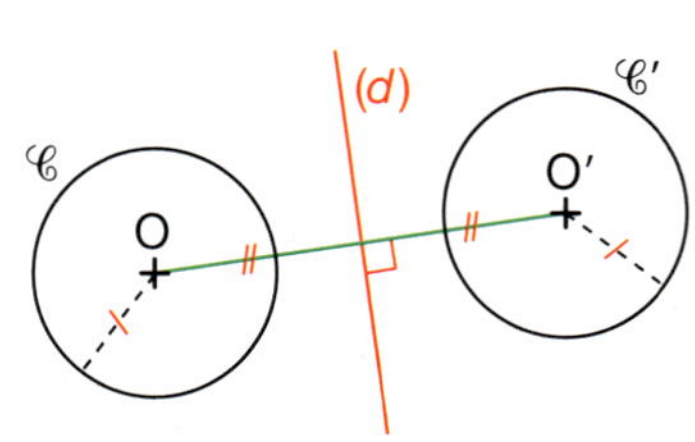

J'applique le cours

1 Construire le symétrique d'un point

EXERCICE RÉSOLU

ÉNONCÉ À l'aide de l'équerre, du compas et de la règle non graduée, construire le symétrique A′ du point A par rapport à la droite (*d*).

SOLUTION

1 On trace la perpendiculaire à la droite (*d*) passant par le point A. Son point d'intersection avec la droite (*d*) est noté M.

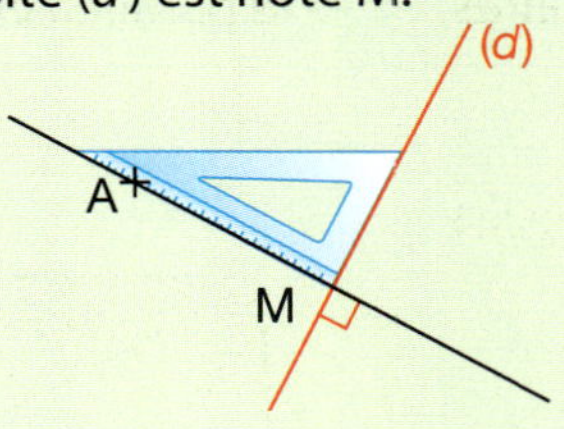

2 Sur la droite (AM), on place, de l'autre côté de (*d*), le point A′ tel que AM = MA′.

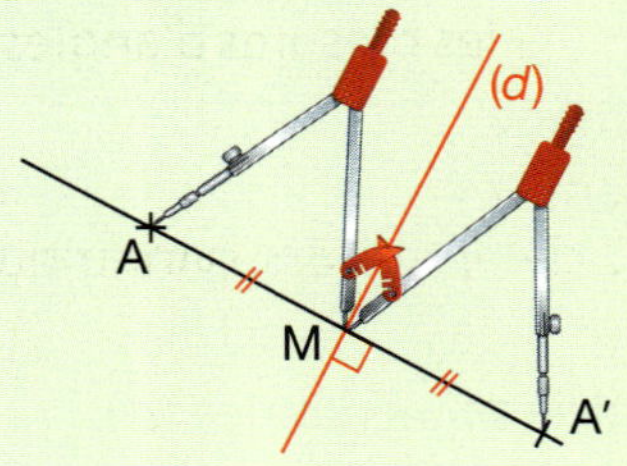

3 Le point A′ est le symétrique du point A par rapport à la droite (*d*).

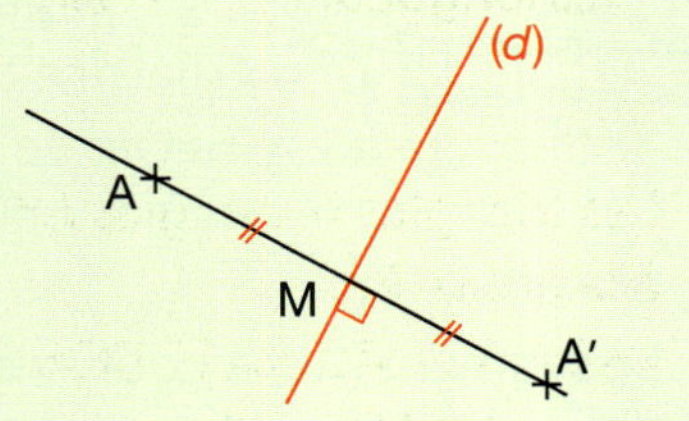

À TON TOUR

2 Sur papier uni, tracer cette figure et construire le symétrique B′ du point B par rapport à la droite (*d*).

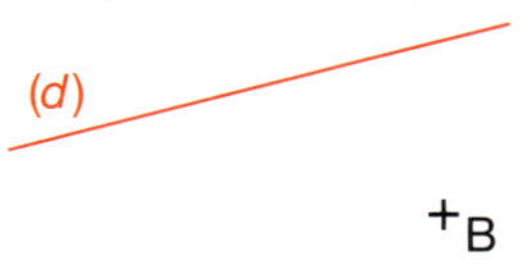

3 Sur papier uni, tracer cette figure et construire le symétrique C′ du point C par rapport à la droite (*d*).

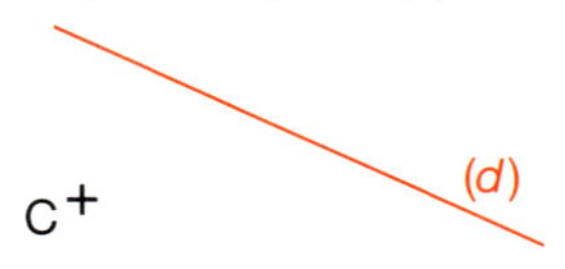

4 Construire le symétrique d'un segment

EXERCICE RÉSOLU

ÉNONCÉ À l'aide des instruments de géométrie, construire le symétrique du segment [AB] par rapport à la droite (*d*).

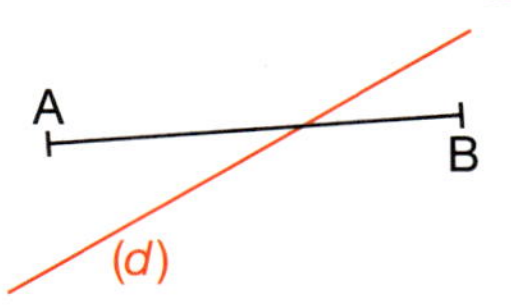

SOLUTION

1 On construit les symétriques A′ et B′ des extrémités respectives A et B du segment [AB].

2 On trace le segment [A′B′], c'est le symétrique du segment [AB].

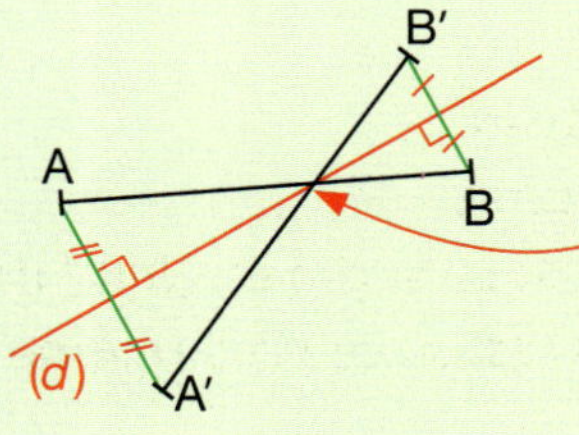

CONSEIL

Pour vérifier la construction : lorsque le segment [AB] coupe la droite (*d*) en un point, son symétrique [A′B′] coupe aussi la droite (*d*) en ce point.

À TON TOUR

5 Dans chaque cas, tracer la figure sur papier uni et construire le symétrique du segment [CD] par rapport à la droite (*d*).

a.

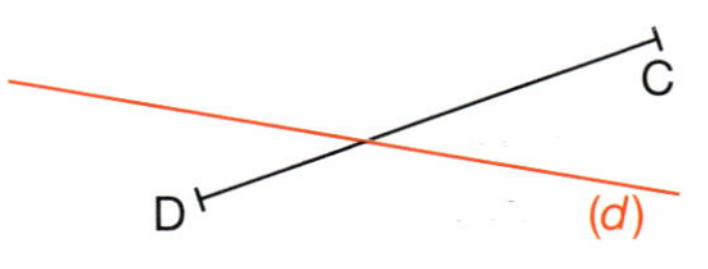

b.

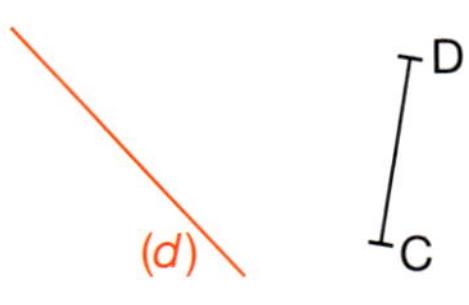

VIDÉOS de cours jaicompris.com

3 Axe de symétrie d'une figure

▶ Exercices 27, 29, 30, 49

DÉFINITION Une droite est **un axe de symétrie** d'une figure lorsque cette figure coïncide avec sa symétrique par rapport à cette droite.

Exemple

La droite rouge est l'axe de symétrie de cette figure.

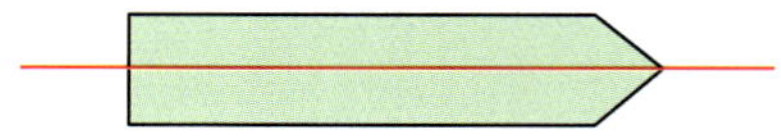

Vocabulaire : une symétrie par rapport à une droite est aussi appelée **symétrie axiale**.

4 Médiatrice et symétrie axiale

▶ Exercices 28, 31, 32, 43 à 48

a. Axe de symétrie d'un segment

PROPRIÉTÉ La **médiatrice d'un segment** est un **axe de symétrie** de ce segment.

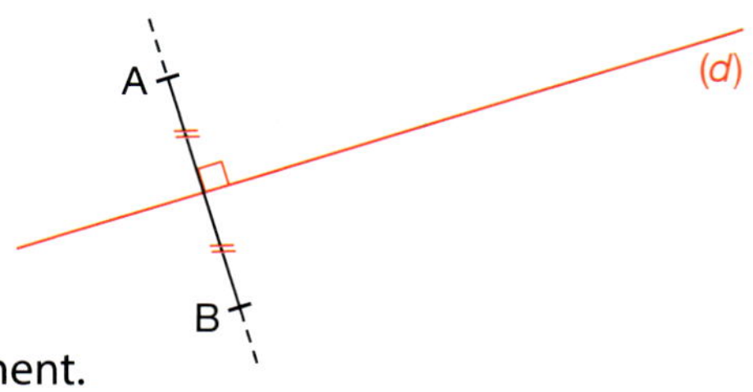

Exemple

Le segment [AB] a pour axe de symétrie sa médiatrice (*d*).
La droite (AB) est un deuxième axe de symétrie de ce segment.

b. Médiatrice et équidistance

PROPRIÉTÉ Si un point **appartient** à **la médiatrice** d'un segment, alors il est **à égale distance des extrémités** de ce segment.

Exemple

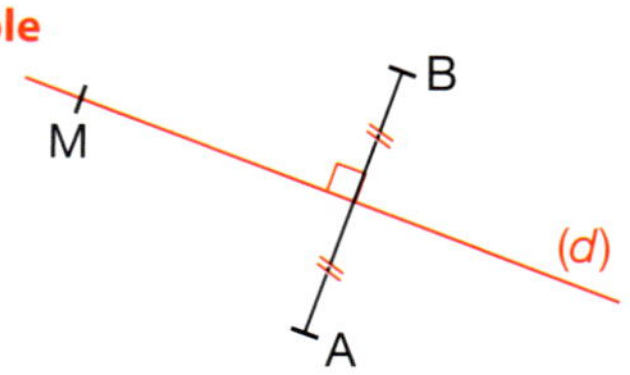

Donnée
M appartient à la médiatrice du segment [AB].

Donc, d'après cette propriété

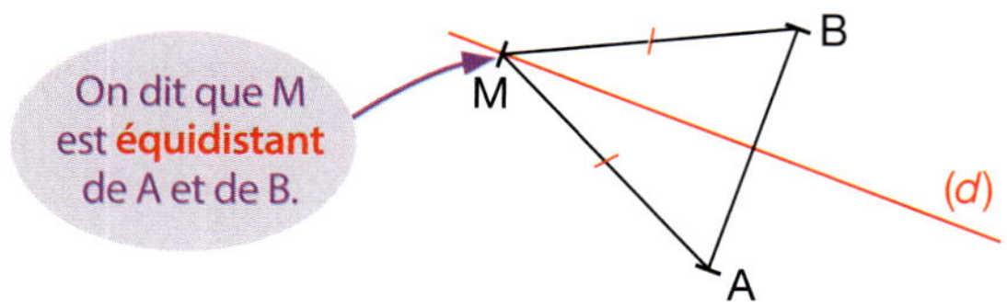

Conclusion
MA = MB

PROPRIÉTÉ (ADMISE) **Si** un point est **à égale distance des extrémités** d'un segment, **alors** il appartient à **la médiatrice** de ce segment.

Exemple

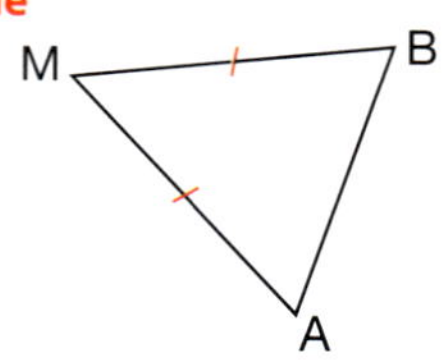

Donnée
MA = MB

Donc, d'après cette propriété

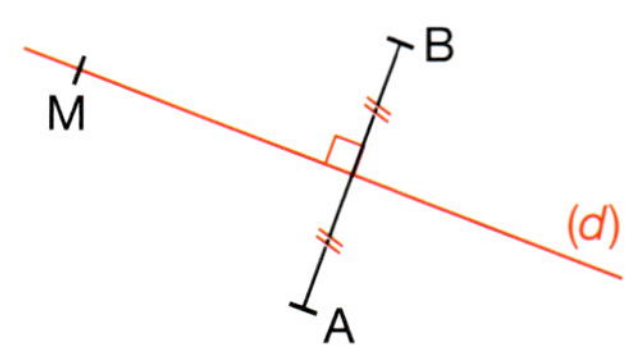

Conclusion
M appartient à la médiatrice du segment [AB].

On résume ces deux propriétés en disant : « **La médiatrice d'un segment est l'ensemble des points équidistants des extrémités de ce segment.** »

J'applique le cours

6 Compléter une figure par symétrie

EXERCICE RÉSOLU

ÉNONCÉ (d) et (d') sont deux droites perpendiculaires en O.
Les points A et G, C et D sont symétriques par rapport à la droite (d).
Les points B et C, E et F sont symétriques par rapport à la droite (d').
Compléter la figure pour que la droite (d') soit un axe de symétrie.

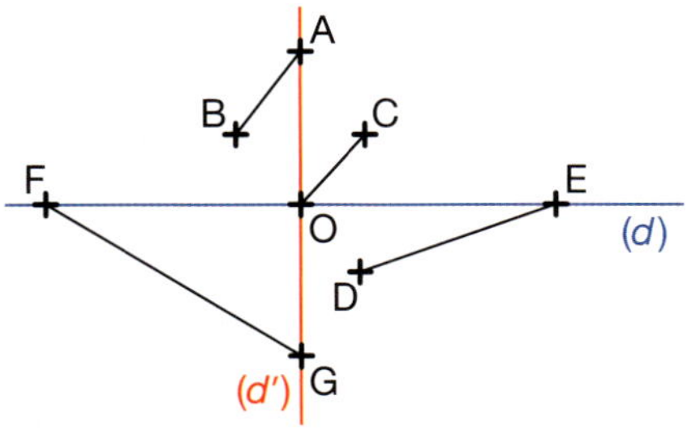

SOLUTION

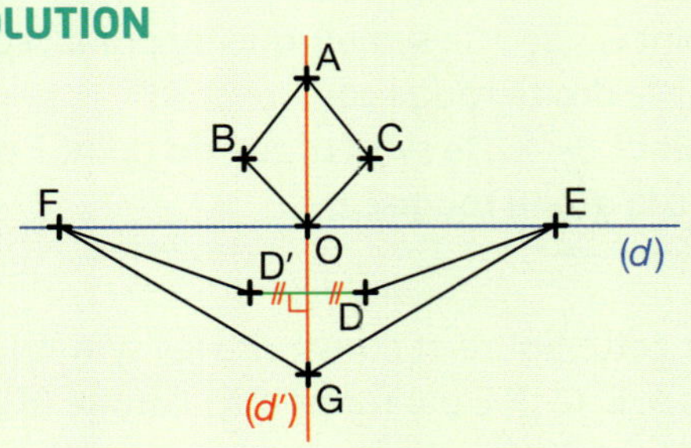

CONSEILS

- On trace les segments [AC], [OB] et [EG] symétriques des segments [AB], [OC] et [FG] par rapport à (d').
- On construit le point D' symétrique du point D par rapport à (d') : la droite (d') est la médiatrice du segment [DD'].
- On trace le segment [FD'] symétrique du segment [ED] par rapport à la droite (d').

À TON TOUR

7 Compléter la figure de l'exercice 6 pour que la droite (d) soit un axe de symétrie.

8 Compléter la figure de l'exercice 6 pour que les droites (d) et (d') soient des axes de symétrie.

9 Construire une médiatrice à la règle et au compas

EXERCICE RÉSOLU

ÉNONCÉ Construire la médiatrice de ce segment [AB] à la règle et au compas.

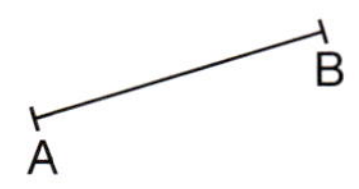

SOLUTION

1 On trace un arc de cercle de centre A et de rayon supérieur à la moitié de la longueur AB.

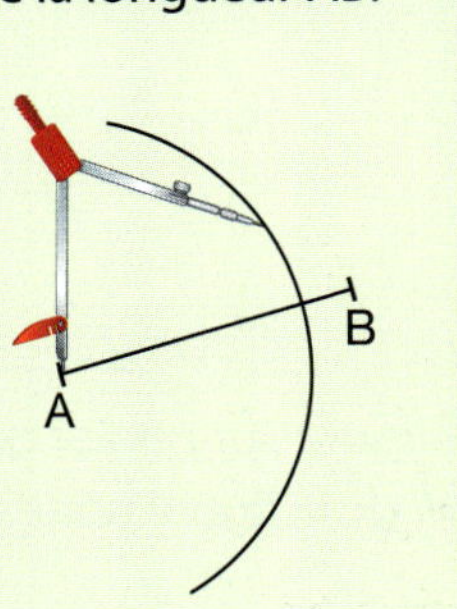

2 Sans changer l'écartement du compas, on trace un arc de cercle de même rayon et de centre B.

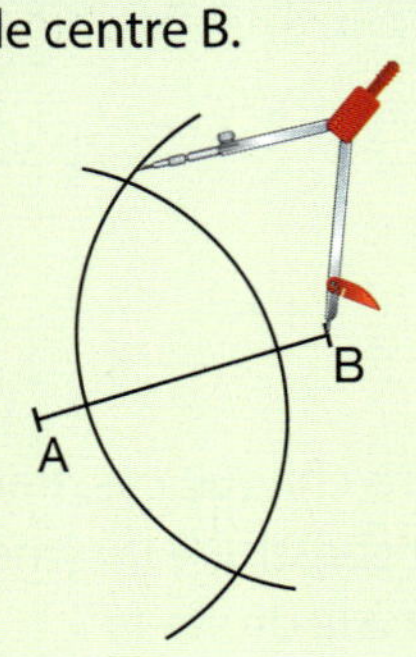

3 On trace la droite passant par les points communs aux arcs ; c'est la médiatrice du segment [AB].

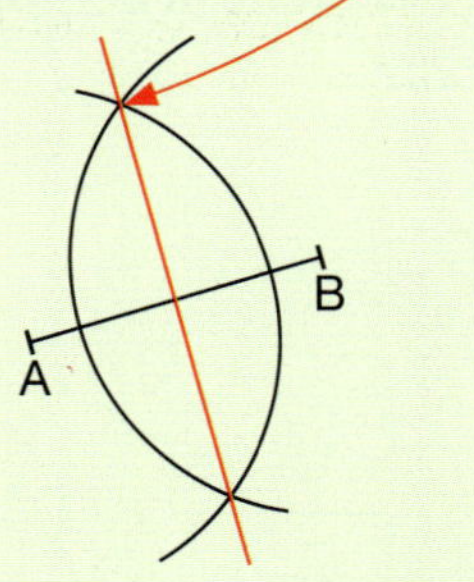

CONSEIL

- Les arcs de cercle de centres A et B ont le même rayon.

Donc leurs deux points d'intersection sont à égale distance de A et de B.

Ainsi, ils appartiennent à la médiatrice du segment [AB] qui est l'ensemble des points équidistants de A et de B.

À TON TOUR

10 Tracer un segment [MN] de longueur 4,5 cm. Construire la médiatrice de ce segment à la règle et au compas.

11 Tracer un segment [ST] de longueur 7,3 cm. Construire la médiatrice de ce segment à la règle et au compas.

Je travaille mes automatismes

Connaître la symétrie axiale

À l'oral — **Questions flash**

12 Dans chaque cas, dire si les deux motifs semblent symétriques par rapport à la droite rouge. Sinon, expliquer pourquoi.

a.

b.

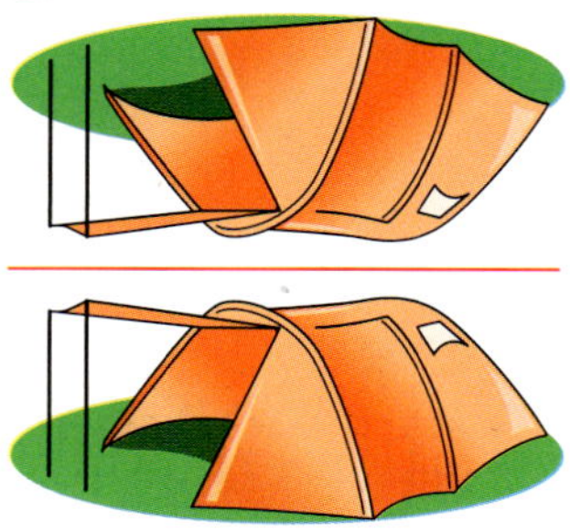

c.

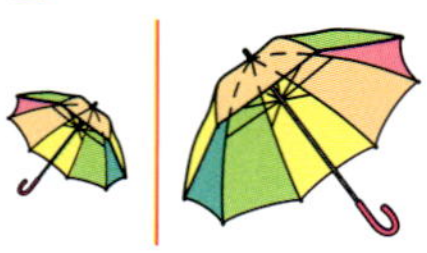

13 A′, B′, C′, D′ sont les symétriques respectifs des sommets A, B, C, D de ce quadrilatère par rapport à une droite. Donner oralement des informations (longueurs des côtés, mesure des angles, …) sur le quadrilatère A′B′C′D′.

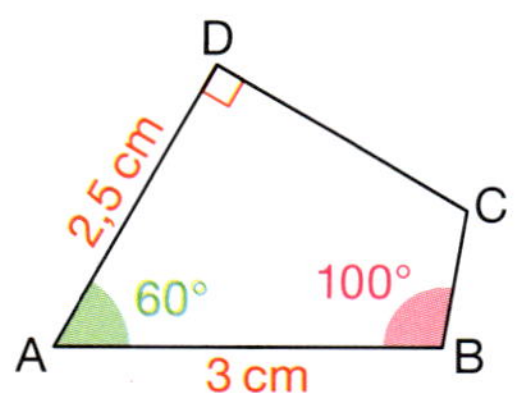

14 Dans chaque cas, sur une photocopie de la figure, dessiner à main levée le symétrique du motif par rapport à la droite (*d*).

a.

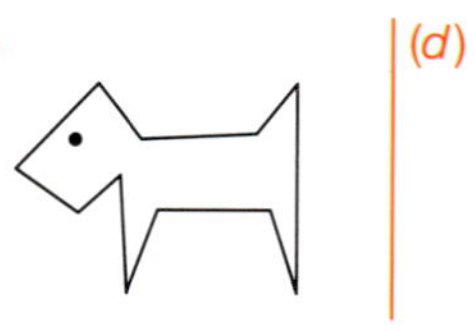

b.

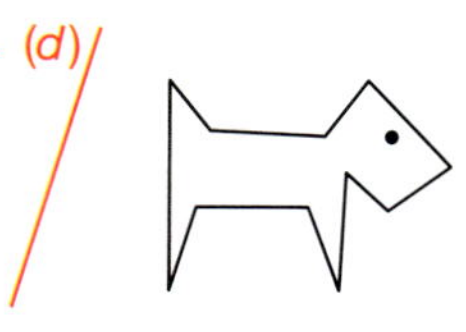

15 Sur une photocopie de la figure, par pliage, tracer le symétrique du motif par rapport à la droite (*d*).

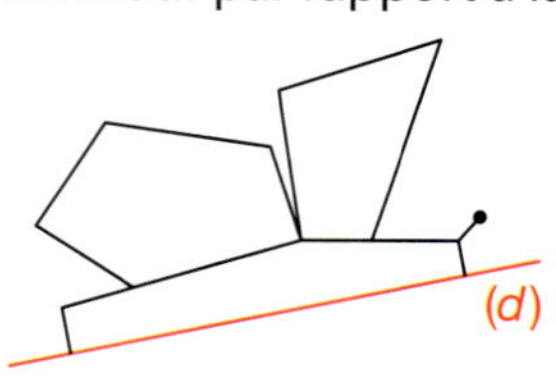

16 Réaliser la figure sur papier quadrillé et tracer sa symétrique par rapport à la droite (*d*).

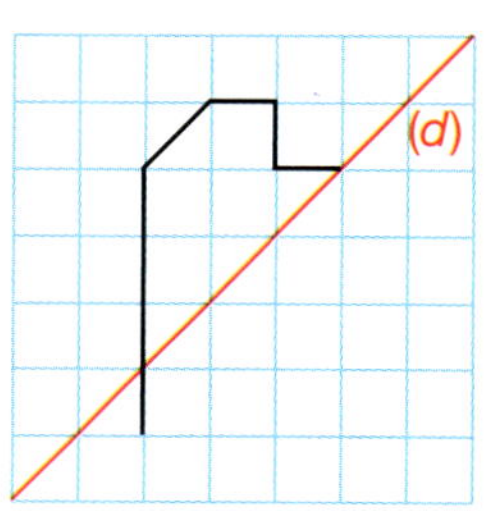

Construire des symétriques

À l'oral — **Questions flash**

17 Lire chaque phrase en remplaçant ▭ par « est » ou « n'est pas » et en justifiant.

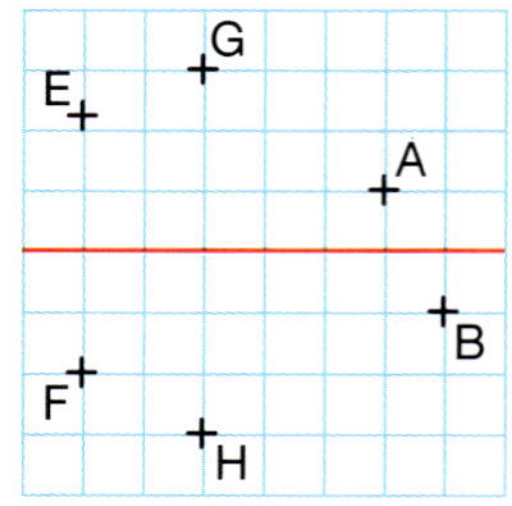

a. Le point A ▭ le symétrique du point B par rapport à la droite rouge car …

b. Le point G ▭ le symétrique du point H par rapport à la droite rouge car …

c. Le point E ▭ le symétrique du point F par rapport à la droite rouge car …

18 Tracer cette figure et construire les symétriques des points A, B, C, D, E par rapport à la droite (*d*).

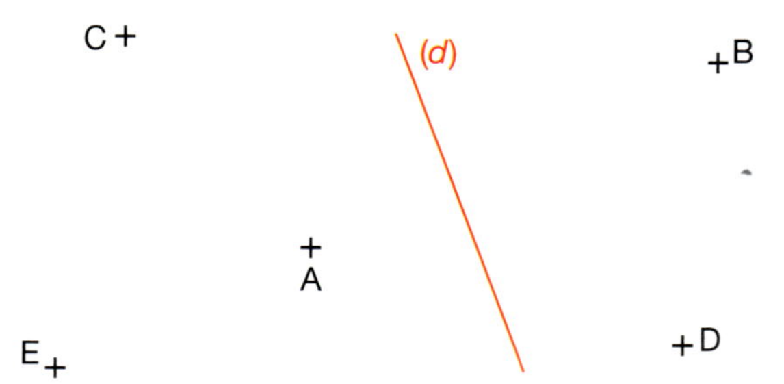

Coup de pouce
Prolonger le tracé de (*d*) si besoin.

19 CORRIGÉ en vidéo jaicompris.com

Tracer cette figure et construire les symétriques des points M et N par rapport :

a. à la droite (*d*) ; **b.** à la droite (*d′*).

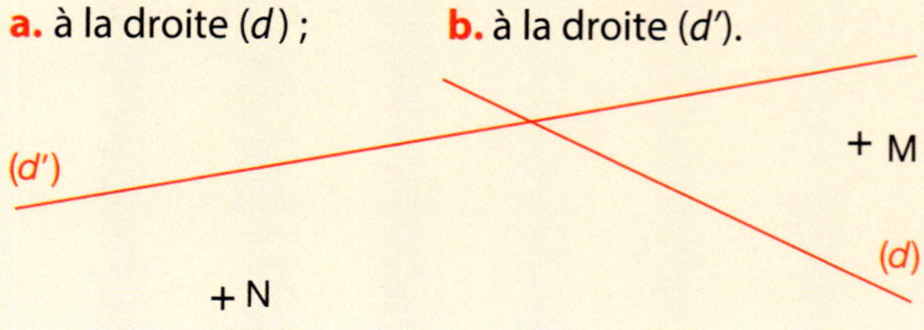

20 Dans chaque cas, tracer la figure sur papier quadrillé et construire la symétrique de la figure noire par rapport à la droite (*d*).

a.

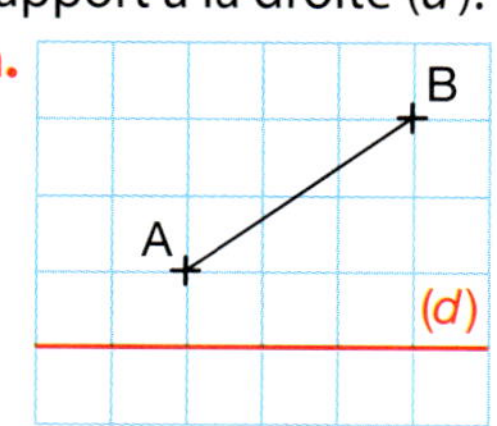

b.

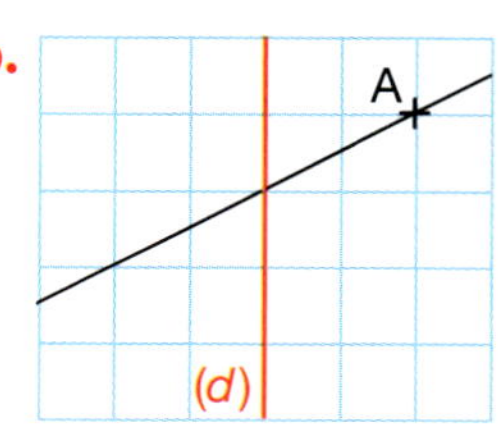

Je travaille mes automatismes

21 Tracer la figure sur papier uni et construire le symétrique du segment [AB] par rapport à la droite (*d*).

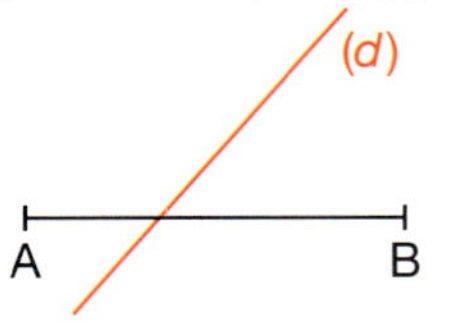

Pour les exercices **22** à **26**, tracer la figure sur papier uni et construire la symétrique de la figure noire par rapport à la droite (*d*).

22 **a.** (AB) // (*d*)

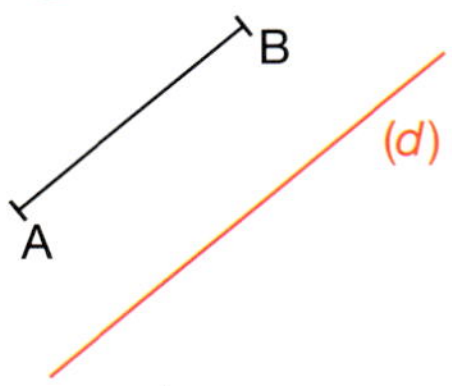

b. (AB) ⊥ (*d*)

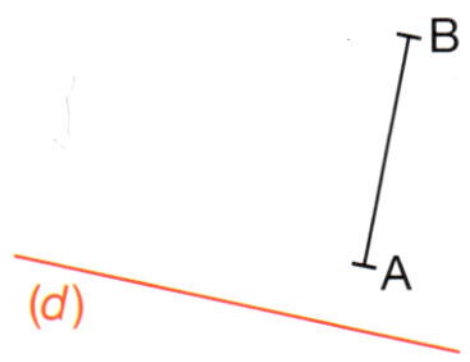

23 **a.**

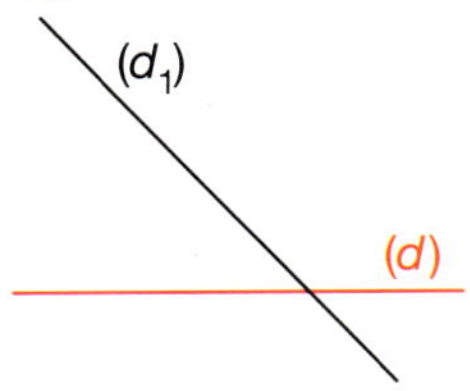

b. (d_1) // (*d*)

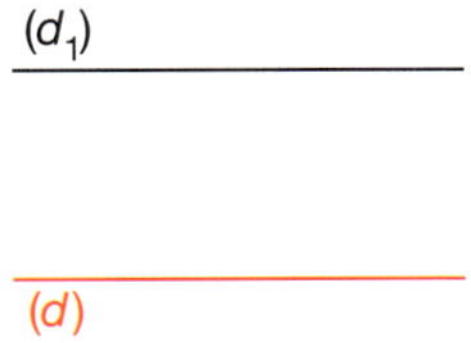

24 **a.**

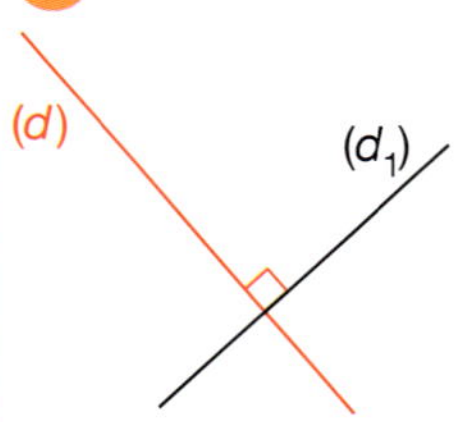

b.

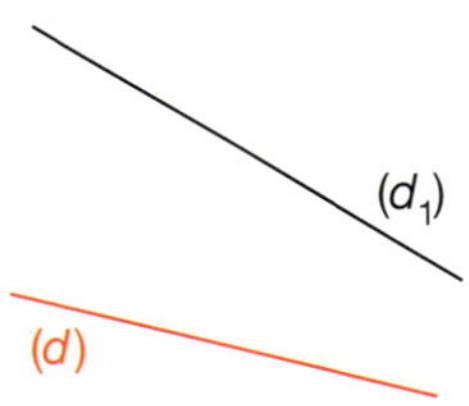

25 **a.**

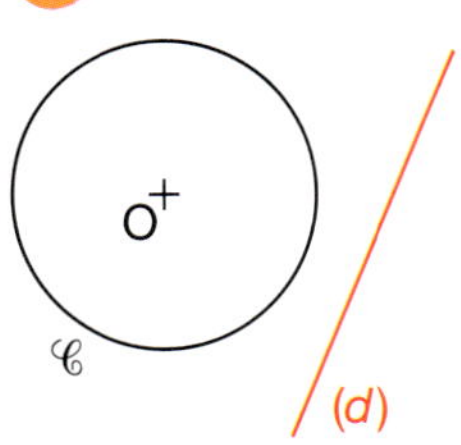

b. A ∈ (*d*) et A ∈ 𝒞

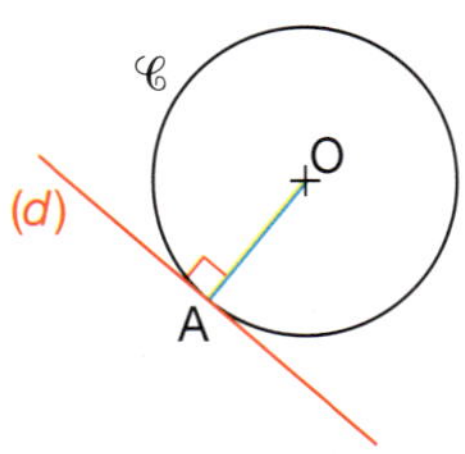

26 **a.**

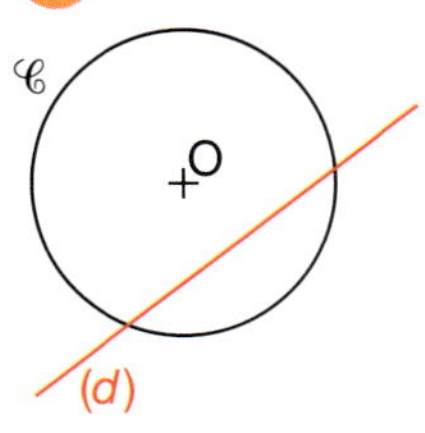

b. O ∈ (*d*)

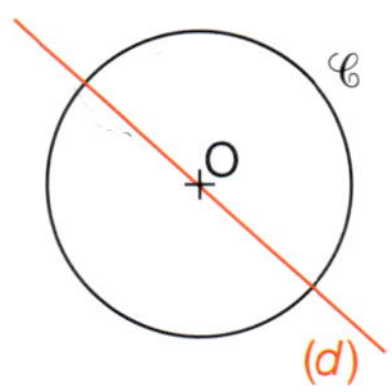

Reconnaître un axe de symétrie. Relier médiatrice et équidistance

À l'oral — Questions flash

27 Nael affirme : « La droite rouge est un axe de symétrie de chaque figure. »
A-t-il raison ? Expliquer.

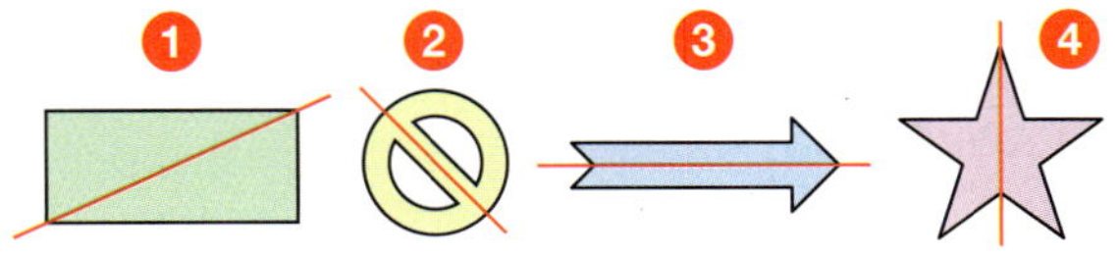

28 Existe-t-il un point M de cette droite (*d*) qui est équidistant des points A et B ?
Si oui, expliquer oralement sa construction.

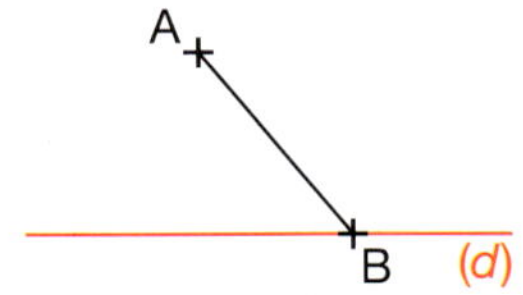

29 @ssr Pour chacun de ces panneaux, donner sa signification et indiquer combien il admet d'axes de symétrie.

30 CORRIGÉ en vidéo — jaicompris.com

Tracer la figure sur papier quadrillé et la compléter pour que la droite (*d*) soit axe de symétrie.

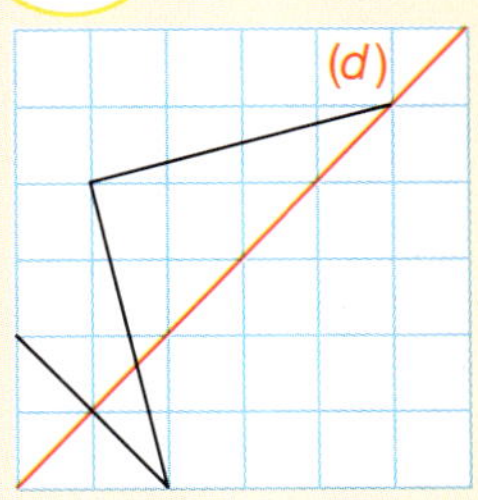

31 Décrire cette figure en rédigeant une phrase où figure le mot :
a. « médiatrice » ;
b. « symétrique(s) » ;
c. « équidistants ».

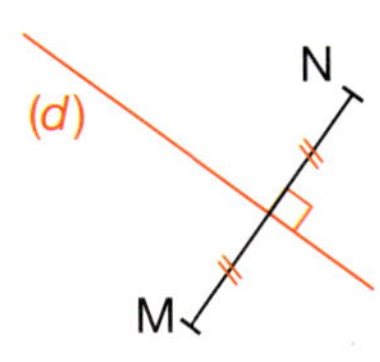

32 D'après les codages sur cette figure, que peut-on dire de la droite (CD) pour le segment [AB] ?
Expliquer.

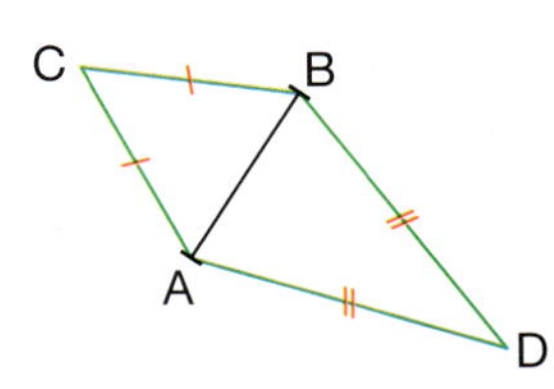

Connaître la symétrie axiale

33 Réaliser cette figure sur papier quadrillé et tracer le symétrique du motif noir par rapport à :
a. la droite (*d*) ;
b. la droite (*d*′).

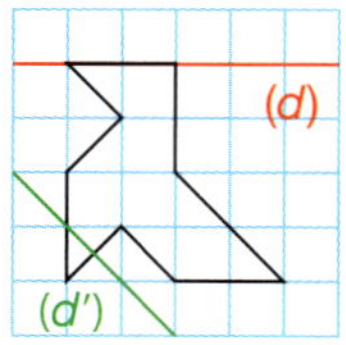

34 On suppose que chaque carreau de ce quadrillage a pour côté 1 cm.
a. Quels sont le périmètre et l'aire de la figure $\mathcal{F}$ ci-contre ?
b. Peut-on prévoir le périmètre et l'aire de la figure $\mathcal{F}'$ symétrique de $\mathcal{F}$ par rapport à (*d*) ? Si oui, quels sont-ils ?

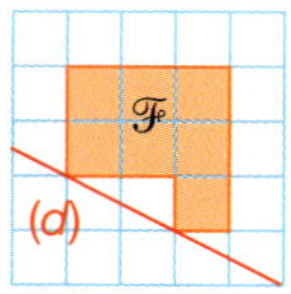

35 Dans chaque cas, dire si les motifs sont symétriques par rapport à une droite.
a. 1 et 8 ; **b.** 8 et 9 ; **c.** 3 et 7 ;
d. 6 et 9 ; **e.** 2 et 5 ; **f.** 5 et 9.

36 On note A′ le symétrique de A, B′ le symétrique de B et C′ le symétrique de C par rapport à la droite (*d*).

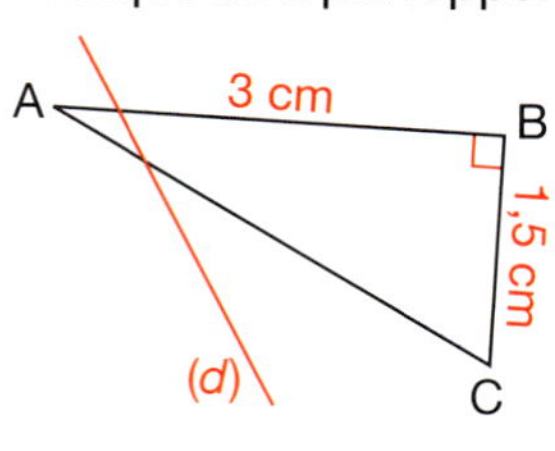

Quelles informations possède-t-on sur le triangle A′B′C′ sans le construire ?

37 *Jeux et casse-tête* Lina affirme : « J'ai construit la symétrique de la figure ci-contre par rapport à une droite et j'obtiens deux côtés parallèles et deux côtés de même longueur. »
A-t-elle raison ? Expliquer.

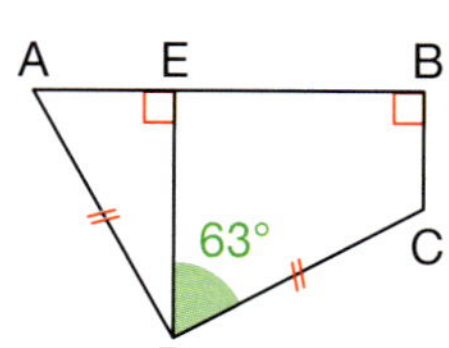

Construire des symétriques

38 Tracer cette figure et construire le symétrique du point P par rapport à la droite :
a. (MO) ; **b.** (MN) ; **c.** (NO).

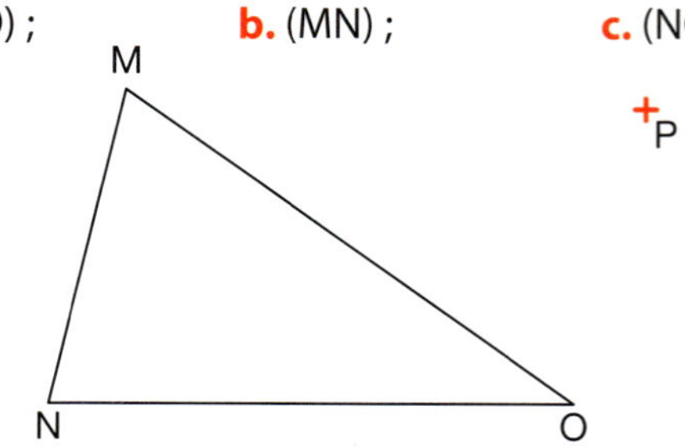

39 Les points A et B ci-contre sont symétriques par rapport une droite (*d*) qui a été effacée.
Marquer de tels points sur papier uni et construire la droite (*d*) avec les instruments de géométrie.

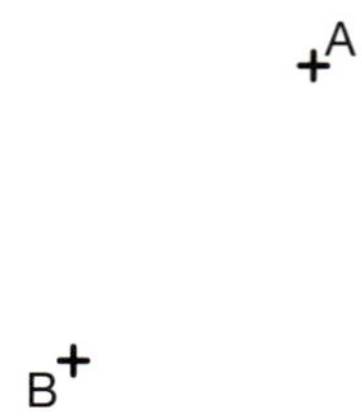

40 Dans chaque cas, tracer la figure sur papier uni et construire le symétrique du quadrilatère par rapport à la droite (AM) avec les instruments de géométrie.

a.

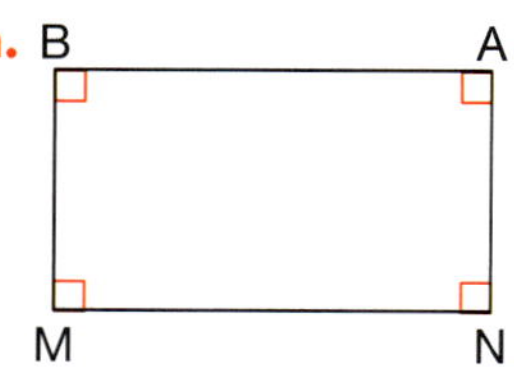

b.

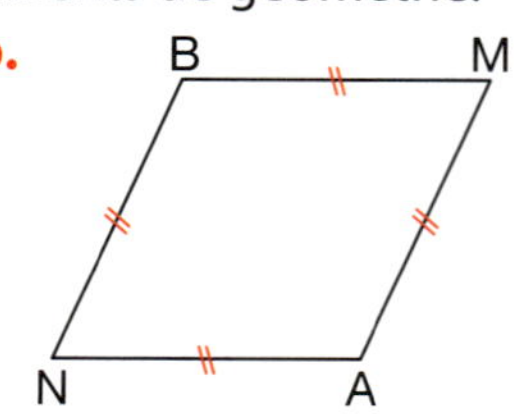

41 CORRIGÉ en vidéo jaicompris.com

Dans chaque cas, tracer la figure sur papier uni et construire le symétrique du triangle par rapport à la droite (*d*) avec les instruments de géométrie.

a.

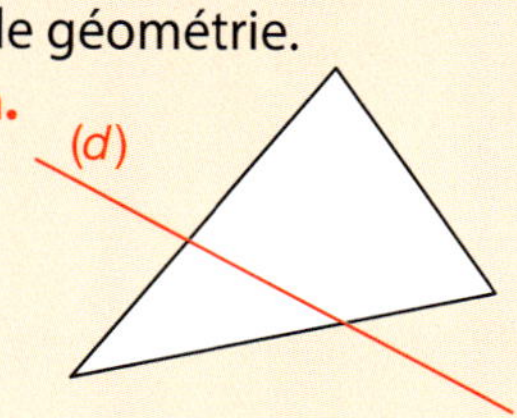

b.

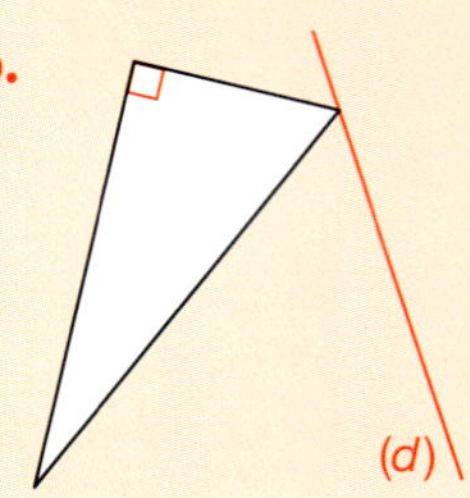

42 *Jeux et casse-tête* Dans chaque cas, calculer mentalement la somme et la différence du nombre écrit et de son symétrique par rapport à la droite (*d*).

a.

b.

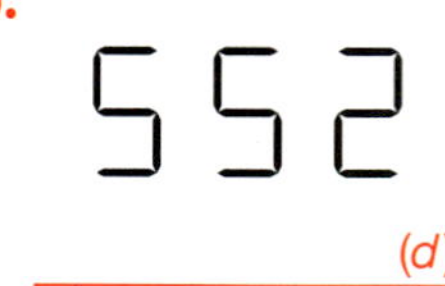

Je m'entraîne

Comprendre les médiatrices

43 **a.** Tracer un segment [MN], puis construire sa médiatrice (d) avec la règle et le compas.
b. Marquer un point A qui appartient à la droite (d). Tracer le cercle de centre A qui passe par M.
Que remarque-t-on ? Expliquer pourquoi.

44 Akim (A) et Ben (B) ont rendez-vous sur le chemin $\mathscr{C}$. Sur une photocopie de la figure, marquer tous les lieux de rendez-vous possibles équidistants de A et B.

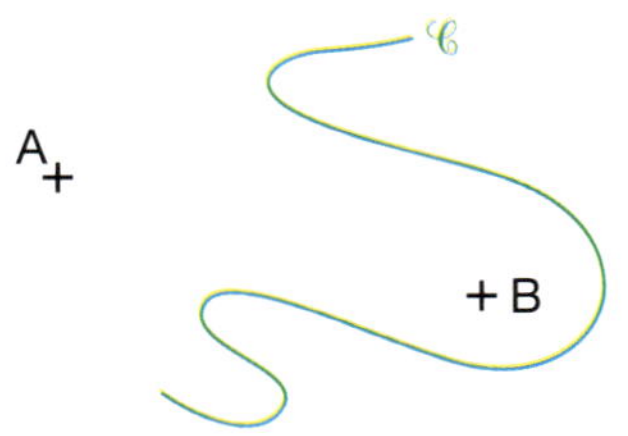

45 L'organisateur d'une compétition sportive souhaite trouver un lieu équidistant de Lille et Nantes, mais aussi équidistant de Marseille et Strasbourg.
Sur une photocopie de la carte ci-dessous, trouver le lieu où devrait se dérouler cette compétition.
Quelle est la ville la plus proche ?

46 **a.** Tracer un cercle de centre O puis une corde [AB] de ce cercle.
b. Tracer la médiatrice du segment [AB] avec la règle et le compas.
c. Georgina affirme : « Cette médiatrice passe par le point O. » A-t-elle raison ? Expliquer.

47 La figure formée par ces deux triangles a un axe de symétrie.
Sur une photocopie de cette figure, construire cet axe de symétrie avec les instruments de géométrie.

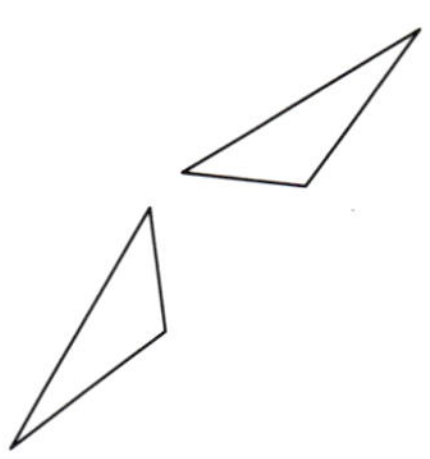

48 Le segment [MN] représente un mur dans une cour rectangulaire.
Tracer une telle figure et construire la médiatrice de ce segment avec la règle et le compas (sans construire de point derrière le mur).

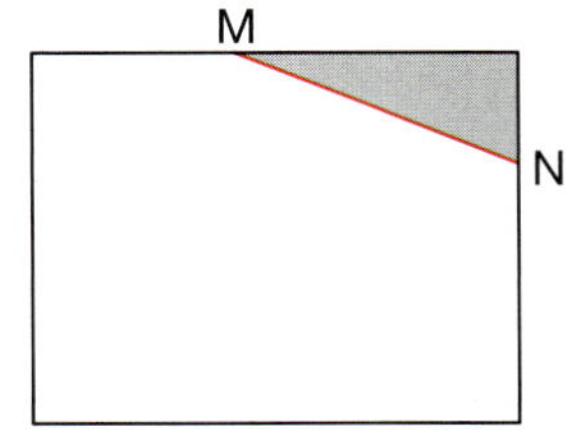

49 **Jeux et casse-tête** Certains mots de la langue française, écrits en lettres majuscules, ont un axe de symétrie.
Trouver cinq autres mots qui ont un axe de symétrie.

CODE BICHE

Synthèse

Utiliser symétrie axiale et médiatrice

50 On note $\mathscr{F}'$ la symétrique de la figure $\mathscr{F}$ par rapport à la droite rouge.

Objectif Tracer la figure $\mathscr{F}'$ en utilisant les propriétés de conservation de la symétrie.

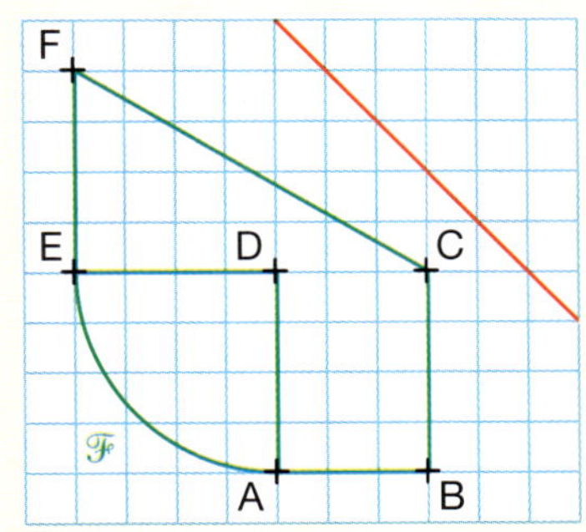

a. Sur une photocopie de cette figure, marquer les points A' et B' symétriques respectifs des points A et B par rapport à la droite rouge.
b. Terminer la construction de $\mathscr{F}'$ en s'aidant du quadrillage et des propriétés de conservation.

51 Voici trois boules de pétanque.
Le cochonnet C :
- est équidistant de E et G ;
- est à 3,5 cm de F ;
- est le plus proche possible de E.

Adèle pointe sa boule A et gagne le point.

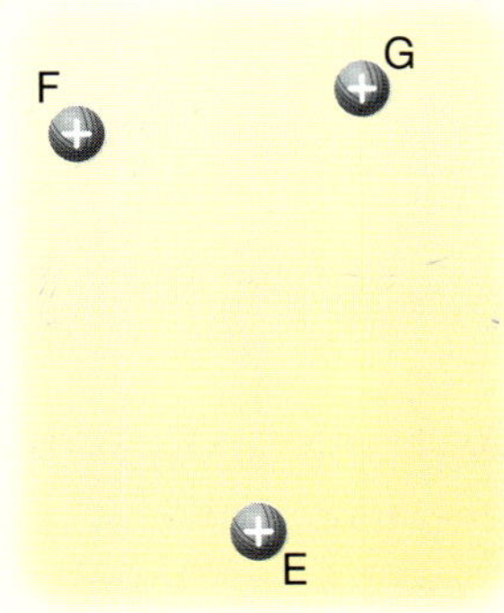

Objectif Représenter les positions possibles de la boule A d'Adèle.

a. Sur une photocopie de cette figure, construire l'emplacement du cochonnet C.
b. Colorier la zone des positions possibles de la boule A.

Parcours différenciés

Je m'évalue

Pour chaque question, une seule réponse est exacte.

QCM supplémentaires
college.nathan.fr/tm6256

	a	b	c	En cas d'erreur
52 Les deux motifs sont symétriques par rapport à la droite rouge sur la figure…		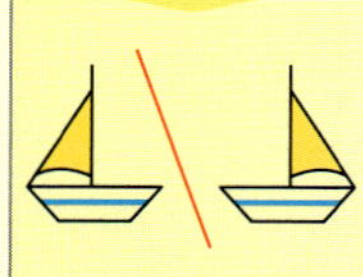	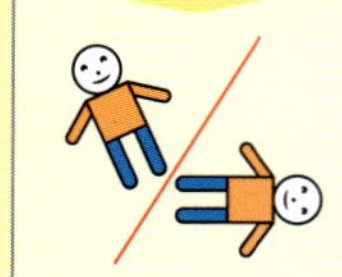	Cours 1 p. 248
53 Deux triangles symétriques par rapport à la droite rouge ne peuvent être représentés qu'à la figure…	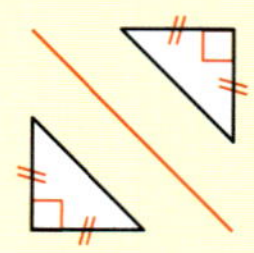	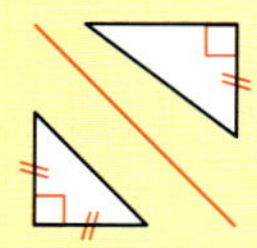	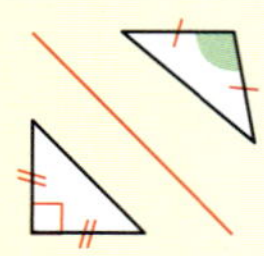	
54 Les points A et A′ sont symétriques par rapport à la droite (*d*) sur la figure…	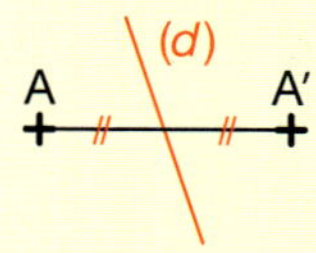	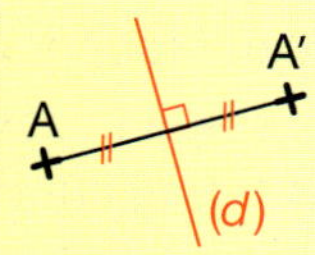	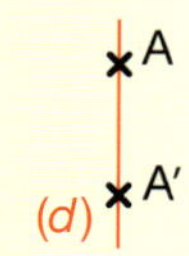	Cours 2 p. 248 et ex. 1 et 4 p. 249
55 Les segments [AB] et [A′B′] sont symétriques par rapport à une droite sur la figure…	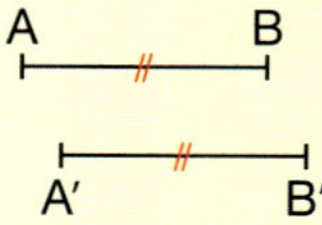	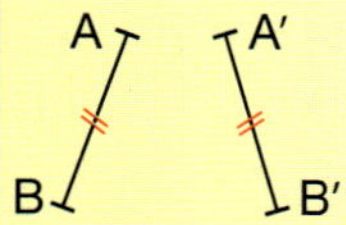	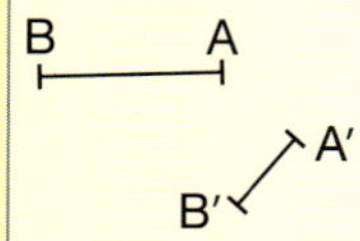	
56 La symétrique d'une droite par une symétrie axiale est toujours…	une droite parallèle	une droite perpendiculaire	une droite	
57 Le symétrique de ce cercle par rapport à la droite (*d*) coupe cette droite… 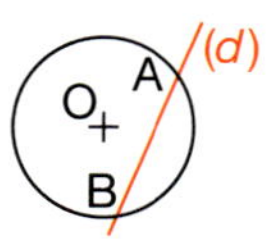	en aucun point	en les deux points A et B	en deux autres points que A et B	
58 Le motif qui a un seul axe de symétrie est représenté à la figure…	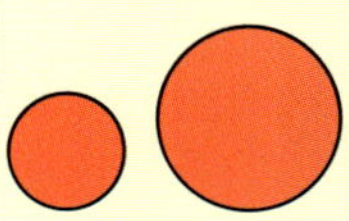		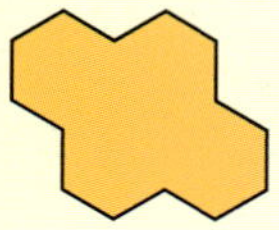	Cours 3 p. 250
59 Cette figure est complétée par symétrie par rapport à la droite (*d*) sur la figure… 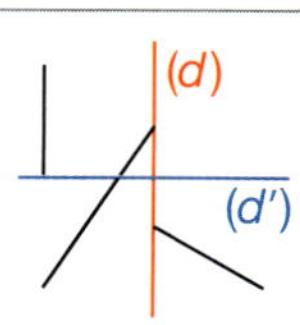	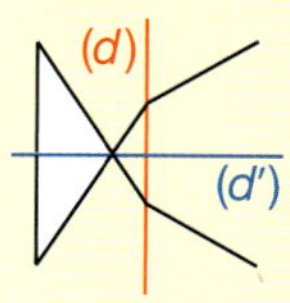	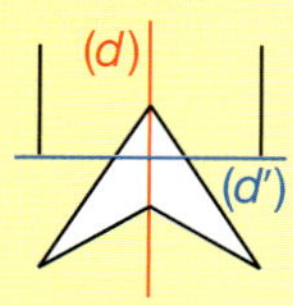	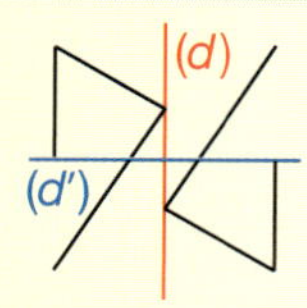	Ex. 6 p. 251
60 Un point M appartient à la médiatrice d'un segment [AB]. Alors…	AM = AB	MA = MB	AB = MB	
61 [AB] est un segment et M, N, P sont des points tels que : MA = 50 mm, NA = 2 cm, PA = 3 cm, MB = 5 cm, NB = 2 cm, PB = 2,9 cm. La médiatrice du segment [AB] est la droite…	(PM)	(PN)	(MN)	Cours 4 p. 250

Selon ton score page précédente

Parcours conseillé
- Entre **0 et 4 bonnes réponses** : drapeau vert
- Entre **5 et 7 bonnes réponses** : drapeau bleu
- **8 bonnes réponses ou plus** : drapeau rouge

62 Comprendre un programme de construction

M est un point qui n'appartient pas à une droite (d).
On se propose de réaliser ou de rédiger certains programmes de construction.

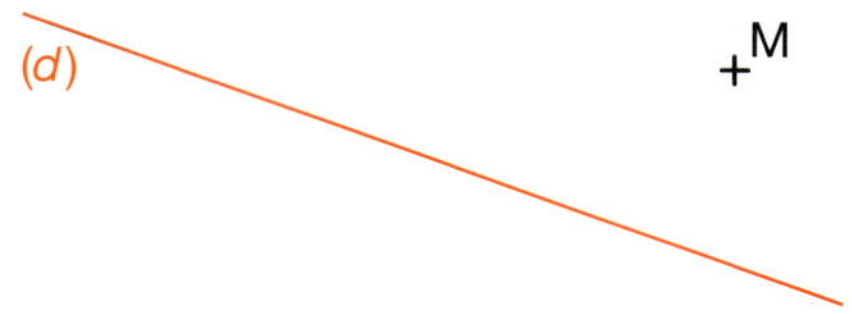

PARCOURS 1

a. Réaliser la figure ci-dessus puis tracer :
- un arc de cercle de centre M qui coupe la droite (d) en deux points A et B ;
- deux arcs de cercles de centres A et B, de même rayon et qui se coupent en un point P (autre que M).

b. Quel est le rôle de la droite (MP) pour le segment [AB] ? Expliquer.

PARCOURS 2

Rédiger un programme de construction de deux points A et B de la droite (d) tels que la médiatrice du segment [AB] passe par le point M.

PARCOURS 3

Rédiger un programme de construction, à l'aide du compas seulement, du symétrique P du point M par rapport à la droite (d).

63 Étudier un carrelage

Voici un carrelage constitué de triangles équilatéraux et de carrés qui ont tous le même côté.
On se propose d'étudier des pavages de ce type.

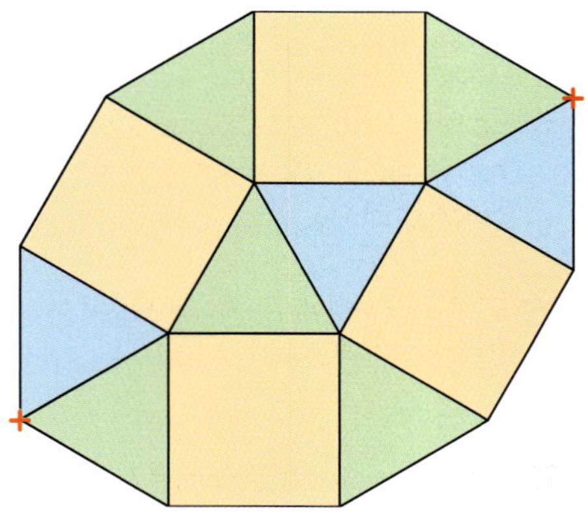

PARCOURS 1

a. Sur une photocopie de ce carrelage, tracer la droite qui passe par les deux points rouges.
Plier la feuille autour de cette droite.
Est-ce un axe de symétrie de la figure (sans tenir compte des couleurs) ?

b. La figure admet-elle un autre axe de symétrie ?
Si oui, le tracer ?

PARCOURS 2

Le périmètre du carrelage ci-dessus est 132 cm.
Quelle est l'aire d'un carré ?

PARCOURS 3

Sur une photocopie du carrelage, découper les 12 figures et les assembler de façon à obtenir un carrelage qui a quatre axes de symétrie (sans tenir compte des couleurs).

Tracer des figures symétriques

64 Algo Étudier des scripts de construction ▶ Livret Scratch p. 2 et 4

1. Exécuter un script

Voici un script Scratch.

```
quand [drapeau] est cliqué
cacher
aller à x: (0) y: (0)
effacer tout
stylo en position d'écriture
mettre la couleur du stylo à [bleu]
s'orienter à (-90)
avancer de (200) pas
tourner ↻ de (90) degrés
avancer de (100) pas
aller à x: (0) y: (0)
```

a. Sur papier quadrillé, marquer un point comme centre de la scène.
Tracer la figure $\mathscr{F}$ dessinée par le lutin en prenant 1 carreau pour 25 pas.
b. Ouvrir le logiciel Scratch et saisir ce script.
c. L'exécuter et contrôler la figure tracée à la question **a**.

Info

- `aller à x: (0) y: (0)` place le lutin au centre de la scène.
- `s'orienter à (-90)` oriente le lutin vers la gauche.

2. Compléter un script

On se propose de compléter le script précédent afin d'obtenir également la symétrique $\mathscr{F}'$ de la figure $\mathscr{F}$ par rapport à la droite verticale de la scène qui passe par son centre.
Voici donc la suite des instructions mais certaines données sont omises.
a. Saisir ces instructions et compléter les lignes **(1)**, **(2)** et **(3)**.
b. Exécuter alors le script obtenu et contrôler le tracé des figures $\mathscr{F}$ et $\mathscr{F}'$.

```
    mettre la couleur du stylo à [rouge]
    s'orienter à (90)
(1) avancer de ( ) pas
(2) tourner ↺ de ( ) degrés
(3) avancer de ( ) pas
    aller à x: (0) y: (0)
```

J'utilise mes compétences

65 Communiquer en anglais

Représenter • Communiquer

On a photocopy, draw all the lines of symmetry on each flag.

a. 

b. 

66 Tice Utiliser un logiciel

Représenter • Communiquer

a. Avec le logiciel GeoGebra, tracer une droite (utiliser **Droite**). Faire un clic droit sur A, puis sur B et décocher **Afficher l'objet**.

b. Créer un point C qui n'appartient pas à la droite (utiliser **Point**).

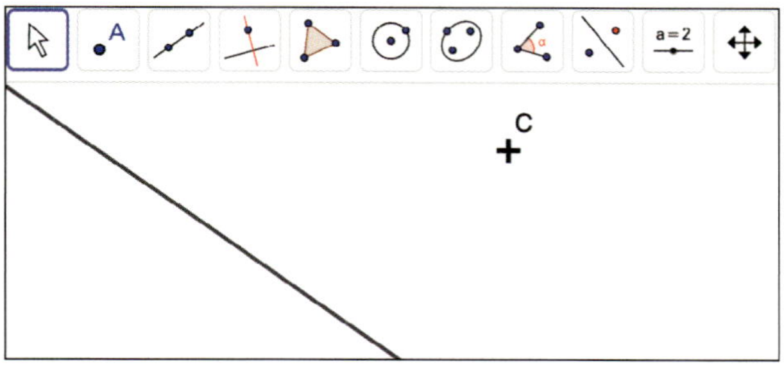

c. Créer le symétrique de C par rapport à la droite (utiliser **Symétrie axiale** et cliquer sur C, puis sur la droite). Le logiciel note automatiquement C′ ce symétrique.

d. Créer un segment [CD] (utiliser **Segment**), puis le symétrique de [CD] par rapport à la droite. Déplacer le point D et faire des observations sur les positions de ces deux segments.

67 Comprendre une situation

Représenter • Communiquer

a. A, B, C et D représentent les positions de quatre nageuses de natation synchronisée dans une piscine, et la droite (*d*) représente une ligne de flotteurs. Sur une photocopie, construire les points E, F, G et H qui représentent quatre autres nageuses symétriques de A, B, C et D respectivement, par rapport à la ligne de flotteurs.

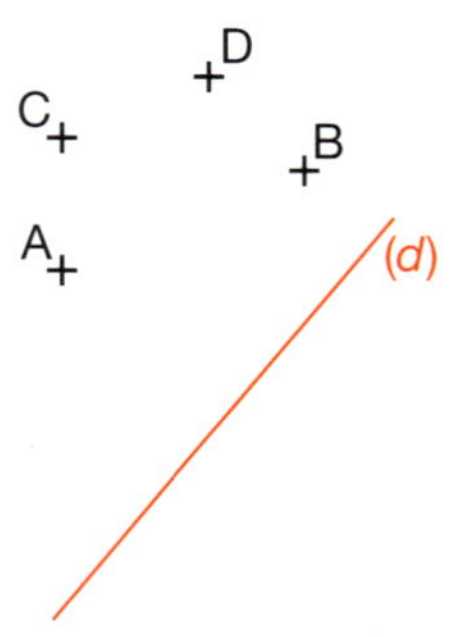

b. Chaque groupe de quatre nageuses admet un axe de symétrie. Construire ces deux axes.

68 Travailler avec des horaires

Chercher • Représenter • Calculer

1. Voici l'heure affichée sur un réveil.

a. Reproduire cet affichage et construire son symétrique par rapport à la droite (*d*).

b. Quelle durée minimale sépare ces affichages ?

2. Trouver un affichage dont le symétrique par rapport à la droite (*d*) est exactement le même.

69 Prendre part à un débat

Raisonner • Communiquer

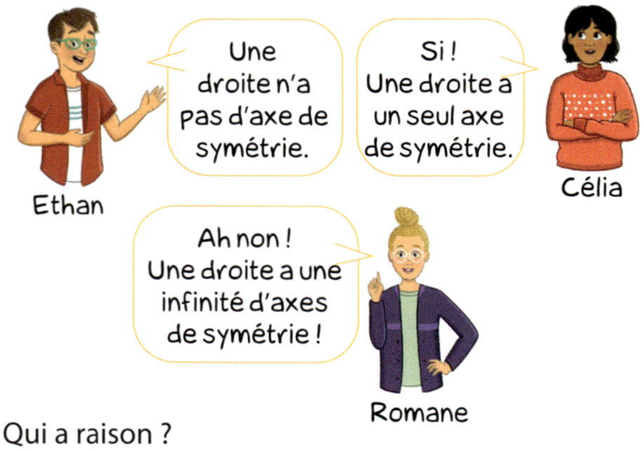

Qui a raison ?

70 Utiliser la règle non graduée

Représenter • Raisonner

Les points A et A′ sont symétriques par rapport à la droite (*d*).

Sur une photocopie, construire la symétrique de la droite (Δ) par rapport à (*d*) à l'aide uniquement de la règle non graduée. Expliquer.

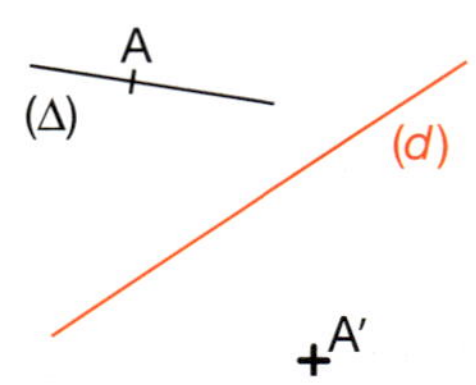

71 Réaliser un puzzle

Chercher • Représenter • Communiquer

Cette figure est formée d'un triangle ABC et de trois carrés.

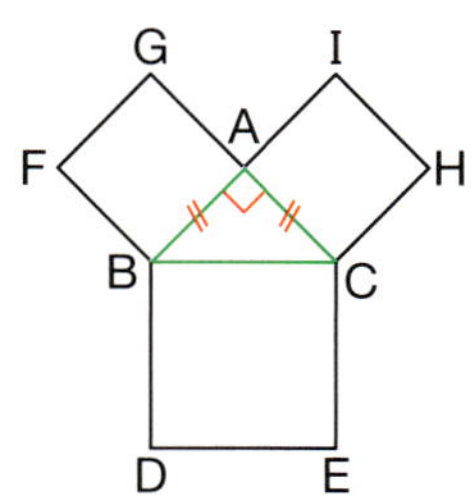

a. Quel est le symétrique du segment [BC] par rapport à la droite (AB) ?

b. Expliquer pourquoi l'aire d'un petit carré est le double de l'aire du triangle ABC.

c. Expliquer pourquoi l'aire du grand carré est la somme des aires des deux petits carrés.

72 Constuire le symétrique d'un point

Représenter • Raisonner

Les points B et C sont symétriques par rapport à la droite (*d*).
Sur une photocopie et à l'aide uniquement de la règle non graduée, construire le symétrique du point A.

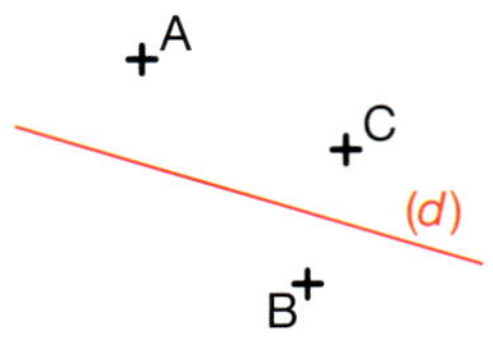

73 Tice Réaliser un pavage

Représenter

a. Ouvrir le logiciel GeoGebra et afficher la grille (faire un clic droit, cliquer sur **Afficher Grille** puis sur **Quadrillage principal**).
b. Créer le polygone ABCDEFGH ci-dessous (utiliser **Polygone**).

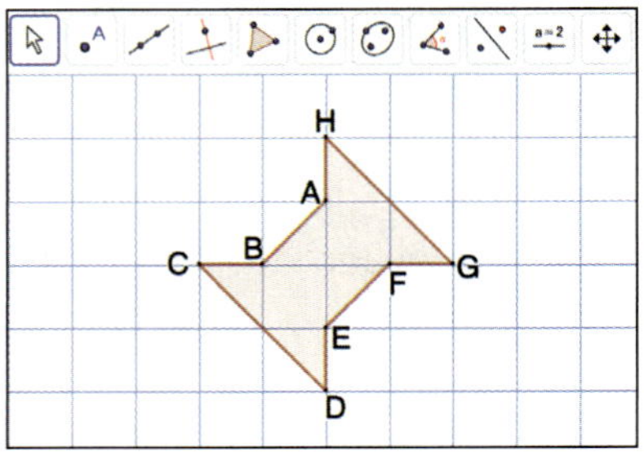

c. Créer les droites (CD), (DG), (GH) et (HC).
d. Créer le symétrique du polygone ABCDEFGH par rapport à la droite (CD) (utiliser **Symétrie axiale**, cliquer à l'intérieur du polygone puis sur la droite (CD)).
Créer de façon analogue les symétriques du polygone ABCDEFGH par rapport à chacune des droites (DG), (GH) et (HC).
e. Poursuivre le pavage de la fenêtre de travail à l'aide d'autres symétries.

74 Comprendre et expliquer

Chercher • Représenter • Communiquer

$\mathscr{C}$ et $\mathscr{C}'$ sont deux cercles de centres I et J, sécants en A et B. Le point M est le milieu du segment [AB].
Que peut-on dire des points M, I, J ? Expliquer.

75 Imaginer une stratégie

Chercher • Représenter • Raisonner

« Je suis un triangle ABC ; mon sommet A appartient à la médiatrice du côté [BC] et mon sommet B appartient à la médiatrice du côté [AC]. »

Construire un tel triangle ABC.

76 Problème ouvert

Chercher • Représenter • Raisonner

Le compas de Nélia est bloqué, son écartement ne peut pas dépasser 4 cm.
Comment peut-elle procéder pour construire la médiatrice d'un segment [AB] (donné) de longueur 11 cm à l'aide de ce compas et de la règle non graduée ?

Narration de RECHERCHE

77 PROBLÈME Sur la figure ci-dessous, le point A appartient à la droite (*d*).
M est le point de la demi-droite [AB) situé à 5 cm de A ; il est en dehors du cadre ci-dessous.

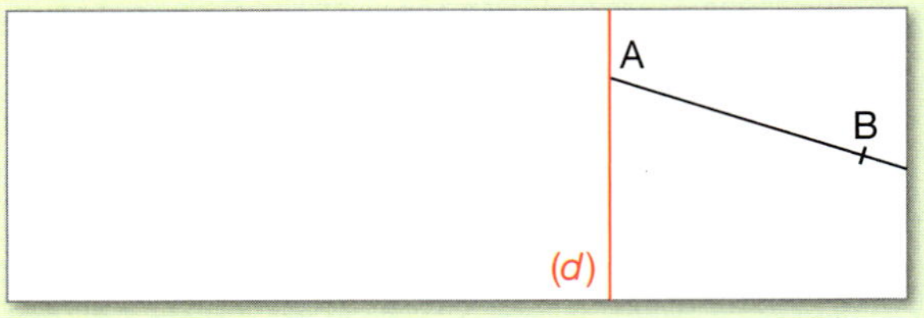

Sur une photocopie, construire le symétrique M' du point M par rapport à la droite (*d*) **sans effectuer de tracés en dehors du cadre.**

Raconter sur une feuille les différentes étapes de la recherche et les remarques qui ont fait changer de méthode ou qui ont permis de résoudre le problème.

Des défis

78 Imaginer des pliages

Voici trois panneaux carrés en verre.
On replie autour des droites rouges les panneaux ❶ et ❸ sur le panneau ❷.
Combien voit-on alors de triangles blancs en transparence ?

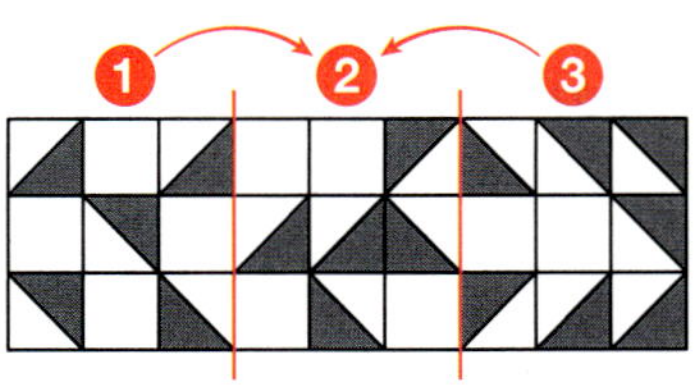

79 Imaginer un procédé de construction

Tracer cette figure et construire, avec la règle non graduée, le symétrique du point A par rapport à la droite (*d*).

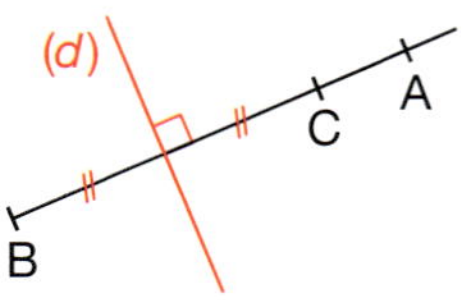

Je prends des initiatives

TÂCHES COMPLEXES

80 JOUER à l'architecte paysagiste

La situation-problème

Un jardin « à la française » cherche à corriger la nature afin d'y imposer symétries et proportions.
Sur papier quadrillé, imaginer un jardin de ce type admettant deux droites perpendiculaires pour axes de symétrie.

Les jardins du château de Villandry, près de Tours (Indre-et-Loire), un exemple de jardin à la française.

Doc. 1

Les axes de symétrie du jardin

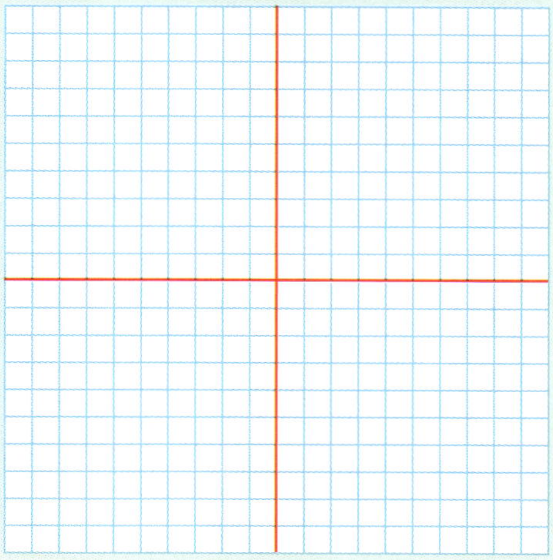

Doc. 2

Des défauts de symétrie

Sur la photo ci-dessus, on peut observer quelques petits défauts de symétrie.
Essayer de les éviter sur la production réalisée.

Les supports de travail

Les documents, du papier quadrillé, des crayons de couleur.

Toute piste de recherche, même non aboutie, figurera sur la feuille.

81 S'INITIER à l'origami

La situation-problème

Julian a trouvé des schémas expliquant comment obtenir un renard en origami.
Réaliser le pliage de Julian.

Les supports de travail

Les documents, une feuille de papier carrée.

Toute piste de recherche, même non aboutie, figurera sur la feuille.

Doc. 1

L'origami ou l'art du pliage

Les plis sont en général donnés par la carte des plis (doc. 3) : en rouge les plis « en vallée » et en bleu les plis « en montagne ».
Les étapes du pliage sont données au doc. 2 : les traits en pointillés indiquent le pliage à effectuer à certaines étapes.

Doc. 2

Les étapes du pliage

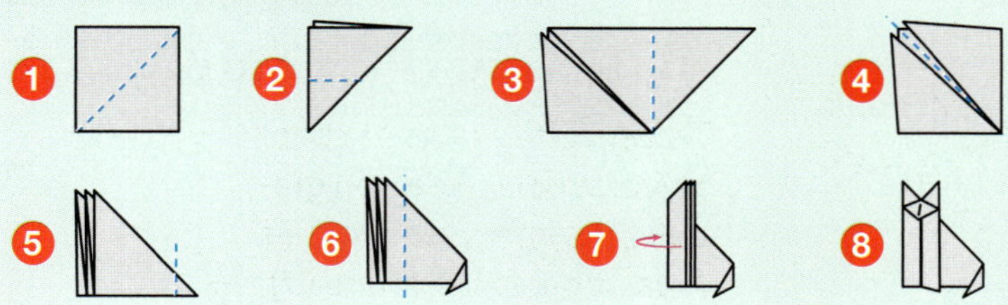

Doc. 3

La carte des plis

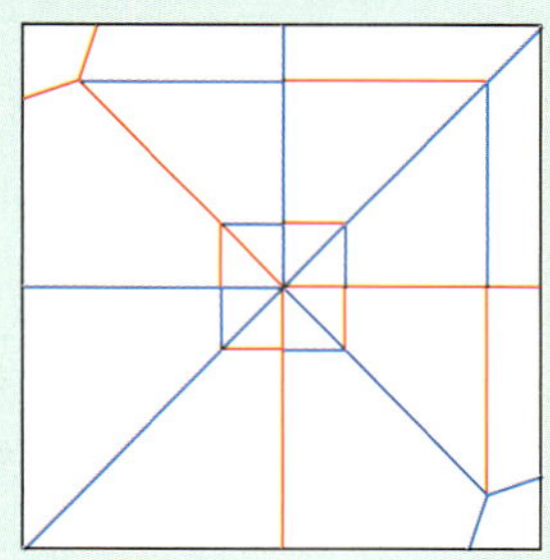

CHAPITRE 16

Étudier des propriétés de figures usuelles

De nombreux artistes s'appuient sur des formes géométriques pour créer leurs œuvres.
C'est par exemple le cas de cette peinture *Château et Soleil* de Paul Klee (1879-1940), sur laquelle on peut reconnaître des carrés, des rectangles, des losanges, des triangles équilatéraux ou isocèles, etc.

Bien démarrer

Pour chaque question, une réponse ou plusieurs sont exactes.

		a	b	c
1	La droite verte est la médiatrice du segment… 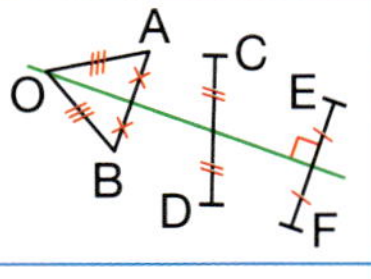	[AB]	[CD]	[EF]
2	Pour vérifier si ce triangle est isocèle, on peut utiliser… 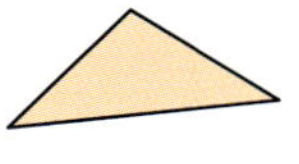	une équerre	une règle graduée	un compas
3	Pour vérifier si ce quadrilatère est un carré, on peut utiliser… 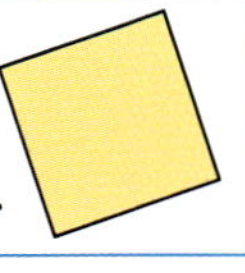	une équerre et une règle graduée	un rapporteur et une règle graduée	un compas et une équerre
4	Un rectangle non carré est un quadrilatère qui a…	quatre angles droits	ses côtés opposés de même longueur	ses côtés perpendiculaires et de même longueur
5	Une figure qui a au moins un axe de symétrie est…			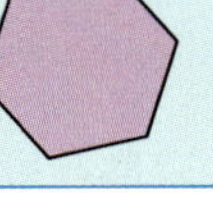

Vérifie tes réponses p. 288

Je découvre

ACTIVITÉ 1

Construire des axes de symétrie de figures usuelles

Cours Paragraphe 1, p. 264

Dans chaque cas, sur papier uni et avec les instruments de géométrie, construire en vraie grandeur la figure et son (ou ses) axe(s) de symétrie.

a. ABC est le triangle isocèle représenté ci-contre.
b. DEF est un triangle équilatéral de côté 3,2 cm.
c. MNPQ est le losange représenté ci-contre.
d. RSTU est un rectangle de dimensions 3 cm et 5 cm.

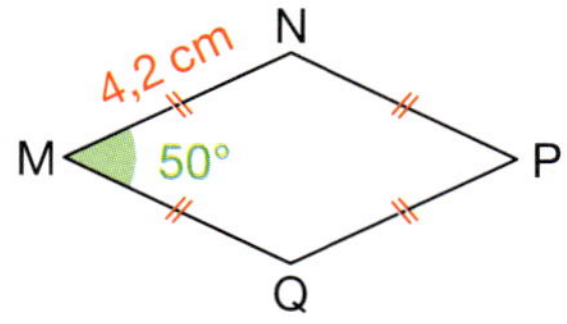

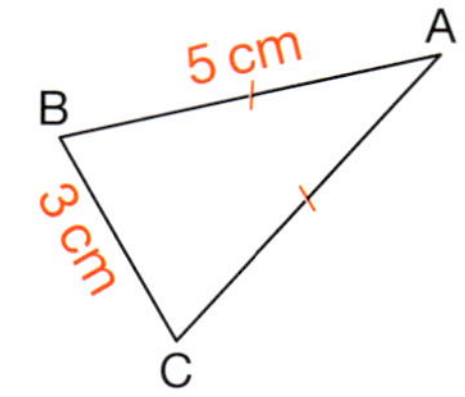

ACTIVITÉ 2

Étudier une propriété angulaire des triangles isocèles

Cours Paragraphe 2a, p. 266

1 **a.** Tracer un triangle ABC isocèle en A. Marquer le milieu I du côté [BC]. Tracer la droite (AI).
b. Expliquer pourquoi la droite (AI) est la médiatrice du segment [BC].
c. Par la symétrie d'axe (AI), quel est le symétrique :
• du point A ? • du point B ? • du point C ?

2 **a.** Recopier et compléter le raisonnement suivant :
« Les symétriques des points A, B, C par la symétrie d'axe (AI) sont les points ..., ..., ...
Donc, le symétrique de l'angle $\widehat{ABC}$ est l'angle ....
Or une symétrie axiale conserve ..., donc $\widehat{ABC}$ = ... »
b. Énoncer la propriété établie ci-dessus.

ACTIVITÉ 3

Étudier une propriété des diagonales des losanges

Cours Paragraphe 2b, p. 266

ABCD est le losange ci-contre.

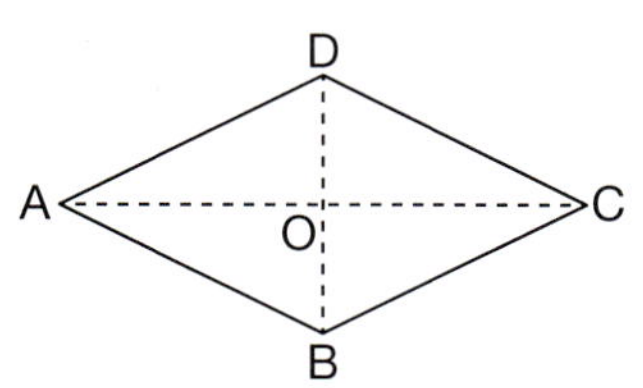

1 **a.** Expliquer pourquoi les points B et D sont à la même distance des extrémités du segment [AC].
b. Que peut-on dire alors de l'affirmation de Romane ? Expliquer.

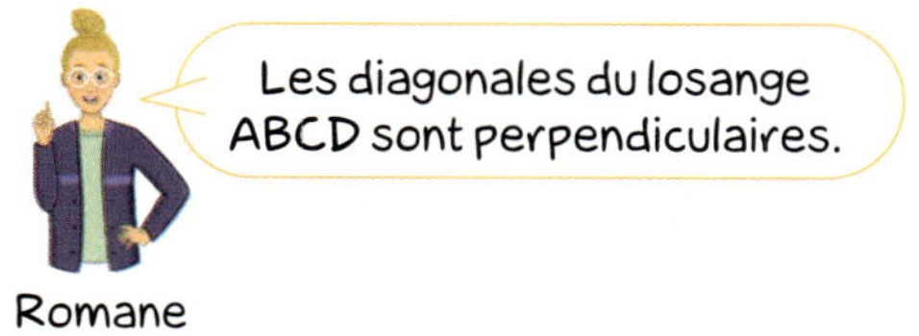

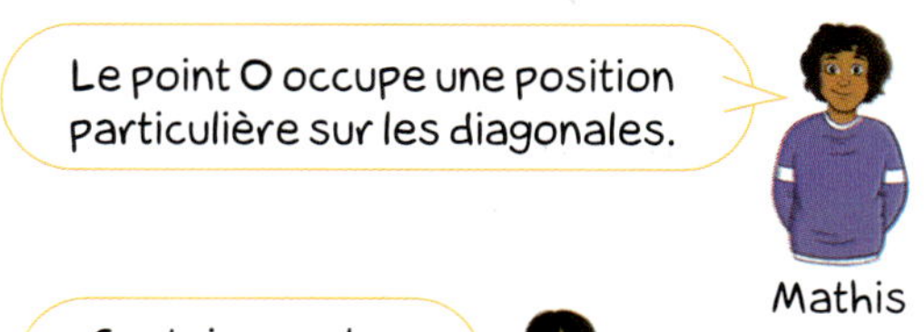

2 Expliquer et préciser l'affirmation de Mathis.

3 Expliquer et préciser l'affirmation de Célia.

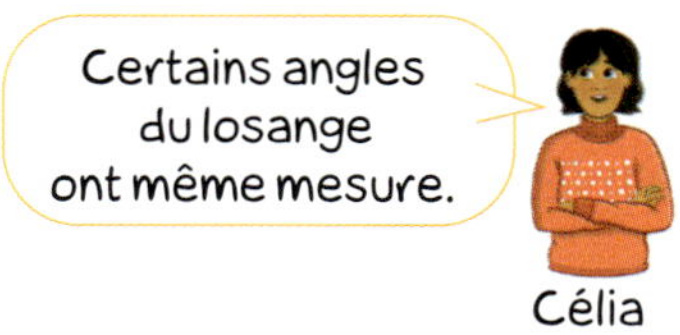

1 Axes de symétrie de figures usuelles

Exercices 13 à 20

a. Triangle isocèle

PROPRIÉTÉ Un triangle **isocèle** a **un** axe de symétrie : la médiatrice de sa base.

Exemple

ABC est un triangle isocèle en A.
Le point I est le milieu de la base [BC].
L'axe de symétrie du triangle ABC est la médiatrice (AI) de la base [BC].

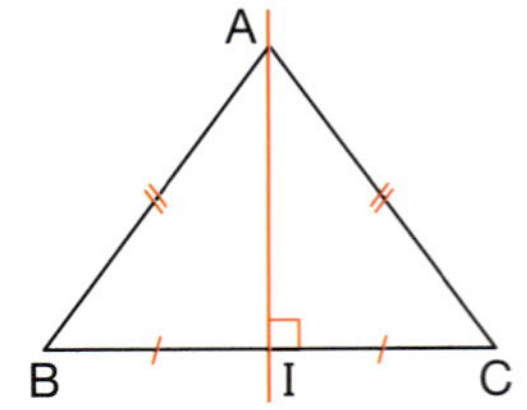

b. Triangle équilatéral

PROPRIÉTÉ Un triangle **équilatéral** a **trois** axes de symétrie : les médiatrices de ses côtés.

Exemple

ABC est un triangle équilatéral.
I est le milieu du côté [BC], J celui du côté [AC] et K celui du côté [AB].
Les axes de symétrie du triangle ABC sont les médiatrices (AI), (BJ) et (CK) de ses côtés.

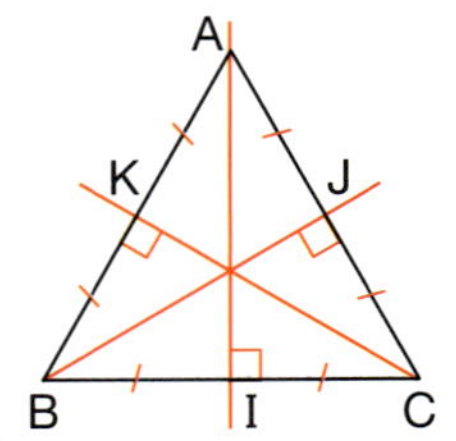

c. Rectangle

PROPRIÉTÉ Un **rectangle** a **deux** axes de symétrie : les médiatrices de ses côtés.

Exemple

ABCD est un rectangle.
La médiatrice (*d*) des côtés [AB] et [DC], la médiatrice (*d'*) des côtés [AD] et [BC] sont ses axes de symétrie.

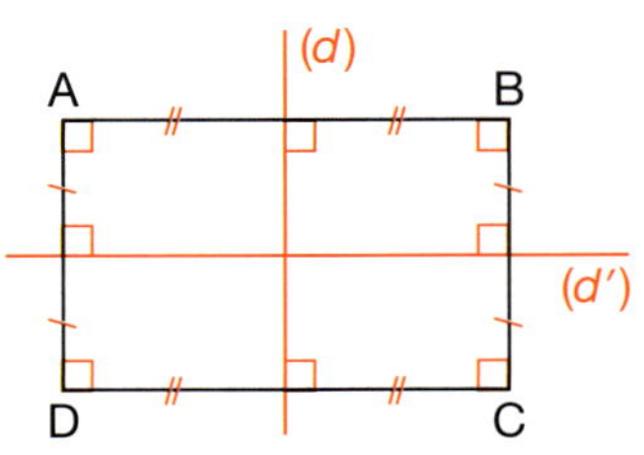

d. Losange

PROPRIÉTÉ Un **losange** a **deux** axes de symétrie : les droites qui portent ses diagonales.

Exemple

ABCD est un losange.
Les droites (AC) et (BD) sont ses axes de symétrie.

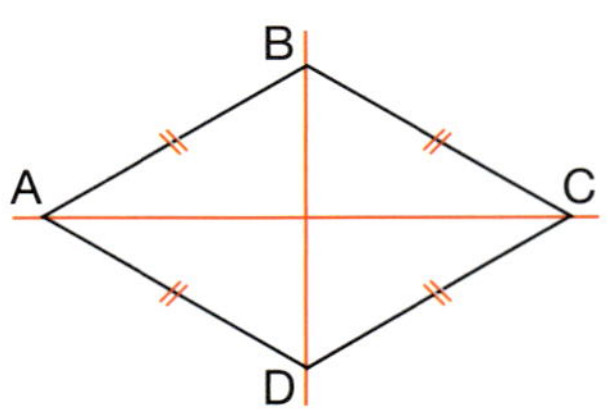

e. Carré

Un **carré** est à la fois un **losange** et un **rectangle**.
Il a donc **quatre** axes de symétrie :
- les deux droites qui portent ses diagonales ;
- les deux médiatrices de ses côtés.

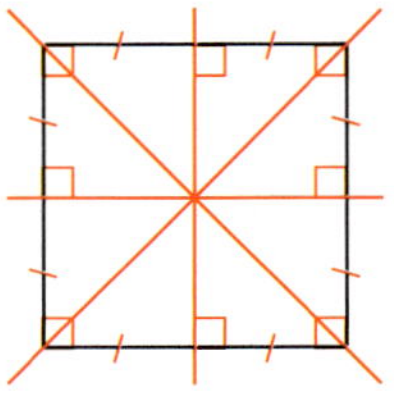

J'applique le cours

① Construire un rectangle

EXERCICE RÉSOLU

ÉNONCÉ Construire le rectangle dont le point A est un sommet et pour lequel les droites (*d*) et (*d'*) sont des axes de symétrie.

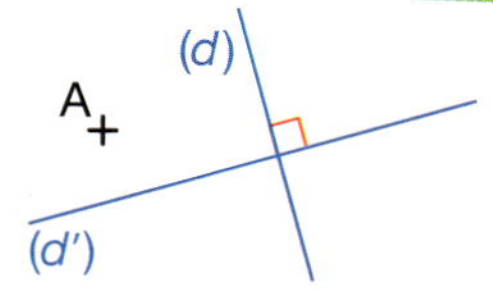

SOLUTION

❶ On construit le symétrique B du point A par rapport à la droite (*d*).

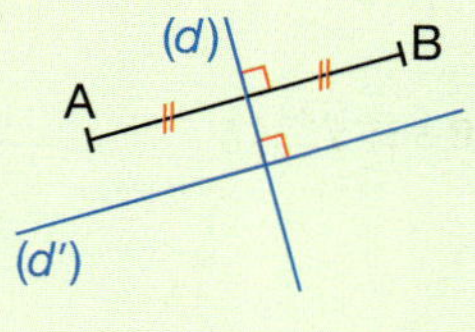

❷ On construit le symétrique D du point A par rapport à la droite (*d'*).

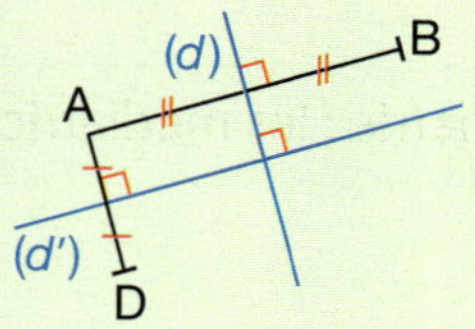

❸ On trace les perpendiculaires aux droites (*d*) et (*d'*) passant par D et B. On note C leur point d'intersection.

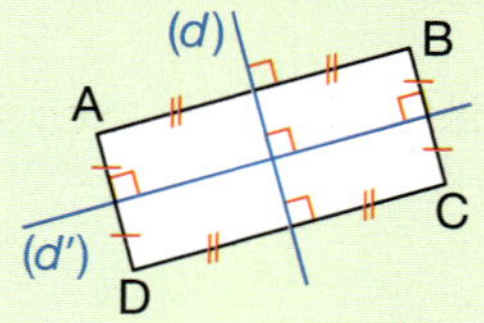

CONSEIL

• La construction du symétrique d'un point par rapport à une droite est détaillée à l'exercice ① p. 249.

À TON TOUR

② Tracer cette figure et construire un rectangle IJKL pour lequel les droites (*d*) et (*d'*) sont des axes de symétrie.

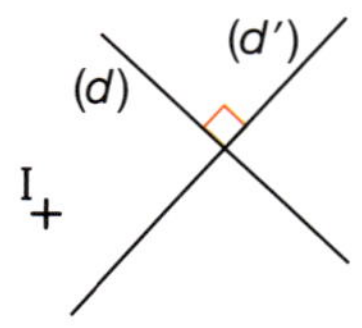

③ Tracer cette figure et construire le rectangle MNPQ qui admet la droite (*d*) pour axe de symétrie.
Tracer un autre axe de symétrie de ce rectangle.

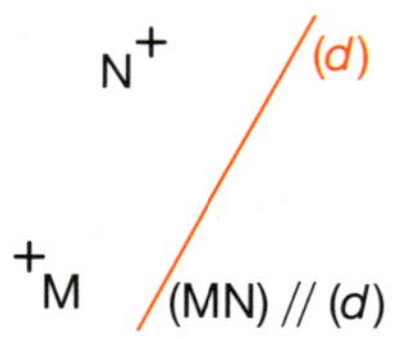

④ Construire un losange

EXERCICE RÉSOLU

ÉNONCÉ Construire le losange EFGH pour lequel les droites (*d*) et (*d'*) sont des axes de symétrie.

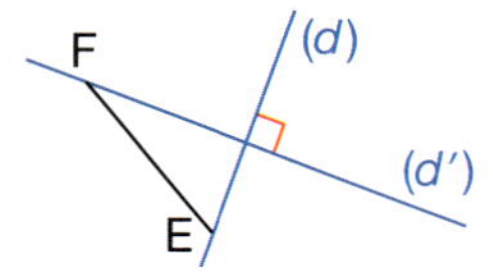

SOLUTION

❶ On construit le symétrique H du point F par rapport à la droite (*d*).

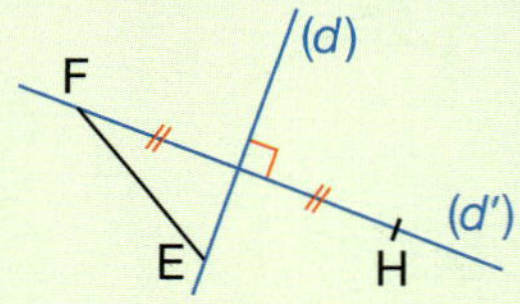

❷ On construit le symétrique G du point E par rapport à la droite (*d'*).

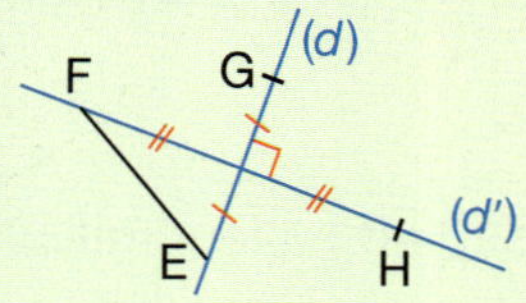

❸ On termine la construction du losange EFGH.

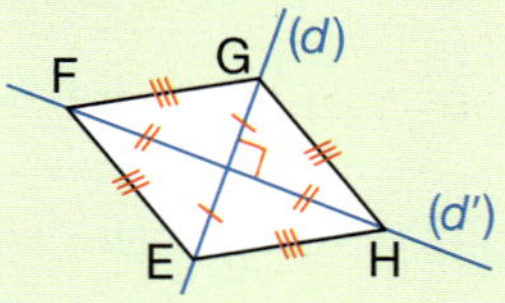

CONSEIL

• Pour construire le symétrique H du point F par rapport à la droite (*d*), on pointe le compas à l'intersection de (*d*) et (*d'*) et on reporte la longueur correspondante

À TON TOUR

⑤ Tracer cette figure et construire le losange MNPQ pour lequel les droites (*d*) et (*d'*) sont des axes de symétrie.

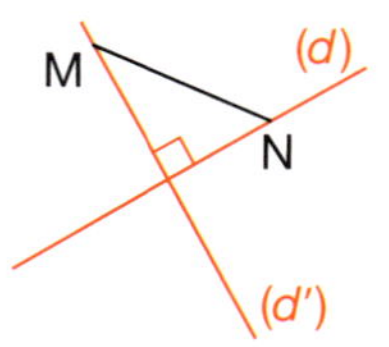

⑥ Tracer cette figure et construire le losange ABCD qui admet la droite (*d*) pour axe de symétrie.
Citer un autre axe de symétrie de ce losange.

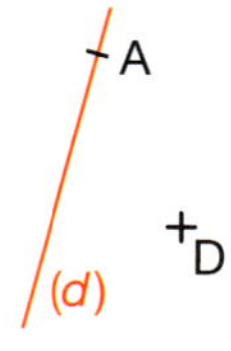

2 Propriétés des triangles et quadrilatères particuliers

Exercices 21 à 38

a. Triangles particuliers

PROPRIÉTÉ Dans un **triangle isocèle**, les deux angles à la base ont la même mesure.

Exemple

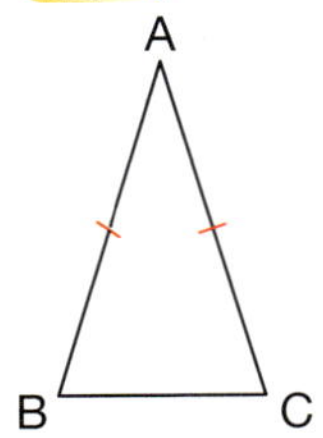

Donnée
ABC est un triangle isocèle en A.

Donc, d'après cette propriété

Conclusion
$\widehat{ABC} = \widehat{ACB}$

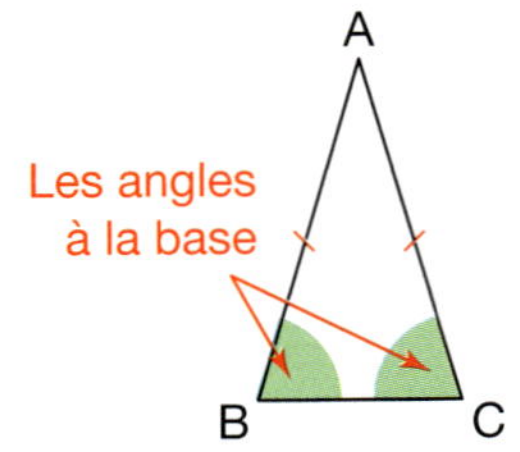

PROPRIÉTÉ Dans un **triangle équilatéral**, les trois angles ont la même mesure.

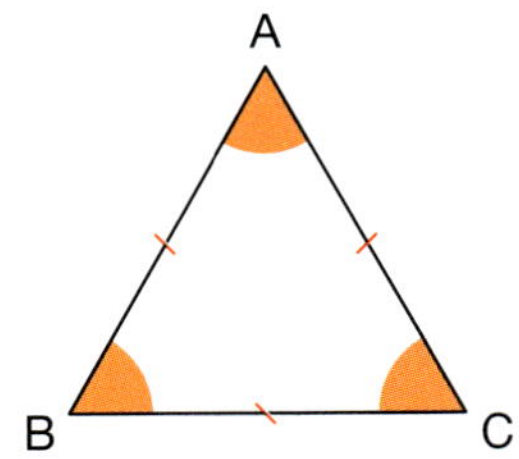

b. Quadrilatères particuliers

PROPRIÉTÉ Les diagonales d'un **losange** sont perpendiculaires et se coupent en leur milieu.

Exemple

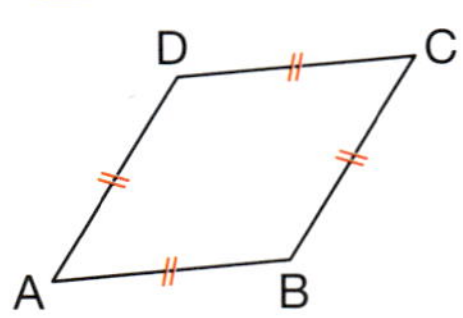

Donnée
ABCD est un losange.

Donc, d'après cette propriété

Conclusion
- (AC) ⊥ (BD),
- [AC] et [BD] se coupent en leur milieu.

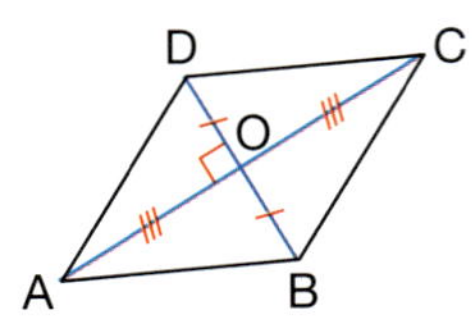

PROPRIÉTÉ Dans un **losange**, les angles opposés ont la même mesure.

Exemple

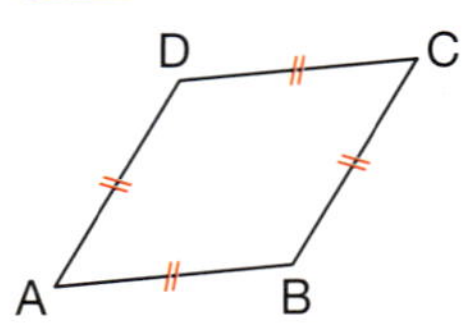

Donnée
ABCD est un losange.

Donc, d'après cette propriété

Conclusion
- $\widehat{ABC} = \widehat{ADC}$
- $\widehat{BAD} = \widehat{BCD}$

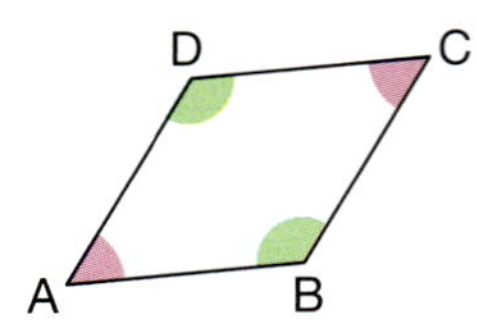

PROPRIÉTÉ Dans un **rectangle**, les diagonales se coupent en leur milieu et ont la même longueur.

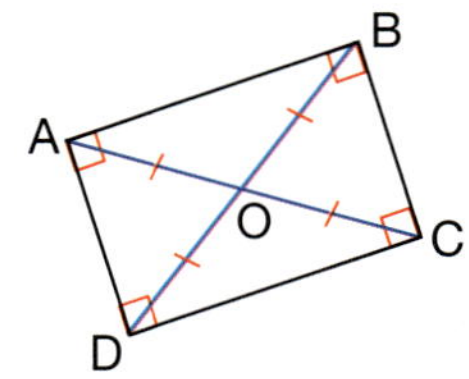

Cette propriété est démontrée à l'exercice **80** p. 275.

Conséquence : un **carré** est à la fois un rectangle et un losange, donc,
- ses côtés opposés sont deux à deux parallèles ;
- ses diagonales sont perpendiculaires, se coupent en leur milieu et ont la même longueur.

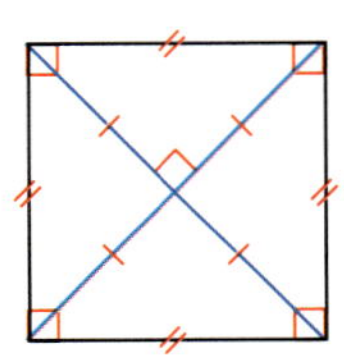

J'applique le cours

7 Construire un triangle isocèle

EXERCICE RÉSOLU

ÉNONCÉ Construire un triangle ABC isocèle en A tel que BC = 2,6 cm et $\widehat{ABC} = 50°$.

SOLUTION

1 On trace un segment [BC] de longueur 2,6 cm.
On trace une demi-droite [Bt) telle que :
$\widehat{CBt} = 50°$.

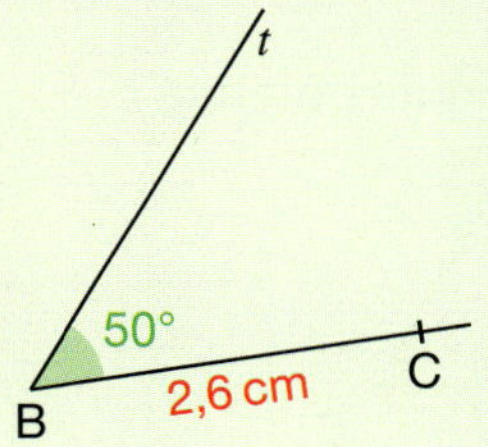

2 Les angles à la base d'un triangle isocèle ont même mesure. Donc on trace la demi-droite [Cu) telle que $\widehat{BCu} = 50°$ et qui coupe la demi-droite [Bt).

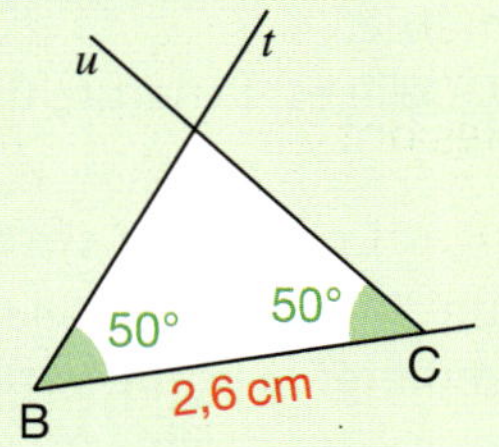

3 On note A le point d'intersection des demi-droites [Bt) et [Cu).

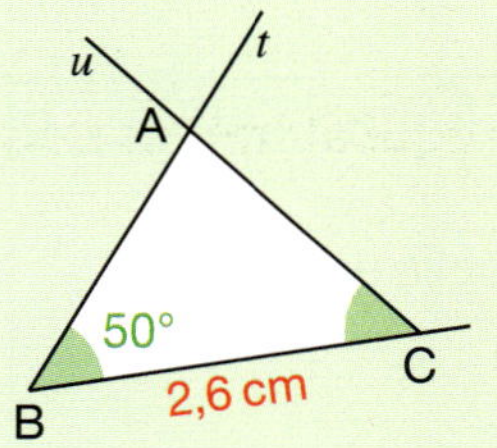

CONSEIL
- Pour visualiser la figure à construire, on peut d'abord la tracer à main levée et la coder.

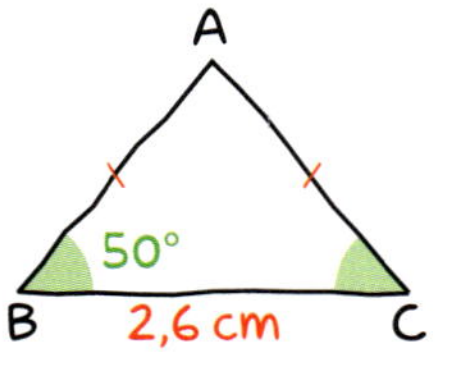

À TON TOUR

8 Construire un triangle DEF isocèle en E tel que :
DF = 5 cm et $\widehat{EDF} = 72°$.

9 Construire un triangle MNP isocèle en M tel que :
NP = 7 cm et $\widehat{MNP} = 30°$.

10 Construire un losange

EXERCICE RÉSOLU

ÉNONCÉ Construire un losange ABCD tel que AB = 2 cm et $\widehat{ABC} = 54°$.

SOLUTION

1 On trace un segment [AB] de longueur 2 cm.
On trace une demi-droite [Bt) telle que :
$\widehat{ABt} = 54°$.

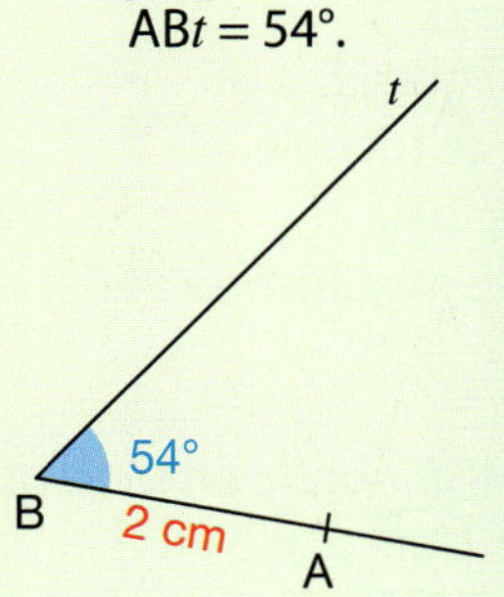

2 On trace un arc de cercle de centre B et de rayon 2 cm.
Il coupe [Bt) en C.

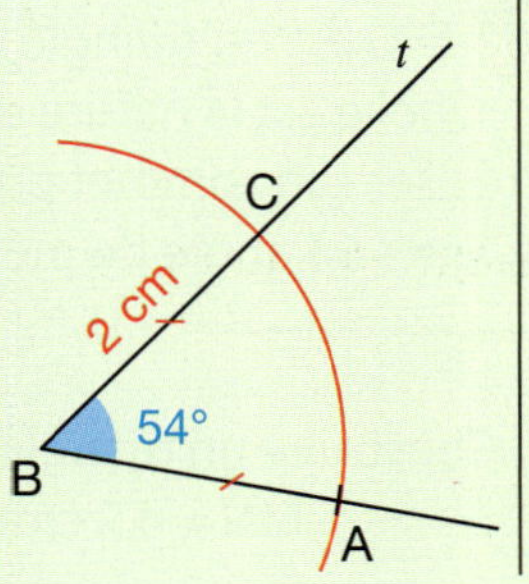

3 On trace des arcs de cercle de centres A et C et de rayon 2 cm. Ils se coupent en D. On trace les segments [CD] et [AD].

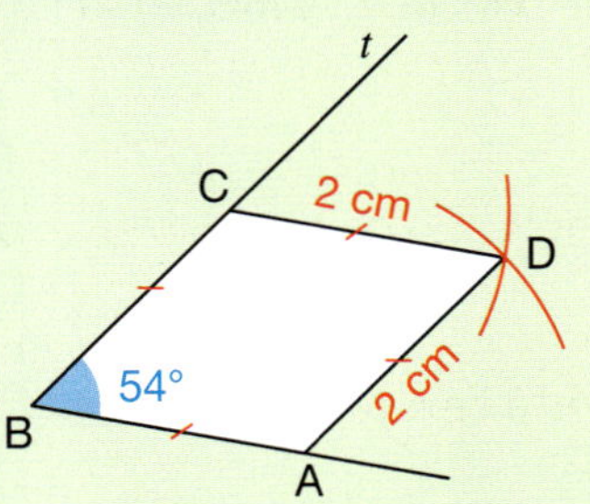

CONSEIL
- Pour visualiser la figure à construire, on peut d'abord la tracer à main levée et la coder.

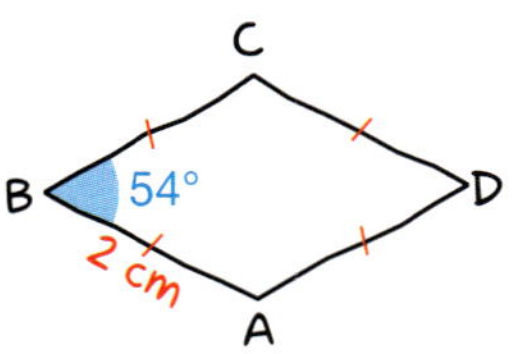

À TON TOUR

11 Construire un losange EFGH tel que :
EF = 5 cm et $\widehat{EFG} = 45°$.

12 Construire un losange IJKL tel que :
IJ = 7 cm et $\widehat{IJK} = 120°$.

Je travaille mes automatismes

Utiliser des axes de symétrie

À l'oral

Questions flash

13 Dans chaque cas, une figure est obtenue en complétant la figure jaune par symétrie par rapport à la droite rouge.
Indiquer oralement la nature de la figure obtenue.

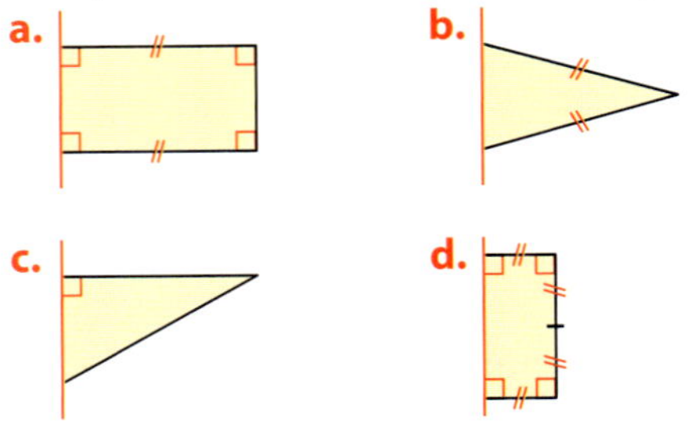

14 Citer le nom d'une figure usuelle qui possède exactement :
a. un axe de symétrie ;
b. deux axes de symétrie ;
c. trois axes de symétrie ;
d. quatre axes de symétrie.

15 IJK est un triangle isocèle en K.
L'axe de symétrie (*d*) de ce triangle coupe le côté [IJ] au point O.
Répondre en expliquant.
Que peut-on dire :
a. de la longueur JK ?
b. des droites (*d*) et (IJ) ?
c. du point O ?

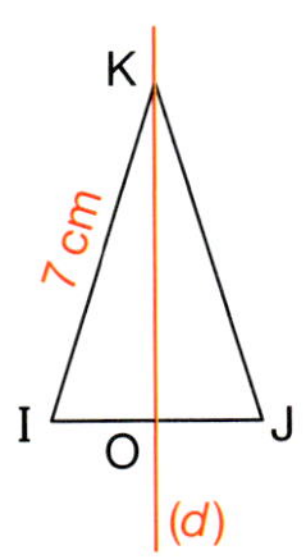

16 **a.** Construire un triangle KLM rectangle en K tel que KL = 3,2 cm et KM = 4,3 cm. Construire le symétrique M′ de M par rapport à la droite (KL) et le symétrique L′ de L par rapport à la droite (KM).
b. Quelle est la nature du triangle : • MLM′ ? • MLL′ ?

17 **a.** Réaliser la figure ci-contre, où A appartient à la droite (*d*) et B appartient à la droite (*d*′).
b. Construire le triangle ABC qui admet la droite (*d*) pour axe de symétrie.
Quelle est la nature de ce triangle ?
c. Construire le triangle ABD qui admet la droite (*d*′) pour axe de symétrie.
Quelle est la nature de ce triangle ?

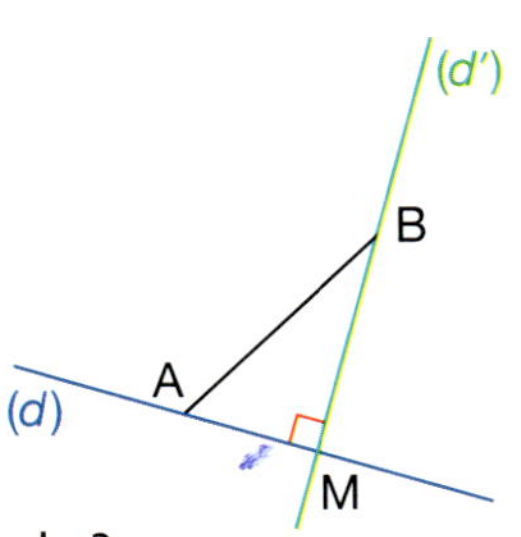

18 **a.** Réaliser cette figure où le point R appartient à la droite (*d*).
b. Construire le triangle RST qui admet la droite (*d*) pour axe de symétrie.
c. Quelle est la nature de ce triangle ? Préciser son sommet principal.

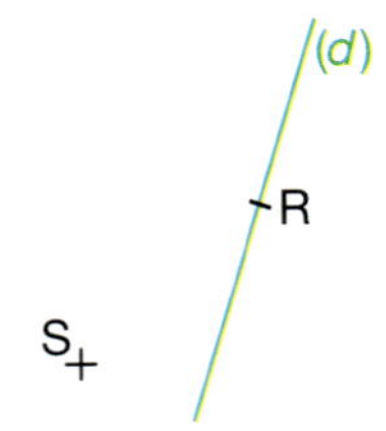

19 **a.** Construire cette figure en vraie grandeur et compléter la figure verte afin que les droites (*d*) et (*d*′) soient ses deux axes de symétrie.
b. Quelle est la nature de la figure obtenue ?

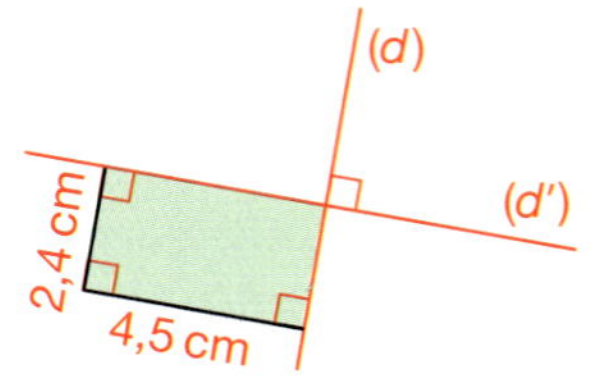

20 **a.** Construire cette figure en vraie grandeur et compléter la figure verte afin que les droites (*d*) et (*d*′) soient ses deux axes de symétrie.
b. Quelle est la nature de la figure obtenue ?

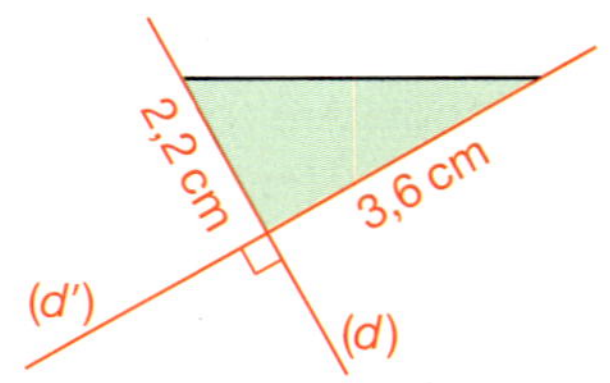

Étudier des triangles particuliers

À l'oral

Questions flash

21 Voici un triangle équilatéral ABC et ses axes de symétrie. On donne : AF = 3,5 cm et $\widehat{ABC} = 60°$.

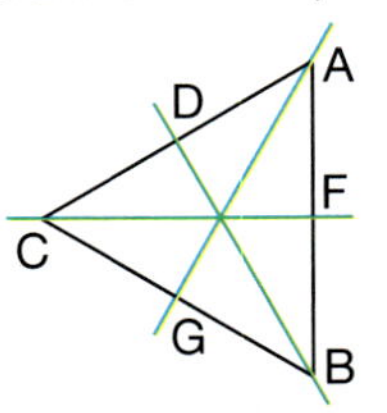

Donner :
a. la longueur AC ; **b.** la mesure de l'angle $\widehat{ACB}$.

22 EFG est un triangle tel que EF = GF.
a. Quelle est la nature de ce triangle ?
Préciser son sommet principal.
b. Citer un angle de même mesure que $\widehat{FEG}$.

23 Construire un triangle MNP isocèle en M tel que :
MN = 4,2 cm et $\widehat{NMP} = 35°$.

24 CORRIGÉ en vidéo jaicompris.com
Construire un triangle IJK isocèle en I tel que : JK = 5,4 cm et $\widehat{IKJ} = 27°$.

Je travaille mes automatismes

25 ABC est un triangle isocèle en A.
Son axe de symétrie coupe la base [BC] en M.
a. Quelle est la mesure de l'angle $\widehat{AMB}$?
Construire en vraie grandeur un tel triangle AMB.
b. Terminer la construction du triangle ABC.

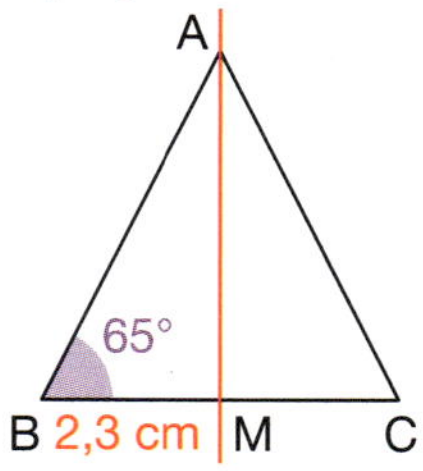

26 **a.** Construire cette figure.

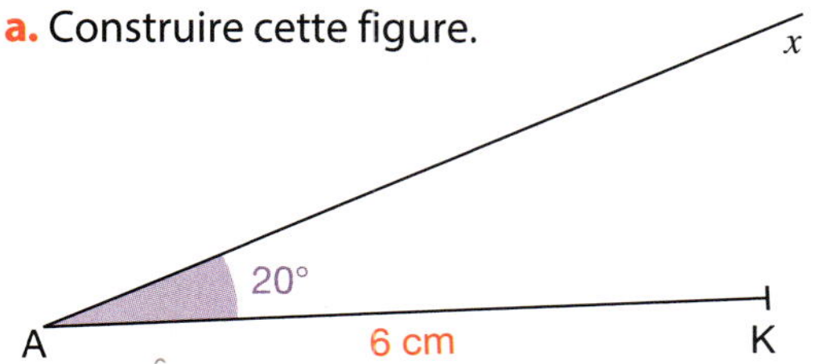

b. Construire le point I de la demi-droite [Ax) tel que le triangle AKI soit isocèle en A.
c. Sur cette figure, coder :
- les angles de même mesure ;
- les segments de même longueur.

27 **a.** Construire cette figure.
b. Construire le point P de la demi-droite [Nt) tel que le triangle MNP soit isocèle en M.
c. Quelle est la mesure de l'angle $\widehat{MPN}$?

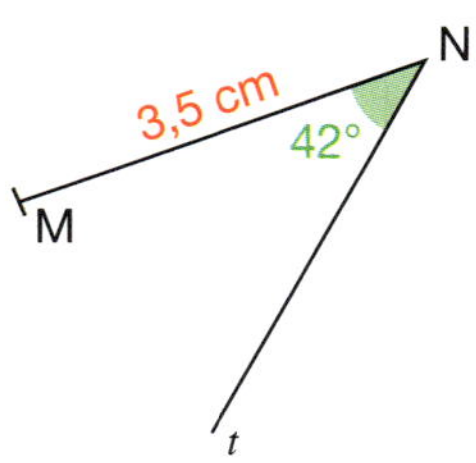

Étudier des quadrilatères particuliers

À l'oral — **Questions flash**

28 ABCD est un rectangle dont les diagonales se coupent en I.
On sait que AC = 10 cm.

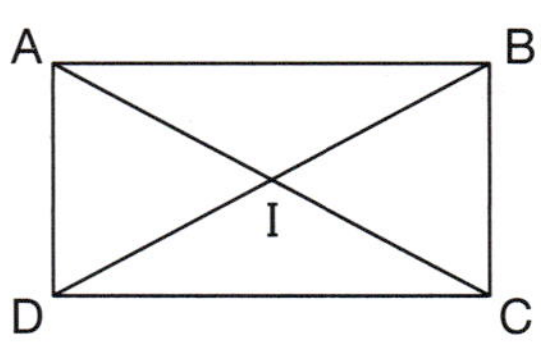

a. Quelle est la longueur :
- BD ? • IA ? • IB ? • IC ? • ID ?

b. Que peut-on dire des triangles AIB, BIC, CID, DIA ?

29 CALCUL MENTAL Calculer mentalement le périmètre d'un losange dont le côté mesure :
a. 12 cm ; **b.** 90 cm.

30 CALCUL MENTAL Calculer mentalement la longueur du côté d'un carré dont le périmètre est :
a. 72 cm ; **b.** 480 cm.

31 ABCD est le losange ci-contre.
O est le point d'intersection de ses diagonales.

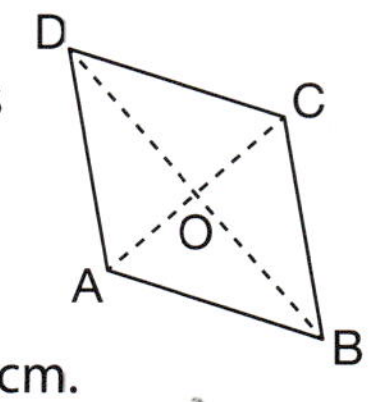

a. Quelle est la nature du triangle :
• ABD ? • ABC ? • OAB ? • COD ?
b. On donne : AC = 3 cm et BD = 5,4 cm.
Déterminer chacune des longueurs :
• OA • OB • OC • OD

32 Ce drapeau est constitué de trois rectangles identiques.
Il mesure 6 m de long sur 4,80 m de large.
Le segment [AE] mesure 5,20 m et on note I son milieu.

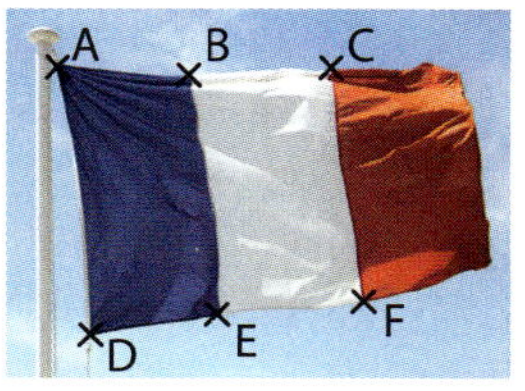

Déterminer la nature et les dimensions du triangle :
a. ABD **b.** DEI **c.** AEC

33 ABCD est le rectangle ci-contre.
On a tracé le cercle de centre O et de diamètre [AC].

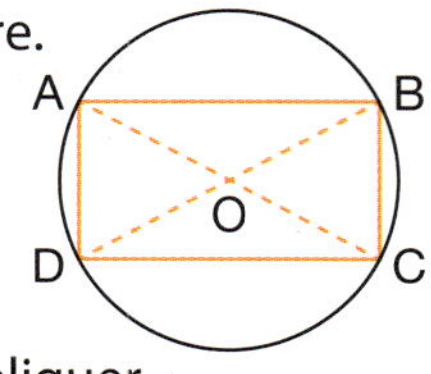

a. Clara affirme :
« [BD] est un diamètre de ce cercle. » A-t-elle raison ? Expliquer.
b. On donne OA = 4 cm, AD = 4,8 cm et AB = 6,4 cm.
Donner la nature et les dimensions des triangles :
• ABD • BOC • AOD

34 CORRIGÉ en vidéo jaicompris.com

MNOP est le losange ci-contre.
Déterminer, en expliquant, la mesure de l'angle :
- $\widehat{NOP}$
- $\widehat{PMO}$
- $\widehat{NMO}$
- $\widehat{POM}$

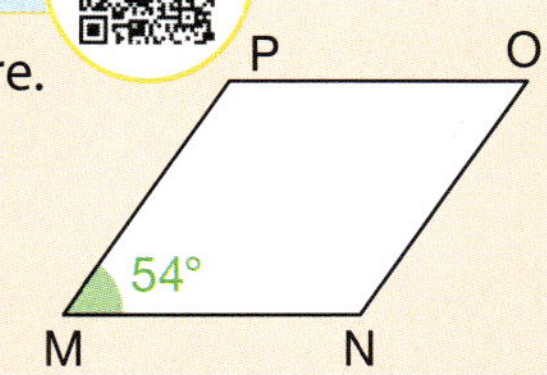

35 Construire un losange MNOP tel que :
NP = 4 cm et $\widehat{MNP}$ = 55°.

36 Construire un losange RSTU dont les diagonales se coupent en O et tel que :
SO = 3 cm et $\widehat{RSO}$ = 65°.

37 Construire un rectangle EFGH tel que :
EF = 5 cm et $\widehat{EFH}$ = 35°.

38 Construire un rectangle GEAI dont les diagonales se coupent en O et tel que :
GO = 3 cm et GI = 2 cm.

Utiliser des axes de symétrie

39 Eliot veut représenter ce timbre en l'agrandissant. Il commence par tracer un angle de 100° et, sur chaque côté de cet angle, il reporte, à partir du sommet, une longueur de 6 cm.

a. Construire le triangle d'Eliot.
Quelle est la nature de ce triangle ?
b. Nommer ce triangle KLM avec K pour sommet principal.
c. Construire son axe de symétrie.

40 Le triangle de signalisation ci-contre a la forme d'un triangle équilatéral.

a. Construire ce triangle sur papier uni, en prenant 1 cm pour 10 cm dans la réalité.
b. Construire ses axes de symétrie.

41 CORRIGÉ en vidéo jaicompris.com

ABC est un triangle équilatéral. Son axe de symétrie qui passe par le point C est la droite (*d*).
Mais les points B et C ont été effacés.
a. Tracer la figure ci-contre.
b. Construire le symétrique B du point A par rapport à la droite (*d*).
c. Construire alors un point C qui convient.

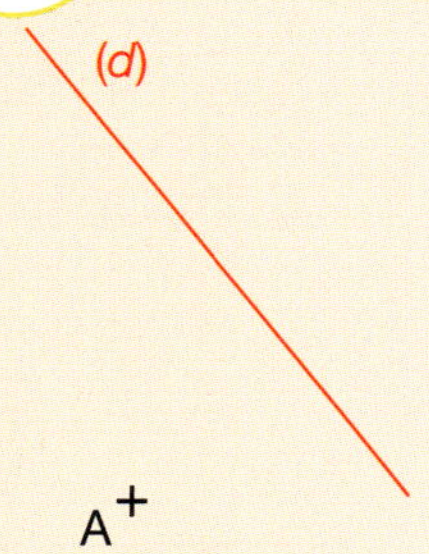

42 **a.** Tracer la figure ci-contre.
b. Construire un rectangle ABCD tel que la droite (*d*) soit un de ses axes de symétrie.

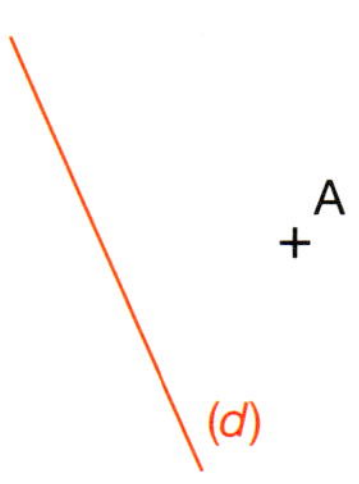

43 **a.** Tracer la figure ci-contre où le point R appartient à la droite (*d*).
b. Construire un carré RUSE tel que la droite (*d*) soit un de ses axes de symétrie.

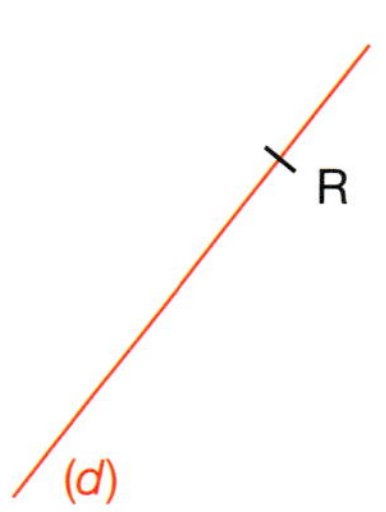

44 Jeux et casse-tête Mathilde a schématisé le code de déverouillage de son téléphone portable avec les figures suivantes :

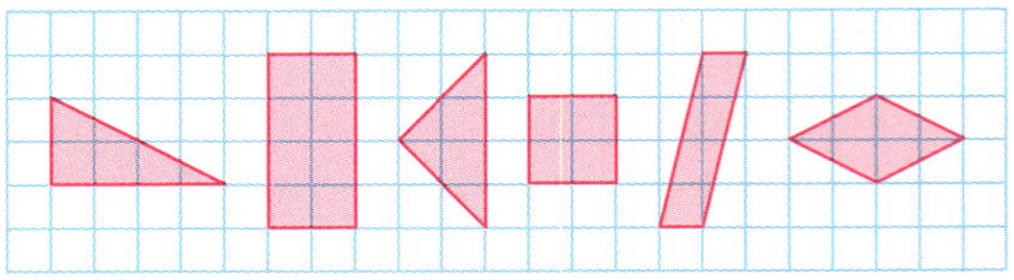

Retrouver le code à six chiffres de ce téléphone, sachant que chaque chiffre correspond au nombre d'axes de symétrie de la figure.

Étudier des triangles particuliers

45 TUV est un triangle isocèle en U tel que :
$TU = 3,5$ cm et $\widehat{UVT} = 30°$.
Tracer une figure à main levée et la coder, puis construire un tel triangle TUV.

46 ARE est un triangle rectangle en A tel que $\widehat{ARE} = 60°$ et M est un point de la demi-droite [AE).
MAI est un triangle rectangle en A tel que $\widehat{AMI} = 60°$ avec R et I de part et d'autre de la droite (AE).
Construire une telle figure.
Éviter une figure trop particulière.

47 **a.** Tracer un segment [MN] de longueur 5 cm. Sur ce segment, placer le point A tel que MA = 3 cm.
b. De chaque côté de la droite (MN), construire :
• un point O tel que le triangle MON soit isocèle en O avec $\widehat{MNO} = 30°$,
• le point I tel que le triangle MAI soit isocèle en I avec $\widehat{MAI} = 60°$.
c. Donner la mesure de chacun des angles $\widehat{OMN}$ et $\widehat{AMI}$.
d. Calculer la mesure de l'angle $\widehat{IMO}$.
e. Que peut-on dire du triangle MOI ?

48 Voici un patron du toit de la maison représentée à droite.

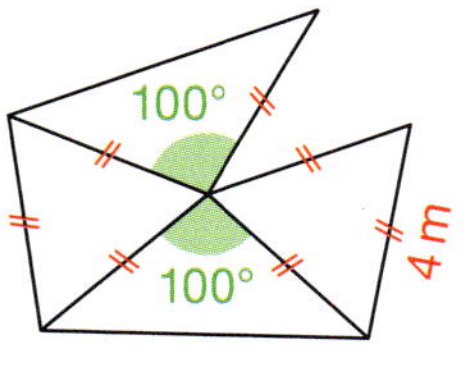

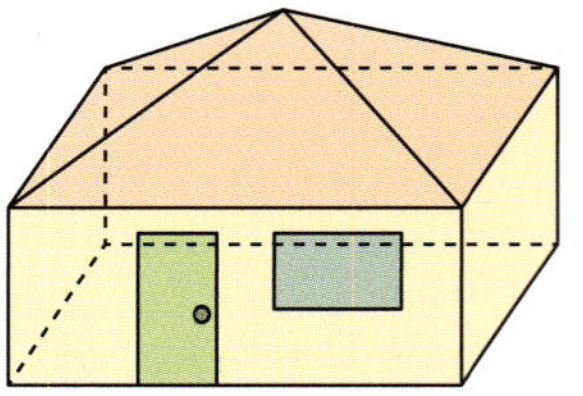

Construire ce patron sur papier uni, en prenant 1 cm pour 1 m dans la réalité.
Coder les angles de même mesure.

49 Voici une figure tracée à main levée.
Construire une telle figure en vraie grandeur et coder tous les angles de même mesure.

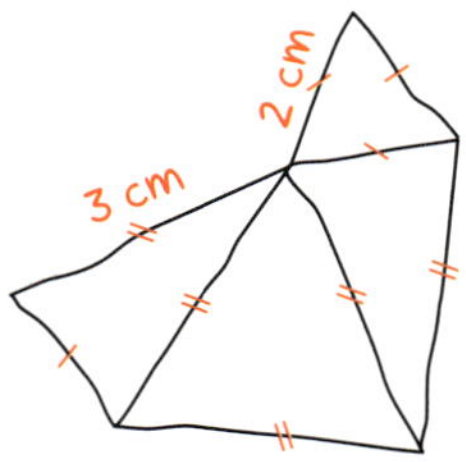

50 Jeux et casse-tête Sur cette figure, combien y a-t-il :
- de triangles isocèles ?
- d'axes de symétrie ?

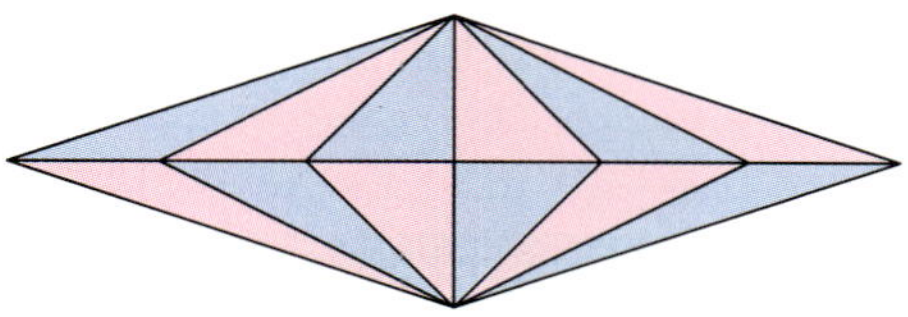

Étudier des quadrilatères particuliers

51 Le cric de voiture ci-contre a la forme d'un losange dont l'une des diagonales mesure 3,2 dm.
Construire ce losange en prenant 1 cm pour 1 dm.

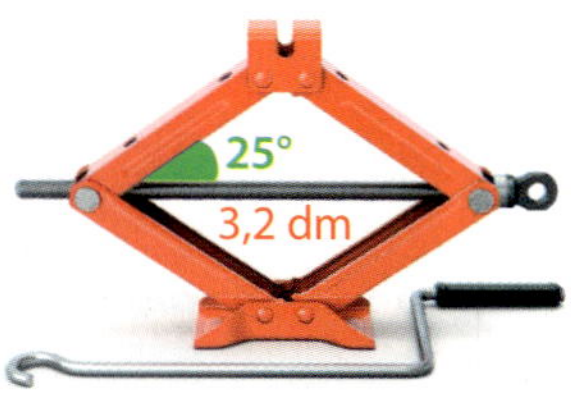

52 Voici quatre points alignés.

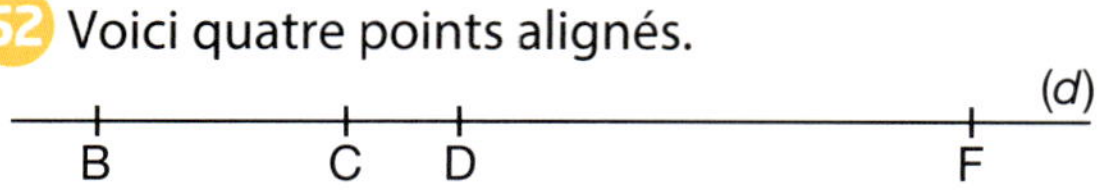

a. Tracer cette figure.
b. Construire un losange BECI et un losange ADOF.
c. Que peut-on dire des droites (EI) et (*d*) ? des droites (AO) et (*d*) ? Expliquer.
d. Que peut-on dire des droites (EI) et (AO) ? Expliquer.

53 **a.** Construire la figure ci-contre en vraie grandeur.
b. Avec le compas et la règle, construire les points D et E tels que l'on ait à la fois :
- BCDE est un rectangle,
- A est le point d'intersection de ses diagonales.

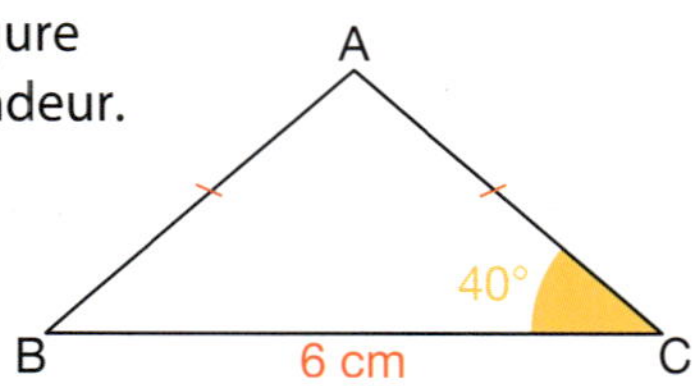

54 Ce téléviseur a la forme d'un rectangle.
Construire ce rectangle en prenant 1 cm pour 10 cm et laisser apparents les traits de construction.

55 **a.** Construire une telle figure en vraie grandeur.
b. Compléter le codage avec les longueurs égales et les angles de même mesure.

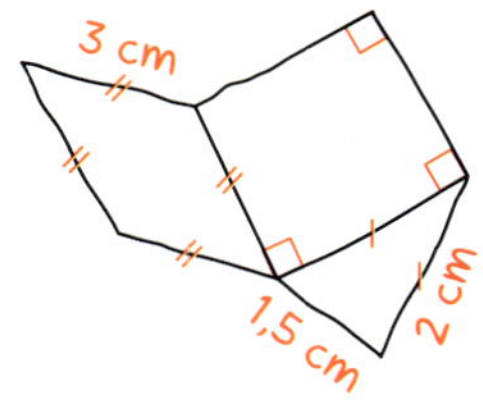

56 ABCD est un carré tel que AC = 6 cm.
a. Tracer une figure à main levée.
b. Construire un tel carré ABCD.

57 Jeux et casse-tête Cette figure provoque une illusion d'optique.
Sur une photocopie, déterminer son nombre d'axes de symétrie.
Préciser la nature de la figure rouge.

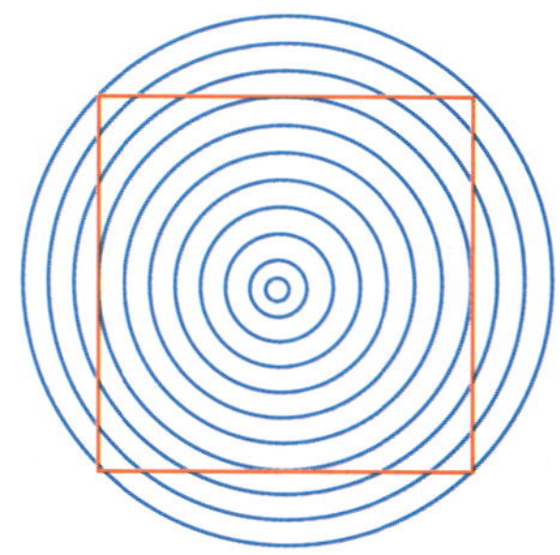

Synthèse

Utiliser des figures usuelles

58 Voici une figure complexe.

Objectif Construire cette figure en plus grand et dans une autre position que celle donnée.

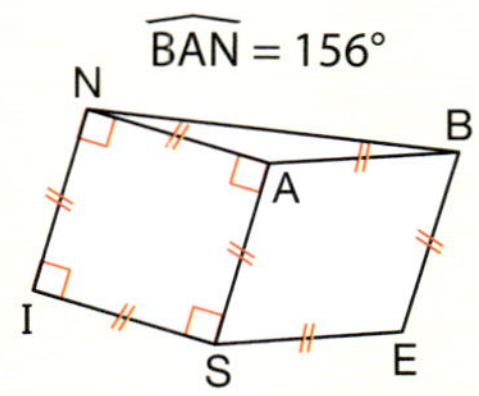

a. Tracer un segment [NA] tel que celui ci-dessous et compléter la construction du triangle ABN.

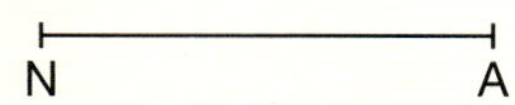

b. Compléter la figure avec les quadrilatères ANIS et BASE.

59 Sur la figure ci-contre, les cercles de centres O et I ont même rayon.
Ils se coupent aux points L et M.

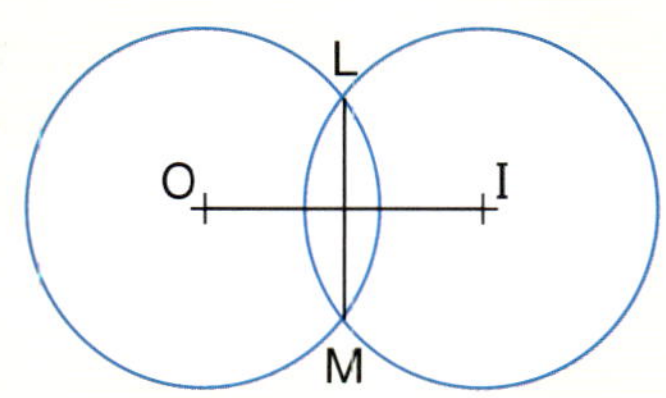

Objectif Étudier la position des droites (LM) et (OI).

a. Indiquer, en expliquant, la nature :
- du triangle OLI ;
- du triangle OMI ;
- du quadrilatère MILO.

b. Que peut-on dire des droites (LM) et (OI) ?

Parcours différenciés

Je m'évalue

Pour chaque question, une seule réponse est exacte.

QCM supplémentaires college.nathan.fr/tm6272

	a	b	c	En cas d'erreur
60 ABC est un triangle isocèle en A. Il a…	trois axes de symétrie	deux axes de symétrie	pour axe de symétrie la médiatrice du côté [BC]	
61 Les axes de symétrie d'un rectangle sont…	les médiatrices de ses côtés	les droites portant les diagonales	les médiatrices de ses diagonales	Cours 1 p. 264
62 Le nombre d'axes de symétrie d'un carré est…	2	3	4	
63 (d) et (d') sont deux axes de symétrie d'un quadrilatère ABCD. On peut affirmer que ABCD est… 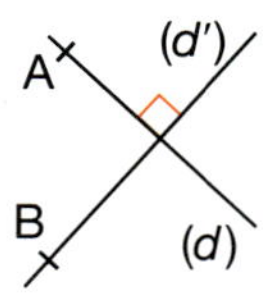	un carré	un losange	un rectangle	Ex. 4 p. 265
64 Pour ce triangle RAT, on peut affirmer que… 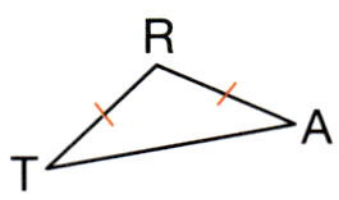	$\widehat{RAT} = \widehat{TRA}$	$\widehat{RAT} = \widehat{RTA}$	$\widehat{RAT} = \widehat{ART}$	
65 Pour ce triangle IJK, on peut affirmer que la mesure de l'angle $\widehat{IJK}$ est… 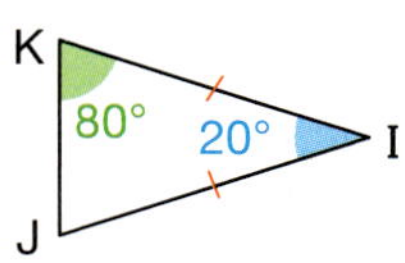	80°	40°	20°	
66 Pour ce losange IJKL, on peut affirmer que… 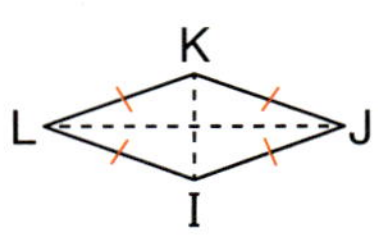	$\widehat{LKJ} = \widehat{JIL}$	$\widehat{LKJ} = \widehat{KJI}$	$\widehat{LKJ} = \widehat{LKI}$	Cours 2 p. 266
67 ABCD est un losange non carré. Ses diagonales se coupent en O. Alors le triangle AOB est…	isocèle en O	rectangle en O	rectangle isocèle en O	
68 EFGH est un rectangle non carré. Ses diagonales se coupent en O. Alors le triangle EOH est…	isocèle en O	rectangle en O	rectangle isocèle en O	
69 RAMI est un carré. Ses diagonales se coupent en O et OR = 3 cm. Alors…	OM = 6 cm	OA = 6 cm	IA = 6 cm	

Vérifie tes réponses page 288.

Tu peux poursuivre ton entraînement page 273.

Je réalise mon parcours

Selon ton score page précédente

Parcours conseillé
- Entre **0 et 4 bonnes réponses** : parcours 1 (drapeau vert)
- Entre **5 et 7 bonnes réponses** : parcours 2 (drapeau bleu)
- **8 bonnes réponses ou plus** : parcours 3 (drapeau rouge)

70 Utiliser des axes de symétrie

Sur la figure ci-contre, la droite (d) est la droite (AB) et la droite (d') est la droite (OC).
On se propose de compléter et de coder les figures obtenues grâce à des axes de symétrie.

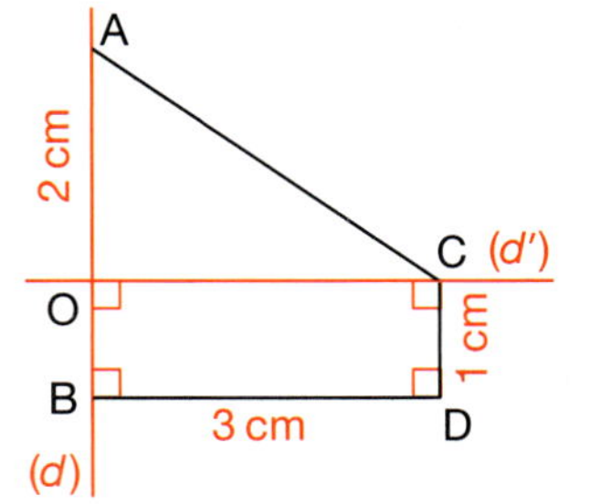

PARCOURS 1

On s'intéresse à la symétrie d'axe (d).

Sur une photocopie de la figure :
a. construire le symétrique C′ du point C par rapport à la droite (d) ;
b. construire le symétrique D′ du point D par rapport à la droite (d) ;
c. compléter le polygone ACDD′C′ et coder les côtés de même longueur et les angles de même mesure.

PARCOURS 2

a. Tracer la figure et constuire le symétrique du quadrilatère ABDC par rapport à la droite (d').
b. Coder les côtés de même longueur et les angles de même mesure.

PARCOURS 3

Tracer la figure et la compléter afin que les droites (d) et (d') soient des axes de symétrie de cette figure.

71 Construire et coder des figures

Line souhaite fabriquer une étagère qui a la forme d'un losange ABCD. Les segments [IJ] et [KL] représentent deux planches en bois telles que IJKL est un rectangle.
On se propose de construire un schéma de cette étagère.
Prendre 1 cm sur le schéma pour 5 cm dans la réalité.

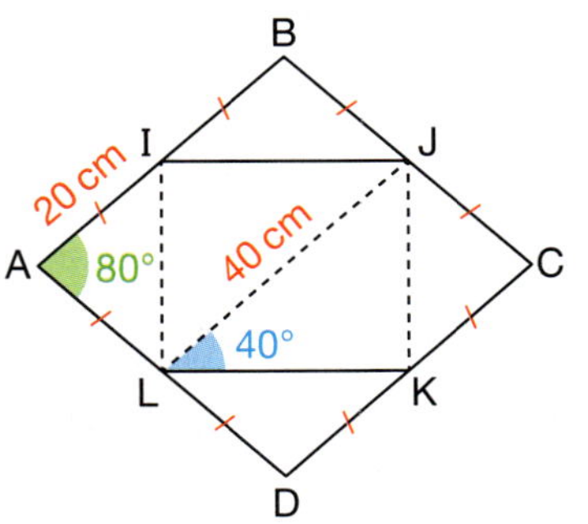

PARCOURS 1

On s'intéresse au triangle AIL.

a. Recopier et compléter : « D'après le codage de la figure, les côtés ... et ... du triangle AIL ont la même longueur, donc le triangle AIL est ... en .... »
b. Construire le triangle AIL sur papier uni en utilisant les instruments de géométrie.

PARCOURS 2

On s'intéresse au losange ABCD.
a. Donner la nature du triangle ABD, puis construire ce triangle.
b. Compléter la figure à l'aide du compas et de la règle non graduée afin d'obtenir le losange ABCD.

PARCOURS 3

Construire le schéma complet de l'étagère à l'aide des instruments de géométrie.

Construire des quadrilatères

72 Algo Compléter un script Scratch ▶ Livret Scratch p. 2 et 4

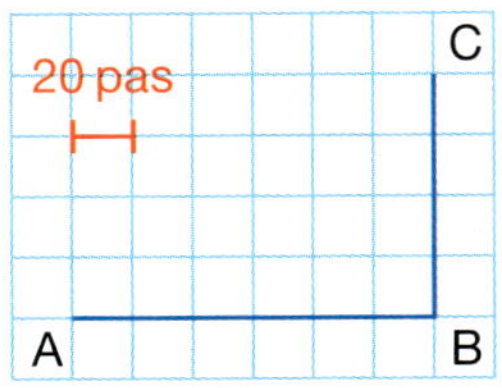

1. ABCD est un rectangle, mais le point D est effacé.
Déterminer :

a. les longueurs CD et AD ;

b. la mesure des angles $\widehat{BCD}$ et $\widehat{CDA}$.

2. Le script Scratch ci-contre est incomplet.
En l'exécutant, on souhaite que le lutin trace la figure décrite à la question **1**.

a. Quels nombres manquent-ils aux lignes **(1)** et **(2)** ?

b. Ouvrir le logiciel Scratch, saisir le script complété et l'exécuter.
Vérifier que le lutin trace bien la figure souhaitée.

3. Compléter le script précédent afin que le lutin trace le rectangle ABCD.
Exécuter ce script et vérifier que le lutin trace la figure souhaitée.

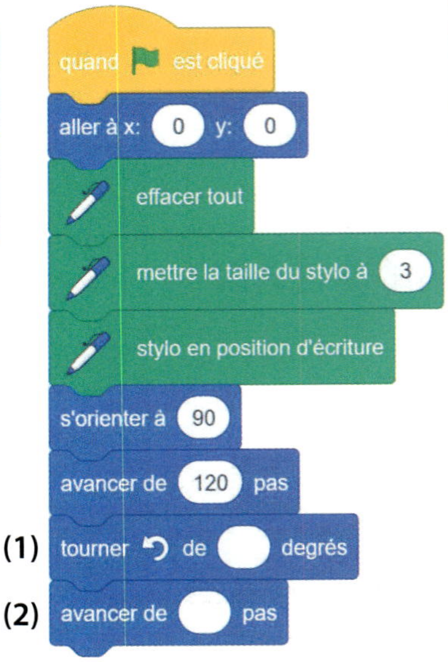

73 Tice Passer d'un losange à un carré

a. Ouvrir le logiciel GeoGebra et cliquer sur **Géométrie**.

b. Créer une droite (utiliser **Droite**), faire un clic droit sur chacun des deux points utilisés et décocher **Afficher l'objet**.
Le logiciel nomme cette droite f.

c. Créer un point C qui n'appartient pas à la droite f.
Créer le symétrique C′ du point C par rapport à la droite f (utiliser **Symétrie axiale**).

d. Créer un point D qui appartient à la droite f (utiliser **Point sur Objet**).
Construire son symétrique D′ par rapport à la droite (CC′).

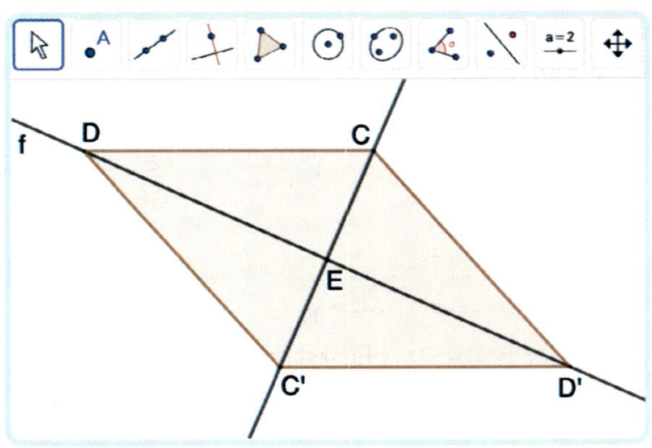

e. Tracer le quadrilatère CD′C′D.
Que peut-on dire de ce quadrilatère ?

f. Créer le point d'intersection E de ses diagonales (utiliser **Intersection**).
Afficher les longueurs EC, ED′, EC′, ED (utiliser **Distance ou Longueur**).

g. Déplacer le point D sur la droite f. Est-il possible de trouver une position pour laquelle le quadrilatère CD′C′D est un carré ?

h. Écarter le point D de la position précédente.
Construire un point F et un point G de la droite f tels que le quadrilatère CFC′G soit un carré.

74 Communiquer en anglais

Représenter • Raisonner • Communiquer

1. a. Construct a square ABCD with AB = 3 cm.
b. Outside of square ABCD, build square CDEF.
2. What is the nature of :
a. quadrilateral ABFE ? Explain.
b. triangle BDF ? Explain.

75 Représenter un cerf-volant

Représenter • Raisonner

Un cerf-volant a été représenté à main levée sur le schéma ci-dessous.

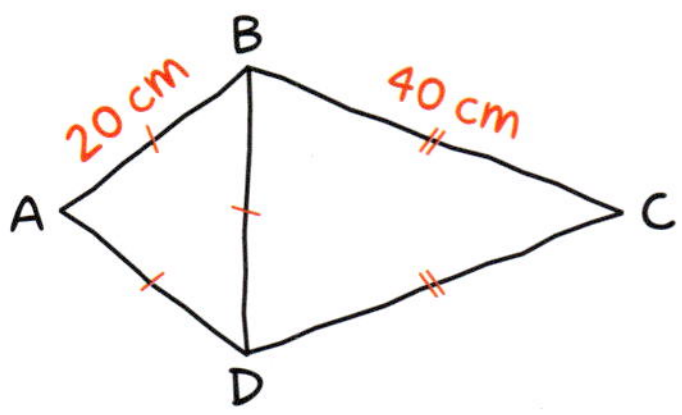

a. Construire ce cerf-volant sur papier uni, en prenant 1 cm pour 10 cm.
Coder les angles de même mesure.
b. Tracer l'axe (ou les axes) de symétrie de ce cerf-volant.

76 Éviter un cas particulier

Représenter • Raisonner

IJL et IKL sont deux triangles isocèles en I.
a. Voici la figure réalisée par Bastien.

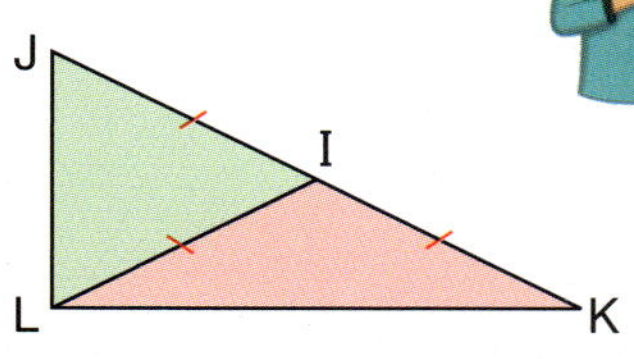

Expliquer pourquoi elle est trop particulière.
b. À votre tour, réaliser une figure conforme uniquement à l'énoncé.

77 N'oublier aucune possibilité

Représenter • Raisonner

a. Tracer la figure ci-contre où le point M appartient à la droite (d).
b. Construire toutes les positions possibles d'un point R de la droite (d) tel que le triangle MNR soit isocèle en M.

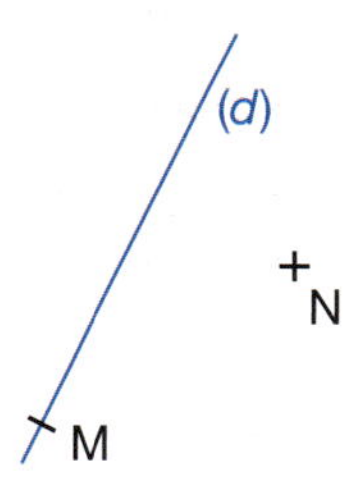

78 Utiliser des propriétés connues

Représenter • Raisonner • Communiquer

1. a. Construire un losange PALE tel que :

$$AL = 5\text{ cm} \quad \text{et} \quad \widehat{APE} = 51°.$$

b. Construire le triangle PEU isocèle en P avec A et U de part et d'autre de la droite (PE) tel que $\widehat{UPE} = 129°$.
2. a. Expliquer pourquoi :
• les points P, A, U sont alignés ;
• PU = PA.
b. Que peut-on en déduire pour le point P ?

79 Construire un patron

Représenter • Raisonner

Le recto et le verso d'une enveloppe rectangulaire sont schématisés ci-dessous à main levée.

Un patron de cette enveloppe est constitué de quatre triangles et d'un rectangle.
a. Construire un patron de cette enveloppe en prenant 1 cm pour 2 cm.
b. Tracer en rouge l'axe (ou les axes) de symétrie de ce patron.

80 Prouver une propriété

Raisonner • Communiquer

a. Construire la figure ci-contre.
Tracer les diagonales du rectangle ABCD.
b. Quel est le symétrique du segment [AC] par rapport à la droite (d) ? à la droite (d') ?
c. En déduire que AC = BD et que [AC] et [BD] se coupent en leur milieu.

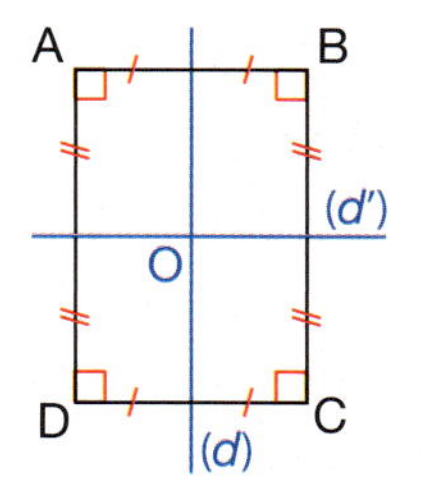

81 Rédiger un programme

Représenter • Raisonner • Communiquer

Écrire un message qui permettra à un élève de réaliser cette figure sans la voir.

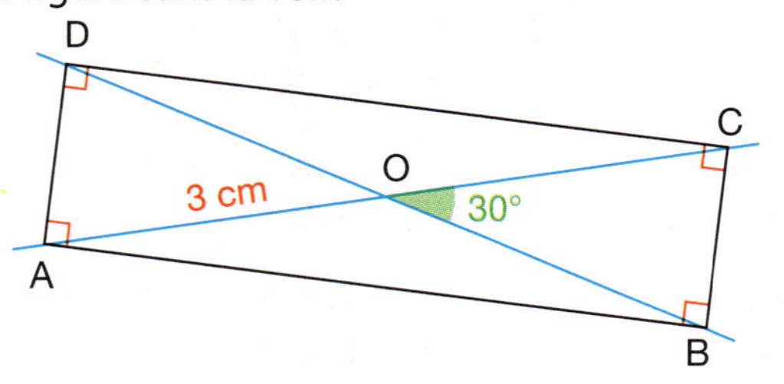

J'utilise mes compétences

82 Algo Compléter un script

Chercher • Raisonner • Communiquer

Voici le début d'un script Scratch et le déplacement en bleu du lutin lorsqu'on l'exécute.

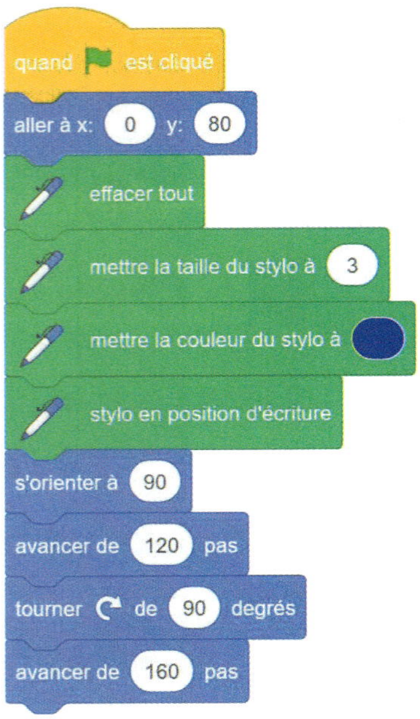

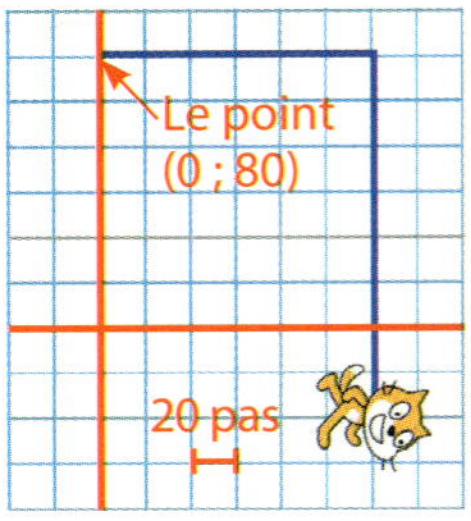

a. Compléter ce script afin que les droites rouges soient des axes de symétrie de la figure tracée par le lutin.

b. Ouvrir le logiciel Scratch, saisir le script complété et l'exécuter.
Contrôler le tracé obtenu.

83 Déduire des propriétés

Représenter • Raisonner

ABC est un triangle isocèle en A.
D est un point du segment [AB]. Le cercle de centre A passant par D coupe le segment [AC] en E.

a. Réaliser une figure.

b. Pourquoi peut-on affirmer que le triangle ADE est isocèle ?

c. Tracer la médiatrice (*d*) du segment [BC].
Que peut-on dire de cette droite (*d*) pour le segment [DE] ?
Pourquoi ?

d. Que peut-on dire alors des droites (DE) et (BC) ? Pourquoi ?

84 Comprendre et expliquer

Chercher • Représenter • Raisonner

Parmi les onze patrons différents d'un cube, construire en vraie grandeur ceux qui admettent un axe de symétrie. *Deux patrons sont différents lorsqu'ils ne sont pas superposables même après retournement.*

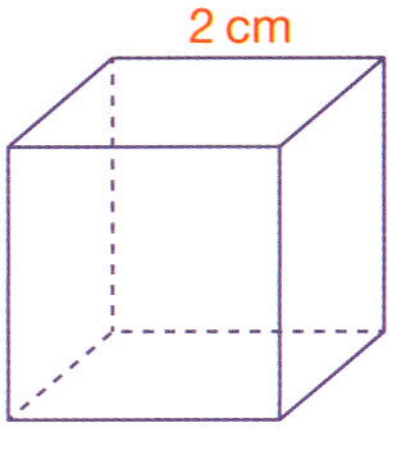

85 Imaginer une stratégie

Représenter • Raisonner

a. Tracer deux droites (*d*) et (*d'*) perpendiculaires.

b. Construire un rectangle MINE tel que :
- MI = 6,4 cm et ME = 4,2 cm,
- (*d*) et (*d'*) sont ses axes de symétrie.

86 Problème ouvert

Chercher • Raisonner • Communiquer

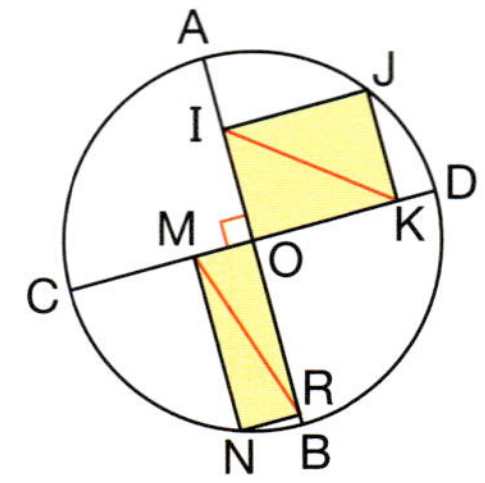

[AB] et [CD] sont deux diamètres perpendiculaires d'un cercle de centre O.
J et N sont deux points du cercle.
Les quadrilatères OIJK et OMNR sont des rectangles avec I et R points de [AB], M et K points de [CD].
Que peut-on dire des longueurs IK et RM ? Expliquer.

Narration de RECHERCHE

87 PROBLÈME ABCD est un carré, mais les points C et D sont en dehors de la feuille.
Sur une photocopie de cette figure et sans prolonger les traits bleus, construire les axes de symétrie de ce carré.

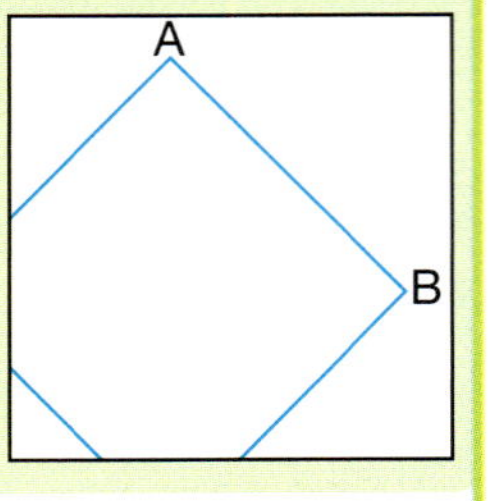

Raconter sur une feuille les différentes étapes de la recherche et les remarques qui ont fait changer de méthode ou qui ont permis de résoudre le problème.

Des défis

88 Résoudre une devinette

Comment peut-on faire 8 triangles équilatéraux avec seulement 6 allumettes ?

89 Dénombrer des carrés

Combien peut-on compter de carrés en reliant les points ci-contre ?

Je prends des initiatives

TÂCHES COMPLEXES

90 RÉALISER un tapis persan

La situation-problème

Un tapis est en cours de fabrication.
Un quart de ce tapis a déjà été tissé (doc. 2).
Construire entièrement ce tapis en prenant 2 cm pour 1 m.

Doc. 1

Les dimensions du tapis
Le tapis a la forme d'un rectangle de dimensions 2,40 m sur 4 m.

Les supports de travail

Les documents, les instruments de géométrie, des feutres ou des crayons de couleur.

Toute piste de recherche, même non aboutie, figurera sur la feuille.

Doc. 2

Une partie du tapis

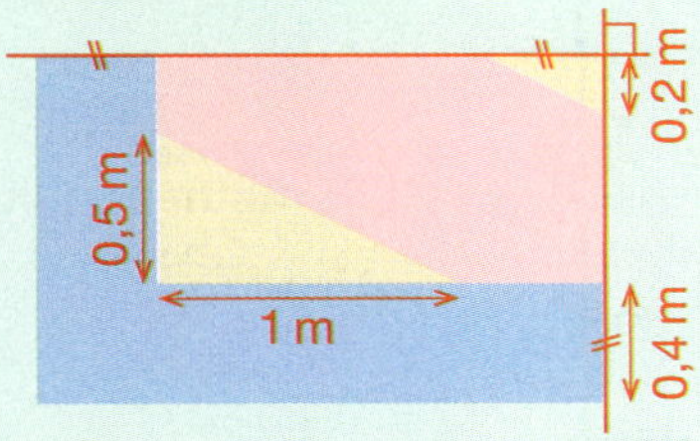

Les droites tracées en rouge sont des axes de symétrie du tapis.

91 RÉALISER des puzzles géométriques

La situation-problème

En géométrie, un puzzle peut parfois aider à prouver une propriété, et à l'inverse, une propriété peut être à l'origine d'un puzzle.
Pour chaque document, sur une photocopie, découper les pièces et constituer le puzzle demandé.

Les supports de travail

Des photocopies des documents, une paire de ciseaux.

Toute piste de recherche, même non aboutie, figurera sur la feuille.

Doc. 1

Réalisation d'un carré

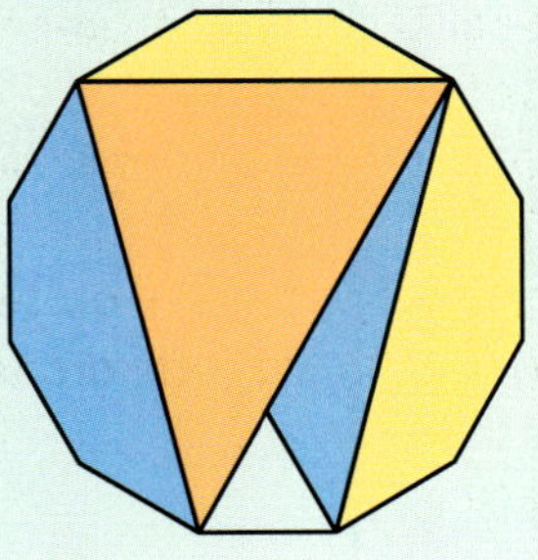

Doc. 2

Réalisation d'un triangle équilatéral

Doc. 3

Réalisation d'un carré

Tâches complexes transversales

Tâche	Notions abordées
1 Le flocon des nombres	Calculs avec des nombres entiers.
2 Les six familles	Nombres décimaux, fractions.
3 Le passage du pont	Calculs avec des nombres décimaux.
4 Les arbres	Échelle, unité d'aire, calcul d'aire, modélisation d'une situation, proportionnalité.
5 Le championnat de mathématiques	Lecture et réalisation de tableaux et de diagrammes.
6 L'épave	Médiatrice d'un segment, angles, proportionnalité.
7 La boîte	Constructions de figures, symétrie axiale.
8 Le remplissage d'une piscine	Volumes, durées, proportionnalité.
9 Le tracé du lutin	Programmation, déplacements.

1 Le flocon des nombres

▶ La situation-problème

Compléter le flocon des nombres (doc. 1) avec des nombres entiers différents et inférieurs à 11, tout en respectant les contraintes du doc. 2.

▶ Les supports de travail

Les documents, une photocopie ou une reproduction du flocon.

Toute piste de recherche, même non aboutie, figurera sur la feuille.

Doc. 1

Le flocon des nombres

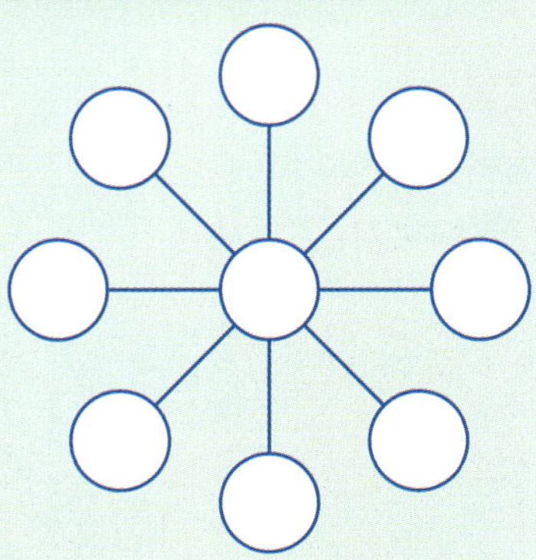

Un conseil

Déterminer d'abord le nombre à inscrire dans le cercle central.

Doc. 2

Les contraintes à respecter

- La somme de tous les nombres entiers présents sur le flocon est égale à 54.
- La somme de trois nombres alignés est toujours égale 18.

2 Les six familles

▶ La situation-problème

On se propose de créer six familles contenant chacune quatre lettres qui désignent un même nombre. Reformer les six familles à partir des indications données dans les documents.

▶ Les supports de travail

Les documents.

Toute piste de recherche, même non aboutie, figurera sur la feuille.

Doc. 1

Les expressions numériques

$A = 2 + \frac{7}{10} + \frac{5}{100}$; $B = 1 + \frac{3}{4}$; $C = 1 + \frac{3}{5}$; $D = \frac{275}{100} + \frac{5}{100}$; $E = \frac{53}{100} + \frac{27}{100}$

$F = \frac{12}{10} + \frac{5}{100}$; $G = \frac{8}{5}$; $H = 2 + \frac{4}{5}$; $I = 4 \times \frac{2}{10}$; $J = \frac{5}{4} + \frac{6}{4}$

$K = \frac{12}{10} + \frac{55}{100}$; $L = 1 + \frac{1}{4}$; $M = \frac{3}{5} + \frac{1}{5}$; $N = 1{,}3 + \frac{7}{10} + \frac{8}{10}$; $O = 5 \times \frac{1}{4}$

$P = 0{,}8 + \frac{3}{10} + \frac{165}{100}$; $Q = 1 + \frac{1}{2} + \frac{1}{4}$; $R = \frac{85}{100} + \frac{75}{100}$

Doc. 2

Des nombres repérés par des lettres

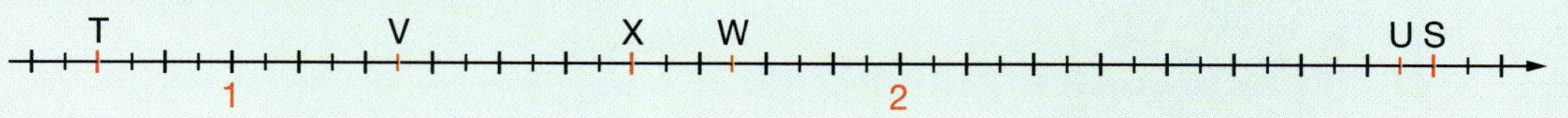

3 Le passage du pont

▶ La situation-problème

Max a chargé sur son camion sept containers identiques. Aider Max à déterminer s'il peut passer sur le pont qui est devant lui.

▶ Les supports de travail

Les documents.

Toute piste de recherche, même non aboutie, figurera sur la feuille.

Doc. 1

Le pont

Doc. 2

Le camion avec deux containers

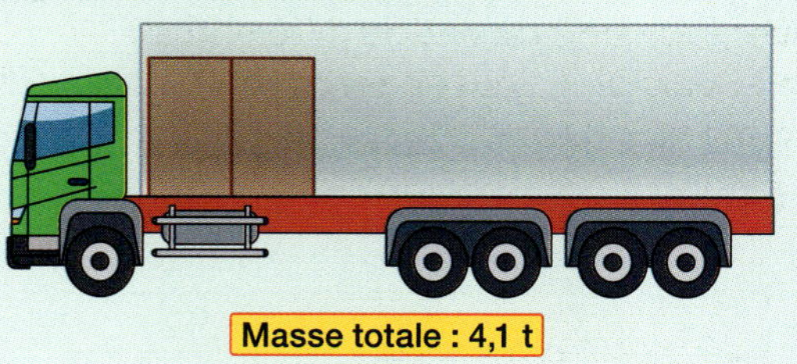

Doc. 3

Le camion avec cinq containers

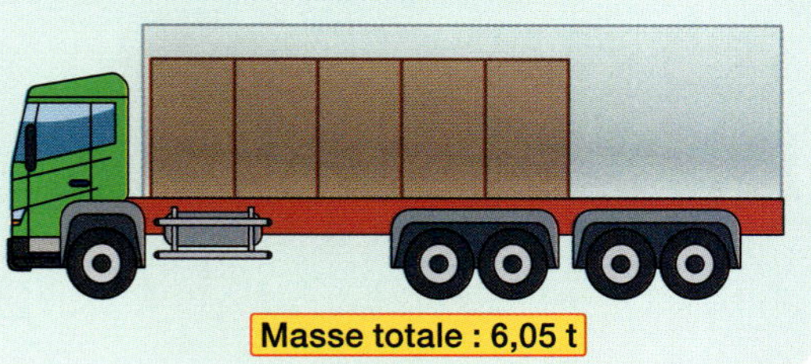

Tâches complexes transversales

4 Les arbres

▶ La situation-problème

Des arbres doivent être plantés sur le terrain d'une ancienne usine.
Calculer le nombre d'arbres qui seront plantés, ainsi que la quantité de CO_2 qu'ils permettront de capter chaque année.

Doc. 1

Le plan du terrain à l'échelle $\frac{1}{20\,000}$

Doc. 2

La façon de planter les arbres

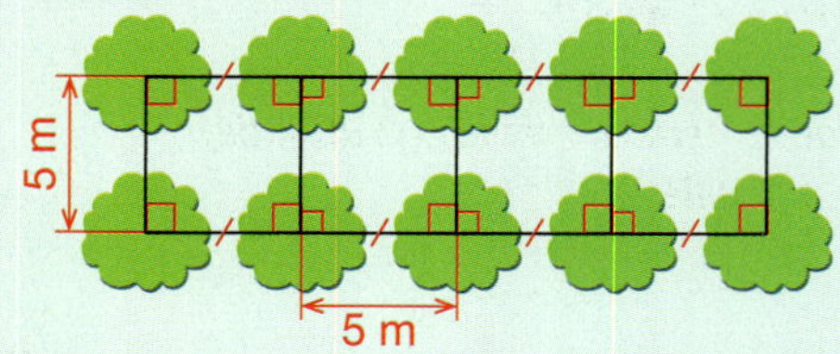

Les premiers arbres sont situés à 5 m des limites du terrain.

Doc. 3

Les arbres et le dioxyde de carbone (CO_2)

On estime que 1 km² de forêt permet de capter chaque année 125 t de CO_2.

▶ Les supports de travail

Les documents, la règle graduée, la calculatrice.

Toute piste de recherche, même non aboutie, figurera sur la feuille.

5 Le championnat de mathématiques

▶ La situation-problème

Trois collèges d'une ville ont demandé aux élèves de 6e s'ils souhaitaient participer à un championnat de mathématiques.
Représenter les résultats de ce sondage pour l'ensemble des trois collèges à l'aide d'un diagramme semi-circulaire.

Doc. 1

Le collège Marie Curie

Classe	Oui	Non
6e A	15	9
6e B	20	6
6e C	14	11
6e D	13	12
6e E	16	9

Doc. 2

Le collège Alphonse Daudet

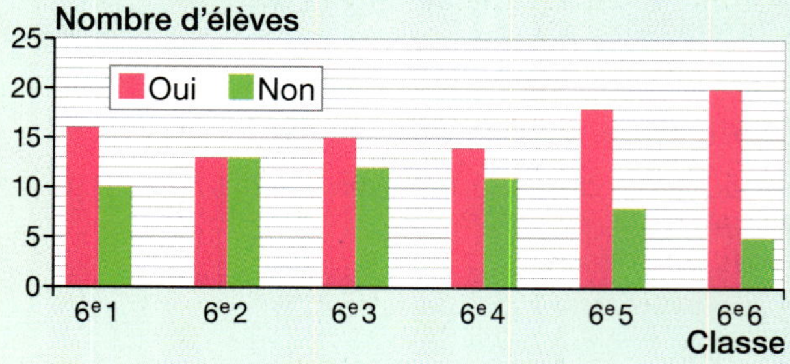

Doc. 3

Le collège Victor Hugo

Sondage effectué auprès des 120 élèves de 6^e

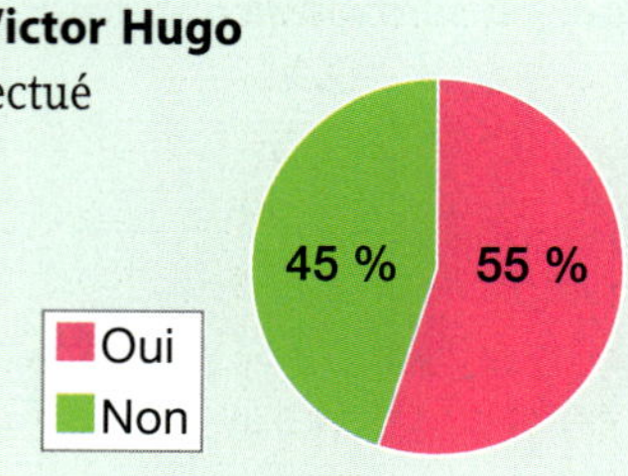

▶ Les supports de travail

Les documents, les instruments de géométrie, la calculatrice.

Toute piste de recherche, même non aboutie, figurera sur la feuille.

6 L'épave

▶ La situation-problème

Des chercheurs de trésors sous-marins viennent de trouver un vieux parchemin.
Aider ces chercheurs à situer sur la carte du doc. 2 l'épave qu'ils souhaitent aller explorer.

▶ Les supports de travail

Une photocopie de la carte du doc. 2, les instruments de géométrie.

Toute piste de recherche, même non aboutie, figurera sur la feuille.

Doc. 1

Le parchemin

B est le point de la côte qui est à égale distance de Marseille (M) et de Nice (N).
L'épave (E) se trouve à 60 km de Marseille et l'angle $\widehat{BME}$ mesure 50°.

Doc. 2

La carte de la région dans laquelle se trouve l'épave

7 La boîte

▶ La situation-problème

Voici une boîte en forme de prisme droit à base hexagonale (doc. 1).
Construire une maquette de cette boîte.

▶ Les supports de travail

Les documents, les instruments de géométrie, une paire de ciseaux et du ruban adhésif.

Toute piste de recherche, même non aboutie, figurera sur la feuille.

Doc. 1

La boîte hexagonale

Doc. 2

Le programme de construction

① Sur papier uni, construire un triangle équilatéral ABC de côté 4 cm.

② À l'extérieur du triangle ABC, construire le rectangle ABDE tel que AE = 2 cm.

③ Construire le symétrique du polygone ACBDE par rapport à la droite (AC).
Noter B′ le symétrique de B.

④ Construire le symétrique du polygone ACBDE par rapport à la droite (BC).
Noter A′ le symétrique de A.

⑤ Construire le symétrique de la figure ainsi obtenue par rapport à la droite (A′B′).

⑥ Découper la figure obtenue, puis replier les six rectangles et solidifier avec du ruban adhésif.

8 Le remplissage d'une piscine

▶ La situation-problème

Clara doit changer une partie de l'eau de sa piscine.
Aider Clara à déterminer la durée de cette opération, ainsi que son coût.
Proposer ensuite une solution à Clara pour utiliser un minimum d'eau.

Doc. 1

L'eau

- Clara doit changer 40 % de l'eau de la piscine.
- La pompe utilisée a un débit de 6 000 L par heure.
- Clara doit, dans un premier temps, évacuer l'eau, puis la remplacer.

Doc. 2

Un extrait de la facture d'eau de Clara

Abonnement : 28,58 €
Consommation facturée : 47 m³
Montant total de la facture : 140,91 €

Doc. 3

La piscine

Longueur : 8 m
Largeur : 3,5 m
Profondeur moyenne : 1,5 m

▶ Les supports de travail

Les documents, la calculatrice.

Toute piste de recherche, même non aboutie, figurera sur la feuille.

9 Le tracé du lutin

▶ La situation-problème

Louise a saisi un script avec le logiciel Scratch afin que le lutin dessine le nombre 53.
Ouvrir le logiciel Scratch, retrouver le script de Louise puis le tester.

▶ Les supports de travail

Les documents, le logiciel Scratch.

Toute piste de recherche, même non aboutie, figurera sur la feuille.

Doc. 1

Le dessin du lutin

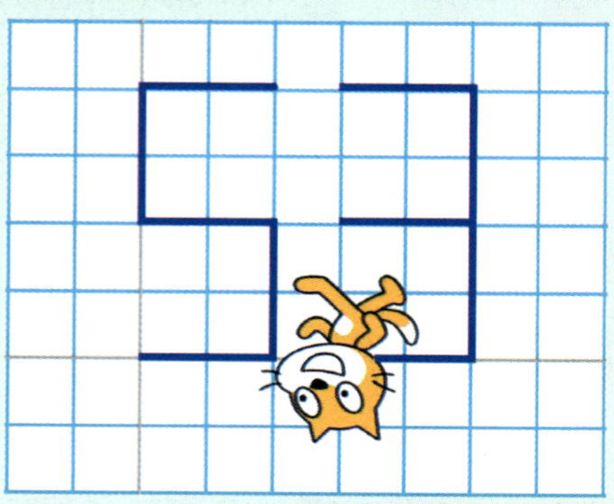

Doc. 2

Le début du script

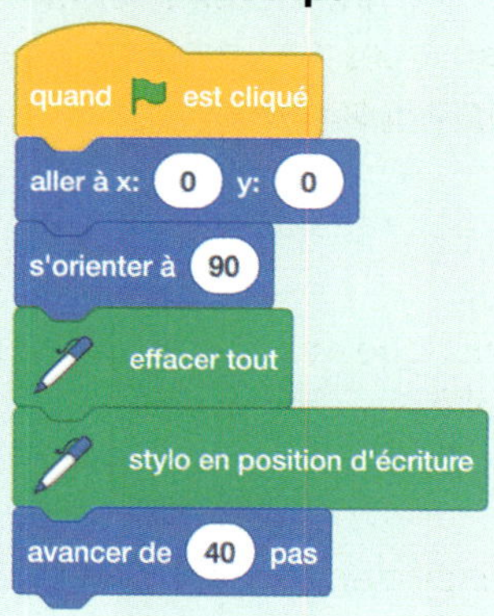

Doc. 3

L'arrière-plan

Louise a utilisé l'arrière-plan **Xy-grid-20px**.
Chaque carré de la grille a pour côté 20 pas.

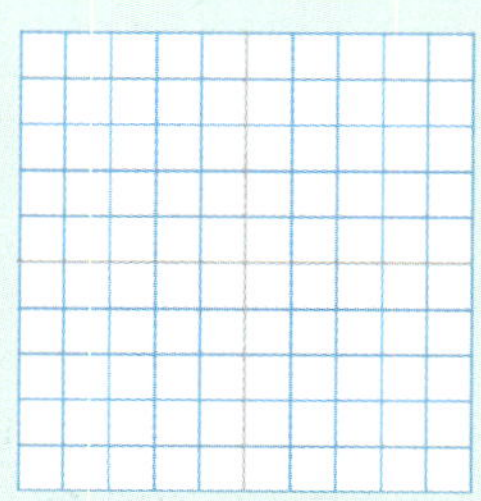

Arts plastiques	Mettre en œuvre un projet artistique.
Mathématiques	Construire quelques solides et figures géométriques.
Sciences et technologie	Identifier les principales familles de matériaux.

Découvrir le Land art

Objectif
Utiliser des matériaux présents dans la nature pour construire des solides ou figures géométriques.

Spiral Jetty (« Jetée en spirale ») du sculpteur américain Robert Smithson, au bord du Grand Lac Salé aux États-Unis (1970).

Le projet
Imaginer et réaliser un projet artistique en appliquant les caractéristiques du Land art.

Quelques repères

Né aux États-Unis dans les années 1960, le Land art est une forme d'art qui consiste à utiliser les matériaux de la nature (bois, pierre, sable, terre, feuilles, eau, etc.) pour réaliser une composition artistique dans un milieu naturel.
Les créations peuvent être de petite ou de grande taille, posées sur le sol ou suspendues, et même flottantes sur l'eau.
Altérées ou détruites par l'environnement lui-même (le plus souvent le vent et la pluie), ces œuvres d'art sont en général éphémères. Les artistes peuvent alors sauvegarder et présenter leur travail à l'aide de croquis, de photographies ou vidéos.

La production

Réaliser une création artistique en Land art, puis la filmer pour présenter le travail sur le site du collège.
- Récolter des matériaux dans l'environnement proche et choisir un site d'installation.
- Dessiner le projet sur papier en utilisant des formes géométriques (polygones, cercle, etc.) et calculer les dimensions agrandies.

Pistes de réflexion

- **Se documenter sur le Land art (origines de ce mouvement artistique, principaux artistes, œuvres les plus célèbres).**
- **Étudier les caractéristiques de matériaux issus de la nature (le bois, le sable par exemple).**
- **Dessiner des figures simples ou complexes sur papier, puis déterminer leurs dimensions réelles en utilisant une échelle d'agrandissement simple.**

Mathématiques	Se repérer sur un plan. Réaliser des maquettes.
Géographie	Habiter une métropole. La ville de demain.
Sciences et technologie	Concevoir et produire tout ou partie d'un objet technique.

Imaginer une ville de demain

OBJECTIF
Étudier les problématiques d'une ville du futur, en particulier celles du logement, des ressources et des déplacements.

Le projet
Réaliser une maquette d'un quartier ou d'une ville de demain.

Quelques repères

Aujourd'hui, dans le monde, 3,5 millions de personnes habitent en ville.
On estime qu'en 2050, 7 personnes sur 10 vivront en ville.
Les villes de demain devront donc s'adapter à cette augmentation de population et aux enjeux d'un développement plus durable.
Elles auront ainsi à relever plusieurs défis : améliorer le vivre-ensemble, gérer des ressources énergétiques et alimentaires, développer des transports plus économes, etc.

La production

Imaginer puis réaliser la maquette d'une ville ou d'un quartier des années futures.
- Prévoir des circuits de déplacement, des espaces verts, des logements individuels ou collectifs.
- Préparer un plan de la ville ou du quartier.

Pistes de réflexion

- **Étudier les évolutions possibles dans les villes de demain : logements, moyens de transport, ressources, gestion des déchets, etc.**
- **Réfléchir aux matériaux (recyclables et durables) et aux moyens de réalisation (plus économes en énergie, en temps) à privilégier pour construire les villes de demain.**
- **Tracer le plan d'un quartier ou d'une ville, puis déterminer les dimensions pour l'agrandir.**
- **Réaliser des patrons de pavés droits ou de cubes en grandes dimensions.**
- **Construire des solides à partir de patrons de solides (prismes droits, pyramides, etc.).**

Histoire	Se repérer dans le temps : construire des repères historiques.
Mathématiques	Connaître et utiliser les unités de mesure de durées et leurs relations.
Français	Rédiger des écrits variés. Enrichir le lexique.

Remonter l'histoire du temps

OBJECTIF

Étudier l'évolution des unités et des instruments de mesure du temps, de l'Antiquité à aujourd'hui.

Un cadran solaire .

Le projet

Étudier et présenter, sous forme d'un livre numérique, des unités et des instruments de mesure du temps utilisés de l'Antiquité à nos jours.

Quelques repères

Pour les civilisations de l'Antiquité, mesurer le temps servait avant tout à mieux organiser la vie quotidienne.
En observant les cycles du Soleil et de la Lune, ces civilisations ont ainsi établi les notions de jour, de mois et d'année, et ont créé des calendriers. De nombreux moyens techniques (clepsydre, cadran solaire, sablier, bougie graduée, etc.) ont alors été utilisés pour mesurer le temps.
À partir du Moyen-Âge, des horloges à battements réguliers permettent de matérialiser la seconde.
Aujourd'hui, on dispose d'horloges atomiques pour mesurer le temps avec une extrême précision.

La production

Réaliser un livre numérique présentant l'évolution des unités et des instruments de mesure du temps de l'Antiquité à aujourd'hui.
• Indiquer sur une frise chronologique les périodes d'utilisation des principaux instruments de mesure et calendriers.

Pistes de réflexion

- **Se documenter sur différents calendriers (chinois, romain, grégorien, etc.).**
- **Étudier des instruments de mesure du temps utilisés au cours de l'Histoire.**
- **Exprimer une date selon différents calendriers. Comparer la durée d'une année dans différentes civilisations. Exprimer une durée dans différentes unités de temps.**
- **Étudier le vocabulaire des unités de temps et l'étymologie des jours de la semaine et des mois de l'année.**

Anglais	Étudier la culture du pays dont on étudie la langue.
Sciences et technologie	Expliquer les besoins variables en aliments de l'être humain.
Mathématiques	Reconnaître et résoudre des problèmes relevant de la proportionnalité.

Préparer des petits-déjeuners d'ici et d'ailleurs

Objectifs

- Étudier l'importance du petit-déjeuner dans la journée.
- Comparer les apports et les dépenses énergétiques.

Le projet

Concevoir un petit-déjeuner équilibré et adapté aux activités envisagées.

Quelques repères

Premier repas de la journée, après une nuit de sommeil sans manger, le petit-déjeuner permet d'alimenter nos muscles en énergie, mais aussi notre cerveau.
Il apporte ainsi au corps les éléments nutritifs nécessaires à la réalisation des activités mentales et physiques de la matinée.
Les aliments consommés au petit-déjeuner varient selon les goûts de chacun, les habitudes alimentaires, mais aussi la culture du pays dans lequel on vit.

La production

Concevoir un petit-déjeuner équilibré.
- Choisir des aliments consommés en France ou dans un pays anglo-saxon.
- Calculer les quantités adaptées en fonction des activités envisagées dans la matinée.

30 % des apports en glucides simples	**26 %** des apports en vitamines B, C, et D
15 % des apports en fibres	**28 %** des apports en calcium

Contribution du petit-déjeuner aux apports nutritionnels des adolescents (11-17 ans)

Pistes de réflexion

- **Comparer la composition d'un petit-déjeuner en Angleterre, aux États-Unis et dans d'autres pays.**
- **Étudier le vocabulaire en anglais des aliments consommés au petit-déjeuner.**
- **Réaliser un sondage sur les habitudes alimentaires des élèves du collège pour le petit-déjeuner.**
- **Étudier la composition des principaux aliments et l'équilibre d'un repas.**
- **Calculer et comparer les apports énergétiques du petit-déjeuner selon la nature des aliments choisis et la quantité consommée.**
- **Étudier et calculer la dépense énergétique de la matinée en fonction des activités réalisées.**

Histoire	Premiers États, premières écritures.
Mathématiques	Calculer avec des nombres entiers.
Arts plastiques	Les qualités physiques des matériaux.

Partir sur les traces des premiers calculs et écritures

OBJECTIFS
- Étudier quelques aspects de la civilisation mésopotamienne.
- Étudier une numération non décimale.

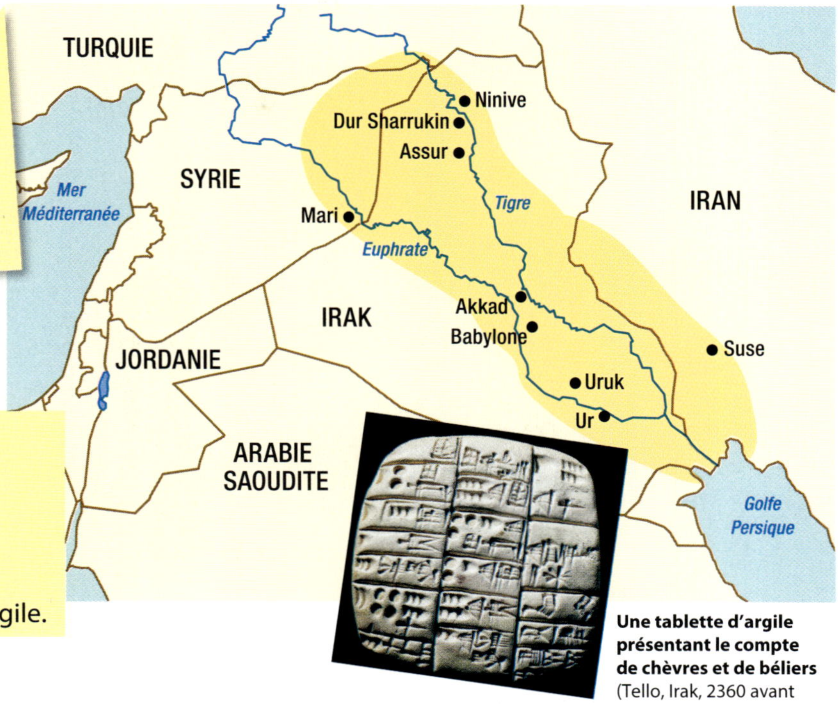

Le projet
Utiliser l'écriture cunéiforme pour tracer des signes et des calculs sur des tablettes d'argile.

Une tablette d'argile présentant le compte de chèvres et de béliers (Tello, Irak, 2360 avant notre ère).

Quelques repères

Au IIIe millénaire avant notre ère, la Mésopotamie, située dans le croissant fertile, est une région prospère. C'est dans cette région que les premiers signes d'écriture et de dénombrement de l'Histoire de l'humanité apparaissent.
Progressivement, l'écriture évolue sous forme de signes cunéiformes et des calculs de plus en plus élaborés sont réalisés. Ces écrits sont faits sur des tablettes en argile, matériau très présent dans cette région.
Des tablettes, retrouvées lors de fouilles, permettent de mieux connaître aujourd'hui cette civilisation.

La production

Fabriquer des tablettes d'argile et tracer des signes cunéiformes.
- Représenter des signes d'animaux, par exemple.
- Écrire une table de multiplication en base sexagésimale.

Pistes de réflexion

- **Découvrir les premières écritures et comprendre leur rôle.**
- **Déchiffrer une tablette mésopotamienne comportant des tables de multiplication.**
Écrire des nombres en numération sexagésimale.
- **Étudier les propriétés de l'argile et la façonner en tablettes ou autres objets.**
Écrire avec un calame (bâtonnet taillé en pointe).

Corrigés

CHAPITRE 1
Utiliser les nombres entiers

Bien démarrer

1 **a.** **2** **b.** **3** **a.** et **c.**
4 **c.** **5** **a.**, **b.** et **c.** **6** **b.** et **c.**

À TON TOUR

(2) **a.** 5 190 000 000
64 700 000
b. Un milliard quatre cent millions
Trente-six millions cinq cent mille

(5) **a.** 5 750 = 57 × 100 + 50
57 boîtes sont entièrement remplies chaque jour.
b. 6 800 = 68 × 100
68 boîtes sont entièrement remplies chaque jour.

(8) 4 < 9 donc 8 419 000 < 8 982 000.
Donc New York est moins peuplée que Londres.

(11) 4 861 < 11 678 < 19 968 < 27 185 < 35 673

(14) **a.**

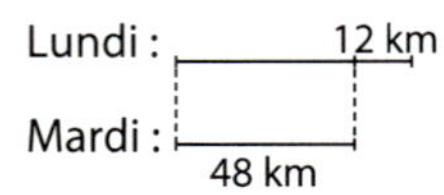

48 km + 12 km = 60 km
Donc lundi, Marion a parcouru 60 km.
b. 5 × 13 km = 65 km
Donc mercredi, Marion a parcouru 65 km.

(17) **a.** 16 m − 4 × 3 m
b. 16 m − 4 × 3 m = 16 m − 12 m = 4 m
La hauteur du rez-de-chaussée est 4 m.

Je travaille mes automatismes

(22) **a.** 5 720 = 5 **milliers** 7 **centaines** 2 **dizaines**
b. 5 007 000 203 = 5 **milliards** 7 **millions** 2 **centaines** 3 **unités**

(23) **a.** Huit cent quarante-trois
b. Six mille cinq cents
c. Trente-et-un millions huit cent quatre-vingt mille dix-sept

(31) **a.**

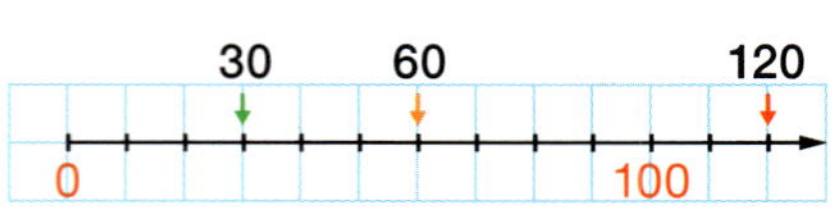

b.

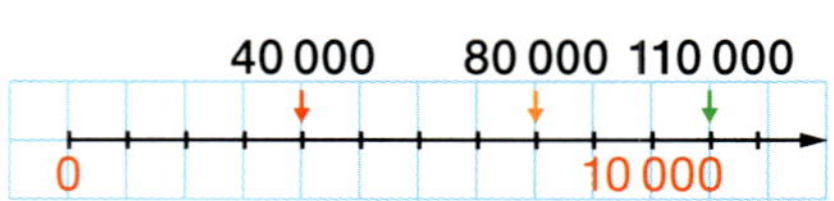

(42) **a.**

	7	6	8	7	2
+		5	7	3	6
	8	**2**	**6**	**0**	**8**

b.

	2	5	1	8	3
+		4	7	6	2
+				7	6
	3	**0**	**0**	**2**	**1**

(44) **a.**

	7	0	2	8
−	4	6	7	3
	2	**3**	**5**	**5**

b.

	3	4	2	5	4
−		7	6	5	8
	2	**6**	**5**	**9**	**6**

(52) **a.**

		4	3	7
×			2	6
	2	**6**	**2**	**2**
	8	**7**	**4**	**0**
1	**1**	**3**	**6**	**2**

b.

			9	5	8
	×		7	0	4
		3	**8**	**3**	**2**
6	**7**	**0**	**6**	**0**	**0**
6	**7**	**4**	**4**	**3**	**2**

Je m'évalue

(83) **a.** (84) **b.** (85) **c.** (86) **a.**
(87) **c.** (88) **a.** (89) **b.** (90) **a.**
(91) **c.** (92) **c.** (93) **b.** (94) **b.**
(95) **b.** (96) **a.** (97) **a.**

CHAPITRE 2
Utiliser les nombres décimaux

Bien démarrer

1 **a.** et **b.** **2** **c.** **3** **b.**
4 **b.** et **c.** **5** **a.** et **b.**

À TON TOUR

(2) **a.** • 7 dixièmes d'unité, c'est **70** centièmes d'unité, c'est-à-dire $\frac{7}{10} = \frac{\mathbf{70}}{100}$.
• 9 unités, c'est **9 000** millièmes d'unité, c'est-à-dire $9 = \frac{\mathbf{9\,000}}{1\,000}$.

b. $\frac{795}{100} = \frac{700 + 95}{100} = \frac{700}{100} + \frac{95}{100} = 7 + \frac{95}{100}$

(4) **a.** $\frac{2}{10} + \frac{6}{10} = \frac{8}{10}$

b. $\frac{44}{100} + \frac{37}{100} = \frac{81}{100}$

c. $\frac{4}{10} + \frac{61}{100} = \frac{40}{100} + \frac{61}{100} = \frac{101}{100}$

(7) **a.** 8,09 **b.** 43,708
c. 13,528 **d.** 7,005

⑩ a. 850 mL = $\frac{850}{1\,000}$ L = $\frac{85}{100}$ L = 0,85 L

b. 1 250 g = $\frac{1\,250}{1\,000}$ kg = $\frac{125}{100}$ kg = 1,25 kg

⑮ a. La partie entière de 27,9 est 27 et celle de 10,87 est 10.
Or 27 > 10, donc 27,9 > 10,87.
b. 9,04 et 9,4 ont la même partie entière.
On compare alors les chiffres des dixièmes, 0 et 4.
Or 0 < 4, donc 9,04 < 9,4.
c. 2,7 et 2,543 ont la même partie entière.
On compare alors les chiffres des dixièmes, 7 et 5.
Or 7 > 5, donc 2,7 > 2,543.

⑱ • La partie entière de 1,31 est 1 et celle de 0,95 est 0, donc 0,95 < 1,31.
• 2,593 et 2,92 ont la même partie entière.
On compare les chiffres des dixièmes.
Or 5 < 9, donc 2,593 < 2,92.
• Rangement de ces nombres dans l'ordre croissant :
0,95 < 1,31 < 2,593 < 2,92
• Rangement des sites touristiques dans l'ordre croissant du nombre de visiteurs :
Cité des Sciences, Musée d'Orsay, Tour Eiffel, Château de Versailles.

Je travaille mes automatismes

㉔ a. $5 = \frac{\mathbf{50}}{10}$ **b.** $\frac{32}{10} = \frac{\mathbf{320}}{100}$
c. $\frac{520}{100} = \frac{\mathbf{52}}{10}$ **d.** $\frac{3}{100} = \frac{30}{\mathbf{1\,000}}$
e. $\frac{11}{10} = \frac{\mathbf{110}}{100}$ **f.** $\frac{601}{100} = \frac{\mathbf{6\,010}}{1\,000}$

㉚ a. $7 \times 100 + 3 + \frac{2}{10} = 703{,}2$
b. $12 + \frac{3}{100} + \frac{1}{1\,000} = 12{,}031$
c. $5 \times 100 + 2 \times 10 + \frac{4}{10} + \frac{9}{100} = 520{,}49$
d. $7 + \frac{7}{100} = 7{,}07$

㊵ a. L'unité est partagée en 5 carreaux.
Chaque carreau correspond à 0,2.

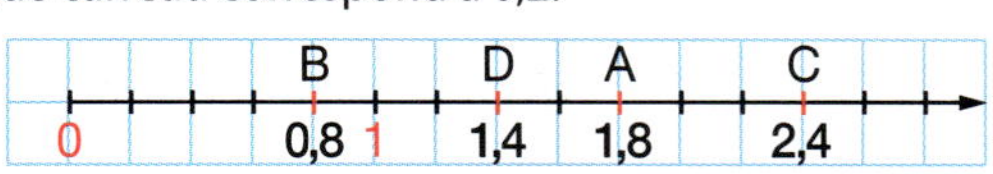

b. L'unité est partagée en 2 carreaux.
Chaque carreau correspond à 0,5.

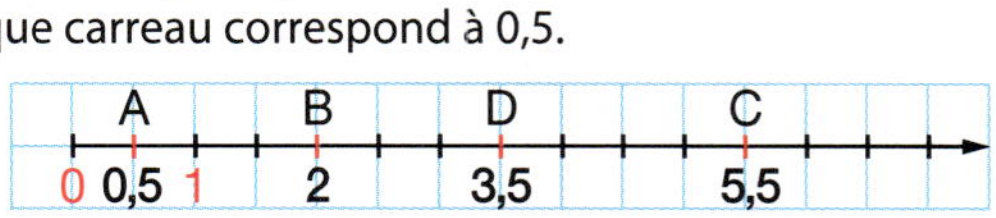

㊽ a. 5<u>6</u> > 5<u>4</u>,18 **b.** 3,2<u>1</u>7 < 3,2<u>5</u>
c. 24,<u>9</u> > 24,<u>2</u>6 **d.** 7,<u>6</u> > 7,<u>0</u>64

Je m'évalue

77 **b.**	78 **c.**	79 **b.**	80 **c.**
81 **c.**	82 **b.**	83 **a.**	84 **c.**
85 **c.**	86 **a.**	87 **c.**	88 **b.**
89 **c.**	90 **c.**	91 **c.**	92 **a.**

CHAPITRE 3
Additionner, soustraire les nombres décimaux

Bien démarrer

1 **a.**	2 **b.**	3 **c.**
4 **b.**	5 **a.** et **c.**	6 **a.**, **b.** et **c.**

À TON TOUR

②

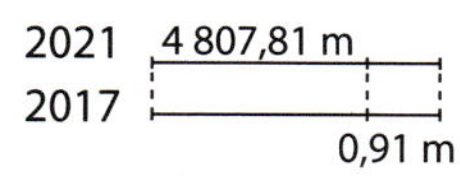

L'altitude du mont Blanc en 2017 est la somme de son altitude en 2021 et de 0,91 m.
4 807,81 m + 0,91 m = 4 808,72 m

				1		
	4	8	0	7,	8	1
+				0,	9	1
	4	8	0	8,	7	2

Le mont Blanc avait pour altitude 4 808,72 m en 2017.

④

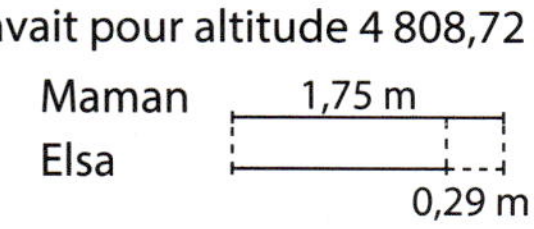

La taille d'Elsa est la différence entre la taille de sa maman et 0,29 m.
1,75 m – 0,29 m = 1,46 m

	1,	7	15
–	0,	2	9
		1	
	1,	4	6

Elsa mesure 1,46 m.

Je travaille mes automatismes

⑧

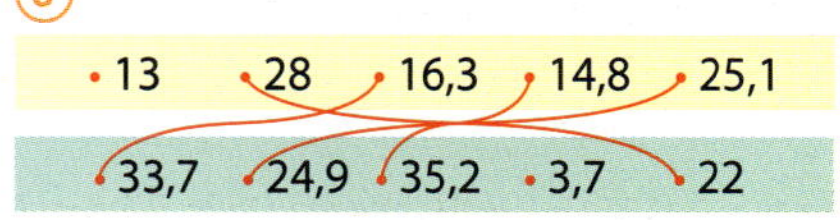

⑮ a.

		1		
	1	2	3	5
+		5	8	2
	1	8	1	7

b.

		1				
		2	3	7,	4	5
+	1	0	8	2,	1	3
	1	3	1	9,	5	8

㉖

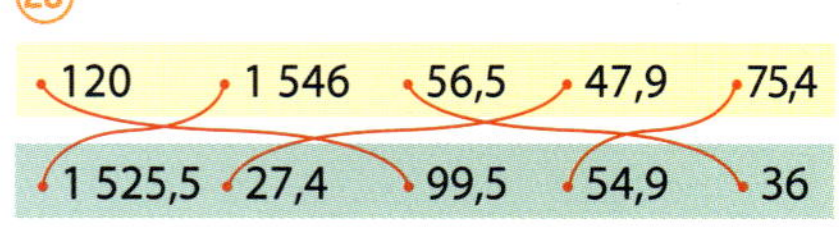

㉝ a.

	2	13	4	7
–		5	1	2
	1			
	1	8	3	5

b.

	5	12	11,	8	5
–	3	8	4,	1	2
	1	1			
	1	3	7,	7	3

Je m'évalue

61 c. 62 c. 63 b. 64 c.
65 c. 66 a. 67 c. 68 b.
69 a. 70 a. 71 b. 72 c.
73 b.

CHAPITRE 4

Multiplier les nombres décimaux

Bien démarrer

1 **a.** et **c.** 2 **b.** et **c.** 3 **b.** et **c.**
4 **a.** et **c.** 5 **b.** et **c.**

À TON TOUR

2 1 000 × 87,99 € = 87 990 €
100 × 143,40 € = 14 340 €
87 990 € + 14 340 € = 102 330 €
Le montant total de la recette est 102 330 €.

5 D'après le calcul posé ci-contre, il y a environ 28,962 km entre les deux voitures.

	1,	6	0	9
×			1	8
1	2	8	7	2
1	6	0	9	0
2	8,	9	6	2

8 **a.** 2,6 × 3,15 € = 8,19 €
Le prix de 2,6 kg de bananes est 8,19 €.

	3,	1	5
×		2,	6
1	8	9	0
6	3	0	0
8,	1	9	0

b. 700 g = 0,7 kg
0,7 × 3,15 € = 2,205 €
Le prix de 700 g de bananes est 2,205 €, soit environ 2,21 €.

	3,	1	5
×		0,	7
2,	2	0	5

11 **Première méthode**
• 1,85 km + 0,4 km = 2,25 km
La longueur du circuit est 2,25 km.
• 5,5 × 2,25 km = 12,375 km

		2,	2	5
	×		5,	5
	1	1	2	5
1	1	2	5	0
1	2,	3	7	5

La longueur totale du footing de Livia est 12,375 km.

Seconde méthode
5,5 × (1,85 km + 0,4 km) = 5,5 × 2,25 km = 12,375 km.
Livia a parcouru 12,375 km.

Je travaille mes automatismes

15 **a.** 12,753 × 100 = 1 275,3
b. 0,435 × 1 000 = 435
c. 2,714 3 × 10 × 100 = 2,714 3 × 1 000 = 2 714,3
d. 14,203 71 × 100 × 100 = 14,203 71 × 10 000
14,203 71 × 100 × 100 = 142 037,1

25 **a.**

	1,	3	5
×		5	4
	5	4	0
6	7	5	0
7	2,	9	0

b.

	1	2,	8
×		4	7
	8	9	6
5	1	2	0
6	0	1,	6

```
1,35×54        72,9
12,8×47       601,6
36,4×12       436,8
```

c.

	3	6,	4
×		1	2
	7	2	8
3	6	4	0
4	3	6,	8

29 **a.** 12 × 3,7 = 12 × 3 + 12 × **0,7** = **36** + **8,4** = **44,4**
b. 13 × 4,6 = 13 × 4 + 13 × 0,6 = 52 + 7,8 = 59,8

37 **a.** 28,6 × 0,1 = 2,86
b. 7,4 × 0,1 = 0,74
c. 89 × 0,1 = 8,9

43 **a.**

	2,	4	3
×		1,	6
1	4	5	8
2	4	3	0
3,	8	8	8

```
2,43×1,6      3,888
```

b.

		1	4,	1	8
		×	3	9,	4
		5	6	7	2
1	2	7	6	2	0
4	2	5	4	0	0
5	5	8,	6	9	2

```
14,18×39,4
        558,692
```

c.

	2	4,	7	
×	2,	5	2	
	4	9	4	
1	2	3	5	0
4	9	4	0	0
6	2,	2	4	4

```
24,7×2,52
         62,244
```

51 **a.** 20 × 0,5 + 2,5 = 10 + 2,5 = 12,5
b. 14 – 3 × 1,2 = 14 – 3,6 = 10,4
c. 143 + 5 × 2,8 = 143 + 14 = 157
d. 1,4 × 8 – 5 = 11,2 – 5 = 6,2

Je m'évalue

78 c. 79 b. 80 a. 81 b.
82 b. 83 a. 84 c. 85 b.
86 c. 87 b. 88 a. 89 b.
90 a. 91 c.

CHAPITRE 5
Diviser par un nombre entier

Bien démarrer

1 **a.** et **c.**
2 **b.** et **c.**
3 **a.**
4 **a.**
5 **a.**
6 **c.**

À TON TOUR

2 **a.** 136 + 10 = 146
146 = 2 × 53 + 40
Trois cars seront donc nécessaires pour cette sortie.

	1	4	6	5	3
–	1	0	6	2	
		4	0		

b. 53 – 40 = 13
Il manque 13 élèves pour remplir le dernier car.

4 2 150 – 5 = 2 145
2 145 = 13 × 165

	2	1	4	5	1	6	5
–	1	6	5		1	3	
		4	9	5			
	–	4	9	5			
				0			

On a donc utilisé 13 roses par bouquet.

7 34,44 g : 6 = 5,74 g

	3	4,	4	4	6		
–	3	0			5,	7	4
		4	4				
	–	4	2				
			2	4			
		–	2	4			
				0			

Une pièce de 20 centimes pèse 5,74 g.

9 2,45 mm : 7 = 3,5 mm

	2,	4	5	7		
–	0			0,	3	5
	2	4				
–	2	1				
		3	5			
	–	3	5			
			0			

Un cheveu s'allonge de 0,35 mm en un jour.

Je travaille mes automatismes

13 **1. a.**

	7	2	5	7		
–	7			1	0	3
	0	2	5			
	–	2	1			
			4			

725 = 7 × 103 + 4 et 4 < 7.

b.

	3	4	7	1	1
–	3	3		3	1
		1	7		
	–	1	1		
			6		

347 = 31 × 11 + 6 et 6 < 11.

c.

	6	5	1	1	3
–	6	5		5	0
		0	1		
	–	0	0		
			1		

651 = 50 × 13 + 1 et 1 < 13.

22 **a.** 42 ; 54 ; 1 000 ; 1 548
b. 85 ; 45 ; 1 000
c. 42 ; 45 ; 54 ; 1 548 ; 10 101
d. 45 ; 54 ; 1 548

29 **a.** Amélie doit encore partager la somme de 2 €.
b. 2 €, c'est 200 centimes.
Partagés en 4, on obtient 50 centimes, soit 0,50 €.
Donc la part exacte de chaque personne est 43,50 €.

39 **a.** 1 346,6 : 10 = **134,66**
b. 527 : **100** = 5,27
c. **123 450** : 1 000 = 123,45
d. **56 700** : 100 = 567

Je m'évalue

68 **a.**
69 **a.**
70 **b.**
71 **c.**
72 **a.**
73 **b.**
74 **a.**
75 **b.**
76 **b.**
77 **c.**
78 **a.**
79 **b.**

CHAPITRE 6
Utiliser les fractions

Bien démarrer

1 **a.** et **c.**
2 **b.** et **c.**
3 **a.**, **b.** et **c.**
4 **b.**
5 **b.**

À TON TOUR

2 **a.** $\frac{61}{3}\text{ L} + \frac{62}{3}\text{ L} = \frac{123}{3}\text{ L}$
b. $\frac{123}{3}\text{ L} = \frac{3 \times 41}{3}\text{ L} = 41\text{ L}$
Le camion a consommé 41 L de carburant au total.

5 **a.** Un morceau de ficelle a pour longueur $\frac{6}{13}$ m.
b. $\frac{6}{13}\text{ m} \approx 0{,}46\text{ m}$
Un morceau de ficelle a pour longueur environ 0,46 m.

Corrigés

Je travaille mes automatismes

(11) **a.** $\frac{4}{5}+\frac{3}{5}=\frac{7}{5}$ **b.** $\frac{1}{3}+\frac{4}{3}=\frac{5}{3}$

c. $\frac{6}{2}+\frac{1}{2}=\frac{7}{2}$

(18) **a.** $\frac{9}{4}=\frac{8+1}{4}=\frac{8}{4}+\frac{1}{4}=2+\frac{1}{4}$

b. $\frac{23}{3}=\frac{21+2}{3}=\frac{21}{3}+\frac{2}{3}=7+\frac{2}{3}$

c. $\frac{8}{5}=\frac{5+3}{5}=\frac{5}{5}+\frac{3}{5}=1+\frac{3}{5}$

d. $\frac{17}{2}=\frac{16+1}{2}=\frac{16}{2}+\frac{1}{2}=8+\frac{1}{2}$

(23) **a.** La moitié de 58, c'est $\frac{1}{2}\times 58$, soit **29**.

b. $\frac{1}{2}\times 27$ c'est le **quotient** de 27 par 2, soit **13,5**.

c. 50 % de 80, c'est $\frac{1}{2}\times$ **80**, soit **40**.

(32) **a.** $4\times\frac{9}{4}=9$ **b.** $4\times\frac{7}{4}=7$

c. $4\times\frac{11}{4}=11$

Je m'évalue

58 **c.**	59 **a.**	60 **b.**	61 **a.**
62 **b.**	63 **a.**	64 **c.**	65 **a.**
66 **c.**	67 **c.**	68 **b.**	69 **b.**
70 **c.**	71 **c.**		

CHAPITRE 7 Utiliser la proportionnalité

Bien démarrer

1 **a.** et **b.** 2 **c.** 3 **b.** et **c.**
4 **a.**, **b.** et **c.** 5 **a.** et **b.**

À TON TOUR

(2) Il est possible d'utiliser plusieurs méthodes.

1re méthode : multiplication d'une quantité

10 L = 4 L × 2,5 et 30 m^2 × 2,5 = 75 m^2
10 L couvrent 75 m^2.

2e méthode : passage par l'unité

4 L couvrent 30 m^2, donc 1 L couvre 30 m^2 : 4, soit 7,5 m^2.
Ainsi 10 L couvrent 10 × 7,5 m^2, c'est-à-dire 75 m^2.

(5) **a.** 8,40 : 3 = 2,8, donc le coefficient de proportionnalité est 2,8.
Il signifie que 1 kg de prunes coûtent 2,80 €.
b. 6,5 × 2,8 = 18,2
6,5 kg de prunes coûtent 18,20 €.
On peut compléter le tableau.

Masse de prunes (en kg)	3	6,5
Prix (en €)	8,40	18,20

× 2,8

(7) **a.** $\frac{63}{100}\times 2\,400=0{,}63\times 2\,400=1\,512$
1 512 personnes ont répondu « oui ».
b. 2 400 – 1 512 = 888
888 personnes ont répondu « non ».

(10) L'échelle est $\frac{5}{2}$, c'est-à-dire que les longueurs réelles sont multipliées par $\frac{5}{2}$.

2,4 cm × $\frac{5}{2}$ = 2,4 cm × 2,5 = 6 cm

1,4 cm × $\frac{5}{2}$ = 1,4 cm × 2,5 = 3,5 cm

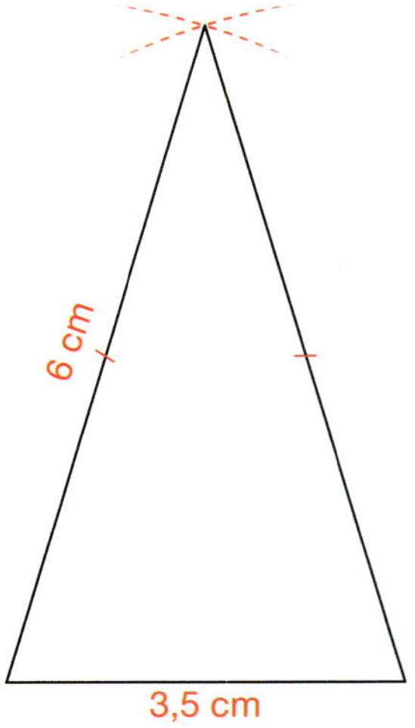

Je travaille mes automatismes

(15) • **Magasin A**
Il faut acheter 2 sacs de 25 kg.
25 kg × 2 = 50 kg
Donc 29,50 € × 2 = 59 €.

• **Magasin B**
Il faut acheter 5 sacs de 10 kg.
10 kg × 5 = 50 kg
Donc 12 € × 5 = 60 €.
Lana devrait faire son achat dans le magasin A.

(22) **1. a.** 15 m^2 : 3 = 5 m^2
Donc 1 L de vernis couvre 5 m^2.
b. 5 m^2 × 7 = 35 m^2
Avec 7 L de vernis, on couvre 35 m^2.
2. a. 3 L : 15 = 0,2 L
Pour couvrir 1 m^2, il faut 0,2 L de vernis.
b. 0,2 L × 8 = 1,6 L
Pour couvrir 8 m^2, il faut 1,6 L de vernis.

(28) $\frac{75}{100}\times 60$ kg = 0,75 × 60 kg = 45 kg
Ben a vendu 45 kg de noix.

(39) 12 cm × 0,4 = 4,8 cm
On construit un carré de côté 4,8 cm.

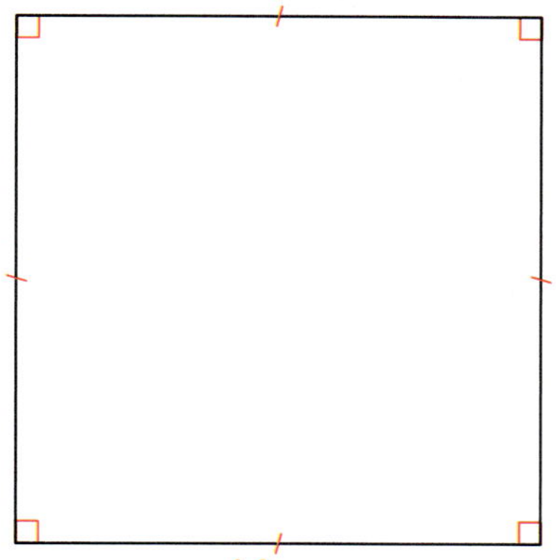

Je m'évalue

61 **a.**	62 **c.**	63 **a.**	64 **b.**
65 **b.**	66 **a.**	67 **c.**	68 **b.**
69 **a.**	70 **b.**	71 **c.**	72 **b.**

CHAPITRE 8 Présenter des données

Bien démarrer

1 **a.**, **b.** et **c.**
2 **b.** et **c.**
3 **b.**
4 **b.**

À TON TOUR

(2) **a.** On lit le nombre de classeurs de Jane, par couleur.
b. On lit le nombre d'objets de couleur rouge, de chaque sorte (cahier, classeur ou stylo).
c. On lit que Jane a un crayon de couleur jaune.

(4) On réalise un tableau à deux lignes (Nombre de filles, Nombre de garçons) et à deux colonnes (11 ans, 12 ans).
On ajoute une ligne et une colonne « Total ».
On complète par les données de l'énoncé.

	11 ans	12 ans	Total
Nombre de filles	8		17
Nombre de garçons		7	
Total			30

17 – 8 = 9 ❶ 30 – 17 = 13 ❷
13 – 7 = 6 ❸ 8 + 6 = 14 ❹
9 + 7 = 16 ❺ (ou 30 – 14 = 16)
Voici le tableau complété.

	11 ans	12 ans	Total
Nombre de filles	8	❶ 9	17
Nombre de garçons	❸ 6	7	❷ 13
Total	❹ 14	❺ 16	30

Remarque : on peut commencer par 30 – 17 = 13 ❷.

(7) **a.** On recopie le tableau en ajoutant une ligne « Mesure de l'angle (en °) ».
On complète la case grise par 360.
360 = 120 × 3 donc le coefficient de proportionnalité est 3.
32 × 3 = 96
L'angle de la catégorie « Sciences » mesure bien 96°.
Pour calculer les mesures des angles des trois autres secteurs, on effectue les produits :
- 12 × 3 = 36
- 28 × 3 = 84
- 48 × 3 = 144

	Cuisine	Théâtre	Sciences	Escalade	Total
Nombre d'enfants	12	28	32	48	120
Mesure de l'angle (en °)	**36**	**84**	**96**	**144**	**360**

(× 3)

b. Voici le diagramme circulaire (ici avec 1,5 cm pour rayon).

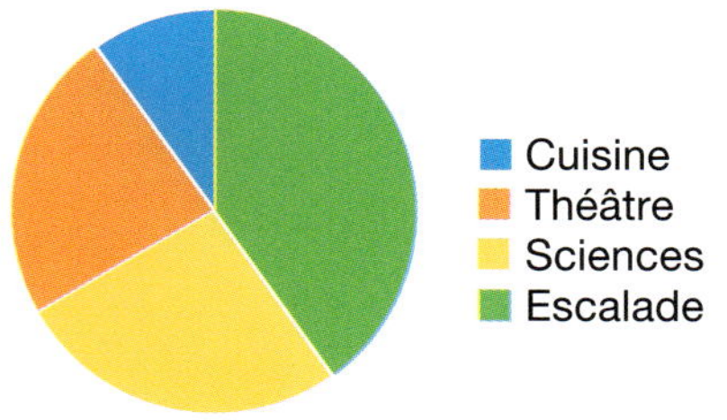

Je travaille mes automatismes

(12) **a.** • Claire et Glenn ont obtenu plus de 5 points à la partie 1.
• Enzo et Piala ont obtenu plus de 5 points à la partie 2.
b. • Glenn a gagné la partie 1.
• Piala a gagné la partie 2.
c. • 6 + 3 = 9
• 4 + 7 = 11
• 8 + 5 = 13
• 3 + 8 = 11
13 > 11 > 9, donc c'est Glenn qui a eu le meilleur score sur les deux parties cumulées.

(21) Voici le diagramme en bâtons.

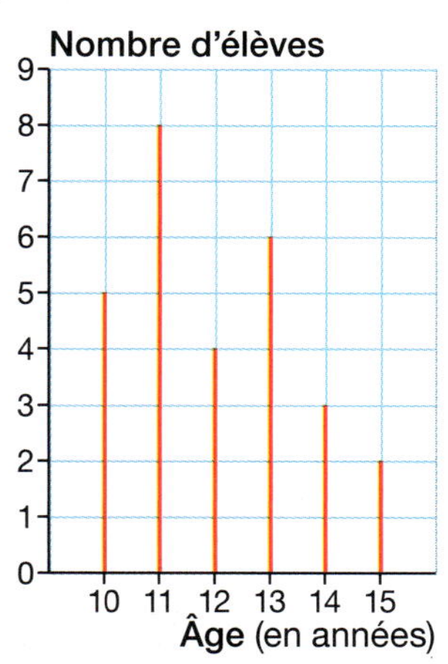

Corrigés

(23) **a.** On complète le tableau avec les données.

	A	C	J
Nombre d'enfants	20	28	12

b. $20 + 28 + 12 = 60$
60 enfants participent à ces trois ateliers.
On complète le tableau en ajoutant une ligne « Mesure de l'angle (en °) » et une colonne « Total ».
On complète la case grise par 180.
$180 = 60 \times 3$, donc le coefficient de proportionnalité est 3.
Pour calculer les mesures des angles des trois secteurs, on effectue les produits :
• $20 \times 3 = 60$ • $28 \times 3 = 84$ • $12 \times 3 = 36$
Voici le tableau complété.

	A	C	J	Total
Nombre d'enfants	20	28	12	60
Mesure de l'angle (en °)	**60**	**84**	**36**	**180**

(× 3)

c. Voici le diagramme semi-circulaire.

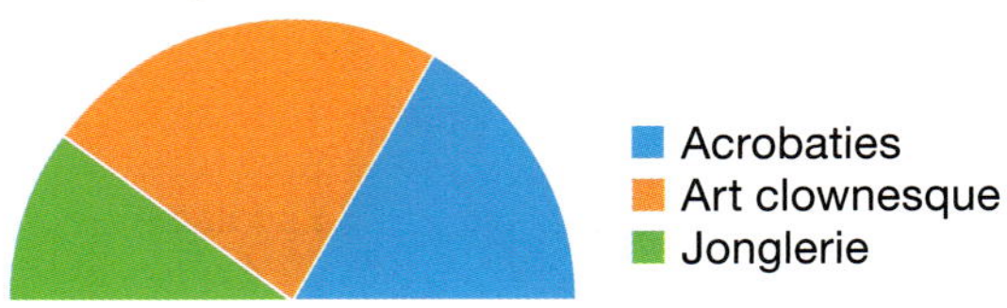

Je m'évalue

(40) **b.** (41) **c.** (42) **c.** (43) **b.**
(44) **c.** (45) **c.** (46) **b.**

CHAPITRE 9 Utiliser les angles

Bien démarrer

1 **c.** 2 **b.** 3 **b.** et **c.**
4 **c.** 5 **b.**

À TON TOUR

(2) **a.** L'angle colorié en vert se nomme $\widehat{SMQ}$ ou $\widehat{QMS}$.
b. L'angle colorié en violet se nomme $\widehat{PNM}$ ou $\widehat{MNP}$ ou $\widehat{PNt}$ ou $\widehat{tNP}$.

(4) **a.** Les angles $\widehat{HEG}$ et $\widehat{GFI}$ sont superposables.
b. L'angle $\widehat{HEG}$ est plus grand que l'angle $\widehat{GEF}$.

(6) L'angle $\widehat{ABC}$ est un angle obtus.
À l'aide du rapporteur, on obtient $\widehat{ABC} = 117°$.

(9)

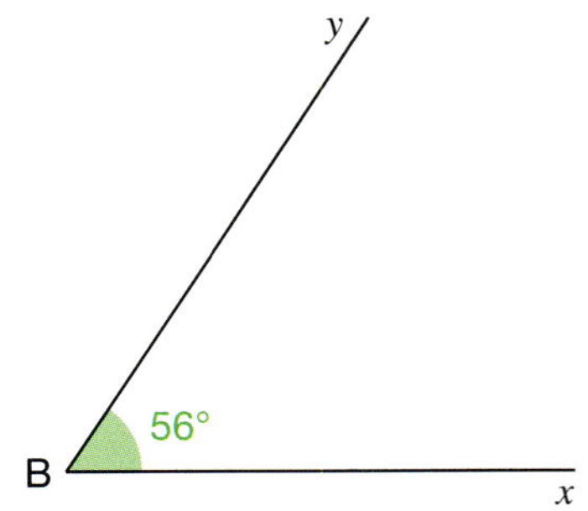

Je travaille mes automatismes

(13) Hamza ne s'est pas trompé.
En effet, on peut nommer cet angle $\widehat{AOB}$ ou $\widehat{AOC}$ (ou $\widehat{BOA}$ ou $\widehat{COA}$).
C'est le même angle de sommet O et de côtés [OA) et [OC).

(19) Emmy se trompe.
En effet, l'angle $\widehat{ABC}$ semble être plus grand que l'angle $\widehat{DEF}$, mais cela est faux. Avec un gabarit, on peut remarquer que ces deux angles sont superposables.
L'angle $\widehat{DEF}$ est à l'intérieur de l'angle $\widehat{ABC}$, mais en faisant coïncider les sommets de ces deux angles, les côtés des angles peuvent se superposer.

(24) **a.**

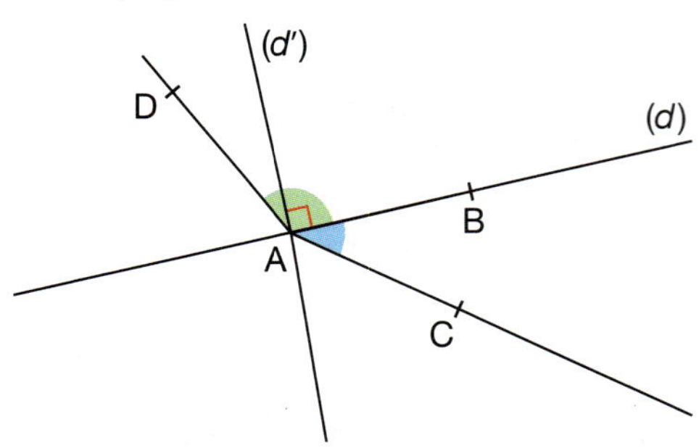

b. La droite (*d*′) sépare le plan en deux régions.
Tout point C du côté de B par rapport à (*d*′) est accepté.
c. Tout point D de l'autre côté de B par rapport à (*d*′) est accepté.

(30) L'affirmation d'Ethan est fausse.
En effet, la mesure de l'angle $\widehat{xOy}$ est 115°.
Il faut lire ici la graduation en noir, car le côté [O*x*) passe par le 0 de cette graduation.

Je m'évalue

(50) **a.** (51) **b.** (52) **c.** (53) **a.**
(54) **c.** (55) **b.** (56) **b.** (57) **a.**
(58) **b.** (59) **c.** (60) **c.**

CHAPITRE 10
Calculer des longueurs, des aires, des durées

Bien démarrer

1 **a.**, **b.** et **c.**
2 **b.**
3 **b.** et **c.**
4 **b.** et **c.**
5 **b.**

À TON TOUR

(2) • Longueur du rectangle :
12,7 m + 2 × 6,4 m = 12,7 m + 12,8 m = 25,5 m
• Périmètre de cette maison :
25,5m + 4 × 6,4 m + 3 × 12,7 m,
c'est-à-dire 25,5 m + 25,6 m + 38,1 m, soit 89,2 m.
Le périmètre de cette maison est 89,2 m.

(5) La longueur de ce cercle est : L = π × 18,3 m.
À l'aide de la calculatrice, on obtient L ≈ 57,5 m.
La longueur de ce cercle est environ 57,5 m.

(8) Aire du rectangle :
$$30 \text{ cm} \times 60 \text{ cm} = 1\,800 \text{ cm}^2$$
Aire du triangle :
$$(60 \text{ cm} \times 10 \text{ cm}) : 2 = 600 \text{ cm}^2 : 2 = 300 \text{ cm}^2$$
Aire de la planche en bois :
$$1\,800 \text{ cm}^2 - 300 \text{ cm}^2 = 1\,500 \text{ cm}^2$$
L'aire de la planche en bois est 1 500 cm^2.

(11) Rayon de la pièce : 25,8 mm : 2 = 12,9 mm
Aire de la pièce : $\mathcal{A} = \pi \times 12{,}9^2 \text{ mm}^2$
À l'aide de la calculatrice, on obtient $\mathcal{A} \approx 523 \text{ mm}^2$.
L'aire d'une pièce de 2 € est environ 523 mm^2.

(14) Durée du trajet :
1 h 35 min + 2 h 14 min = 3 h 49 min
Heure d'arrivée :
9 h 40 min + 3 h 49 min = 12 h 89 min = 13 h 29 min
Aristide arrive à 13 h 29.

(17) • Du 28 novembre 2004 à 8 h 10 min 44 s au 7 février 2005 à 8 h 10 min 44 s, il y a 71 jours.
• Durée entre le 7 février 2005 à 8 h 10 min 44 s et le 7 février 2005 à 22 h 29 min, 17 s :

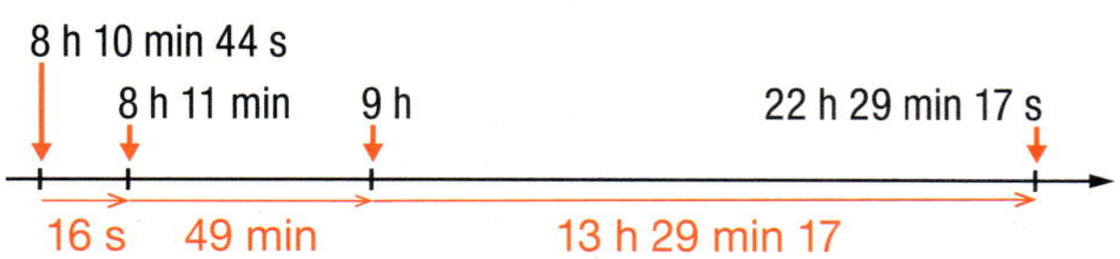

16 s + 49 min + 13 h 29 min 17 s = 14 h 18 min 33 s
• La durée du tour du monde de Ellen MacArthur est 71 jours 14 h 18 min 33 s.

Je travaille mes automatismes

(21) **a.** 4 dm = 40 cm
b. 5,2 dam = 5 200 cm
c. 7,2 mm = 0,72 cm
d. 0,045 m = 4,5 cm

(28) Le contour de la surface coloriée en orange est constitué de 26 côtés de longueur 3 cm chacun, donc son périmètre est 26 × 3 cm, c'est-à-dire 78 cm.

(31) L = 2 × π × 384 000 km = π × 768 000 km
À l'aide de la calculatrice, on obtient L ≈ 2 412 743 km.
La longueur du trajet de la Lune lors d'un tour complet autour de la Terre est environ 2 412 743 km.

(38) **a.** 2 cm^2 = **0,000 2** m^2
b. 4,1 dm^2 = **0,041** m^2
c. 5 m^2 = **0,000 5** hm^2
d. 75 mm^2 = **0,75** cm^2

(46) **a.** Dans 5 min, il y a **300** s.
b. Dans 3 h, il y a **180** min.
c. Dans 2 jours, il y a **48** h.
d. Dans un siècle, il y a **1 200** mois.

Je m'évalue

(69) **c.**
(70) **b.**
(71) **c.**
(72) **b.**
(73) **b.**
(74) **a.**
(75) **a.**
(76) **b.**
(77) **b.**
(78) **a.**
(79) **c.**
(80) **c.**

CHAPITRE 11
Calculer des volumes et des contenances

Bien démarrer

1 **b.** et **c.**
2 **a.** et **b.**
3 **b.** et **c.**
4 **b.** et **c.**
5 **a.** et **c.**

À TON TOUR

(2) • Chaque couche est constituée de 3 rangées de 3 cubes.
3 × 3 = 9, donc il y a 9 cubes à chaque couche.
• Le puzzle est constitué de 3 couches.
9 × 3 = 27, donc il y a 27 cubes au total.
• Chaque petit cube a pour volume 1 cm^3, donc le volume du puzzle est 27 cm^3.

(5) • Les dimensions de cette micro-maison sont 7 m, 3,5 m et 3,2 m.
• V = 7 m × 3,5 m × 3,2 m = 78,4 m^3
Donc le volume de la micro-maison est 78,4 m^3.

(8) **a.** 0,375 m^3 = 0,375 × 1 000 000 cm^3
0,375 m^3 = 375 000 cm^3
b. 4,68 dm^3 = 4,68 × 1 000 cm^3 = 4 680 cm^3
c. 1,23 m^3 = 1,23 × 1 000 000 cm^3
1,23 m^3 = 1 230 000 cm^3

(11) **a.** 750 m^3 = 750 000 dm^3
750 m^3 = 750 000 L
Le grand bassin contient 750 000 L d'eau.
b. 32 000 L = 32 000 dm^3
32 000 L = 32 m^3
Le bassin pour enfants contient 32 m^3 d'eau.
c. 230 000 cm^3 = 230 dm^3
230 000 cm^3 = 230 L
Le pédiluve contient 230 L d'eau.

Je travaille mes automatismes

(16) **1. a.** On peut disposer 8 cubes le long de chaque rangée.
$8 \times 4 = 32$, donc on peut disposer 32 cubes sur le fond de ce pavé droit.
De même, on peut disposer 32 cubes à la deuxième couche.
b. On peut disposer 32 demi-cubes à la troisième couche.
c. $32 + 32 + 32 \times 0{,}5 = 64 + 16 = 80$
Donc le volume de ce pavé droit est 80 cm^3.
2. $8\text{ cm} \times 4\text{ cm} \times 2{,}5\text{ cm} = 80\text{ cm}^3$
On retrouve bien le même volume.

(29) **a.** 4 523 dm^3 = 4,523 m^3
b. 735,8 dm^3 = 0,735 8 m^3
c. 10,9 dm^3 = 0,010 9 m^3
d. 7 350 cm^3 = 7,350 dm^3
e. 735,8 cm^3 = 0,735 8 dm^3
f. 4 250 000 cm^3 = 4,25 m^3

(35) **a.** 13,7 L = 137 dL
b. 2,05 L = 205 cL
c. 0,478 L = 478 mL
d. 23,7 dL = 237 cL
e. 1,09 cL = 10,9 mL
f. 1,225 dL = 122,5 mL

Je m'évalue

(57) **b.** (58) **c.** (59) **b.** (60) **c.**
(61) **a.** (62) **b.** (63) **c.** (64) **c.**
(65) **c.** (66) **b.** (67) **a.** (68) **a.**
(69) **b.**

CHAPITRE 12 S'initier à l'espace

Bien démarrer

1 **c.** 2 **c.** 3 **b.**
4 **a.** et **c.** 5 **a.**, **b.** et **c.**

À TON TOUR

(2) av 500 ; tg 90 ; av 200 ; tg 90 ; av 100 ; tg 90 ; av 100 ; tg 90 ; av 200

(4)

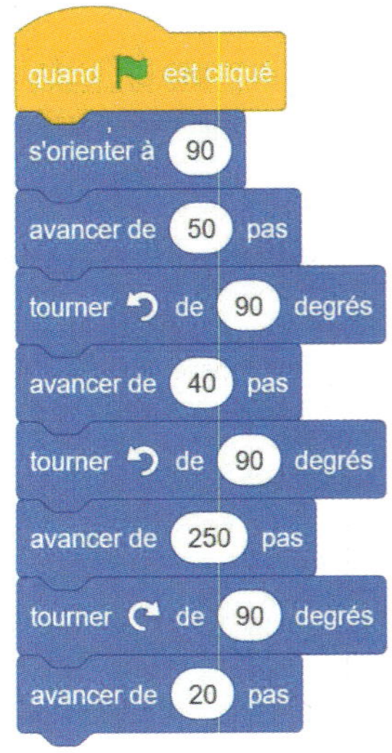

(6)

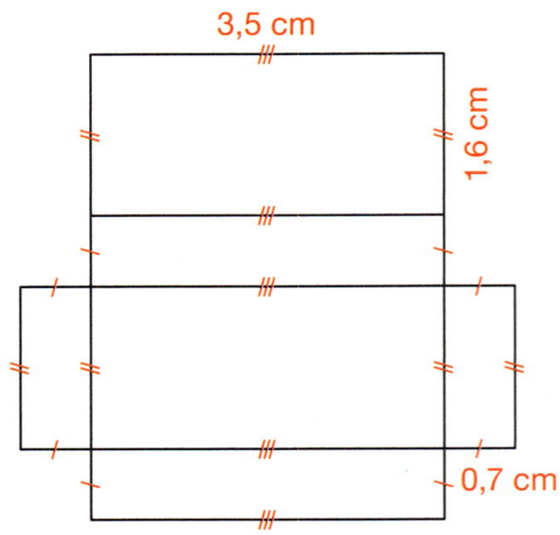

(8)

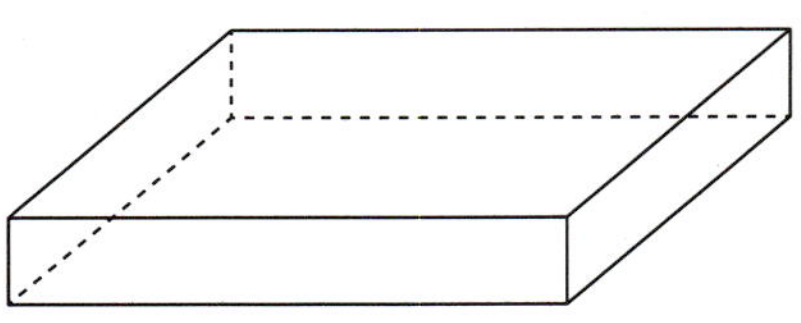

(10) **a.** Ses bases sont les triangles MNR et STU.
b. Ce prisme droit possède 9 arêtes, 6 sommets et 5 faces.
c. Sa hauteur est la longueur de l'arête [SM] (ou [UR] ou [TN]).

(13) Ce coffre est constitué d'un pavé droit de dimensions 90 cm, 44 cm et 40 cm, et d'un demi-cylindre de diamètre 44 cm et de hauteur 90 cm.

Je travaille mes automatismes

(18) **a.** Alix se trompe, avec le logiciel Scratch il faut saisir le bloc ❷ suivi du bloc ❶.
b.

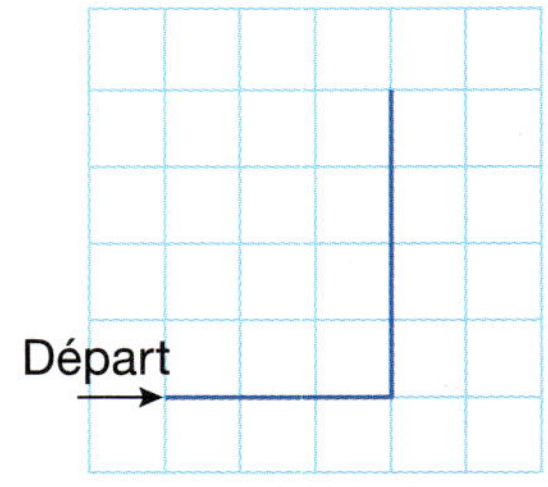

(24) **a.** Les arêtes cachées sont [AD], [CD], [HD].
Les faces cachées sont ABCD, ADHE, CDHG.

b.

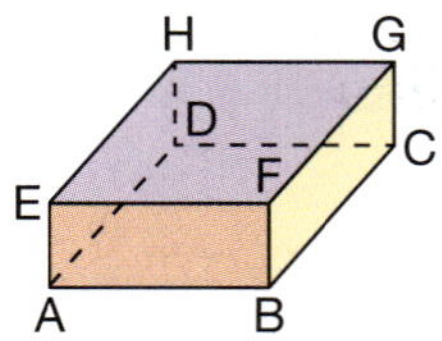

(30) Ce solide est un prisme droit à base triangulaire (représentée ci-dessous à l'échelle 3/4) et de hauteur 4,2 cm.

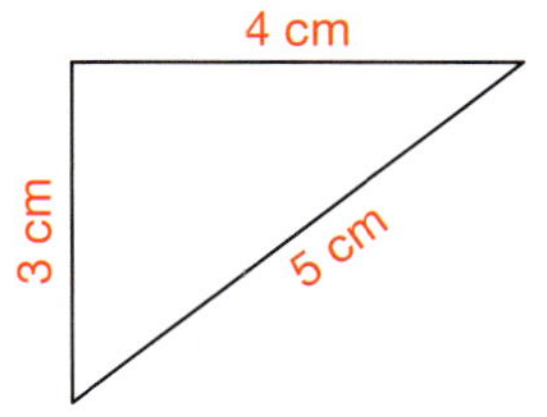

Je m'évalue

(54) **c.**	(55) **b.**	(56) **b.**	(57) **a.**	(58) **b.**
(59) **a.**	(60) **b.**	(61) **a.**	(62) **b.**	

CHAPITRE 13
S'initier à la géométrie plane

Bien démarrer

1 **a.** et **c.** 2 **b.** 3 **b.** et **c.**
4 **a.** et **c.** 5 **c.**

À TON TOUR

(2) **a.**

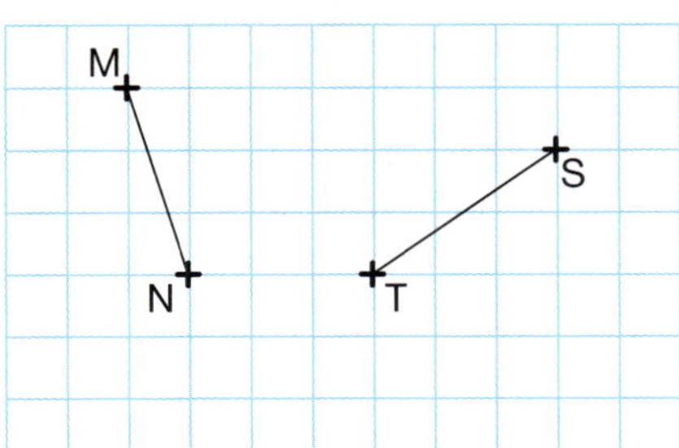

Les segments [MN] et [ST] ne se coupent pas.

b.

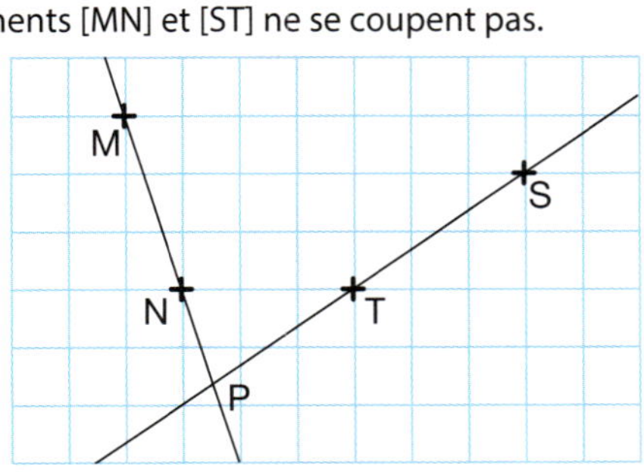

Les droites (MN) et (ST) se coupent au point P.

c.

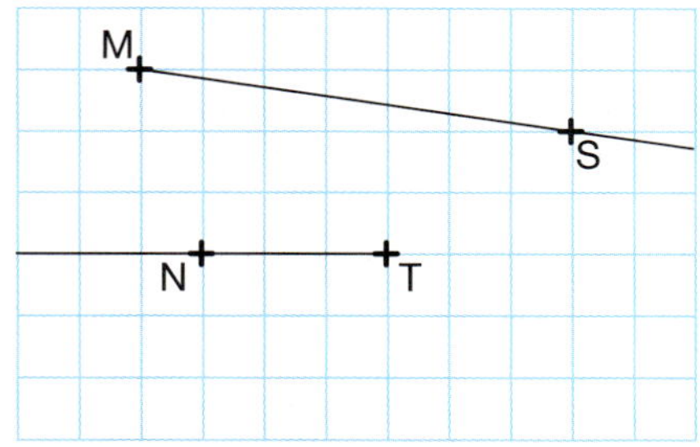

Les demi-droites [MS) et [TN) ne se coupent pas.

(6) **1.** et **2.**

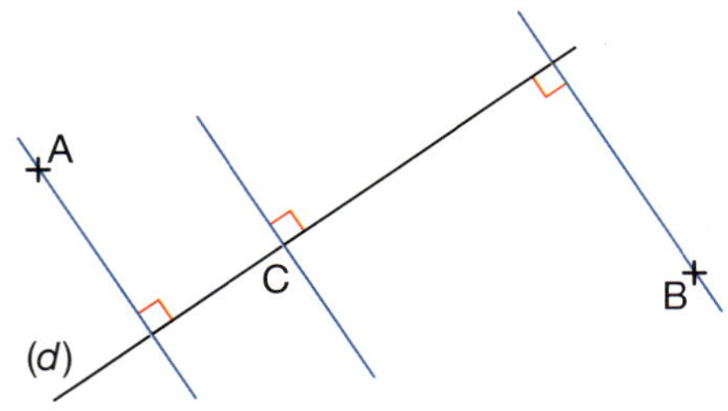

(8) **a.**, **b.** et **c.**

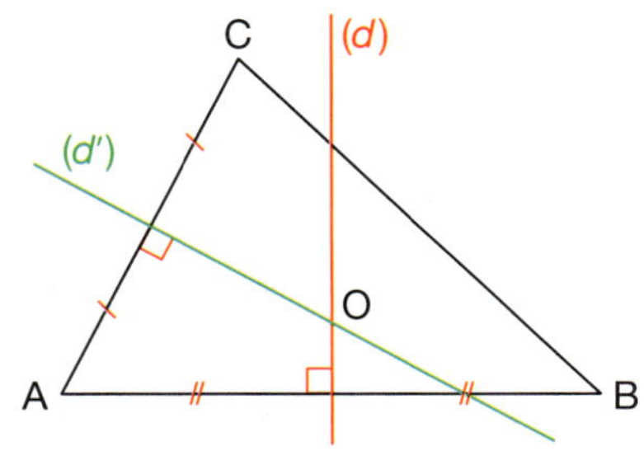

(10) **a.** et **b.**

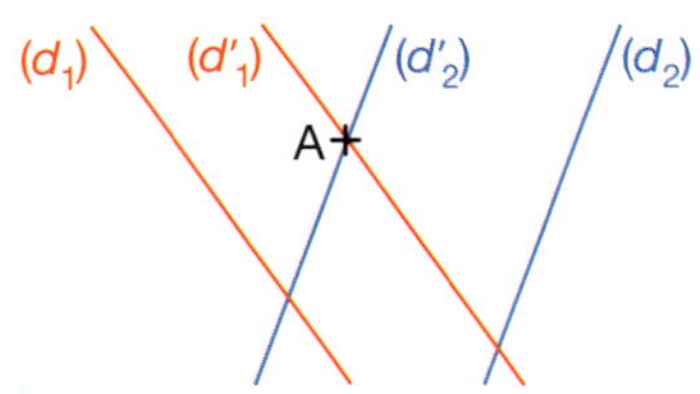

(12) La droite (*d'*) est la médiatrice du segment [BH], donc les droites (*d'*) et (BC) sont perpendiculaires.
Les droites (*d*) et (*d'*) sont perpendiculaires à la même droite (BC), donc ces deux droites sont parallèles.

Je travaille mes automatismes

(18) **1.**, **2.** et **3.**

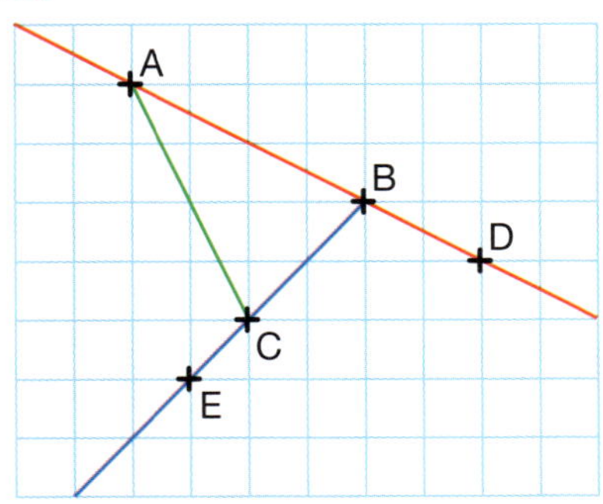

Corrigés

(26) **a.**

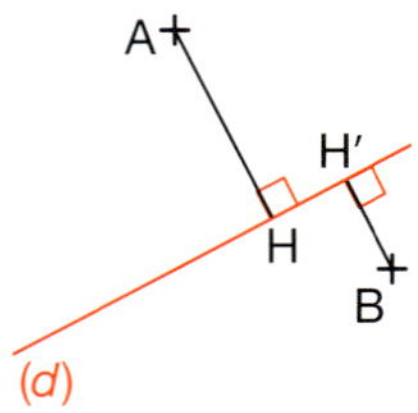

b. AH = 1,4 cm et BH′ = 0,7 cm

(31) **a.** et **b.**

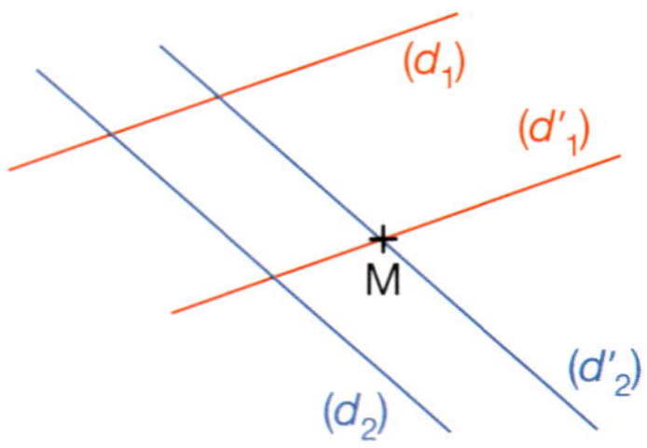

Je m'entraîne

(40) **a.** et **b.**

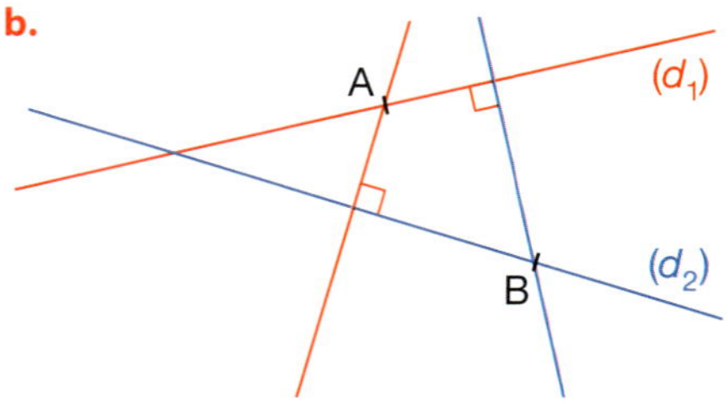

(44) **a.**, **b.** et **c.**

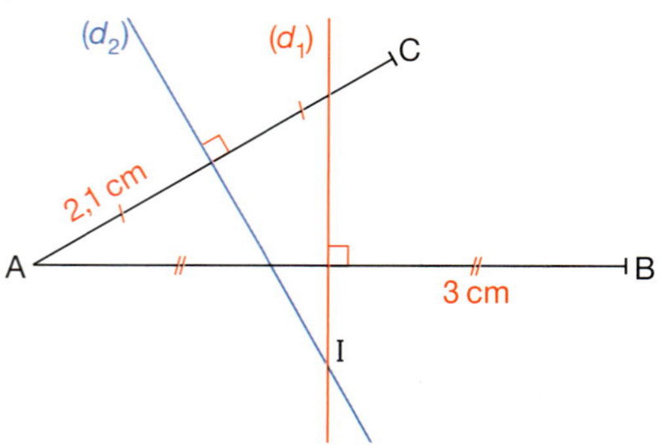

Je m'évalue

(49) **b.**	(50) **c.**	(51) **c.**	(52) **b.**
(53) **a.**	(54) **b.**	(55) **c.**	(56) **b.**
(57) **a.**	(58) **c.**	(59) **c.**	(60) **a.**

CHAPITRE 14 Connaître les figures usuelles

Bien démarrer

1 **a.** et **c.**
2 **b.**
3 **b.**
4 **a.**, **b.** et **c.**
5 **a.** et **c.**

À TON TOUR

(2) **a.** AB = 5 cm et AF = 5 cm.
Donc les points B et F appartiennent au cercle de centre A qui passe par B.
b. Les distances inférieures ou égales à 4,9 cm sont AC et AE.
Donc les points C et E appartiennent au disque de centre A et de rayon 4,9 cm.

(5) **a.** et **b.** Échelle 1/2

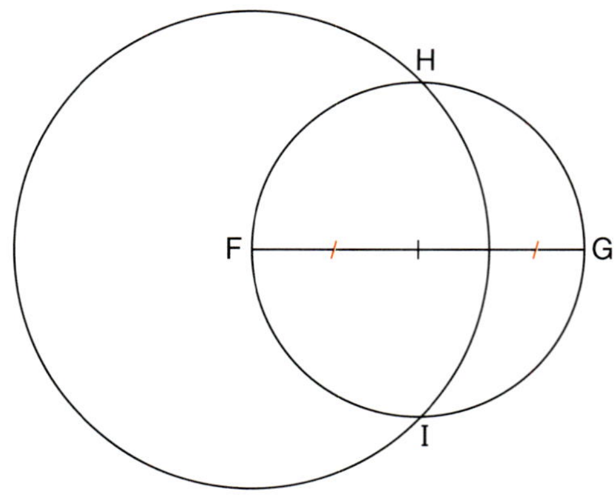

c. Les points H et I appartiennent au cercle de centre F et de rayon 5 cm, donc FH = 5 cm et FI = 5 cm.

(8)

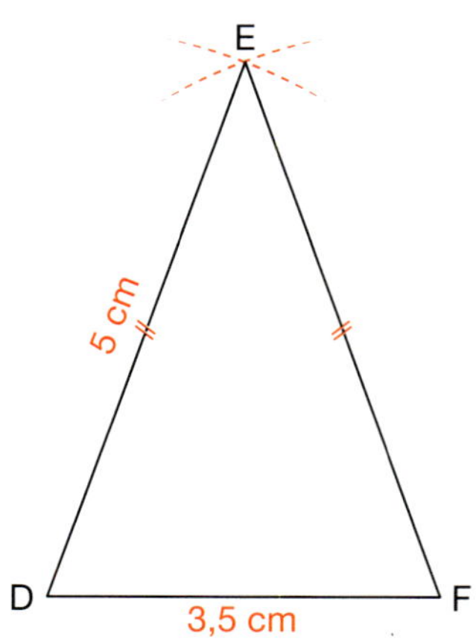

(11)

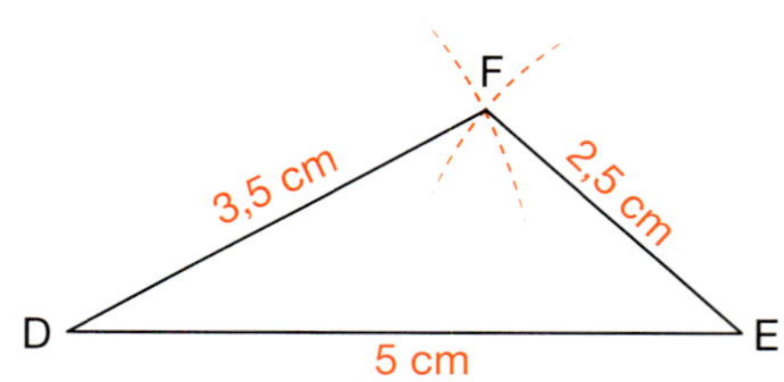

(14) Échelle 3/5.

❶ Tracer un segment [AB] de longueur 7,5 cm.

❷ Tracer la perpendiculaire à la droite (AB) en B. Sur cette droite, placer le point C tel que BC = 7,5 cm.

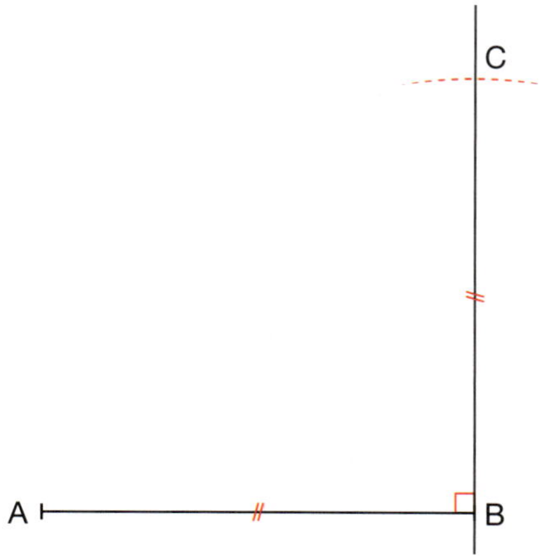

❸ Tracer la perpendiculaire à la droite (BC) en C et à la droite (AB) en A. Noter D leur point d'intersection.

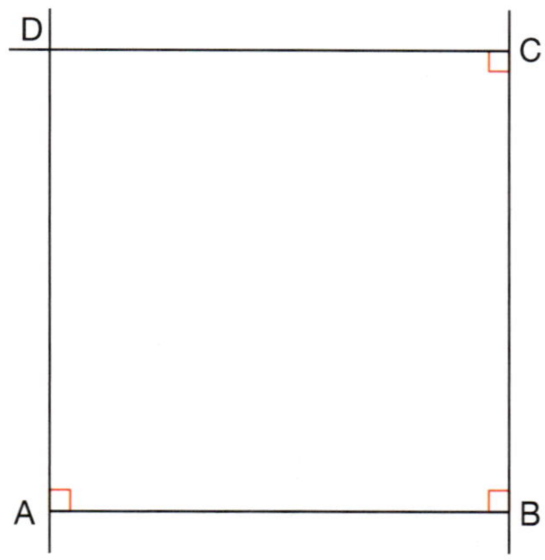

(17) Échelle 3/5.

❶ Tracer un segment [MN] de longueur 6 cm et la perpendiculaire (*d*) à la droite (MN) en M.

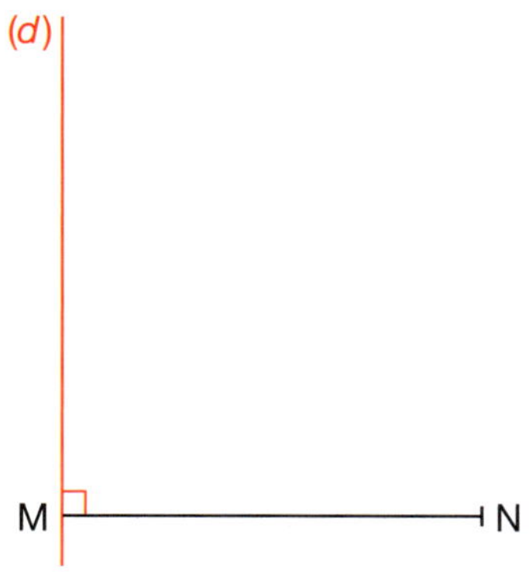

❷ Tracer un arc de cercle de centre N et de rayon 8 cm. Il coupe (*d*) en P.

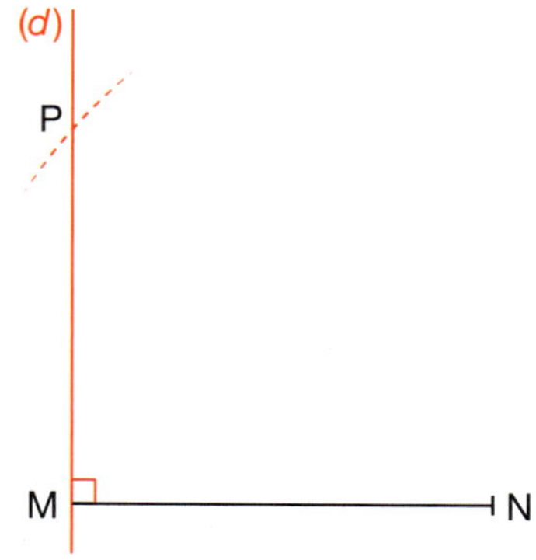

❸ Tracer la perpendiculaire à la droite (PM) en P et la perpendiculaire à la droite (MN) en N. Noter O leur point d'intersection.

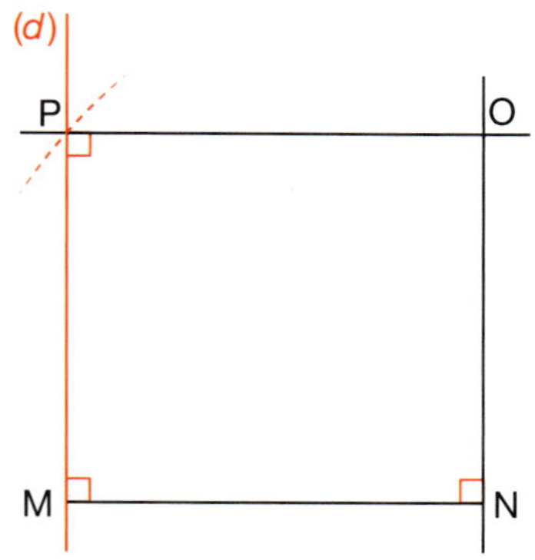

Je travaille mes automatismes

(21) **1. a.** AB < 1,5 cm

b. AD > 1,5 cm

c. AB = 1,5 cm

d. AB < 1,5 cm

2. Les points E et G appartiennent au même cercle de centre A, donc AE = AG.

Ryan a raison.

(27) **a.** Le triangle ABC est équilatéral.

b. Le triangle ACD est rectangle en D.

c. Le triangle ABE est rectangle isocèle en A.

d. Le triangle BCF est rectangle isocèle en F.

(34)

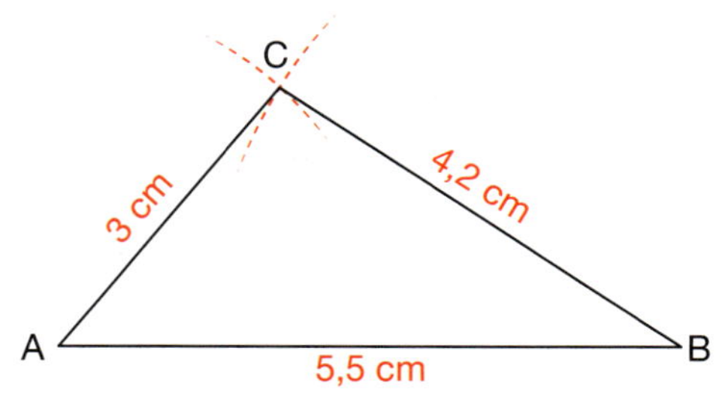

(40) **a.** • Le quadrilatère ABCD a quatre angles droits, donc c'est un rectangle.

• BC = 5 cm et DC = 2 cm.

b. • Le quadrilatère EFGH a quatre angles droits et ses côtés ont la même longueur, donc c'est un carré.

• EH = HG = FG = 3,7 cm.

Je m'évalue

63 b. — 64 b. — 65 a. — 66 c.
67 c. — 68 b. — 69 b. — 70 c.
71 a. — 72 c.

CHAPITRE 15 Utiliser la symétrie axiale

Bien démarrer

1 b. — 2 c.
3 b. et c. — 4 b.

À TON TOUR

2

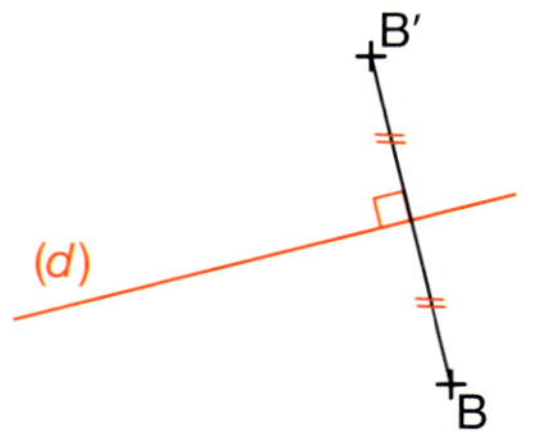

5 a.

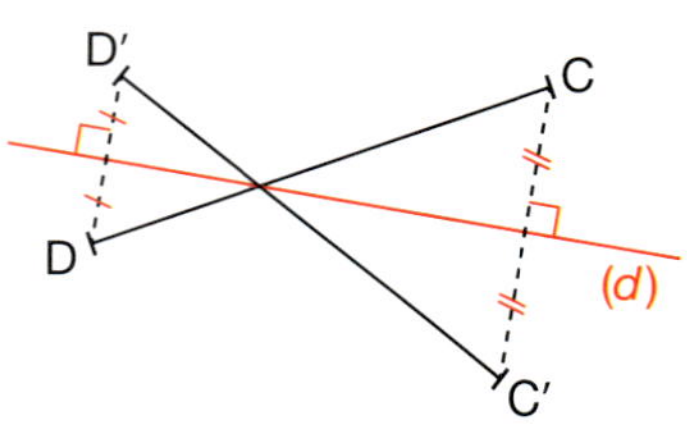

b.

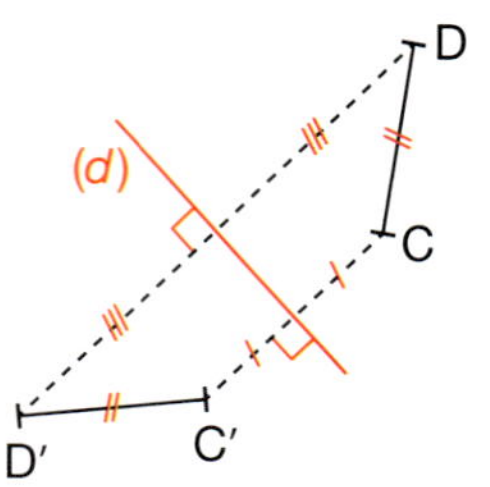

7

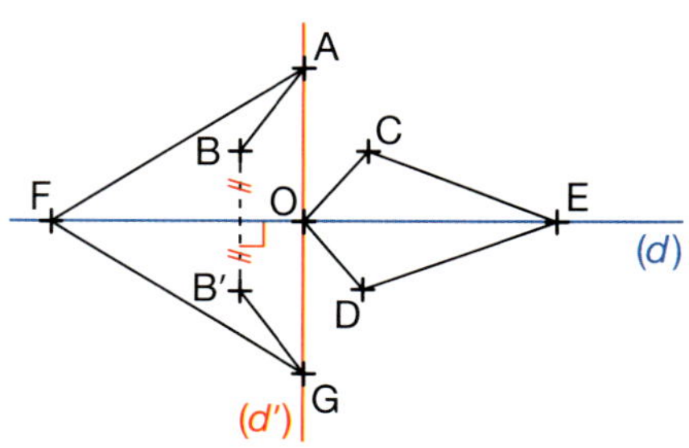

10

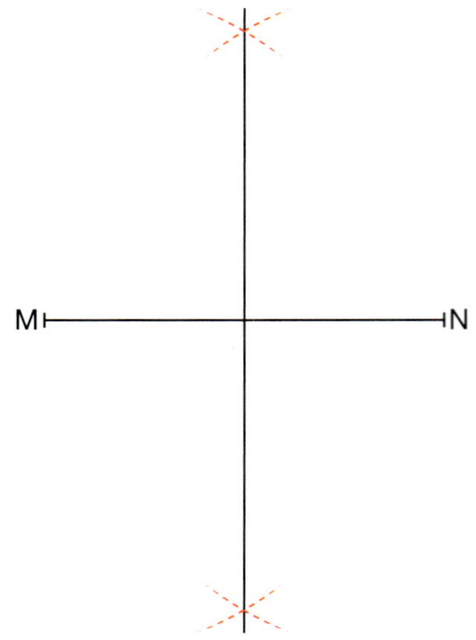

Je travaille mes automatismes

14 a.

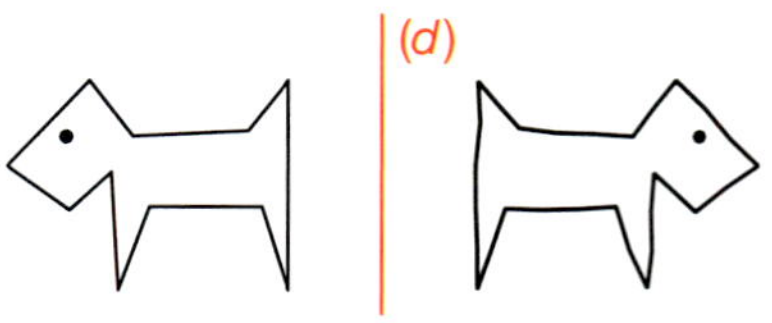

b.

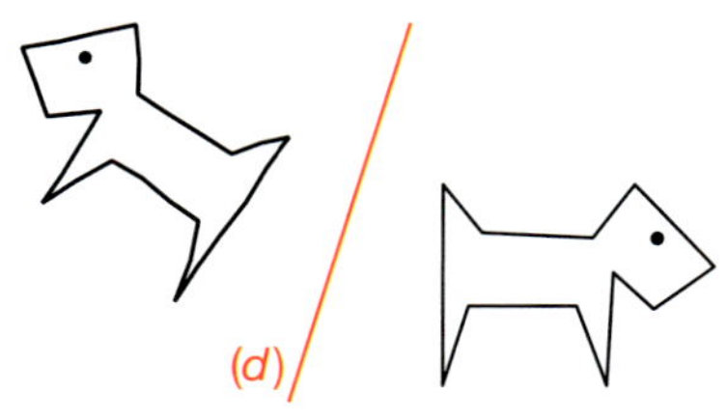

18

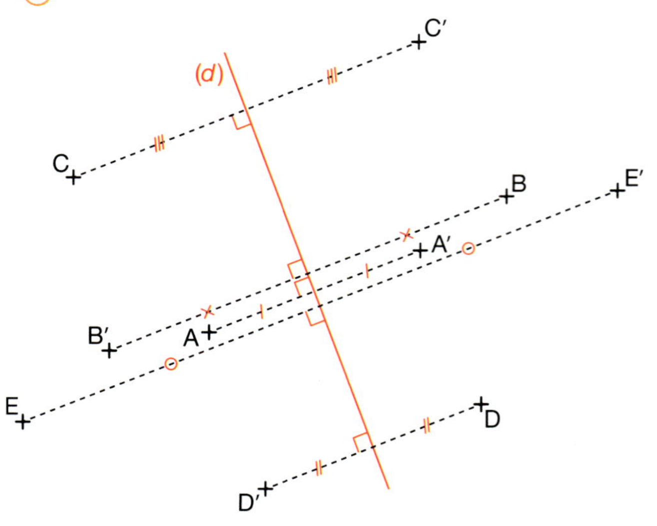

(21)

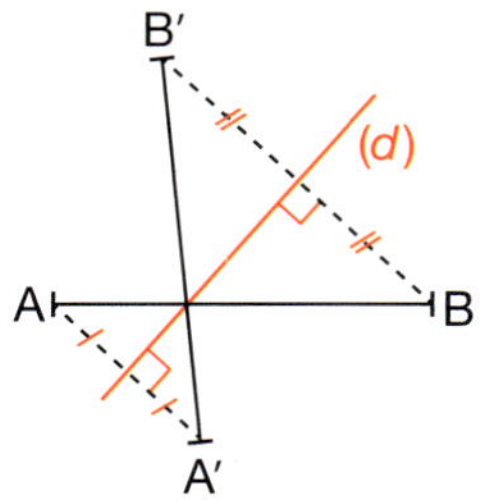

(29) ❶ Chaussée rétrécie : 1 axe.
❷ Succession de virages dont le premier est à droite : 0 axe
❸ Traversée d'une aire de danger aérien : 1 axe.
❹ Route prioritaire : 4 axes.
❺ Intersection où vous êtes prioritaire : 1 axe.
❻ Stationnement interdit : 2 axes.

(31) **a.** La droite (*d*) est la médiatrice du segment [MN].
b. Les points M et N sont symétriques par rapport à la droite (*d*).
c. La droite (*d*) est l'ensemble des points équidistants des points M et N.

Je m'évalue

52 **c.**	53 **a.**	54 **b.**	55 **b.**
56 **c.**	57 **b.**	58 **a.**	59 **b.**
60 **b.**	61 **c.**		

CHAPITRE 16 Étudier des propriétés de figures usuelles

Bien démarrer

1 **a.** et **c.**	2 **b.** et **c.**	3 **a.**, **b.** et **c.**
4 **a.**	5 **a.** et **c.**	

À TON TOUR

(2)

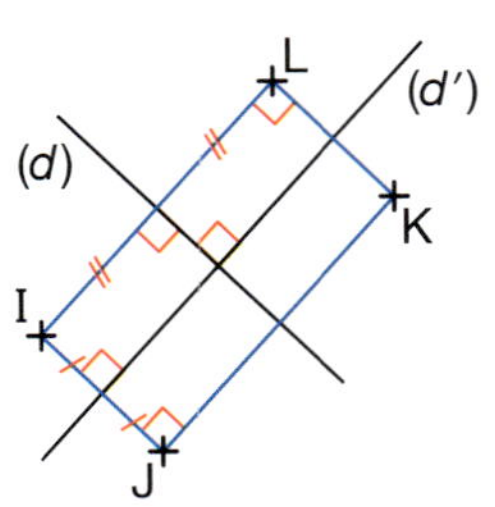

(5)

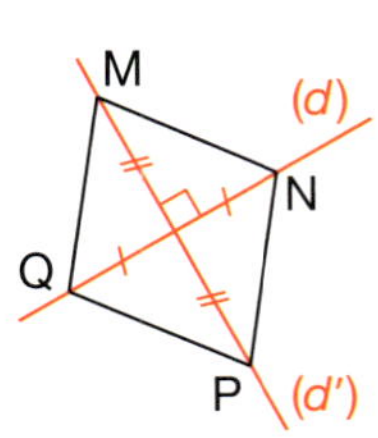

(8) Échelle 4/5

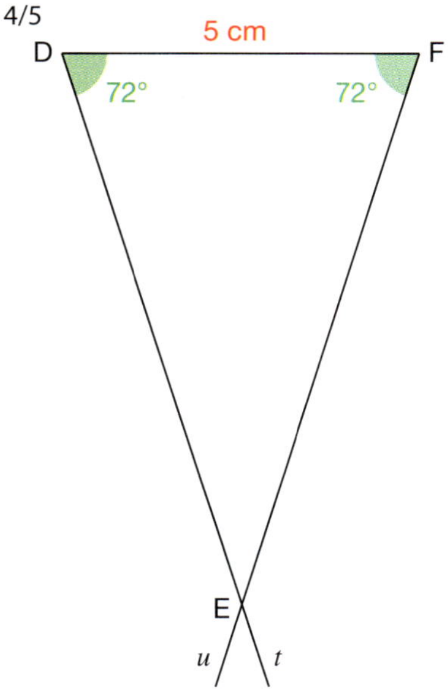

(11) Échelle 1/2

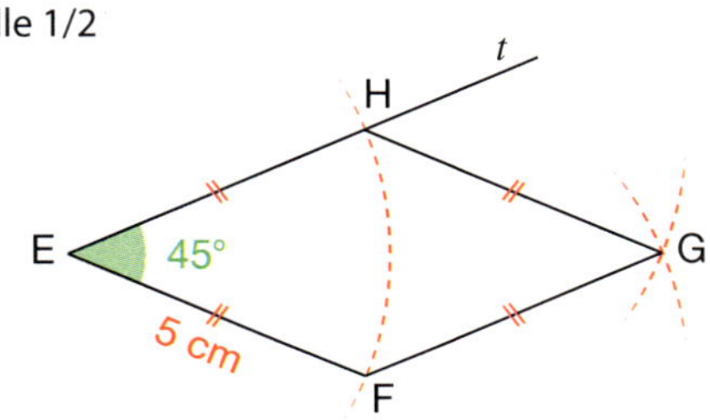

Je travaille mes automatismes

(15) **a.** L'axe de symétrie du triangle isocèle IJK est la méditrice (*d*) du segment [IJ].
Le point K appartient à cette médiatrice (*d*), donc :

JK = IK = 7 cm.

b. La médiatrice (*d*) du segment [IJ] est perpendiculaire à ce segment, donc les droites (*d*) et (IJ) sont perpendiculaires.
c. La médiatrice (*d*) du segment [IJ] coupe ce segment en son milieu, donc O est le milieu du segment [IJ].

(23)

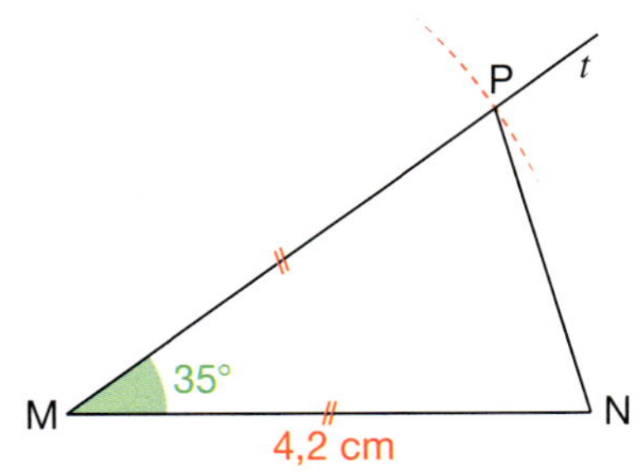

(31) **a.** • AB = AD, donc le triangle ABD est isocèle en A.
• AB = BC, donc le triangle ABC est isocèle en B.
• Les droites (AC) et (BD) sont perpendiculaires, donc les triangles OAB et COD sont rectangles en O.
b. Le point O est le milieu des diagonales [AC] et [BD], donc :
• OA = OC = AC : 2 = 1,5 cm,
• OB = OD = BD : 2 = 2,7 cm.

Je m'évalue

60 **c.**	61 **a.**	62 **c.**	63 **b.**	64 **b.**
65 **a.**	66 **a.**	67 **b.**	68 **a.**	69 **c.**

Index

Crédits photographiques

Couverture :
Le pont de la Tolérance (*Tolerance Bridge*) est une passerelle pour piétons et cyclistes traversant le Canal de Dubaï (Dubaï, Émirats arabes unis). La longueur du pont est 210 m et la hauteur de l'arc est 40 m.
© Shutterstock/Sarath Maroli
Illustration : Émilie Hamel

p. 14 : Nasa ; **p. 15 :** BIS/Ph. Ecoasis ; **p. 19 :** AdobeStock Photo ; **p. 23g :** AdobeStock Photo ; **p. 25 :** AdobeStock Photo ; **p. 27h :** iStock ; **p. 27b :** Divergence/Sophie Rodriguez ; **p. 29 :** AdobeStock Photo ; **p. 30 :** iStock ; **p. 31 :** Droits réservés ; **p. 32 :** Pascal Tournaire ; **p. 45b :** AdobeStock Photo ; **p. 45h :** AdobeStock Photo ; **p. 47 :** photo12.com/Alamy/UPI ; **p. 49 :** AdobeStock Photo ; **p. 50 :** AdobeStock Photo ; **p. 51 :** AdobeStock Photo ; **p. 54 :** Marion Montaigne ; **p. 56m :** iStock ; **p. 56b :** AdobeStock Photo ; **p. 57 :** Christophel Collection/© Pixar Animation Studios - Walt Disney Pictures ; **p. 59 :** AdobeStock Photo ; **p. 61 :** Andia/J. De Meester/Arterra ; **p. 63h :** BIS/ Ph. © Archives Nathan ; **p. 63b :** AdobeStock Photo ; **p. 64 :** AFP/DPPI/Orange Pictures/ Andy Astfalck ; **p. 65m :** AdobeStock Photo ; **p. 65b :** AdobeStock Photo ; **p. 67 :** Le Coq Sportif/DR ; **p. 69h :** AdobeStock Photo ; **p. 69b :** iStock ; **p. 69m :** AdobeStock Photo ; **p. 70m :** AdobeStock Photo ; **p. 72 :** iStock ; **p. 73h :** AdobeStock Photo ; **p. 73b :** AdobeStock Photo ; **p. 77hg :** AdobeStock Photo ; **p. 77hd :** iStock ; **p. 77bd :** Adobe Stock Photo ; **p. 79 :** Getty Images France/Alexandr Spatari ; **p. 80 :** Centre Aquatique imaginé et créé par AP-MA Architecture 2021 ; **p. 81 :** AdobeStock Photo ; **p. 83b :** AdobeStock Photo ; **p. 83h :** Fohlen Corentin/Divergence ; **p. 85 :** AdobeStock Photo ; **p. 87 :** AdobeStock Photo ; **p. 88h :** AdobeStock Photo ; **p. 88b :** AdobeStock Photo ; **p. 89g :** AdobeStock Photo ; **p. 89d :** AdobeStock Photo ; **p. 91h :** AdobeStock Photo ; **p. 91b :** AdobeStock Photo ; **p. 94 :** AdobeStock Photo ; **p. 95h :** AdobeStock Photo ; **p. 95b :** AdobeStock Photo ; **p. 96 :** Biosphoto/Reinhard Dirscherl ; **p. 97 :** AdobeStock Photo ; **p. 99 :** iStock ; **p. 101 :** iStock ; **p. 103 :** iStock ; **p. 105 :** Shutterstock ; **p. 107 :** iStock ; **p. 109h :** iStock ; **p. 109m :** iStock ; **p. 109b :** AdobeStock Photo ; **p. 110 :** Getty Images France/ Raimund Linke ; **p. 111 :** photo12/Alamy/Louis Bertrand ; **p. 113 :** AdobeStock Photo ; **p. 115h :** AdobeStock Photo ; **p. 115b :** Huawei/DR ; **p. 116 :** AdobeStock Photo ; **p. 117g :** iStock ; **p. 117d :** iStock ; **p. 118g :** Shutterstock ; **p. 118d :** AdobeStock Photo ; **p. 121 :** AdobeStock Photo ; **p. 123 :** AdobeStock Photo ; **p. 124 :** SpaceX/DR ; **p. 125h :** AdobeStock Photo ; **p. 125b :** AdobeStock Photo ; **p. 126 :** SPL France/Ami Images/SPL ; **p. 129 :** AdobeStock Photo ; **p. 131h :** Shutterstock ; **p. 131b :** AdobeStock Photo ; **p. 132 :** AdobeStock Photo ; **p. 133 :** Getty Images France/Hill Street Studios/Blend Images ; **p. 140 :** AdobeStock Photo ; **p. 141 :** iStock ; **p. 142 :** Getty Images France/Gilbert Iundt - Jean-Yves Ruszniewski ; **p. 157 :** iStock ; **p. 158 :** AFP/Pascal Guyot ; **p. 159h :** AdobeStock Photo ; **p. 159b :** Rencontres Audiovisuelles/© Aurélie Salmon ; **p. 163 :** AdobeStock Photo ; **p. 165 :** AFP/Loic Venance ; **p. 166 :** iStock ; **p. 167 :** iStock ; **p. 168 :** iStock ; **p. 169 :** AdobeStock Photo ; **p. 175 :** Shutterstock ; **p. 176 :** TOWT ; **p. 177 :** AdobeStock Photo ; **p. 179mg :** AdobeStock Photo ; **p. 179m :** AdobeStock Photo ; **p. 179b :** iStock ; **p. 179md :** Divergence/JP Amet ; **p. 181m :** iStock ; **p. 181b :** iStock ; **p. 182 :** iStock ; **p. 183g et d :** AdobeStock Photo ; **p. 185 mh :** AdobeStock Photo ; **p. 185h :** iStock ; **p. 185b :** AdobeStock Photo ; **p. 185mb :** AdobeStock Photo ; **p. 188 :** Getty Images France/Janina Pires/Eyeem ; **p. 189h :** AdobeStock Photo ; **p. 189b :** Getty Images France/ FeiFei Cui-Paoluzzo ; **p. 191h :** AdobeStock Photo ; **p. 191b :** AdobeStock Photo ; **p. 192 :** Presse-Sports/Christophe Pallot/ Zoom ; **p. 193 :** AdobeStock Photo ; **p. 197b :** iStock ; **p. 197mb :** Shutterstock ; **p. 197mh :** AdobeStock Photo ; **p. 199m :** iStock ; **p. 199b :** AdobeStock Photo ; **p. 199bg :** AdobeStock Photo ; **p. 201hg :** iStock ; **p. 201bd :** Shutterstock ; **p. 201b :** AdobeStock Photo ; **p. 201hd :** Shutterstock ; **p. 204 :** Shutterstock ; **p. 209h :** Getty Images France/Marcelo Silva ; **p. 209b :** AdobeStock Photo ; **p. 210 :** AFP/Xinhua/Ian Hongguang ; **p. 225 :** AdobeStock Photo ; **p. 227 :** iStock ; **p. 228 :** Getty Images France/David Malan ; **p. 229g :** AdobeStock Photo ; **p. 229m :** iStock ; **p. 229d :** AdobeStock Photo ; **p. 237 :** AFP/Éric Estrade ; **p. 244 :** INRAP ; **p. 245m :** AdobeStock Photo ; **p. 245b :** Shutterstock ; **p. 246 :** AdobeStock Photo ; **p. 259 :** iStock ; **p. 261 :** Château de Villandry/DR ; **p. 262 :** Bridgeman Images ; **p. 269 :** AdobeStock Photo ; **p. 270 :** AdobeStock Photo ; **p. 271b :** AdobeStock Photo ; **p. 271h :** Shutterstock ; **p. 275 :** AdobeStock Photo ; **p. 277 :** Shutterstock ; **p. 279 :** Andia/Batard Patrick/ ABC ; **p. 281 :** AdobeStock Photo ; **p. 282 :** AdobeStock Photo ; **p. 283h :** Getty Images France/George Steinmetz ; **p. 283b :** Biosphoto/Regis Domergue ; **p. 284h :** iStock ; **p. 284b :** AdobeStock Photo ; **p. 285h :** Shutterstock ; **p. 285b :** AdobeStock Photo ; **p. 286 :** AdobeStock Photo ; **p. 287h :** AKG-Images/De Agostini Pict.Lib. ; **p. 287b :** AdobeStock Photo.

Édition : Marie-Pierre Lowys, Laurence Sourdillon
Conception graphique : Clémentine Largant
Couverture : Jean-Marc Denglos
Composition et mise en page : Soft Office
Schémas : Soft Office, Corédoc
Mascottes : Émilie Hamel
Iconographie : Juliette Barjon
Fabrication : Laurence Monaï

FSC www.fsc.org MIXTE Papier issu de sources responsables FSC® C022030

Imprimé en Italie par Elcograf en juillet 2022 - Dépôt légal Avril 2022

Formulaire

Unités usuelles

- **De longueur**

km	hm	dam	m	dm	cm	mm
		2	5	0	0	

25 m = 2 500 cm

- **D'aire**

km^2	hm^2	dam^2	m^2	dm^2	cm^2	mm^2
			2 5	0 0	0 0	

$25\ m^2 = 250\ 000\ cm^2$

- $1\ hm^2 = 1$ ha (hectare)
- $1\ dam^2 = 1$ a (are)

- **De volume et de contenance**

$1\ dm^3 = 1$ L

m^3			dm^3			cm^3			mm^3		
					L	dL	cL	mL			
	2	5	0	0	0	0	0	0			

$25\ m^3 = 25\ 000\ 000\ cm^3 = 25\ 000$ L

- **De durée**
- 1 h = 60 min
- 1 min = 60 s
- 1 h 30 min = 1 h + $\frac{1}{2}$ h = 1,5 h
- 1,25 h = 1 h + $\frac{1}{4}$ h = 1 h 15 min

Périmètres

	Carré	Rectangle	Triangle Rectangle	Triangle	Cercle
Figure	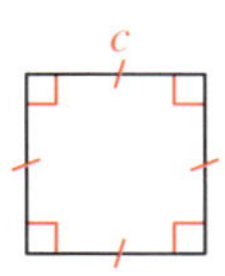	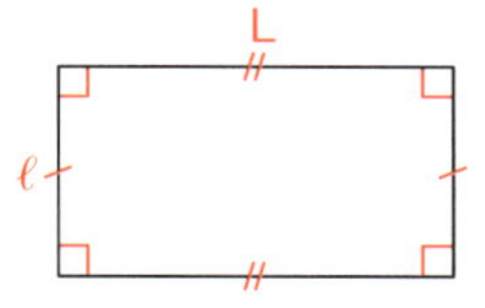	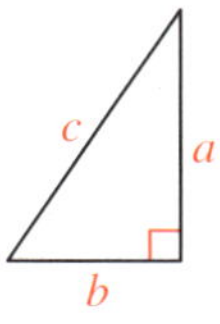	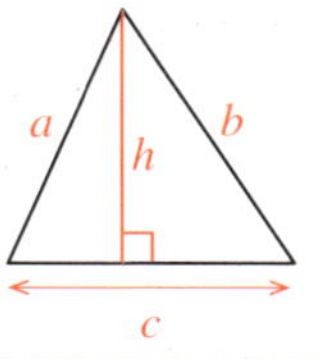	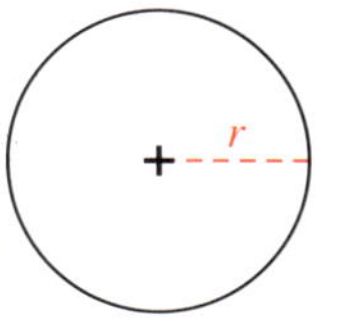
Périmètre	$4 \times c$	$2 \times \ell + 2 \times L$ ou $2 \times (\ell + L)$	$a + b + c$	$a + b + c$	$2 \times \pi \times r$

Aires

	Carré	Rectangle	Triangle Rectangle	Triangle	Disque
Figure	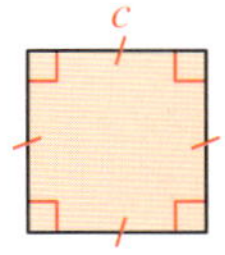	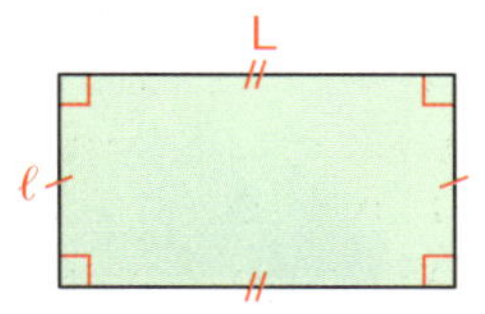	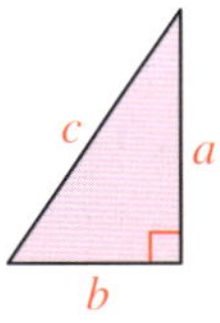	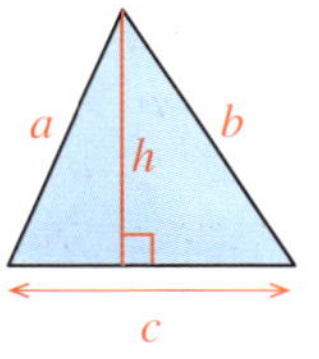	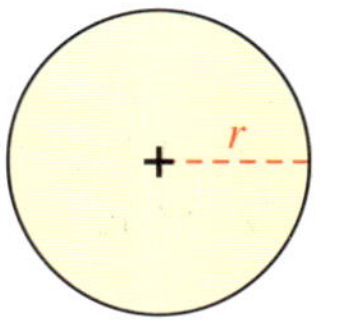
Aire	$c \times c$ ou c^2	$L \times \ell$	$\frac{a \times b}{2}$	$\frac{c \times h}{2}$	$\pi \times r^2$

Volumes

	Cube	Pavé droit
Figure	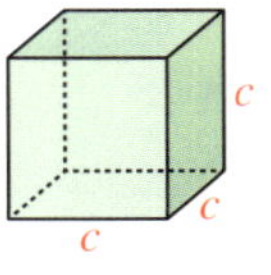	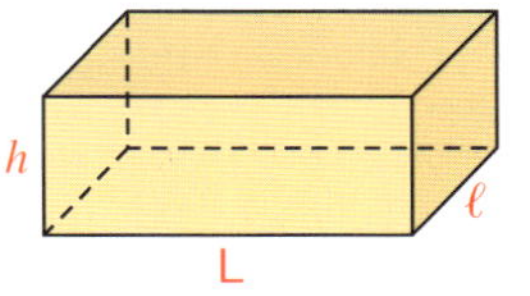
Volume	$c \times c \times c$ ou c^3	$L \times \ell \times h$

Attention

Pour calculer le périmètre, l'aire ou le volume d'une figure, il faut penser à exprimer toutes les dimensions de cette figure dans une même unité.

Les logiciels

Tableur

- Le **tableur** permet de travailler des **feuilles de calcul**.
- Une feuille de calcul se présente sous forme d'un tableau où chaque **ligne** est repérée par un **nombre** et chaque **colonne** est repérée par une **lettre majuscule**.
- Les cases du tableau sont appelées **cellules**.

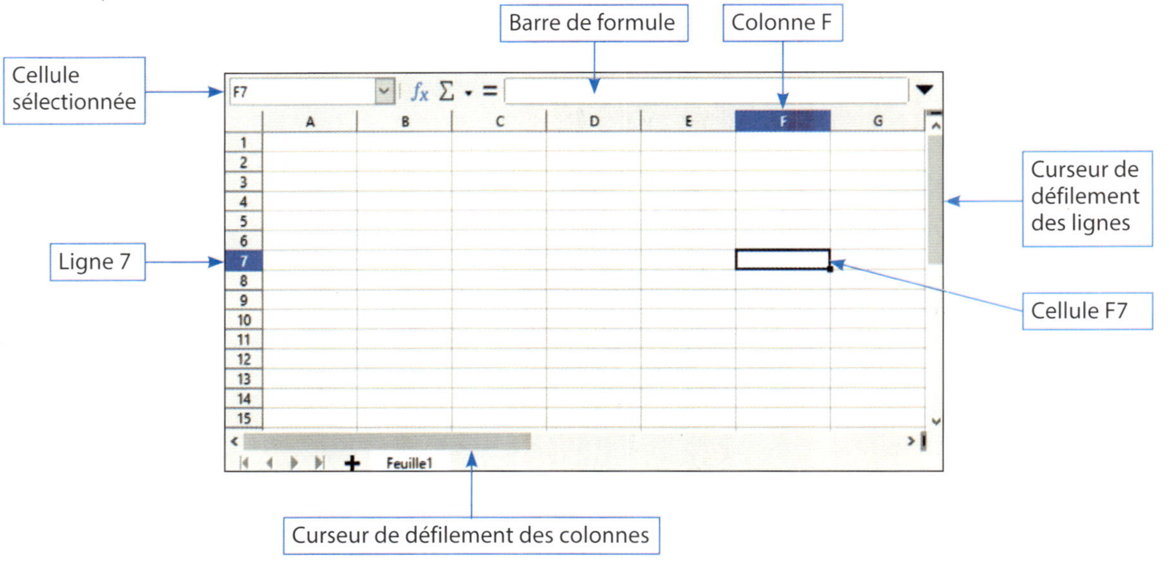

Logiciel de géométrie dynamique

- Un **logiciel de géométrie dynamique** permet de construire des figures de géométrie dans le plan ou dans l'espace, d'afficher des longueurs, des aires, des volumes, de déplacer des points, de mettre en évidence des propriétés…
- C'est un outil qui permet d'expérimenter et de conjecturer.

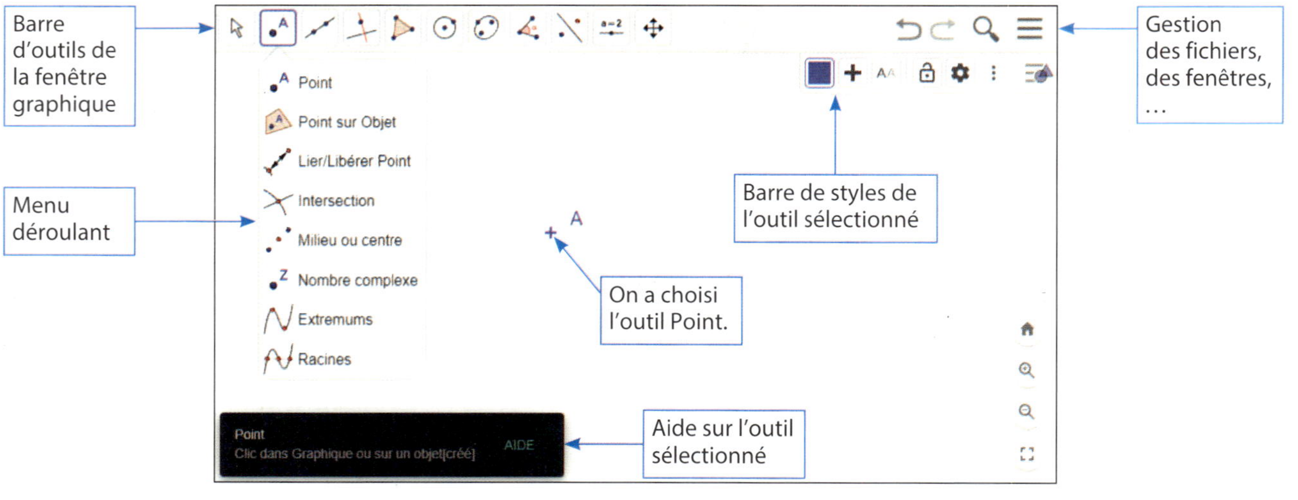